WIRTSCHAFTSINFORMATIK

Herausgegeben von Prof. Dr. Dietrich Seibt, Köln, Prof. Dr. Hans-Georg Kemper, Stuttgart, Prof. Dr. Georg Herzwurm, Dresden, und Prof. Dr. Dirk Stelzer, Ilmenau

Band 32
Martin Schindler
Wissensmanagement in der Projektabwicklung – Grundlagen, Determinanten und Gestaltungskonzepte eines ganzheitlichen Projektwissensmanagements
3., durchgesehene Auflage
Lohmar – Köln 2002 • 404 S. • € 51,- (D) • ISBN 3-89936-038-9

Band 37
Gerald Kromer
Integration der Informationsverarbeitung in Mergers & Acquisitions – Eine empirische Untersuchung
Lohmar – Köln 2001 • 314 S. • € 45,- (D) • ISBN 3-89012-904-8

Band 38
Stefan Schäfer
Einführung von E-Business-Systemen in deutschen Unternehmen – Fallstudien, Expertenbefragung und DAX100-Umfrage
Lohmar – Köln 2002 • 492 S. • € 53,- (D) • ISBN 3-89012-949-8

Band 39
Matthias Lohse
Intranets – Konzept und Wege zur Realisierung
Lohmar – Köln 2002 • 270 S. • € 46,- (D) • ISBN 3-89012-970-6

Band 40
Christian Seel
Visuelle Simulation von Dienstleistungsprozessen
Lohmar – Köln 2002 • 262 S. • € 46,- (D) • ISBN 3-89012-998-6

Band 41
Manfred Esser
Komplexitätsbeherrschung in dynamischen Diskurswelten – Ein Metamodell zur Modellierung betrieblicher Informationssysteme
Lohmar – Köln 2002 • 280 S. • € 46,- (D) • ISBN 3-89936-036-2

JOSEF EUL VERLAG

Reihe: Wirtschaftsinformatik · Band 32
Herausgegeben von Prof. Dr. Dietrich Seibt, Köln, Prof. Dr. Hans-Georg Kemper, Stuttgart, Prof. Dr. Georg Herzwurm, Dresden, und Prof. Dr. Dirk Stelzer, Ilmenau

Dr. Martin Schindler

Wissensmanagement in der Projektabwicklung

Grundlagen, Determinanten und Gestaltungskonzepte eines ganzheitlichen Projektwissensmanagements

3., durchgesehene Auflage

JOSEF EUL VERLAG
Lohmar · Köln

Bibliographische Information der Deutschen Bibliothek

Die Deutsche Bibliothek verzeichnet diese Publikation in der Deutschen Nationalbibliographie; detaillierte bibliographische Daten sind im Internet über <http://dnb.ddb.de> abrufbar.

Dissertation, Universität St. Gallen, 2000

ISBN 3-89936-038-9
3. Auflage Dezember 2002

Printed in Germany
Druck: RSP Köln

JOSEF EUL VERLAG GmbH
Brandsberg 6
53797 Lohmar
Tel.: 0 22 05 / 90 10 6-6
Fax: 0 22 05 / 90 10 6-88
http://www.eul-verlag.de
info@eul-verlag.de

Vorwort zur dritten Auflage

Wissensmanagement – in Unternehmen im deutschsprachigen Raum seit ca. 1997/1998 diskutiert – ist mehr als eine Managementmode: Vielen Kritikern zum Trotz erfährt die Thematik heute sowohl in der Fachliteratur als auch in der Praxis eine unveränderte Beachtung. Dies wird auch durch die – für eine Dissertation eher ungewöhnliche – hohe Nachfrage nach diesem Buch reflektiert. Auch die zweite Auflage war nach knapp zehn Monaten aus den Regalen vergriffen.

Der grosse „Wissensmanagement-Hype" ist mittlerweile (glücklicherweise) vorbei – das Thema wird nüchtern/rational betrachtet und in pragmatischen Projekten operationalisiert.

Innerhalb des recht breiten Knowledge Management-Feldes ergeben sich dabei immer wieder neue Aufgaben: Die Sicherung der Informationsqualität in Intranets ist eine davon. Kleine, mittlere und grosse Organisationen dringen immer tiefer in die Thematik ein – dies zeigt sich auch im zunehmenden Bedarf an Beratung im Bereich Knowledge Management Coaching. Vor allem Lernmethoden wie Debriefing und Story Telling erfreuen sich einer gestiegenen Bedeutung in den Unternehmen – geprägt von einer zunehmenden Nachfrage nach entsprechenden Beratungsdienstleistungen und anderen Aktivitäten, z. B. in dem von mir mit fazilitierten Industriearbeitskreis „Wissensmanagement in der Praxis" (IAK WiMiP).

Gegenüber der zweiten Auflage wurden nur unwesentliche Korrekturen vorgenommen.

Ich wünsche Ihnen eine anregende Lektüre und freue mich nach wie vor über Feedback mittels der im Vorwort zur zweiten Auflage angegebenen Kanäle. Über die Homepage finden Sie auch Verweise auf neuere Publikationen.

Zürich, im April 2002 Martin Schindler

Vorwort zur zweiten Auflage

Die erste Auflage dieses Buchs wurde äusserst positiv aufgenommen und ist erfreulicherweise auf eine sehr hohe Resonanz gestossen – nicht nur in Form direkter Stimmen von Lesern, sondern auch durch Rezensionen in verschiedenen Fachorganen, was dazu führte, dass sie nach nur fünf Monaten vergriffen war.

Durch meine beruflichen Aktivitäten – etwa in der Durchführung entsprechender Beratungsprojekte oder durch Diskussionen auf Seminaren und Kongressen – fühle ich mich in meinen Erkenntnissen und Aussagen bestätigt. Themen wie das Debriefing von Projektteams, der Aufbau länderübergreifender (Projekt-) Communities oder die (Neu-) Konzeption von Intranets aus Wissensperspektive erfreuen sich in den Unternehmen stetig höherer Relevanz. „Project Spaces“ werden immer häufiger zum festen Bestandteil von sogenannten „Knowledge Management Suites“. Bestätigung über die Bedeutung der im Buch diskutierten Thematik empfinde ich auch durch die Aktivitäten diverser Trainings- und Seminaranbieter, die neuerdings unter dem von mir geprägten Begriff des *Projektwissensmanagements* Leistungen anbieten.

Gegenüber der ersten Auflage wurden Aussagen inhaltlich fokussiert, einige redaktionelle Verbesserungen vorgenommen und die Druckqualität optimiert.

Ich wünsche Ihnen eine wissensbildende aber auch spannende Lektüre und freue mich über Ihre Anregungen, Kommentare und Verbesserungsvorschläge via E-Mail an Martin.Schindler@gmx.ch. Parallel dazu erreichen Sie meine Homepage unter http://www.martinschindler.net, auf der einige Inhalte des Buches (z. B. Links, Literaturhinweise) elektronisch vorliegen und auf der regelmässig aktuelle Erkenntnisse hinzugefügt werden.

Zürich, im April 2001 Martin Schindler

Vorwort zur ersten Auflage

In der vorliegenden Arbeit werden *Projekte* aus dem Blickwinkel des Wissensmanagements betrachtet. Das ihr zugrunde liegende Dissertations*projekt* entstand während meiner Forschungsassistenz am Institut für Medien- und Kommunikationsmanagement der Universität St. Gallen (HSG) im Rahmen meiner *Projektarbeit* im Kompetenzzentrum Enterprise Knowledge Medium (CC EKM). Diese Arbeit wurde nur durch die mir erfahrene Unterstützung seitens der verschiedensten Personen, Institutionen und Unternehmen ermöglicht, denen an dieser Stelle gedankt werden soll.

Allen voran gilt mein Dank Prof. Dr. Beat Schmid für die Betreuung dieser Arbeit, die damit verbundenen zahlreichen Diskussionen und die stets förderliche Kritik sowie die für die Erstellung der Arbeit notwendigen Freiräume. Durch sein Wirken entstand ein hervorragendes innovatives Umfeld, das es mir ermöglichte, anwendungsorientierte Forschung mit einem hohen Praxisbezug durchzuführen.

Prof. Dr. Roman Boutellier danke ich für die freundliche Übernahme des Koreferates dieser Arbeit und für die wertvollen Hinweise im Rahmen seiner Betreuung.

Mein Dank gebührt Dr. Martin Eppler als „Knowledge Broker“ par excellence für die ausgezeichnete fachliche Unterstützung und die stete Bereitschaft, diese Arbeit durch anregende Diskussionen, Literaturhinweise und Denkanstösse zu fördern und damit wichtige Ecksteine für diese Dissertation zu legen. Er fand zudem noch die Zeit, eine kritische Durchsicht des Manuskriptes vorzunehmen. Daneben danke ich ihm für die mir im Rahmen seiner Projektleitertätigkeit im CC EKM überlassene eigenverantwortliche Ausgestaltung und Entwicklung der dieser Arbeit fundierenden Forschungslandschaft. Ferner bedanke ich mich bei ihm für die Übernahme der Interviews bei Pixelpark.

In meinen Dank einschliessen möchte ich meine Kollegen am mcm *institute*, stellvertretend seien hier namentlich Michael Hilb, Dr. Wolfgang Maass, Peter Münzenmayer, Axel Röpnack, Patrick Seifried und Oliver Sukowski genannt.

Ganz herzlich möchte ich mich bei Dr. Thomas Schwan für seine mir während meiner ganzen Zeit in St. Gallen zugewendete Unterstützung sowie für die ständige Bereitschaft zur Diskussion bedanken, deren Inhalte sich äusserst positiv auf diese Arbeit ausgewirkt haben. Auch ihm sei für die – trotz seiner ausserordentlich hohen beruflichen Belastung – kritische Durchsicht des Manuskriptes gedankt. Er war am Aufbau des dieser Arbeit zugrunde liegenden Rahmens nicht nur durch seine Zeit als Projektleiter am mcm *institute,* sondern auch darüber hinaus wesentlich beteiligt. Die Zusammenarbeit mit ihm hat mir ausserordentliches Vergnügen bereitet.

Die vorliegende Arbeit entstand im Spannungsfeld zwischen theoretischen und praktischen Forschungstätigkeiten. Sämtlichen Vertretern der Partnerunternehmen des Kompetenzzentrums Enterprise Knowledge Medium – stellvertretend namentlich insbesondere Markus Klement und Gert Prager von der Bankgesellschaft Berlin, Dr. Eike Böhm, Dr. Rolf Müller und Stephan Treusch von DaimlerChrysler, Dr. Pavel Kraus von Hoffmann-La Roche sowie Uwe Greunke und Michael Möller von Pixelpark – danke ich für die zahlreichen anregenden Diskussionen und Gespräche im Rahmen der Zusammenarbeit. Herzlicher Dank gebührt auch dem Team von der „Insecuranza“ und den Interviewpartnern im Rahmen der vertiefenden Experteninterviews.

Bei Prof. Dr. Ludwig Nastansky möchte ich mich an dieser Stelle für die mir in meiner Zeit in Paderborn eingeräumten Möglichkeiten bedanken, die mich akademisch sehr geprägt haben und damit eine wichtige Grundlage für diese Dissertation darstellen. Gedankt sein soll in diesem Kontext auch Dr. Peter Ehlers, der sich durch unsere Zusammenarbeit für die Unterstützung bei der theoretischen Erschliessung des praxisorientierten Forschungsgebietes Projektmanagement verantwortlich zeichnet.

Für die redaktionelle Bearbeitung des Manuskriptes gebührt mein ganz lieber Dank Rita Heinemann und Miriam Siebert. Erwähnt sei in diesem Zusammenhang auch Dr. Agnes Aregger für ihre hilfreiche Unterstützung.

Ausserordentlicher Dank gebührt meinen Freunden – sie wissen, wen ich meine – für die ortslose Loyalität über viele Jahre hinweg.

Danken möchte ich an dieser Stelle auch meiner Partnerin Daniela Damm, die trotz der Belastung durch das eigene Dissertationsprojekt zu jeder Zeit für Diskussionen zur Verfügung stand und zur konstruktiven Rezension einzelner Phasen der Dissertationsschrift stets geduldig bereit war. Sie trug die emotionale Hauptlast dieser Arbeit mit überaus grossem Verständnis und Entgegenkommen.

Besonderer Dank gebührt meinen lieben Eltern Christa und Theo, die mich auf meinem Weg stets moralisch und finanziell unterstützt haben. Sie haben mich mit ihren Werten wesentlich geprägt. Ihnen widme ich diese Arbeit.

St. Gallen, im April 2000 Martin Schindler

Inhaltsübersicht

Inhaltsverzeichnis

Abkürzungen

Aufgeführt sind solche Abkürzungen, die nicht zum allgemein gebräuchlichen Wortschatz gehören und somit nicht in Standardwerken zur deutschen Sprache verzeichnet sind. Akronyme von Organisationsnamen sind nur dann aufgeführt, wenn sie auf eine noch im Gebrauch befindliche ausgeschriebene Form zurückgeführt werden können.

AAR	after-action review
ABB	Asea Brown Boveri
Abb.	Abbildung
ACE	Advanced Communications and Engineering
ADSL	Asymmetric Digital Subscriber Line
Allg.	Allgemeine
angels.	angelsächsisch
AOL	America Online
APQC	American Productivity & Quality Center
BIK	BB-Data im Konzernweb
BP	British Petroleum
BPC	Business and Process Consulting
BR	Nationalitätenkennzeichen Brasilien
CA	Computer Associates
CALL	U. S. Army's Center for Lessons Learned
CBR	case-based reasoning
CC	Competence Center
CIO	Chief Information Officer
CKO	Chief Knowledge Officer
CPM	Critical Path Method
CSCW	Computer Supported Cooperative Work
D	Nationalitätenkennzeichen Deutschland
DB	Datenbank
DIN	Deutsche Industrie-Norm
DOE	U. S. Department of Energy
DV	Datenverarbeitung
E-Business	Electronic Business

E-Commerce	Electronic Commerce
EDA	elektronische Dokumentenakte
EDV	Elektronische Datenverarbeitung
EIP	Enterprise Information Portal
EKM	Enterprise Knowledge Medium
EKM-RM	Enterprise Knowledge Media-Referenzmodell
ERFA	Erfahrungsaustausch
ERP	Enterprise Resource Planning
EWWU	Europäische Währungs- und Wirtschaftsunion
F&E	Forschung und Entwicklung
FBO	Fachverlag für Büro- und Organisationstechnik GmbH
FDA	Federal Drug Association
FTF	Face-to-Face
GAN	Generalized Activity Networks
GERT	Graphical Evaluation and Review Technique
Gesamtprojektpl.	Gesamtprojektplanung
GH	Gesamthochschule
GIM	Gruppeninformationsmanagement
GPM	Deutsche Gesellschaft für Projektmanagement
GPO	Phasenmodell zur Geschäftsprozessoptimierung
GPRS	General Packet Radio Service
HEC	Hautes Études Commerciales
Hrsg.	Herausgeber
HSCSD	High Speed Circuit Switched Data
HTML	HyperText Markup Language
i. B.	in Bearbeitung
IAO	Fraunhofer-Institut für Arbeitswirtschaft und Organisation
IBM	International Business Machines
ICM	Intellectual Capital Management
IDC	International Data Corporation
IKT	Informations- und Kommunikationstechnologie
ILM	Information Load Matrix

IMD	Interactive Media Development
I-Net	Internet, Intranet, Extranet
interorg.	interorganisational
intraorg.	intraorganisational
IPMA	International Project Management Association
IS	Informationssysteme
ISP	Internet Service Provider
IT	Informationstechnologie
ITU	International Telecommunications Union
IV	Informationsverarbeitung
JDBC	Java Database Connectivity
KI	Künstliche Intelligenz
KNO	Knowledge Networking Officer
LAN	Local Area Network
MB	Mercedes-Benz
MBBras	Mercedes-Benz Brasilien
MBTürk	Mercedes-Benz Türkei
mcm *institute*	Institut für Medien- und Kommunikationsmanagement
MESZ	mitteleuropäische Sommerzeit
MIT	Massachusetts Institute of Technology
MMK	Multimedia Kommunikations AG
MoMA	Museum of Modern Art
MS	Microsoft
NASA	National Aeronautics and Space Administration
NIH	Not-Invented-Here
o. O.	ohne Ort
o. V.	ohne Verfasser
OA	Organisationsabteilung
OECD	Organization for Economic Cooperation and Development
OL	organisationales Lernen
Org.	Organisation

PAKM	International Conference on Practical Aspects of Knowledge Management
PCP	Product Creation Process
PDA	Personal Digital Assistent
PERT	Program Evaluation and Review Technique
PICMET	Portland International Conference on Management of Engineering and Technology
PIM	Persönliches Informationsmanagement
PIS	Projektinformationssysteme
PKM	Project Knowledge Medium
PM	Projektmanagement
PMBOK	Project Management Body of Knowledge
PMHB	Projektmethodenhandbuch
PMI	Project Management Institute
PMIS	Projektmanagementinformationssysteme
PM-Meth.	Projekt(management)methodik
PMU	Projektmanagementunterstützung
PPA	post-project appraisal unit
PTHB	Projekttechnikhandbuch
R&D	Research and Development
RECALL	Reusable Experience with CBR for Automating Lessons Learned
RMS	Risikomanagement-Tool
RTC	Real Time Collaboration Systems
SBV	Schweizer Bankverein
SDSL	Symmetric Digital Subscriber Line
SECI	socialization, externalization, combination, internalization
SGML	Standard Generalized Markup Language
SKN-C	Schwere Klasse Nachfolger Typ „C“
SPM	Schweizerische Gesellschaft für Projektmanagement
SQL	Structured Query Language
SSL	Secure Socket Layer
Stgt.	Stuttgart

TCP/IP	transmission control protocol/Internet protocol
TR	Nationalitätenkennzeichen Türkei
UBS	Schweizerische Bankgesellschaft (bis Juni 1998)
UMTS	Universal Mobile Telecommunications System
URL	Uniform Resource Locator
Venus	Vertriebsunterstützungssystem für den Aussendienst
VRML	Virtual Reality Modeling Language
VW	Verwaltungswesen
WAN	Wide Area Network
WAP	Wireless Application Protocol
WMK	Arbeitskreis Wissensmanagement der Universität Kaiserslautern
WML	Wireless Markup Language
WWW	World Wide Web
XHTML	Extensible HyperText Markup Language
XML	Extensible Markup Language
zfo	Zeitschrift Führung + Organisation

Wir können mehr wissen durch das Wissen anderer, aber wir werden nicht weiser durch die Weisheit anderer.

Michel de Montaigne, 1533-1592, französischer Philosoph

1 Einleitung

1.1 Szenario und Motivation

Das Wettbewerbsumfeld für Unternehmen an der Schwelle zum 21. Jahrhundert ist durch verschiedenste Umfeldfaktoren gekennzeichnet. Als Beispiele dafür können die folgenden, vielerorts als Trends isolierten Tendenzen aufgeführt werden:

- Zunehmender Innovationsdruck
- Fortschreitende Globalisierung und Internationalisierung
- Intensivierung des Wettbewerbs

Diese zumindest induktiv belegbaren Faktoren stellen einen komplexitätsreduzierenden Ausschnitt aus dem Systemumfeld heutiger Unternehmen dar, anhand dessen das für diese Arbeit relevante makroökonomische Szenario vorgestellt und die Inhalte der Arbeit motiviert werden sollen.

Innovationsdruck

Der anhaltende technologische Fortschritt führt in vielen Branchen zu einer Verkürzung der Innovationszyklen bei gleichzeitiger Zunahme der technischen Komplexität.[1] Durch die Veränderungen der Märkte in Richtung einer stärkeren Kundenorientierung und das bewusste Bestreben, die von der Konzipierung eines Produktes bis zu dessen Markteinführung notwendige Zeitspanne zu verkürzen, herrscht ein hoher Innovationsdruck [Boutellier/Völker 1997, S. 107 f.; Malone 1999; Reichwald/Koller 1996, S. 107].

Globalisierung/Internationalisierung

Parallel dazu führen globale Zusammenschlüsse, so genannte „Mega Mergers" – wie beispielsweise die Fusionen der Deutschen Bank mit Bankers Trust, von Chrysler mit Daimler-Benz, Hoechst mit Rhône-Poulenc, Exxon mit Mobil, Glaxo Wellcome mit SmithKline Beecham, AOL mit Time Warner oder Mannesmann mit Vodafone AirTouch zu „World Companies" [vgl. z. B. Malone/Laubacher 1999, S. 28; Pells 1998; Burgmaier et al. 1999].

---

1 Eine Verkürzung der Innovationszyklen zieht dabei nicht zwingend in allen Branchen auch eine Verkürzung der Produktlebenszyklen [vgl. z. B. Wildeman 1998, S. 97] nach sich. Dies lässt sich beispielsweise durch konstant bleibende Produktgebrauchsdauern begründen, während sich in einigen Branchen wie z. B. im Bereich Konsumgüterelektronik und EDV durchaus eine solche Verkürzung konstatieren lässt [Boutellier/Völker 1997, S. 107 f.; vgl. auch Reichwald/Koller 1996, S. 107].

Daneben lässt sich die in den verschiedensten Branchen zu beobachtende zunehmende Privatisierung (z. B. als Folge der Deregulierung im Bereich der Telekommunikation) als Triebkraft für eine zunehmende Globalisierung erkennen [z. B. Reichwald/Koller 1996, S. 107; Wildeman 1998, S. 97].

Als weiterer wesentlicher Motor der Internationalisierung kann auch die „IKT-Revolution"[2] aufgeführt werden [Schmid 1997a; Schmid 1999a, S. 285; vgl. auch Malone 1999]. Mit Hilfe moderner Informations- und Kommunikationstechnologien ist es zunehmend möglich, in bisher verschlossene Märkte vorzudringen, da die neuen Medien eine grundlegende Neugestaltung der Geschäftsprozesse erlauben. Diese ermöglichen nicht nur zeit- und ortsungebundene Markttransaktionen [vgl. Schmid 1997a, S. 108 f.], sondern darüber hinaus auch die Erschliessung neuer Anwendungspotenziale sowie Formen der Mobilität und der verteilten Zusammenarbeit, die man bisher nicht für umsetzbar hielt [vgl. Picot et al. 1998, S. 2 ff.].

Intensivierung des Wettbewerbs

Für viele Unternehmen führt die zunehmende Globalisierung und Internationalisierung von Güter-, Arbeits- und Informationsmärkten zu einem erhöhten Wettbewerbsdruck [vgl. z. B. Hammer/Champy 1994, S. 34 ff.; North 1999, S. 15; Picot et al. 1998, S. 2; Willke 1997, S. 7]. Dazu trägt auch die gestiegene Transparenz der Märkte durch die neuen Medien wie das Internet bei, welche den Überblick über angebotene Leistungen und Preise zunehmend vereinfachen.

Als mögliche Ursachen der durch die ausländische Konkurrenz verschärften Wettbewerbsbedingungen können – neben den bereits genannten Gründen – unter anderem der Wegfall sowohl politisch[3] als auch wirtschaftlich[4] motivierter künstlicher Schranken, der damit verbundene Abbau von Handelsgrenzen[5] und die Öffnung von Märkten im osteuropäischen und asiatischen Raum genannt werden. Dadurch eröffnen sich für Unternehmen nicht nur neue Absatzchancen, sondern auch Risken in Form von direkter, aber auch indirekter[6] Konkurrenz in existierenden Märkten. Die physische Produktion wird dabei vermehrt in Schwellen- und Entwicklungsländern verlagert.

Flachere Organisationsstrukturen

Um der skizzierten Wettbewerbssituation standhalten zu können, lässt sich als eine mögliche Reaktion die Verflachung[7] von Organisationsstrukturen beobachten. Dies ermöglicht die Flexibilisierung bisher eher hierarchisch aufgebauter, „bürokratisch reglementierend" [Ziehmann 1996, S. 31] wirkender Strukturen [Müller-Stewens

---

2 IKT: Informations- und Kommunikationstechnologie.

3 Beispielsweise durch die Wandlungsprozesse in Osteuropa.

4 Z. B. durch Deregulierungsmassnahmen in der Telekommunikationsbranche in vielen Ländern.

5 Liberalisierung der Märkte z. B. durch die Bildung von Handelsräumen wie die EU oder die durch die NAFTA geschaffene Freihandelszone.

6 Durch Lohngefälle wird die Nutzung von „Billigarbeitskräften" wie beispielsweise Programmiererteams in Tschechien oder Indien attraktiv.

7 Vgl. kritisch zum mit der Verflachung oftmals verbundenen Wegfall des Mittelmanagements Kapitel 3.3.7.

1997b, S. 24, Smith/Dodds 1997, S. 166]. Abgeflachte Netzwerkunternehmen mit einem steigenden Anteil von Team- oder Projektarbeit treten dabei an die Stelle steiler Hierarchien [Anderson/Larsson 1998, S. 145; Patzak/Rattay 1998, S. 455; Peters 1993; Reichwald/Koller 1996, S. 107; Savage 1997, S. 96; Wiig 1998, S. 4].

Als mögliche Antwort auf die aus dem Wettbewerbsumfeld resultierenden gestiegenen Anforderungen an die Unternehmen – gefragt sind permanente Wandlungs-, Reaktionsfähigkeit[8], Dynamik und Flexibilität – ist eine zunehmende Hinwendung zur Projektorganisation[9] zu beobachten [Hammer/Champy 1994, S. 36 ff.; Bleicher 1996, S. 59; Patzak/Rattay 1998, S. 454 ff.].

Die gestiegene Relevanz dieser Organisationsform können die folgenden Untersuchungen belegen:

- In einer repräsentativen Studie[10] des Spiegel-Verlags im Befragungszeitraum Oktober 1998 bis Februar 1999 gaben 71 % bzw. 74 % der in Führungs- bzw. Fachaufgaben tätigen Befragten an, dass die zeitlich begrenzte Projektarbeit anstelle von permanenten Aufgaben zunehmen werde. 58 % bzw. 59 % der in Führungs- bzw. Fachaufgaben Beschäftigten waren der Meinung, dass Hierarchien in Unternehmen an Bedeutung verlieren und Arbeitsgruppen immer wichtiger werden [Spiegel-Verlag 1999, S. 92].
- Die Ergebnisse einer eigenen empirischen Untersuchung aus dem Jahr 1997 [Schindler 1997][11] und die im Rahmen dieser Arbeit gewonnenen Aussagen[12] können diesen Trend grundsätzlich bestätigen.
- Eine weitere Möglichkeit zur Induktion der Relevanz einer Thematik ist die Untersuchung der zugehörigen Publikationshäufigkeiten [Lundin/Midler 1998a, S. 1]. Auch die vom Autor durchgeführte Literaturanalyse (vgl. Abb. IV-1 in Anhang IV) kann die gestiegene Relevanz der Projektarbeit belegen: Dabei ist eine tendenzielle Zunahme der bibliografischen Referenzen über den Zeitraum der letzten zwölf Jahre zu beobachten.

Der festgehaltene Globalisierungstrend führt dabei zu einer Zunahme der geografischen Verteilung von Unternehmen und damit auch der in ihnen abgewickelten Projekte durch weltweit vernetzte Projektteams[13]. Mit dem Anstieg projektorientierter

---

[8] Bleicher spricht hier von einer Zeitschere: Während die verfügbare Reaktionszeit bei zunehmend geforderter Dynamik sinkt, steigt die benötigte Reaktionszeit bei wachsender Komplexität [Bleicher 1995, S. 210].

[9] Für eine differenzierte Bestimmung auftretender Begrifflichkeiten wird auf die folgenden Kapitel verwiesen.

[10] Vgl. [Spiegel-Verlag 1999, S. 5 und S. 254].

[11] Dabei wurden im Rahmen von halbstandardisierten Experteninterviews dreizehn Multiprojektentscheider, Projektleiter und Projektmitarbeiter von Unternehmen unterschiedlichster Branchen über ihre Einschätzung bezüglich der Relevanz der Projektarbeit befragt [Schindler 1997].

[12] Vgl. dazu Frage B-1-1.2 in Anhang II.5 und Kapitel 1.3 für die verwendete Forschungsmethodik.

[13] Boutellier et al. nennen als Vorteile solcher verteilten Teams die Nutzung von Lohngefällen und den Zugang zu breiteren Wissensbeständen. Nachteile sind geografische Distanzen, Unterschiede in Kultur und Arbeitsgewohnheiten und die durch die Überbrückung unterschiedlicher Zeitzonen auftretenden Koordinations- und Kommunikationsprobleme [Boutellier et al. 1998, S. 13].

Organisationsgestaltung wächst gleichzeitig der Bedarf nach leistungsfähigen Methoden und Techniken des Projektmanagements in immer mehr Industriezweigen [Patzak/Rattay 1998, S. II; Wideman 1998, S. 3; vgl. Boutellier et al. 1998]: Nicht mehr nur Grossprojekte, auch abgrenzbare Routinetätigkeiten werden immer öfter in der Form von Projekten durchgeführt [Patzak/Rattay 1998, S. 454, Gareis 1994, S. 2; Boos/Heitger 1996, S. 166; vgl. Handy 1994, S. 35].

Dieser wachsenden Anforderung kann durch immer bessere technologische Lösungen Rechnung getragen werden: Innovative Informations- und Kommunikationssysteme nehmen dabei eine wichtige Rolle ein [vgl. z. B. Evaristo/van Fenema 1999, S. 275; Pells 1998].

Wissensorientierung

Mit der ansteigenden Komplexität von Wissensgebieten[14] steigt auch die für die Leistungserstellung notwendige „Wissenstiefe", gekoppelt an ein geändertes Bewusstsein in dem die Produktions- und Nutzungsstrategien vorhandenen Wissens bewusster eingesetzt werden [Chiesa/Manzini 1998, S. 110; Schumm 1999, S. 172 ff.], während die Nutzung traditioneller Rationalisierungs- und Differenzierungspotenziale immer schwerer erscheint [North 1999, S. 1]. Die zunehmende Veränderungsdynamik der Umwelt führt parallel zu einer immer schnelleren „Alterung" des Wissens [Zahn/Greschner 1996, S. 43].

Vor dem Hintergrund dieser Entwicklungen ist eine zunehmende „Wissensorientierung"[15] zu beobachten: Die Betrachtung des „Produktionsfaktors Wissen" [Drucker 1998; Spur 1997, S. 91 ff.; Willke 1999, S. 6], bzw. die Auffassung von Wissen als (strategischer) Wettbewerbsfaktor [North 1999, S. 64; Zahn 1998, S. 44] oder als Unternehmensvermögen [Davenport/Prusak 1998, S. 44] unterstreichen die Tragweite der gegenwärtigen Diskussion.[16] Sveiby spricht gar von einem Paradigmenwechsel von der Industrie- zur Wissensgesellschaft [Sveiby 1998, S. 50 ff.; vgl. auch Bell 1999, S. 212 ff.; Schumm 1999, S. 152; Wenger/Snyder 2000, S. 139; Willke 1998b, S. 353 ff.].

Aus den in den vorangegangenen Ausführungen zusammengefassten Diskussionen lässt sich zumindest eine gestiegene Bedeutung der „Ressource Wissen" festhalten, die durch die folgenden Untersuchungen belegt werden kann:

---

[14] Dieser Trend kann etwa an der Zunahme des Volumens von Druckerzeugnissen (wenn man damit die Abbildung der Produktion „neuen" Wissens unterstellt und keine reine Reproduktion von vorhandenem), immer neuen wissenschaftlichen Innovationen, der immer lauter werdenden Forderung nach lebenslangem Lernen oder dem gestiegenen prozentualen Anteil der Forschungs- und Entwicklungsmitarbeiter an der Gesamtbelegschaft westlicher Unternehmen abgelesen werden. Weitere Beispiele sind die zunehmende Spezialisierung von wissenschaftlichen Disziplinen [Warnecke 1996, S. 97 ff.; vgl. auch Probst et al. 1999, S. 23 f.] oder die Konvergenz von Technologien, wie zum Beispiel das im Bereich der IKT beobachtbare Zusammenwachsen von Mobiltelefonen mit mobilen Organizern oder dem Fernseher mit dem PC.

[15] Dass diese Diskussion nicht nur akademischen Charakter hat, verdeutlicht die Aussage der OECD: „The OECD economies are increasingly based on knowledge and information." [OECD 1996, S. 3]

[16] Vgl. auch Kapitel 2.2.1.

- In einer 1997 vom Fraunhofer-Institut für Arbeitswirtschaft und Organisation (IAO) durchgeführten Studie[17] halten 96 % der Befragten die Thematik „Wissensmanagement" für wichtig oder sogar sehr wichtig. Der Anteil des Produktionsfaktors Wissen ist nach Meinung der befragten Unternehmen mit mehr als 50 % an der Wertschöpfung beteiligt. 80 % der befragten Unternehmen gaben an, dass der Anteil des Produktionsfaktors Wissen an der Wertschöpfung in Zukunft noch zunehmen wird. Lediglich 20 % der befragten Unternehmen schätzten ihren bisherigen Umgang mit der Ressource Wissen für gut bis sehr gut ein, was einen Handlungsbedarf ableiten lässt [Bullinger et al. 1997, S. 16 f.].
- Ein solcher Handlungsbedarf wurde auch in einer von Michael Earl und Ian Scott vom Center for Research in Information Management der London Business School durchgeführten Studie[18] identifiziert [Earl/Scott 1999, S. 29 f.]. Zentrale Ergebnisse der Untersuchung waren, dass Wissen Kapital und natürliche Ressourcen als ökonomische Basisressourcen ersetzt und dass bei den Befragten der grundsätzliche Konsens besteht, dass das Management von Wissen in Unternehmen noch sehr zu wünschen übrig lässt.
- In einer Studie des Wirtschaftsprüfungs- und Beratungsunternehmens KPMG[19] aus dem Jahr 1998 wurde konstatiert, dass es 49 % der Unternehmen an Fähigkeiten im Bereich Knowledge Management mangle [Parlby 1998, S. 16]. Mehr und mehr Unternehmen würden daher personelle Ressourcen und Budget für Knowledge Management bereitstellen. Weiter wird ausgeführt, dass es zu einer Mitarbeiterfluktuation zugunsten von Unternehmen, die über ein funktionierendes Wissensmanagement verfügen, kommen werde [Parlby 1998, S. 20].
- Auch die vom Autor durchgeführte Literaturanalyse kann hier wiederum als Relevanzbeleg herangezogen werden: Für entsprechende Publikationen[20] lässt sich eine tendenzielle Zunahme erkennen (vgl. Abb. IV-1 in Anhang IV). Die Zahl der jährlichen Publikationen hat sich im Untersuchungszeitraum mehr als vervierfacht.[21]

---

[17] In der Studie „Wissensmanagement heute" wurden 250 Unternehmen aus den drei Bereichen Investitionsgüter, Konsumgüter und Dienstleistungen zum Thema Wissensmanagement befragt. Bei der Ergebnisauswertung wurden 311 deutsche Unternehmen aus der Investitions- und Konsumgüter- sowie der Dienstleistungsbranche in der Stichprobe berücksichtigt. Das Untersuchungsdesign basierte auf strukturierten Interviews bzw. einer parallel dazu durchgeführten schriftlichen Befragung [Bullinger et al. 1997, S. 12 f.].

[18] Im Rahmen der Studie wurden 20 Chief Knowledge Officers (CKO) in Nordamerika und Europa zum Thema Wissensmanagement befragt [Earl/Scott 1999, S. 29].

[19] Die Untersuchung wurde im Frühjahr 1998 bei 100 britischen Unternehmen mit Umsätzen von mehr als 200 Millionen £ durchgeführt [Parlby 1998, S. 5].

[20] Es wurde nach dem Wort „knowledge" bzw. möglichen Wortvariationen im Titel recherchiert.

[21] 1988 wurden 91 Publikationen gegenüber 401 im Jahr 1999 gezählt.

Sowohl aus dem in der Unternehmenspraxis als auch in der wirtschaftswissenschaftlichen Theorie feststellbaren Konsens bezüglich der gewachsenen Bedeutung des Wissens aus Sicht der Volkswirtschaften, aber auch auf Ebene der Organisationen, wird die Notwendigkeit des Managements der „Ressource" Wissen und der mit dem Wissenserwerb verbundenen Lernprozesse motiviert [z. B. Bürgel/Säubert 1998, S. 52; Davenport et al. 1998, S. 43; Handyside/Light 1998, S. 161; Nonaka/Takeuchi 1998, S. 214 f.; Pérez-Bustamante 1999, S. 6; Probst/Büchel 1998, S. 6; Schüppel 1996, S. 52 und S. 182; Shariq 1998, S. 10]. Peter Drucker fordert das Management der Wissenspotenziale zum Zwecke einer Steigerung der Produktivität zur Erzielung von Wettbewerbsvorteilen [Drucker 1998, S. 10].

Das in den vorangegangenen Abschnitten geschilderte makroökonomische Szenario bildet ein komplexes Wirkungsgefüge, dessen einzelne Parameter in einer gegenseitigen Einflussbeziehung stehen. Die bisherigen Ausführungen lassen sich stark vereinfacht wie in Abb. 1-1 grafisch darstellen.

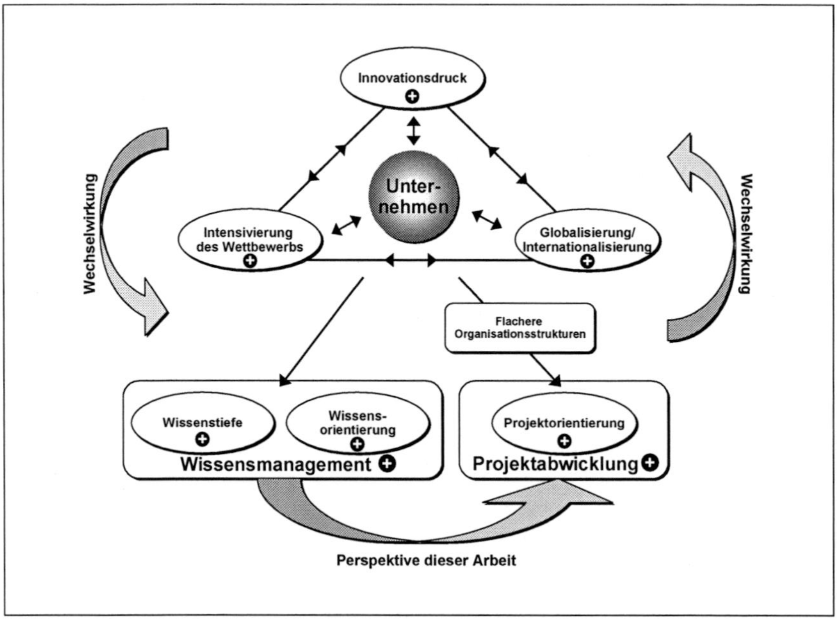

Abb. 1-1: Mögliche Wirkungsgefüge im Wettbewerbsumfeld der Unternehmen zu Beginn des 21. Jahrhunderts

Aus der Integration der geschilderten Kontexte ergibt sich die Motivation für diese Arbeit: Die gestiegene Bedeutung des Wissensmanagements einerseits und der Projektorientierung andererseits legt als Impetus für diese Arbeit die Betrachtung der Projektabwicklung unter Wissensmanagementperspektive nahe.

1.2 Problemstellung und Zielsetzung

Nach Freimuth sind Projekte eine bislang unterschätzte Chance für das Wissensmanagement, da sie „äusserst effektive Formen der organisatorischen Wissensproduktion, in denen die beteiligten Akteure neue Erfahrungen machen und Erkenntnisse gewinnen", darstellen [Freimuth 1997, S. 145]. Von Krogh [von Krogh 1998, S. 136] argumentiert ähnlich und postuliert die Organisationsstruktur „Projekt" als ein mögliches Gefäss zur Wissenserzeugung. Nach Nonaka und Konno [Nonaka/Konno 1998, S. 41] spielen wissenserzeugende Teams oder Projekte Schlüsselrollen bei der Erzeugung von Werten innerhalb einer Organisation. Probst und Büchel betonen, dass sich Projektorganisationen besonders als lernende Organisationen eignen [Probst/Büchel 1998, S. 119 ff. und S. 160 ff.; vgl. auch Bowen et al. 1994, S. 267].[22]

In diesen Tenor lassen sich die Aussagen weiterer Autoren einordnen:

- „Auch Projekte als temporäre Organisationen können aus der Perspektive des organisatorischen Lernens beobachtet werden." [Gareis/Zink 1994, S. 41]
- Ayas führt dazu aus [Ayas 1996, S. 131]: „The effective application of project management tools is necessary but no longer sufficient" und weiter: „One must be aware that learning within a project does not happen naturally it is a complex process that needs to be managed."
- Projekte eignen sich dabei als „Enabler" einer lernenden Organisation, da eher lose gekoppelte Strukturen als besonders lernbegünstigend gelten [vgl. Hanft 1996, S. 151].
- Nach Wiegand sind Projektteams als „emergente arbeitsbezogene Wissensgemeinschaften" [Wiegand 1996, S. 517] zu verstehen, denen eine immer höhere Bedeutung für die Wissensgenerierung zukommt [Wiegand 1996, S. 517; vgl. auch Smith/Dodds 1997, S. 165].
- „It will become increasingly important that organizations take steps to capture and build on the learning that takes place during a project, as there will be fewer permanent core staff to act as the repository of organizational learning." [Smith/Dodds 1997, S. 165]
- Lundin und Midler postulieren die „necessity for deeper theoretical and empirical investigations on project work as learning and renewal processes" [Lundin/Midler 1998a, S. 2].

Während im Bereich Wissensmanagement aus Prozessperspektive[23] schon eine ganze Reihe von Veröffentlichungen vorliegen, erfolgt eine explizite Betrachtung der Projektabwicklung unter Aspekten des Wissensmanagements in der Literatur eher selten.

[22] Für eine Begründung, warum dies so ist, vgl. Kapitel 2.2.2.

[23] Hier gilt es zwischen den Prozessen des Wissensmanagements [vgl. z. B. Ruggles 1998, S. 81] und wissensintensiven Prozessen [vgl. z. B. Eppler et al. 1999a] zu unterscheiden. Erstgenannte sind auch für den Kontext dieser Arbeit relevant (vgl. Kapitel 3.1).

Die hierzu verfügbaren Publikationen erheben keinen Anspruch auf Ganzheitlichkeit und sind in ihrer Betrachtung in der Regel auf einzelne Aspekte eingeschränkt [z. B. Ayas 1998[24]; Lullies et al. 1993[25]; Boutellier/Gassmann 1997b; Boutellier/Gassmann 1997a, S. 39; Gassmann 1997[26]; Lundin/Midler 1998b[27]; Probst et al. 1999[28]]; zudem sind sie nicht sehr umfassend [vgl. z. B. Freimuth 1997; Gareis/Zink 1994; Patzak/Rattay 1998, S. 423 f.; Wojda 1996]. Hingegen existieren zahlreiche Ausführungen über Projekte zur Einführung von Wissensmanagement [z. B. De Long et al. 1997; Davenport et al. 1998, S. 43; Davenport/Prusak 1998, S. 221 ff. und S. 277 ff.] bzw. von organisationalem Lernen [z. B. Anell 1998] in Unternehmen.

Als weiteres Indiz für die Relevanz der im Rahmen dieses Dissertationsprojektes behandelten Thematik sind die Ergebnisse der eigenen Literaturuntersuchung[29] zu betrachten: Während die Veröffentlichungshäufigkeiten in den Bereichen „Wissensmanagement“ und „Projektabwicklung“ über die letzten zwölf Jahre tendenziell zugenommen haben, können im Schnittmengenbereich „Wissensmanagement“/„Projektabwicklung“ diesbezüglich keine nennenswerten Veränderungen konstatiert werden.

Der Bedarf zur Schliessung dieser Lücke lässt sich auch durch die Forderungen in der Literatur belegen: Willke konstatiert, dass die Erforschung von organisationaler Wissensarbeit ganz am Anfang stehe [Willke 1997, S. 17]. Aus der gestiegenen Wissensorientierung heraus fordert der Soziologe Wilhelm Schumm die Öffnung der „‚black box‘ Wissen“ [Schumm 1999, S. 178], um die mit der Transformation von Wissen zusammenhängenden Probleme sichtbar zu machen. Dabei gilt es, eine isolierte, nicht anwendungsfallbezogene Betrachtung von Wissensmanagement an sich zu vermeiden [Teece 1998, S. 289]. Holtshouse identifiziert aus betriebswirtschaftlicher Perspektive drei Gebiete hoher Priorität für die zukünftige Forschung im Bereich Wissensmanagement [Holtshouse 1998, S. 277, Aufzählungsnotation durch den Autor ergänzt]:

- „research on how tacit knowledge can continue to be ‘tapped into and utilized’ despite increasing economic and business forces that are disrupting the social nature of the workplace community where tacit knowledge lives and thrives;

---

[24] Ayas beschreibt Lernprozesse bei Entwicklungsprojekten als Triebkräfte für Performanceverbesserungen.

[25] Die Untersuchungen von Lullies, Bollinger und Welz eruieren den unternehmensinternen Wissenstransfer bei Entwicklungsvorhaben [Lullies et al. 1993, S. 10].

[26] In der Arbeit von Gassmann und zuordenbaren Publikationen über das Management transnationaler F&E-Projekte werden immer wieder Aspekte des Wissensmanagements aufgegriffen.

[27] Hier werden in Teilabschnitten Ausführungen über Projekte als Orte des Lernens gemacht.

[28] In dem viel zitierten Standardwerk über Wissensmanagement des Autorenteams werden Projekte in unregelmässigen Abständen an einzelnen Stellen für die allgemeinen Ausführungen zur Wissensmanagementthematik herangezogen.

[29] Vgl. wieder Abb. IV-1 in Anhang IV für eine Darstellung der Ergebnisse in grafischer und tabellarischer Form.

- research on how to optimally structure knowledge flow between knowledge seekers and knowledge providers to maximize the impact on knowledge;
- and research on how to make knowledge, which by nature is fuzzy and intangible, visible and concrete.“

Diese Anforderungen sollen in der Arbeit Berücksichtigung finden.

Zielgruppen
Die Dissertation wendet sich an die beiden Zielgruppen Scientific Community (Wissenschaft) und Business Community (Praxis).

Im Rahmen der Scientific Community sind Studierende, Forschende und Lehrende im Bereich der Betriebswirtschaftslehre (Medien- und Kommunikationsmanagement, Organisation) und der Wirtschaftsinformatik sowie in themenverwandten Gebieten angesprochen.

In der Praxis bilden Management, Projektleitung, Organisationsentwickler, Mitglieder von Steuerungs- und Lenkungsausschüssen sowie Medienarchitekten die Zielgruppe dieser Dissertation. Potenzielle Nutzer sind alle projektorientierten Unternehmen (z. B. Beratungsunternehmen). Dabei soll die Arbeit ein möglichst realistisches Bild zeichnen und Praktikern Handlungsanweisungen im Sinne von Gestaltungsempfehlungen für ein ganzheitliches Projektwissensmanagement offerieren.

Die Zusammensetzung der Zielgruppe und die oben aufgestellte Forderung nach Anwendungsfallbezogenheit lässt dabei eine praxisorientierte Vorgehensweise geeignet erscheinen und motiviert zu einer empirischen Betrachtung der Problemstellung.

Ziele
Ziel dieser Arbeit ist die Schaffung eines umfassenden ganzheitlichen Verständnisses für das Wissensmanagement in der Projektabwicklung, um dadurch einen wesentlichen praxisnahen Beitrag zur Erschliessung der aufgezeigten forschungstheoretischen Defizite zu leisten. Dabei sollen Möglichkeiten aufgezeigt werden, wie ungenutzte Potenziale der Ressource Wissen im Projektkontext besser wahrzunehmen sind. Zur Erreichung des Gesamtziels werden die folgenden Teilziele festgelegt:

- Die zusammenführende Aufarbeitung der relevanten Theorie im Schnittmengenbereich aus Wissensmanagement/organisationalem Lernen und der Projektabwicklung/dem Projektmanagement.

Und darauf aufbauend:

- Eine problematisierende ganzheitliche Darstellung der Ist-Situation des Wissensmanagements in der Projektabwicklung und die Identifikation relevanter Determinanten.

- Die Erarbeitung von Gestaltungsempfehlungen für ein ganzheitliches Wissensmanagement in projektorientierten Unternehmen[30] auf Basis der Ist-Situation. Neben der Schaffung geeigneter Rahmenstrukturen werden dabei schwerpunktmässig die Bereiche Organisation und neue Medien fokussiert. Es soll den folgenden Forschungsfragen nachgegangen werden:
  - Welche organisationalen Konzepte sind zur Intervention eines Wissensmanagements in der Projektabwicklung geeignet?
  - Wie können IKT und insbesondere die neuen Medien dazu beitragen, ein ganzheitliches Wissensmanagement in der Projektabwicklung zu unterstützen?[31]

Die zur Zielerreichung notwendige Forschungsmethodik wird im nachfolgenden Kapitel dargestellt.

1.3 Methodik

1.3.1 Forschungsmethodik

In dieser Arbeit wird das von Ulrich propagierte Verständnis der Betriebswirtschaftslehre als anwendungsorientierte Sozialwissenschaft eingenommen, bei welchem Unternehmen als soziotechnische Systeme[32] betrachtet werden [Ulrich 1984, S. 31 ff. und S. 168 ff.; Ulrich 1988, S. 174 ff.]. Diese Perspektive schlägt sich in der Kombination der beiden Vorgehensweisen *Desk Research* und *Field Research* zur Erschliessung der in dieser Arbeit behandelten Thematik nieder (vgl. Abb. 1-2).

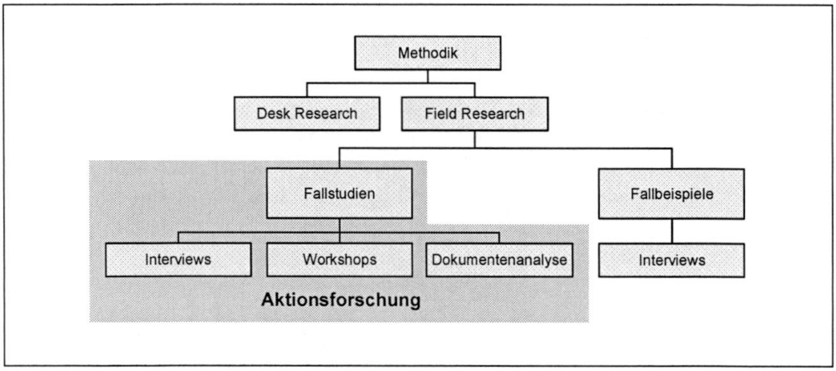

Abb. 1-2: Forschungsmethodischer Rahmen der Arbeit

---

[30] Eine isolierte eindimensionale Betrachtung, beispielsweise aus einer rein technologieorientierten Perspektive, erscheint dabei aufgrund der Komplexität des „Konzeptes Wissen" nicht ausreichend (im Vorgriff auf Kapitel 2.2.1).

[31] Bullinger et al. beklagen einen Mangel an Plattformen, die einen zielgerichteten Wissensaustausch unterstützen [Bullinger et al. 1998, S. 21].

[32] Vgl. zur Systemtheorie Kapitel 2.1.2.

Desk Research
Im Rahmen der *Desk Research* wurde durch eine „übliche" Literaturanalyse der entsprechende kontextuelle Rahmen für diese Arbeit geschaffen, aber auch der Ist- und Soll-Zustand „Projektwissensmanagement"[33] erarbeitet.

Field Research
Durch die Durchführung von *Field Research* soll eine hohe Praxisrelevanz und Aktualität gewährleistet werden.[34] Die Field Research diente der Erarbeitung des Ist-Zustands „Projektwissensmanagement" in der Praxis, aber auch der Evaluation konkreter Massnahmen in Hinblick auf die zu erarbeitenden Gestaltungsempfehlungen.

Die zugrunde liegenden Forschungsarbeiten waren in das Kompetenzzentrum Enterprise Knowledge Medium (CC EKM) des Instituts für Medien- und Kommunikationsmanagement (mcm *institute*) der Universität St. Gallen integriert. Im CC EKM werden Fragestellungen des Wissensmanagements in enger Zusammenarbeit mit Partnern aus der Wirtschaft untersucht. Im Rahmen dieses Umfeldes betreute der Autor der Arbeit von April 1998 bis Oktober 1999 den Bereich Projektwissensmanagement, in den die hier beschriebenen Untersuchungen eingebunden waren. Daneben konnte der Autor Praxiskenntnisse aus seiner Tätigkeit als Berater im Bereich Projektmanagement sowie wissenschaftlich-theoretische Erfahrungen [Schindler 1997] in das Forschungsvorhaben mit einbringen.

Die gewonnenen Erkenntnisse aus der Empirie sind als Fallbeispiele in den Hauptteil der Arbeit bzw. als Fallstudien in den Anhang eingeflossen und trugen erheblich zur kontextrelevanten Bewusstseinsbildung des Autors bei. Die Fallstudien sind dabei als integraler Bestandteil der Arbeit zu betrachten.

Zur Erarbeitung der empirischen Basis (Theoriegewinnung und Verifizierung) für die in Anhang II enthaltenen Fallstudien wurden unter Wahl eines induktiven[35] Vorgehens die qualitativen[36] Forschungsmethoden der Aktionsforschung und Case Study Research genutzt.[37]

Aktionsforschung
Beim Konzept der *Aktionsforschung* (angels.: *action research*)[38] erfolgt die Wissensgewinnung kollaborativ zwischen Forschung (Forscher bzw. Forscherteam) und Praxis

---

[33] Dieser Begriff wird in Kapitel 2.2.1 hergeleitet.

[34] In der Literatur zu findende Abhandlungen über Wissensmanagement vernachlässigen oftmals praktische Aspekte und mangeln an konkreten Handlungsanweisungen [Davenport et al. 1998, S. 43].

[35] Im Sinne einer Verallgemeinerung der im Rahmen der Fallstudien gewonnenen Unternehmensstati, ergänzt mit Aussagen aus der Literatur [vgl. Minto 1995, S. 68 ff.].

[36] Zur Abgrenzung von quantitativer und qualitativer Sozialforschung vgl. [Lamnek 1995a, S. 7 ff. und S. 29 f.; Miles/Huberman 1994, S. 10].

[37] Was besonders für neuartige Problemstellungen, wie die im Rahmen der Arbeit behandelten, als geeignet erscheint [Eisenhardt 1989, S. 532 und S. 546 ff.; vgl. Probst/Raub 1995, S. 13].

[38] Die in der angelsächsischen Literatur üblichen Termini werden zum besseren Verständnis bei den für diese Arbeit grundlegenden Begrifflichkeiten in Klammern nachgeführt, da sie zum Teil auch in der deutschsprachigen Literatur verwendet werden.

(den jeweiligen Unternehmensvertretern). Die Anwendung der Aktionsforschung für die durchgeführten Fallstudien soll eine Arbeit ermöglichen, die sowohl theoretischen als auch praktischen Ansprüchen gerecht wird und dazu beitragen, eine grosse Praxisnähe zu erzielen [vgl. Probst/Raub 1995, S. 4 f.].

Das im deutschsprachigen Raum noch relativ selten verwendete Konzept kann wie folgt charakterisiert werden: „Action research is the process of systematically collecting research data about an ongoing system relative to some objective, goal, or need of that system; feeding the data back into that system; taking actions by altering selected variables within the system based on the data and on hypotheses; and evaluating the results of actions by collecting more data." [French/Bell 1999, S. 130][39]

Das Forschungsobjekt wird in diesem Prozess durch Zyklen der Faktenfindung, Anwendung des Erlernten und Hinterfragen des Verstandenen immer tiefer durchdrungen [Dickens/Watkins 1999, S. 138 f.]. Der Forscher wirkt dabei als „Change Agent".

Die von Probst und Raub zusammengefassten Anforderungen[40] der Theorie an Aktionsforschungsprojekte stellen sich auf den Kontext dieser Arbeit angewendet wie folgt dar [vgl. Probst/Raub 1995, S. 9-11]:

- Verbindung von Wissenschaft und Praxis/Partizipation durch die Praxis: Die Partnerunternehmen des Kompetenzzentrums EKM werden in das Dissertationsprojekt des Autors einbezogen.
- Interdisziplinarität[41]: Im Rahmen des Dissertationsvorhabens werden die Bereiche Human Resources, Organisation und Informations- und Kommunikationstechnologie berührt (vgl. Kapitel 2.2.1-2.2.3).
- Problemorientierung: An die Bedürfnisse aus der Praxis (Anforderungen der Unternehmen) gekoppelte Forschungsfragen stellen ein problemorientiertes Vorgehen sicher.

---

[39] Das Konzept geht auf den Sozialwissenschaftler Kurt Lewin zurück. Action Research vermeidet Praxisferne, stellt eine induktive Annäherung an reale Problemsituationen dar und dient der Erweiterung der wissenschaftlichen Perspektive durch Einbeziehung von Praktikern und Umsetzung bzw. Formulierung von Massnahmen [Probst/Raub 1995; Dickens/Watkins 1999, S. 138 f.]. In der Literatur existiert eine gewisse Unschärfe bezüglich der Verwendung der angelsächsischen Begriffe action research und *participatory* bzw. *participant* action research. In der Regel wird zwischen diesen drei Begriffen nicht weiter differenziert. Whyte et al. [Whyte et al. 1991, S. 20] führen diese Unterscheidung beispielsweise an und betonen damit den Grad der Einbindung des Forschenden in die Praxis bzw. der Unternehmensvertreter in den Forschungsprozess (z. B. zur Diskussion der Forschungsergebnisse). Participant action research ist hier als participatory action research zu verstehen: Die Umsetzung der Massnahmen wird dabei durch den Forschenden betreut (vgl. die Fallstudien II.2-II.4). Im Gegensatz dazu endet ein diagnostizierender Aktionsforschungsprozess (angels.: diagnostic action research) bereits mit der Formulierung von Massnahmen [French/Bell 1999, S. 137] (vgl. die Fallstudie II.1).

[40] Dabei handelt es sich um eine Synthese der von den beiden Autoren in der Literatur gefundenen Anforderungen an die Methode der Aktionsforschung: „Im konkreten Anwendungsfall ergeben sich dabei immer Abweichungen und Schwerpunktverschiebungen." [Probst/Raub 1995, S. 9]

[41] Einige Autoren betonen die besondere Eignung der Methode der Aktionsforschung bei interdisziplinären Forschungsvorhaben [vgl. z. B. Whyte 1991, S. 240].

- Handlungsorientierung: Im Rahmen des Forschungsprozesses wurden – basierend auf der in den Unternehmen angetroffenen Ist-Situation – konkrete Problemlösungen erarbeitet, die in Form von Massnahmen vorgeschlagen und zum Teil umgesetzt wurden.
- Zyklisches Vorgehen bei der Forschertätigkeit: Zur Erstellung der Fallstudien wurde ein umfangreicher Fragebogen entwickelt und sukzessive ausgebaut. Die zugehörigen Interviewblöcke, für welche die Fragebögen eingesetzt wurden, fanden chronologisch versetzt mit entsprechenden zeitlichen Reserven für notwendige Iterationen der Bögen statt.[42] Nach Auswertung der Interviews wurden die Erkenntnisse im Rahmen von Feedbackworkshops und -gesprächen kritisch hinterfragt und durch Massnahmen vertieft.

Der Forschungsprozess war als iterativer Prozess ausgelegt: Ausgehend von der Konzipierung des Forschungsprojektes über die Ist-Analyse bis hin zur Umsetzung erster Massnahmen konnte die Thematik auf diese Weise immer tiefer durchdrungen bzw. enger ein- und abgegrenzt werden. Dabei wurden Fragestellungen sukzessive präzisiert und eruiert. Die einzelnen Phasen des empirischen Forschungsprozesses (von November 1997 bis November 1999) sind dabei nicht streng chronologisch zu betrachten, sondern als Zyklen permanenter Verifikation, bei denen z. B. durch Telefonate, E-Mails, persönliche Begegnungen (Teil-)Fragestellungen und Massnahmendesigns hinterfragt wurden (vgl. Tabelle 1-1). Die vorliegende Dissertation stellt eine Zwischenbilanz der gewonnenen Erkenntnisse dar; der Iterationsprozess setzt sich fort.[43] Allen Phasen vor- bzw. nebengelagert waren dabei die Theoriebildung und ergänzende Literaturstudien.

[42] Dies wird empfohlen, um sich angemessen mit sich weiterentwickelnden Fragestellungen auseinandersetzen zu können [vgl. auch Eisenhardt 1989, S. 539].

[43] Das Kompetenzzentrum EKM ist noch bis April 2001 projektiert.

Phase	Inhalt
1. Projektierung	Erfassung der Problemstellung,[44] inhaltliche Konkretisierung, Auswahl der zu untersuchenden Objekte mit den Unternehmensvertretern, Erstellung eines Forschungsplans mit Arbeitspaketen. Identifikation von Schlüsselinformanten zur Einbindung in den Forschungsprozess, z. B. im Rahmen von Workshops.
2. Ist-Analyse: Erhebung	Problemerhebung durch Interviews, Workshops und Dokumentenanalysen.
3. Ist-Analyse: Auswertung	Auswertung der Interviewmitschnitte, Aufzeichnungen und weitere Dokumentenanalyse.
4. Ist-Analyse: Validierung	Verifikation der gewonnenen Erkenntnisse durch Feedbackworkshops mit den Beteiligten, Präsentationen, Arbeitsberichte, Telefonate.
5. Massnahmen: Konzeption	Ableitung von Massnahmen, basierend auf den im Rahmen der Ist-Analyse gewonnenen Erkenntnissen zum Status quo des Projektwissensmanagements.
6. Massnahmen: Vorstellung	Präsentation und Diskussion der Massnahmen im Rahmen von Workshops oder Arbeitstreffen.
7. Massnahmen: Umsetzung	Realisierung der Massnahmen vor Ort im Umfeld der jeweiligen Unternehmen, begleitet durch das Forscherteam des Kompetenzzentrums (z. B. in Form von Workshopmodulen, IT-Anwendungen[45] oder Organisationsredesigns).
8. Massnahmen: Validierung	Überprüfung der Wirksamkeit der Massnahmen, z. B. durch Feedbackformulare, Workshops, Telefonate oder Arbeitstreffen.

Tabelle 1-1: Aktionsforschungsprozess zur Fallstudienerstellung

Fallstudien

Die als explorative Fallstudien[46] konzipierten Untersuchungen der Arbeit haben zum Ziel, die zu beschreibenden Phänomene praxisbezogen – d. h. alltagsnah – zu eruieren, zu erklären und zu beschreiben [Krcmar o. J.; Yin 1993, S. 4 ff.].

Das Untersuchungsdesign der qualitativorientierten Fallstudien wurde dabei multimethodisch[47] ausgelegt: Als Informationsquellen dienten neben Interviews

[44] Für eine erste Diskussion des Forschungsfeldes vgl. [Schindler 1998a]. Im Rahmen der Projektierungsphase wurden über 20 Workshops mit Vertretern der verschiedensten Unternehmen in der Schweiz und in Deutschland durchgeführt. Im Rahmen dieser Workshops wurde die hohe praktische Relevanz der Thematik bestätigt und dem Autor eine immer tiefere Durchdringung der relevanten Fragestellungen und Problembereiche des Forschungsfeldes ermöglicht.

[45] IT: Informationstechnologie.

[46] Unter einer Fallstudie (angels.: case study) wird hier eine empirische Untersuchung verstanden [vgl. Yin 1994, S. 13; Lamnek 1995b, S. 5]. Lamnek spricht von einem „approach des interpretativen Paradigmas und der qualitativen Sozialforschung... um ein *ganzheitliches* und nur damit *realistisches* Bild der sozialen Welt zu zeichnen.“ [Lamnek 1995b, S. 5]

[47] Dabei fand das Konzept der Methodentriangulation Anwendung. Es dient der Erhärtung von Hypothesen und Erkenntnissen sowie der Bildung eines möglichst umfassenden Bildes durch Ausgleich von Schwächen einzelner Methoden [vgl. Eisenhardt 1989, S. 537 f.; Lamnek 1995b, S. 5 und S. 24 f.].

umfangreiche Dokumentenanalysen,[48] durchgeführte Workshops bzw. Arbeitstreffen[49] sowie die Teilnahme an Projektsitzungen bei den Unternehmen.

Die durch den Autor erstellten Niederschriften der Fallstudien in Anhang II dienen der Dokumentation der gewonnenen Erkenntnisse.

Interviews
Im Rahmen der Arbeit wurden insgesamt 46 qualitative Experteninterviews[50] geführt. Sie dienten der Beschaffung des relevanten Hintergrundwissens, der explorativen Rückkoppelung und der Felderkundung. Die Befragungen wurden – mit Ausnahme von elf Interviews (vgl. Anhang II.4)[51] – durch den Autor dieser Arbeit vorgenommen.

Fallstudie/Unternehmen	Anzahl Interviews
1. Bankgesellschaft Berlin	5
2. DaimlerChrysler	11
3. Insecuranza	11
4. Pixelpark	14
Σ	**41**

→ **Fallstudien**

Ergänzende Interviews/Unternehmen
1. Credit Suisse
2. Roche Diagnostics
3. IBM Consulting Group
4. Schindler Aufzüge
5. UBS
Σ **5**

→ **Fallbeispiele**

Abb. 1-3: Übersicht der Interviews[52]

Von den Interviews wurden 41 in vier Blöcken bei den jeweiligen Unternehmen durchgeführt.[53] Fünf der 41 Interviews fanden dabei überwiegend[54] telefonisch statt (vgl. Abb. 1-3).

48 Die dazu verwendeten Quellen sind jeweils am Ende der betreffenden Fallstudie aufgeführt. Zur Darstellung der Methodik als nonreaktives Verfahren der qualitativen Datenerhebung vgl. [Bortz/Döring 1995, S. 300 f.; Schmidt 1997, S. 185 f.].

49 Die dort stattgefundenen Gruppendiskussionen, z. B. im Rahmen von Feedbackrunden, Metaplanspielen usw., ermöglichten sowohl die Erkundung von Meinungen und Einstellungen der einzelnen Beteiligten als auch der ganzen Gruppe. Zur Methode der teilnehmenden Beobachtung vgl. [Bortz/Döring 1995, S. 296 ff.; Schmidt 1997, S. 170 ff.].

50 Zur Methode vgl. z. B. [Bortz/Döring 1995, S. 216 ff. und S. 282 ff.; Lamnek 1995b, S. 35 ff.].

51 Diese Interviews wurden durch ein anderes Teammitglied des Kompetenzzentrums EKM geführt.

52 Die Rechtsform wird hier aus Gründen der besseren Lesbarkeit nicht näher detailliert. Vgl. Anhang II und III.

Die fünf ergänzenden Interviews[55] (vgl. Anhang III) dienten der weiteren Verifikation der gewonnenen Erkenntnisse sowie der tieferen Durchdringung dedizierter Phänomene und Problemfelder.

Bei allen Interviews wurde eine explorative Vorgehensweise gewählt. Als Interviewform erschien das halbstandardisierte Interview durch mündliche Einzelbefragung[56] geeignet, um möglichst gleiche Bedeutungsinhalte bei den Befragten anzusprechen, aber gleichzeitig gewisse Freiheitsgrade und somit z. B. eine Vertiefung interessanter Aspekte sowie eine bestmögliche Anpassung an die Interviewpartner zu erlauben [vgl. Schmidt 1997, S. 158 f.]. Die Antworten wurden dabei stichwortartig mitgeschrieben.[57] Der für die Fallstudien und in Teilen für die ergänzenden Interviews verwendete Interviewleitfaden[58] findet sich in Anhang II.5. Durch offene Informationen wurde versucht, eine psychologische Belastung bei den Befragten zu vermeiden und ein möglichst kooperatives Sympathiefeld aufzubauen mit dem Ziel, ein vertrauensvolles Klima zu erzeugen [vgl. Schmidt 1997, S. 156].

Eine Darstellung der aus den Interviews gewonnenen Erkenntnisse findet sowohl im Rahmen der aufgeführten Fallstudien selbst als auch im Hauptteil der Arbeit durch die Einbindung von Fallbeispielen und Querverweisen auf die Fallstudien[59] statt.

1.3.2 Aufbau der Arbeit

Die Arbeit gliedert sich in fünf Kapitel (vgl. Abb. 1-4). Der Grobaufriss besteht aus einem Grundlagenteil (Kapitel 2), einem Hauptteil (Kapitel 3 und 4) und einem Schlussteil (Kapitel 5).

---

53 Die Interviewagenden finden sich jeweils in Kapitel 3.2 der Fallstudien.

54 Die Stichprobe in einem der Interviewcluster konnte um ein Interview von ursprünglich zehn auf elf erweitert werden (vgl. Kapitel 3.2 in Anhang II.3), bei dem der Befragte den Interviewleitfaden schriftlich beantwortete und im Nachgang punktuell telefonisch kommentierte. Die anderen vier Interviews wurden ausschliesslich telefonisch geführt, da sich die Gesprächspartner seinerzeit in den USA (vgl. Anhang II.4) bzw. der Türkei (vgl. Anhang II.2) befanden.

55 Auch hier wurde regelmässig Sekundärmaterial der Unternehmen in die Auswertung mit einbezogen (z. B. Geschäftsberichte, Stellenbeschreibungen, Präsentationsunterlagen, Mitarbeiterzeitungen, Bildschirmabdrucke, Internetseiten der Unternehmen, Projektmethodenhandbücher und Formulare).

56 Zur mündlichen Einzelbefragung vgl. [Bortz/Döring 1995, S. 217 ff.].

57 In der Regel wurden die Interviews dabei nach Genehmigung durch die Befragten auf Tonband mitgeschnitten, um die nachträgliche Auswertung zu unterstützen.

58 Vgl. [Bortz/Döring 1995, S. 289] zum Leitfadeninterview. Der Leitfaden wurde dabei relativ umfangreich konzipiert, einerseits um eine möglichst breite Datenbasis zu gewinnen und andererseits, um die Ergebnisse auch für benachbarte Forschungsschwerpunkte im Rahmen des Kompetenzzentrums auswerten zu können.

59 Für eine Charakterisierung der Unternehmen bezüglich ihrer Aufgaben und betriebswirtschaftlichen Kennzahlen vgl. die jeweils zu Beginn der Fallstudien aufgeführten Unternehmensprofile in Anhang II.1-II.4 bzw. die Übersicht in Anhang III.

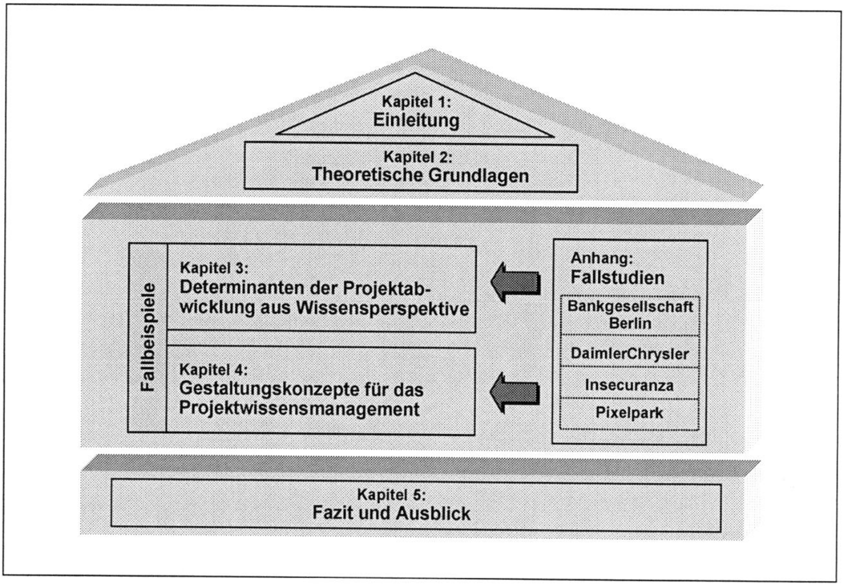

Abb. 1-4: Aufbau der Dissertation

Im Anschluss an das vorliegende einleitende erste Kapitel werden im zweiten Kapitel zunächst die für diese Arbeit grundlegenden Themengebiete abgegrenzt und wichtige Begrifflichkeiten definiert, die für die weiteren Ausführungen in der Arbeit von zentraler Bedeutung sind. Neben den dazu relevanten Aspekten der Projektabwicklung werden die theoretischen Grundlagen aus den Bereichen des Wissensmanagements und des organisatorischen Lernens erarbeitet sowie eine Einordnung in das Medienkonzept nach Schmid vorgenommen. Den Abschluss des Kapitels bildet die Verschmelzung der für diese Arbeit relevanten Kontexte unter Aufspannung eines ganzheitlichen Bezugsrahmens.

In Kapitel 3 werden, auf den Grundlagenteil aufbauend, die in der Ist-Analyse im Rahmen der Fallstudienforschung identifizierten Einflussfaktoren des Wissensmanagements in der Projektabwicklung vorgestellt und vertiefend diskutiert.

Im Anschluss daran findet im vierten Kapitel auf Basis der im vorangegangenen Kapitel erarbeiteten Aussagen im Sinne identifizierter Handlungsbedarfe die Erarbeitung von Gestaltungsempfehlungen für ein ganzheitliches Wissensmanagement in der Projektabwicklung statt. Dabei werden die Schwerpunkte der Massnahmengestaltung auf die beiden Interventionsbereiche Organisation und neue Medien gelegt sowie Möglichkeiten zur Verbesserung der in der Projektabwicklung besonders relevanten Form des organisationalen Lernens – dem Erfahrungslernen – vorgestellt. Der hohen Bedeutung des Faktors „Vertrauen“, insbesondere bei weit verteilten Projektteams, wird durch Darstellung vertrauensbildender Massnahmen Rechnung getragen. Den Abschluss des vierten Kapitels bildet ein Exkurs über die Bedeutung so genannter virtueller Projektteams und deren Auswirkungen auf das Wissensmanagement in der Projektabwicklung.

Abschliessend erfolgt im fünften und letzten Kapitel eine Schlussbetrachtung der gewonnenen theoretischen und empirischen Erkenntnisse und die in der Dissertation beschriebenen Ergebnisse werden zusammenfassend dargestellt. Die Arbeit schliesst mit einem Ausblick auf in der zukünftigen Forschung noch zu klärende offene Fragen.

Die im Rahmen der empirischen Forschung gewonnenen Erkenntnisse fliessen dabei, wie bereits erwähnt, auf zweifache Weise in die Inhalte der Arbeit ein:

- Die Ergebnisse der im Rahmen der Fallstudienforschung bei den vier Unternehmen ausführlich durchgeführten Untersuchungen zum Wissensmanagement in der Projektabwicklung stellen ein wichtiges Teilergebnis der Arbeit dar. Sie sind in Anhang II in Form von vier aufeinanderfolgenden und in sich abgeschlossenen Fallstudien dokumentiert. Im Hauptteil der Arbeit, insbesondere in Kapitel 3 und 4, werden diese Fallstudien immer wieder zur Ableitung von Aussagen herangezogen.
- Die im Rahmen der fünf ergänzenden Interviews erarbeiteten Aussagen fliessen an geeignet erscheinenden Stellen direkt in den Text der Arbeit ein. Sie dienen als Unterlegung der Argumentationen. Ihr Erscheinen wird bei längeren Ausführungen durch entsprechende textgestalterische Einrückung und die *Hervorhebung* des betroffenen Unternehmensnamens kenntlich gemacht.

Im Anhang der Arbeit finden sich neben den Fallstudien (Anhang II) und einer detaillierten Dokumentation der dazu verwendeten Quellen ein Verzeichnis der ergänzenden Interviews und eine Kurzdarstellung des jeweiligen Unternehmensprofils (Anhang III).

2 Theoretische Grundlagen

In diesem Kapitel werden die für das Verständnis der Arbeit notwendigen Grundlagen erörtert. Dazu werden relevante Begrifflichkeiten aus den Bereichen der Projektabwicklung (Kapitel 2.1) und des Wissensmanagements bzw. der neuen Medien (Kapitel 2.2) eingeführt. Abschliessend werden die Inhalte zusammengefasst und der Bezugsrahmen für diese Arbeit auf Basis der gemachten Ausführungen aufgespannt (Kapitel 2.3).

2.1 Elemente der Projektabwicklung

2.1.1 Projektbegriff

Der Mensch arbeitet schon seit geraumer Zeit in Projekten. Als historische Projekte werden in der Literatur regelmässig der Bau der chinesischen Mauer, der Pyramiden und des Panama-Kanals, die Untertunnelung des Ärmelkanals (Channel Tunnel) und die Operation Dessert Storm angeführt [vgl. z. B. Webster 1994, S. 2 f.; Cleland 1994, S. 7].

Etymologisch lässt sich der Terminus Projekt auf das lateinische Verb „proicere" zurück verfolgen, das sich aus den beiden Komponenten „pro" (vorwärts) und „jacere" (werfen) zusammensetzt. Wörtlich genommen, würde dies folglich bedeuten, „eine Sache voranzutreiben" [o. V. 1971, S. 681 in: Engwall 1998, S. 32].

Projekt

Zum Projektbegriff existiert eine Vielzahl von Definitionen. Da der Terminus für diese Arbeit von grundsätzlicher Bedeutung ist, werden im Anhang V Definitionen aus der Literatur gegenübergestellt.

Von der Praxis wird dabei eine relativ grosszügige Auslegung des Begriffs gefordert [vgl. z. B. Zielasek 1995, S. 6 f.]. Einigen Autoren genügt als hinreichendes Kriterium für die Deklaration eines Vorhaben zum Projekt lediglich *eines* der in Anhang V aufgeführten Merkmale [vgl. Schmidt 1997, S. 35; Wischnewski 1993, S. 12].

Eine einheitliche präzisierende Definition erscheint daher nicht möglich. Zusammenfassend lassen sich in der Literatur aber drei Definitionsperspektiven identifizieren:

- Das Projekt als Vorhaben mit gewissen Eigenschaften
- Das Projekt als soziales System
- Das Projekt als unterzeichneter Kontrakt[60]

Diese lassen sich zu einer Projekt-System-Perspektive integrieren.

Ein *Projekt* wird demnach primär als ein Vorhaben betrachtet, das neben einer Zielvorgabe mit Einmaligkeit/Abgrenzbarkeit, durch eine beschränkte Dauer, finanzielle oder andere Begrenzungen, Komplexität, potenzielles Risiko, Interdisziplinarität und

[60] Diese Betrachtungsweise scheint nach eingehendem Literaturstudium am wenigsten verbreitet.

regelmässig durch eine besondere Organisationsform gekennzeichnet ist. Die Betrachtung eines Projektes als soziales System ist unter der Anwendung einer ganzheitlichen Betrachtungsweise mit Einflüssen der Kybernetik in den 80er- und frühen 90er-Jahren aus der eben genannten erwachsen.[61] Die Betrachtung von Projekten als unterzeichnete Kontrakte lässt sich dort einordnen, da soziale Systeme immer durch Kontrakte formeller und informeller Art geprägt sind [vgl. Prange 1996, S. 175].

Zur weiteren logischen Untergliederung lassen sich derartige Vorhaben in *Aufgaben* (angels.: tasks) und diese wiederum in *Arbeitspakete* unterteilen.[62]

Projektmanagement
Die Disziplin des Projektmanagements blickt bereits auf knappe fünf Jahrzehnte der Evolution zurück. Erste Veröffentlichungen in der wissenschaftlichen Literatur sind ab Ende der 50er-Jahre auszumachen [Cleland 1994, S. 9].

Als Anfänge des modernen Projektmanagements werden das Manhattan Engineering District Project (1941) mit dem Ziel der ersten Atombombenentwicklung und das Polaris- [Wideman 1995, S. 71] bzw. Apollo-Programm der NASA (Ende der 50er-, Beginn der 60er-Jahre) genannt [vgl. z. B. Litke 1995, S. 21; Cleland 1994, S. 4].

Weltweit existieren eine Vielzahl von Projektmanagementorganisationen, die zum Teil eng miteinander zusammenarbeiten. Dazu gehören das 1969 gegründete Project Management Institute (PMI) als die weltweit grösste Projektmanagementvereinigung, die Schweizerische Gesellschaft für Projektmanagement (SPM), die Deutsche Gesellschaft für Projektmanagement (GPM) und die International Project Management Association (IPMA) sowie viele weitere Länderniederlassungen.[63]

Es existieren dabei die unterschiedlichsten Motive, ein Vorhaben als „Projekt" durchzuführen. Hauptgrund ist sicherlich die effiziente und zielgerichtete Abwicklung eines Vorhabens. Unternehmen nutzen Projektmanagement, um einzigartige Ergebnisse mit limitierten Ressourcen unter kritischen Zeitbeschränkungen zu erzielen. Die „Auslagerung" der Aufgabe auf ein Team[64] ermöglicht eine höhere Fokussierung von Vollmachten und Verpflichtungen – eine Überwindung der „Trägheit" traditioneller Hierarchien und den dort regelmässig anzutreffenden langen Kommunikationswegen.

Ähnlich wie beim Terminus des Projektes existieren auch für das *Projektmanagement* zahlreiche weitestgehend ähnliche Definitionen. Wischnewski etwa subsumiert unter diesem Begriff[65] alle zur Abwicklung eines Projektes erforderlichen leitenden und ad-

---

[61] Vgl. dazu die Ausführungen in Kapitel 2.1.2.

[62] Meilensteine bieten eine zusätzliche Untergliederungsmöglichkeit des Projektverlaufs. Sie stellen feste Ereignisse wie z. B. Anfangs- oder Fertigstellungszeitpunkte dar.

[63] Für eine Übersicht zugehöriger Internetadressen vgl. Anhang I.5. Eine ausführliche Liste mit einer geografischen Zuordnung findet sich in [Schindler et al. 1998, S. 40 f.].

[64] Man spricht hier vom so genannten Empowerment der Einzelnen durch Delegation von Verantwortung [vgl. Mohrman et al. 1995, S. 283 ff.]. Vgl. dazu auch die Fallstudie DaimlerChrysler in Anhang II.2.

[65] Zielasek spricht hier von einem „Führungskonzept" [Zielasek 1995, S. 2] Projektmanagement. Haberfellner et al. betonen, dass der Schwerpunkt des Projektmanagements auf dem *Management des Problemlösungs-*

ministrativen Aktivitäten [Wischnewski 1993, S. 21]. Das Project Management Institute definiert „the art of directing and coordinating human and material resources throughout the life of a project by using modern management techniques to achieve predetermined objectives of scope, cost, time, quality and participant satisfaction“ [Cleland 1994, S. 5]. Rinza geht einen Schritt weiter und definiert Projektmanagement als „die Leitung – Leitung hier insbesondere verstanden als Planung, Überwachung und Steuerung – eines Projektes sowie die das Projekt leitende Institution“ [Rinza 1998, S. 4]. Der Terminus Projektmanagement setzt sich also aus *zwei* Komponenten[66] zusammen. Litke aggregiert daher: „Projektmanagement ist ein Konzept der Führung solcher Vorhaben und die Institution, die diese Vorhaben leitet.“ [Litke 1995, S. 18; vgl. auch Wischnewski 1993, S. 21] – Projektmanagement[67] ist also ein Konzept zur Leitung und Organisation [Litke 1995, S. 19; vgl. auch Rinza 1998, S. 4].

Auf eine detaillierte Einführung in die Grundlagen, Methoden und Techniken des Projektmanagements bzw. der Projektabwicklung soll an dieser Stelle verzichtet werden; hierzu wird auf die zahlreich publizierte Standardliteratur[68] zur Thematik verwiesen.

Projektabwicklung

Die traditionelle Perspektive auf Projekte und ihre Wirkungszusammenhänge ist primär auf quantitative Messgrössen (mit den Parametern Zeit, Kosten, Qualität)[69] und deren Optimierung bezüglich Effizienz und Effektivität im Einprojektfall (d. h. mit einer gewissen Kurzfristigkeit)[70] ausgerichtet. Dies führte zur Entwicklung entspre-

prozesses liegt und nicht auf dem Erbringen fachlicher Beiträge zur Problemlösung [Haberfellner et al. 1999, S. 242 f.].

66 Zum Begriff des Managements führt Staehle die Personal- und Unternehmensführung an. Neben einer funktionalen Perspektive (Beschreibung von Prozessen und Funktionen) existiert eine institutionelle Perspektive (Beschreibung von Personen oder Personengruppen, ihrer Tätigkeiten und Rollen) [Staehle 1999, S. 71 f.]. Diese aus der angloamerikanischen Literatur stammende duale Sichtweise scheint für diese Arbeit aufgrund der historischen Kontexte des Projekt- und Wissensmanagements geeignet.

67 Die Aufgabe des *Multiprojektmanagements* (und synonym der Multiprojektkoordination) ist es, „eine Menge von Einzelprojekten so zu koordinieren, dass das Gesamtergebnis aller Projekte hinsichtlich der Unternehmensziele ein Optimum ergibt“ [Schwägerl 1996, Abschnitt 1.4, S. 8].

68 Im Folgenden seien einige Beispiele genannt: [Patzak/Rattay 1998; Litke 1995; Cleland 1994; Madauss 2000; Rinza 1998 oder Jenny 1998] – letztgenannter mit Fokus auf Informatikprojekte.

69 Man spricht hier vom Spannungsfeld der Projektarbeit [Vetter/Wiesenbauer 1995, S. 86] bzw. synonym von der in der Literatur weit verbreiteten Darstellung der drei Grundparametern als „magisches Dreieck“ [z. B. Burghardt 1997, S. 36], die bei der Projektdurchführung als Zielgrössen in einer ständigen Interdependenz stehen. Haberfellner et al. erweitern diese Darstellung auf die Parameter Quantität, Qualität, Dauer und Aufwand zum so genannten „Teufelsquadrat“ [Haberfellner et al. 1999, S. 251].

70 Der überwiegende Teil der relevanten Literatur ist auf den Einprojektfall fokussiert: Betrachtungen im Rahmen einer Mehrprojektlandschaft bleiben in der Regel aus [vgl. Elton/Roe 1998, S. 156]. Dies belegt auch eine eigene Literaturstudie zum Thema Projektportfoliomanagement [Schindler/Hilb 1999].

chender Methoden und Verfahren des Operations Research wie etwa der Netzplantechnik.[71]

In der neueren Literatur wird verstärkt die Forderung artikuliert, dass diese kurzfristige Sichtweise einer isolierten Projektbetrachtung [Gareis 1994; Ayas 1996, S. 131] mit Schwerpunkt der Projektmanagementaktivitäten auf inhaltlicher und technischer Seite [Fuhr 1999, S. 123] nicht mehr ausreichend ist. Neue Herausforderungen liegen im Rahmen des Multiprojektmanagements [Litke 1995, S. 23], d. h. in der Einbettung von Projekten in die zugehörige Organisation [z. B. Blomquist/Packendorff 1998, S. 37].

Dazu ist es notwendig, ein ganzheitlicheres Verständnis der Projektarbeit zu erzeugen. Entgegen der gebräuchlichen umgangssprachlichen Auffassung, alle im Projektkontext relevanten Zusammenhänge unter „Projektmanagement" zu subsumieren, wird im Rahmen dieser Arbeit der Terminus Projektabwicklung bevorzugt, da seine Bedeutung weit reichender ist: „Mit *Projektabwicklung* wird das prozessorientierte Projektvorhaben bezeichnet, welches sich durch die Projektdurchführung und Projektführung (Projektmanagement) unterteilt." [Jenny 1998, S. 44, Hervorhebung durch den Autor ergänzt]

2.1.2 Projekte als Systeme

Systemtheorie und Kybernetik

In der neueren Literatur herrscht mittlerweile ein Konsens bezüglich der Betrachtung von Projekten als Systeme. Projektmanagement wird dabei als Bestandteil des Systems Engineering[72] angesehen und unter Gesichtspunkten von Systemtheorie[73] und Kybernetik[74] betrachtet [vgl. z. B. Jenny 1998, S. 3 ff.; Haberfellner et al. 1999, S. 4 ff.]. Diese Betrachtungsweise erscheint sinnvoll, wenn man unterstellt, dass kein einzelnes Individuum über das gesamte für die Abwicklung eines Projektes erforderliche Wissen verfügt [Malik 1990a, S. 102 f.] und die Projektarbeit durch eine hohe Dynamik[75] und Komplexität[76] geprägt ist [vgl. Boos/Heitger 1996, S. 167].

[71] Zu Netzplanverfahren (z. B. PERT, CPM, GERT, GAN) vgl. z. B. ausführlich [Hennicke 1991, S. 13 ff.]. Für eine Einführung siehe [Benner 1996, S. 11; Rabetge 1991, S. 93 ff.; Rinza 1998, S. 71 ff.; Rosenau 1998, S. 82 ff.] oder auch kompakter [Webster 1994, S. 11 ff.; Gomez/Probst 1999, S. 20 f.].

[72] Die Anwendung des Systemdenkens auf Probleme der Organisation [vgl. dazu vor allem Haberfellner et al. 1999].

[73] Für eine ausführliche Darstellung der Systemtheorie vgl. z. B. [Haberfellner et al. 1999; Willke 1996a].

[74] Die Kybernetik ist die Wissenschaft der Steuerung und Regelung von Systemen. Man unterscheidet dabei entwicklungsgeschichtlich die beiden Phasen Kybernetik I (u. a. Rückkoppelung, Abweichungsanalyse, gleichgewichtserhaltende Prozesse) und Kybernetik II (u. a. Lernen, Wandel, Flexibilität) [Staehle 1999, S. 41 ff.; Hallbauer 1997, S. 236-238].

[75] Z. B. können Änderungen im Projektplan eine Verschiebung nachgelagerter Aufgaben und damit der Relationen und zugehörigen Interaktionen zwischen den Mitarbeitern bedeuten.

[76] Vgl. dazu die Herleitung der Definition zum Terminus Projekt in Kapitel 2.1.1.

Wichtige Eigenschaften eines Systems sind dabei [Ulrich 1989, S. 188 ff.; Malik 1990b, S. 118; Prange 1996, S. 182]:

- Ganzheitlichkeit (der Betrachtung von Teilen als Ganzes)
- Vernetztheit (Wechselwirkungen zwischen den Komponenten)
- Offenheit (Wechselwirkungen mit dem Umfeld)
- Komplexität (die Vielfalt an Relationen erschwert eingreifende Massnahmen)
- Ordnung (Struktur)
- Selbstlenkung (Verhaltenswahl)
- Selbstorganisation (Veränderung der inneren Ordnung, z. B. durch Lernen)
- Redundanz (mehrfaches Vorhandensein von Funktionen, jeder Beteiligte kann zum Gestalter werden)
- Selbstentwicklung (Fähigkeit des Systems zu lernen)

Im Rahmen dieser Arbeit werden Projekte daher als komplexe dynamische soziale Systeme betrachtet. Diese ganzheitliche Betrachtung[77] der Projektarbeit ermöglicht eine modellhafte Strukturierung des zu betrachtenden Objektes, seiner Wechselwirkungen mit dem Umfeld und die Nutzung von Ansätzen, die ganzheitliches Denken unterstützen. Die dadurch eingenommene Forschungsperspektive erlaubt die Benutzung entsprechender Termini und trägt den vernetzten (direkten und indirekten) Beziehungen der Mitarbeiter Rechnung.

Das System Projekt besteht dabei aus Elementen (u. a. den Personen, die die oben angeführten Rollen wahrnehmen) und Beziehungen zwischen diesen Elementen[78]: Sie stellen die innere Projektumwelt dar. Es wird von Umsystemen (wie etwa der allgemeinen Öffentlichkeit) umgeben und ist dabei als ein „System im System“ zu verstehen, d. h. als Untersystem (Subsystem) zum gegebenenfalls bestehenden System „Unternehmen“ mit seiner Multiprojektlandschaft[79] [Haberfellner et al. 1999, S. 4 ff.]. Zum Umfeld – der soziotechnischen Umgebung – eines Projektes gehören Auftraggeber, Kunden usw. [vgl. Jenny 1998, S. 18] (vgl. Abb. 2-1).[80]

---

[77] Senge bezeichnet „Systems thinking“ als wichtigen Eckstein (*The Fifth Discipline*) für die lernende Organisation. „Systems thinking is a discipline for seeing wholes. It is a framework for seeing interrelationships rather than things, for seeing patterns of change, rather than static ‘snapshots.’“ [Senge 1990a, S. 68; vgl. auch Jenny 1998, S. 18]

[78] Die wiederum selbst Systeme darstellen können.

[79] Wie bereits im vorangegangenen Kapitel dargestellt, scheint die isolierte Betrachtung eines einzelnen Projektes wenig sinnvoll – Projekte sind in einen organisationalen Kontext eingebunden, sollten daher nicht von der organisationalen Struktur losgelöst betrachtet werden [Ayas 1996, S. 131; Elton/Roe 1998, S. 154].

[80] Hier herrscht eine gewisse Begriffsunschärfe in der Literatur bezüglich der Verwendung der Begriffe Umwelt, Umfeld und Umgebung im Kontext der Systemtheorie. Im Folgenden werden die Begriffe *äussere* Umwelt, Umfeld und Umgebung synonym verwendet (z. B. Auftraggeber, Kunde) und gegen die *innere* Umwelt (Projektteam und zugehörige -leitung) abgegrenzt [vgl. Haberfellner et al. 1999, S. 4 ff.; Willke 1996a,

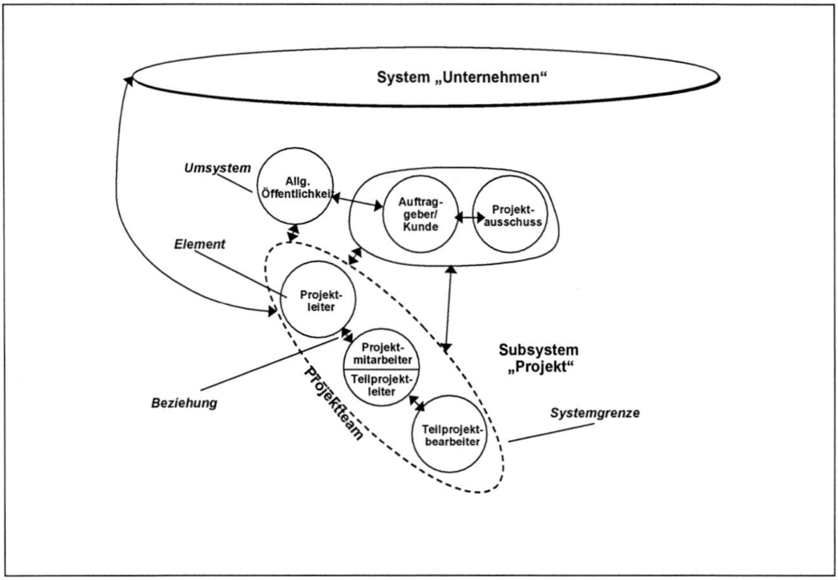

Abb. 2-1: Projekte als Systeme[81]

Die Betrachtung von Projekten aus systemtheoretisch-ganzheitlicher Perspektive ist auch für die im Rahmen dieser Arbeit vorzunehmende Integration von Gesichtspunkten des Wissensmanagements für die „lernende Organisation Projekt“ von Bedeutung [vgl. Senge 1990b, S. 15; Eck 1997, S. 157 und S. 173], denn eine systemtheoretische Sicht auf den Organisationsbegriff[82] lässt die Betrachtung organisationaler Lernprozesse zu[83] bzw. schliesst diese sogar ein [Prange 1996, S. 170]. Nur eine ganzheitliche Betrachtungsweise erlaubt es, die bei der Gestaltung und Entwicklung zu beachtenden Besonderheiten zu identifizieren. Die Betrachtung von Projekten unter der

---

S. 267; Boos/Heitger 1996, S. 176 f.]. Es sei jedoch angemerkt, dass – bedingt durch die Offenheit eines solchen Systems – ein Element der Umgebung durchaus zur inneren Umwelt zählen kann. Als Beispiel hierzu können Multimediaprojekte angeführt werden, bei denen der Kunde regelmässig zum temporären Bestandteil des Projektteams wird (vgl. dazu die Fallstudie Pixelpark).

81 In enger Anlehnung an [Haberfellner et al. 1999, S. 275].

82 Probst definiert Organisation als „Gestaltungsrahmen, der für die Mitglieder den Zustand eines Systems als Gestaltungsergebnis darstellt und vor allem als Struktur und Kultur in Erscheinung tritt“ bzw. als „soziale Institution in Form eines strukturierten Gebildes“ [Probst 1993, S. 43]. Schein verdeutlicht den Systemgedanken: „Organisationen sind offene Systeme in ständiger Wechselwirkung mit ihrem Umfeld“ [Schein 1998, S. 41].

83 Projekte sind u. a. aufgrund ihrer Komplexität und Neuartigkeit in hohem Mass Situationen des Lernens (vgl. Kapitel 2.2.2) – ist die Zielsetzung zu determiniert, besteht allerdings die Gefahr, sich neuartigen Erkenntnissen von vornherein zu verschliessen. Ziel*korridor*orientierung ist demnach eine notwendige Rahmenbedingung [Witschi et al. 1998, S. 80 ff.]. Die Systemtheorie ermöglicht eine solche Perspektive.

Perspektive der Systemtheorie ermöglicht ferner die Vermeidung einer dysfunktionalen Eindimensionalität bei der Analyse und Erfassung der relevanten Strukturen.

Wichtig für diese Arbeit ist dabei eine über die Systemgrenzen hinausgehende Betrachtung, d. h. eine Einbeziehung des Umfeldes so weit möglich. Da Projekte im Kontext dieser Dissertation als dynamische[84] Systeme betrachtet werden sollen, ist die Projektabwicklung auch aus kybernetischen Aspekten zu eruieren, da diese Aufschlüsse über das Systemverhalten zulassen [vgl. Jenny 1998, S. 11].

2.1.3 Intra- und interorganisationale Perspektiven der Projektarbeit

Die Komplexität von Projekten hängt unter anderem vom Grad ihrer räumlichen Verteilung ab und variiert aufgrund ihrer spezifischen Merkmalsform. Dazu werden in den folgenden Abschnitten dieses Unterkapitels die notwendigen Grundlagen zur Verankerung der Projektorganisation in bestehenden Unternehmensstrukturen erläutert und mögliche Verteilungsformen vorgestellt. Anschliessend wird auf Klassifikationsmöglichkeiten von Projekten eingegangen.

Projektorganisation als Primär- und Sekundärorganisation

Unter *projektorientierten Unternehmen* werden im Kontext dieser Arbeit Unternehmen verstanden, die Aufgaben, die neuartig, komplex und teamorientiert sind, als Projekte abwickeln. Organisationsabläufe werden dadurch zeitlich optimiert und Probleme effizienter bewältigt. Derartige Organisationsstrukturen erlauben eine Verkürzung der Informationsflüsse und eine Vereinfachung der Kommunikationsbeziehungen [Gareis 1994, S. 4 ff.; Patzak/Rattay 1998, S. 458 f.].

Der Begriff der *Projektorganisation* (angels.: *project organization* oder auch *project-based organization*) lässt sich zweifach definieren: zum einen als Form der Primärorganisation und zum anderen als Form der Sekundärorganisation. Der Übergang scheint fliessend. Bei ersterer werden *sämtliche* Aktivitäten in Form von Projekten abgewickelt. Solche Organisationsformen sind allerdings noch eher die Ausnahme und in dieser Reinform fast nur bei Forschungsinstituten und Beratungsunternehmen anzutreffen. Selbst derartige Unternehmen werden immer einen gewissen Aufgabenteil effizienter in traditionellen Stab-/Linienorganisationen bewältigen (z. B. Personalarbeit, Rechnungswesen). Im Rahmen dieser Arbeit wird unter Projektorganisation vielmehr eine Form der Sekundärorganisation verstanden:[85] Die Projektorganisation ist ein (gegebenenfalls inter-)organisationales Team, das für die Bewältigung eines Projektes oder seiner einzelnen Teilphasen gebildet [vgl. Cleland 1994, S. 186] und durch die Gestaltung der Aufbau- und Ablauforganisation des Projektes determiniert wird [Litke 1995, S. 24].

---

[84] Notwendig nicht nur durch die explizite Berücksichtigung der Komponente „Zeit“ vgl. Kapitel 2.1.1.

[85] Dieses Verständnis schliesst die Betrachtung von Unternehmen, die ausschliesslich in Projekten arbeiten, nicht aus. Einen Extremfall stellen virtuelle Projektteams dar (vgl. dazu Kapitel 4.7).

Verteilungsgrade von Projekten
Grundsätzlich lässt sich nach offenen und geschlossenen Projekten (solchen mit externen Partnern und solchen ohne) sowie nach Projekten mit hohem oder geringem Verteilungsgrad[86] differenzieren.

Der Übergang von intra- zu interorganisationaler[87] Projektarbeit erscheint fliessend, wenn man die rechtliche Selbständigkeit der beteiligten Partner zunächst nicht betrachtet: selbst innerbetriebliche Projektteams haben aufgrund der angesprochenen Interdisziplinarität oftmals mit hohen Setup-Kosten zu kämpfen, um erfolgreich zusammenarbeiten zu können. Unterschiedliche Abteilungs- oder Teamkulturen erschweren dabei oftmals die reibungslose Zusammenarbeit [Schindler 1998a, S. 9].

Ehlers [Ehlers 1997, S. 32] führt dazu folgende relevante Verteilungsaspekte an:

- Personelle und organisatorische Verteilung
- Verteilung von Informationen
- Verteilte Bearbeitung von Aufgaben
- Verteilung von Kompetenzen und Know-how

Eine geografische Streuung der Projektorganisation schwächt den Grad an direkten Beziehungen zwischen den Teammitgliedern und auch das Ausmass an informellem, direktem Kontakt von Angesicht zu Angesicht. Die geografische Verteilung eines Projektes kann sich dabei innerhalb der beiden Extreme gering verteilt (Teammitglieder arbeiten gemeinsam in einem Büro) und weit verteilt (global verteiltes Projektteam) erstrecken. Durch Nutzung der Informations- und Kommunikationstechnologien und physischen Arbeitstreffen kann diese Verteiltheit zumindest teilweise kompensiert werden. Bei grösseren Distanzen kann eine mögliche Zeitverschiebung die Situation der verteilten Zusammenarbeit zusätzlich determinieren.

Die Art der Zusammenarbeit (inter- bzw. intraorganisational) lässt sich dabei beliebig mit der Ebene der Zusammenarbeit:

- Individuum,
- Organisationseinheit, bzw.
- Organisation

kombinieren. So kann etwa ein einzelner freier Berater im Sinne des E-Lancer [vgl. Malone/Laubacher 1999] als Projektmitarbeiter in ein Projekt zusammen mit anderen E-Lancern, mit der Fachabteilung eines Unternehmens (z. B. als selbständiger DV-Berater mit der Controlling-Abteilung einer Bank) oder in ein unternehmensweites Pro-

---

86 Im Sinne einer geografischen Dezentralisierung. Die zunehmende Internationalisierung stellt eine wichtige Herausforderung an das Projektmanagement dar [Litke 1995, S. 23; vgl. dazu Boutellier et al. 1998; Gassmann 1997].

87 Im Sinne rechtlich selbständiger Unternehmen.

jektteam eingebunden sein. Analog lassen sich Beispiele für Organisationseinheiten und Organisationen bilden.

Die folgende Abbildung (vgl. Abb. 2-2) illustriert die gemachten Ausführungen am Beispiel der in den vier Fallstudien (vgl. Anhang II) angetroffenen Projektsituationen in Bezug auf den Verteilungsgrad:

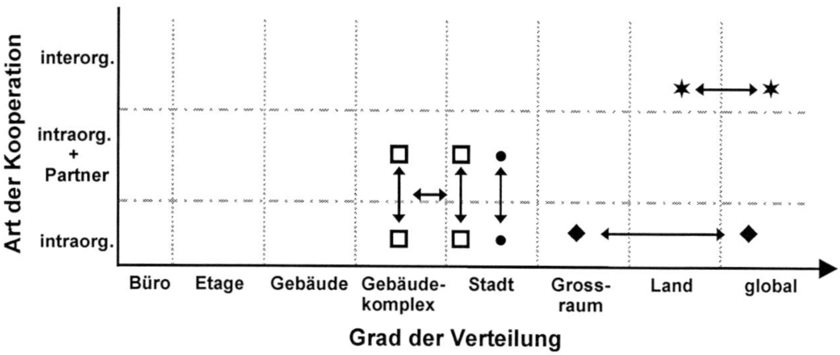

Fallstudie	Verteilungsgrad	Symbol
Bankgesellschaft Berlin	gering: lokal - maximal über verschiedene Standorte Berlins	●
DaimlerChrysler	hoch: regional und global	◆
Insecuranza	gering: lokal - maximal über verschiedene Standorte Aachens	□
Pixelpark	hoch: überregional und global	✶

Abb. 2-2: Kontinuum der Verteilung

Klassifikation von Projekten

Projekte lassen sich anhand der verschiedensten Kriterien unterschiedlich klassifizieren: Neben einer Einteilung nach Teamgrösse oder Budget finden sich in der Literatur zahlreiche unterschiedliche Typisierungsmöglichkeiten. Beispielsweise nach verfolgtem Projektziel oder -inhalt [Schwager/Haar 1996, S. 302; Patzak/Rattay 1998, S. 6], nach Vorhersehbarkeit der Lösungsart [Schwager/Haar 1996, S. 309 f.] oder nach Branchen [Lock 1996, S. 2 f.; Zielasek 1995, S. 7 f.]. Diese Kriterien werden aus Gründen der Relevanz für die vorliegende Arbeit nicht weiter ausgeführt.[88]

Auf die Einteilung nach Boss und Heitger sei an dieser Stelle näher eingegangen [Boos/Heitger 1996, S. 167 ff.; vgl. Witschi et al. 1998, S. 78]: Sie typisieren Projekte

[88] Eine ausführliche Betrachtung findet sich beispielsweise in [Aggteleky/Bajna 1992, S. 106 ff. oder Patzak/Rattay 1998, S. 6 ff.].

anhand der beiden Dimensionen „Grad der sozialen Komplexität“ und „Offenheit der Aufgabenstellung“ und geben dabei einschränkend zu bedenken, dass sich diese Kriterien aufgrund des Wissens- und Erfahrungsstands[89] nur zur vergleichenden Einordnung von Projekten innerhalb eines Unternehmens eignen.[90]

2.2 Wissensmanagement und Wissensmedien

2.2.1 Wissen und Wissensmanagement

Wissensmanagement ist eine heranwachsende Disziplin mit langer Historie: seit Menschengedenken wird Wissen im privaten (z. B. zwischen Familienmitgliedern) und im geschäftlichen Bereich (z. B. im Rahmen einer Lehre) ausgetauscht, aber erst in letzter Zeit wird das Thema in den Managementdisziplinen diskutiert.

Das noch relativ junge Forschungsfeld Wissensmanagement hat sich zwischenzeitlich als eigenständige Disziplin etablieren können.[91] Die Anfänge liegen in der zweiten Hälfte der 80er-Jahre; der grosse Durchbruch im Sinne einer weltweiten Anerkennung (z. B. durch Konferenzen und Publikationen) wird für das Jahr 1996 konstatiert [Entovation 1998] (vgl. dazu auch Abb. IV-1 in Anhang IV[92]).

Wissensmanagement gehört dabei nicht in die Domäne etablierter Themendisziplinen, sondern zeichnet sich durch hohe Interdisziplinarität aus.[93]

Die Bedeutung des Wissensmanagements beschränkt sich dabei nicht auf den Bereich der Forschung und Lehre. Auch in der Praxis wurde die hohe Relevanz erkannt [vgl. Probst et al. 1999, S. 19; McCampbell et al. 1999, S. 172 f.], was sich unter anderem in Seminaren, konkreten Projekten, Tätigkeitsbildern oder neuen Rollen wie der des CKO (vgl. Kapitel 4.2.2) widerspiegelt.[94] Der Autor konnte dieses gestiegene (Problem-)Bewusstsein anhand verschiedener Beratungsprojekte im Bereich Wissensma-

---

89 Eine weitergehende Differenzierung dieser Begrifflichkeiten wird in Kapitel 2.2.1 vorgenommen.

90 Sie führen dabei das Beispiel „Bau eines Messestands“ an: Ein solches Vorhaben weist für Unternehmen mit grosser Erfahrung in diesem Bereich eine viel geringere soziale Komplexität auf, als für Unternehmen, für die dies eine erstmalige Herausforderung darstellt.

91 Carrillo fundiert diese Erkenntnis anhand von drei Kriterien 1. Etablierung eigener Organisationen, 2. Veröffentlichung themenspezifischer Journals und 3. der Durchführung dedizierter Konferenzen [Carrillo 1998, S. 280]. Die drei Kriterien können anhand von Beispielen belegt werden: ad 1. vgl. Arbeitskreis Wissensmanagement der Universität Kaiserslautern (WMK), dem auch der Autor angehört, oder etwa das Genfer Forum für Wissensmanagement, ad 2. z. B. Journal of Knowledge Management (Bradford), Knowledge Management (London), ad 3. hier sei etwa auf die PAKM (International Conference on Practical Aspects of Knowledge Management) verwiesen.

92 Die eigene Untersuchung bestätigt diese Aussage: Der Anstieg an relevanten Publikationen ist von 1995 auf 1996 mit einer Zunahme um 61 der höchste. Im Folgejahr geht er leicht zurück (-3), danach nimmt er nicht mehr ganz so stark zu.

93 Davenport, De Long und Beers führen dazu aus: „Scholars and observers from disciplines as disparate as sociology, economics, and management science agree that a transformation has occurred – knowledge is at center stage.“ [Davenport et al. 1998, S. 43]

94 Eck spricht von Wissen als einem neuen Paradigma des Managements [Eck 1997, S. 155].

nagement/Wissensmedien mit Unternehmen aus der Industrie und dem Finanzdienstleistungssektor selbst erfahren.

Wissen

Definitionen zum Terminus Wissen (angels.: knowledge) finden sich in geradezu inflationärem Masse. Das Konzept wird an den verschiedensten Orten noch relativ unkoordiniert diskutiert – entsprechend divergent und mit Unschärfe behaftet ist das Begriffsverständnis nicht nur in der wissenschaftlichen Literatur.[95] Zum besseren Verständnis und zur Sensibilisierung wird im Folgenden ein für diese Arbeit pragmatisch erscheinender, konstruktivistischer Wissensbegriff hergeleitet.

Kalthoff, Nonaka und Nueno führen den Wissensbegriff auf die Erkenntnislehre Platons[96] zurück [Kalthoff et al. 1999, S. 41 ff.]. Auf die notwendige Differenzierung von Wissen gegenüber Tatsachen und Wahrheit weist der Sozialwissenschaftler Willke hin: Wissen liefert im Sinne der Epistemologie „interpretierte Beobachtungen" [Willke 1998a, S. 233, Hervorhebung durch den Autor entfernt].

Lullies et al. sprechen Wissen verschiedene Eigenschaften zu: Wissen ist eine immaterielle Grösse, die sich nur sehr bedingt quantitativ und qualitativ festlegen lässt. Wissen ist abhängig von der Person seines Trägers, von seinen Zielen, Interessen und Wertvorstellungen [Lullies et al. 1993, S. 228].

Auf weitgehende Berücksichtigung stösst dabei die auf den britischen Philosophen Gilbert Ryle zurückgehende Unterscheidung in die beiden Wissensarten Fakten- (auch Tatsachenwissen, Kenntnisse oder deklaratives Wissen genannt, bzw. als „know-that" oder „know-what" bezeichnet) und Handlungswissen (prozedurales Wissen, „know-how") [Ryle 1949, S. 25 ff.; vgl. auch Ryle 1987, S. 26; Nonaka/Takeuchi 1998, S. 215 f.; Schüppel 1996, S. 55 f.; Spender 1998, S. 418 f.; Quinn et al. 1996, S. 72; Wiegand 1996, S. 348 f.].[97]

Erfahrungen sind eine Teilmenge menschlichen Wissens, die in gelernten Handlungssequenzen enthalten ist. Sie können durch Nachdenken über frühere Fehler und Erfolge erworben werden [Sveiby 1998, S. 63]. Dieses Verständnis verdeutlicht den ex post-Charakter von Erfahrungen, denn Wissen in Form von Erfahrungen entsteht

---

95 Zur Diskussion über die unterschiedlichen Denkschulen des Wissensmanagements vgl. [Spender 1996, S. 47 f.] oder auch [Schneider 1996, S. 17 ff. und S. 41 ff.] bzw. [von Krogh 1998, S. 134 ff.]. Einen Überblick von Wissensdefinitionen stellen von Krogh und Venzin vor [von Krogh/Venzin 1995, S. 420 f.].

96 Auf ihn wird die von den Epistemologen oftmals angeführte Definition von Wissen als „justified true belief" (begründeter Glaube) – Deutungsversuche der Menschen über ihre Existenz – zurückgeführt [z. B. Nonaka 1994, S. 15; Marshall et al. 1997, S. 227]. Die Epistemologie (Erkenntnistheorie) beschäftigt sich mit dem Verstehen von Herkunft, Wesen und Gültigkeit von Wissen. Sie versucht Wissen *über* Wissen zu erschliessen [von Krogh/Roos 1995, S. 7].

97 In der Literatur wird teilweise noch eine weitere Unterscheidung in „know-why" als Ursache-Wirkungs-Zusammenhänge beschreibendes Systemverständnis aufgeführt [Jaikumar/Bohn 1986, S. 177; Quinn et al. 1996, S. 72].

durch Reflexion und Dialog. Erfahrungen werden dabei vom Individuum aus Fakten- *und* Handlungswissen kombiniert.[98]

Wissenstypen

In der Literatur finden sich – neben den bereits aufgeführten Unterscheidungen – die unterschiedlichsten Kategorisierungsansätze von Wissen.[99] Weitestgehend auf Anerkennung stösst die durch Nonaka popularisierte Unterscheidung in implizites (angels.: tacit) und explizites[100] (angels.: explicit oder zum Teil auch codified) Wissen.[101] Das Begriffspaar geht dabei auf Arbeiten des ungarischen Biologen, Chemikers, Philosophen und Ökonomen Michael Polanyi [Polanyi 1997] aus den 50er- und 60er-Jahren zurück:

- Implizites Wissen ist schwer formulier- und formalisierbares, subjektiv empfundenes Wissen und basiert auf persönlichen Werten und Gefühlen, Einsichten, Erfahrungen und Erwartungen [vgl. z. B. Nonaka/Konno 1998, S. 42; Nonaka/Takeuchi 1995, S. 59 ff.; Nonaka/Takeuchi 1998, S. 215] – es wird in der Literatur zum Teil mit „verborgenem" Wissen übersetzt [z. B. Zahn 1998, S. 43]. Beispiele sind Eindrücke über die Projekt- und Teamkultur oder das „Bauchgefühl" eines Projektleiters bezüglich der einzuplanenden Dauer von Aufgaben.
- Im Gegensatz dazu ist explizites Wissen leichter kommunizierbar und kann mit Worten und Zahlen z. B. in Form von Dokumenten, als Information ausgedrückt werden [vgl. z. B. Nonaka/Konno 1998, S. 42; Nonaka/Takeuchi 1995, S. 59 ff.; Nonaka/Takeuchi 1998, S. 215]. Beispiele sind in Projektplänen ausgedrückte Abhängigkeitsstrukturen und Zuständigkeiten, die in der Projektdokumentation kodifizierten Geschehnisse einer Projektphase oder die in Projektmethodenhandbüchern fixierten Organisationsrichtlinien.

Einige Autoren [z. B. uit Beijerse 1999, S. 99 f.; Sveiby 1998, S. 62] paraphrasieren diese beiden Wissenstypen mit der Gestalt eines Eisbergs: Der sichtbare aber weitaus kleinere Teil ist das explizierbare Wissen, während der grössere Teil als implizites Wissen unter der Oberfläche verbleibt und seine Dimensionen nur mit Mühe einzuschätzen sind. Diese Unterscheidung betont die Notwendigkeit einer Perspektive auf

---

98 Letztlich sind Erfahrungen, Handlungs- und Faktenwissen schwer voneinander abgrenzbar: auch Faktenwissen kann auf Erfahrungen beruhen [vgl. z. B. Ryle 1949, S. 28; Schüppel 1996, S. 55].

99 Vgl. dazu [Bell 1999, S. 175 ff.; Collins 1997, S. 145 ff.; Zahn 1998, S. 43 f.; Schüppel 1996, S. 197 ff.; Boutellier/Gassmann 1997b, S. 74; Jürgens 1999, S. 61 ff.; Probst/Büchel 1998, S. 26 f.; Kalthoff et al. 1999, S. 45; Pautzke 1989, S. 66 ff.; Rehäuser/Krcmar 1996, S. 6 ff.; Eck 1997, S. 168; Romhardt 1996; Bullinger et al. 1997, S. 7 ff.; Spender 1996, S. 49 ff.; Spender 1998, S. 418 ff.; Wiegand 1996, S. 327 ff.; Oberschulte 1996, S. 56 f.].

100 Eine Definition des Terminus Wissen von Bell impliziert die Explizierbarkeit von Wissen: „a set of organized statements of facts or ideas, presenting a reasoned judgment or an experimental result, which is transmitted to others through some communication medium in some systematic form" [Bell 1999, S. 175, Hervorhebung durch den Autor entfernt].

101 Jaikumar und Bohn sprechen in diesem Zusammenhang von „formal" und „informal elements" [Jaikumar/Bohn 1986, S. 171].

die Organisation als dynamisches System [Rehäuser/Krcmar 1996, S. 9], da die Teilung keinesfalls von Dauerhaftigkeit sein muss – weder bezüglich der Abgeschlossenheit der beiden Mengen (z. B. Hinzukommen von neuem Wissen) noch bezüglich deren Abgrenzung (z. B. Umwandlung von implizitem in explizites Wissen, sofern möglich).[102]

Tabelle 2-1 illustriert die Unterscheidung von implizitem und explizitem Wissen an Beispielen aus der Projektarbeit. Als Gliederungskriterien dienen die möglichen Betrachtungsperspektiven auf die Ebene der Zusammenarbeit [in Anlehnung an Seufert/Seufert 1998, S. 78].

	Individualebene	**Teamebene**	**Organisationsebene**	**interorganisationale Ebene**
explizites Wissen	Fakten über Kunden, Schriftwechsel	kollektives Teamwissen, kodifiziert z. B. in Projektdokumentationen	Organisationshandbücher, Projektmethodenhandbücher, Yellow Pages[103]	Projektverträge, Kunden-/Lieferantenbeziehungen im Projekt
implizites Wissen	persönliche Einstellung zu den Teamkollegen oder der Projektleitung	„Projektkultur": gemeinsame Einstellung/ Haltung gegenüber anderen aus Sicht des Teams	von teamfremden Organisationsmitgliedern wahrgenommener Projektauftritt[104]	Umgangsformen in der Zusammenarbeit bei der Projektdurchführung

Tabelle 2-1: Beispiele für explizites und implizites Wissen im Projekt

Personengebundenheit von Wissen

Immer wieder wird die Personengebundenheit[105] von Wissen unterstrichen [z. B. Probst et al. 1999, S. 46]: „Wissen bezeichnet die Gesamtheit der Kenntnisse und Fähigkeiten, die Individuen zur Lösung von Problemen einsetzen." Menschliche Intervention bleibt die einzige Quelle der Wissensgenerierung [Fahey/Prusak 1998, S. 273]. Nach Sveiby, der sich eng an Polanyi anlehnt, lässt sich menschliches Wissen durch vier Merkmale charakterisieren [Sveiby 1998, S. 55 ff.]:

---

102 Leonard und Sensiper erkennen die fehlende Dichotomie und fassen Wissen als Spektrum auf: Am einen Ende des Bandes besitzt das Wissen nahezu vollständig impliziten Charakter und am anderen ist es fast vollständig expliziter Art [Leonard/Sensiper 1998, S. 113; vgl. dazu auch Polanyi 1997].

103 Vgl. Kapitel 4.6.2.

104 Erzeugt z. B. über internes Projektmarketing. Zum Begriff des Projektmarketings vgl. Kapitel 4.2.3.

105 Komplementär aber nicht immer kompatibel dazu stellt sich die so genannte Leibniz-Welt dar, d. h. die Idee eines vollständig in Kalkülen abbildbaren Universums, in dem Wissen weder durch Körper- noch durch Kontextgebundenheit aufgefasst wird. Wissen wird hier als Summe von fixen Paketen begriffen und ist durch Prozesse der *Nutzung* nicht veränderbar. Der Fokus liegt auf dem Wissen selbst bzw. dem Paar aus Sender und Empfänger. Möglichen Zugang zu dieser Sicht bietet die Künstliche Intelligenz (KI) [Schneider 1996, S. 17 ff.; vgl. auch Röpnack 1997, S. 8 f.; Ruggles 1997, S. 3 f.; Schmid 1999a, S. 293 f.]. Zur KI und der Wissenskodifizierung vgl. [Wenger 1987, S. 5 ff.]. Vgl. Roehl für eine entwicklungsgeschichtliche Darstellung unterschiedlicher Wissensmanagementverständnisse. Der Autor ordnet die unterschiedlichen Forschungsperspektiven aufgrund ihrer ingenieurwissenschaftlich, betriebswirtschaftlich oder soziologisch orientierten Ausprägung in einem Band an [Roehl 2000, S. 88 ff.].

- Wissen ist überwiegend implizit:
  Wissen ist ein veränderbarer Zustand im Individuum. Explizitem Wissen liegt implizites Wissen zugrunde.[106]
- Wissen ist handlungsorientiert:[107]
  Individuen ändern ständig diesen Zustand, bezugnehmend auf ihre Handlungen: Sie erkennen beispielsweise neue Zusammenhänge oder stellen Erlerntes in Frage.
- Wissen stützt sich auf Regeln:
  Verfahren- und Verhaltensregeln erlauben Individuen, Tätigkeiten quasi routiniert und kognitiv unreflektiert durchzuführen. Diese Regeln haben oftmals einen gewissen Filtercharakter – verhindern sie doch das Infragestellen von Gelerntem.
- Wissen verändert sich kontinuierlich:
  Das in einem Individuum verankerte Wissen ist nicht statisch – es wird sich im Laufe der Zeit ständig durch bewusst und unbewusst wahrgenommene Stimuli verändern.

Wissen ist aber auch im Unternehmen z. B. in Form von organisatorischen Routinen, Prozessen, Praktiken, Normen und Regeln als institutionelles (synonym: organisationales oder zum Teil auch organisatorisches) Wissen *verankert* [Davenport/Prusak, 1998, S. 32; Willke 1998a, S. 287 f.; Högberg/Edvinsson 1998, S. 82 ff.].

Zusammenfassend kann daher von einem Wissensbegriff für diese Arbeit ausgegangen werden, der folgende Charakteristika aufweist:

- Individuenbezogenheit (Projektmitarbeiter als auch im Team)
- Organisationsbezogenheit (System Projekt als lernende Organisation)
- Kontextbezogenheit (Projektkontext auf Makroebene)
- Zeitbezogenheit (neues Wissen wird durch bereits vorhandenes Wissen beeinflusst)[108]
- Handlungswirksamkeit (auf Entscheidungen im Rahmen der Projektabwicklung)

Als für den Kontext dieser Arbeit gültige Definition von Wissen sei daher die folgende angeführt [in enger Anlehnung an Röpnack et al. 1998a]: *Wissen* ist die in einem bestimmten Kontext eingebettete Information, die im Individuum wirksam ist und potenziellen Einfluss auf zukünftige Entscheidungen[109] hat. Diese Definition wird den eben aufgestellten Forderungen gerecht, da sie sowohl individuelles Wissen als auch orga-

---

[106] Vgl. auch [Leonard/Sensiper 1998, S. 117 und S. 127].

[107] Sveiby definiert Wissen knapp als „eine Fähigkeit zu handeln." [Sveiby 1998, S. 65]

[108] Diese Zeitbezogenheit ermöglicht überhaupt erst den Einbezug von Aspekten des Lernens.

[109] Vgl. zur Rolle von Wissen für Entscheidungsprozesse [March 1994, S. 240 ff.].

nisationales Wissen (z. B. in Form eines Projektleitfadens abgebildet), Kontextbezogenheit (Sach- bzw. Zustandszusammenhang), Zeitbezogenheit (u. a. durch Möglichkeiten zur Intervention) und die Komponente Handlungswirksamkeit (Wirksamkeit durch *verstandene/interpretierte* Information) beinhaltet.

Für diese Arbeit soll zudem der Begriff des *Projektwissens* als für den Kontext von Projektarbeit relevantes Wissen eingeführt werden.

Wissen in Abgrenzung zu Daten und Informationen

Die differenzierte Abgrenzung der Triade Daten – Informationen – Wissen wird – insbesondere vor den Ausführungen bezüglich des Einsatzes von Informationstechnologien in späteren Kapiteln dieser Arbeit – notwendig,[110] um oberflächliche bzw. reduzierte Betrachtungen auszuschliessen. Wissen und Informationen sind begrifflich oftmals schwer zu trennen [Davenport et. al 1998, S. 43], was durch die Tatsache deutlich wird, dass einige Autoren die Begrifflichkeiten sogar explizit synonym verwenden [z. B. Szulanski 1995, S. 3; vgl. dazu auch Marchand 1998, S. 255; Nonaka/Takeuchi 1998, S. 215; Sveiby 1998, S. 69; Collins 1997, S. 145 f.].

„Wissen stützt sich auf Daten und Informationen, ist jedoch im Gegensatz zu diesen immer an Personen gebunden." [Probst/Romhardt 1997, S. 6; vgl. auch Marchand 1998, S. 255]

Eine Wertung nimmt uit Beijerse vor: „knowledge is something more than information" [uit Beijerse 1999, S. 99] und fasst damit die Meinung vieler Autoren prägnant zusammen [z. B. Davenport/Prusak 1998, S. 31].

Daten[111] werden durch Aufwertung zu Informationen, wenn ihnen ein Bedeutungsgehalt hinzugefügt wird. Wissen wiederum kann auf Informationen basieren (vgl. die Arbeitsdefinition weiter oben), die durch menschliches Hinzutun[112] in Wissen umgewandelt wurden.

Nonaka und Takeuchi identifizieren die Gemeinsamkeit, dass sowohl Wissen als auch Informationen über „Bedeutung" im Sinne von Interpretierbarkeit abgrenzbar sind. Sie identifizieren aber auch die beiden Unterschiede, dass Wissen, im Gegensatz zu Informationen, über Überzeugung und Verpflichtung einerseits und Handlungsorientierung andererseits determiniert wird [Nonaka/Takeuchi 1995, S. 58] und machen damit deutlich, dass Wissen eng mit dem Wertesystem des Menschen verbunden ist.

Tabelle 2-2 stellt die Unterschiede vergleichend gegenüber [vgl. Davenport/Prusak 1997, S. 9; Willke 1998b, S. 13; Probst et al. 1999, S. 38]. Einige Autoren propagieren dabei einen stetigen Übergang zwischen den Extremen Daten und Wissen, anstatt einer starren Kategorisierung im Sinne einer sukzessiven Verdichtung. Dies soll den kogni-

---

[110] Zur generellen Notwendigkeit einer Differenzierung von Wissen gegenüber Daten und Informationen vgl. [Fahey/Prusak 1998, S. 265 f.]. Zum Thema vgl. auch [Rehäuser/Krcmar 1996, S. 3 ff.; Röpnack 1997].

[111] Zeichen, die einem Alphabet (über Sprachregeln, der Syntax) zugeordnet werden. Ein zusätzlicher Kontext wertet die Daten mit Bedeutung auf, so dass sie zu Informationen werden [Krcmar 2000, S. 11 ff.].

[112] Vgl. dazu die weiteren Ausführungen über das Lernen und die lernende Organisation.

tiven Prozess des Lernens betonen[113] [z. B. Probst et al. 1999, S. 39; Davenport/Prusak 1997, S. 9].

Daten	Informationen	Wissen
Durch Syntaxregeln verbundene Zeichen (Code).	Mit Relevanz und Absicht durch Individuen aufgewertete Daten.	Vom menschlichen Gehirn verarbeitete Informationen. Beinhaltet Reflektion, Synthese, Kontext.
• unstrukturiert bzw. einfach strukturiert • einfach auf Maschinen abzubilden • kontextunabhängig • oftmals quantifiziert • einfach übertragbar	• besitzen Bedeutung und Zweck • können explizites Wissen darstellen • erfordern allerdings eine Übereinstimmung von Sender und Empfänger bezüglich der Bedeutung ←——→	• nur schwer strukturierbar • schwer auf Maschinen abbildbar • oftmals implizit • kognitive Handlungsmuster

Tabelle 2-2: Die Konzepte Daten, Informationen, Wissen in der Gegenüberstellung

Wissensintensität der Projektarbeit

In Anlehnung an die Betrachtung der Problematik der Bedeutung der Ressource Wissen für ein Unternehmen [Rehäuser/Krcmar 1996, S. 24] werden im Kontext der Dissertation zur weiteren Abgrenzung die hier diskutierten Aspekte der Projektabwicklung grundsätzlich als wissensintensiv[114] unterstellt.[115] Dies wird durch die Tatsachen motiviert, dass Projekte auf der „Entstehung und Weitergabe von Wissen und Erfahrungen" [Freimuth 1997, S. 151] beruhen und man ihnen qua Definition ein gewisses Mass an Komplexität unterstellen kann.[116]

---

113 Die Brisanz dieser Unterscheidung verdeutlicht das folgende Beispiel aus der Raumfahrtindustrie: Im Rahmen des Entwicklungsprojektes der NASA zur Konstruktion der Mars-Sonde *Mars Climate Orbiter* waren Konstruktionsdaten von einem englischen Zulieferteam in die USA übermittelt worden. Das englische Team übermittelte dazu Massangaben in einer *englischen* Masseinheit. Bei der Endmontage wurde dieses Detail übersehen und die Massangaben 1:1 ohne Umrechnung in die auf *amerikanischer* Masseinheit basierende Steuerungssoftware übernommen, was den Verlust der 125 Millionen US-Dollar teuren Sonde durch einen Kursfehler zur Folge hatte [vgl. o. V. 1999, S. 64].

114 Starbuck führt dazu aus: „labelling a firm as knowledge-intensive implies that knowledge has more importance than other inputs." [Starbuck 1992, S. 715] Als Beispiele führt Starbuck u. a. Beratungsunternehmen und Ingenieurbüros an, die in der Regel ausschliesslich projektorientiert arbeiten. Ähnlich argumentieren Baubin und Wirtz [Baubin/Wirtz 1996, S. 135].

115 Dazu sei angemerkt, dass die Abgrenzung wissensintensiver versus nicht wissensintensiver Projekte nur sehr schwer möglich scheint [vgl. Rehäuser/Krcmar 1996, S. 24] – grundsätzlich ist auch für eine triviale Leistungserstellung ein Mindestmass an Wissen erforderlich, aber gewisse Tätigkeiten sind wissensintensiver als andere. Ähnlich argumentieren auch Brown und Duguid bzw. Willke [Brown/Duguid 1999, S. 77; Willke 1998b, S. 20]. Eppler et al. führen dazu eine Reihe von Attributen an, nach denen die Wissensintensität von Tätigkeiten bewertet werden kann [Eppler et al. 1999a].

116 Diese Argumentation wird auch durch die Ausführungen von North unterstützt: Er unterscheidet in der Wissensintensität bezüglich der Leistung (Output) und der Leistungserstellung (Wertschöpfungsprozess) [North 1999, S. 26]. Hier kann angenommen werden, dass der *„Leistungserstellungsprozess" Projekt* durch das

Eng mit dem Umfeld des wissensorientierten Unternehmens wird der Begriff des „Wissensarbeiters“ (angels.: knowledge worker) verbunden. Gorman definiert dazu: „A knowledge worker is someone who primarily works with information and abstract concepts“ [Gorman 1998, S. 1] in Abgrenzung zum traditionellen „Blauhemd“. Sveiby versteht den Wissensarbeiter als gut ausgebildeten und hochqualifizierten Spezialisten [Sveiby 1998, S. 41].[117] Jürgens fasst Wissensarbeit als Teilaufgabe neben koordinierenden, dispositiven, administrativen oder operativen Tätigkeiten auf – was ein sehr eingeschränktes Verständnis des Wissensbegriffs impliziert, benötigt man doch für die Ausführung der genannten Tätigkeiten wiederum Wissen (Anwendung von Wissen).

Ergänzend wird unter Experten hier eine neu entstehende Kategorie von Mitarbeitern verstanden, welche hochqualifiziert und -motiviert sind, sich weitgehend selbst führen bzw. Teil eines sich selbst führenden Teams sind. Sie werden für wissensintensive Tätigkeiten eingesetzt und agieren als Träger von (Kern-)Kompetenzen und Kundenbeziehungen. Beispiele dafür sind z. B. Ingenieure, Wissenschaftler, Berater oder Architekten, die Produkte oder Dienstleistungen entwerfen oder neues Wissen für die Organisation generieren [vgl. Zuberbühler 1998, S. 23; Laudon/Laudon 2000, S. 436; Drucker 1998, S. 10].

Wissen als Ressource

In der Literatur hat sich eine ressourcenorientierte Betrachtungsweise auf Wissen durchgesetzt.[118] Wissen wird als „fünfter“ Produktionsfaktor nach Arbeit, Werkstoffen, Betriebsmitteln und Informationen angesehen [z. B. Drucker 1998; Probst et al. 1999; Spur 1997; Rehäuser/Krcmar 1996, S. 9]. Im Gegensatz zu einem physischen Gut ist Wissen *grundsätzlich* ohne Hilfsmittel beliebig oft reproduzierbar.[119] Drucker [vgl. Drucker 1998, S. 10] konstatiert, dass Wissen sich von allen anderen Ressourcen dadurch unterscheidet, dass es veraltet.[120] Weiteres Unterscheidungsmerkmal ist die Tatsache, dass Wissen – im Gegensatz zu anderen Ressourcen – bei Benutzung (Anwendung) nicht verbraucht wird [Jaikumar/Bohn 1986, S. 173].

Konstrukt Teamarbeit ein gewisses Mindestmass an Komplexität mit sich bringt und der dadurch hervorgebrachte Output (sei es ein physisches Gut wie bei einem LKW-Entwicklungsprojekt oder ein Konzept) ebenfalls eine entsprechende Komplexität aufweist, sonst würde man zur Leistungserstellung nicht die Form der Projektorganisation auswählen [vgl. auch Kanter 1996, S. 94].

117 Sveiby führt allerdings weiter aus, dass die von Wissensarbeitern verrichteten Tätigkeiten überwiegend in der Umwandlung von Informationen zu Wissen bestehen [Sveiby 1998, S. 41]. Diese Meinung vertreten auch andere Autoren [Borghoff/Pareschi 1998, S. 4]. Jarvenpaa/Ives unterstellen als Output von Wissensarbeit grundsätzlich kodifizierte Informationen („can be electronically captured and stored“ [Jarvenpaa/Ives 1994, S. 42]). Diesen einseitig erscheinenden Ausführungen kann aufgrund des Wissensverständnisses für diese Arbeit nicht weiter gefolgt werden.

118 Diese Betrachtungsweise steht nicht im Widerspruch dazu, dass das „Konzept Wissen“ dynamisch ausgelegt ist, also beispielsweise Wissen zwischen Projektmitarbeitern ausgetauscht werden kann oder Lernprozesse im Team stattfinden können [vgl. North 1999, S. 152; Spender 1996; Schneider 1996, S. 42].

119 Rehäuser und Krcmar merken hierzu an, dass die Reproduktion von Wissen höhere Kosten verursacht als bei Informationen, da der Mensch eine dominierende Rolle spielt und daher Personalkosten entstehen [Rehäuser/Krcmar 1996, S. 11 f.].

120 Drucker unterstellt dabei *grundsätzlich* eine Veralterung im Sinne einer Widerlegung durch Aktualitätsminderung. Nach Meinung des Autors muss dies aber nicht zwingend erfolgen.

In diesem Zusammenhang wird Wissen regelmässig als Vermögenswert thematisiert und die Erstellung entsprechender Wissensbilanzen gefordert. Eine ganze Reihe von Autoren problematisieren unter diesem Blickwinkel die – nach wie vor unbefriedigend gelöste – Wissensmessung [vgl. Davenport/Prusak 1998, S. 44 ff.; Sveiby 1998; Edvinsson 1997, S. 366 ff.].

Diese Auffassung von Wissen als Ressource impliziert auch – interessant insbesondere vor dem Hintergrund der Projektabwicklung als System von Kontrakten – dass Interaktionen immer auf in wechselseitiger Abhängigkeit stehenden Regeln[121] beruhen [vgl. Sydow/van Well 1996, S. 206].

Über die Betrachtung als Ressource wird gleichzeitig die Existenz eines Wissensmanagements motiviert, denn Ressourcen benötigen entsprechende Managementtechniken [z. B. Rehäuser/Krcmar 1996, S. 10].

Wissensmanagement
Basierend auf dem Verständnis von Wissen als Ressource wird die Einführung eines Wissensmanagementbegriffs für diese Arbeit notwendig.[122] Im Gegensatz zur Definition des Wissensbegriffs sind Publikationen mit expliziten Ausführungen zum Terminus Wissensmanagement seltener zu lokalisieren. Sie sind allerdings nicht minder gegensätzlich, wie die folgenden Zitate belegen:

- Quintas et al. konstatieren zunächst, was Wissensmanagement *nicht* ist: „knowledge management... does not mean managing *everything* that is known.. It is concerned with creating and mobilizing certain knowledge.. for certain purposes“ [Quintas et al. 1997, S. 390, Hervorhebung durch den Autor entfernt].
- Die Definition von Wiig verdeutlicht die Bandbreite möglicher Einsatzfelder sowie den strategischen und operativen Charakter des Wissensmanagements. Nach Wiig ist Knowledge Management das systematische und explizite Management wissensbezogener Aktivitäten, Praktiken, Programme und Grundsätze im Unternehmen [Wiig 1998, S. 2].
- Laudon und Laudon betonen die Prozessorientierung und, ähnlich wie Wiig, die Systematik und führen aus: „The process of systematically and actively managing and leveraging the stores of knowledge in an organization is called knowledge management.“ [Laudon/Laudon 2000, S. 435]
- Die Unterscheidung zwischen bereits bestehendem und neu zu generierendem Wissen betont Chase in seinen Ausführungen zum Terminus Wissensmanagement: „achieving organizational goals and superior performance – organizational creativity, operational effectiveness and excellence in

[121] Vgl. dazu die Ausführungen zur Handlungstheorie in Kapitel 2.2.2.

[122] In der Literatur wird der Begriff zum Teil mit einer gewissen Selbstverständlichkeit undurchdrungen verwendet („Wissensmanagement, das ist das Management der Ressource Wissen.“).

products and services – through the leveraging of new knowledge and existing organizational knowledge." [Chase 1999, S. 1]

- Parlbys Verständnis impliziert die Ganzheitlichkeit eines Wissensmanagementansatzes, geht allerdings nicht explizit auf die Generierung neuen Wissens ein. Er versteht unter Wissensmanagement den systematischen und organisierten Versuch, Wissen in einem Unternehmen zu nutzen, um die Fähigkeit des Unternehmens zu transformieren, Wissen zu speichern und zur Performanceverbesserung anzuwenden [Parlby 1998, S. 5].
- Uit Beijerse betont in seiner abstrakten Definition den impliziten Charakter des Wissens: „Knowledge Management is achieving organizational goals through the strategy driven motivation and facilitation of (knowledge-) workers to develop, enhance and use their capability to interpret data and information (by using available sources of information, experience, skills, culture, character, personality, feelings, etc.) through a process of giving meaning to these data and information." [uit Beijerse 1999, S. 102]
- Die implizite *und* explizite Dimension des Wissens greifen Woods und Sheina auf und definieren Knowledge Management als „the task of developing and exploiting an organisation's tangible and intangible knowledge resources. It covers organisational and technological issues." [Woods/Sheina 1998, S. 21] Hier werden zwei konkrete Interventionsbereiche – Organisation und (Informations-)Technologie – angeführt, weitere aber nicht ausgeschlossen.
- Auch die Ausführungen von Schüppel beinhalten Interventionsbereiche. Er betont den eingreifenden Charakter und geht detaillierter auf mögliche Wissensmanagementprozesse ein: „Wissensmanagement ist... als ein Entwurf zu verstehen, der alle möglichen human- und technikorientierten Interventionen und Massnahmenpakete umfasst, die dazu geeignet sind, die Wissensproduktion, -reproduktion, -distribution, -verwertung und -logistik in einer Organisation zu optimieren." [Schüppel 1996, S. 191 f.]

Alle Definitionen haben eine gewisse Unverbindlichkeit und Unschärfe gemeinsam und machen die vielfältigen Aspekte der jungen *Disziplin* des Wissensmanagements und die Aussagendivergenz bezüglich möglicher bzw. notwendiger Interventionsbereiche deutlich. Es scheint verschiedene „Hebel" zu geben, das Wissen im Unternehmen zu managen. Die Definitionen lassen sich – wie in Tabelle 2-3 dargestellt – anhand der Kriterien „Fokus" und „Prozessorientierung"[123] einordnen und vergleichen.

[123] Die in Kapitel 2.1.1 eingeführte Definition des Managementbegriffs als Unternehmensführung impliziert einen Prozesscharakter.

Verfasser	Fokus	Prozessorientierung
[Chase 1999]	Erreichung von Unternehmenszielen und überlegener Leistung	implizit vorhanden aber unausgeführt
[Laudon/Laudon 2000]	Beeinflussung der in einer Organisation vorhandenen Wissensbestände	vorhanden aber unausgeführt
[Schüppel 1996]	Optimierung der Wissensprozesse in einer Organisation	Produktion, Reproduktion, Distribution, Verwertung und Logistik von Wissen
[Parlby 1998]	Performanceverbesserung durch Wissensnutzung	Nutzung, Speicherung
[Quintas et al. 1997]	Wissensgenerierung und -mobilisierung	Erstellung und Mobilisierung von Wissen
[uit Beijerse 1999]	Erreichung von Unternehmenszielen	vorhanden aber ohne konkrete Ausführung
[Wiig 1998]	Management wissensbezogener Aktivitäten	implizit vorhanden
[Woods/Sheina 1998]	Entwicklung und Ausnutzung der unternehmenseigenen Wissensressourcen	Entwicklung und Ausbeutung der Ressource Wissen

Tabelle 2-3: Wissensmanagementdefinitionen im Vergleich

Die Tabelle zeigt den unterschiedlichen Detailliertheitsgrad der vorgestellten Wissensmanagementdefinitionen. Ferner wird deutlich, dass die Neuartigkeit der jungen Forschungsdisziplin eine abschliessende Definition noch nicht zulässt.

Aufgrund der Relevanz des Begriffs Wissensmanagement für die Ausführungen im weiteren Verlauf dieser Dissertation ist die Einführung einer klaren Definition erforderlich, die:

- eine Prozessorientierung des Wissensmanagements unterstellt und dabei
- sowohl die Aspekte „Generierung neuen Wissens“ als auch die „Nutzung bestehenden Wissens“ umfassen kann
- sowie die Ganzheitlichkeit des Themas betont und die
- Interventionsbereiche weitestgehend offen lässt, da diese für den Bereich der Projektabwicklung noch konkret erarbeitet werden sollen.

Für diese Arbeit wird daher folgendermassen definiert: Unter *Wissensmanagement*[124] (angels.: *knowledge management*) wird der systematische Ansatz verstanden, die Prozesse[125] zum Management des für das Unternehmen relevanten impliziten und expliziten Wissens durch Interventionen und Massnahmen zu fördern.

---

[124] Projektwissensmanagement konkretisiert die gemachten Ausführungen auf den besonderen Kontext des zur Projektabwicklung relevanten Wissens.

[125] Diese Prozesse werden in Kapitel 3.1 detailliert ausgeführt.

Elemente für ein ganzheitliches Wissensmanagement

Die in der Praxis leider nur allzu oft anzutreffende „Technologiebeschränkung“ bei Ansätzen zum Wissensmanagement kann schon allein durch den Einbezug der impliziten Dimension des Wissens nicht mehr als *hinreichend* erscheinen [vgl. von Krogh 1998, S. 134 f.; Nonaka/von Krogh 1999, S. 164; Quintas et al. 1997, S. 388]. Der Einsatz von Technologien wird jedoch von vielen Autoren als *notwendig* propagiert [O'Dell/Grayson 1998b, S. 25; Mankin et al. 1996, S. 6; Rehäuser/Krcmar 1996, S. 9; Böhmann/Krcmar 1999, S. 82].

Die oben aufgeführten Definitionen zum Terminus Wissensmanagement haben zusätzlich auf humanzentrierte und organisatorische Aspekte verwiesen. Als weiterer Interventionsbereich wird die Unternehmenskultur aufgeführt [Skyrme/Amidon 1997, S. 260; Zucker/Schmitz 1994, S. 63; O'Dell/Grayson 1998b, S. 24].

Für das Verständnis dieser Arbeit wurde eine holistische Perspektive im Sinne des Systemgedankens gefordert. Dazu sind die verschiedenen Aspekte integrierend zu betrachten. In der Literatur haben sich drei wesentliche Gestaltungsdimensionen für ein ganzheitliches Wissensmanagement herauskristallisiert [Bullinger et al. 1997, S. 9 f.; Schneider 1996, S. 31 und S. 36 f.; Schüppel 1996, S. 189; Pawlowski 1999, S. 116 f.; Quintas et al. 1997, S. 387 f.]:

- Informations- und Kommunikationstechnologie
- Human Resource Management[126]
- Organisation[127]

Die IKT[128] wird dabei als Katalysator betrachtet: Ihr Einsatz ermöglicht unter anderem die Speicherung und Distribution kodifizierten Wissens und kann bei der Vermittlung von implizitem Wissen unterstützend wirken.[129]

Der Aspekt der Organisation beinhaltet die beiden Bereiche Probleme und Lösungen in seiner Bedeutung: Ein ganzheitliches Wissensmanagement setzt einerseits voraus, organisatorische Probleme als Wissensprobleme aufzufassen und zu behandeln [Roehl/Romhardt 1997, S. 42; Preissler et al. 1997, S. 6; Zucker/Schmitz 1994, S. 63], andererseits sind damit die organisatorischen Massnahmen und Interventionen zum Wissensmanagement angesprochen.

Ein entsprechendes Human Resource Management, bei dem das Individuum als Wissensträger im Fokus steht [vgl. Schüppel 1996, S. 188], sollte dabei – etwa durch ent-

[126] Oft auch als Dimension „Mensch“ angeführt [z. B. Pawlowski 1999, S. 117].

[127] Pawlowski spricht hier von „Struktur“ [Pawlowski 1999, S. 117].

[128] Nach Krcmar lassen sich Informations- und Kommunikationstechnologien definieren als „die Gesamtheit der zur Speicherung, Verarbeitung und Kommunikation zur Verfügung stehenden Ressourcen sowie die Art und Weise, wie diese Ressourcen organisiert sind.“ [Krcmar 2000, S. 21, Hervorhebung durch den Autor entfernt] Informationssysteme sind eine Menge von zusammenhängenden Verfahren, die Informationen sammeln (abfragen), verarbeiten, speichern und verteilen [Laudon/Laudon 2000, S. 7].

[129] Diese Aspekte werden in Kapitel 3.7.1 vertieft.

sprechende Aus- und Weiterbildungsmassnahmen und/oder Anreizsysteme – eine wissensfreundliche[130] Unternehmens- und Projektkultur fördern.

Für diese Arbeit wird einer solchen ganzheitlichen Wissensmanagementperspektive gefolgt, die jedoch aus Gründen der weiteren Eingrenzung eine gewisse Akzentuierung auf Aspekte der IKT und Organisation aufweist.

2.2.2 Organisationales Lernen und die lernende Organisation

Eng mit dem Wissensmanagement verbunden ist das organisationale Lernen[131] (OL). Die Konzepte des OL gehen primär auf die Arbeiten von March/Olsen [March/Olsen 1976], Argyris/Schön [Argyris/Schön 1978; Argyris 1992 bzw. Argyris 1999] sowie Duncan/Weiss [Duncan/Weiss 1979] gegen Mitte und Ende der 70er-Jahre zurück. Peter Senge belebte die Diskussion mit seinem Buch „The Fifth Discipline" [Senge 1990a][132] zu Beginn der 90er-Jahre erneut. Er ist ein Vertreter einer neuen Generation von Ansätzen des OL [vgl. auch Probst/Büchel 1998], die sich insbesondere mit den Lernvorgängen zwischen Organisation und Individuum auseinandersetzt. Im deutschsprachigen Raum wurde dieses Gebiet wesentlich durch die Arbeiten von Gunnar Pautzke [Pautzke 1989] und Peter Pawlowski [Pawlowski 1994] geprägt.

Lernen

Oberschulte definiert dazu: „*Lernen* kann generell als Verhaltensänderung über einen gewissen Zeitraum hinweg aufgefasst werden." [Oberschulte 1996, S. 44] Er gibt dabei allerdings zu bedenken: „Jedoch ist nicht jede Verhaltensänderung Lernprozessen zuzuordnen" und führt Reifungs- und Ermüdungsprozesse als Beispiele an [Oberschulte 1996, S. 44]. Staehle betont den reflexiven Charakter des Lernens und spricht von einer kritischen „Auseinandersetzung mit dem eigenen Tun und Handeln" [Staehle 1999, S. 913]. Im Rahmen der Lernprozesse werden implizites und explizites Wissen aus der Umwelt akkumuliert und integriert, aber auch desintegriert im Sinne eines „Entlernens", etwa von veralteten Methoden oder Organisationsstrukturen[133] [vgl. Zahn/Greschner 1996, S. 44; Hedberg 1981; Schneider 1996, S. 15 und S. 30; Wiegand 1996, S. 285].

Wie im weiteren Verlauf der Arbeit noch deutlich wird, ist insbesondere das Lernen aus Erfahrungen (d. h. Lernen durch Reflektion des *eigenen* Handelns) wichtig für das

[130] Zur Bedeutung der „Wissensfreundlichkeit" vgl. Kapitel 3.4.1.

[131] So schreiben beispielsweise Zahn/Greschner: „Wissen ist.. Ausgangspunkt, Gegenstand und Ziel von Prozessen des organisationalen Lernens." [Zahn/Greschner 1996, S. 44] Für die weiteren Ausführungen in den folgenden Kapiteln werden Lernprozesse als Teil eines ganzheitlichen Wissensmanagements betrachtet.

[132] Senge führt fünf Schlüsseldisziplinen der lernenden Organisation an: „Personal Mastery" (Leistungsstreben des Einzelnen, dessen Fähigkeiten und Kompetenzen), „Mentale Modelle" (Denken in Metaphern), „gemeinsame Visionen" (Ziele, Werte und Mission Statements), „Teamlernen" (vgl. die Ausführungen in den folgenden Abschnitten) und „Systemdenken" (vgl. Kapitel 2.1.2). Das Systemdenken ist dabei kritischer Erfolgsfaktor für die Entstehung einer lernenden Organisation.

[133] Staehle formuliert prägnant: „Lernen ist eine Veränderung von Wissensbeständen" [Staehle 1999, S. 915, Hervorhebung durch den Autor entfernt].

Projekt bzw. die Organisation, in die das Projekt eingebettet ist [vgl. Wiegand 1996, S. 363].

Über die lernende Organisation

Die *lernende Organisation* (angels.: *learning organization*[134]) ist durch vier Formen des Lernens gekennzeichnet [Oberschulte 1994, S. 88 ff.; Huemann/Winkler 1998, S. 72; Pautzke 1989, S. 89 ff.]:

- Individuelles Lernen
- Organisationales Lernen
- Gruppen- oder Teamlernen als Brücke zwischen Organisation und Individuum
- Interorganisationales Lernen als Lernen von der externen Umwelt

Diese werden im Folgenden näher ausgeführt (vgl. Abb. 2-3 für eine übersichtliche Darstellung).

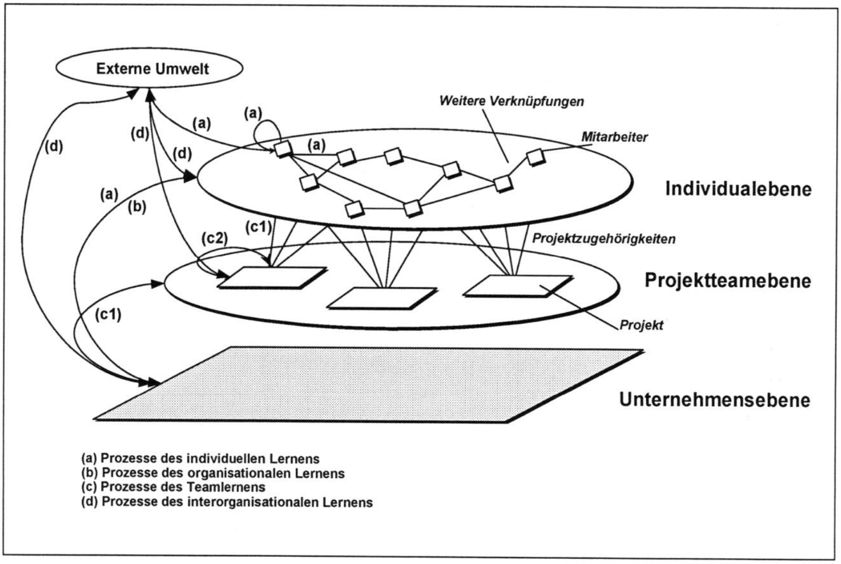

Abb. 2-3: Prozesse des Lernens

[134] Auch in diesem Bereich konnte sich noch keine allgemein anerkannte Definition etablieren. Als Definition sei beispielhaft die von Garvin [vgl. Garvin 1993, S. 79 f.] aufgeführt, der aus mehreren Definitionen synthetisiert und zu der das in dieser Arbeit motivierte systemorientierte Wissens- und Lernverständnis passt: „A learning organization is an organization skilled at creating, acquiring, and transferring knowledge, and at modifying its behavior to reflect new knowledge and insights" [Garvin 1993, S. 80] – d. h. Lernen im engeren Sinne wird nach wie vor durch die Individuen durchgeführt [Kleiner/Roth 1997, S. 172; Argyris/Schön 1978, S. 18].

Individuelles Lernen

Unter individuellem Lernen wird das „klassische“ Lernen einer Einzelperson in Form von Schulungen, Selbststudium usw. verstanden (a). Eine weiterführende Darstellung der Theorien des Lernens von Individuen würde den Rahmen dieser Arbeit übersteigen und ist aus Gründen der weiteren Relevanz auch nicht erforderlich, da für das Projektwissensmanagement Problematiken des Teamlernens und organisationalen Lernens von vordergründiger Bedeutung sind. Für diese Arbeit wird das Lernvermögen bzw. die Lernfähigkeit[135] des Individuums daher als gegeben unterstellt [vgl. Scholz 1997, S. 288 f.; Oberschulte 1994, S. 88].

Organisationales Lernen

Nach Prange ist *organisationales Lernen* (vereinzelt auch organisatorisches Lernen, angels.: *organizational learning*, auch *institutional learning)* „ein Prozeß, der im Wechselspiel zwischen Individuum und Organisation abläuft, durch den die Mitglieder einer Organisation Wissen und Informationen erwerben, legitimieren und untereinander kommunizieren, um die Überlebensfähigkeit der Organisation zu verbessern“ [Prange 1996, S. 167, Aufzählungsnotation durch den Autor entfernt] (b).

Die Sichtweise als Prozess hat sich in der Literatur weitestgehend durchgesetzt [vgl. Garvin 1993, S. 79; Kim 1993, S. 40; Levitt/March 1988, S. 336]. Dieser Prozess stellt eine kontinuierliche Organisationstransformation dar, „bei der Ergebnisse individuellen Lernens zusammengefasst werden, um grundlegende Änderungen in kollektiven Annahmen, Zielen, Normen und Spielregeln zu bewirken.“ [Prange 1996, S. 167] Probst und Büchel definieren ähnlich, explizieren aber die Bedeutung der organisatorischen Wissensbasis[136]: „Unter organisationalem Lernen ist der Prozess der Veränderung der organisationalen Wert- und Wissensbasis, die Verbesserung der Problemlösungs- und Handlungskompetenz sowie die Veränderung des gemeinsamen Bezugsrahmens von und für Mitglieder innerhalb der Organisation zu verstehen.“ [Probst/Büchel 1998, S. 17] Zielgruppe des organisationalen Lernens ist die Organisation in ihrer Gesamtheit [Oberschulte 1996, S. 50].

Es ist allerdings zu beachten, dass das Ergebnis des organisationalen Lernprozesses *nicht* aus der Summe individueller Lernprozesse der Organisationsmitglieder besteht [Probst/Büchel 1998, S. 19; Reichwald/Koller 1996, S. 108; Zahn/Greschner 1996, S. 47; Scholz 1997, S. 289]. Organisationales Lernen basiert letzten Endes immer auf individuellen Lernprozessen [Prange 1996, S. 165].

Organisationen durchlaufen mitnichten die gleichen Lernprozesse wie Individuen. Bei Prozessen des organisationalen Lernens muss ein Individuum auch nicht jedes Mal selbst lernen (z. B. wenn Projektmethoden in einem Leitfaden kodifiziert werden, um diese zugänglich zu machen). Die Organisation „lässt“ lernen: die Adaption der kollektiven Wissensbestände erfolgt durch die Mitglieder der Organisation als Instrumente der Anpassung, d. h. sie lernt *durch* ihre Mitglieder. Dabei ist der Lernerfolg

---

135 Vgl. dazu für eine Übersicht vertiefender Literatur [von Krogh/Köhne 1998, S. 243].

136 Vgl. dazu Kapitel 4.1.

nicht nur von deren Lernfähigkeit, sondern auch von der Art ihrer organisationalen Verknüpfung abhängig [Cyert/March 1995, S. 164 f.; Kim 1993, S. 37 und S. 41; Senge 1990a, S. 139].

In der Literatur von vielen Autoren anerkannt ist die auf Chris Argyris und Donald A. Schön zurückgehende Unterscheidung von Lernen nach drei Lernformen aus Perspektive der Organisation [vgl. Argyris/Schön 1978, S. 2 ff.; Argyris 1994, S. 79; Argyris 1999, S. 67 ff.; Probst 1993, S. 474 ff.; Nonaka 1994, S. 19; Probst/Büchel 1998, S. 35 ff.; Schüppel 1996, S. 103 ff.; Wiegand 1996, S. 211 ff.]:

- Anpassungslernen (angels.: single-loop learning)
  Die Lernform des Anpassungslernens bezeichnet interne Anpassungsprozesse der Organisationsmitglieder innerhalb gegebener Ziele und Normen. Der institutionelle Bezugsrahmen bleibt dabei unverändert. Bestehende kognitive Strukturen werden durch die Bewältigung von internen und externen Umwelteinflüssen im Sinne einer Problem- bzw. Störungsbewältigung erweitert. In der Projektarbeit ist diese Lernform beispielsweise bei der von der Projektleitung durchgeführten Korrektur eines Projektplans anzutreffen.
- Veränderungslernen (angels.: double-loop learning)
  Erfordern die Umwelteinflüsse eine Modifikation der gegebenen Ziele und Normen, spricht man von Veränderungslernen. Dabei wird der institutionelle Bezugsrahmen in Frage gestellt (z. B. in Form einer Diskussion und Überarbeitung bestehender Projektmethoden[137]). Der Übergang zwischen Anpassungs- und Veränderungslernen erscheint fliessend und wird durch die Tiefe der auftretenden Systemstörung determiniert.
- Prozesslernen (angels.: deutero learning, vereinzelt auch triple-loop learning)
  Prozesslernen als höchste der drei Lernformen liegt dann vor, wenn die Organisation lernt, *wie* Anpassungs- und Veränderungslernen funktionieren, zu beeinflussen und letztlich zu verbessern sind („lernen zu lernen"). Durch Selbstreflexion wird dabei der Lernkontext hinterfragt und fördernde bzw. behindernde Faktoren des eigenen Lernverhaltens erfasst.[138]

Diese Darstellung setzt das Vorhandensein organisatorischer Handlungstheorien voraus: Damit ein Individuum beispielsweise Prozesse des Anpassungslernens durchlaufen kann, muss es zunächst mit diesen Theorien vertraut sein [Wiegand 1996, S. 211].

---

[137] Im Rahmen der Fallstudie Insecuranza wurde das Projektmethodenhandbuch überarbeitet. Hier kann von Veränderungslernen gesprochen werden.

[138] Die an den Fallstudien zu dieser Arbeit beteiligten Unternehmen haben im Rahmen der Ist-Analyse diese Lernform durchlaufen. Die dabei identifizierten Determinanten des Projektwissensmanagements im Sinne von Metawissen finden sich in Kapitel 3 dieser Arbeit.

Handlungstheorien

Argyris und Schön unterscheiden in offizielle Handlungstheorien (angels.: espoused theories) und Gebrauchstheorien (angels.: theories-in-use) als Erklärungshilfe für das organisationale Lernen. Diese Handlungstheorien (angels.: theories-of-action) bilden den von den Organisationsmitgliedern geteilten Rahmen, an denen die Individuen und die Organisation ihr Handeln ausrichten. Sie bilden die Hypothesen der Individuen zum organisationalen Verhalten ab. Die Gebrauchstheorien sind den Individuen oftmals unbewusst und werden selten öffentlich diskutiert. Sie resultieren aus individuellen oder kollektiv geteilten Erfahrungen und zugehörigen Wechselbeziehungen sowie aus der Gegenüberstellung der Gebrauchstheorien mit den offiziellen Handlungstheorien. Diese bilden den Bezugsrahmen der Organisation, dem Strukturen, Leitbilder und die Kultur zugrunde liegen. Die Projektmethodik bzw. konkreter entsprechende Formularentwürfe oder Methodenhandbücher sind ein Ausdruck der offiziellen Handlungstheorien.[139] Beide Formen der Theorien stellen grundsätzlich implizites Wissen dar, während die offiziellen Handlungstheorien regelmässig in Unternehmensleitbildern oder in Form von Organisationshandbüchern expliziert werden. Eine Diskrepanz zwischen offiziellen Handlungs- und Gebrauchstheorien führt zur Auslösung organisationaler Lernprozesse und damit gegebenenfalls zu Korrekturen der Handlungstheorien [Argyris/Schön 1978, S. 10 ff.; Probst/Büchel 1998, S. 24 ff.].

Ziel des organisationalen Lernens ist, das Wissen der verschiedensten Bereiche der Organisation zur Verfügung zu stellen, damit es diese wiederum seinen Mitgliedern bereitstellen kann. Der Transformationsprozess zwischen organisatorischem und individuellem Lernen ist von drei Faktoren abhängig [vgl. Scholz 1997, S. 288; Probst/Büchel 1998, S. 22 ff.; Klimecki et al. 1994, S. 62 ff.]:[140]

- Kommunikation (gegenseitiges Verständnis, insbesondere durch gemeinsame Sprache)
- Transparenz (öffentliche Verfügbarmachung, z. B. interne Publikationen wie Organisationshandbücher)
- Integration (Fähigkeit, Handlungen in das gemeinsame System zu integrieren)

Diese Faktoren gilt es auf Projekte als Orte des organisationalen Lernens zu präzisieren. Litke formuliert dazu: „Der Projektablauf mit seinen Lebensphasen wird als eine auf ‚Lernen‘ ausgerichtete sequentielle Entscheidungsprozedur aufgefasst.“ [Litke

[139] Vgl. dazu de Geus: „Rules in a corporation are extremely important. Nobody likes them but everybody obeys them because they are recognized as the glue of the organization.“ [de Geus 1998, S. 72]

[140] Zahn/Greschner fordern zusätzlich organisationsweite Akzeptanz und Übereinstimmung in Bezug auf Gültigkeit und Brauchbarkeit des Wissens (Konsensfähigkeit) [Zahn/Greschner 1996, S. 49]. Diese Forderung wird hier nicht weiter verfolgt, da für diese Arbeit ein mündiges Mitarbeiterverständnis mit der Einstellung, Dinge grundsätzlich zu hinterfragen, angenommen wird – in einer systemischen Umwelt wird es kaum möglich sein, die Konsensfähigkeit von *vorneherein* zu garantieren, da über externe Kanäle kaum Kontrolle ausgeübt werden kann. Denn auch – oder gerade (z. B. durch kontroverse Teamdiskussion) – bei mangelhaftem Konsens kann die Entstehung neuen Wissens und somit gegebenenfalls auch ein organisationales Lernen herbeigeführt werden.

1995, S. 24] (Projekt-)Teams werden immer mehr zur bedeutendsten Lernzelle einer Organisation, da sie sich mit der Zeit zu einem zentralen Entscheidungsträger entwickelt haben [Senge 1990a, S. 236; vgl. auch Staehle 1999, S. 772].

Im Rahmen des Dissertationsprojektes wird die Entität Projekt in zweifacher Hinsicht in den Kontext der lernenden Organisation gestellt: Einerseits sind Projekte als eigenständige Organisation zu sehen, andererseits fungiert das Projektteam als Gruppe selbst als Wissensproduzent für die gegebenenfalls zugehörige(n) „Dach-“ Organisation(en) [vgl. Freimuth 1997, S. 145; von Krogh 1998, S. 137; Probst/Büchel 1998, S. 65].

Gruppen- oder Teamlernen

Zum Begriff des *Teamlernens* führt Senge aus: „Team learning is the process of aligning and developing the capacity of a team to create the results its members truly desire.“ [Senge 1990a, S. 236] Oberschulte formuliert konkreter: „Lernen in Gruppen wird.. als Veränderungsprozess auf der Basis gruppeninterner Kommunikation und Interaktion verstanden, der bei zumindest einem Gruppenmitglied abläuft und der sich in qualitativ besserer oder/und schnellerer Problemlösung im Zeitablauf niederschlagen kann.“ [Oberschulte 1996, S. 61]

Dem Team kommen dabei zwei Funktionen zu [Oberschulte 1996, S. 61; vgl. auch Wiegand 1996, S. 388 f.]: eine *Transferfunktion* (beispielsweise Teammitglied an Team – die Gruppe fungiert hierbei als Verbindungsmitglied zwischen Team und Organisation) (c1) und eine *kollektive Lernfunktion*[141] (z. B. im Rahmen von Diskussionen in Workshops), bei der Dialog eine wesentliche Rolle spielt (c2). Das Gruppenwissen[142] dient dabei als Problemlösungskompetenz.

[141] Das Lernniveau eines Teams wird dabei – insbesondere bei interdisziplinärer Zusammensetzung – regelmässig vom „kleinsten gemeinsamen Nenner“ seiner Mitglieder bestimmt [de Geus 1988, S. 70].

[142] Gruppenwissen ist das in einer Gruppe zur Lösung einer organisatorischen Fragestellung verfügbare Wissen, das sich erst durch die Kombination des individuellen Wissens der Gruppenmitglieder ergibt [Oberschulte 1994, S. 95 und S. 189]. Oberschulte verwendet dabei Gruppen- und Teambegriff synonym. Ziehmann impliziert eine besondere Eignung von Projekten für organisationales Lernen und schreibt von einer Ergänzung der lernenden Organisation durch das evolutionäre und vernetzte System der Projektorganisation [Ziehmann 1996, S. 49].

Projekte als Orte des Lernens
Wie bereits in Kapitel 2.2.1 gezeigt wurde, kann man Projekten eine gewisse Wissensintensität unterstellen. In der Literatur werden Projekte regelmässig als Orte des Lernens postuliert [vgl. z. B. Ayas 1996, S. 131; Bowen et al. 1994, S. 267 und S. 277; Felgner 1993, S. 57; Freimuth 1997, S. 145; Lundin/Midler 1998b, S. 232; Probst/Büchel 1998, S. 123; Smith/Dodds 1997, S. 165; Witschi et al. 1998, S. 81]. Tiefergehende differenzierende Begründungen warum dies so ist, findet man allerdings selten. Aus der in Kapitel 2.1.1 eingeführten Definition von Projekten können dabei zentrale charakterisierende Elemente synthetisiert werden, warum Projekte grundsätzlich lernförderlich konstituiert sind:

- Die regelmässig anzutreffende *Interdisziplinarität* begünstigt Situationen des Lernens, da sie das Verständnis des Einzelnen im Sinne der oben geschilderten kollektiven Lernfunktion durch neuartige Impulse erweitern kann [vgl. Freimuth 1997, S. 145].
- Durch die *Komplexität und Neuartigkeit* von Projektaufgaben kann durch die kollektive Lernfunktion des Teams ein weit reichendes Problemverständnis innerhalb des Projektteams entstehen, das im Sinne einer gemeinsamen Leistungserstellung als Antrieb für den Lernprozess dienen *kann*[143] [vgl. Bullinger et al. 1996, S. 27; Oberschulte 1996, S. 49].[144]
- Das Projektteam verfolgt als Herausforderung ein *gemeinsames Ziel*, das die Grundlage für die stattfindenden Lernaktivitäten schafft [vgl. Prokesch 1997, S. 158] und ein fokussierteres Lernen eher ermöglicht, als in einer Gruppe ohne eine solche Zielsetzung [Schein 1998, S. 47].
- Der durch Terminvorgaben regelmässig bestehende *hohe Problemlösungsdruck* zwingt die Teammitglieder zu einer fokussierten Auseinandersetzung mit dem geplanten Vorhaben.[145]
- Das im Vergleich zu Linientätigkeiten durch die Auslagerung der Aufgabenverantwortung vorhandene *Empowerment* (vgl. Kapitel 2.1.1) der Mitarbeiter und die Autonomität des Teams fördert durch hohe Freiräume und Flexibilität lernfreundliche Faktoren wie Innovation und Kreativität [vgl. Bullinger et al. 1996, S. 27; Espejo et al. 1996, S. 95; Hanft 1996, S. 151; Probst/Büchel 1998, S. 119].

---

[143] Lernen in (Projekt-)Teams kann bestimmte Lernvorgänge überhaupt erst ermöglichen bzw. sogar beschleunigen, für die ein individuelles Lernen länger gedauert hätte oder gar nicht möglich gewesen wäre (z. B. Erarbeitung eines interdisziplinären Fachkonzeptes im Rahmen einer Projektteamsitzung). Allerdings kann Teamlernen den Lernprozess auch reduzieren, wenn die Lerngeschwindigkeit im Team unter der eines Individuums liegt [Oberschulte 1996, S. 49 und S. 62; vgl. Klimecki et al. 1994, S. 63 f.; Senge 1990a, S. 190].

[144] Diese systemtheoretische Erkenntnis, mögliche Gruppensynergien ausnutzen zu können, ist gleichzeitig Motivation für jeglichen Ansatz organisatorischen Lernens [Wildemann 1995, S. 7].

[145] Vgl. Kapitel 3.3.9 über die Rolle von Zeitdruck für das Projektwissensmanagement.

- Kollektives Lernen im Team und beim Individuum wird durch gleiche Lernkontexte, *schnelle Rückkoppelung und die hohe Interaktionsdichte* der Teammitglieder untereinander begünstigt [vgl. Probst/Büchel 1998, S. 120; Wiegand 1996, S. 380 ff.].
- Projektteamstrukturen zeichnen sich bei isolierter Betrachtung im Gegensatz zu Funktionalorganisationen durch eine relativ *flache Hierarchie* aus. Die Frequenz der Entscheidungsfindung kann dadurch signifikant erhöht werden. Dies kann wiederum durch die hohe Interaktionsdichte der Teammitglieder zu einer Verringerung der Auswirkungen von isolierten bzw. Einzelentscheidungen führen und dadurch Lernprozesse fördern [Eccles/Nolan 1993, S. 73; vgl. Prokesch 1997, S. 164].
- Durch die Projektteambildung kann ein *kollektives Bewusstsein* entstehen [Probst/Büchel 1998, S. 123], das durch ein gewisses Mass an gegenseitigem Vertrauen durch die vorhandene Gruppenatmosphäre Ängste verringern kann [Schein 1998, S. 47].

Wie in Kapitel 3 noch gezeigt werden wird, kann die Transferfunktion von Projekten zur Förderung des *organisationalen* Lernens aufgrund ihrer zeitlichen Begrenztheit und der mehr oder weniger starken Loslösung von der umgebenden Organisation in der Praxis problembehaftet sein.

Interorganisationales Lernen
Als interorganisationales Lernen wird hier das Lernen von der externen Umwelt bezeichnet (d). Dies kann durch die unterschiedlichsten Formen, zum Beispiel durch die Einstellung neuer Teammitglieder, Lernen von anderen Organisationen (z. B. „externes Benchmarking") oder Experten (z. B. Beratern) erfolgen [Oberschulte 1994, S. 127 ff.]. „Lernen von der externen Umwelt stellt einen Veränderungsprozeß dar, bei dem ein Organisationsmitglied oder mehrere Organisationsmitglieder Wissen von außerhalb der Organisation erwerben." [Oberschulte 1994, S. 127, Hervorhebung durch den Autor entfernt]

2.2.3 Neue Medien für das Wissensmanagement

In Kapitel 2.2.1 wurde die Notwendigkeit eines ganzheitlichen Wissensmanagementansatzes für diese Arbeit motiviert. Die dort diskutierte Technologiedimension soll an dieser Stelle – insbesondere als Grundlage für die weiteren Ausführungen in den Kapiteln 3.7 und 4.6 dieser Arbeit – vertieft werden.

Medien und neue Medien
Ein ganzheitliches Wissensmanagement erfordert leistungsfähige Informations- und Kommunikationsstrukturen [Rehäuser/Krcmar 1996, S. 26]. Ähnlich[146] argumentiert auch Ziegler: „Die zunehmende Wissensorientierung vieler Arbeitsprozesse erfordert

---

[146] Vgl. dazu auch [Smith/Dodds 1997, S. 165].

deshalb neue Paradigmen der Systemunterstützung, die sowohl Kooperation wie auch Kreativität und Lernen in der Organisation fördern." [Ziegler 1996, S. 681]

Das Konzept der neuen Medien ermöglicht die Durchführung eines solchen Paradigmenwechsels.

Neue Medien[147] (im Folgenden kurz Medien[148]) sind solche, die auf Informations- und Kommunikationstechnologie als Trägermedium beruhen. Eine mögliche Umsetzung solcher Medien sind beispielsweise Groupware- oder Intranet-/Internet-basierte Plattformen[149], wenn man sie einer integralen Betrachtungsweise unterzieht und nicht nur die zugehörigen Dienste und Protokolle betrachtet, sondern auch die Benutzertypen als Gemeinschaft und deren Interaktionsbeziehungen einbezieht. Ein wesentlicher Unterschied zu herkömmlichen Medien besteht in der Möglichkeit, dass sie – neben der Funktion als Informationsträger – Prozessinformationen aufnehmen und selbständig verarbeiten können [Schmid 1998, S. 124].

Lechner et al. definieren [Lechner et al. 1998, S. 206]: „Unter einem Medium verstehen wir eine Gesamtheit bestehend aus der technischen Plattform zur Verarbeitung und Übertragung von Information und einer organisierten Sammlung von Agententypen in der Gestalt von Rollen als Stellvertreter einer Gemeinschaft."[150]

Das von Schmid propagierte Medienmodell umfasst dabei drei wesentliche Komponenten [Schmid 1999b, S. 33; vgl. Schmid 1997b, S. 4 f.; Schmid 1999a, S. 308 ff.]:

- Kanal: Kanäle dienen der Verbindung der Akteure im Medium und transportieren die auszutauschenden Objekte. Dies können Datenbanken (Transport über die Zeit) oder Telekommunikationsnetze (Transport über den Raum) und kognitive Artefakte (z. B. E-Mail) sein.[151]
- Logischer Raum: Der logische Raum dient der Schaffung einer gemeinsamen Sprache im Sinne einer zum Verständnis notwendigen Strukturierung der Inhalte des Mediums (z. B. durch Beschreibung oder Klassifikation). Dies wird durch syntaktische (Layoutregeln, Sprache und Grammatik) und semantische (um ein gemeinsames kontextuelles Verständnis[152] zu ermöglichen) Regeln sichergestellt.

---

[147] Für eine formale Betrachtung dieser neuen Medien mit Konzepten der Logik und Informatik vgl. [Lechner/Schmid 1999].

[148] In Abgrenzung zum traditionellen Medienverständnis im Sinne eines Trägerbegriffs (z. B. Printmedien, Film oder Fotografie) [Schmid 1998, S. 124; Schmid 1999b, S. 33].

[149] Hier definiert als die durch Hard- und Software gebildeten IKT-Komponenten (im Sinne einer elektronischen Austauschplattform) eines Mediums.

[150] Schmid differenziert hier nach dem abstrakten Konzept des Agenten (Mensch, Maschine als informationsverarbeitendes Artefakt oder Organisationseinheit) als Interakteur im Medium [Schmid 1999b, S. 32 f.].

[151] Nach traditionellem Medienverständnis wären als Kanäle zusätzlich auch Printmedien wie Bücher und Zeitschriften aufführbar.

[152] Dieses kontextuelle Verständnis wird in der Literatur als „shared context", „shared space" oder „common sense" immer wieder als Vorbedingung zur gemeinsamen Wissensteilung im Sinne der lernenden Organisa-

- Organisation: Die Organisation determiniert die Aufbau- (Abbildung der Rollen der Gemeinschaft) und Ablaufstrukturen (implementierte Prozesse) des Mediums.

Die neuen Medien bieten gleichsam Räume, in denen sich Gemeinschaften treffen und austauschen können. Unter *Gemeinschaft* (angels.: *community*) wird für den Kontext dieser Arbeit der Zusammenschluss von Individuen oder Organisationen verstanden, die gleiche Werte und Interessen teilen und in einem gemeinsamen semantischen Raum miteinander kommunizieren [in enger Anlehnung an Schubert 1999, S. 1 f. und S. 31; vgl. auch Lechner et al. 1998, S. 206; Lechner/Schmid 2000].

In Anlehnung an die Definition der Geschäftsmedien für die Organisation wirtschaftlicher Transaktionen [vgl. Lechner et al. 1998, S. 203] werden Medien zur Unterstützung der Prozesse des Wissensmanagements[153] als *Wissensmedien* (angels.: *knowledge media*) bezeichnet [vgl. Stefik 1988, S. 327]. Derartige Wissensmedien können in mehreren Instanzen auftreten: z. B. als Medien für die Scientific Community (wie im Forschungsprojekt NetAcademy realisiert) oder andererseits als Medien für Business Communities[154].

Ein Knowledge Medium stellt ein Instrument für den zeit- und ortslosen Wissenstransfer dar, indem es die Gemeinschaft bei ihren Interaktionsprozessen[155] unterstützt und damit auch einen Ablageort[156] für Informationsobjekte[157] bietet. Die dabei nicht nur zur Unterstützung der Lernprozesse als Trägerkanal eingesetzte IKT ist ein wesentlicher konstituierender Baustein [Picot et al. 1998, S. 474; Bullinger et al. 1996, S. 28].

Projektwissensmedien

In Analogie zum Begriff des Wissensmediums wird konkretisierend unter einem *Projektwissensmedium* (angels.: *Project Knowledge Medium*, abgekürzt PKM) ein Medium zur Unterstützung des Wissensmanagements bei der Projektabwicklung verstanden.[158] Die zugehörige Gemeinschaft (kurz *Projektgemeinschaft*) bildet das in Kapitel

---

tion gefordert [z. B. Nonaka 1994, S. 68; Fahey/Prusak 1998, S. 268; Schüppel et al. 1998, S. 236; Schrage 1997, S. 172 ff.]. Vgl. in Analogie dazu das von Nonaka und Konno vorgestellte „concept of 'ba'". Der gemeinsam geteilte mentale Raum kann unterschiedlich gebildet werden:„This space can be physical (e. g., office, dispersed business space), virtual (e. g., e-mail, teleconference), mental (shared experiences, ideas, ideals), or any combination of them." [Nonaka/Konno 1998, S. 40] Vgl. auch [Nonaka et al 1998b, S. 675 ff.; Rumizen 1998, S. 78 f.].

[153] Vgl. Kapitel 3.1.

[154] Ein solches Medium wurde als Enterprise Knowledge Medium (EKM) mit Fokus auf Führungsprozesse unter besonderer Berücksichtigung der operativen Unternehmensplanung in einem dreijährigen Forschungsprojekt konzipiert und prototypisch realisiert [vgl. Schindler/Schwan 1997; Röpnack et al. 1998b; Röpnack et al. 1999; Schwan et al. 1999].

[155] Die ein ganzheitliches Wissensmanagement umfassenden Prozesse werden in Kapitel 3.1 ausgeführt.

[156] Bullinger et al. sprechen plakativ von einem „Unternehmensgedächtnis" [Bullinger et al. 1996, S. 18].

[157] Vgl. Kapitel 4.6.5.

[158] Für eine Abgrenzung zu so genannten Projektinformationssystemen vgl. Kapitel 3.7.1.

2.1.2 eingeführte „System Projekt", dass sich potenziell aus dem für die Dauer eines Projektes teilnehmenden Projektteam und dem Projektumfeld konstituiert (vgl. Abb. 2-4).

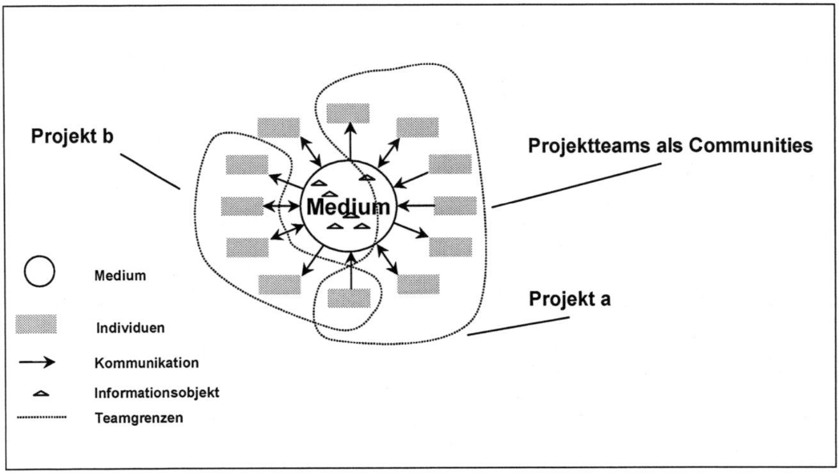

Abb. 2-4: Medienmodell im Projektkontext

2.3 Zusammenfassung und Bezugsrahmen

Das vorliegende zweite Kapitel diente dem Aufbau eines Bezugsrahmens für diese Arbeit (gleichsam dem im letzten Abschnitt angesprochenen logischen Raum) sowie der Ab- und Eingrenzung der Thematik. Dazu wurden die notwendigen Grundlagen diskutiert sowie die relevanten Begrifflichkeiten hergeleitet und definiert.

Es wurde dabei ein systemisches Verständnis der Projektarbeit unter der Verwendung des über das Projektmanagement hinausgehenden Begriffs der Projektabwicklung aufgebaut. Auf den kybernetischen Grundlagen basierend ist ein pragmatisch-ganzheitliches Wissens- und Wissensmanagementverständnis für die lernende projektorientierte Organisation erschlossen worden. Abschliessend wurde das Projektwissensmanagement in den Kontext des Medienmodells von Schmid eingeordnet.

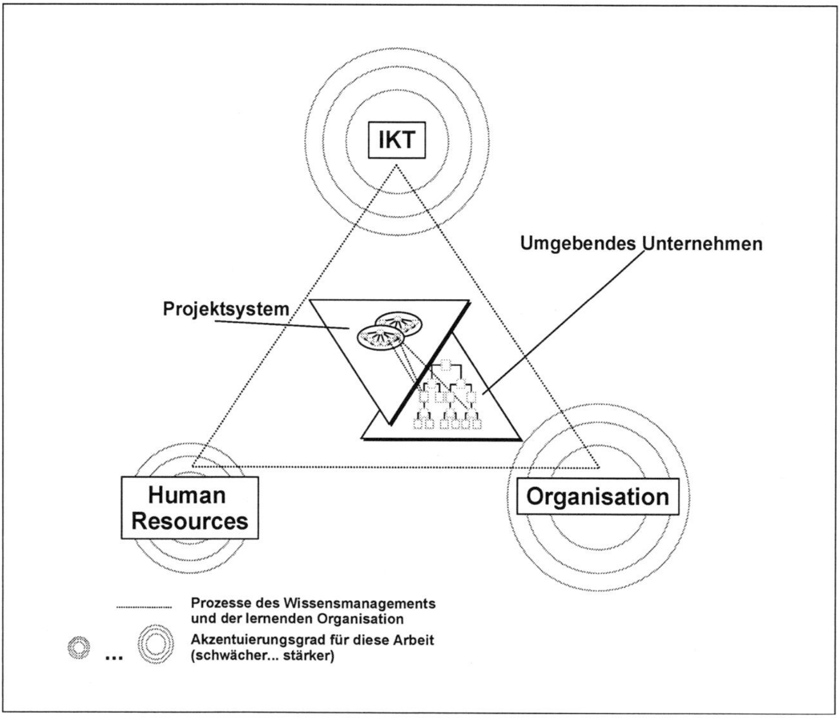

Abb. 2-5: Integrativer Bezugsrahmen der Dissertation

Wissen stellt dabei eine wesentliche Ressource des projektorientierten Unternehmens dar, da sich Projekte durch ihre spezifische Konstitution besonders als Orte des Lernens eignen (vgl. Kapitel 2.2.2). Die drei Gestaltungsdimensionen IKT, Organisation und Human Resources spannen den Rahmen für flankierende Massnahmen zur Gestaltung eines ganzheitlichen Wissensmanagements. Diese werden unter besonderer Akzentuierung von Aspekten der Organisation und IKT im vierten Kapitel der Arbeit vorgestellt. Im folgenden dritten Kapitel wird der Bezugsrahmen zunächst durch die im Rahmen der Aktionsforschung identifizierten Determinantenkategorien des Projektwissensmanagements konkretisiert. Abb. 2-5 fasst die gemachten Ausführungen zusammen.

3 Determinanten der Projektabwicklung aus Wissensperspektive

Aufgabe dieses Kapitels ist es, die im Rahmen der Aktionsforschung identifizierten Einflussfaktoren des Projektwissensmanagements aus Sicht von Theorie und Praxis kritisch zu reflektieren. Dazu werden zunächst die Aktivitäten des Wissensmanagements konkretisiert (Kapitel 3.1). Im Anschluss werden fünf Determinantenkategorien des Projektwissensmanagements motiviert (Kapitel 3.2) und in den folgenden Kapiteln 3.3-3.7 erläutert. Basierend auf den in Kapitel 2 dargestellten Grundlagen wird dabei der jeweilige kontextuelle Bezugsrahmen auf- bzw. ausgebaut sowie anhand von Aussagen aus der Literatur und der eigenen Untersuchung konkretisiert. Das dritte Kapitel wird mit einer zusammenfassenden Übersicht der gewonnenen Determinanten abgeschlossen (Kapitel 3.8). Für eine übersichtliche Darstellung des dritten Kapitels im Sinne einer „Roadmap" vgl. Abb. 3-1.

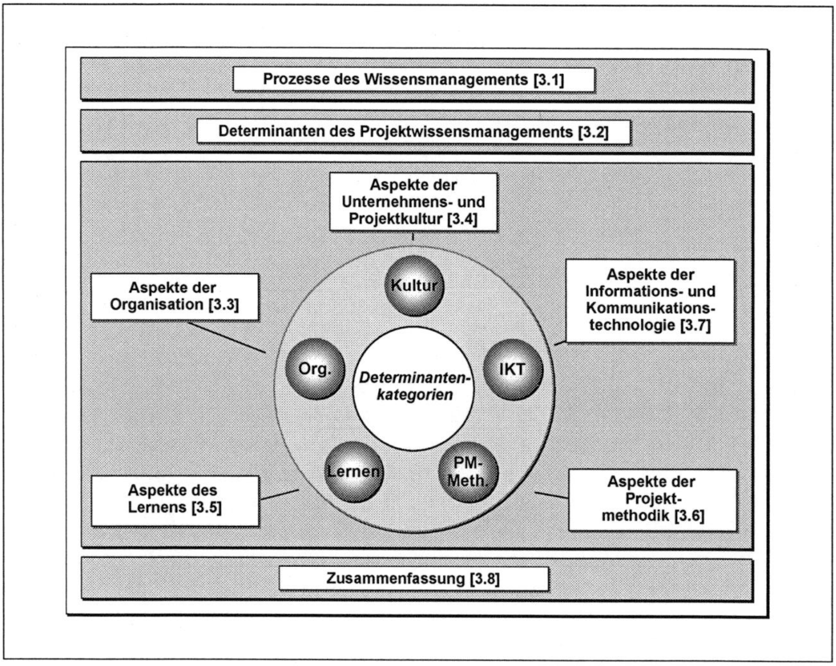

Abb. 3-1: Übersicht Kapitel 3

3.1 Prozesse des Wissensmanagements

In Kapitel 2 wurde die Betrachtung von Wissen als Ressource bzw. Wissensmanagement als Prozess eingeführt. Die Prozessorientierung soll nun weiter konkretisiert werden. Einige Autoren fokussieren in ihrer Betrachtung einzelne Aspekte wie z. B.

die Entstehung neuen Wissens [Nonaka 1991, S. 96 ff.; von Krogh 1998; Nonaka/Takeuchi 1998, S. 214 ff.] oder den Transfer bestehenden Wissens [von Krogh/Köhne 1998] und den zugehörigen Teilprozessen. Die in dieser Arbeit einzunehmende Betrachtungsperspektive erfordert aufgrund der postulierten Ganzheitlichkeit hingegen eine Auseinandersetzung mit einem möglichst breiten Spektrum relevanter Prozesse[159].

Zunächst soll geklärt werden, was hier unter „breitem Spektrum“ verstanden wird. Dazu werden Prozessmodelle aus der Literatur vergleichend gegenübergestellt, um nachfolgend die für diese Arbeit relevanten Prozesse identifizieren zu können. Die Nutzung solcher Modelle wird wie folgt motiviert [Bullinger et al. 1998, S. 24; Pawlowski 1999, S. 115]:

- Sie ermöglichen eine Strukturierung des Wissensmanagementprozesses in logische Phasen
- Sie tragen zur Systematisierung von Wissensmanagementproblemen bei
- Sie bieten Anhaltspunkte für mögliche Interventionen
- Sie liefern Ansätze für ein Suchraster nach möglichen Ursachen von Wissensproblemen

Tabelle 3-1 illustriert die „Bandbreite“ der Modelle und deren grosse Ähnlichkeit.

Verfasser/Jahr	Prozesse
[Davenport/Prusak 1998]	1. Wissensgenerierung 2. Kodifizierung und Koordinierung des Wissens 3. Wissenstransfer
[Eck 1997, S. 165]	1. Produktion von Wissen 2. Distribution von Wissen 3. Nutzung von Wissen
[Eppler et al. 1999b, S. 4 ff.]	1. Identifikation von Wissen 2. Evaluation von Wissen 3. Allokation von Wissen 4. Anwendung von Wissen
[O'Dell/Grayson 1998b, S. 6 f.]	1. Organize Knowledge 2. Share Knowledge 3. Adapt Knowledge 4. Use Knowledge 5. Create Knowledge 6. Identify Knowledge 7. Collect Knowledge

[159] In der Literatur finden sich hier zum Teil synonym verwendete andere Bezeichnungen wie z. B. Aufgaben und Ziele des Wissensmanagements [z. B. North 1999, S. 3] bzw. Kernprozesse [Probst et al. 1999, S. 53], Hauptaktivitäten [von Krogh/Venzin 1995, S. 417] oder Handlungsfelder [Pawlowski 1999, S. 115].

Verfasser/Jahr	Prozesse
[Pawlowski 1999, S. 115 f.]	1. Wissensidentifikation 2. Wissensgenerierung und -erneuerung 3. Wissensdiffusion 4. Wissensintegration 5. Wissenstransfer zum Handeln
[Probst et al. 1999, S. 53 ff.][160]	1. Wissensidentifikation 2. Wissenserwerb 3. Wissensentwicklung 4. Wissens(ver)teilung 5. Wissensnutzung 6. Wissensbewahrung
[Rehäuser/Krcmar 1996, S. 19]	1. Management der Wissens- und Informationsquellen 2. Management der Wissensträger und Informationsressourcen 3. Management des Wissensangebots 4. Management des Wissensbedarfs 5. Management der Infrastruktur der Wissens- und Informationsverarbeitung und Kommunikation
[Röpnack et al. 1998b]	1. Identification 2. Build-up 3. Store 4. Share 5. Apply
[Schüppel 1996, S. 191 f.]	1. Wissensproduktion 2. Wissensreproduktion 3. Wissensdistribution 4. Wissensverwertung 5. Wissenslogistik
[von Krogh/Venzin 1995]	1. Identifizierung von Wissen 2. Entwicklung von Wissen 3. Kompetenzbildung 4. Innovationsmanagement
[Zack 1999, S. 45][161]	1. Create Knowledge 2. Locate Knowledge 3. Capture Knowledge 4. Share Knowledge 5. Expertise Knowledge

Tabelle 3-1: Prozesse des Wissensmanagements in der Literatur

Die Darstellungen variieren zum Teil in der Benennung der einzelnen Prozesse, meinen aber letztlich das gleiche. Einzige Unterscheidungsmerkmale sind die Darstellung

[160] Das Modell von Probst et al. erfreut sich vor allem in der deutschsprachigen Literatur einer hohen Verbreitung, da es sich durch eine hohe Praxisrelevanz auszeichnet [vgl. z. B. Bullinger et a. 1997, S. 10]. Dem Modell wird allerdings auch eine mangelnde theoretische Fundiertheit vorgeworfen [z. B. Willke 1998b, S. 77 ff.].

[161] Zack beschränkt seine Betrachtungen auf „codified knowledge".

der Modelle (so sprechen einige Autoren von Zyklen[162], um die Permanenz und Dynamik zu betonen) und deren Darstellungstiefe[163]. Die Autoren unterstreichen dabei die geringe Trennschärfe der einzelnen Phasen und betonen, dass die einzelnen Prozesse nicht isoliert zu betrachten sind, sondern untereinander in Wechselbeziehungen stehen [vgl. z. B. Pawlowski 1999, S. 24; Probst et al. 1999, S. 53; Starbuck 1992, S. 722]. Weiterhin wird relativiert, dass die einzelnen Prozesse nicht zwingend sequentiell zu durchlaufen sind [von Krogh/Venzin 1995, S. 426].

Eine vergleichende Diskussion der Modelle fällt schwer – bleiben die Phasen doch oftmals unausgeführt und nur oberflächlich erklärt [vgl. Bullinger et al. 1998, S. 23], was als Beleg für die Schwierigkeit der Formalisierung von Wissensmanagementaspekten interpretiert werden kann.

Auffällig ist, dass obwohl – wie in Kapitel 2.2.2 gezeigt wurde – das Konzept des organisationalen Lernens per Definition auf Wissen basiert, die Aspekte des organisationalen Lernens in den einzelnen Prozessmodellen nur sehr selten explizite Berücksichtigung finden. Probst et al. begründen dies mit dem Interventionscharakter des Wissensmanagements, während organisationales Lernen nur eine Zustandsveränderung beschreibt [Probst et al. 1999, S. 46 f.]. Davenport und Prusak führen pragmatische Gründe an: Wissensmanagementprobleme sind im Vergleich konkreter und bieten bessere Ansätze zur Intervention – eine Verbindung wird daher von der Praxis übersehen. Als mögliche Brücke schlagen sie – leider unausgeführt – die Betrachtung von Organisationen als Systeme vor [Davenport/Prusak 1998, S. 321 f.]. In Bezugnahme auf die in Kapitel 2.2.1 eingeführte Definition von Wissen als „vom Individuum verstandene, d. h. interpretierte Information" kann das Durchlaufen von Lernprozessen daher als Voraussetzung für die Entstehung von Wissen gesehen werden. Damit kann für diese Arbeit ein gedanklicher Konsens mit oben aufgeführten Prozessen und den eingeführten Definitionen der Termini „Wissen" und „Lernen" herbeigeführt werden.

Für die Zu- und Einordnung der im Rahmen der Field Research gewonnenen Erkenntnisse wird das Phasenmodell von Eppler et al. angewendet. Dieses ist als Bestandteil in das Referenzmodell für Wissensmedien [Eppler et al. 1999b; Schindler 1998a, S. 12 ff.; Schindler 1998b, S. 20 f.] integriert, das über Verknüpfungspunkte zu weiteren kontextrelevanten Forschungsarbeiten verfügt[164] und in das die medienbasierten Inhalte der Arbeit eingeordnet werden (vgl. Kapitel 4.6.6). Das aus vier Phasen bestehende Modell lässt sich in einzelne Prozesse untergliedern (vgl. Tabelle 3-2[165]).

---

[162] Vgl. hierzu den Knowledge Management Cycle [Röpnack et al. 1998b] oder den Knowledge Cycle von Parlby und Taylor [Parlby/Taylor 1997, S. 3].

[163] Probst et al. [Probst et al. 1999] beschreiben beispielsweise ausführlich die einzelnen Handlungsfelder, während O'Dell und Grayson die einzelnen Phasen zwar benennen, aber nicht weiter ausführen [O'Dell/Grayson 1998b, S. 6 ff.].

[164] Vgl. [Röpnack i. B.; Seifried i. B.].

[165] Die einzelnen Phasen werden an einer Neuprojektierung, bei der ein Projektplan zu erstellen ist, beispielhaft ausgeführt.

Phase	Inhalte	Beispiel
1. Identifikation	Wissensbedarfe eruieren	Anstellen von Überlegungen bezüglich des Umfangs und der Inhalte des neuen Projektes.
	Wissensziele definieren	Festlegen möglicher Ansprechpartner aufgrund deren antizipierter Erfahrungen in ähnlichen Projekten.
	Wissensquellen kontaktieren	Ansprechen ehemaliger Projektleiter von ähnlichen Projekten, Sichtung von Einträgen in Erfahrungsdatenbanken.
	Wissen sichten	Erfahrungsaustausch mit den angesprochenen Projektleitern und Sichtung von bereitgestellten Projektplänen vergangener Projekte.
2. Evaluation	Wissensauswahl	Identifikation der für das neue Projekt relevant erscheinenden Projektpläne.
	Wissensbewertung	Beurteilen der Güte, der im letzten Schritt ausgewählten Projektpläne.
3. Allokation	Wissenstransfer	Kommunikation der Inhalte des neuen Projektplans an das Projektteam.
	Wissensaufbereitung	Relevantes Wissen aus den Projektplänen ähnlicher Projekte wird aus existierenden Projektplänen visualisiert.
	Wissensverankerung	Kodifizierung des Plans und anschliessende Ablage in einer für das Team zugänglichen Datenbank.
	Wissenskonsolidierung	Abgleich/Harmonisierung der abteilungsweiten Multiprojektplanung mit dem neuen Plan.

Phase	Inhalte	Beispiel
4. Anwendung	Wissensnutzung	Anwendung des ausgewählten und aufbereiteten Wissens auf das neue Projekt.
	Wissensgenerierung	Erstellen des neuen Projektplans durch Diskussion mit den Teilprojektleitern.
	Wissenscontrolling[166]	Verifikation des neu erstellten Projektplans auf Nutzwert und Fehler (auch auf solche, die auf den Erstellungsprozess, z. B. durch unzureichende Kontaktierung von Ansprechpartnern, zurückzuführen sind).

Tabelle 3-2: Prozesse des Wissensmanagements nach Eppler et al.[167]

Die Phase der *Identifikation* dient der Vorabsondierung (Soll und Ist), welches Wissen in welcher Form im Unternehmen verfügbar ist, mit dem Ziel, eine höhere Transparenz über existierendes Wissen zu erlangen. Dabei gilt es eine Bedarfsanalyse des für die Lösung einer Problemstellung notwendigen Wissens durchzuführen. Eng damit zusammen hängt das Definieren von Wissenszielen zur Konkretisierung der Wissensbedarfe, analog dem Formulieren von Forschungsfragen.[168] Bei der Kontaktierung von Wissensquellen gilt es, sich mit den Wissensträgern (z. B. Teamkollegen) in Verbindung zu setzen bzw. sich Zugriff auf kodifiziertes Wissen in Artefakten wie Handbüchern oder IKT zu verschaffen. Dazu wird eine Analyse der identifizierten Wissensquellen vorgenommen (Wissen sichten).

Im Rahmen der *Evaluation* wird die Anwendbarkeit des Wissens auf eine zu lösende Problemstellung geprüft. Die Wissensauswahl dient der Selektion des als relevant eingestuften Wissens. Bei Vornahme der Wissensbewertung wird das Wissen aufgrund seiner Qualität eingeordnet und auf seine Anwendbarkeit für die aktuell interessierende Problemstellung hin untersucht. Wissensauswahl und -bewertung sind eng miteinander verzahnt.

Die Integration von Wissen in das Projektteam bzw. in das umgebende Unternehmen findet im Rahmen der *Allokation*sphase statt. Bestehendes Wissen wird dabei durch entsprechende Kommunikationsprozesse (Wissenstransfer) für andere Teile der Organisation zur Verfügung gestellt (z. B. eher formalisiert im Rahmen von Schulungen aber auch weniger formalisiert bei Gesprächen zwischen Teammitgliedern am Arbeitsplatz). Dazu wird Wissen gegebenenfalls aufbereitet (Überführung des Wissens in höhere bzw. weniger verdichtete Formen oder Änderung der medialen Erscheinung bei

166 Vgl. zum Controlling als kontrollierenden Soll-Ist-Vergleich mit der Möglichkeit zur Durchführung von korrigierenden Massnahmen im Sinne eines Lernprozesses [Staehle 1999, S. 544; vgl. auch weiterfassender Wöhe 1993, S. 200].

167 Vgl. [Eppler et al. 1999a].

168 Genauer betrachtet stellen Forschungsfragen solche Wissensziele dar, schliesslich soll im Forschungsprozess neues Wissen generiert werden [vgl. Eco 1993, S. 39 ff.].

kodifiziertem Wissen). Die Wissensverankerung bindet Wissen an die Organisation, z. B. durch Aufnahme in Projekthandbüchern oder Dokumentationen. Im Rahmen der Wissenskonsolidierung wird ein Abgleich temporär inhomogener Wissensbestände bzw. die Zusammenführung von Wissensbeständen durchgeführt. Dies kann beispielsweise durch Überarbeitung nicht mehr aktueller Methodenhandbücher (Modifikation der offiziellen Handlungstheorien) oder durch Anpassungslernen im Rahmen einer zu lösenden Problemstellung geschehen.

In der Phase der *Anwendung* wird relevant identifiziertes Wissen für eine zu bewältigende Aufgabe eingesetzt (Wissensnutzung). Dabei kann neues Wissen entstehen (Wissensgenerierung). Im Rahmen des Wissenscontrollings wird eine ex post-Erfolgsbewertung der durchlaufenen Prozessschritte durchgeführt und gegebenenfalls eine Anpassung des Vorgehens für zukünftige Probleme vorgenommen, was zu Veränderungslernen führen kann.

Die einzelnen Prozessschritte in diesem rekursiven Modell laufen dabei in ständigem Wechsel zwischen den Individuen und der Organisation ab. Dabei müssen die einzelnen Prozessschritte der Phasen nicht zwingend sequentiell aufeinanderfolgend verlaufen.[169] So kann der Wissensgenerierung in Phase 4 die Wissensverankerung in Phase 3 direkt folgen. Oftmals ist eine vollständige Bewertung des Wissens (Phase 2) erst nach dessen Anwendung (Phase 4) möglich. Die Phasen Wissensbewertung (Phase 2) und Wissenscontrolling (Phase 4) unterscheiden sich im Zeitpunkt ihres Eintretens: Das Wissenscontrolling findet grundsätzlich erst nach der Generierung von Wissen mit möglichen Auswirkungen auf den gesamten Prozessablauf bei nachfolgenden Problemen statt, während die Wissensbewertung das zur Erstellung von neuem Wissen erforderliche „Teilwissen" auf Relevanz und Güte für die konkrete Problemstellung evaluiert.

3.2 Determinanten des Projektwissensmanagements

Basierend auf den im Rahmen der Aktionsforschung durchgeführten Interviews konnten bei den Unternehmen fünf Determinantenkategorien des Projektwissensmanagements identifiziert werden:

- Organisation
- Kultur
- Lernen
- Projektmethodik
- Informations- und Kommunikationstechnologie

[169] Vgl. dazu [Starbuck 1992, S. 722]: „The distinction between creating knowledge and applying is often hard to make."

Die Kategorien stellen eine Präzisierung der in Kapitel 2.2.1-2.2.3 vorgestellten Gestaltungsdimensionen für ein ganzheitliches Wissensmanagement im Hinblick auf ein ganzheitliches *Projekt*wissensmanagement dar.

Anhand dieses Kategorisierungsschemas sollen in den folgenden Unterkapiteln die notwendigen Aspekte des Projektwissensmanagements gegliedert, vertiefend dargestellt und gleichzeitig der Ist-Zustand beschrieben werden. Dabei werden die bei den Unternehmen identifizierten Determinanten jeweils zugeordnet. Die Kategorie *Organisation* (Kapitel 3.3) umfasst Determinanten der Aufbau- und der Ablauforganisation. Relevante Gesichtspunkte der Unternehmens- und Projektkultur werden im Rahmen der Kategorie *Kultur* (Kapitel 3.4) erfasst. Im Anschluss daran werden Determinanten des *Lernens* vorgestellt (Kapitel 3.5). Die Gestaltungsdimension *Projektmethodik* (Kapitel 3.6) dient der Betrachtung von Aspekten bezüglich der Regeln zum Projektablauf. In die Kategorie *Informations- und Kommunikationstechnologie* (Kapitel 3.7) werden abschliessend Faktoren bezüglich der zum Projektwissensmanagement erforderlichen informationstechnologischen Infrastruktur eingeordnet.

Qua Definition sind die zugehörigen Determinanten die bestimmenden Faktoren[170] – sie können auf das Projektwissensmanagement als Katalysatoren situativ unterstützend und beschleunigend, aber auch verlangsamend wirken. Die Einordnung der Determinanten in die Kategorien erfolgt dabei aufgrund ihrer jeweiligen Schwerpunkte und wurde in Metaplanspielen und Diskussionen im Rahmen der Aktionsforschung mehrfach hinterfragt. Eine eindeutige trennscharfe Zuordnung erscheint weder möglich noch ist sie aus systemtheoretischer Sicht notwendig, da die Determinanten eng miteinander verwoben sind und sich die Kategoriebereiche durch ihren unterschiedlichen fachlichen Ursprung überlappen (z. B. Organisation und IKT) bzw. zum Teil konkretisieren können (z. B. Organisation und Projektmethodik). Um Redundanzen zu vermeiden, wurden sie der jeweils am meisten dominierend erscheinenden Kategorie zugeordnet.

Das Spektrum der identifizierten Determinanten umfasst die ganze Breite des in Kapitel 2.3 aufgespannten integrierten Bezugsrahmens dieser Arbeit. In der erforderlichen Tiefe werden dabei solche Determinanten ausgeführt, die – im Hinblick auf die in Kapitel 4 zu konkretisierenden Gestaltungsempfehlungen – der beschriebenen Akzentuierung auf Aspekte der Organisation und IKT entsprechen[171] und in besonderer Beziehung zu den in Kapitel 2 eingeführten Eigenschaften von Projekten bzw. der Projektarbeit stehen.

---

170 Zu generellen Erfolgsfaktoren für das Projektmanagement vgl. [Clarke 1999; Keplinger 1992].

171 Insbesondere die Ausführungen zu Kapitel 3.4 werden daher aus Relevanzgründen in entsprechender Knappheit abgehandelt. Es wird dabei auf die angegebene Literatur verwiesen. Lediglich der Aspekt des Vertrauens wird ausführlicher dargestellt und in Kapitel 4 wieder aufgegriffen. Für eine tiefere Betrachtung von allgemeinen Wissens- und Lernbarrieren unter der Perspektive der Humanorientierung vgl. die Arbeit von Schüppel [Schüppel 1996, S. 107 ff. und S. 121 ff.]. Er betrachtet die Organisation im Allgemeinen und beschränkt seine Systematisierung auf individuelle und kollektive sowie strukturelle und politisch-kulturelle Barrieren aus verhaltenswissenschaftlicher Perspektive – Aspekte der IKT-Dimension werden nicht einbezogen. Vgl. auch [Kim 1993, S. 41 f.].

Die dazu in der Praxis gewonnenen Aussagen werden im Rahmen der Fallstudien in Anhang II.1-II.4 im jeweiligen Unternehmenskontext detailliert dargestellt bzw. fliessen in Form von Fallbeispielen[172] in das vorliegende Kapitel ein.

3.3 Aspekte der Organisation

Die im Rahmen der Kategorie Organisation eingeordneten Einflussfaktoren determinieren das Projekt aus Sicht des Wissensmanagements in seinem Aufbau und seiner Integration in das zugehörige Unternehmen und seiner Arbeitsgestaltung.

3.3.1 Grundlagen der Organisation

Aspekte der Organisation lassen sich zur besseren Strukturierung aus der Perspektive von Aufbau- und Ablauforganisation gliedern[173] [vgl. dazu z. B. Schmidt 1997, S. 20 ff.; Braun 1996a, S. 7 ff.; Probst 1993, S. 43 ff. und S. 105 ff.; Wöhe 1993, S. 179 ff.]: Als Determinanten der Aufbauorganisation (Kapitel 3.3.2-3.3.8) werden solche zusammengefasst, deren primäre Ursache in der Verknüpfung der organisatorischen Grundelemente (z. B. Aspekte der Hierarchie, Verteilung von Aufgaben auf die Aufgabenträger im Projekt) liegt. Unter Problembereichen der Ablauforganisation (Kapitel 3.3.9 und 3.3.10) werden hingegen solche Determinanten subsumiert, die Handlungsvorgänge zeitlich, quantitativ und/oder räumlich ordnen (Aspekte der Durchführung und deren Gestaltung).

3.3.2 Rollenverständnis in der Projektorganisation

Im Folgenden soll das traditionelle Rollenverständnis[174] in Projekten im Bezug auf das Wissensmanagement näher betrachtet werden. Projektarbeit ist überwiegend Teamarbeit. Projektmanager und -mitarbeiter bilden das so genannte *Projektteam.*[175] Die Anzahl der Teammitglieder hängt dabei von der Projektgrösse und Komplexität ab. Die *Projektmitarbeiter* sind mit der eigentlichen operativen Durchführung des Projektes betraut. Sie führen Informationsbeschaffung, Konzepterarbeitung und Realisierung von (Teil-)Aufgaben innerhalb des Projektes durch [Haberfellner et al. 1999, S. 267 f.].

---

[172] Sofern nicht anders kenntlich gemacht, beziehen sich die in diesem Zusammenhang gewonnenen Aussagen auf die durchgeführten ergänzenden Interviews (vgl. dazu Anhang III).

[173] Schmidt betont die starke Verwobenheit zwischen Aufbau- und Ablauforganisation. Die inhaltlich-differenzierte Auseinandersetzung rechtfertigt jedoch diese Trennung auf logischer Ebene [Schmidt 1997, S. 21].

[174] Während Regeln das Zusammenspiel *aller* Teammitglieder beschreiben, wird das Konzept der *Rolle* dazu benutzt, das Verhaltensset einer Position mit ihren Beziehungen innerhalb des Teams konkreter zu definieren [Mintzberg 1989, S. 15; Northcraft/Neale 1990, S. 284; Staehle 1999, S. 272]. In einer Stellen- oder Rollenbeschreibung werden die Rechte und Pflichten des Positionsinhabers fixiert.

[175] Für die Anforderungen an Projektteammitglieder im Sinne eines Qualifikationsprofils vgl. [Keplinger 1992, S. 104; Patzak/Rattay 1998, S. 132 f.].

Der zuständige *Projektleiter*[176] führt das Projektteam (Management des Projektes). Neben „allgemeinen" Managementanforderungen [vgl. z. B. Mintzberg 1989, S. 7 ff.], die er durch die Führungsfunktion inne hat, wird seine Rollenbeschreibung durch die Besonderheiten der Projektarbeit konkretisiert. Seine Aufgabe ist das Erreichen des Projektziels bei gleichzeitiger Erfüllung des für das Projekt definierten Leistungs- oder Qualitätsumfangs unter Einhaltung der Restriktionen durch auferlegte Budgets und/oder Terminbeschränkungen [Burghardt 1997, S. 96 f.]. Neben den dazu notwendigen kontrollierenden und steuernden Massnahmen fällt auch die Projektplanung[177] in seinen Aufgabenbereich. Ferner ist er mit Administrationsarbeiten betraut [Krüger 1994, S. 374]. Der Projektleiter hat somit eine „Managementaufgabe auf Zeit" [Aggteleky/Bajna 1992, S. 41], abhängig von der für die Durchführung des Projektes erforderlichen Dauer.

Zu den Aufgaben eines Projektleiters gehören [vgl. Burghardt 1997, S. 97; Cleland 1994, S. 33; Haberfellner et al. 1999, S. 270]:

- Organisieren der Projektgruppe und weiterer Ressourcen
- Definieren und Strukturieren der technischen Aufgabenstellungen
- Planen und Kontrollieren der Projektaufgabe
- Fachliches bzw. disziplinarisches Führen des Projektteams
- Koordination des Projektmarketings
- Koordinieren der Partnerstellen
- Informieren der zuständigen Projektgremien
- Durchführen des Projektabschlusses
- Informationspflicht gegenüber dem Kunden/Auftraggeber/Gremien
- Identifikation und Nutzung der relevanten Informationen, um das Projekt zu managen
- Moderieren von Beratungs- und Steuerungsgremien

An das Qualifikationsprofil eines Projektleiters werden die unterschiedlichsten Anforderungen[178] gestellt. Ausgeführt sei an dieser Stelle Rinza über den „Wissensschwerpunkt" des Projektleiters: „Der Wissensschwerpunkt des Projektleiters sollte den jeweiligen Know-how-Anforderungen des Projektes weitgehend entsprechen, d. h. also,

---

[176] Synonym: Projektmanager. In der angelsächsischen Literatur zum Teil auch Product Manager, Project Leader, Task Force Chairperson.

[177] Richtungweisend ist der im Harvard Business Review publizierte Artikel von Paul O. Gaddis [Gaddis 1959] über die Rolle des Projektleiters. Er charakterisiert das heute noch übliche Bild als „Planer", bei dem die Termin- und Kostenverantwortung die zentralen Inhalte der Rollenbeschreibung eines Projektleiters darstellen [vgl. z. B. Lippert et al. 1996, S. 254; Randolph/Posner 1988, S. 65 ff.; Rosenau 1998, S. 198].

[178] Für die an einen Projektleiter zu stellenden Anforderungen im Sinne eines allgemeinen Qualifikationsprofils vgl. [Boutellier/Völker 1997, S. 111 f.; Burghardt 1997, S. 97 f.; Duncan 1996, S. 20 ff.; Meredith/Mantel 1995, S. 128 ff.; Patzak/Rattay 1998, S. 130 f.].

daß bei technischen Angelegenheiten ein Mitarbeiter Projektleiter werden sollte, der ein ausgeprägtes technisches Wissen besitzt, während natürlich bei Unternehmenskauf, bei Unternehmensbeteiligung, bei Organisations- und Marktforschungsprojekten einem Wirtschaftsingenieur oder Betriebswirt der Vorzug zu geben ist." [Rinza 1998, S. 137; vgl. auch Lock 1996, S. 49 f.]

In Ausdehnung der Rolle des Projektleiters auf mehrere Positionen wird zum Teil auch von der Projektleitung[179] gesprochen. Hier sind dann regelmässig in Ergänzung noch Dokumentation und Berichtswesen oder die Vorbereitung von Sitzungen als Aufgaben vorgesehen [z. B. Zielasek 1995, S. 73 ff.].

Entsprechend der Projektdefinition sind *Projektteams* temporäre Arbeitsgruppen[180] zur Lösung der zeitlich begrenzten Aufgabe als durchführende Projektinstanz: Die Teammitglieder stammen je nach der erforderlichen Interdisziplinarität aus den unterschiedlichsten Funktionsbereichen und Hierarchieebenen und bringen daher auch unterschiedliches Wissen ein [Staehle 1999, S. 769]. Abstrakter ausgedrückt ist ein Projektteam ein theoretisches Konstrukt aus konsistenten Akteuren [March 1994, S. 104], dessen Zusammensetzung sich durch folgende Merkmale auszeichnet [vgl. Mankin et al. 1996, S. 169 ff.]:

- Unterschiedliche fachliche Hintergründe der Mitarbeiter
- Spezialisiertes Expertenwissen
- Teammitglieder können Voll- oder Teilzeit zum Team gehören
- Sich im Projektverlauf möglicherweise ändernde Teamzusammensetzung
- Mögliche Existenz eines Kernteams

In der Literatur findet man neben diesen regelmässig weitere projektrelevante Rollen wie [Schmidt 1997, S. 121 ff.; Haberfellner et al. 1999, S. 267 ff.; Zielasek 1995, S. 35]:

- Teilprojektleiter
  Der Teilprojektleiter übernimmt bei komplexeren Vorhaben die Leitung von Teilprojekten analog der gemachten Ausführungen über die Rolle des Projektleiters.
- Auftraggeber
  Der Auftraggeber formuliert einen Projektauftrag bzw. genehmigt formulierte Aufträge (einschliesslich dem Budget).
- Projektausschuss[181]
  Der Projektausschuss ist ein Gremium, das für die Überwachung des Pro-

[179] Was wiederum den Raum für weitere Rollen, wie die der Projektmanagementunterstützung (PMU) und des Projektsekretariats lässt. Für eine Ausführung dieser Rollen vgl. die Fallstudie DaimlerChrysler.

[180] In Abgrenzung zu „reinen" Gruppen sind Teams im Kontext dieser Arbeit *temporäre* Entitäten, deren Mitglieder ein gemeinsames Ziel anstreben [vgl. Teufel et al. 1995, S. 9 f.; Franck/Jungwirth 1999, S. 157].

[181] Auch als Steering-Committee oder Steuerungs- bzw. Lenkungsausschuss bezeichnet.

jektablaufs zuständig ist. Es ist gleichzeitig Anlaufstelle für Konzeptentscheidungen und für die horizontale (Schnittstellen zur äusseren Projektumwelt) und vertikale Verankerung des Projektes (z. B. zur Berichterstattung gegenüber der Unternehmensleitung) zuständig. Der Projektleiter ist oftmals Mitglied dieses Ausschusses.

In der betrieblichen Praxis konnten sich die angeführten Rollen – von Abweichungen in der Bezeichnung und inhaltlichen Überschneidungen bzw. der Verlagerung von Aufgaben abgesehen – weitestgehend durchsetzen.[182]

Dedizierte Rollen in Bezug auf das Wissensmanagement findet man in der Praxis noch relativ selten, obschon sie sich langsam zu etablieren beginnen[183] – eine Reinform stellt die des CKO[184] dar.

Die explizite Verankerung von Aspekten des Wissensmanagements wie z. B. in Form von Wissenszielen oder wissensmanagementbezogenen Aufgaben[185] konnte in den in der Literatur aufgeführten traditionellen projektspezifischen Rollenbeschreibungen so gut wie nicht lokalisiert werden.[186] Auch in der Praxis hatte keines der in den Fallstudien oder Interviews untersuchten Unternehmen solche Wissensziele explizit in den Rollenbeschreibungen verankert.

Implizit beinhaltet die Rollenbeschreibung des Projektleiters aufgrund ihrer Schnittstellenfunktionen zur Systemumwelt und der enthaltenen informations- bzw. wissensidentifizierenden und -weitergebenden Pflichten[187] regelmässig einen wissenskoordinierenden Charakter[188] [vgl. z. B. Dinsmore 1990, S. 40 ff.; Lock 1996, S. 49].

---

182 Vgl. dazu die im Rahmen der Fallstudien dargestellten Projektorganisationen.

183 Vgl. dazu Kapitel 4.2.2 und die dort gemachten Ausführungen am Beispiel des Knowledge Networking Officers von Roche Diagnostics.

184 Die bereits in Kapitel 1.1 zitierte KPMG-Studie stellt fest, dass von den Unternehmen mit einer Wissensmanagementinitiative nur 5 % die Rolle eines CKO oder eine vergleichbare umgesetzt haben [Parlby 1998, S. 13].

185 In Rollenbeschreibungen, die fachliche und/oder disziplinarische Weisungsbefugnisse eines Projektleiters umfassen, wurde oftmals die Koordination der Aus- und Weiterbildungsmassnahmen der Mitarbeiter angeführt. Derartige Tätigkeiten werden hier aber – mit Verweis auf das in Kapitel 2.2.2 definierte Verständnis des individuellen Lernens für diese Arbeit – nicht im engeren Sinne unter wissensmanagementbezogenen Aufgaben verstanden.

186 Zu erwähnen ist hier die von Meredith und Mantel vorgenommene Untergliederung der Rolle des Projektmitarbeiters in die unterschiedlichsten Subrollen, die je nach Projekttyp, -dauer und -grösse variieren können. Aus Wissensmanagementperspektive ist hier der „Contract Administrator" in seiner Rolle als „historian and archivist" [Meredith/Mantel 1995, S. 170 ff.] von Relevanz.

187 Die implizite Verankerung von Aspekten des Wissensmanagements in traditionellen Rollen illustrieren auch die Ausführungen von Mintzberg über Manager, die sich auch auf den Projektmanager übertragen lassen: Nach Mintzberg agiert der (Projekt-)Manager als Verbindungsmann („in which the manager makes contacts outside his or her vertical chain of command." [Mintzberg 1989, S. 17]) sowie als Sprecher und Verbreiter von Informationen [Mintzberg 1989, S. 17 f.].

188 Vgl. dazu beispielhaft das im Rahmen der Fallstudie Insecuranza aufgeführte Soll-Konzept zum Zusammenspiel der Projektbeteiligten.

3.3.3 Schnittstellen von Linien- und Projektorganisation

Es existiert eine Vielzahl von Möglichkeiten zur Integration der Projektteams in das Unternehmen. Die wesentlichen davon werden an dieser Stelle durch eine institutionelle Betrachtung des Projektmanagements charakterisiert. In der Literatur finden sich dazu verschieden detaillierte Klassifizierungen. Hier soll den Ausführungen von Haberfellner et al. gefolgt werden, die drei Organisationsformen nennen [Haberfellner et al. 1999, S. 254 ff.]:

1. Reine Projektorganisation
Bei der reinen Projektorganisation (vereinzelt auch Task Force oder Parallel-Linienorganisation genannt) werden Mitarbeiter vollständig aus ihren Stammabteilungen herausgelöst und – für die Dauer eines oder mehrerer Projekte, an denen sie beteiligt sind – einem Projektteam unter der Führung eines Projektleiters zugeordnet. Dieser hat die kompletten Entscheidungs- und Weisungsbefugnisse über sie. So kommt es zur Bildung einer eigenen Organisationseinheit.[189]

2. Einflussprojektorganisation (Stabsprojektorganisation)
Der Projektleiter hat hier weniger Weisungsbefugnisse und Verantwortung als bei der reinen Projektorganisation: Die normale Hierarchie des Unternehmens wird lediglich um die (Stabs-)Stelle des Projektkoordinators ergänzt, der keine Weisungsbefugnis besitzt und diese Aufgabe regelmässig parallel zu anderen Projekt- oder Linientätigkeiten verrichtet.[190] Die Weisungsbefugnis bleibt weiterhin bei den Vorgesetzten der Stammabteilungen. Anfallende Projektaufgaben werden in der Primärorganisation durchgeführt.

3. Projektleitung in der Matrixorganisation
Dies ist eine Kombination der eben dargestellten Einfluss- und der reinen Projektorganisation. Die herkömmliche Linienorganisation wird dabei[191] um eine zusätzliche zweite Dimension erweitert, was zu einer Überschneidung von Zuständigkeiten führt: Die disziplinarische Weisungsbefugnis über die Teammitglieder bleibt in der Regel beim Linienvorgesetzten, während der Projektleiter mit fachlichen Weisungsbefugnissen ausgestattet wird.[192] Der Projektmitarbei-

---

[189] Die bei Pixelpark durchgeführten Projekte und das Projekt SKN-C entsprechen weitestgehend dieser Form. In der Fallstudie DaimlerChrysler sind die Projektleitung und die beiden Teilprojektleiter allein für das Projekt SKN-C zuständig. In Abhängigkeit von der Projekt- und Aufgabengrösse und daraus resultierend der Belastung können die Mitarbeiter, einschliesslich der Projektleitung, dabei in mehrere Projekte eingebunden sein.

[190] Die Problembehaftung spiegelt sich in dem in der Praxis anzutreffenden Begriff des „Teilprojektleitertums“ wieder. Vgl. dazu die Fallstudie Insecuranza.

[191] In Abgrenzung zum eher traditionellen Verständnis der Matrixorganisation als Überlagerung einer nach Funktionen gegliederten Organisation mit einer produktorientierten Struktur wird die Linienorganisation hier von einer Projektportfoliostruktur ergänzt, deren Zusammensetzung sich im Vergleich eher ändert.

[192] Dass dies nicht immer so sein muss, zeigt das Fallbeispiel *Schindler Aufzüge*: Die Projektleiter bei Schindler sind im Laufe der letzten drei Jahre bewusst mit immer mehr Handlungsbefugnis im Sinne eines „Empowerment“ ausgestattet worden. Sind ihnen einmal Mitarbeiter aus der Linie für ein Projekt freigestellt worden, darf der Linienvorgesetzte diese – wie in vielen Unternehmen üblich – nicht wieder abziehen. Dies

ter hat während seiner Projekttätigkeit noch weitere Linienfunktionen wahrzunehmen bzw. ist gegebenenfalls auch in mehreren Projekten eingesetzt.

In Abhängigkeit von der im Unternehmen realisierten Organisationsform besitzt ein Projektleiter mehr bzw. weniger Verantwortung und Befugnisse. Neben den eben aufgeführten Organisationsformen sind Zwischenformen üblich: die genannten Ausprägungen bilden dabei die Extrempunkte eines Kontinuums.

Je nach Stellenwert des Projektmanagements innerhalb des Unternehmens verschiebt sich die Organisationsform entsprechend. Burghardt gibt als determinierende Kriterien zur Festlegung der tendenziell am besten geeigneten Organisationsform[193] den Grad der Überbereichlichkeit und die Projektgrösse an [Burghardt 1997, S. 89; vgl. auch Zielasek 1995, S. 22].

Die folgende Übersicht (vgl. Tabelle 3-3) mit den Vor- und Nachteilen der einzelnen Organisationsformen verdeutlicht das Spannungspotenzial bei der Einbindung von Elementen der Projektorganisation in die Linienorganisation [Krcmar 2000, S. 117 ff.; Burghardt 1997, S. 90; Meredith/Mantel 1995, S. 155 ff.; Miles/Snow 1992, S. 62].

hilft Schindler insbesondere bei der Einhaltung von Terminen, da die Projektleiter mit einer höheren Verlässlichkeit planen können.

193 Für Empfehlungen bezüglich der grundsätzlichen Auswahl der geeigneten Organisationsform wird in dieser Arbeit aus Relevanzgründen auf die dazu publizierte Literatur verwiesen [vgl. Rinza 1998, S. 132 ff.; Duncan 1996, S. 18 ff.; Zielasek 1995, S. 22 ff.].

Form	Vorteile	Nachteile
reine Projektorganisation	- eindeutige Verantwortlichkeiten[194] - kurze Kommunikationswege - optimale Ausrichtung auf das Projektziel - Leistungsbeurteilung nach der Leistung im Projekt - Gruppenzugehörigkeit fördert die Entwicklung von Vertrauen und eine Teamkultur („Wir-Gefühl")	- Rückführung der Teammitglieder nach Projektende gegebenenfalls problematisch - Gefahr mangelnder Kooperationsbereitschaft der Linie
Einflussprojektorganisation	- geringste Veränderung in der bestehenden Organisation	- keine eindeutigen Verantwortlichkeiten - führt zur Verlangsamung von Reaktionsgeschwindigkeit bei unvorhergesehenen Problemen - Projektaufgaben werden gegebenenfalls vernachlässigt, da die fachlichen Projektmitarbeiter nur ihrem Linienvorgesetzten unterstehen - hoher Koordinationsaufwand - keine ganzheitliche Betrachtung des Projektes durch die Mitarbeiter
Matrixprojektmanagement	- Förderung von Synergieeffekten - keine Versetzungsprobleme bei Projektbeginn und -ende	- Projektmitarbeiter sind zwei Vorgesetzten unterstellt - hohe Konfliktträchtigkeit zwischen Matrix und Linie - Gefahr des „Überladens" der Organisation mit zu vielen Projekten[195]

Tabelle 3-3: Traditionelle Vor- und Nachteile von Projektorganisationsformen

Welche Organisationsform man für ein durchzuführende Projekt auch gewählt hat: ein Potenzial für Wissensprobleme bietet die „Herausschälung" einer eigenen Organisation in jedem Fall, da es in der Regel Schnittstellen zur Linienorganisation gibt. Das

[194] Der gleichzeitige Einsatz eines Teamglieds in mehreren Projekten relativiert die Aussagen aus der Literatur, bei denen die Autoren regelmässig von einer Einprojektsicht ausgehen, zum Teil (vgl. Fallstudie Pixelpark): Als Nachteil sind dann zusätzlich mögliche Ressourcenkonflikte zwischen einzelnen Projektteams anzuführen.

[195] Hier ist ein möglicher Ansatzpunkt für die Methoden und Techniken des Multiprojektmanagements. Vgl. dazu das im Rahmen der Fallstudie DaimlerChrysler vorgestellte Gate-Konzept als mögliches Instrument zur Durchführung von Wirtschaftlichkeitsbetrachtungen im Sinne eines Projektportfoliomanagements.

Projektteam ersetzt die Hierarchien der eingebetteten Organisation dabei nicht vollständig, greift es doch regelmässig auf Ressourcen (also auch Wissen) zurück, z. B. zur Erledigung bestimmter Aufgaben, bei denen Mitarbeiter aus der Linie in Projektprozesse involviert sind. Deren Engagement im Projekt ist aber nicht so gross, dass sie dauerhaft als Projektteammitglied in die Projektorganisation eingebunden werden müssten.

Selbst wenn man unterstellt, dass ein Projektteam völlig autark agiert[196] und die angesprochenen Schnittstellen während eines Projektes nicht bestehen sollten, sind die Mitarbeiter nach Projektende in die Organisation zurückzuführen bzw. sollte das im Projekt erarbeitete Wissen in die Gesamtorganisation zurückgetragen werden,[197] bevor ein erneuter Projekteinsatz bevorsteht.

O'Dell und Grayson problematisieren dazu: „Organizational structures that promote 'silo' behavior, in which locations, divisions, and functions are so focused on maximizing their own accomplishments and rewards that they, consciously or unconsciously, hoard information and thereby suboptimize the total organization. A leadership team and culture supportive of transfer requires a common focus and common fate. Without it, people have little incentive to overcome other obstacles that time and space create." [O'Dell/Grayson 1998a, S. 157]

Ein normativer Ansatz des Projektwissensmanagements hat die Überwindung bzw. die Vermeidung des illustrierten „Siloverhaltens" zu unterstützen (vgl. Kapitel 4).

3.3.4 Auswahl der Projektorganisationsform

Explizite Ausführungen über mögliche Wissensmanagementprobleme bei der Auswahl der geeigneten Organisationsform für ein Projekt bleiben in der Literatur weitestgehend aus bzw. haben allenfalls impliziten Charakter.[198] Es ist daher ein Beitrag der vorliegenden Arbeit, entsprechende Vor- und Nachteile gegenüberzustellen.

Um Wissen langfristig an eine Abteilung oder einen Bereich zu binden, werden Linienvorgesetzte eher dazu neigen, nicht ihre besten Mitarbeiter in Projekte zu entsenden: Aus Sicht der Fachbereiche kommt es insbesondere bei der reinen Projektorganisation für die Dauer des Projektes zum Verlust der Wissensträger. Die im Rahmen der Fallstudie Insecuranza gewonnenen Eindrücke können dies empirisch belegen. Diese Argumentation wird von den Ausführungen von Womack und Jones gestützt: „In order to use and expand the knowledge of employees, companies must organize this knowledge into functions... But functions do more than accumulate knowledge; they teach that knowledge to those who identify their careers with the function, and they search

[196] Beispielsweise aus Gründen der absoluten Geheimhaltung wie im Fall der Vorbereitung von Unternehmenszusammenführungen.

[197] Vgl. dazu auch Kapitel 3.5.

[198] Auch die in Kapitel 3.3.3 genannten Reintegrationsprobleme von Mitarbeitern in die Linie bzw. in das Unternehmen nach Projektende sind zu einem gewissen Teil Wissensprobleme, lassen sie sich doch durch die über die Zeit stattgefundene Transformation des Wissens im zu integrierenden Mitarbeiter und in dessen angestammte Linienfunktion beschreiben.

continually for new knowledge... Because of the required depth of knowledge, the time and effort needed to obtain that knowledge and its inherent portability... functional specialists often feel a stronger commitment to their function and its intellectual tradition" [Womack/Jones 1994, S. 94].[199]

Betrachtet man im umgekehrten Sinne die nach Abwicklung eines im Rahmen der reinen Projektorganisation durchgeführten Projektes an sich schon problematisch durchzuführende Reintegration von Mitarbeitern in die Linie, so besteht die Gefahr der Verweigerung des Akzeptierens des neu im Projekt entstandenen Wissens. Im Sinne des NIH-Syndroms (NIH: Not-Invented-Here) kann es zu Lernverweigerungen kommen.

Ein weiterer Nachteil der reinen Projektorganisation, insbesondere bei grösseren Projekten, die eine Vollzeittätigkeit der involvierten Mitarbeiter in jeweils einem Projekt erfordern, ist die Gefahr der Doppelarbeit im Sinne der parallelen Generierung von Wissen aufgrund der primären Innensicht der Mitarbeiter. Dies erfordert um so mehr entsprechende Vollzeitprojektleiter, die als „Wissensintegratoren" zwischen den Teams wirken können [vgl. Meredith/Mantel 1995, S. 157]. Vorteil dieser Form ist der in der Regel bessere Wissensaustausch innerhalb des Teams [vgl. Nonaka/Takeuchi 1995, S. 162 f.].

Meredith und Mantel sehen ein Problem der reinen Projektorganisation bei der Allokation von Experten. Die Projektleiter würden diese nicht mehr nur im Bedarfsfall in Anspruch nehmen, sondern sie direkt ab ihrer Verfügbarkeit und dann auch länger als notwendig („just in case") in die Projektorganisation integrieren [Meredith/Mantel 1995, S. 157]. Die vom Autor im Rahmen eines Beratungsprojektes zur Erstellung einer relativ komplexen Softwareplattform gewonnenen Erfahrungen können dies bestätigen: Teure Experten eines Datenbankherstellers wurden für die Dauer mehrerer Monate weiterbeschäftigt, um ihre Präsenz für eine nachfolgende Projektphase sicherzustellen und den Abfluss von Wissen zu vermeiden.

Bei der Einflussprojektorganisation ist der Zugriff auf interdisziplinäres Fachwissen in der Linie nur eingeschränkt möglich, fehlen doch dem Projektleiter entsprechende Vollmachten – er ist hier auf die kollegiale Bereitschaft der Fachabteilungsleiter zur Kooperation angewiesen. Weiterhin ist der Abteilungs- oder fachbereichsübergreifende Wissenstransfer z. B. bei interdisziplinären Problemen in der Regel nicht mit der erforderlichen Qualität und Geschwindigkeit zu realisieren[200] [vgl. Rinza 1998, S. 124]. Die Einflussprojektorganisation kann intern (vgl. die Ausführungen von Rinza über den Wissensschwerpunkt des Projektleiters) über ein Wissensdefizit verfügen, da der lediglich als Koordinator fungierende Projektleiter nicht immer Experte im jeweiligen Fachgebiet sein kann. Ein Vorteil dieser Organisationsform liegt im Informationsfluss zwischen dem Projektteam und der Linie, da die Informationen in der jeweils

---

[199] Diese Einstellung charakterisiert die in der Praxis teilweise anzutreffende für die Projektarbeit empfundene Wertschätzung. Vgl. dazu Kapitel 3.4.

[200] Vgl. dazu die Ausführungen über die Kapazitätsüberlastungen der Projektleiter in der Fallstudie Insecuranza.

zuständigen Abteilung ohne grössere organisatorische Hindernisse fliessen können. Ferner ist die Verankerung in die Organisation, z. B. um das Wissen auf andere Projekte übertragen zu können, durch den Verbleib der Mitarbeiter in ihren Linienfunktionen besser sichergestellt.

Vorteil der Abwicklung von Projekten in der Form der Matrixorganisation [vgl. Argyris 1999, S. 109] bzw. der Einflussprojektorganisation ist die grundsätzlich längerfristige Verfügbarkeit der Teammitglieder, was z. B. bei Produktentwicklungsprojekten die spätere Betreuung des Produktes erleichtern kann. Dass auch dies nicht unbedingt immer unproblematisch ist, zeigt die Fallstudie Insecuranza: Fehlende verbindliche organisatorische Regelungen können die Nutzung des Wissens durch die Mitarbeiter in ihrer Linienfunktion verhindern (z. B. zur Nachbetreuung von Produkten), da diese sich dazu nicht verpflichtet fühlen.

Weiterer Vorteil der Matrixorganisation ist, dass hier die Integration des im Projekt erzeugten Wissens in die Unternehmensstrukturen tendenziell hier am besten unterstützt wird, da das gesamte Projektteam einschliesslich des Projektleiters trotz hohem Fokus auf das durchzuführende gemeinsame Vorhaben eng in die Organisation verwoben sind.

Tabelle 3-4 fasst die eben geschilderten tendenziellen Vor- und Nachteile der diskutierten Projektorganisationen aus Sicht des Wissensmanagements zusammen.

Form	Vorteile	Nachteile
reine Projekt-organisation	- Wissensaustausch im Team am effizientesten	- Verankerung des Wissens nach Projektende problematisch - Identifikation von Wissensträgern erschwert - Gefahr des NIH-Syndroms - Gefahr Doppelarbeit durch eingeschränkte Aussensicht - Gefahr des „Expertenhortens“ durch einzelne Projekte
Einflussprojekt-organisation	- Wissensaustausch während des Projektes ist durch enge Kontakte zur „Basis“ Linie erleichtert	- Projektkoordinator fehlt gegebenenfalls Fachwissen - fachübergreifender Wissensaustausch erschwert - Teilprojektleiterrolle kann ihre Bedeutung für den Wissensaustausch verlieren
Matrixprojekt-management	- Wissensaustausch/-identifikation während des Projektes ist durch enge Kontakte zur „Basis“ Linie erleichtert - Wissensrückfluss in das Team/die Organisation ist während des Projektverlaufs und nach Projektende erleichtert	- Wissensaustausch im Team gegebenenfalls nicht effizient

Tabelle 3-4: Vor- und Nachteile von Projektorganisationsformen aus Wissensmanagementperspektive

Zusammenfassend lässt sich konstatieren, dass für den Wissensaustausch und die Wissensidentifikation Matrix- und Einflussprojektorganisation sicherlich den Vorteil haben, dass sie – bei einem klassisch-hierarchisch-orientierten Unternehmen – über eine tendenziell höhere Anzahl von Schnittstellen zur Organisation verfügen, was die Verankerung des organisationalen Lernens[201] und die Identifikation von Wissensträgern erleichtern sollte.

Die reine Projektorganisation ist in Bezug auf ihre organisatorische „Distanz“ zur Linienstruktur des Unternehmens am weitesten entfernt: Der Wissenstransfer während der Projektdurchführung und am Projektende dürfte hier regelmässig problematischer sein als bei den anderen beiden Organisationsformen [vgl. Nonaka/Takeuchi 1995, S. 161]. Auch die Wissensidentifikation bei Fachfragen, um entsprechende Ansprech-

[201] Vgl. dazu Kapitel 2.2.1 und 3.5.

partner in der Linie zu lokalisieren oder für Teambesetzungen dürfte sich hier um einiges schwieriger gestalten. Aus Intrateamperspektive impliziert sie jedoch grundsätzlich eine engere Zusammenarbeit der Beteiligten, was den projektinternen Wissensaustausch wiederum ceteris paribus verbessern sollte.

3.3.5 Bedeutung von Gremien als Schnittstelle zwischen Projekten und der Linienorganisation

Gremien (vgl. Kapitel 3.3.2) stellen wichtige Foren für den Wissensaustausch dar, besteht ihre Funktion doch in der aggregierten Diskussion einzelner Projekte mit Funktionen aus dem Umsystem (z. B. Auftraggebern, anderen Projektleitern) bzw. dem übergeordneten System (z. B. dem Management). Lullies et al. merken dazu jedoch kritisch an, dass mit der Ausgeprägtheit der Gremien gleichzeitig die Anzahl von Schnittstellen, d. h. die Überorganisation steigt, was einen höheren Koordinationsaufwand erforderlich macht und gegebenenfalls zu Abstimmungsproblemen und der Filterung von Wissen führt [Lullies et al. 1993, S. 217].

Im Rahmen der Fallstudien wurde immer wieder Zeitdruck (vgl. ausführlich Kapitel 3.3.9) als Störgrösse für die Nutzung solcher Besprechungen[202] als Foren zum Wissensaustausch angeführt: Die Zeit für die entsprechenden Gremiensitzungen ist begrenzt. Diese sind zudem teilweise schlecht vorbereitet (z. B. aufgrund einer fehlenden oder einer unreflektiert wirkenden Agenda), die Teilnehmer verlieren sich bei Wortmeldungen in Details und kommen bei der Erörterung der in der Agenda vorgegebenen Punkte von wichtigen Dingen ab,[203] so dass die für die Diskussion projektrelevanter Dinge zur Verfügung stehende Zeit reduziert wird.[204]

Von den Befragten als wichtig wurden Pausen für den Wissensaustausch wie etwa die Weitergabe von Erfahrungen empfunden. Solche Unterbrechungen werden aber immer

---

[202] Die Wichtigkeit von nicht nur im Rahmen solcher Gremiensitzungen stattfindenden Besprechungen (hier verstanden als Oberbegriff für persönliche Arbeitstreffen, Teammeetings, Konferenzen, etc. mit mindestens zwei Teilnehmern) – sowohl innerhalb von Projektteams als auch projektteamübergreifend – als Foren zum Wissensaustausch belegen die dazu in den Fallstudien DaimlerChrysler, Bankgesellschaft Berlin und Insecuranza durchgeführten Befragungen bezüglich der in der Projektarbeit genutzten Informationsträger und Medien (vgl. Frage B-1-2.28 in Anhang II.5 und die dazu in den genannten Fallstudien aufgeführten Auswertungen). Über die Rolle von Jours fixes (in regelmässigen Intervallen stattfindende Teamsitzungen) vgl. [Lullies et al. 1993, S. 70 f.]: Während Mitarbeiter diese vornehmlich als Beratungsgremium zum koordinierten Wissensaustausch sehen, werden diese Chancen von Projektleitern und Vorgesetzten oftmals nicht wahrgenommen. Sie sehen den Zweck solcher Zusammenkünfte primär als Möglichkeit zur Delegation von Aufgaben. Daneben wird ihre Bedeutung für das Wissensmanagement unterschätzt: Sie sind wichtige Foren der Wissensgenerierung und -konsolidierung z. B. in Gruppendiskussionen, wie im Rahmen der Interviews zu dieser Arbeit immer wieder betont wurde.

[203] Der Sozialpsychologe und Organisationswissenschaftler Chris Argyris formuliert drastisch: „I have found that as many as half the meetings and as much as three quarters of the time spent at meetings are not productive and worse than unnecessary“ [Argyris 1999, S. 123; vgl. dazu auch Hastings 1993, S. 113].

[204] Dass sich Gremienstrukturen nicht um ihrer selbst Willen zum Wissensaustausch eignen, bestätigt auch die Fallstudie Insecuranza, bei der das von der generellen Konstruktion her sicherlich gut geeignete Forum „Projektkomitee“ mit seiner grossen Anzahl Schnittstellen zu den einzelnen Ressorts und Projekten an Qualität verloren hat, da man in zu kurzer Zeit zu viele Tagesordnungspunkte abhandeln musste: Dies kann zu der angesprochenen Filterung im Sinne einer Verzerrung führen.

stärker für die Abwicklung des Tagegeschäftes als für den projektbezogenen Wissensaustausch genutzt – die Allgegenwärtigkeit mobiler Telefonie beispielsweise macht dies möglich.

3.3.6 Bedeutung der Schattenorganisation

Wie im vorletzten Kapitel 3.3.4 gezeigt wurde, haben die unterschiedlichen Organisationsformen unterschiedliche Vor- und Nachteile für das Wissensmanagement in Projekten, insbesondere für die Phasen der Wissensidentifikation und -allokation. Um so wichtiger werden neben diesen formalen Strukturen die „privaten" Netzwerke, die als „Schattenorganisation" auftretenden informellen Organisationsstrukturen. Sie können die genannten Schwächen der formalen Organisationsstrukturen überbrücken helfen.

Rosenau formuliert dazu: „Where friendships and common interests are present, these create channels through which information flows easily and cooperation is encouraged" [Rosenau 1998, S. 173], gibt jedoch auch zu bedenken „Conversely, rivalries and animosities can inhibit cooperation." [Rosenau 1998, S. 173]

Die hohe Bedeutung solcher Schattenorganisationen zur Überbrückung von „Wissensinseln" zeigen die im Rahmen der Arbeit bei der Insecuranza und bei der Bankgesellschaft Berlin durchgeführten Fallstudien am Beispiel der dort durchgeführten Restrukturierungsmassnahmen:[205] Die damit verbundene Zerstörung informeller Netzwerke führte zu nachhaltigem Wissensverlust in den betroffenen Bereichen. Die Regenerierung der informellen Strukturen erforderte jeweils einige Jahre.

Insbesondere für die Identifikation von Wissensträgern, sei es zur Neubesetzung von Projektteams im Unternehmen oder um nicht direkt im Projektteam vorhandenes Fachwissen für eine Problemstellung nutzen zu können, wurde in den durchgeführten Interviews immer wieder die Notwendigkeit der Nutzung informeller Kanäle betont. Personalabteilungen werden hauptsächlich zur Deckung der Bedarfe mit externen Experten eingesetzt.[206] Informations- und Kommunikationstechnologien haben dabei derzeit noch eine untergeordnete Bedeutung (vgl. Kapitel 3.7.4).[207]

Neben der Identifikation von Wissensträgern dienen informelle Kontakte oftmals auch als direkte Wissensquellen. Da die betreffenden Mitarbeiter durch den relativ hohen Grad an gegenseitigem Vertrauen[208] keine negativen Konsequenzen befürchten, sind sie eher bereit, Wissen auszutauschen [vgl. Lullies et al. 1993, S. 115]. Diese Wissensnetzwerke bilden somit einen wichtigen Bestandteil der lernenden Organisation,

---

[205] Vgl. dazu auch Kapitel 3.4.2.

[206] Vgl. dazu die Fallstudie DaimlerChrysler.

[207] Nach einer Studie des Fachbereiches Medienwirtschaft der Fachhochschule Wiesbaden in Zusammenarbeit mit einem Beratungsunternehmen wurden Personalabteilungen der 200 grössten deutschen Unternehmen befragt. Nur 20,8 % der Unternehmen gaben an, so genannte gelbe Seiten (vgl. dazu Kapitel 4.6.2) zur Identifikation interner Spezialisten einzusetzen [Jäger/Straub 1999, S. 22].

[208] Vgl. dazu Kapitel 3.4.2.

da durch sie individuelles Wissen der Organisation verfügbar gemacht wird und damit organisationales Lernen stattfindet.

3.3.7 Bedeutung des Mittelmanagements

Auf ein weiteres aufbauorganisatorisches Problem verweisen Hastings [Hastings 1993, S. 127], Nonaka [Nonaka 1994, S. 27 f. und S. 29 ff.; vgl. auch Nonaka/Takeuchi 1995, S. 154 f. und S. 232 f.] und Boutellier/Gassmann [Boutellier/Gassmann 1997a, S. 39 f.]: Die in den 90er-Jahren durchgeführte Dezimierung des mittleren Managements vor allem in westlichen Unternehmen.[209] Die Autoren unterstreichen die zentrale Rolle des Mittelmanagements für das Wissensmanagement einerseits als Brücke zwischen einzelnen Projekten und andererseits als Mittler zwischen Strategie (Projektportfolio) und Problemen der operativen Projektarbeit. Sie betonen dabei die wichtige Rolle des Mittelmanagements für die Betreuung von Projekten, die langfristige Bindung und den Transfer des dort erarbeiteten Wissens.[210]

Freimuth und Haritz betonen die Funktion des Mittelmanagements als Wissensvermittler und führen dazu aus: „Hier liegt die zentrale Rolle des mittleren Managements. Diese verlagert sich auf eine katalysatorische Funktion, in der schöpferische Gespräche initiiert und Kontexte für Kreativität geschaffen werden." [Freimuth/Haritz 1997, S. 14]

In den dieser Arbeit zugrunde liegenden Fallstudien sind die Vertreter dieses mittleren Managements in den Projektorganisationen insbesondere in den Projektgremien und als Auftraggeber anzutreffen. Sie erfüllen dort eine wesentliche Rolle bei der Vermittlung von Kontakten, Bewertung von Problemen aufgrund ihrer Erfahrungen und Identifikation von Synergien, was insbesondere bei Projekten in Form der reinen Projektorganisation als wichtig erscheint. Bei Unternehmen mit einer extrem flachen Organisationsstruktur wie Pixelpark, die nicht über solches Mittelmanagement verfügen, kann diese Funktion durch eine entsprechend hohe vertikale Integration der Unternehmensleitung in die operativen Teams (z. B. im Rahmen der „Pixelvisions"[211]) substituiert werden. Dies erscheint allerdings aufgrund des damit verbundenen personellen Aufwands nur bei Unternehmen mit einer relativ geringen Anzahl von Mitarbeitern als geeignete Alternative.

---

[209] Hastings führt dazu aus: „One of the unwitting results of the flatter hierarchy is that nobody knows any longer what people in other departments actually do. There are no functional middle managers to act as a bridge for communications. So, even if one specialist wants to be a good teamworker and elicit contributions from others, it is difficult to know where to start looking." [Hastings 1993, S. 127]

[210] Zur allgemeinen Rolle von Hierarchien im Kontext der aktuell diskutierten Dezentralisierungswelle vgl. Kalthoff et al.: „gibt es keinen Grund, die Hierarchien grundsätzlich in Grund und Boden zu verdammen. Die Hierarchie kann ein wirkungsvolles Element sein, um Wisseneliten anzuziehen, die Innovationen hervorbringen. Hierarchien können Führungskräften helfen, ihre Bemühungen und Massnahmen in Zusammenhang mit der Innovation zu kanalisieren." [Kalthoff et al. 1999, S. 214]

[211] Vgl. dazu die Ausführungen in der Fallstudie in Anhang II.4.

3.3.8 Komplexität durch Interdisziplinarität

Die Fallstudien Bankgesellschaft und Insecuranza zeigen, dass der interdisziplinäre Charakter von Projekten, bedingt durch das unterschiedliche Wissen der Beteiligten, auch die Anforderungen an das Wissensmanagement erhöht. Der Wissensaustausch zwischen einzelnen Projektmitarbeitern kann dabei – neben weiteren möglichen kulturellen und methodischen Barrieren[212] – zusätzlich durch unterschiedliche Fachsprachen (z. B. bei der Zusammenarbeit von Teammitgliedern aus den Bereichen Marketing und Entwicklung) erschwert werden, was insbesondere zur Hemmung von Lernprozessen auf Teamebene führen kann.

3.3.9 Empfundener Zeitdruck

Ein die Phase der Wissensallokation wesentlich determinierender Faktor ist der durch die Beteiligten empfundene Zeitdruck im Projekt.

Insbesondere die regelmässig als defizitär bezeichneten Möglichkeiten zum Wissenstransfer und die mangelhafte Verankerung von Wissen, z. B. im Rahmen der Projektdokumentation (vgl. Kapitel 3.6.4) oder der Ableitung, Kodifizierung und Weiterverwendung von Erfahrungen (vgl. Kapitel 3.5), wurden von den Interviewteilnehmern im Rahmen der diese Arbeit begleitenden empirischen Forschung oftmals auf diesen Faktor zurückgeführt.

Die eigene, im Rahmen des nächsten Arbeitspaketes zu erbringende Leistung rückt bei der als Zeitdruck subjektiv empfundenen Überlastung in den Vordergrund, man sieht nicht mehr „über den Tellerrand" [Zitat eines im Rahmen der Interviews Befragten[213]]. Die Teilnahme an nicht direkt aufgabenbezogenen Sitzungen wird dabei zum Teil erheblich reduziert.[214] Der Mitarbeiter entzieht sich damit – zumindest temporär – dem formellen und oft auch dem informellen Wissensnetzwerk, letzteres z. B. durch Verzicht auf Pausen oder den gemeinsamen Gang zur Kantine.

Die immer stärkere Projektorientierung[215] der Unternehmen und der beschriebene Zeitdruck führen zum Beispiel dazu, dass neu eingestellte Mitarbeiter im Rahmen ihrer Integrationsprozesse bei der Einarbeitung immer stärker darauf angewiesen sind, sich kodifiziertes Wissen in Form von Erfahrungsberichten sowie Organisations- und Projekthandbüchern im Selbststudium anzueignen.

Eckardt und Plath führen dazu aus: „Wer als Vorgesetzter... keine Luft für Dokumentation lässt oder Mitarbeiter in ein neues Projekt schickt, auch wenn die Arbeit am laufenden Projekt nicht nachvollziehbar ist, der muß sich nicht über mangelnden Wissenstransfer beklagen." [Eckardt/Plath 1998, S. 9]

---

212 Im Vorgriff auf Kapitel 3.4.

213 Aufgrund der besseren Lesbarkeit und der Anonymisierung wird hier die männliche Schreibweise gewählt.

214 Vgl. dazu auch die Fallstudie Pixelpark: Selbst projektinterne Sitzungen werden in aufwandsintensiven Projektphasen gegebenenfalls ausgesetzt.

215 Dieser Trend konnte durch eine Strichlistenauswertung der durchgeführten Interviews empirisch belegt werden. Vgl. Kapitel 1.1.

Dass dieser Zeitdruck – solange er nicht in Form von Zeitnot auftritt – auch positiv für den Wissensaustausch genutzt werden kann, zeigen Lullies et al. an den Ergebnissen einer eigenen Studie [Lullies et al. 1993, S. 182]:

- Zeitdruck kann zu einer intensiven bereichsübergreifenden Zusammenarbeit führen, bei der der horizontale Wissensaustausch offener und vor allem proaktiver stattfindet. Die Holschuld verwandelt sich in eine Bringschuld.[216]
- Unter Zeitdruck werden vorgeschriebene Pfade der Regelkommunikation verlassen und Wissen z. B. ohne Einschaltung von Vorgesetzten ausgetauscht.
- Durch Zeitdruck werden Projektaktivitäten stärker überlappend bzw. parallel abgewickelt, wodurch der Wissenstransfer verbessert werden kann.

Die Konsequenz des empfundenen Zeitdrucks ist vielfach jedoch die individuenbezogene Priorisierung von Pendenzen und als Folge eine entsprechenden *Unter*priorisierung der genannten Wissensmanagementprozesse. Motivation dazu ist in vielen Fällen der ebenso individuenbezogene unterstellbare Opportunismus im Sinne einer Nutzenmaximierung. Der Mitarbeiter übersieht oftmals den Mehrwert für sich selbst, der durch Kodifizierung von Wissen bzw. Wissensaustausch entstehen kann. Sind doch, wie vielfach in den Interviews zu vernehmen war, die Prozesse nicht in den Rollenbeschreibungen und Zielvereinbarungen fixiert, bzw. existieren keine wirksamen Instrumente zu ihrer Kontrolle bzw. Messbarkeit. Sie werden somit gern als „Overhead“ angesehen: „Warum soll ich denn auf die anderen zugehen? Man stiehlt sich doch nur die Zeit. Ich habe Wichtigeres zu tun. Schliesslich werde ich nach meiner Leistung bezahlt.“ [Zitat eines im Rahmen der Interviews Befragten]

3.3.10 Gestaltung der Informationsverteilung

Die im Rahmen der durchgeführten Fallstudien gewonnenen Aussagen können als empirischer Beleg dafür interpretiert werden, dass der Austausch von kodifiziertem Wissen in Projektteams primär papierbasiert stattfindet, auch wenn ausreichende Infrastrukturen der IKT[217] wie Intranets und Groupware-Plattformen vorhanden sind (vgl. die Fallstudie DaimlerChrysler). Dies führt zu einer mangelnden Transparenz im Rahmen der Wissensidentifikation und äussert sich konkreter in Versionskonflikten. Als Folge werden die Prozesse des Wissensmanagements verlangsamt.

Ein während des Projektverlaufes durch ungleichmässige Informationsverteilung (Informationsbelastung) auftretendes Phänomen ist die Informations*über*lastung („Information Overload“). Dabei erhält der Empfänger mehr Informationen als er verarbeiten

[216] Vgl. hierzu die im Rahmen der Interviews gewonnenen Aussagen: „Bei der Informationsversorgung ist es sehr aufwendig, einen klaren Rhythmus bzw. Automatismus zwischen Hol- und Bringschuld zu finden. Der Informationseigentümer weiss nicht immer, dass seine Informationen für andere wichtig sind.“ und weiter: „Wissen bzw. Informationen sollten regelmässig aktiv abgefragt werden, anstatt auf die Lieferung durch die Einzelnen zu warten.“ [Zitat eines im Rahmen der Interviews Befragten]

[217] Diese Aspekte werden in Kapitel 3.7 detailliert behandelt.

kann[218] [vgl. Krcmar 2000, S. 39 ff.; Meredith/Mantel 1995, S. 466; Northcraft/Neale 1990, S. 117; Picot et al. 1998, S. 106 f.; Probst et al. 1999, S. 104]. Ein solcher Zustand kann sich insbesondere für die Phasen der Identifikation, Evaluation und Anwendung einschränkend auf die Qualität der Wissensprozesse auswirken, da das Individuum mit der Informationsmenge überfordert ist.[219]

3.4 Aspekte der Unternehmens- und Projektkultur

Die in den folgenden Unterkapiteln aufgeführten Determinanten lassen sich primär auf kulturelle Momente zurückführen, indem sie Werteverständnisse von Gruppen ausdrücken, die in entsprechenden Artefakten sichtbar sind.

3.4.1 Grundlagen der Unternehmens- und Projektkultur[220]

Der Begriff der Kultur[221] ist nach dem Organisationspsychologen Ed Schein ein „Phänomen, das uns jederzeit umgibt und durch unsere Interaktionen mit anderen immerfort geschaffen und am Leben gehalten wird.“ [Schein 1995, S. 17] Die Unternehmenskultur[222] wird als „die Gesamtheit von geteilten Normen, Wertvorstellungen und Denkhaltungen, die das Verhalten der Mitarbeiter aller Stufen und somit das Erscheinungsbild eines Unternehmen prägen“ [Kobi/Wüthrich 1986, S. 34], definiert. Kultur ist damit ein organisationales Phänomen und kann als Gruppen- und entsprechend auch als Teamphänomen betrachtet werden.

Zur Analyse von Kulturen wird das 3-Ebenenmodell von Schein herangezogen [Schein 1995, S. 29 ff.]. Schein differenziert drei Ebenen der Kultur nach dem Grad der Sichtbarkeit eines kulturellen Phänomens für den Beobachter:

1. Artefakte,[223] als von aussen sichtbare Strukturen und Prozesse,
2. bekundete Werte in Form von Strategien und Zielen und

---

218 Die Auswertungen der dazu im Rahmen der Arbeit durchgeführte Befragung anhand der von Haksever und Fisher vorgeschlagenen Information Load Matrix (ILM) [Haksever/Fisher 1996] (vgl. Frage B-1-1.6 und B-1-1.7 in Anhang II.5) lassen keinerlei kausale Rückschlüsse (weder auf Unternehmens- noch auf fallstudienübergreifender Ebene) zu, welche Phasen der Projektarbeit davon besonders betroffen sind.

219 Vgl. dazu aus allgemeiner Wissensmanagementperspektive [Schüppel 1996, S. 125 ff.; Probst et al. 1999, S. 104]. Der Aspekt der Informationsbelastung lässt sich dem Bereich der Kommunikationsbarrieren der Sozialpsychologie zuordnen und wird daher mit Verweis auf den in Kapitel 2.3 aufgespannten integrativen Bezugsrahmen an dieser Stelle nicht weiter vertieft [vgl. Northcraft/Neale 1990, S. 115 ff.; Staehle 1999, S. 306 ff.].

220 Hier wird von einem funktional objektivistischen Kulturverständnis ausgegangen, da dieses Paradigma die Betrachtung von Kultur als Systemvariable ermöglicht [vgl. Scholz 1997, S. 257 f.].

221 Der Kulturbegriff ist ein in der Organisationstheorie umstrittenes Konzept. Für eine Übersicht vgl. [Barney 1986, S. 657].

222 Diese Definition erlaubt die gleichzeitige Übertragung des Begriffs auf Projektkulturen, da das Projekt in Anwendung der in Kapitel 2.1.1 eingeführten Definition als Unternehmen verstanden werden kann.

223 Auf dieser Ebene wird Kultur beispielsweise in Grundsätzen, Richtlinien, Vorschriften, Verfahren oder Handbüchern im Unternehmen sowie durch deren Akzeptanz bzw. Nutzung wie z. B. durch Anerkennen von Regeln oder Verwendung von Formularen ausgedrückt.

3. Grundprämissen, die als unbewusste, selbstverständliche Anschauungen, Wahrnehmungen und Gefühle der Ausgangspunkt für Werte und Handlungen sind.

Lediglich die erste Ebene ist noch relativ gut für Beobachter wahrnehmbar. Die zweite und dritte Ebene sind immer tiefer im Individuum verwurzelt und nach aussen direkt nicht sichtbar. Die drei Ebenen bedingen sich durch kognitive Veränderungsprozesse gegenseitig [Schein 1995, S. 29 f.].

Die Projektkultur wird damit zur Kultur innerhalb einer Kultur: Sie ist in die Unternehmenskultur eingebettet[224] und drückt sich beispielsweise in gemeinsamen Werten gegenüber der Projektarbeit, einem gemeinsamen Verständnis gegenüber dem Projekterfolg und auf Ebene der Artefakte in der operativen Zusammenarbeit, einer gemeinsamen Sprache, der Angewohnheit, kodifiziertes Projektwissen in Datenbanken abzulegen oder einem gemeinsam verwendeten Logo aus.[225]

Rolle der wissensfreundlichen Kultur
Die Bedeutung der kulturellen Dimension für das Wissensmanagement wird in zahlreichen Veröffentlichungen unterstrichen.[226] Davenport und Prusak fordern „wissensfreundliche Kulturen“ [Davenport/Prusak 1998, S. 293], lassen jedoch weitestgehend offen, was diese genau ausmacht.

In Anlehnung an von Krogh und Köhne [von Krogh/Köhne 1998, S. 244] ist eine *wissensfreundliche Kultur,*[227] eine den Prozessen des Wissensmanagements den notwendigen Raum einräumende Unternehmenskultur.[228]

Eine derartige Kultur[229] ist ein zentraler Ansatzpunkt für das organisatorische Lernen [vgl. Probst/Büchel 1998, S. 92], denn als immaterielles Phänomen ist sie selbst wieder Gegenstand des Lernens und wird primär als implizites Wissen verankert. Kulturen ändern sich im Zeitverlauf dann, wenn die Individuen ihre Wissenszustände ändern, und finden schlussendlich wieder in geänderten Artefakten Ausdruck.

---

224 Eine aus der reinen Projektorganisation evolvierte Managementstrategie ist die des „Management by Projects“, ein ursprünglich von Gareis [vgl. Gareis 1990; Gareis 1994; Hastings 1995, S. 262; Saynisch 1995, S. 229; Smith/Dodds 1997, S. 166] postuliertes Führungskonzept, bei dem Projektmanagement nicht mehr nur als Arbeitstechnik und Methode gesehen wird, sondern eng in der Unternehmenskultur verwurzelt ist.

225 Im Rahmen des in der Fallstudie DaimlerChrysler vorgestellten Projektes SKN-C wird die Kultur des Projektes durch die explizite Niederschrift von „Spielregeln“ bezüglich Offenheit, Vertraulichkeit, Verantwortlichkeit, Disziplin, Aufrichtigkeit und Formalien ausgedrückt (vgl. Kapitel 2.1 in Anhang II.2).

226 Vgl. z. B. [O'Dell/Grayson 1998b, S. 71 ff.; vgl. auch von Krogh/Köhne 1998, S. 244 für einen Überblick].

227 Zum Teil auch als „wissensbasierte Kultur“ [z. B. Pérez-Bustamante 1999, S. 7] anzutreffen. Vgl. O'Dell/Grayson über die Eigenschaften von wissensteilenden bzw. austauschenden Kulturen [O'Dell/Grayson 1998b, S. 72 ff.].

228 Wichtig scheint an dieser Stelle die Erwähnung, dass *jedes* Unternehmen, also auch ein Unternehmen, in dem alle Aktivitäten auf die Verhinderung von Wissensmanagement ausgerichtet sind, über eine *Wissens*kultur verfügt.

229 Bleicher propagiert „eine auf organisationales Lernen ausgerichtete Unternehmenskultur“ [Bleicher 1996, S. 60]. Die dazu wiederum notwendige Lernbereitschaft der Individuen ist auf der Ebene der Grundprämissen im Modell von Schein verwurzelt.

Die gemeinsame Kultur entsteht dabei nicht von selbst; eben angesprochene Lernprozesse zur Entwicklung und Bewahrung von Wissen können bewusst gestaltet werden. Es gilt allerdings zu beachten, dass man Kulturen sicherlich nicht auf Knopfdruck „implementieren“ kann – es gilt sie nach Ulrich zu „kultivieren“ [Ulrich 1989, S. 194], d. h. mit Bedacht zu gestalten: Ansatzpunkt dazu bieten die Elemente der ersten Ebene der Kultur im Scheinschen Modell. Probst und Deussen versuchen beispielsweise die Wissenskultur über die Unternehmensleitbilder zu instrumentalisieren[230] [vgl. Probst/Deussen 1997, S. 6; Reichwald/Koller 1996, S. 144].

Strategienschema nach Hansen et al.

Als mögliches Einordnungsschema für Wissenskulturen ist das Strategienschema von Hansen et al. geeignet [Hansen et al. 1999, S. 106 ff.]: Das bipolare Raster unterscheidet zwischen Unternehmen, die Wissen primär kodifizieren (Kodifizierungsstrategie) und solchen, die die individuenbezogene Wissensspeicherung bevorzugen (Personifizierungsstrategie). Projektorientierte Unternehmensberatungen dienen als Anwendungsbeispiele (vgl. Abb. 3-2). Hansen et al. unterstellen den Unternehmen implizit eine positive Grundhaltung im Sinne einer wissensfreundlichen Kultur. Diese hat sich aber in der konkreten Auswahl *einer* von zwei vorgeschlagenen Strategien zu manifestieren.

Im Rahmen der Kodifizierungsstrategie besteht die Zielsetzung eines Unternehmens in der Speicherung von Wissen in dokumentenbasierten Informationssystemen (der so genannte *People-to-Document-Ansatz*). Im Gegensatz dazu bleibt bei der Personifizierungsstrategie das Wissen eng an die Individuen gebunden, IKT dient hier zur Identifikation von Wissensträgern, aber nicht der Speicherung von Wissen im umfangreicheren Sinne (dem so genannten *Person-to-Person-Ansatz*).

Kodifizierung		Personifizierung
Dokumentenbasiert Entwicklung eines elektronischen Dokumentensystems, mit dem Wissen kodifiziert, gespeichert und wiederverwendet werden kann	**Wissens-management-strategie**	**Interpersonell** Entwicklung von Personennetzwerken, so dass individuelles, implizites Wissen unter den Beteiligten ausgetauscht werden kann
Andersen Consulting, Ernst & Young	**Beispiele**	McKinsey & Company, Bain & Company

Abb. 3-2: Ausgewählte Wissensstrategien als Einordnungsschema für Wissenskulturen[231]

Je nach Schwerpunkt der durchgeführten Projekte (Fokus auf schwer standardisierbare Vorhaben wie z. B. strategische Beratungsprojekte versus Fokus auf eher standardisierbare „operative“ Vorhaben wie z. B. Systemintegrationsprojekte im Rahmen von

[230] Vgl. dazu auch [Skyrme/Amidon 1997, S. 274 ff.]. Wie eine wissensfreundliche Kultur aussieht bzw. gestaltet werden kann, fällt nicht in den Relevanzrahmen dieser Arbeit. Hinweise zur Gestaltung einer Wissenskultur – wenn auch in relativ knapper Form – finden sich bei [Pérez-Bustamante 1999, S. 14].

[231] Vgl. [Hansen et al. 1999, S. 109].

IT-Beratung) und der damit verbundenen Grösse der Projektteams postulieren die Autoren die eindeutige Positionierung eines Unternehmens in einem der beiden – nach Hansen et al. – *gegensätzlichen* Segmente.

Diese strikte Einteilung erscheint nach den eigenen Untersuchungen nicht pragmatisch, wie die Fallbeispiele Schindler Aufzüge, IBM Consulting Group und Roche Diagnostics sowie die Fallstudie DaimlerChrysler exemplarisch belegen – in allen vier Fällen wurde die Einordnung der Unternehmen bzw. Projekte in das Raster versucht:

> Wissen wird bei der *IBM Consulting Group*, die sowohl strategische als auch operative Projekte durchführt, nur bis zu einem gewissen Grad kodifiziert.[232] Hier legt man Wert auf eine Mischform zwischen Kodifizierung und Personifizierung.
>
> Bedingt durch die strengen Vorgaben (Dokumentationsvorschriften) für die Zulassung von Personenaufzügen und Fahrtreppen ist die Wissenskultur bei *Schindler Aufzüge* tendenziell in Richtung Kodifizierungsstrategie determiniert. Die Dokumentationspflicht ist durch internationale Gesetze im Bereich der Betriebssicherheit und Produkthaftung vorgegeben. Dies führt zu sehr ausführlichen und langfristig abgelegten Projektdokumentationen – um auch Jahrzehnte nach Abschluss eines Produktentwicklungsprojektes Entscheidungen nachvollziehen zu können. Das Management unterstützt allerdings ganz bewusst einen Wechsel in Richtung Personifizierungskultur. Es existiert eine hohe Wertschätzung für den Wissensaustausch in weniger formalen Situationen, was sich z. B. bei der Neugestaltung von Werksgebäuden durch Einplanung von Kaffeeecken zeigt.
>
> Die Wissenskultur bei *Roche Diagnostics* wird einerseits durch eine Kodifizierungsstrategie (durch Behörden auf dem regulierten Diagnostikamarkt wie beispielsweise der FDA[233] gefordert) und andererseits durch eine starke persönliche Vernetzung der Teams geprägt.
>
> Im Projekt SKN-C bei *DaimlerChrysler* folgt die Wissenskultur grundsätzlich einer Personifizierungsstrategie. Man ist aber – ähnlich wie bei Schindler Aufzüge – durch Auflagen bezüglich des Qualitätsmanagements und der Produkthaftung gezwungen, viele produktbezogene Informationen in entsprechenden Informationssystemen bereitzustellen. Der eigentliche Wissensaustausch findet vor allem durch persönliche Kontakte (Teamsitzungen, Arbeitstreffen, Workshops usw.) statt. Im Rahmen dieses Ansatzes wird IKT allenfalls zur Kommunikationsunterstützung (Telefon, E-Mail, Fax) eingesetzt.[234] Allerdings hat man dies als

[232] Vgl. dazu die Ausführung zum ICM AssetWeb in Kapitel 4.6.5.

[233] Federal Drug Association, US-amerikanische Zulassungsstelle für Pharmazeutika.

[234] Vgl. ausführlich die Fallstudie DaimlerChrysler in Anhang II.2.

Einseitigkeit – insbesondere durch den bereits beschriebenen damit verbundenen Reiseaufwand – identifiziert und befindet sich in einer Umstellungsphase.[235]

Die beiden Strategieextreme von Hansen et al. wurden bei allen vier der dazu untersuchten Unternehmen als komplementär anstatt als gegensätzlich empfunden: Die in den genannten Beispielen angeführten Motive lassen sich zu den beiden Gruppen „dominierende Wissensart" und „Vorhandensein von Vorschriften" verallgemeinern:

- Gut explizierbares Wissen ist mit weniger hohem Aufwand kodifizierbar als implizites Wissen. Strategische Beratungsprojekte erfordern beispielsweise sehr viel Einfühlungsvermögen der Berater beim Kunden – derartiges primär implizites Wissen lässt sich nur relativ ineffizient über IKT-Systeme kodifizieren [vgl. Hansen et al. 1999, S. 108].
- Externe oder zum Teil auch interne Vorschriften wie etwa Bestimmungen zum Qualitätsmanagement oder Produkthaftungsgesetzte können den Umfang und den Grad der Kodifizierung von Wissen wesentlich vorbestimmen.

Ähnlich argumentieren auch Lullies et al. [Lullies et al. 1993, S. 90 f.], begründen dies allerdings mit dem Unterschied zwischen offiziellen Handlungs- und Gebrauchstheorien: Sie unterscheiden analog zwischen dem „kodifizierten wissenslogistischen Modus"[236] und dem „informellen wissenslogistischen Modus" und sehen letzteren als Überbrückungsmöglichkeit der „Diskrepanzen zwischen.. kodifizierten Richtlinien und Vorgehensvorschriften und den Erfordernissen der Praxis" [Lullies et al. 1993, S. 90].

Eine Überbetonung einer Kodifizierungsstrategie erscheint schon allein deshalb nicht pragmatisch, weil damit das Wesen des impliziten Wissens ignoriert würde. Diese Wissensbestandteile können teilweise nicht oder nur sehr aufwendig kodifiziert werden und erfordern Interaktion im Sinne von Dialog und interaktiver Problemlösung [vgl. O'Dell/Grayson 1998a, S. 157; Jordan/Jones 1997, S. 394].

3.4.2 Die Rolle von Macht und Vertrauen

Der Erfolg eines wissensbasierten Unternehmens wird immer von der Bereitschaft seiner Mitarbeiter, Wissen zu teilen und dem Vermögen, neues Wissen zu kreieren und zu nutzen abhängen. Diese Bereitschaft zur Wissensteilung stellt als Grundhaltung im Individuum[237] ein zentrales Element einer Wissenskultur dar.[238] Die im Rahmen der

---

[235] Die man z. B. durch elektronische Projektmappen zu instrumentalisieren versucht.

[236] Unter Wissenslogistik werden dabei all jene Verfahren, Vorgehensweisen und Massnahmen subsumiert, die das für Entwicklungsvorhaben relevante Wissen orts- und zeitungebunden zur Verfügung stellen [Lullies et al. 1993, S. 16].

[237] Die aber auch von extern z. B. durch die Organisation beeinflusst werden kann: Im Rahmen des Projektes SKN-C (vgl. Fallstudie DaimlerChrysler) unterlag verschiedenes Projektwissen der Geheimhaltung. Dass der Aspekt „Geheimhaltung" nicht nur negative Konsequenzen für das Projektwissensmanagement haben muss, zeigt das Beispiel ABB Schweiz (vgl. Kapitel 4.2.1).

eigenen Untersuchung Befragten forderten diesbezüglich immer wieder eine Belohnung der Wissensteilung[239] und eine höhere Transparenz über den damit verbundenen Nutzen für die Individuen.[240] Dies führt zu der in der Literatur nach wie vor heftig diskutierten Problematik der Anreize bzw. Anreizsysteme[241] und der „Messbarkeit" von Wissen.[242]

Rolle von Macht in der Wissensteilung

Wissensträger sind – unterstellt man ein opportunes Verhalten – zur Weitergabe ihres Wissens eher bereit, wenn es ihnen für die eigenen Interessen nützlich erscheint. Die Weitergabe von Wissen bzw. Informationen kann positiv durch Macht[243] bzw. den Status des Rezipienten und durch die vom Sender erwartete Belohnung[244] beeinflusst werden [Hanft 1996, S. 143]. Viele Autoren diskutieren den Einsatz von Wissen als „Machtinstrument" [z. B. Spur 1997, S. 99; North 1998, S. 34; Hanft 1996, S. 193 ff.; Probst et al. 1999, S. 259; Lullies et al. 1993, S. 60 ff.]. In solch politisierten[245] Organisationen werden mitunter die Prozesse des Wissensmanagements erschwert,[246] denn Machtgefüge[247] können dabei – entsprechend dem strategischen Kalkül der Wissensträger – den Wissenstransfer fördern oder behindern[248] [Lippert et al. 1996, S. 243].

---

[238] Bukowitz spricht dabei von „Culture Gaps" [Bukowitz 1998, S. 218], als zentralste von drei Lücken bei Prozessen der Wissensteilung neben mangelndem Bewusstsein über das eigene Wissen und mangelnden Fähigkeiten zur Kommunikation.

[239] In der in Kapitel 3.3.2 zitierten Studie von KPMG gaben 39 % der Befragten an, ihre Unternehmen würden Wissensaustausch nicht belohnen und führten es als drittgrössten Nachteil neben dem Speichern und Austausch von Wissen unter Zeitdruck und Doppelarbeit an [Parlby 1998, S. 17]. Die Ursachen und Kosten von Fehlern, die aus mangelnder Wissensteilung im Bereich von Softwareentwicklungsprojekten resultieren, untersuchen David G. Hoopes und Steven Postrel [Hoopes/Postrel 1999]. Die Autoren unterstreichen dabei die hohe Bedeutung von geteiltem Wissen für Entwicklungsprojekte.

[240] Einer der dazu Befragten führte dazu aus: „Dem Einzelnen muss bewusst sein, dass zwar ein gewisses Know-how abfliesst, jedoch auch durch neue Impulse angereichert wieder zu ihm zurückkommt, wenn er bereit ist, offen zu kommunizieren." [Zitat eines im Rahmen der Interviews Befragten]

[241] Vgl. zur Thematik der Anreizsysteme z. B. [Lank 1997, S. 410; North 1999, S. 228 ff.; Probst et al. 1999, S. 302 und S. 412; Skyrme/Amidon 1997, S. 304].

[242] Vgl. dazu über die Messung von Wissenskennzahlen am Beispiel eines Beratungsunternehmens [Sveiby 1998, S. 243] allgemein zur Wissensmessung z. B. [Bell 1999, S. 177 ff.; North 1998, S. 183 ff.; OECD 1996, S. 29 ff.; Probst et al. 1999, S. 324 ff.; Roos/Roos 1997], über die Wissensmessung durch IKT [Fahey/Prusak 1998, S. 273 f.].

[243] Der Ausdruck „Wissen ist Macht" wird dem englischen Philosophen Francis Bacon, 1561-1626, zugesprochen.

[244] In diesem Zusammenhang auch, um zu verhindern, dass andere mögliches Lob ernten.

[245] Zur betriebspolitischen Dimension von Wissen vgl. ausführlich [Lullies et al. 1993, S. 125 ff.].

[246] Wenn man ein Politikverständnis, in dem politische Prozesse primär negative Folgen für die betriebliche Zusammenarbeit nach sich ziehen, unterstellt [Lullies et al. 1993, S. 125 ff.; Lippert et al. 1996, S. 243].

[247] Macht wird dabei regelmässig als implizites Wissen in den kognitiven Strukturen der Individuen verankert [Hanft 1996, S. 155].

[248] Vgl. [Schüppel 1996, S. 156 ff.] für eine ausführliche Auseinandersetzung mit der Machtproblematik aus einer allgemeineren, nicht projektbezogen Perspektive als Wissens- und Lernbarriere.

Vertrauen als Determinante des Projektwissensmanagements

Eine wissensfreundliche Kultur zeichnet sich durch ein hohes Mass an gegenseitigem Vertrauen[249] aus: „Insbesondere für die Weitergabe von Wissen im Rahmen unternehmensinterner Lernprozesse erscheint das gegenseitige Vertrauen als elementare Voraussetzung." [Reichwald/Koller 1996, S. 128; vgl. Argyris 1999, S. 107 f.; Woods/Sheina 1998, S. 53] Zum einen erleichtert Vertrauen Lernprozesse, zum anderen erfordern viele Entscheidungen über den Austausch von Wissen ein bestimmtes Mass an Vertrauen[250] [Huemer et al. 1998, S. 124 und S. 140; Nonaka 1994, S. 24 f.]. Die Bedeutung von Vertrauen wird dabei durch den empfundenen Wert des auszutauschenden Wissens beeinflusst [vgl. Zucker et al. 1996, S. 92]. Mishra definiert *Vertrauen* (angels.: *trust*) als vierdimensionales Konzept: „Trust is one party's willingness to be vulnerable to another party based on the belief that the latter party is (a) competent (b) open (c) concerned and (d) reliable." [Mishra 1996, S. 261, Hervorhebung durch den Autor entfernt]

Gerade bei international oder interkontinental verteilt abzuwickelnden Projekten sind möglicherweise grosse Differenzen zwischen den jeweiligen Kulturen anzutreffen. Insbesondere in solchen Projekten ist es wichtig, einen entsprechenden Vertrauensgrad zwischen den involvierten Teams zu erzeugen bzw. zu erhalten [vgl. Reichwald/Koller 1996, S. 128].[251]

Dabei gilt es nicht nur Vertrauen innerhalb des Projektteams zu erzeugen, sondern auch in vertikaler Richtung zwischen Teammitgliedern, der Projektleitung und übergeordneten Gremien sowie in horizontaler Perspektive zu anderen Teams und zur Linienorganisation – kurz: es gilt das gesamte projektrelevante Umsystem zu berücksichtigen.[252]

Der Begriff des Vertrauens soll hier differenzierter betrachtet werden. Dazu lassen sich mehrere Ebenen unterscheiden:

- *Empfängerzentriertes Vertrauen* ist das Vertrauen in die Qualität bzw. Echtheit und Herkunft des Wissens, z. B. als notwendige Voraussetzung für die Phase der Evaluation sowie die Wissensaufbereitung und Wissensnutzung im Rahmen der Anwendungsphase (Beispiel: Der Projektleiter verlässt sich auf die Kalkulationsdaten eines Mitarbeiters im Rahmen der Neuplanung des nächsten Projektabschnitts).

---

[249] Über die Verankerung von Vertrauen in der Kultur vgl. z. B. [Cleland 1994, S. 459]. Vgl. [Lewicki/Bunker 1996] über sozialwissenschaftliche Forschungsansätze zu Fragen des Vertrauens.

[250] „Unverzichtbar ist das Schaffen von Vertrauen, dass das Teilen von Wissen belohnt wird, dass das preisgegebene Wissen nicht ausgenutzt wird – etwa um persönliche Ziele zu erreichen – dass die Nutzung von vorhandenem Wissen nicht als (Kompetenz-)Schwäche gedeutet wird. Wichtig ist aber auch das Vertrauen in die Qualität des Wissens der Kollegen." [Zitat eines im Rahmen der Interviews Befragten]

[251] Lewicki und Bunker unterstreichen dabei die Dynamik des Vertrauens. Der Grad und Charakter des zwischen Individuen herrschenden Vertrauens wird sich im Rahmen des Zeitablaufs einer Beziehung ändern [Lewicki/Bunker 1996, S. 118].

[252] Heintel und Krainz sprechen hier von einer „Vertrauenshierarchie" [Heintel/Krainz 1994, S. 72].

- *Senderzentriertes Vertrauen* beschreibt die Erwartung des Senders an seine Umwelt im Rahmen der Wissensallokation und der Wissensgenerierung (Beispiel: Der Projektleiter leitet sensitive Informationen über ein Projekt an einen Mitarbeiter weiter und erwartet, dass dieser die Informationen vertraulich behandelt).
- *Konstituierendes Vertrauen* beschreibt eine elementare Form von Vertrauen. Sie ist in den Grundprämissen der Gruppe verankert und wird vom Individuum weniger bewusst wahrgenommen. Diese Art von Vertrauen bildet einen Rahmen für die erstgenannten Arten. Sie kann sich beispielsweise im Zugeständnis von Freiräumen an die Teammitglieder durch den Projektleiter bzw. durch die Unternehmensleitung oder in der Einstellung, ob eine Wertschätzung im Unternehmen für weniger formale Situationen[253] zum Austausch vom Wissen vorherrscht, ausdrücken.[254]

Die ersten beiden Arten sind eher operativer Natur und zwar grundsätzlich auch in der gemeinsamen Kultur verwurzelt (z. B. über entsprechende Artefakte wie z. B. Unterschriftenregelungen), aber letztlich individuenorientiert.

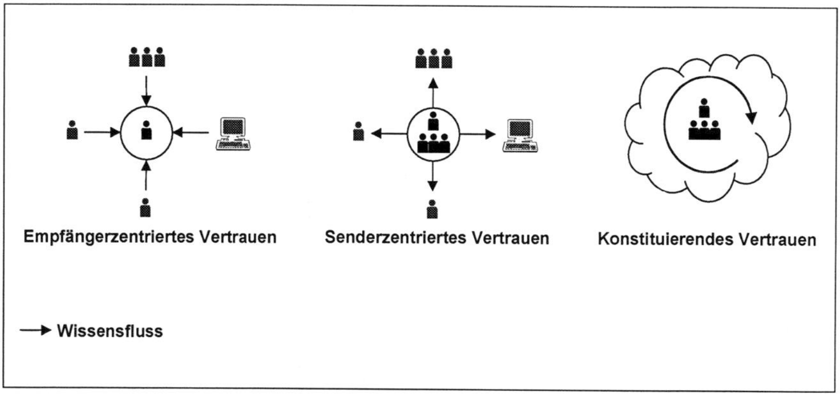

Abb. 3-3: Formen des Vertrauens beim Projektwissensmanagement

Abb. 3-3 illustriert die gemachten Ausführungen. Der Wissensempfänger im Falle des empfängerzentrierten Vertrauens muss eine Einzelperson sein, andernfalls spricht man von konstituierendem Vertrauen. Der Sender kann ein Individuum, eine Gruppe oder aber auch ein Intermediär (Projektdokumentation, Methodenhandbuch, IKT-Struktur z. B. Datenbank) sein. Der Sender im Fall des senderzentrierten Vertrauens muss keine Einzelperson sein, sondern kann ein ganzes Team darstellen (z. B. bei Herausgabe einer Projektdokumentation). Der Empfänger kann vom Typ Individuum, Team oder Intermediär sein.

---

[253] Die Bedeutung der Schattenorganisation für die Projektabwicklung zum Wissensaustausch wurde in Kapitel 3.3.6 bereits beschrieben.

[254] Vgl. die im vorangegangenen Kapitel gemachten Ausführungen zum Fallbeispiel Schindler Aufzüge.

Exkurs: Integration und Restrukturierung von Unternehmensteilen
Verteilte Unternehmensstrukturen werden regelmässig im Rahmen von Unternehmenszusammenschlüssen integriert. Neben den durch die Neuverteilung von Wissensbeständen oft zu beobachtenden positiven Effekten (z. B. eine bessere Bündelung von Kompetenzen durch Zusammenlegung von Abteilungen mit gleicher Funktion) erschweren solche Massnahmen Lernprozesse – da zunächst Entlernvorgänge im Sinne einer Wissenskonsolidierung stattfinden müssen. Dabei kommt es mitunter zu erheblichen Verzögerungen der in Kapitel 3.1 für diese Arbeit relevanten vorgestellten Prozesse des Wissensmanagements.

Dass dies aus Projektwissensmanagementsicht zu Komplikationen führen kann, verdeutlicht das Fallbeispiel *Roche Diagnostics*:

> Der seit 1998 laufende Integrationsprozess der Boehringer Mannheim Gruppe erhöht die Komplexität für das Wissensmanagement bei der Durchführung von Projekten: Der Wissensaustausch wird dabei durch unterschiedliche (Unternehmens-)Kulturen, Sprachen, Verhaltensweisen und Ängste auf beiden Seiten zusätzlich erschwert.

Die Ausführungen zu den Fallstudien Bankgesellschaft Berlin (Gründung durch Zusammenschluss von selbständigen Kreditinstituten in der ersten Hälfte der 90er-Jahre), Pixelpark (sukzessives Wachstum durch Akquisition ähnlicher projektorientierter Unternehmen) und der Insecuranza (Integration ursprünglich selbständiger Versicherungsunternehmen im Zuge der Deregulierung des deutschen Versicherungsmarkts) dienen als weitere Beispiele. Die durch solche Integrationsprozesse *projektspezifisch* aufgetretenen Probleme resultierten nach den in den Interviews gewonnenen Aussagen primär aus unterschiedlichen Methoden und unterschiedlichem Methodenverständnis sowie aus den als „politisch“ subsumierbaren Differenzen und sind eng an die in Kapitel 3.5 aufgeführte Determinante der Bereitschaft zum Entlernen gekoppelt.

3.4.3 Bereitschaft der Zugabe von Fehlern

Eng mit dem Konzept des Vertrauens verbunden – insbesondere vor dem Hintergrund des Team- bzw. organisationalen Lernens – ist die Bereitschaft zum Zugeben von Fehlern. In der obigen Definition von Vertrauen ist dies durch den Aspekt der Offenheit [vgl. Mishra 1996, S. 266 f.] enthalten. Diese Haltung ist eng an die Unternehmens- bzw. Teamkultur gekoppelt und korreliert mit dem Grad des gegenseitigen Vertrauens.

Im Rahmen der durchgeführten Interviews wurde die Bereitschaft zur Zugabe von Fehlern regelmässig als nicht oder kaum vorhanden beklagt: „Wer will sich schon selber outen?!“ [Zitat eines im Rahmen der Interviews Befragten]. Jenny führt dazu aus: „Verständlicherweise wird dies oft nicht gerne und vollständig getan. Es bildet jedoch das Fundament für alle Verbesserungen.“ [Jenny 1998, S. 497]

Die in der Literatur vielfach geforderten lernfreundlichen Strukturen bzw. Kulturen sind solche, die es erlauben, Fehler zu machen, um – durch Selbstreflexion – aus ihnen lernen zu können. Der Lerneffekt tritt quasi zweifach auf: einerseits durch unmittelbares problembezogenes Lernen und andererseits durch die Erkenntnis des Lernenden, dass derartige Lerneffekte nicht mit Strafe belegt sind [vgl. Hanft 1996, S. 156]. Vertrauen stellt dabei eine normative Voraussetzung für die erfolgreiche Umsetzung der Prozesse des Wissensmanagements dar.

3.4.4 Grad der geografischen Verteilung

Sind in einem Unternehmen verschiedene Subkulturen mit unterschiedlichen Wissenskulturen vorhanden, d. h. es existieren verschiedene Arten des Umgangs mit Wissen, führt dies zwangsläufig zu Implikationen auf die Prozesse des Wissensmanagements:[255] Je komplementärer die im Projekt aufeinandertreffenden Gruppenkulturen, desto häufiger bedarf es Rahmenregelung zur Koordination, die wiederum den Prozessen des Wissensmanagements unterworfen werden müssen [Reichwald/Koller 1996, S. 143 f.; vgl. auch von Krogh/Köhne 1998, S. 244].[256]

Scholz problematisiert die Zusammenhänge zwischen Landes-, Branchen-, Unternehmens- und Projektkultur[257] und zeigt dabei auch die Rückwirkungen der Projektkultur auf die Unternehmenskultur auf. Die Projektkultur eines bestimmten Projektes ist in die zugehörige Unternehmenskultur eingebunden, die wiederum ein Teil der umgebenden Landeskultur darstellt. Die nächst übergeordneten Kulturformen integrieren mögliche divergente Subkulturen. Externe Kulturen (wie etwa ein in ein Projekt eingebundenes Beraterteam) treffen dabei auf bestehende Projektkulturen, was zu einer neuen Gesamtprojektkultur führt. Dieser Vorgang der kulturellen Assimilation bedarf einer gewissen Zeit [Scholz 1991, S. 144 ff.].

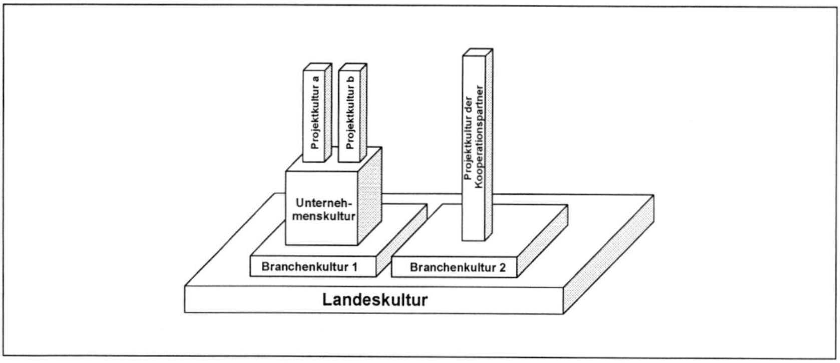

Abb. 3-4: Projektkulturen als Wissensbarrieren[258]

---

[255] Für eine Problematisierung der kulturellen Diversität aus allgemeiner Wissensmanagementperspektive [vgl. Schüppel 1996, S. 173 ff.].

[256] Schüppel weist darauf hin, dass man nicht von einer naiv simplifizierenden Einheitskultur ausgehen sollte [vgl. Schüppel 1996, S. 169].

[257] Über Projektkulturen als Erfolgsfaktor für die Projektabwicklung vgl. [Schwager/Haar 1996, S. 78 ff.; Tuman 1994].

[258] [Scholz 1991, S. 145]

Abb. 3-4 verdeutlicht die mit zunehmender geografischer Verteilung[259] tendenziell zunehmende kulturelle Komplexität.[260] Diese wurde im Rahmen der empirischen Untersuchung immer wieder durch die Nennung von Interessenkonflikten durch „Abteilungsbarrieren", „Ressortegoismen", „Bereichs-" und „Landesinteressen", zum Ausdruck gebracht. Diese relativ unpräzisen Angaben blieben auf Nachfragen unausgeführt bzw. wurden nur oberflächlich begründet. Als Artefakte wurden „Sprachbarrieren" (nicht nur auf länderübergreifender, sondern z. B. auch auf abteilungsübergreifender Ebene) sowie eine entsprechende Kooperationshaltung zur Wissensteilung angeführt, insbesondere bei der projektübergreifenden Zusammenarbeit.

Die durch die physische Trennung[261] verteilter Projektteams und den Faktor Zeit resultierende Distanz kann insbesondere den Austausch von implizitem Wissen behindern, der oftmals nur durch direkte menschliche Interaktion möglich ist. Unterschiedliche Zeitzonen (Reduzierung des möglichen Zeitfensters für Formen der synchronen Kommunikation) können das Wissensmanagement zusätzlich erschweren (vgl. 2.1.3).

3.5 Aspekte des Lernens

Im Rahmen der vorangegangenen Ausführungen im vorliegenden dritten Kapitel ist bereits des Öfteren auf Aspekte des Lernens hingewiesen worden. Durch die dieser Arbeit zugrunde liegenden empirischen Forschungsarbeiten konnten dazu insgesamt drei Determinanten identifiziert werden:

- Projektorientierte Aus- und Weiterbildung
  Die projektorientierte Aus- bzw. Weiterbildung (Vermittlung von Methodenwissen) schafft einen Ausgangspunkt für ein gemeinsames Verständnis im Sinne einer „Normierung" des gegebenenfalls interdisziplinären Teams und der Überbrückung historisch unterschiedlicher Vorkenntnisse der Teammitglieder.[262] In der Praxis wurde die fehlende Harmonisierung dieser Ausbildung als mögliche Barriere der Zusammenarbeit identifiziert. Die Gründe hierzu sind vielfältig: Auch hier wurde mehrfach im Rahmen der Interviews mangelnde Zeit aufgeführt, so dass Mitarbeiter die Schulungsangebote nicht wahrnehmen können. Ferner wird die projektorientierte Karriere vielerorts noch nicht als Alternative zur Linienkarriere gesehen und die

---

259 Vgl. dazu Abb. 2-2.

260 Für die Betrachtung allgemeiner Probleme unterschiedlicher Kulturen und internationaler Projekte vgl. [Dinsmore 1990, S. 215 ff.; Schneider 1995] bzw. das Management kultureller Diversität im Kontext von Entwicklungsprojekten [vgl. Gassmann 1997, S. 212 ff.].

261 Neben den primär kulturell motivierten Problemen kann es insbesondere durch den Reiseaufwand zu weiteren Wissensproblemen kommen: Da diese Art der Arbeitsorganisation sehr zeitintensiv ist, reduziert sich der mögliche Wissensaustausch gegebenenfalls auf sporadische Meetings oder substituiert sich durch die Nutzung von IKT als Intermediär. Die Ausführungen in der Fallstudie DaimlerChrysler illustrieren dies am international verteilt durchgeführten Entwicklungsprojekt SKN-C.

262 Vgl. dazu die Fallstudien Insecuranza und Pixelpark.

Teilnahme an entsprechenden Massnahmen in der Aus- und Weiterbildung wenig forciert.[263]

- Entlernbereitschaft
Insbesondere im Kontext von Unternehmenszusammenschlüssen wirkt die Bereitschaft zum Entlernen von Wissen determinierend für die Wissensmanagementprozesse,[264] wie die Fallstudien belegen können. Die Gründe dazu sind psychologischer Natur [Argyris 1994, S. 80] und eng an die Problematik der Zugabe von Fehlern gekoppelt, denn Entlernen kann gegebenenfalls die Aufhebung bisher bewährter Lösungsmuster bedeuten, z. B. durch geänderte Richtlinien. Bei neu eingestellten Mitarbeitern kann diese Entlernbereitschaft als tendenziell höher unterstellt werden.[265]
- Erfahrungslernen
Die bewusste Ableitung, Aufbereitung, Verankerung und Nutzung von in der Projektarbeit gewonnenen Erfahrungen ist ein wesentlicher organisationaler Lernprozess für die Projektabwicklung [vgl. Wiegand 1996, S. 363].

Die beiden erstgenannten Determinanten stellen für diese Arbeit allerdings keinen Schwerpunkt dar: Da sie nicht im direkten Bezug zum Projektwissensmanagement stehen,[266] werden sie aus Überlegungen zur Relevanz – insbesondere vor dem Hintergrund der im Rahmen der Aktionsforschung durchgeführten Massnahmen – in der gebotenen Kürze nicht weiter ausgeführt.[267] Aufgrund der für die Projektarbeit zentralen Bedeutung wird das projektzentrierte Erfahrungslernen im Folgenden ausführlich thematisiert und hinsichtlich der theoretischen und praktischen Bedeutung differenziert.

3.5.1 Grundlagen des Erfahrungslernens

Erfahrungen als besondere Form des Wissens[268] stellen für die lernende Organisation eine grosse Chance dar. Ihre Verankerung im Unternehmen im Sinne des organisatio-

---

[263] Vgl. dazu die Fallstudie Bankgesellschaft Berlin. Gareis problematisiert dies und fordert alternative Karrierepläne und Anreizsysteme [Gareis 1994, S. 8].

[264] Insbesondere als Voraussetzung für die in Kapitel 2.2.2 beschriebenen Formen des Veränderungs- und des Prozesslernens.

[265] Vgl. auch die Ausführungen von Bo Hedberg [Hedberg 1981, S. 18 ff.] zum Entlernen als „process through which learners discard knowledge." [Hedberg 1981, S. 18]

[266] Der Bereich der fachbezogenen Aus- und Weiterbildung fokussiert letztlich individuelles Lernen (in diesem Bereich insbesondere durch Schulungen und Methoden- oder Projektleitertrainings) und ist damit nicht Gegenstand dieser Arbeit. Die in Kapitel 2.1.1 aufgeführten Organisationen bieten dazu entsprechende Dokumentationen, Seminare und Zertifizierungsstellen an [vgl. dazu auch Madauss 2000, S. 391 ff.]. Die Entlernbereitschaft hat ihre Wurzeln in der Kognitions- und Verhaltenspsychologie [vgl. dazu z. B. Hedberg 1981; Scholz 1997, S. 305 f.; Schüppel 1996, S. 128 ff.; Wiegand 1996, S. 475 ff.].

[267] Für weitere alternative nicht projektbezogene Lernbarrieren bzw. Hindernisse des organisationalen Lernens vgl. [Eck 1997, S. 156 f.; Espejo et al. 1996, S. 154 f.]. Romhardt unterscheidet lernfreundliche und lernfeindliche Faktoren auf struktureller, kultureller, individueller und politischer Ebene aus allgemeiner organisationstheoretischer Perspektive [Romhardt 1995].

[268] Vgl. Kapitel 2.2.1.

nalen Lernens ermöglicht, Parallelen zu ziehen und damit Probleme effizienter und effektiver lösen zu können, Fehler nicht zu wiederholen bzw. zu vermeiden. Langfristig gesehen können dadurch Projektkompetenzen aufgebaut und Wettbewerbsvorteile erzielt werden.

Es können zwei Arten von Lernen im Erfahrungskontext unterschieden werden (vgl. Abb. 3-5) [vgl. Hanft 1996, S. 136 ff.]:

- Nach der in Kapitel 2.2.2 eingeführten Definition betrifft das Lernen *aus* Erfahrungen das Lernen aus *eigenen* Erfahrungen. Diese Art des Lernens, bei der der Lernvorgang im Individuum oftmals subtil und unbewusst verläuft, wird auch als Learning by Doing bezeichnet. Die Selbstreflexion kann dabei direkt an die ausgeführte Handlung gekoppelt sein.
- Das Lernen *durch* Erfahrungen *anderer* hingegen erfordert als Voraussetzung das Durchlaufen eines organisationalen Lernprozesses im Sinne der Verankerung der gemachten Erkenntnisse. Dies kann z. B. im Rahmen eines Protokolls oder durch verbale Kommunikation des gewonnenen Wissens an die Projektteammitglieder erfolgen.

Diese Aspekte werden in den folgenden Unterkapiteln vertieft.

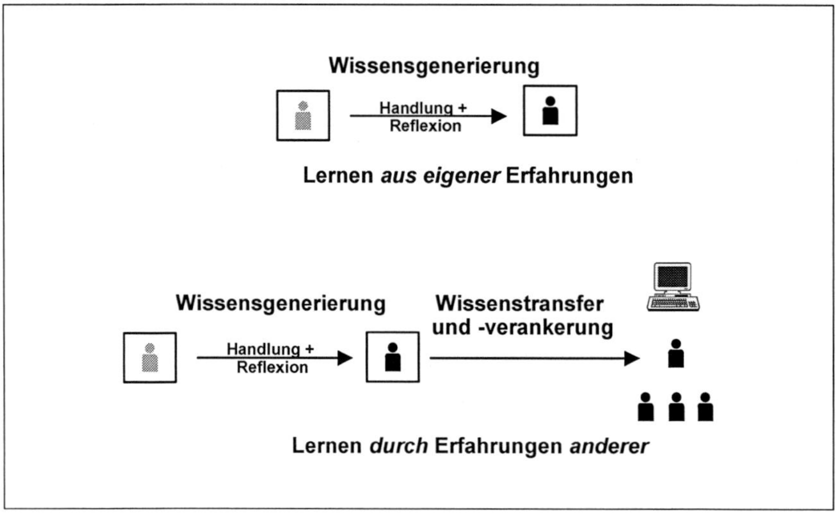

Abb. 3-5: Prozesse des Erfahrungslernens aus Sicht des lernenden Individuums

3.5.2 Umgang mit Erfahrungen in Projekten

Die an Personen gebundenen Erfahrungen werden im Verlauf der Projektabwicklung regelmässig nicht in der Organisation verankert: Die Projektteammitglieder kehren nach Beendigung ihrer Aufgabe an ihre angestammte Funktion zurück [Savage 1997, S. 266; Bowen et al. 1994, S. 272 f. und S. 280; Gomez/Probst 1999, S. 269; Argyris

1999, S. 109[269]] und mit ihnen ihre gesammelten Erkenntnisse [Boutellier/Gassmann 1997a, S. 39; Boutellier/Gassmann 1997b, S. 75; Probst et al. 1999, S. 120 und S. 359], die dann oftmals nur noch über informelle Netzwerke zugänglich bleiben.[270]

Die im Rahmen eines Projektes zu erstellenden Dokumentationen sind oft nur oberflächlich ausgeführt und beschränken sich dabei auf die Erfassung standardisierter Kennzahlen bzw. auf die Beschreibung des Projektergebnisses. Begründungen, wie es zu Fehlschlägen oder besonders effizienten Lösungen im Projektverlauf kommen konnte bzw. wie man einzelnen Problemen konkret begegnet ist, bleiben regelmässig unausgeführt.

Häufig zu beobachtende Konsequenz ist der Verlust des Wissens: Die Mitarbeiter wechseln in neue Projekte oder werden in ihre Linienfunktion reintegriert; dort wird das im Projekt erarbeitete Wissen nicht benötigt. Noch schwerwiegender ist der Verlust nach extern: In immer mehr Projekten werden Leistungen durch unternehmensexterne Berater erbracht [vgl. Wiegand 1996, S. 517], die nach dem Projektende das Unternehmen wieder verlassen. Das Wissen ist dann im Bedarfsfall (bei Problemen oder für ähnliche Projekte) nicht mehr bzw. nur schwer rekonstruierbar; oftmals wird es durch die Berater anderweitig weiterverwendet.

Dieses Risiko des Wissensverlustes am Projektende stellt ein grosses Problem für Unternehmen dar. Organisationen können dabei erhebliche Kosten entstehen, verursacht durch Doppelarbeit und dem Wiederholen von Fehlern [Boutellier/Gassmann 1997a, S. 39; Gulliver 1987, S. 128 und S. 132; vgl. Kleiner/Roth 1997, S. 172; Savage 1997, S. 99 und S. 266].

Soll-Zustand in der Theorie

Die beschriebene Diskrepanz wurde in der Theorie erkannt. In der Literatur findet sich daher immer öfter die Forderung nach einer bewussteren Gestaltung des Projektendes und damit verbunden, der Sicherung von Erfahrungen. Diese sollten sowohl von erfolgreichen als auch von erfolglosen Projekten gesichert werden [Boutellier/Gassmann 1997a, S. 39]. Davon ausgehend lassen sich grundsätzlich zwei Gruppen von Erfahrungen unterscheiden:

- Positiverfahrungen betreffen besonders gut gelöste Probleme oder besonders bewährte Praktiken. Sie können z. B. über interne oder externe Vergleiche identifiziert werden.

---

269 Argyris führt aus „Once the problem is solved, the team is given a new assignment or disbanded." [Argyris 1999, S. 109]

270 Jürgens formuliert dabei am Beispiel der Produktentwicklung: „Die in der Tendenz überwiegende Form der Projektarbeit bei starken Diskontinuitäten in der individuellen Personalentwicklung erschwert den Zugriff auf Erfahrungswissen." [Jürgens 1999, S. 69 f.] Vgl. dazu auch Kanter am Beispiel der Produktentwicklung, die damit gleichzeitig die Wissensintensität solcher Projekte unterstreicht: „Each person leaving removes knowledge form the pool, that has not yet been routinized or systemized. In a sense, everyone leaving an innovation project does indeed take 'secrets' with them – private knowledge they may have gained that has not been shared with the rest of the team because of the intensity with which everyone is gathering knowledge." [Kanter 1996, S. 115]

- Negativerfahrungen sind solche, die im Rahmen von Fehlern und Rückschlägen gewonnen werden. Sie sind die schwierigere Kategorie von Erfahrungen – ist ihre Ableitung doch oftmals nur durch die Zugabe von Fehlern durch die Beteiligten möglich.[271]

Der Umgang mit der Ableitung von Erfahrungen in der Literatur beschränkt sich dabei – wenn überhaupt[272] – allerdings in der Regel auf die Forderung, zum Projekt*ende* – etwa im Rahmen des Projektabschlusses – eine entsprechende Sicherung zu betreiben [Litke 1995, S. 248 f.; Burghardt 1997, S. 435 ff.; Vigné 1992, S. 146; Probst et al. 1999, S. 211; Patzak/Rattay 1998, S. 398 ff.; Willke 1996b, S. 301; Zielasek 1995, S. 190]. Ausführungen, wie diese Sicherung durchgeführt und wie das Wissen in der Organisation verankert werden soll, finden sich in der Literatur noch eher selten. Die Autoren reduzieren ihre Darstellungen regelmässig auf die Empfehlung, die Erfahrungssicherung über die Durchführung einer Abschlussanalyse/eines Abschlussworkshops und/oder das Erstellen eines Projektabschlussberichts zu institutionalisieren[273] [z. B. Gareis/Zink 1994, S. 43; Stadler 1999, S. 32; Lammers/van Eijnatten 1996, S. 43; Burghardt 1997[274], S. 6; Rosenau 1998, S. 287].

Soll-Zustand in der Praxis

In der Praxis wurde die Notwendigkeit zur Wiederverwendung von Erfahrungen ebenfalls erkannt und spiegelt sich in zahlreichen Formulierungen über die Kodifizierung von Erfahrungen in den Projektmethodenhandbüchern[275] wider, wie die folgenden Beispiele belegen:[276]

> Die Ableitung so genannter Lessons Learned[277] wird namentlich im Projektmethodenhandbuch der *UBS* im Rahmen des Schlussberichts [vgl.

---

[271] Vgl. Kapitel 3.4.3.

[272] Oftmals beschränken sich die Ausführungen zum Projektabschluss auf Aspekte der Rückführung von Personal oder Sachressourcen, den Transfer von Verantwortung und die Neuzuweisung des Teams bzw. des Projektleiters für andere Aufgaben sowie die Produktübergabe an die Linie [vgl. Cleland 1994, S. 47; Meredith/Mantel 1995, S. 241; Lock 1996, S. 241 ff.].

[273] Diese Gedanken werden im Rahmen des vierten Kapitels wieder aufgegriffen.

[274] Burghardt spricht zwar explizit von Erfahrungen, belegt diesen Begriff implizit jedoch mit Daten/Informationen, denn er beschränkt seine Ausführungen über das Festhalten von Erfahrungen im Sinne von primär quantitativen Grössen wie etwa Produkt- und Messdaten sowie Kennzahlen [vgl. Burghardt 1997, S. 436 ff.]. Ähnliche Ausführungen finden sich bei Jenny [Jenny 1998, S. 149 f. und S. 497 f.]. Auch bei diesem Autor liegt der Fokus auf quantitativen Daten aus Sicht des als Planers agierenden Projektleiters mit dem Ziel der Genauigkeitssteigerung: „Je mehr Erfahrungen er festhalten kann, desto bessere Leistungen (genauere Schätzungen, konkretere Massnahmen etc.) kann er in den nächsten Projekten erbringen." [Jenny 1998, S. 497] Ziel ist dabei nicht etwa organisationales Lernen, sondern die Verfolgung individueller Interessen: „Dieser Punkt gilt für den persönlichen Nutzen des Projektleiters als der wichtigste." [Jenny 1998, S. 497]

[275] Vgl. dazu das folgende Kapitel 3.6.

[276] Vgl. dazu auch ausführlich den jeweiligen Abschnitt in den Fallstudien in Anhang II. Dort finden sich auch weitere umfangreichere zitierte Passagen aus Methodenhandbüchern oder Leitfäden, die die hier gemachten Aussagen belegen, vgl. insbesondere die Fallstudien Bankgesellschaft Berlin, DaimlerChrysler und Insecuranza.

[277] Für eine Definition vgl. Kapitel 4.4.

UBS 1999, S. 33 ff.] für alle Projekttypen mit dem expliziten Ziel der Wissensvermehrung für nachfolgende Projekte gefordert. Weiterhin sollen Schlussfolgerungen und Empfehlungen im Sinne zusammenfassender Erkenntnisse darüber, was bei Folgeprojekten verbessert werden kann, aufgeführt werden. Der Schlussbericht ist durch den Projektleiter zu erstellen.

Das PCP Manual (PCP: Product Creation Process) bei *Schindler Aufzüge* sieht ebenfalls die Ableitung von Erfahrungen nach Projektende vor.

Bei der *IBM Consulting Group* wird ein Projekt am Ende neben dem Abschlussbericht (zur internen Nutzung und für den Kunden) mit dem so genannten End of Engagement Summary abgeschlossen. Dieses Formular (das so genannte End of Engagement Form) wird im Rahmen einer Teamsitzung durch das Projektteam und dem zuständigen Engagement Manager erstellt. Grundsätzlich ist die Erarbeitung der Formularinhalte über die Projektmethodik vorgeschrieben, wird jedoch nicht immer gelebt. Im Vorfeld zu dieser Teamsitzung wird über ein Kundenfeedbackformular zusätzlich die Meinung des Kunden eingeholt.

Ist-Zustand in der Praxis

Diese Soll-Formulierungen stehen leider, wie durch die dieser Arbeit zugrunde liegenden empirischen Untersuchungen bestätigt wurde, im Gegensatz zum Unternehmensalltag: Die Ableitung der Erfahrungen erfolgt keinesfalls systematisch, sondern überwiegend im Rahmen informeller Zusammenkünfte oder am Rande von formal vorgesehenen Veranstaltungen wie Gremiensitzungen.[278] Das grundsätzliche Problem des organisationalen Lernens in Zusammenhang mit der Projektarbeit liegt in einem Zielkonflikt zwischen Projekt und der umgebenden Organisation begründet: Während das Bestehen der Organisation auf Langfristigkeit ausgelegt ist, besteht das Projekt nur für die Dauer der abzuwickelnden Aufgabe.

Zu ähnlicher Erkenntnis kommen auch Lullies et al. [Lullies et al. 1993, S. 247 und S. 229]: Sie konstatieren „Projekterfahrungen werden lediglich personenbezogen und politisch verarbeitet und damit die Lernchancen für die Organisation als Ganze nicht genutzt.“ [Lullies et al. 1993, S. 229]

Im Rahmen der Aktionsforschung und der Literaturstudien konnten folgende Gründe für die Nicht-Ableitung solcher Erfahrungen identifiziert werden:

- Hoher Zeitdruck am Projektende[279] (Fertigstellungsdruck, neue Aufgaben warten bereits auf das auseinanderstrebende Team)
- Mangelnde Bereitschaft zum Lernen aus Fehlern

[278] Vgl. Kapitel 3.3.5.

[279] Vgl. dazu ausführlich Kapitel 3.3.9.

- Ausbleibende Kommunikation der Erfahrungen durch die Betroffenen aufgrund von „falscher Bescheidenheit“ (bei positiven Erfahrungen) oder der Angst vor negativen Sanktionen (bei Fehlern)
- Mangelnde systematische Erhebung der Erfahrungen [Probst et al. 1999, S. 211]
- Mangelnde Verbindlichkeit der gemachten Ausführungen in den Methodenhandbüchern
- Mangelnde Einbindung der Erfahrungssicherung in die Projektprozesse
- Die Mitarbeiter sehen den Nutzen einer Kodifizierung nicht und halten es für effizienter, Wissensträger direkt anzusprechen
- Hohes Kostenbewusstsein bei externen Beratern

In den Fällen, bei denen eine Ableitung geschieht, muss dieses Wissen nicht zwingend aufbereitet werden, wie die Ausführungen eines Projektleiters belegen:

> „Das ist ein ziemlich wunder Punkt hier. Wir haben da geschlagene drei Tage rumgesessen und uns die Köpfe heiß geredet. Natürlich hätte man damit dringend etwas machen müssen, denn da kamen viele gute Gedanken von den Mitarbeitern. Aber, wissen Sie, um dies alles so systematisch aufzubereiten, dazu fehlt hier schlicht die Zeit. Und wer sollte das denn auch machen, wir haben doch alle mit dem Tagesgeschäft genug zu tun.“ [Lullies et al. 1993, S. 81]

Ein idealistischer Ansatz, wie er hier vertreten wird, geht davon aus, dass Erfahrungen abgeleitet (im Sinne einer Wissensaufbereitung und Wissensverankerung) und anschliessend auch angewendet werden. Eine Wiederverwendung des verankerten Wissens kann auf Team- bzw. organisationaler Ebene neben den genannten Gründen durch Auftreten des NIH-Syndroms gebremst werden („Bei uns ist das doch alles viel komplizierter.“ [Zitat eines im Rahmen der Interviews Befragten][280]). Weiterhin lassen sich [Lammers/van Eijnatten 1996, S. 35] eine dezentral verstreute und nicht frei zugängliche Aufbewahrung, die oftmals schlechte Qualität der Aufbereitung („Fitness for Use“) und der mit der Aufbereitung verbundene Arbeitsaufwand anführen:

> „I forbid my project leaders to make an in-depth evaluation. It takes weeks for them to produce it, and no-one reads or uses it anymore“ [Lammers/van Eijnatten 1996, S. 35].

Das Vorhandensein einer solchen Haltung konnte durch die in den Interviews der eigenen Untersuchung gewonnenen Aussagen bestätigt werden.

[280] Dem stehen die im Rahmen der Mitarbeit im Kompetenzzentrum EKM z. B. bei Workshops selbst gewonnen Erfahrungen des Autors entgegen. Regelmässig wurden dort sogar unternehmensübergreifende Erfahrungen auch auf detaillierter Problemebene im Sinne eines Benchmarkings ausgetauscht.

3.6 Aspekte der Projektmethodik

Im Rahmen des Aktionsforschungsprozesses wurde die Projektmethodik als weitere Determinantenkategorie des Projektwissensmanagements identifiziert. Während der Ist-Analyse wurden insbesondere vorhandene Methodenhandbücher, Formulare und Projektbeschreibungen untersucht und deren Nutzung bei den Interviewpartnern kritisch hinterfragt.

3.6.1 Grundlagen der Projektmethodik

Unter *Projektmethodik* werden hier die Aufbau- und Ablauforganisation von Projekten regelnden Richtlinien und Vorschriften verstanden, die den Rahmen für eine einheitliche und strukturierte Projektabwicklung schaffen. Dies dient primär der Minimierung des administrativen Aufwands und der Sicherung eines gewissen Qualitätsstandards [vgl. Patzak/Rattay 1998, S. 468]. Als Projektmethodik werden projektrelevante Methoden, Techniken, Tools und Vorgehensmodelle zusammengefasst. Sie werden den in Projekten arbeitenden Mitarbeitern in der Regel durch entsprechende Schulungsmassnahmen[281] oder durch Selbststudium nahe gebracht.

Methoden[282] sind in diesem Zusammenhang Vorgehensweisen zur Lösung von Problemen der Planung, Überwachung und Steuerung des Projektablaufs. Diese Vorgehensweisen werden in bestimmten *Techniken* standardisiert abgebildet. Beispielhaft zu nennen ist in diesem Zusammenhang die Netzplantechnik. Unter *Tools* (Werkzeugen) sind Hilfsmittel (z. B. auch Softwareprodukte) zur Unterstützung einzelner Techniken zu verstehen [vgl. Krüger 1994, S. 390; Arbnor/Bjerke 1997, S. 8].

Einen Strukturierungsrahmen stellt der „Project Management Body of Knowledge" (PMBOK) des Project Management Institutes dar. Hier werden zwölf Teilprozesse (so genannte Project Management Knowledge Areas) des Projektmanagements vorgestellt. Das PMBOK wird als „inclusive term that describes the sum of knowledge within the profession of project management" [Duncan 1996, S. 3; vgl. auch Wideman 1995, S. 72] verstanden. Die Wissensgebiete stellen eine Kategorisierung des für die Projektleitung relevanten (Methoden-)Wissens dar und helfen im Sinne von Metawissen[283] (Wissen über Wissen), mögliche Problemfelder und Fragestellungen einzuordnen.[284]

Der Projektablauf (synonym: Projektprozess) lässt sich in Phasen mit klar abgrenzbaren Arbeitsinhalten unterteilen. Sie bilden den so genannten Projektlebenszyklus. Die Anzahl der Phasen hängt von Art, Umfang und Bedeutung eines Projektes ab. Die

---

[281] Vgl. Kapitel 3.5.

[282] Kieser führt als ältestes Beispiel eines solchen Leitfadens die in Ägypten im Rahmen des Pyramidenbaus auf Papyrusrollen fixierten Praktiken auf [Kieser 1999, S. 65].

[283] „Metaknowledge" ist Wissen über die effiziente Ein- und Zuordnung von Wissen und kann bei der schnelleren Internalisierung von Wissen helfen [vgl. Wiig 1998, S. 5; Oberschulte 1996, S. 70].

[284] Kritiker werfen dem Modell eine zu eingeschränkte Betrachtung aus Einprojektsicht vor [Wideman 1998, S. 7].

Einteilung wird in der Praxis zur wirtschaftlichen Durchführung von Projekten im Sinne eines „Tayloring“ verwendet. Weniger umfangreiche Projekte[285] können dabei mit weniger Formalismus und einer geringeren Anzahl von Phasen durchgeführt werden [vgl. z. B. Burghardt 1997, S. 21; Haberfellner et al. 1999, S. 37; Litke 1995, S. 26].

Projektreferenzmodelle sind standardisierte Prozess- und Vorgehensmodelle für die verschiedenen Projektarten. Sie enthalten bewährte Grundstrukturen (Aktivitäten und Prozesse) einzelner Projekttypen z. B. für die Entwicklung von Software, die Durchführung von Multimediaprojekten, die Entwicklung von Bankprodukten[286] und dienen quasi als „Baukastensysteme“[287] für neu durchzuführende Vorhaben.

Ein *Projekthandbuch*[288] dient der Abbildung der Projektmethodik. Dort können beispielsweise die Projektorganisation mit ihren projektspezifischen Rollen,[289] Vorgehensmodelle,[290] Formularstrukturen (z. B. Vorlagen für Checklisten, Protokolle, Projektanträge oder -statusberichte[291]), Regelungen bezüglich Berichtswesen und Dokumentation, Glossar sowie eine Übersicht der im Unternehmen vorhandenen und für die Projektarbeit relevanten Tools aufgeführt sein. In der Regel haben solche Handbücher unternehmens- oder bereichsbezogenen Charakter. Bei grösseren Projekten kann es aber auch für einzelne Projekte eigene Projekthandbücher geben, die eine vorhabensspezifische Konkretisierung der übergeordneten Richtlinien darstellen.[292]

In der Praxis finden sich die entsprechenden Handbücher in mehr oder minder umfangreicher Form in den Unternehmen wieder:[293]

> Bei der betrachteten Geschäftseinheit der *Credit Suisse Group* dient als Leitfaden für die Abwicklung von Projekten im Fachbereich IT – neben einem umfangreichen Methodenhandbuch – eine zwölfseitige Broschüre in Papierform. In diesem Leitfaden sind neben den Leitlinien und der Umsetzungsempfehlung für die Strategie die projektbezogenen Rollen (Auftraggeber, Auftragnehmer und Projektleiter – jeweils mit Verantwortlichkeiten und Hauptaufgaben) sowie die bei der Leistungserstellung

---

[285] Vgl. dazu die Formulierung von Vorhaben als so genannte Massnahmen in der Fallstudie Insecuranza. In der Praxis tragen solche „Miniprojekte“ auch oftmals den Namen Kleinauftrag o. ä.

[286] Vgl. dazu exemplarisch [Schindler/Brücker 1998, S. 16 ff.].

[287] Vgl. dazu das dem Projekt SKN-C zugrunde liegende „Phasenmodell zur Geschäftsprozessoptimierung“ (GPO) in der Fallstudie DaimlerChrysler.

[288] Synonym auch Projektmethodenhandbuch oder Projektleitfaden.

[289] Vgl. dazu ausführlich Kapitel 3.3.2.

[290] Für eine klassifizierende Übersicht zum Methodeneinsatz in der Projektabwicklung vgl. z. B. [Ehlers 1997, S. 39 ff.].

[291] Für eine Liste möglicher in der Praxis gebräuchlicher Formulartypen vgl. z. B. die Fallstudie Bankgesellschaft Berlin oder den Anhang zur Fallstudie Insecuranza.

[292] Wie beispielsweise im Projekt SKN-C in der Fallstudie DaimlerChrysler.

[293] Vgl. dazu auch den betreffenden Abschnitt in den Fallstudien.

zu durchlaufenden Phasen aufgeführt und erläutert. Im weiteren Verlauf finden sich dort Hinweise auf entsprechende Projektformulare und weiterführende methodische Dokumentationen sowie ein Klassifizierungsschema für Projektarten. Die Inhalte des Methodenhandbuchs bzw. der existierenden Leitfäden haben Weisungscharakter. Das Projektmethodenhandbuch bzw. die Kompaktleitfäden sind noch nicht im Intranet oder im Groupware-System elektronisch verfügbar.

Bei *Schindler Aufzüge* existiert ein Projektleitfaden (Product Creation Process Manual, kurz PCP Manual), in dem auch eine einheitliche unternehmensweite Definition des Terminus Projekt aufgeführt ist, im Intranet. Der Entwicklungsprozess (d. h. das projektorientierte Vorgehen bei der Entwicklung) orientiert sich an einer Gate-Methodik (vgl. Fallstudie DaimlerChrysler). Sämtliche Projektaktivitäten – nicht nur im R&D-Bereich – werden elektronisch dokumentiert.

Bei der *UBS* ist ein Projektmethodenhandbuch in ausführlicher Form („Projektmanagement Guidebook", 59 Seiten) sowie als Kompaktleitfaden mit jeweils verbindlichem Charakter ebenso wie Formulare und ein ausführlich definiertes Berichtswesen für die Bereiche Privat- und Firmenkunden vorhanden. Der Kompaktleitfaden („Mini Project Guidelines", 20 Seiten) enthält die verbindlichen Minimalanforderungen an Planung und Reporting in Projekten mit Hinweisen bzw. Verweisen auf die zu nutzenden Tools und Vorlagen. Sämtliche Dokumentationen und Formularvorlagen sind über das Intranet verfügbar.

Der Ausprägungsgrad derartiger Leitfäden kann in der Praxis zwischen den Extrempositionen „nicht Vorhandensein"[294] und „übertriebener Formalismus"[295] schwanken. Gleiches gilt für die Methodik insgesamt, wobei die Erfahrung des Autors aus den verschiedensten Beratungsprojekten zeigt, dass der überwiegende Teil der Unternehmen über solches Methodenwissen im engeren Sinne verfügt.

Rolle der Projektmethodik für das Projektwissensmanagement

Das in der Projektmethodik zu einem Regelsystem zusammengefasste Wissen aus hochaggregierten Erfahrungen und Problemlösungen bildet bewährte Vorgehensweisen zur Erreichung von Projektzielen ab. Es wird in den Leitfäden kodifiziert und dient den Projekten als kollektiver Bezugsrahmen (Ausdruck der offiziellen Handlungstheorien, vgl. Kapitel 2.2) im Sinne eines Organisationshandbuchs.[296] Kieser et al.

[294] Im Fall von Pixelpark existierte zum Zeitpunkt der Durchführung der Interviews noch kein solches Handbuch. Bei der Erstellung eines Intranet-basierten Leitfadens legt man dort besonderen Wert auf eine nicht zu sehr einengende Konzeption.

[295] Der Aspekt „Akzeptanz" wird im weiteren Verlauf dieses Kapitels 3.6 aufgegriffen.

[296] Nach Aussagen von Interviewteilnehmern aus den Bereichen Multiprojektmanagement bzw. Gremienmitgliedern erleichtert die konsequente Nutzung distribuierter Projektformulare insbesondere die Phase der Wissensevaluation etwa bei Entscheidungen über die Bewilligung eines Projektantrages im Rahmen des Multiprojektcontrollings.

sehen in der Gestaltung adäquater organisatorischer Richtlinien einen zentralen Ansatzpunkt für die Realisierung einer lernenden Organisation. Die Autoren geben jedoch zu bedenken, dass Prozesse organisationalen Lernens bei falscher Anwendung – etwa durch zu starke Vorgabe von Verhaltensmustern – auch behindert werden können. Dies führt zur Unterbindung von Erkenntnisgewinnungs- und Reflexionsprozessen und kann im Extremfall zur Demotivation der Beteiligten führen. Hier besteht die Gefahr der „Bürokratisierung" im Sinne einer von mangelndem konstituierenden Vertrauen ausgehenden ständigen Verfeinerung der Richtlinien, die zu einer zunehmenden Einengung des Handlungsspielraumes führt [Kieser et al. 1999, S. 128]. Vor allem bei als besonders kreativ geltenden Projekten wie etwa im F&E-Bereich wird daher vielfach vor einem übermässigen Methodeneinsatz abgeraten, da er in der Praxis gern als Last empfunden wird und dadurch kreativitätsmindernd wirken kann[297] [vgl. Boutellier/Gassmann 1997b, S. 70].

3.6.2 Verankerung von Wissens- und Lernzielen in der Projektmethodik

Aufgrund ihrer konstituierenden Art für die Projektabwicklung bietet die Projektmethodik Ausgangspunkte zur Verankerung von organisationalen Lernprozessen und Aspekten des Wissensmanagements (vgl. Kapitel 4.5). Im Rahmen der Aktionsforschung wurden dazu sieben Indikatoren identifiziert und im Rahmen von Workshops verifiziert, auf deren Vorhandensein die Leitfäden untersucht wurden (vgl. Tabelle 3-5). Die Merkmale geben dabei Aufschluss über die Sensibilisierung der Unternehmen bezüglich der untersuchten Thematik.

[297] Vgl. dazu die Fallstudie Pixelpark.

Indikator
1. Differenzierte Verwendung entsprechender Termini des Wissensmanagements (z. B. Explizierung von Lernzielen oder die differenzierte Verwendung der Begriffe Wissen und Informationen, Vorhandensein von Definitionen).
2. Art der Verankerung von Zielen (explizit, implizit[298], gar nicht) zur Förderung des organisationalen Lernens im Rahmen der Phasenmodelle.
3. Art der Verankerung von Lern-[299] und Wissenszielen[300] (implizit, explizit, gar nicht) im Rahmen von Rollen- und Gremienbeschreibungen.
4. Vorhandensein eines Glossars zur Harmonisierung von Sprachbarrieren auf projektmethodischer Ebene (z. B. Definition des Terminus Projekt).
5. Vorhandensein von Verweisen auf Ansprechpartner zur Vertiefung des Methodenwissens.
6. Art der Ausführungen über die Kommunikation von Projektinhalten an die innere und äussere Systemumwelt[301] (z. B. Regelungen über Berichts- und Informationsflüsse, Gestaltung des Projektmarketings[302]).
7. Bereitstellung von Techniken und Tools zur Unterstützung des Wissensmanagements (z. B. Erfahrungsdatenbanken, Wissenslandkarten[303], Glossare).
8. Art der Gestaltung des Handbuchs (systematische Ordnung und Aufbau, Lesbarkeit)[304] und mediale Verfügbarkeit (elektronisch versus in Papierform).

Tabelle 3-5: Indikatoren zur Beurteilung der Projektmethodik aus Perspektive des Projektwissensmanagements

Die im Rahmen der Fallstudien und Fallbeispiele durchgeführten Analysen zeigten bei allen Unternehmen eine weitestgehend nicht vorhandene Verankerung von Lern- und Wissenszielen. Lediglich die in Kapitel 3.5.2 dargestellten Ausführungen zur Ableitung von Erfahrungen konnten diesbezüglich als *tendenziell* explizite Wissensziele identifiziert werden. Im Lernkontext[305] wurden maximal Hinweise auf Aus- und Weiterbildungskonzepte identifiziert, explizite Hinweise auf organisationales Lernen hingegen konnten im Rahmen der in dieser Arbeit untersuchten Dokumente nicht lokalisiert werden.

3.6.3 Verbindlichkeit der Projektmethodik

Um Methodenwissen im Unternehmen wirksam zu verankern und seine Anwendung zu erreichen, genügt es nicht, es im Rahmen von Methodenhandbüchern zu formulie-

---

298 Nicht weiter detaillierte Formulierungen wie z. B. „Der Projektleiter informiert die Gremien." wurden hierbei aufgrund ihres unverbindlichen und unkonkreten Charakters als implizite Ziele verstanden.

299 Beispielsweise Ausführungen zum Ableiten, Aufbereiten und Bereitstellen von Erfahrungen.

300 Beispielsweise Leitlinien zur Aufbereitung und Bereitstellung von Wissen für andere Teammitglieder.

301 Vgl. dazu die Fallstudie Insecuranza.

302 Vgl. dazu ausführlich Kapitel 4.2.3.

303 Allgemeiner zu Wissens(land)karten vgl. [Davenport/Prusak 1998, S. 152 ff.], für eine Klassifizierung siehe [Eppler 1997b].

304 Vgl. zu diesem Punkt [Kieser et al. 1999, S. 129].

305 Vgl. dazu ausführlich Kapitel 3.5.

ren. Die teilweise relativ umfassend[306] vorhandenen Leitfäden müssen in der täglichen Praxis nicht zwingend eingesetzt werden,[307] wie bereits in Kapitel 3.5.2 in den Ausführungen zum Erfahrungslernen exemplarisch gezeigt wurde. Dies ist zum Teil auf den Stellenwert des Projektmanagements in den Unternehmen zurückzuführen bzw. auf den gegebenenfalls nicht verbindlichen Charakter der Ausführungen.[308]

Im Rahmen der durchgeführten Aktionsforschung[309] konnten folgende weitere Begründungen für die Nichtnutzung solcher Leitfäden identifiziert werden:

- NIH-Syndrom[310]
- Mangelnde Realitätsnähe („Praxistauglichkeit")
- Mangelnde Aktualität
- Mangelnde Verfügbarkeit
- Zu umfangreich empfundene Leitfäden[311]

Im Vergleich neigen insbesondere in Form der reinen Projektorganisation agierende Teams aufgrund ihrer weitgehenden Autarkie eher dazu, methodische Vorgaben zu unterlaufen, während sich in Form der Matrixprojektorganisation eingegliederte Teams wegen der engeren Einbindung in vorhandene Unternehmensstrukturen häufiger an genannte Methoden halten [vgl. dazu auch Meredith/Mantel 1995, S. 157 und S. 161; Nonaka/Takeuchi 1995, S. 162 f.].

---

306 Im Rahmen der Fallstudie DaimlerChrysler existierte neben dem zweibändigen Werk „Projektmanagement in der Mercedes-Benz AG" (Stand 1993) ein von der Projektleitung herausgegebener Leitfaden auf Projektteamebene zur Anwendung. Weiterhin wurde ein sehr umfangreiches „Projektmanagement-Handbuch" verwendet, das eigentlich für das Ressort Forschung und Technik konzipiert worden war. Dies kann als Gegenbeispiel für das im Folgenden aufgeführte NIH-Syndrom und die in vorherigen Kapiteln erwähnten Abteilungs- oder Bereichsgrenzen verwendet werden: gerade weil das Handbuch aus einem anderen Bereich stammte, fand es grosse Beachtung – brachte es doch neues Wissen in den anderen Unternehmensbereich ein. Dies dokumentiert gleichzeitig die Offenheit der Teammitglieder.

307 „So was <einen Leitfaden> haben wir bestimmt irgendwo. Wir haben für alles Regeln." [Zitat eines im Rahmen der Interviews Befragten, Anmerkung durch den Autor ergänzt]

308 Vgl. dazu die Fallstudien Insecuranza und Bankgesellschaft Berlin.

309 Die aus dem Aufdecken von Mängeln in der Akzeptanz als Konsequenz resultierenden organisationalen Lernprozesse (Anpassungslernen durch Modifikation der offiziellen Handlungstheorien) führten z. B zur Anpassung der Projektmethodik im Sinne einer überarbeiteten Neuauflage oder Zusammenstellung eines Kompaktleitfadens (vgl. dazu z. B. die Fallstudie Insecuranza).

310 In einem Fall wurde das Methodenhandbuch in einem anderen Bereich des Unternehmens erstellt, der zwar vom Vorstand die fachliche Aufgabe dazu erhalten hatte, dessen Weisungen andernorts aber aus „politischen" Gründen als nicht bindende Empfehlungen weitestgehend ignoriert wurden.

311 Auch in diesem Zusammenhang wurde wieder „Zeitdruck" als Argument genannt (vgl. dazu Kapitel 3.3.9).

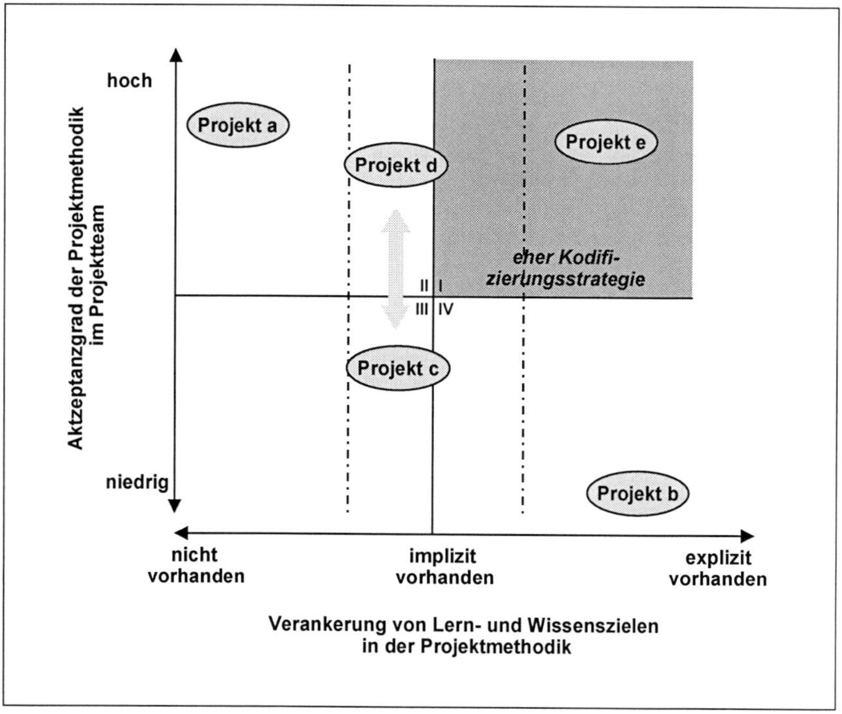

Abb. 3-6: Interdependente Determinanten der Projektmethodik

Das in Abb. 3-6 dargestellte Koordinatensystem ermöglicht die Einordnung von Projekten bezüglich der Determinanten Akzeptanz der Projektmethodik (z. B. Nutzung von Formularen, Beachtung von Richtlinien) und der Verankerung von Wissens- und Lernzielen in der Projektmethodik. Die beiden Determinanten hängen eng zusammen: Ein hoher Akzeptanzgrad der Methoden und Standards in den Projekten bei gleichzeitig nicht vorhandener Verankerung von Lern- und Wissenszielen lässt die Potenziale der Projektmethodik zur Etablierung einer lernenden Organisation tendenziell ungenutzt (Projekt a[312] in Abb. 3-6). Analoges gilt umgekehrt: So ist der Nutzen von in Methoden verankerten Lern- und Wissenszielen nur dann vorhanden, wenn die Projektmethodik über eine entsprechende Akzeptanz verfügt (vgl. Projekt b). Die beispielhaft eingeordneten Projekte c und d spiegeln den im Rahmen der Untersuchungen gewonnenen Eindruck wider. Dabei konnte im Rahmen der Aktionsforschung die Aussage gewonnen werden, dass der Akzeptanzgrad des Methodenwissens (sowohl

[312] Die vertikale Ausdehnung ist durch unterschiedliches Verhalten über die Zeit (z. B. ist in Stosszeiten tendenziell eine Vernachlässigung der Methoden zu erwarten) und durch unterschiedlichen Einhaltungsgrad auf Individuenebene motiviert. Die horizontale Ausdehnung ist in der schlechten Messbarkeit der qualitativ-orientierten Indikatoren begründet.

bei bindender als auch bei fakultativer Verwendung) primär durch das Verhalten bzw. die Vorgaben des jeweiligen Projektleiters bestimmt wird.

Wenn die Mitarbeiter sich nicht an die Methodik halten, kann man unterstellen, dass ihre Bereitschaft, Wissen im eigentlichen Sinn[313] zu kodifizieren, auch eher gering sein dürfte. Dies impliziert für die Auswahl der in Kapitel 3.4.1 vorgestellten Strategien von Projekten in den Quadranten II-IV eine tendenzielle Orientierung in Richtung Personifizierungsstrategie und für Projekte im Quadranten I (vgl. Projekt e) eine stärkere Orientierung in Richtung Kodifizierungsstrategie.

Die Ausführungen illustrieren beispielhaft die Interdependenz der identifizierten Determinanten. Der vorgestellte Analyserahmen ermöglicht die vergleichende Bewertung von Projekten in Bezug auf die Anwendung von in der Projektmethodik verankerten Lern- und Wissenszielen und kann dazu beitragen, Handlungsbedarfe bezüglich der Wissensstrategie in Projekten zu identifizieren.

3.6.4 Transparenz der Dokumentation und des Berichtswesens

Eine besondere Rolle für die Kodifizierung von Projektwissen nehmen die Projektdokumentation und das Berichtswesen ein: Während der Projektphasen und dort insbesondere im Rahmen der eigentlichen Durchführung fallen eine Vielzahl von Aufzeichnungen an. Um diese vor Verlust zu bewahren, müssen sie in einer Projektdarstellung dokumentiert werden. Die Projektmethodik regelt auch Art, Umfang und Häufigkeit der Projektdokumentation und des Berichtswesens. Dazu existieren neben allgemeineren Richtlinien bezüglich Gestaltung, Umfang und Verteilerkreisen[314] in der Regel konkrete Formulartypen als Vorlagen. Bezüglich der Ablage von Formularvorlagen, dem Berichtswesen und der Projektdokumentation wurden die folgenden Kritikpunkte identifiziert:

- Papierbasierte Verteilungskonzepte
  Dokumente zirkulierten nicht elektronisch, sondern papierbasiert im Unternehmen. Dies wurde insbesondere bei über einem Standort hinausgehenden Projekten kritisiert.
- Mangelnde Standardisierung
  Unterschiedliche Berichtsformen behindern die Auswertung z. B. für Sitzungen der Gremien [vgl. auch Patzak/Rattay 1998, S. 468].
- Versionsvielfalt
  Die dezentrale Dokumentenhaltung und oftmals nicht elektronische Verteilung führen zu einer mangelnden Übersichtlichkeit bezüglich aktuell relevanter Vorlagen und Weisungen. Insbesondere neuen Mitarbeiter wird dabei die Identifikation des für sie relevanten Wissens erschwert.

---

[313] D. h. eine über eine oberflächliche „datenorientierte“ Dokumentation des absolut Notwendigen hinausgehende Kodifizierung von Wissen, die beispielsweise auch Erfahrungen beinhaltet und deren Mehrwert für das aktuelle Projekt nicht immer direkt vorhanden ist.

[314] Vgl. dazu beispielhaft die Fallstudie Insecuranza.

- Mangelnde Historisierung
  Entstehungs- und Änderungshistorien der Projektdokumente lassen sich nicht oder nur mit sehr hohem Aufwand nachvollziehen.
- Mangelnde Informationsqualität[315]
  Die Aussagen in den jeweiligen Dokumenten werden oftmals zu stark gefiltert und optimiert, so dass die zugrunde liegende Wissenstiefe von den Zielgruppen (z. B. Projektleitern, Mitgliedern der Gremien) als unzureichend empfunden wird. Ferner mangelt es regelmässig an Kausalitäten, was zur Folge hat, dass zu späteren Zeitpunkten kaum mehr Rückschlüsse auf eingetretene Sachverhalte möglich sind. Solche Kausalitäten liefern die Verantwortlichen nach Aussage der in den Interviews Befragten oftmals nur auf Rückfrage in verbaler Form.

Die genannten Barrieren können insbesondere auf die Prozesse Wissenscontrolling, Wissensaufbereitung sowie sämtliche Evaluations- und Allokationsprozesse behindernd wirken, da sie grosse Intransparenzen schaffen können.

3.7 Aspekte der Informations- und Kommunikationstechnologie

Im Rahmen der Determinantenkategorie IKT werden die in den Fallstudien identifizierten relevanten Einflussfaktoren zur Nutzung von IKT als „Enabler" für ein Projektwissensmanagement eingeordnet (Kapitel 3.7.2-3.7.5). Die zum Verständnis notwendigen Grundlagen werden zuvor in Kapitel 3.7.1 in der erforderlichen Tiefe dargestellt – insbesondere vor dem Hintergrund des im weiteren Verlauf der Arbeit zu konzipierenden PKM.

3.7.1 Grundlagen der Informations- und Kommunikationstechnologie

Der Einsatz von IKT im Bereich der Projektabwicklung[316] lässt sich anhand von vier Generationen von Softwareentwicklungen klassifizieren (vgl. Tabelle 3-6).

---

[315] Eppler führt acht klassische Qualitätskriterien von Information an: Erhältlichkeit, Verständlichkeit, Relevanz, Nützlichkeit, Rechtzeitigkeit, Verlässlichkeit/Objektivität, Vollständigkeit und Konsistenz [Eppler 1997a, S. 38].

[316] Das Vorhandensein entsprechender Basistechnologien wie Telefon, Fax etc. wird grundsätzlich unterstellt. Dass aber auch dies – insbesondere bei international verteilten Projekten – kritisch hinterfragt werden muss, zeigt die Fallstudie DaimlerChrysler am Beispiel der Projektarbeit Deutschland-Türkei.

Name	Kurzbeschreibung	Verfügbar seit
1. Generation: Relationale Projektmanagementsysteme	ursprünglich Host-basierte Systeme zur Projektplanung	Anfang/Mitte der 80er-Jahre
2. Generation: Systeme zur Unterstützung von Team- und Gruppenarbeit[317]	Groupware-Systeme zur verteilten Zusammenarbeit, von den Funktionalitäten grundsätzlich komplementär zu den Systemen der ersten Generation	Anfang der 90er-Jahre
3. Generation: Verteilte Projektinformationssysteme	integrierte Systeme der ersten und zweiten Generation	Mitte der 90er-Jahre
4. Generation: I-Net-Anwendungen[318]	Internet-basierte Systeme, primär zur Ergänzung der Systeme der dritten Generation	Mitte der 90er-Jahre

Tabelle 3-6: Generationenkonzept der IKT-Unterstützung in der Projektabwicklung

1. Generation: Relationale Projektmanagementsoftware

Die erste Generation von Projektmanagementsoftware stammt ursprünglich aus dem Bereich der Grossrechnersysteme und bietet Unterstützung durch Verfahren der Netzplantechnik [vgl. Ehlers 1997, S. 102 ff.]. Solche Systeme fokussieren primär auf den Projektleiter in seiner Rolle als Planer und haben ihre Anwendungsschwerpunkte in den Bereichen der komplexen Berechnung von Terminen, Kapazitäten und Kosten sowie der grafischen Darstellung[319] und Strukturierung dieser Projektparameter. Im Einzelnen sind zu nennen [vgl. Ehlers 1997, S. 99 ff.; Litke 1995, S. 255; Meredith/Mantel 1995, S. 466 ff.; Noack 1999, S. 49 f.; Patzak/Rattay 1998, S. 475]:

---

[317] Systeme der zweiten Generation sind grundsätzlich universell, d. h. auch nicht projektbezogen im Rahmen von Team- und Gruppenarbeit einsetzbar. Die zugrunde liegenden Architekturen solcher Systeme ordneten mit ihrer Einführung die für die verteilte Teamarbeit zentralen IKT-Paradigmen neu, beispielsweise durch die Nutzung von Client-Server-Technologien [vgl. Picot et al. 1998, S. 160 ff. und S. 250 f.]. Aus Gründen der Vollständigkeit sind hier auch so genannte Standardsoftwarepakete (z. B. die Office-Reihe von Microsoft), die die Projektarbeit grundsätzlich unterstützen können (z. B. Erstellung der Projektdokumentation mit einer Standardtextverarbeitung), anzuführen. Diese Produkte sind ebenfalls für die Projektabwicklung als Werkzeuge zur Wissenskodifizierung relevant (vgl. dazu die Fallstudien). Da sie allerdings nicht dediziert für die Besonderheiten der Team- bzw. Projektarbeit entwickelt wurden [Schwabe/Krcmar 1996, S. 209], sind sie an dieser Stelle nicht Gegenstand weiterer Betrachtungen.

[318] Anwendung wird hier synonym für Software verwendet.

[319] Die in kommerziellen PM-Werkzeugen regelmässig vorzufindenden Visualisierungsmöglichkeiten sind Gantt-Diagramme (spezielle Balkendiagramme, bei denen Tätigkeiten, Vorgänge, Phasen usw. als parallel zur Zeitachse verlaufende Balken symbolisiert werden), PERT-Diagramme (eine Variante der Netzplantechnik zur Darstellung von Abhängigkeiten innerhalb des Projektablaufs), Projektstrukturpläne (die grafische Gliederung eines Projektes in hierarchische Teilabschnitte/-aufgaben), Histogramme (spezielle Zeitdiagramme, bei denen eine Achse mit einem Zeitmassstab belegt wird und eine weitere mit einer Projektbezugsgrösse, deren zeitlicher Verlauf dargestellt werden soll) sowie Standardgrafiken wie Säulen-, Linien, Kreis- und Flächendiagramme (zur Visualisierung bestimmter Projektbezugsgrössen, wie z. B. Kosten, Dauern, Aufwände).

- Aufgabenstrukturierung und -verteilung
- Terminplanung
- Kapazitätsplanung von Mitarbeitern und Ressourcen (Einsatzmitteln)
- Projektstruktur- und -ablaufplanung
- Kosten- und Finanzplanung
- Termin- und Kostencontrolling (durch Plan-Soll-Ist-Vergleiche)
- Fortschrittsplanung

In der Regel handelt es sich dabei um Einzelplatzsysteme aus Einprojektsicht. Ihre Funktionalität wurde erst im Laufe der 90er-Jahre um Multiprojektfähigkeiten ergänzt. Beispielhaft zu nennen sind hier die kommerziell angebotenen Produkte MS Project (Microsoft), CA SuperProject (Computer Associates), Artemis (Artemis Management Systems) und Project Planner (Primavera).[320]

2. Generation: Systeme zur Unterstützung von Team- und Gruppenarbeit
Groupware-Systeme[321] unterstützen die Kooperation, Koordination und Kommunikation von Arbeitsgruppen [Ellis et al. 1991, S. 177]. Groupware[322] hilft bei der Überwindung räumlicher und zeitlicher Distanzen, wobei vor allem verteilte Datenbanksysteme attraktiv sind [Kaiser 1994, S. 258] und „stellt computergestützte Konzepte für die Teamarbeit bereit“ [Nastansky 1993, S. 6]. Die Termini Groupware und Groupware-Systeme werden dabei in der Literatur regelmässig synonym verwendet.

Solche teamorientierten innovativen Informations- und Kommunikationssysteme zeichnen sich regelmässig durch folgende Architekturmerkmale aus [Nastansky et al. 1995, S. 279 ff.; Helbrough 1995, S. 330; Skyrme/Amidon 1997, S. 424 ff.]:

- Verteilte Datenbanken mit leistungsstarken Replikationskonzepten
- Gruppenkalender und -terminplanung
- Multimediale Datentypen (so genannte Compound Documents)
- Integrierte Gruppenkommunikation (z. B. E-Mail, Videoconferencing)
- Text- und Dokumentenmanagement
- Import- und Exportfunktionalitäten
- Workflow Management-Systeme
- Gruppeneditoren

---

320 Für detaillierte komparative Betrachtungen einzelner Tools vgl. z. B. [Jungbluth 1998; Noack 1999; Schindler et al. 1998; Tiemeyer 1997].

321 Computer Supported Cooperative Work (CSCW) wird als das den Groupware-Systemen zugrunde liegende wissenschaftliche Forschungsgebiet definiert: „CSCW bezeichnet.. die Disziplin des kooperativen computerunterstützten Arbeitens.“ [Kaiser 1994, S. 257; vgl. dazu ausführlich Teufel et al. 1995, S. 14 ff.]

322 Ellis et al. bezeichnen Groupware „as computer-based systems that support people engaged in a common task (or goal) and that provide an interface to a shared environment“ [Ellis et al. 1991, S. 177].

- Umfassende Sicherheitskonzepte
- Soft- und hardwaremässige Plattformunabhängigkeit
- Leistungsstarke integrierte Entwicklungsumgebung

Derartige Plattformen erlauben effizientes Informationsmanagement und -retrieval und tragen zu einer Vermeidung unnötiger Medienbrüche[323] bei. Ferner bieten sie eine Kommunikationsplattform für die Projektabwicklung in einem verteilten Umfeld – im LAN (Local Area Network, dt. lokales Netz), WAN (Wide Area Network, dt. Weitverkehrsnetz) oder mobil (z. B. auf Notebooks).

Nach Kurbel ist Projektmanagement (und damit auch Multiprojektmanagement) aufgrund seiner stark kooperativen Aspekte ein typisches Einsatzgebiet für Computer Supported Cooperative Work, vor allem zum gegenseitigen Informationsaustausch [vgl. Kurbel 1993, S. 50 ff.]. Groupware-Systeme können dabei zur Verringerung von Raum und Zeitdistanzen beitragen, insbesondere bei verteilt arbeitenden Projektteams [Nastansky et al. 1995, S. 312]. Sie lassen sich wie folgt nach der zeitlichen Verteilung der Beteiligten klassifizieren [vgl. Teufel et al. 1995, S. 24 f.]:

- Lösungen zur Unterstützung der synchronen Kommunikation (Gruppenkalender und -terminplanung, electronic Meeting Systems, elektronische Whiteboards,[324] Dataconferencing, Chat-Foren)
- Lösungen zur Unterstützung der asynchronen Kommunikation (Workflow Management-Systeme, E-Mail, Datenbanken)

Verbreitete kommerzielle Groupware-Systeme[325] sind Notes/Domino (Lotus), Outlook/Exchange (Microsoft), GroupWise (Novell) und SuiteSpot (Netscape). Sie verfügen jedoch regelmässig nicht über das gesamte oben beschriebene Leistungsspektrum: Es fehlen heute in der Regel Anwendungen zur synchronen Zusammenarbeit (Gruppeneditoren, z. B. Zeichenwerkzeuge oder Texteditoren) und integrierte Videoconferencing-Lösungen oder Chat-Foren zu gemeinsamen Online-Unterhaltungen. Solche Systeme[326] lassen sich in drei Gruppen klassifizieren [Coleman/Schiller 1999, S. 46]:

---

[323] Behrens problematisiert die aus dem Übergang zwischen verschiedenen Medien (hier im Sinne des traditionellen Medienverständnis als Trägerkanäle verstanden) hervorgehenden Probleme und unterscheidet als Ursachen die mehrfache Eingabe (Mehrarbeit und potenzielle Fehlerquellen), den fehlenden Zugriff auf Informationen, die in einem anderen als dem gerade zur Verfügung stehenden Medium loziert sind und den Informationsverlust, der entsteht, wenn im originären Medium kein eigentliches Informationsmanagement für einen bestimmten Informationstyp vorgesehen ist. Als Konsequenz postuliert er medienintegrierende Informationssysteme [Behrens 1994, S. 47 f.]. Auf die Problematiken des Wissensmanagements übertragen, verdeutlicht insbesondere die letztgenannte Ursache beim Versuch implizites Wissen zu explizieren gegebenenfalls entstehende Schwierigkeiten.

[324] Gemeinsame Arbeitsoberflächen, z. B. Zeichenflächen zur Konzeptdiskussion.

[325] Nach einer Studie der International Data Corporation (IDC) verfügten die einzelnen Systeme Ende 1998 weltweit über folgende Nutzerzahlen: Lotus Notes/Domino 29,57 Millionen, Microsoft Outlook/Exchange 21,19 Millionen und Novell GroupWise 14,21 Millionen [Levitt et al. 1999].

[326] Auch Real Time Collaboration Systems (RTC) genannt.

- Dataconferencing[327],
- Audioconferencing und
- Videoconferencing[328]

3. Generation: Verteilte Projektinformationssysteme
Lösungen, die die Vorteile der oben genannten Groupware-Systeme und der Netzplantools synergetisch vereinen, existieren seit etwa Mitte der 90er-Jahre. Beispiele für solche Projektinformationssysteme sind GroupProject (PAVONE)[329] oder ProjectGateway (Marin Research).[330] Sie integrieren die Vorteile relationaler Planungstools der ersten Generation (Berechnungen auf Basis der Netzplantechnik, grafische Darstellungsmöglichkeiten) um die von Groupware-Systemen (Dokumentenorientierung, Möglichkeiten der asynchronen Zusammenarbeit im verteilten Team). Wesentliche Merkmale werden dabei durch die Berücksichtigung der Tatsache bestimmt, dass Projekttätigkeiten sich aufgrund ihrer Komplexität im Vergleich zu Routinetätigkeiten (die beispielsweise mit Workflow Management-Systemen[331] unterstützbar wären) regelmässig durch einen höheren Koordinationsbedarf auszeichnen.

Technisch wird diese Integration über entsprechende Schnittstellen und Konvertierungs- bzw. Synchronisierungsmechanismen gelöst. Der Fokus solcher Applikationen liegt im Vergleich mit denen der ersten Generation nicht mehr nur auf der Rolle des Projektplaners, sondern auf dem gesamten Projektteam.

4. Generation: I-Net-Applikationen
Das Mitte der 90er-Jahre popularisierte Internet (dem weltumspannenden grundsätzlich öffentlichen Netzwerk)[332] bzw. die auf den gleichen Technologien beruhenden Intranets (unternehmensinterne Netzwerke) und Extranets[333] (unternehmensübergreifende Business-to-Business-Netzwerke) basieren auf dem TCP/IP[334]-Protokoll und zugehörigen Standards. Entsprechende Server-Produkte sind z. B. SuiteSpot (Netscape) und LiveLink (Opentext), aber auch Domino (Lotus). Der Zugriff erfolgt über so genannte Browser weitestgehend plattformunabhängig. Auf diesen Technologien aufbauende Lösungen zur Projektabwicklung substituieren und erweitern einzelne

---

327 Hier lassen sich weiterhin zwei Klassen von Tools unterscheiden: Tools zur verteilten synchronen Zusammenarbeit wie z. B. NetMeeting (Microsoft) und Tools zur Zusammenarbeit am gleichen Ort wie z. B. GroupSystems (GroupSystems.com).

328 Hier ist zwischen klassischen Studio-Videoconferencing-Systemen und Desktop-Videoconferencing-Systemen zu unterscheiden. Bei ersteren müssen sich die Teilnehmer an einer Konferenz in dedizierten Videokonferenzräumen versammeln, während bei zweiteren die Kamera direkt in den Bildschirmarbeitsplatz des Benutzers integriert ist und weitere Möglichkeiten, wie z. B. elektronische Whiteboards, bietet.

329 Vgl. [Nastansky et al. 1995, S. 321; Ehlers 1997; Schindler 1997, S. 42 ff.].

330 Vgl. [Schindler et al. 1998, S. 28 ff.].

331 Vgl. [Nastansky et al. 1996, S. 2 ff.].

332 Für eine detaillierte Beschreibung vgl. [Krcmar 2000, S. 169 ff.; Sieber 1998, S. 49 f.].

333 I-Net: Internet, Intranet, Extranet.

334 TCP/IP: Transmission Control Protocol/Internet Protocol.

Funktionen von Systemen der vorherigen Generationen (z. B. um Module zur verteilten Erfassung von Ist-Daten durch Teammitglieder). Die Systeme der ersten drei Generationen werden dabei sukzessive um „Internetfähigkeit“ nachgerüstet. Beispiel für rein I-Net-orientierte Lösungen ist WebProject (WebProject). Eine 1:1 Umsetzung der Funktionalität erfolgt aufgrund der Komplexität insbesondere im Bereich der Netzplantools nur zögerlich mit der Etablierung von Java als plattformunabhängigem Programmierstandard. Die CSCW-Anwendungen (und damit auch die Projektinformationssysteme) erfahren dabei eine technologische Verschmelzung mit den I-Net-Technologien, die mittelfristig dedizierte Client-Anwendungen obsolet macht.

IKT im Kontext des Wissensmanagements

Während der Austausch von explizierbarem Wissen durch Überführung von in IKT abbildbaren Informationen relativ einfach möglich ist, ist der Austausch von implizitem Wissen durch IKT nur schwer möglich. Denn diese Wissensart ist durch Worte bzw. niedergeschriebene Sprache allein nicht übermittelbar. Die synchrone Kommunikation mit IKT-Unterstützung erscheint daher von besonderer Bedeutung [vgl. Davenport/Prusak 1998, S. 57], da im Rahmen der direkten Interaktion eine höhere Rückkopplung möglich ist. Aufgrund ihrer – z. B. im Vergleich zu eher textbasierten Systemen wie etwa E-Mail – besseren Möglichkeiten, weniger gut explizierbare Elemente (z. B. Emotionen oder Gesten) zu übermitteln (man spricht auch von Medienreichtum), sind hier multimediale Technologien[335] von gesteigerter Relevanz.

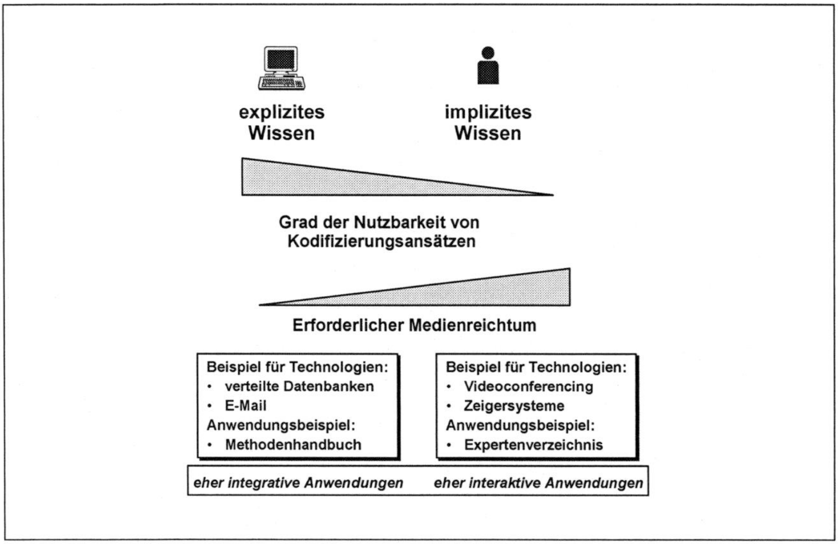

Abb. 3-7: Einsatz von IKT im Wissensmanagement

[335] D. h. solche, die die Kombination von verschiedenen Medienkanälen (zu nennen sind hier visuelle und auditive sowie zunehmend auch haptische und in naher Zukunft wahrscheinlich auch olfaktorische und gustatorische Kanäle) ermöglichen [vgl. Nastansky et al. 1995, S. 328 ff.].

Im Gegensatz zu den regelmässig als Projektinformationssysteme (PIS) oder Projektmanagementinformationssysteme (PMIS) positionierten IKT-basierten Lösungen der ersten vier Generationen [vgl. z. B. Ehlers 1997, S. 9; Cleland 1994, S. 265; Jaafari/Manivong 1998, S. 249 ff.], die für die Speicherung, Verarbeitung und Kommunikation von projektbezogenen Informationen[336] konzipiert und realisiert wurden,[337] unterstützen sie jedoch lediglich Teilaspekte des Projektwissensmanagements (z. B. können mit Projektmanagementsoftware erstellte Gantt-Charts als Wissenslandkarten genutzt werden). Dies ist darauf zurückzuführen, dass die Bedeutung des Wissensmanagements erst im Laufe der 90er-Jahre erkannt wurde (vgl. Kapitel 2.2.1) und dementsprechende Anforderungen an die Systeme noch kaum umgesetzt sind (vgl. dazu wieder die Fallstudien).

In Abgrenzung zu PMIS bzw. PIS erfordert eine Wissensmanagementarchitektur jedoch die wesentliche Eigenschaft, dass sie [vgl. Fahey/Prusak 1998, S. 268; Picot et al. 1998, S. 60; Ruggles 1997, S. 3; Zack 1999, S. 50 ff.]:

- die Bildung eines *gemeinsamen* Kontexts[338] für die Projektgemeinschaft unterstützt.[339] Ohne diesen gemeinsamen Kontext können die unterschiedlichen Perspektiven der Individuen kollidieren und damit Entscheidungsfindungen im Projekt erschweren. Dies erfordert eine integrierende Darstellung der relevanten Wissensbereiche.
- die mögliche Komplexität[340] und Dynamik von Wissen abbildet, d. h. sich nicht auf die Abbildung gut explizierbarer Informationen relationaler Projektmanagementsysteme beschränkt. Notwendig ist hier auch die Unterstützung von weniger gut kodifizierbarem Wissen durch Kombination von sowohl integrativen (Betrachtung der Architektur als Ablageort für explizites Wissen) als auch interaktiven (Architektur dient zur Interaktionsunterstützung zum Austausch von implizitem Wissen) Funktionalitäten[341] (vgl. Abb.

---

[336] In Anlehnung an die in Kapitel 2.2.1 eingeführte Definition der IKT und die dort vorgenommene Abgrenzung von Daten, Informationen und Wissen.

[337] Folgende Ausführungen illustrieren dies: „Project management software tools can show fixed deadlines in the Gantt chart, but the reasons behind the line-up of tasks is not clear, and with so much going on all the time it is sometimes easy to forget why you made a seemingly odd decision. This is why other documentation becomes important.“ [England/Finney 1999, S. 15] Systeme der dritten Generation bieten durch die Integration von Dokumentendatenbanken bereits weitergehende Möglichkeiten wie etwa die Kommentierung entsprechender Charts und die Bereitstellung für das Team.

[338] Vgl. dazu die Ausführungen über den logischen Raum in Kapitel 2.2.3.

[339] Fahey und Prusak führen dazu aus: „A disregard for shared context means that the generation, transmission, and use of knowledge is not seen as an activity that brings individuals to deeper understanding through dialogue. As a result, information remains simply a pattern of disjointed and ill-structured data points or events. Without such dialogue the path from information to knowledge is difficult to traverse.“ [Fahey/Prusak 1998, S. 268]

[340] Ruggles spricht hier von „the complexity of context and the richness of knowledge“ [Ruggles 1997, S. 3].

[341] Dedizierte Zeigersysteme (beispielsweise so genannte gelbe Seiten) helfen beim Auffinden von Wissensträgern (vgl. dazu ausführlich Kapitel 4.6.2).

3-7). Je höher dabei der Medienreichtum[342], der durch solche IKT unterstützt wird (z. B. durch Abbildung von Videosequenzen), desto eher können damit Aspekte impliziten Wissens berücksichtigt werden.

Systeme der ersten bis vierten Generation bieten regelmässig nur heterogene, verteilte Lösungen, bei denen explizites Wissen fragmentiert und damit nur schwer lokalisier- und teilbar gespeichert wird. Verteilte Projektinformationssysteme gehen durch ihren integrierenden Charakter hier bereits einen entscheidenden Schritt weiter, bieten aber immer noch Lücken [vgl. Wolf et al. 1999, S. 757 ff.].

Projektwissensmedien
Die im Rahmen dieser Arbeit postulierten Projektwissensmedien[343] stellen die funktionale Integration und Erweiterung der vorherigen Generationen unter besonderer Berücksichtigung von Aspekten des Projektwissensmanagements dar. Der Nutzerkreis weitet sich von Projektplanern (1. Generation) und dem gesamten Team (2.-4. Generation) auf das gesamte projektrelevante Umsystem aus.

Abb. 3-8 fasst die gemachten Ausführungen zusammen. Die Übergänge von den Systemen der dritten und vierten Generation zu den Projektwissensmedien sind fliessend: Beispielsweise können bestehende Groupware-basierte verteilte Projektinformationssysteme sukzessive zu Projektwissensmedien erweitert werden, wie im folgenden vierten Kapitel noch gezeigt werden wird.

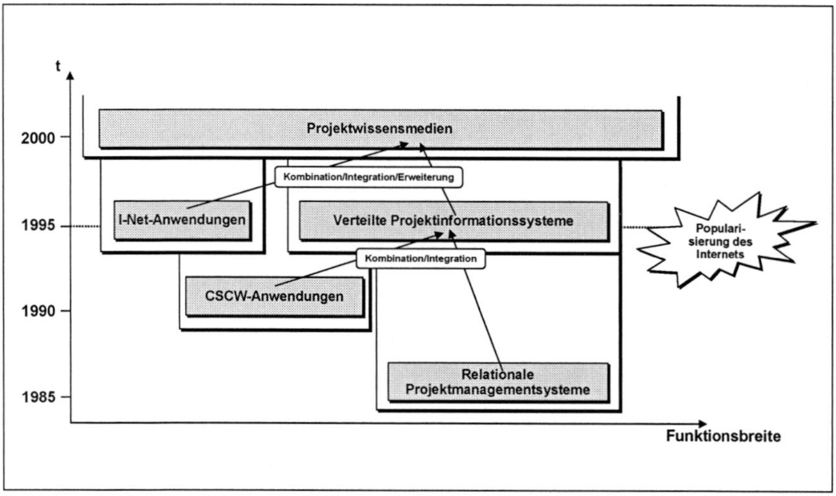

Abb. 3-8: Historie und Funktionsbreite von IKT in der Projektabwicklung

342 Vgl. [Picot et al. 1998, S. 94 ff.] für einen Überblick zu der auf Daft und Lengel zurückgehenden Media Richness-Theorie.

343 Für eine Beschreibung der Funktionalität vgl. Kapitel 4.6.

3.7.2 Homogenität der Systeme

In den untersuchten Unternehmen wurden immer wieder softwaretechnische proprietäre „Insellösungen“ auf Bereichs- oder Abteilungsebene angetroffen, die nicht miteinander verbunden waren. Während diese mangelnde Integrität für die Projektarbeit auf Abteilungsebene noch hinreichend sein mag, wird die interdisziplinäre Zusammenarbeit erschwert: Es kommt gegebenenfalls zu Inkonsistenzen durch redundante Haltung von Informationsbeständen. Die Gründe dafür wurden historisch motiviert und resultierten regelmässig aus auf IKT-Ebene noch nicht abgeschlossenen Integrationsprozessen ursprünglich eigenständiger Unternehmen.

3.7.3 Vorhandensein einer geeigneten Basisinfrastruktur

Um IKT als Enabler für ein Projektwissensmanagement nutzen zu können, bedarf es zunächst einer integrierenden Basisinfrastruktur, beispielsweise Intranets und/oder Groupware-Systeme zur Bildung des geschilderten gemeinsamen Kontexts. Zum Zeitpunkt der durchgeführten Interviews war eine durchgängige Versorgung der mit der Projektarbeit befassten Mitarbeiter mit solchen Technologien noch nicht immer zu beobachten.[344]

3.7.4 Vorhandensein dedizierter Applikationen

Das Vorhandensein einer entsprechenden IKT-Infrastruktur wie beispielsweise ein Intranet oder Groupware-System allein ist zwar erforderlich, aber nicht hinreichend für das Projektwissensmanagement. Es bedarf für den Projektkontext geeigneter Applikationen wie etwa Expertenverzeichnisse[345] oder Erfahrungsdatenbanken[346]. Selbst verteilte Projektinformationssysteme zur Ablage der Projektdokumentation existierten nur in einem Teil der untersuchten Unternehmen.[347] In der Regel waren projektrelevante Dokumente in Gruppenverzeichnissen auf Betriebssystemebene im LAN abgelegt, was insbesondere für global verteilte Strukturen aufgrund der angetroffenen Beschränkung auf lokale bis regionale Verfügbarkeit der LANs als ungeeignet empfunden wird.[348] Daneben bieten solche Strukturen eine maximal eindimensionale Kategorisierungsmöglichkeit durch Verwendung von Ordnerkonzepten. Es konnte regelmässig beobachtet werden, dass solche Ansätze dazu führen, dass projektrelevantes kodifiziertes Wissen zu einem überwiegenden Teil in papierbasierten Ordnern abgelegt wird, um es

---

[344] Vgl. die Fallstudie Insecuranza.

[345] Die Ausführungen von Tobin illustrieren das Problem insbesondere in grösseren Unternehmen exemplarisch: „The difficulties arise in larger companies where multiple locations, business units, and so on bar employees from knowing each other's capabilities and where problems being faced in one part of the company are not clearly visible to people in other parts. Although many companies have a computerized database that can identify every item in their physical inventories, regardless of location, few, if any, have similar database to identify the company's stock of knowledge resources.“ [Tobin 1996, S. 165]

[346] Solche Applikationen werden im Detail in Kapitel 4.6.3 diskutiert.

[347] Dort, wo in Einzelfällen dedizierte Anwendungen für die Projektarbeit wie entsprechende Projektdatenbanken vorhanden waren, wurden sie auch von den Mitarbeitern genutzt (vgl. Fallstudie Bankgesellschaft Berlin).

[348] Vgl. dazu die Fallstudie DaimlerChrysler.

für das Team zugänglich zu machen. Die im Rahmen der Fallstudien konstatierte Nutzung von IKT beschränkte sich in diesen Fällen primär auf die asynchrone Koordinationsunterstützung nach dem Store-and-Forward-Konzept[349] (z. B. zur Abstimmung von Terminen oder zum Versand von Protokollen per E-Mail), wurde also nicht zum Wissensaustausch oder für organisationale Lernprozesse eingesetzt (z. B. durch Nutzung von Dokumentendatenbanken).

3.7.5 Nutzungsgrad von Infrastrukturen und Applikationen

Aus der alleinigen Bereitstellung geeigneter IKT-Lösungen resultiert nicht zwingend deren Nutzung. Dies betrifft vor allem die synchronen Formen der Kommunikation.[350] Diese wurden nicht gezielt zur Wissensteilung oder zur Reduzierung von Reisetätigkeiten eingesetzt (etwa durch Nutzung von Videoconferencing-Lösungen[351]). Als Gründe dafür wurden neben den Kosten (für Investition und Betrieb) mangelnde Verteiltheit,[352] mangelnde Technologieaffinität der Anwender und hoher Schulungsaufwand identifiziert, da diese Systeme (sowohl Desktop- als auch Stations-Videoconferencing-Systeme) nach Aussage der Befragten noch nicht anwenderfreundlich genug waren.

Im Bereich der integrativen Applikationen (zu denen die oben genannten verteilten Projektinformationssysteme gezählt werden können) konnte im Rahmen der Fallstudienforschung die Aussage gewonnen werden, dass dort, wo dedizierte Infrastrukturen für die Projektarbeit samt Applikationen vorhanden waren, diese auch genutzt wurden.[353] Dabei reicht die alleinige Bereitstellung im Unternehmen nicht aus: Es erfordert die projektspezifische Anpassung und die Betreuung entsprechender Technologien im Sinne eines Coachings (z. B. durch eine zentrale DV-Abteilung oder eine entsprechende Organisationseinheit[354]).

3.8 Zusammenfassung

Im vorliegenden dritten Kapitel wurden die im Rahmen der empirischen Forschung zu dieser Arbeit identifizierten Determinanten des Projektwissensmanagements vorgestellt und anhand von fünf Kategorien systematisiert (vgl. Abb. 3-9). Die aufgeführten

---

349 Vgl. zu den Konsequenzen Kapitel 3.6.4.

350 Die Auswertung der Frage B-1-2.28 (vgl. Anhang II.5) im Rahmen der Fallstudien Bankgesellschaft Berlin, DaimlerChrysler und Insecuranza (vgl. dort) dokumentiert vor allem die hohe Bedeutung von Face-to-Face-Besprechungen.

351 Solche Systeme waren in den untersuchten Unternehmen grundsätzlich vorhanden, ihr Einsatz ist allerdings freigestellt.

352 Vgl. die Fallstudie Insecuranza. Persönliche Treffen wurden hier aufgrund des quasi nicht vorhandenen Reiseaufwandes bevorzugt.

353 Die Erwartungshaltung in entsprechende IKT-Lösungen ist sehr hoch: zwischen 82 % und 100 % der in den fallstudienbezogenen Interviews Befragten rechnen mit einer starken Steigerung von Effektivität und Effizienz der Projektarbeit durch Einsatz zukünftiger Entwicklungen im Bereich der IKT. Wenn auch diese Auswertung keinen Anspruch auf Repräsentativität stellt, besitzt sie doch einen gewissen induktiven Charakter.

354 Vgl. den „Projektleitstand“ in der Fallstudie Bankgesellschaft Berlin.

Determinanten können als kritische Erfolgsfaktoren[355] des Projektwissensmanagements aufgeführt werden – sie dienen als Katalysatoren, können aber auch mögliche Problembereiche darstellen.

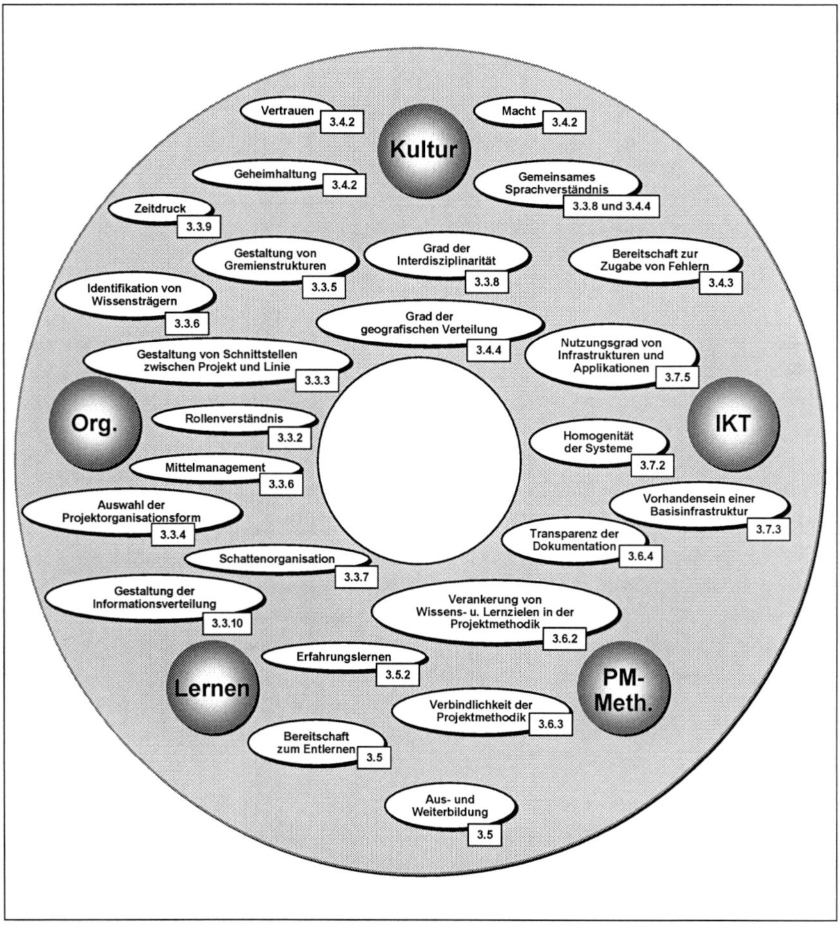

Abb. 3-9: Determinanten des Projektwissensmanagements im Überblick[356]

Das Modell kann in dreierlei Hinsicht Anwendung finden: Erstens kann es als Diagnoseraster Hilfestellung bei der Systematisierung bzw. bei der Identifikation möglicher Wissensmanagementprobleme in projektorientierten Unternehmen bieten. Zweitens

---

[355] Zur Ableitung und dem Nutzen kritischer Erfolgsfaktoren bzw. zur empirischen Erfolgsfaktorenforschung vgl. [Schwager/Haar 1996, S. 49 ff.; vgl. auch Ketelhöhn 1998].

[356] Die Nummerierung verweist auf das jeweils behandelnde Kapitel.

eignet es sich zur Identifikation von Ansatzpunkten für Interventionen, indem es Hinweise auf mögliche Handlungsbedarfe für die Optimierung des Projektwissensmanagements aufzeigen hilft. Drittens kann das Modell als Rahmen zum Benchmarking[357] im Sinne einer komparativen Stärken-/Schwächenanalyse eingesetzt werden. In diesem Zusammenhang konnte es sich im Rahmen der Aktionsforschung bereits in mehreren Workshops bewähren.[358]

Abb. 3-9 illustriert die enge Verwobenheit der einzelnen Determinanten. Die Organisation gibt die Struktur eines Unternehmens vor. Kultur ist ein Bestandteil dieser Struktur [vgl. Sveiby 1998, S. 29]. Diese prägt wiederum als immaterieller Baustein das Verhalten der Menschen und damit ihre Einstellung zum Lernen und ob bzw. wie sie Wissen mit anderen teilen und verankern [vgl. Palmer 1998, S. 301 f.; Wargin et al. 1997, S. 353]. Der Einsatz von IKT ist für die verteilte Zusammenarbeit und die Etablierung einer auf Kodifizierung ausgerichteten Wissenskultur bzw. bei der Unterstützung personifizierter Wissenskulturen förderlich. Entsprechende Systeme haben sich an den Organisationsstrukturen auszurichten. Die Feststellung, dass das Verständnis des organisatorischen Lernens nur im Rahmen eines organisatorischen Kontexts und einer Organisationskultur stattfinden kann, erscheint fast schon trivial [Pautzke 1989, S. 157]. Der Ringschluss wird mit der Projektmethodik als aufbau- und ablauforganisatorischem Regelwerk erreicht, das, wie gezeigt worden ist, zur Verankerung von Lern- und Wissenszielen dienen und über IKT abgebildet werden kann.

Die in den vorangegangenen Kapiteln vorgenommene Einordnung der Einflussfaktoren zu den fünf Kategorien ist daher im Sinne einer systemimmanenten Redundanz auch nicht als absolut trennscharf anzusehen, worauf bereits in Kapitel 3.2 hingewiesen wurde. Eine isolierte Betrachtung der Determinanten – obwohl die Kenntnis und das Erkennen im Einzelnen wichtig ist – scheint nicht sinnvoll, denn keine ist allein für den Erfolg oder Misserfolg des Projektwissensmanagements verantwortlich. Eine Gesamtsicht erfordert wiederum das Verständnis des ganzen Systems und dessen Interdependenzen. Die Faktoren beeinflussen sich dabei gegenseitig und wirken zusammen.

Eine isolierende Perspektive erscheint auch vor dem Hinblick der Gestaltung von Interventionen nicht sinnvoll. Die Konzentration auf nur eine der oben angegebenen Gestaltungsdimensionen bzw. die vorgenommenen Differenzierungen greift zu kurz, da diese zu eng miteinander verwoben sind [vgl. Pawlowski 1999, S. 117].

Die Ausführungen untermauern damit den in Kapitel 2.2.1 geforderten Bedarf einer ganzheitlichen Betrachtung der Probleme des Projektwissensmanagements. Deutlich wird auch, wie sehr sich die Probleme des Projektwissensmanagements trotz der unterschiedlichen Branchenzugehörigkeiten der Unternehmen ähneln: Dies zeigt die hohe

---

[357] Eine nähere Begriffsbestimmung folgt in Kapitel 4.4.4.

[358] Vgl. dazu auch die am Beispiel der Konzernentwicklung der Schindler Aufzüge AG vorgenommene Einordnung [Schindler/Gassmann 2000].

Anzahl von Parallelen in den identifizierten Sachverhalten der durchgeführten Fallstudien.

Ausgehend von den lokalisierten Determinanten werden im folgenden vierten Kapitel der vorliegenden Dissertationsschrift Handlungsempfehlungen für ein Projektwissensmanagement erarbeitet.

4 Gestaltungskonzepte für das Projektwissensmanagement

Im vorliegenden vierten Kapitel soll nun – ausgehend von den gewonnenen Erkenntnissen der Ist-Analyse – gemäss der in dieser Arbeit eingenommenen ganzheitlichen Perspektive unter Berücksichtigung der vorgenommenen Akzentuierung auf Aspekte der Organisation und IKT ein normativer Gestaltungsrahmen für das Wissensmanagement in der Projektabwicklung erarbeitet werden.

Die dabei vorgestellten Konzepte konnten in Teilen bereits bei den im Rahmen der Aktionsforschung untersuchten Unternehmen verifiziert werden.

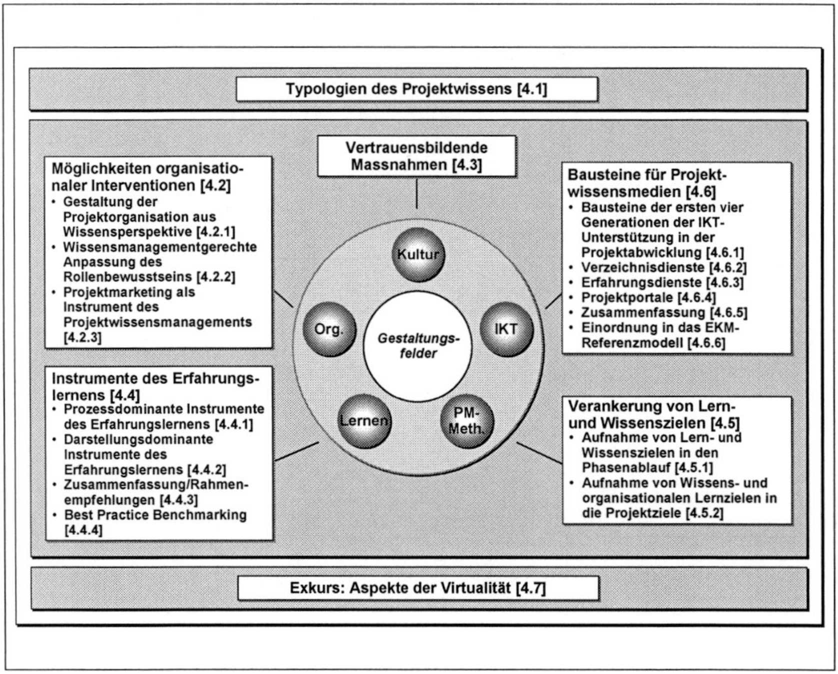

Abb. 4-1: Übersicht Kapitel 4

In Kapitel 4.1 wird zunächst der Begriff des Projektwissens in drei Betrachtungsperspektiven differenziert. Die in Kapitel 3 eingeführten Determinantenkategorien des Projektwissensmanagements werden dabei für die Gliederung der Gestaltungsfelder in Kapitel 4.2 (Organisation), Kapitel 4.3 (Kultur), Kapitel 4.4 (Lernen), Kapitel 4.5 (Projektmethodik) und Kapitel 4.6 (IKT) aufgegriffen. In Kapitel 4.7 werden abschliessend im Rahmen eines Exkurses Aspekte der Virtualität als eine Extremform verteilt abgewickelter Projekte und ihre Bedeutung für das Projektwissensmanagement erörtert. Vgl. Abb. 4-1 für eine übersichtliche Darstellung des vierten Kapitels.

4.1 Typologien des Projektwissens

Konzept der Wissensbasis

In der Literatur findet sich regelmässig das Konzept der *Wissensbasis*[359] (angels.: *organizational memory*). Einige Autoren unterscheiden dabei zwischen individueller und kollektiver Wissensbasis und implizieren damit das Vorhandensein von latentem, für die Organisation nicht zugänglichem „privaten" Wissen [Pautzke 1998, S. 79; Schüppel 1996, S. 74 f. und S. 84 f.]. Die individuelle Wissensbasis wird dabei als aktueller Wissensbestand eines Individuums definiert, der die Basis des menschlichen Handlungsvermögens darstellt [vgl. Schüppel 1996, S. 64 f.].

Pautzke definiert die *organisatorische Wissensbasis* knapp als „Wissensbestand, der einer Organisation zur Verfügung steht." [Pautzke 1989, S. 63] Dem folgend, definieren Probst et al. die organisatorische Wissensbasis umfassender als Summe der *zugänglichen* individuellen und kollektiven Bestände sowohl impliziten als auch expliziten Wissens sowie der Daten- und Informationsbestände einer Organisation. Die dort stattfindenden Änderungen stellen organisationales Lernen dar [vgl. Probst et al. 1999, S. 46; vgl. dazu auch Kim 1993, S. 43 f.].

Für diese Arbeit sind dazu folgende Feststellungen zu treffen:

- Die organisatorische Wissensbasis besteht aus mehr als der Summe der in IKT-Architekturen abgebildeten Wissensbestände
- Es existiert auch privates individuelles Wissen, welches nicht Element der organisatorischen Wissensbasis sein muss
- Ferner ist Teamwissen vorhanden, das nicht (vgl. z. B. Kapitel 3.5.2) Bestandteil der organisatorischen Wissensbasis sein muss

Gareis und Zink implizieren in ihren Ausführungen das Vorhandensein einer Wissensbasis auf Projektteamebene [Gareis/Zink 1994, S. 41]. Dies erscheint sinnvoll, da das Projektteam in seiner Gesamtheit, gegebenenfalls aber auch in kleineren Einheiten als Sub-Teams (insbesondere im Fall der geografischen Verteilung), über einen gemeinsamen Kontext (nämlich dem Projekt oder gegebenenfalls Teilprojekten) und der allgemeinen Organisation (noch) nicht zugängliche Wissensbestände verfügt.[360] Die *Projektwissensbasis* lässt sich demnach analog definieren, nämlich als die Summe der für die Abwicklung eines Projektes zugänglichen individuellen und kollektiven Bestände sowohl impliziten als auch expliziten Wissens sowie der Daten- und Informationsbestände einer dedizierten Projektorganisation.

Als Teil eines Unternehmenswissensmanagements ist es Aufgabe des Projektwissensmanagements, die relevanten Aspekte der Projektwissensbasis in die organisatorische Wissensbasis zu überführen und gleichzeitig relevantes Wissen aus der organisato-

---

[359] An dieser Stelle sei hervorgehoben, dass es sich beim Konzept der Wissensbasis um ein gedankliches Hilfskonstrukt handelt, das *nicht* synonym mit „Datenbank" oder ähnlichen Artefakten der IKT verwendet wird.

[360] Vgl. dazu das Konzept des „Gruppengedächtnisses" [Oberschulte 1996, S. 71 f.].

rischen Wissensbasis zu nutzen.[361] Obschon der Übergang zwischen diesen Wissensbasen fliessend ist, wird die Notwendigkeit einer Differenzierung nach unterschiedlichen Wissensbasen aufgrund der beschriebenen regelmässig anzutreffenden Quasi-Abkapselung des Projektwissens von der umgebenden Organisation und umgekehrt (im Sinne der Verfügbarmachung von spontan benötigtem Linienwissen) deutlich. Weiterhin scheint das Konzept zur Betrachtung interorganisationaler – d. h. offener[362] – Projekte hilfreich, insbesondere bei Projekten, bei denen mehr als *eine* organisatorische Wissensbasis der beteiligten Unternehmen vorhanden ist (vgl. Kapitel 4.7).

Die Projektwissensbasis enthält ein breites Spektrum an Wissen unterschiedlicher Art, das es an dieser Stelle zu konkretisieren gilt. Dazu erscheinen zunächst die Ausführungen des französischen Philosophen Dominique Christian hilfreich. Er [vgl. Christian 1994, S. 219] stellt das Leben von Wissen im „idealtypischen Ablauf" eines Projektes als iterierenden Kreislauf dar (vgl. Abb. 4-2). Zu Beginn eines Projektes stehen dem Projektteam in der organisatorischen Wissensbasis veröffentlichtes Wissen und insbesondere Erfahrungen zur Verfügung. Im Rahmen der Projektdurchführung wird aus dem Wissen der Einzelpersonen im Sinne eines individuellen und organisationalen Lernens „gemeinsames" Wissen produziert, um das Projektziel zu erreichen. Dazu bedarf es einer gemeinsamen Sprache/Kultur, die im Rahmen einer Abstimmungsphase erarbeitet wird. Das gemeinsame Wissen wird dabei – unter Einbezug von Kundenanforderungen, Wissen bzw. konkreter Erfahrungen über Partner und Konkurrenten sowie strategischer Kompetenzen der Organisation – an die geänderten Kontextbedingungen angepasst und sukzessive durch individuelles Wissen angereichert. An dieser Stelle des oberen Teils des Kreislaufs besteht jeweils die Möglichkeit zu einer zyklischen Iteration: Wird keine weitere Iteration durchlaufen, ist das Projektergebnis ausreichend „gereift" und das gewünschte Ziel erreicht. Es folgt – im Fortgang des unteren Teils des Kreislaufs – die Phase der „Erfahrungsveredelung": Unter Einbezug methodischer Hilfe erfolgt hier ein weiterer Abschnitt gemeinschaftlicher Wissensproduktion. Die gesammelten Erfahrungen fliessen in diesem idealtypischen Ablauf wieder in die organisatorische Wissensbasis zurück und stehen damit neuen Projekten zur Verfügung.

---

361 Diese Aufgabe steht nicht im Widerspruch zu der in Kapitel 2.2.1 eingeführten Definition des Projektwissensmanagements, da das Projektwissen eine Teilmenge des Unternehmenswissens darstellt.

362 Vgl. Kapitel 2.1.3.

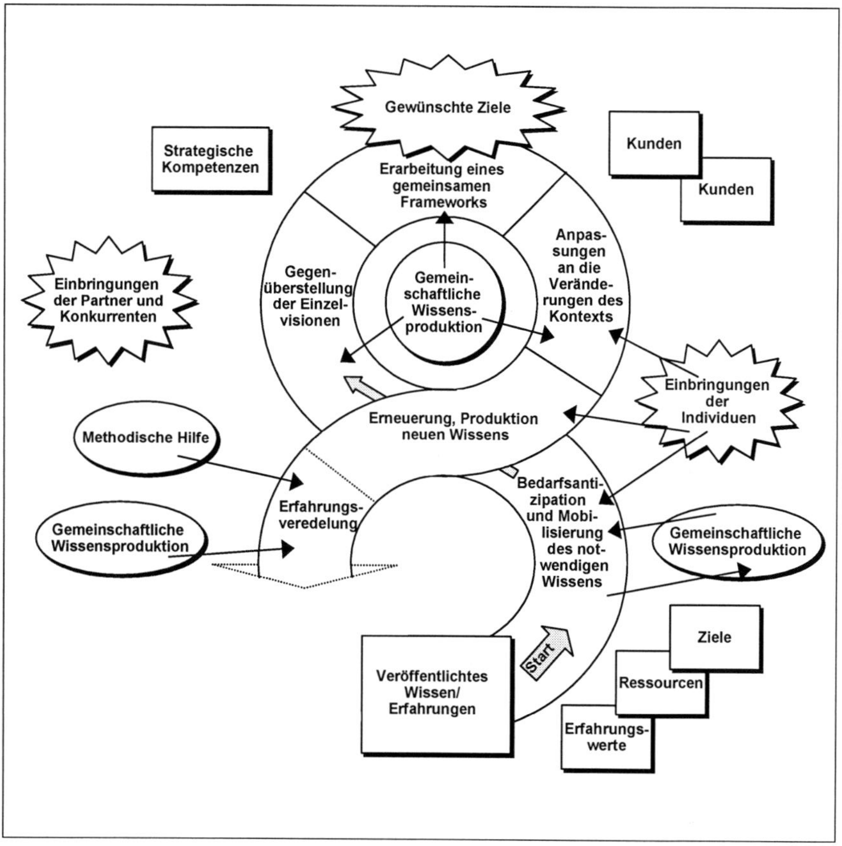

Abb. 4-2: Das Wissen im Leben eines Projektes[363]

Das im Unternehmen relevante Projektwissen lässt sich zur weiteren Durchdringung der in dieser Arbeit diskutierten Thematik in drei Arten differenzieren. Die aus den Ausführungen von Christian über den Projektlebenszyklus gewonnene temporal-horizontale Sicht wird dabei um die aus der Definition der Projektabwicklung[364] resultierende vertikal-orientierte Perspektive ergänzt. Die drei Projektwissensarten:

- Wissen im Projekt,
- Wissen über Projekte und
- Wissen aus dem Projekt

unterscheiden sich durch ihren Zeitbezug und den jeweiligen Blickwinkel.

[363] Vgl. [Christian 1994, S. 219].

[364] Vgl. Kapitel 2.1.1.

Wissen im Projekt

„*Wissen im Projekt*“ bezeichnet aktuelles (d. h. während eines konkreten Projektes benötigtes) tätigkeitsbezogenes Wissen aus einer operativ-ausführenden Perspektive. Beispiele sind Wissen über Arbeitspakete, ihre Abhängigkeiten und Fälligkeitstermine einschliesslich des lieferverantwortlichen Teammitglieds (Interdependenzwissen im Sinne eines „Wer macht was bis wann?“, z. B. für das Projektcontrolling). Das Teammitglied oder die Projektleitung benötigen für die Bewältigung einer Aufgabe zur Projektzielerreichung das erforderliche Problemlösungswissen im Sinne von Fach- und Methodenwissen: „Wie wende ich das Wissen auf meine konkrete Problemstellung an?“.

Wissen über Projekte

„*Wissen über Projekte*“ bezeichnet ebenfalls Wissen mit aktuellem Zeitbezug, allerdings aus funktional-institutioneller Projektmanagement- bzw. operativ-informierender Perspektive. Zu dieser Wissenskategorie gehört beispielsweise Wissen über die Fähigkeiten der Mitarbeiter im Unternehmen. Hier sind Fragestellungen relevant wie z. B.: „Wie finde ich geeignete Mitarbeiter im Unternehmen, um mein Projektteam zu besetzen?“. Weiterhin können hier Methodenwissen des Multiprojektmanagements, in Überblicksdarstellungen kodifiziertes Wissen wie Projektportfolios oder Multiprojektpläne für das Management bzw. die Projektgremien aufgeführt werden.

Wissen aus dem Projekt

Der dritte und letzte Typ ist das „*Wissen aus dem Projekt*“ – im Sinne einer historischen Perspektive auf abgeschlossene Projekte bzw. Projektphasen. Beispielhaft seien hier die in den Köpfen der Mitarbeiter abgebildeten Erfahrungen über die Lösung eines Detailproblems oder die in einer Erfahrungsdatenbank dazu kodifizierten Dokumente aufgeführt. Auch das Projektergebnis in Form eines physischen Gutes oder einer erbrachten Dienstleistung repräsentiert explizites Wissen dieser Kategorie.

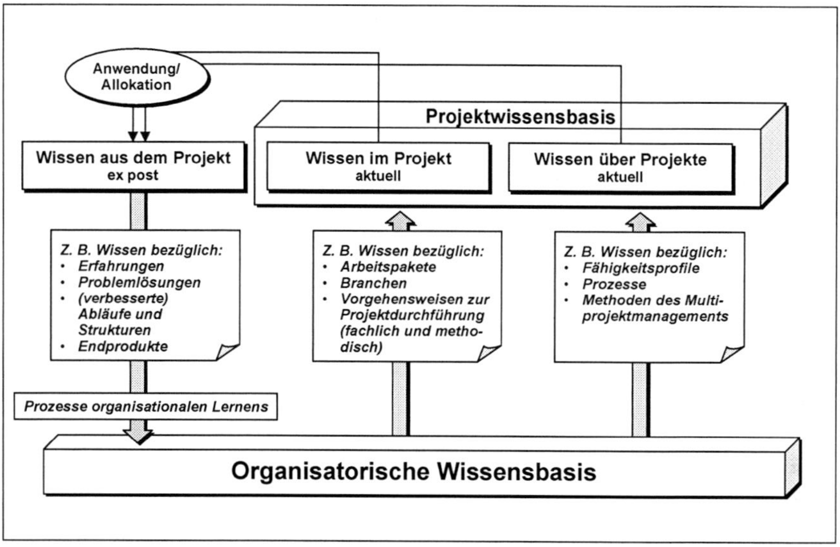

Abb. 4-3: Typen des Projektwissens

Methoden-, Fach- und Branchenwissen stellen das für die Projektabwicklung sowohl aus strategischer als auch aus operativer Sicht notwendige Hintergrundwissen dar. Es wird im Projektverlauf angewendet und im Idealfall sukzessive angepasst und angereichert, so dass es neuen Projekten z. B. im Sinne von verbesserten Methoden über die organisatorische Wissensbasis wieder zur Verfügung steht.

Die beiden erstgenannten Wissenstypen lassen sich durch entsprechende Transformation in die letztgenannte Form überführen (vgl. Abb. 4-3). Aktuelles Wissen im Projekt wird indirekt durch Nutzung – als im jeweiligen Kontext (z. B. branchenspezifisch) zur Anwendung gebrachtes Fachwissen – oder direkt durch Allokation zu Wissen aus dem Projekt (etwa durch Ablage in Datenbanken oder Ordnern, aber auch in den Köpfen der Individuen). Wissen über das Projekt wird analog – beispielsweise durch Umsetzung in verbesserte Methoden (Veränderungslernen) – zu Wissen aus dem Projekt. Die Überführung der letztgenannten Wissensart durch organisationales Lernen (z. B. durch Kodifizierung) in die organisatorische Wissensbasis ist dabei von zentraler Bedeutung für die weitere Nutzung des im Projekt gesammelten Wissens.

4.2 Gestaltungsfeld Organisation: Möglichkeiten organisationaler Interventionen

Kapitel 4.2 hat die Konzipierung und bewertende Diskussion organisatorischer Interventionsansätze zur Etablierung von Unternehmensstrukturen zum Gegenstand, die dem Projektwissensmanagement förderlich sind. Während in Kapitel 4.2.1 dazu grundsätzliche aufbauorganisatorische Gestaltungsmassnahmen diskutiert werden, werden in Kapitel 4.2.2 Konzepte zur wissensmanagementgerechten Überarbeitung des projektbezogenen Rollenverständnisses und in Kapitel 4.2.3 eine Neuausrichtung des Projektmarketings aus der Perspektive des Projektwissensmanagements vorgeschlagen.

4.2.1 Gestaltung der Projektorganisation aus Wissensperspektive

In Kapitel 2.2.2 wurde darauf hingewiesen, dass der Lernerfolg auf Ebene der Organisation von der organisationalen Verknüpfung der Mitarbeiter untereinander abhängig ist. Die Stärken und Schwächen einzelner Möglichkeiten zur organisationalen Einbindung von Projekten in die Primärorganisation wurden in Kapitel 3.3.4 verdeutlicht. Im Rahmen der Fallstudien bzw. der ergänzenden Interviews[365] und durch Literaturrecherche liessen sich dazu eine Reihe von organisatorischen Konzepten identifizieren. Diese können – in Ergänzung zu den vorgestellten etablierten Formen wie den projektübergreifenden Gremienstrukturen bzw. den in Form von Jours fixes[366] abgehaltenen projektinternen Teamzusammenkünften – einer die Prozesse des Wissensmanagements unterstützenden Organisationsgestaltung als Interventionsansätze dienen. Die Konzepte, die in den folgenden Abschnitten erörtert werden, unterstützen die Einbindung von Projekten in die Organisation und tragen dadurch auch zur Kompensation von Schwächen wie etwa dem in Kapitel 3.3.7 geschilderten zunehmenden Wegfall des Mittelmanagements bei.

Räumliche Integration von (Teil-)Projektteams

Für komplexere Vorhaben schlägt Zbinden[367] die räumliche Integration von Projektteams in so genannte Projektinseln im Sinne zusammenhängender Büroflächen vor [Zbinden 1995, S. 467 und S. 506 ff., vgl. auch Lullies et al. 1993, S. 236 f.]. Diese dienen nicht nur temporären Zusammenkünften, sondern stellen den Primärarbeitsplatz des gesamten Teams dar und halten sämtliche projektrelevanten Informationen (z. B. die Projektdokumentation oder aufgabenspezifische Informationen) vor. Dies erscheint zunächst bei nicht verteilten Projekten bzw. bei verteilten Projekten mit mehr als einem Mitarbeiter naheliegend und wenn in diesen Fällen das betreffende Projekt den überwiegenden Teil der Tätigkeit der betroffenen Mitarbeiter bestimmt. Derartige Zusammenlegungen von Wissensträgern sind durchaus sinnvoll, gerade bei verteilten Vorhaben zur Überwindung räumlicher Distanzen z. B. zur Erzielung von Markt- oder Kundennähe in Entwicklungs- oder Beratungsprojekten. Das Konzept der Projektin-

---

365 Die Eingliederung der in den Fallstudien und Fallbeispielen untersuchten Projekte in die Primärorganisation variierte zwischen den in Kapitel 3.3.3 vorgestellten Extremen: IBM Consulting Group, Pixelpark (beides tendenziell reine Projektorganisationen), Bankgesellschaft Berlin (Matrixorganisation), DaimlerChrysler (Mischform: die Mitglieder des Kernteams bilden teilweise eine reine Projektorganisation, teilweise sind sie als Bestandteile einer Matrixstruktur eingebunden), Insecuranza (Matrix- bzw. Stabsprojektorganisation). Bei den Unternehmen Credit Suisse Group, Roche Diagnostics, Schindler Aufzüge und UBS wurden keine dedizierten Projekte betrachtet.

366 Vgl. dazu Kapitel 3.3.5.

367 Vgl. auch [Freimuth et al. 1997, S. 330 ff.]: Die Autoren propagieren ein analoges Konzept wie Zbinden und illustrieren dies am Beispiel von Büroflächen für Planungsteams der Leipziger Messe.

seln kann auch der Überwindung möglicher kultureller Differenzen dienen, wie am Beispiel einer Gas-Turbinen-Entwicklung der ABB Schweiz illustriert wird:

> „All project members were concentrated in a single open-space office in a two-story building in Gebensdorf, a village near Baden, Switzerland. This ... facilitated not only easy cross-functional communication, but also helped to keep critical know-how inside the project. ABB took care not to accidentally release any information to competitors: All project members were sworn to secrecy and even the Gebensdorf building retained an innocent living apartment exterior. Since ABB had enlisted many people outside ABB for integrating external know-how, the central project location also helped to create a common and innovation culture. The strategic importance, the high flying objectives and the seal of confidentiality supported the creation of a common project spirit." [Gassmann/von Zedtwitz 1999]

Auch der Austausch einzelner Mitarbeiter[368] oder Teilteams, insbesondere im Rahmen von verteilten Aktivitäten kann durch Schaffung von räumlicher Nähe zur besseren Integration von Wissen beitragen:

> Bei *Schindler Aufzüge* versucht man, neu akquirierte Unternehmen und Partner von strategischen Allianzen durch gezielten Mitarbeiteraustausch auch auf Projektteamebene möglichst schnell zu integrieren. Aus der Erfahrung hat man gelernt, dass Unternehmensteile, die bereits vor einigen Jahren akquiriert wurden, beständig über eine langlebige eigene Unternehmenskultur verfügen. Kulturelle Assimilation ist aufgrund der aus der globalen Verteiltheit resultierenden physischen Distanz nicht immer leicht. Systematisch vorangetriebene Besuche und Austauschprogramme schaffen hier eine höhere Bindung zwischen den Konzerneinheiten.[369]

Projektbüros

Wenn eine derartige räumliche Integration des gesamten Projektteams nicht machbar erscheint, dann bieten so genannte Projektbüros eine Möglichkeit zur Institutionalisierung des Projektes.[370] In solchen Büros werden die Projektleitung und das Projektsekretariat in zusammenhängenden Bürostrukturen lokalisiert. Während die Funktion von Projektbüros aus Wissensperspektive in der Literatur bisher unterbewertet[371] wurde – man betrachtet sie lediglich als zentrale Stellen/Pools für Administrations- und Schreibarbeiten, z. B. als Poststelle [vgl. z. B. Litke 1995, S. 249 f.; Wischnewski

---

[368] Vgl. z. B. Hansen et al. am Beispiel des Personenaustauschs von Beratern zwischen den Büros von McKinsey [vgl. Hansen et al. 1999, S. 109].

[369] Vgl. Kapitel 4.3 für die Vertiefung des Vertrauensaspekts.

[370] Vgl. dazu die Projektorganisation des Projektes SKN-C in der Fallstudie DaimlerChrysler.

[371] Vgl. dazu Litke, der beispielsweise feststellt, „daß die zahlreichen Aufgaben eines Projektes wie Dokumentationswesen, Bestellwesen und Berichtswesen von den Projektmitarbeitern durch ein gut funktionierendes Projektbüro ferngehalten werden können. Dadurch erhöht sich in entscheidendem Maße die Motivation der Projektmitarbeiter." [Litke 1995, S. 250]

1993, S. 34 f.] –, werden sie hier als aktive Elemente zur Unterstützung eines Projektwissensmanagements gesehen. Dabei kommen ihnen folgende Aufgaben zu:

- Koordination und Gestaltung von Massnahmen des Projektmarketings[372]
- Schnittstellenbildung zur äusseren Umwelt
- Erstellung bzw. Koordination und Verwaltung der Projektdokumentation zur Sicherstellung von Kodifizierungsprozessen
- Sicherstellung organisationaler Lernprozesse z. B. durch Entsendung geeigneter Teammitglieder zur Berichterstattung in Teams mit ähnlichen Problemen (gegebenenfalls in enger Zusammenarbeit mit den Instanzen zum Methodenwissen)

Während sich die eben beschriebenen Konzepte auf den konkreten Teamkontext eines Projektes fokussierten, beschreiben die folgenden projektübergreifende Interventionsansätze.

Bündelung von Projekten zu Wissensprogrammen
Ein schon relativ lange bestehendes Konzept ist die im Rahmen des Multiprojektmanagements vorgenommene Bündelung ähnlich gelagerter Projekte zu Programmen[373], mit dem Ziel, eine bessere Koordinierung der anfallenden Aktivitäten sicherzustellen, da die Programme für übergeordnete, über die Dauer einzelner Projekte hinausgehende Ziele konzipiert werden.[374] In Abgrenzung zum reinen Multiprojektmanagement, bei dem aus Wissensperspektive in der Regel mangelnde direkte operativ-organisatorische Abhängigkeiten der Projekte untereinander existieren[375] („Wissen über Projekte"), erscheint dies auch aus Sicht des strategischen Projektportfoliomanagements sinnvoll [vgl. Wojda 1996, S. 289]. Als relevante Lernprozesse seien hier die folgenden aufgeführt [Wojda 1996, S. 299 f.]:

- Vermeidung wiederholter Ausführung von Problemidentifikationen, Zustandekommen einer erweiterten Sichtweise bei Projektideen
- Vermeidung wiederholter Ist-Analysen zur Ausführung von Projektanträgen
- Einholung der Unterstützung von anderen Organisationsmitgliedern, die bereits erfolgreich Projekte eingereicht haben
- Sicherung des Wissens für Folgeprojekte

Beim gezielten Programmmanagement aus Perspektive des Projektwissensmanagements wird zugunsten bewusst wahrgenommener Wissensziele auf eine gemeinsame Rahmenaktivität verzichtet. Dies kann die Möglichkeiten zur Identifikation von

---

[372] Vgl. dazu ausführlich Kapitel 4.2.3.

[373] Madauss spricht hier von einem „Summenbegriff für mehrere Projekte" [Madauss 2000, S. 538].

[374] Vgl. als populäres Beispiel wieder das Apollo-Programm der NASA zur Durchführung einzelner Apollo-Projekte mit dem übergeordneten Ziel der Monderkundung [vgl. Duncan 1996, S. 167].

[375] Ausnahme: die parallele Mitarbeit von Teammitgliedern in mehreren Projekten gleichzeitig. Vgl. Kapitel 4.2.2 und dort insbesondere das Konzept der Junior und Senior Project Managers am Beispiel Pixelpark.

Synergien zwischen einzelnen Projekten erhöhen. Ein solches Vorgehen erweist sich allerdings nur bei nicht allzu unterschiedlichen Inhalten als vorteilhaft und schafft Foren zum gegenseitigen Erfahrungslernen.

Im Rahmen der Fallstudienforschung konnte eine solche Programmbildung bei einem der Unternehmen im Rahmen der Umstrukturierung der Multiprojektgremien begleitet werden. Als für ihren Erfolg notwendige Voraussetzungen liessen sich dabei die Etablierung einer geeigneten Gremienstruktur innerhalb des jeweiligen Programms bzw. zwischen einzelnen Programmen sowie die Zuweisung von Verantwortlichkeiten – einerseits für die Programme (an den Projektprogrammmanager) und andererseits für die Repräsentation der Projekte im Rahmen der Programme (in die Regel an die Projektleitung[376]) – identifizieren. Die Gliederung der Programme nach einer unternehmens- bzw. funktionsbereichsspezifischen Struktur mag zwar grundsätzlich nützlich erscheinen, ist zur Querintegration von interdisziplinären Strukturen aber gegebenenfalls nicht hinreichend.[377]

Bei der Umsetzung solcher Programmstrukturen ist zu beachten, dass diese gleichzeitig auch als zusätzlicher Filter wirken können (z. B. indem nur hochgradig aggregierte Programmberichte an die Organisation zurückgegeben werden). Sie sollten daher bei den jeweiligen Projektverantwortlichen nicht als Entlastung von weiteren Massnahmen zur Sicherung von organisatorischen Lernprozessen im Sinne einer „Delegation der Wissensmanagementproblematik in die Programme“ betrachtet werden.

Etablierung einer Instanz mit Methodenwissen

Wie in Kapitel 3.6 dargelegt wurde, ist ein gemeinsames Methodenverständnis oftmals der für die interdisziplinäre Zusammenarbeit in Projekten notwendige „kleinste gemeinsame Nenner“. Um so wichtiger ist die Sicherstellung der Verfügbarkeit dieses Methodenwissens und seine Verankerung in der Organisation. Neben dazu dedizierten Rollen wie derjenigen des Qualitätsmanagers (vgl. ausführlich Kapitel 4.2.2) und der Verankerung von Wissens- und Lernzielen in der Projektmethodik (vgl. Kapitel 4.5) wird hier die formale Instanziierung im Rahmen dauerhafter Stabsstellen gefordert. Die Fallstudien der Bankgesellschaft Berlin und der Insecuranza illustrieren dies am Beispiel des Projektleitstands bzw. der Organisationsabteilung. Aus Wissensperspektive zeichnen sich solche Instanzen durch die Wahrnehmung folgender Aufgaben aus:

- Betreuung („Coaching“) von Projekten in fachlichen und methodischen Belangen

---

376 Vgl. die korrespondierende Rolle des Delegierten in Kapitel 4.2.2.

377 Die Bündelung aller Informatikprojekte einer Grossbank zu einem Programm beispielsweise dürfte aufgrund der zu erwartenden hohen Anzahl von in Umsetzung befindlichen Projekten wieder zu den in Kapitel 3.3.5 genannten Problem der Überbelastung solcher Gremien führen und zu wenig Freiraum für die Diskussion notwendiger Details lassen. Eher sinnvoll scheint da die Kreuztabellierung von Funktionsbereichen (z. B. Informatikprojekte im Bereich des Controllings). Die Programmbildung wird dabei wesentlich von der Anzahl der im Unternehmen durchgeführten Projekte, dem Grad der Interdisziplinarität und der Komplexität der durchgeführten Projekte determiniert.

- Sicherstellen der Überspielung von Wissen aus der organisatorischen Wissensbasis in die Projektwissensbasis und vice versa
- Ausübung von Anpassungskompetenz bezüglich der offiziellen Handlungstheorien im Bereich Projektmethodik
- Normierung der Aus- und Weiterbildung im methodischen Bereich
- Wahrnehmung einer koordinierenden Funktion für die Projektgremien im Sinne des Managements des Wissens über Projekte (z. B. Einberufung und Vorbereitung von Sitzungen, Zusammenstellung von Projektportfolios)
- Durchführung qualitätssichernder Massnahmen bezüglich der Projektdokumentation und des Berichtswesens (Sicherstellung einer angemessenen Wissenskodifikation auch in Bezug auf die Informationsqualität)
- Hilfeleistung bei der Wissensträgeridentifikation durch Pflege von Beziehungsnetzwerken und Bereitstehen als zentrale Anlaufstelle für die Wissensträgeridentifikation
- Verkörperung der organisatorischen Wissensbasis im Bereich Methodenwissen[378]

Wichtige Voraussetzung für das wirksame Arbeiten einer solchen Instanz ist dabei die Ausstattung mit entsprechender Weisungsbefugnis (die Vorgaben müssen von den Projektteams als verbindlich empfunden werden) und eine „politische Akzeptanz" im Unternehmen. Die enge partnerschaftliche Zusammenarbeit mit den Teams (um ein gegenseitiges Lernen zu ermöglichen) erfordert die wohl überlegte organisatorische Verortung einer solchen Instanz im Unternehmen: Eine in der Niederlassung einer Tochtergesellschaft dezentralisierte Methodeninstanz erscheint gegebenenfalls nicht günstig, wie die Fallstudie Bankgesellschaft Berlin belegt.

Lernarenen

Das Konzept der Lernarenen[379] geht auf Romhardt [Romhardt 1995; vgl. auch Romhardt 1998, S. 185 f.] zurück. Er schlägt vor, diese als die existierende Aufbau- und Ablauforganisation überlagernde Strukturen für all diejenigen Wissensbereiche und Lernprozesse einzurichten, die – auf den Kontext dieser Arbeit angewendet – für den Unternehmens- und Projekterfolg als besonders wichtig anzusehen sind.

Eine Lernarena dient der Schaffung einer themenbezogenen Wissens- und Lerngemeinschaft und zeichnet sich durch folgende Kriterien aus [vgl. Romhardt 1995]:

- Lernarenenverantwortung (Lernarenenmanager)

---

[378] So besitzt beispielsweise die Pharmadivision von Hoffmann-La Roche eine eigene Abteilung „Internationales Projektmanagement", die einen Ressourcenpool koordiniert, dem weltweit 50 Projektleiter für F&E-Aktivitäten angehören [Gassmann/von Zedtwitz 1998, S. 158].

[379] Vgl. dazu das Konzept der „Learning Communities" zur Sicherstellung der Entwicklung von Kernkompetenzen bei Schlüsselthemen der Unternehmensberatung am Beispiel von Hewlett-Packard Consulting [Martiny 1998, S. 75 f.].

- Lernträger (der potenzielle Teilnehmerkreis)
- Zuweisung von Ressourcen (z. B. Sachmittel, wie Schulungsunterlagen, Räumlichkeiten oder IKT-Infrastrukturen)
- Lernmethoden (z. B. Benchmarking)
- Lernerfolgskontrolle

Romhardt differenziert dabei nach Lernarenen erster, zweiter und dritter Art, und zwar aufgrund der jeweils primär vorherrschenden Lernform: Anpassungslernen (Lernarenen erster und zweiter Art), Veränderungs- oder Prozesslernen (Lernarenen dritter Art). In Lernarenen erster Art werden Themen behandelt, die direkt an den Unternehmens- bzw. Projekterfolg gekoppelt sind. In der Lernarena der zweiten Art geht es um die Verbesserung von Potenzialzielen, die sich indirekt auf den Erfolg der Lernarenen erster Art auswirken können. Lernarenen dritter Art thematisieren die Modifikation der Lernarenen-Architekturen.

Der Autor selbst weist auf die enge konzeptionelle Nähe der Lernarenen zum im Folgenden vorgestellten Konzept der internen Kompetenzzentren hin [Romhardt 1998, S. 186]. Lernarenen scheinen jedoch aufgrund der von Romhardt vorgeschlagenen Struktur zielgetriebener zu sein als interne Kompetenzzentren, bei denen das (organisationale) Lernen gegenüber ihrer Funktion zur Bildung informeller Wissensnetzwerke nicht allzu sehr im Vordergrund steht.

Interne Kompetenzzentren

In Beratungsunternehmen findet man relativ häufig die Extremform der in Kapitel 3.3.3 beschriebenen reinen Projektorganisation, bei der die traditionelle Funktion der Fachbereiche qua Definition als Plattform für die Generierung, den Transfer, die Verankerung und die Konsolidierung von Wissen entfällt. Beratungsunternehmen verfügen in der Regel über verschiedenstes Fach- und Branchenwissen, gegebenenfalls unter Berücksichtigung regionaler Unterschiede (insbesondere bei länderübergreifenden Beratungsaktivitäten, z. B. über verschiedene Märkte und Kulturen). Dieses wird durch Kundenprojekte über die Zeit auf- und ausgebaut. Ab einer gewissen kritischen Grösse dieser Wissensbestände ist die Spezialisierung einzelner Berater erforderlich [vgl. Probst et al. 1999, S. 209 f.].

Die aus dieser Situation entstandenen und als interne Kompetenzzentren bezeichneten Arbeitskreise (auch Expertengruppen, bzw. angels. auch think tanks oder practice groups[380]) dienen der Bündelung, Weiterentwicklung und Kommunikation (als Multiplikatoren) von Wissen aus verschiedensten Bereichen. Ihre Weiterentwicklungsaktivitäten beschränken sich dabei nicht nur auf die Betrachtung von organisationsinternem Wissen, sondern beziehen auch organisationsexternes Wissen mit ein, z. B. indem sie entsprechende Schulungsleistungen anbieten oder Gastreferenten einladen. Sie stellen eine Instanziierung des eher theoretischen Konzeptes der Lernarenen dar.

[380] Vgl. auch die Funktion der Practice Groups in der Fallstudie Pixelpark.

Die Projektorganisation bei der *IBM Consulting Group* ist zweidimensional strukturiert, nämlich in Branchen (z. B. Banken und Versicherungen) und Kompetenzbereiche (z. B. Supply Chain Management, E-Business, Wissensmanagement, ERP, Customer Relationship Management, IT-Consulting). Jeder Mitarbeiter ist grundsätzlich einer Industrie oder einem Kompetenzbereich formal zugeordnet. Im Laufe der Zeit entwickeln sich bei den Beratern – je nach Bedarf, Projekterfahrung und persönlichem Hintergrund – spezielle Kenntnisse in einem oder mehreren Bereichen der jeweils anderen Dimension (vgl. dazu das Beispiel in Abb. 4-4). Für die Dauer eines Projektes ist jeder Mitarbeiter auf eine der möglichen Kombinationen festgelegt. Sämtliche Berater sind in Basismethoden (z. B. Projektmanagement) ausgebildet, die als Rahmen dienen und auch zur Bildung einer gemeinsamen Sprache beitragen.

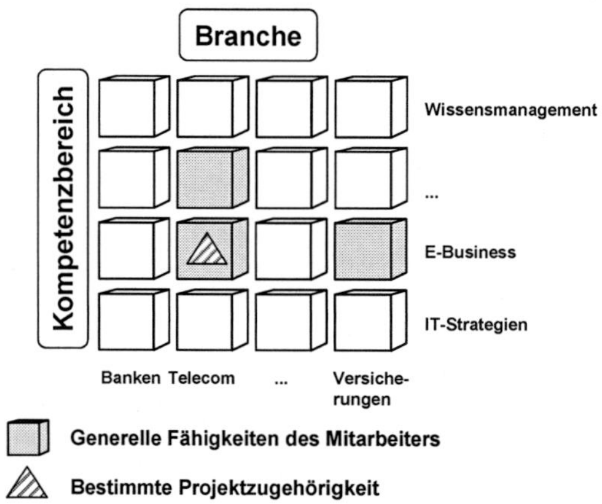

Abb. 4-4: Mitarbeiterzuordnung bei der IBM Consulting Group (Beispiel)

Eine Form interner Kompetenzzentren stellen auch so genannte ERFA[381]-Runden[382] (Gemeinschaften zum Erfahrungsaustausch), Expertenforen oder Arbeitskreise zur themenbezogenen Wissensteilung dar. Willke führt diese im Bereich der Unternehmensberatung als „Themencenter" zur inhaltlichen Auseinandersetzung, Produktentwicklung (z. B. Publikationen, Beratungs- oder Schulungsprodukte) sowie zur Pflege von Beziehungen an [vgl. Willke 1998b, S. 135].

---

381 ERFA: Erfahrungsaustausch.

382 Während diesen in der Literatur eher ein überbetrieblichen Charakter zugeschrieben wird [z. B. Jenny 1998, S. 184], werden sie in der Praxis mittlerweile auch innerbetrieblich eingesetzt.

Als Erfolgsfaktoren für solche Strukturen führt Romhardt [Romhardt 1998, S. 188] die folgenden Punkte auf:

- Soziales Ansehen der Kompetenzzentren
- Soziale oder finanzielle Visibilität der Erfolge
- Mitarbeit des Top-Managements
- Ressourcenzuweisungen
- Arbeitsentlastung der Teilnehmer
- Formulierung geeigneter Wissensziele

Während interne Kompetenzzentren regelmässig formal in die Unternehmensstrukturen integriert sind, spricht man bei überwiegend informell konstituierten Strukturen auch von so genannten Communities of Practice.

Communities of Practice

Communities of Practice[383] sind „groups of professionals *informally* bound to each other through exposure to a common class of problems, with common pursuit of solutions, who thereby themselves embody a store of knowledge" [Quintas et al. 1997, S. 388, Hervorhebung durch den Autor, vgl. auch Wenger 1998; Wenger/Snyder 2000, S. 139; Turner 1999, S. 478]. Brown und Duguid fordern die bewusste Anerkennung und Förderung solcher Strukturen [Brown/Duguid 1991, S. 50] und unterstreichen besonders deren Effizienz: „Within these communities, news travels fast; community knowledge is readily available to community members." [Brown/Duguid 1991, S. 55] Ein Beispiel dafür ist die Vernetzung von Softwareingenieuren eines Unternehmens, die sich mit der gleichen Programmiersprache beschäftigen, ein anderes der unternehmensweite Zusammenschluss von Projektleitern.

Zentrale Merkmale solcher Gemeinschaften sind ihre Losgelöstheit von traditionellen Organisationsstrukturen und die Flexibilität ihrer Grenzen. Wenger formuliert dazu: „they are a different cut on the organization's structure – one that emphasizes the learning that people have done together rather than the unit they report to, the project they are working on, or the people they know... It is defined by knowledge rather than by task, and exists because participation has value to its members." [Wenger 1998] Communities of Practice können somit als bewusster Brückenschlag zwischen einer Schattenorganisation (vgl. Kapitel 3.3.6) und den formalen Organisationsstrukturen fungieren.

Communities of Practice leisten in ihrer Funktion zur Generierung, zum Austausch und zur Bewahrung von Informationen und Wissen für das Wissensmanagement einen wichtigen Beitrag. Ferner zeichnen sie sich – im Vergleich zu Instrumenten zur Fixierung von primär expliziten Wissensbeständen wie Handbücher oder Datenbanken – durch ihre Fähigkeit aus, implizites Wissen zu speichern und den gemeinsamen Kon-

---

383 Die Verwendung der deutschen Übersetzung „Praxisgemeinschaften" ist umgangssprachlich vorbelegt und wäre daher sinnverfälschend.

text ihrer Mitglieder relativ schnell an externe und interne Einflüsse anpassen zu können. Communities of Practice strukturieren das Lernpotenzial einer Organisation, indem sie einerseits selbst Wissen entwickeln und andererseits an ihren Grenzen Schnittstellen schaffen können, um durch Interaktionen mit Umsystemen (z. B. mit anderen Gemeinschaften) neue Impulse für die Weiterentwicklung ihrer Wissensbestände zu erhalten [Wenger 1998; Wenger/Snyder 2000, S. 142].

Foren der Zusammenkunft stellen eine Zwischenform von eher formalen Strukturen – wie beispielsweise die oben vorgestellten internen Kompetenzzentren – und eher informellen Strukturen – wie die Communities of Practice – dar.

Foren der Zusammenkunft
Unter Foren der Zusammenkunft werden formell geplante, aber vom Charakter her vorwiegend informell ausgerichtete Veranstaltungen verstanden, die den Wissenstransfer zwischen Projekten bzw. Projekten und der Organisation[384] und die Bildung informeller Netzwerke fördern. Sie dienen der Generierung von neuem Wissen wie etwa im Rahmen von „Strategietagen" oder der Vermittlung von Wissen zu einem bestimmten aktuellen Thema wie etwa neuen Multimediatechnologien im Beispiel der Pixelvisions bei Pixelpark. Die Pixelvisions[385] dienen ausser der Erreichung eines fachlichen thematischen Ziels auch der Verbesserung der vertikalen Wissensflüsse und der Unterstützung der informellen Vernetzung. Die Teilnehmerkreise solcher Veranstaltungen bleiben nicht auf die Ebene der Teams beschränkt, sondern können auch auf Projektleiterebene durchgeführt werden, z. B. mit den Projektleitern aktuell laufender Projekte zur Identifikation gemeinsamer Schnittstellen und möglicher Synergien.

Foren der Zusammenkunft werden mehr oder weniger regelmässig initiiert und stellen spontanere Formen der Sozialisierung dar als die auf Kontinuität ausgerichteten Communities of Practice. Wesentliches Ziel dabei sollte die Verbesserung des Informations- und Wissensflusses zwischen den Projektwissensbasen sein, so dass dieser direkt zwischen den Projektteams erfolgt, ohne den Umweg über die Hierarchie bzw. Gremienstrukturen zu nehmen, die oft – bewusst oder unbewusst – wichtiges Wissen zurückhalten.

Informelle Plätze der Zusammenkunft
Die in Kapitel 3.4.2 beschriebene Wertschätzung für den informellen Wissensaustausch kann durch Förderung informeller Plätze der Zusammenkunft in den offiziellen Handlungstheorien der Organisation ausgedrückt werden. Dies setzt ein gewisses Mass an konstituierendem Vertrauen durch die Unternehmensleitung voraus. Eine solche Wissenskultur wird bei *Schindler Aufzüge* bei der Neugestaltung von Werksgebäuden durch Einplanung von Kaffeeecken gefördert. Bei der *IBM Consulting Group* wird

---

[384] Grundsätzlich sind solche Foren auch auf Intrateamebene als so genannte Teamevents denkbar. Da diese Art von Foren – auch wenn sie zur Pflege der teaminternen informellen Netzwerkstrukturen genutzt werden – jedoch eher der Motivation und der Bildung gegenseitigen Vertrauens dienen, werden sie hier nicht weiter ausgeführt.

[385] Vgl. dazu detaillierter die Fallstudie Pixelpark im Anhang.

dies über die Durchführung von Arbeitstreffen in der Kantine umgesetzt, um im Vorfeld oder Nachgang Raum für die informelle Vernetzung zu bieten.

Solche informellen Stätten der Begegnung dienen hauptsächlich der Verbesserung des Wissenstransfers durch Initiierung von Spontankontakten.

Zusammenfassung

Die vorgestellten organisationalen Konzepte dienen der Erzeugung – zumindest temporärer – räumlicher Nähe[386] [vgl. Schüppel 1996, S. 206] und der Bildung von gemeinsamen Kontexten. Sie lassen sich, wie in Tabelle 4-1 bzw. Tabelle 4-2 zusammenfassend dargestellt, nach ihrer zeitlichen Ausrichtung, den dominanten Wissenszielen, dem dominantem Wissensfluss, ihrem Interaktionsmodus und dem Interventionsrahmen (Förderung des teaminternen versus teamübergreifenden Wissensmanagements) der betroffenen Individuen charakterisieren.

Bei den in der Praxis vorgefundenen Konzepten wurde von den dazu befragten Unternehmensvertretern immer wieder auf die Nutzung solcher Ansätze zur Bildung *standortübergreifender* überlappender Gruppenstrukturen hingewiesen, z. B. zur Überwindung kultureller Differenzen.[387] Bei den aufgeführten Pixelvisions sind beispielsweise regelmässig die Mitarbeiter der unterschiedlichsten Niederlassungen eingeladen. Gleiches wird für die Teilnehmerkreise der in Einrichtung befindlichen Communities of Practice angestrebt. Auch die Kompetenzbereiche der IBM Consulting Group sind international ausgerichtet. Die instanziierten Treffen der einzelnen Gruppen müssen dabei nicht immer Face-to-Face stattfinden, sondern können zum Teil auch durch IKT substituiert werden (bei IBM Consulting z. B. durch Abhalten von Telefonkonferenzen).

[386] Vgl. dazu auch Kapitel 4.3.

[387] Vgl. wieder die Fallstudie Pixelpark.

Konzept	Zeitliche Ausrichtung	Dominantes Wissensziel	Interaktionsmodus
1. räumliche Integration von (Teil-) Projektteams	Dauer des Projektes	Pooling von Projektwissen, Generierung von Wissen	physisch permanent
2. Projektbüros	Dauer des Projektes	Pooling von Projektwissen, Instanziierung des sichtbaren Teils der Projektwissensbasis	physisch permanent
3. Bündelung von Projekten zu Programmen	Gültigkeit des Programms/Dauer der Projekte	Wissenstransfer, Identifikation von Synergien	regelmässige Instanziierung durch Gremien
4. Methodenwissensinstanz	permanent	Pooling dedizierten Methodenwissens	dauerhafte Etablierung einer dedizierten „Wissenszelle“, die bedarfsgetrieben mit den Teams interagiert
5. Lernarenen	Relevanz der Thematik	Lernen von Wissen zu einem bestimmten Thema	regelmässige Zusammenkünfte
6. interne Kompetenzzentren	Relevanz der Thematik[388]	Pooling/Entwicklung von Wissen zu einem bestimmten Thema	regelmässig
7. Communities of Practice			
8. Foren der Zusammenkunft	regelmässig – Nutzung ad hoc	Pooling/Entwicklung von Wissen zu einem bestimmten Thema, Verbesserung des vertikalen Wissensflusses	einmalig bis regelmässig[389]
9. informelle Plätze der Zusammenkunft	permanent – Nutzung ad hoc	spontane Befriedigung von Wissensbedarfen	spontan

Tabelle 4-1: Organisatorische Interventionsansätze (Teil 1)

388 Wenger und Snyder führen dazu aus: „As long as there is interest in maintaining the group.“ [Wenger/Snyder 2000, S. 142]

389 Wird bei Regelmässigkeit mit dem gleichen Team im fliessenden Übergang zur Community of Practice oder zu einem internen Kompetenzzentrum.

<table>
<tr><th>Konzept</th><th>Dominanter Wissensfluss</th><th>Interventionsrahmen</th></tr>
<tr><td>1. räumliche Integration von (Teil-)Projektteams</td><td>innerhalb der jeweiligen Projektwissensbasis</td><td rowspan="2">team-intern</td></tr>
<tr><td>2. Projektbüros</td><td>innerhalb der jeweiligen Projektwissensbasis</td></tr>
<tr><td>3. Bündelung von ähnlichen Projekten zu Programmen</td><td>zwischen Projektwissensbasen</td><td rowspan="7">teamübergreifend</td></tr>
<tr><td>4. Methodenwissensinstanz</td><td>Von der organisatorischen Wissensbasis in die Projektwissensbasis, später idealerweise aber von dort wieder zurück in die organisatorische Wissensbasis bei entsprechender Gestaltung. Dies ermöglicht einerseits die langfristige Bindung des Projektwissens, andererseits die Anpassung der offiziellen Handlungstheorien (etwa im Sinne einer permanenten Verbesserung der Projektmethoden).</td></tr>
<tr><td>5. Lernarenen</td><td rowspan="3">Zunächst zwischen Projektwissensbasen. Je nach Teilnehmerkreis (z. B. bei Moderation durch die Methodeninstanz) auch zwischen Projektwissensbasen und der organisatorischen Wissensbasis. Bei entsprechender projektüberdauernder Langfristigkeit zwischen Projektwissensbasen und organisatorischer Wissensbasis und vice versa.</td></tr>
<tr><td>6. interne Kompetenzzentren</td></tr>
<tr><td>7. Communities of Practice</td></tr>
<tr><td>8. Foren der Zusammenkunft</td><td>Je nach Fokus zwischen Projektwissensbasen und/oder zwischen Projektwissensbasen und organisatorischer Wissensbasis.</td></tr>
<tr><td>9. informelle Plätze der Zusammenkunft</td><td>In einem ersten Schritt zwischen den sich treffenden Individuen[390], langfristig zwischen Individuen und durch sie in die Projektwissensbasen und in die organisatorische Wissensbasis.</td></tr>
</table>

Tabelle 4-2: Organisatorische Interventionsansätze (Teil 2)

Die Notwendigkeit der Etablierung der vorgestellten Konzepte wird wesentlich durch die Anzahl der parallel durchgeführten Projekte determiniert: Grundsätzlich trifft folgende Aussage zu: Je mehr Projekte in einer Organisation in Richtung der reinen Projektorganisation durchgeführt werden, je schwächer die Bindung der Projekte in die Primärorganisation ist und je mehr Mitarbeiter vollzeitlich in diese Projekte involviert sind, desto eher wird die Umsetzung derartiger Interventionsansätze notwendig.

---

[390] Die Differenzierung durch explizite „Individuen" scheint hier erforderlich, um die Betonung der Mikroebene zu unterstreichen, auch wenn letztlich durch die Verfügbarmachung des Wissens organisationales Lernen gefördert wird.

Gemeinsam ist diesen Ansätzen die Zielsetzung, die Bildung informeller sozialer Wissensnetzwerke zwischen Individuen, Teams oder anderen Teilen der Organisation bzw. der am Projekt beteiligten Organisationen [vgl. Seufert et al. 1999, S. 184][391] direkt oder indirekt zu fördern. Damit tragen sie zur Entstehung des für den Wissensaustausch notwendigen Vertrauens bei, da sie durch ihren gemeinschaftsbildenden Charakter Bindung und Nähe erzeugen können [vgl. Handy 1995, S. 46 f.]. Sie dienen ferner dazu, das Wissen vom Einzelnen oder als Zwischenstufe von einzelnen Projektteams unabhängig zu machen und es eine Wirkungsverstärkung erfahren zu lassen („Multiplikatoreffekt").

Die vorgestellten organisatorischen Interventionsansätze helfen bei der Instanziierung von „Wissensclustern" [vgl. Sydow/van Well 1996, S. 212 ff.] als mehr oder weniger formale soziale Systeme innerhalb der Organisation und zeichnen sich durch ihre konstituierenden strukturellen Merkmale aus. Während das Projektbüro und die räumliche Integration von (Teil-)Projektteams primär zur Optimierung des projektinternen Wissensmanagements geeignet sind und die Instanzen des Methodenwissens eine Art Stabsorganisation darstellen, überlagern die andern genannten Konstruktionen als Tertiärorganisation die Strukturen der Primär- und Sekundärorganisation. Sie lassen sich bezüglich ihres Formalisierungsgrades als Kontinuum anordnen, wie in Abb. 4-5 dargestellt wird. Die Wissenscluster schaffen eine organisatorische Redundanz, deren Existenz Nonaka für die Wissensgenerierung explizit fordert und die sich insbesondere in den Phasen der Konzepterstellung – wie etwa bei der Erstellung von Projektplänen oder bei der Bearbeitung von Projektproblemen – als hilfreich erweisen kann [vgl. Nonaka 1991, S. 102; vgl. dazu auch Nonaka/Takeuchi 1995, S. 80 ff.].[392]

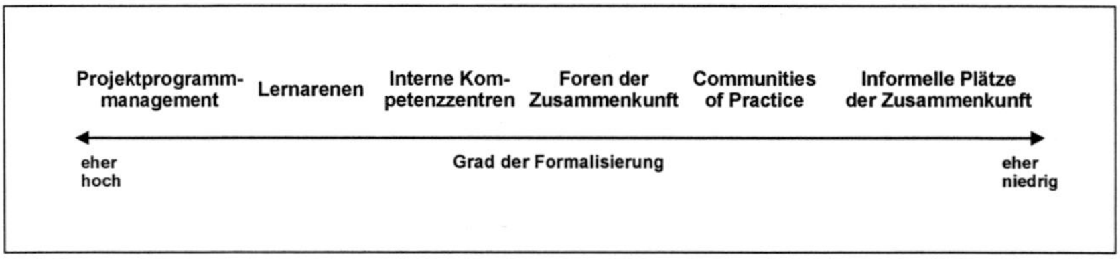

Abb. 4-5: Tertiärorganisatorische Konzepte zur Förderung der Bildung informeller Wissensnetzwerke

[391] Die Autoren weisen dabei auf die hohe Dynamik solcher Netzwerke hin. Der paradoxe Versuch einer formalen Abbildung solcher quasi informeller Strukturen erscheint daher wenig sinnvoll. Es bleibt also die Unterstützung ihrer Entstehung und die Förderung ihres Bestands.

[392] „For organizational knowledge creation to take place, a concept created by an individual or group needs to be shared by other individuals who may not need the concept immediately. Sharing redundant information promotes the sharing of tacit knowledge, because individuals can sense what others are trying to articulate. In this sense, redundancy of information speeds up the knowledge-creation process. Redundancy is especially important in the concept development stage, when it is critical to articulate images rooted in tacit knowledge. At this stage, redundant information enables individuals to invade each other's functional boundaries and offer advice or provide new information from different perspectives." [Nonaka/Takeuchi 1995, S. 80 f.] Vgl. zur Redundanz auch kritisch [March 1994, S. 243 f.].

Die Etablierung solcher Formen im Sinne der Umsetzung in offizielle Handlungstheorien scheint wenig sinnvoll, wenn die Unternehmensleitung mit ihren Gebrauchstheorien gegensteuert. In anderen Worten: Die Wertschätzung derartiger Netzwerkstrukturen muss im gesamten Unternehmen verankert sein. Nonaka und Takeuchi [Nonaka/Takeuchi 1998, S. 227 f.] drücken Gleiches aus, indem sie Autonomie als eine Grundbedingung für eine wissensfreundliche Kultur auf Individual- und Gruppenebene fordern: „all members of an organization should be allowed to act autonomously as far as circumstances permit. By allowing them to act autonomously, the organization may increase the chance of introducing unexpected opportunities. Also, autonomy increases the possibility that individuals will motivate themselves to create new knowledge“ [Nonaka/Takeuchi 1998, S. 227]. Dies spiegelt sich in einer partnerschaftlichen Kooperation und einer entsprechenden Personalpolitik (bezüglich Führungsstil und -methoden) wider: „managers should force members to overlap on different teams in order to increase continuity of contact, joint learning, and informal information sharing; purposely keep hierarchical relations ill defined“ [Quinn et al. 1996, S. 79].

Bedeutung der Hypertextorganisation für die Unternehmenspraxis

Eine für diese Arbeit aus theoretischer Sicht relevante Organisationsform[393] ist die ursprünglich auf Nonaka [Nonaka 1994, S. 27 f. und S. 32 f.; vgl. auch Nonaka/Takeuchi 1995, S. 166 ff., S. 192 f. und S. 233 f.; Nonaka et al. 1998a, S. 154 ff.] zurückgehende Hypertextorganisation, die in der Literatur weite Beachtung findet:[394]

Nonaka betont die Notwendigkeit nicht hierarchischer, selbstorganisierender Organisationsstrukturen im Unternehmen und postuliert die Hypertextorganisation[395] (vgl. Abb. 4-6) als Möglichkeit zur Überwindung formaler Abteilungsstrukturen und als Basis für die Wissensgenerierung. Ähnlich einem Hypertextdokument besteht die Hypertextorganisation aus mehreren miteinander verbundenen Ebenen: Eine nicht direkt als Entität der Organisation sichtbare Wissensbasisebene (angels.: knowledge-base layer) ergänzt die formal explizierten Strukturen eines hierarchischen Geschäftssystems (angels.: business-system layer) in enger Kopplung an die Projektteamebene (angels.: project-team layer). Die Geschäftssystemebene dient der Abwicklung von Routinetätigkeiten. Die Wissensbasisebene ist als unterste Schicht nicht direkt sichtbar beispielsweise in die Unternehmensvision, die Organisationskultur und/oder in Technologien eingebettet und dient der Sammlung, Rekategorisierung und Rekontextualisierung des in den beiden darüber liegenden Ebenen generierten impliziten und expliziten Wissens: „Once the task of a team is completed, members move ‘down’ to the knowledge-base layer at the bottom and make an ‘inventory’ of the knowledge

[393] Für weitere nicht speziell die Projektabwicklung betreffende wissensfördernde Organisationsformen vgl. [North 1999, S. 71 ff.].

[394] Vgl. z. B. [Müller-Stewens 1997a, S. 16 f.; North 1999, S. 102 ff.; Probst et al. 1999, S. 364 f.; Rehäuser/Krcmar 1996, S. 27 ff.; Romhardt 1998, S. 187 f.; Savage 1997, S. 136; Wiegand 1996, S. 257].

[395] In Anlehnung an den im Bereich des Informationsmanagements gebräuchlichen Terminus technicus zur nicht linearen Darstellung von Textstrukturen, die vom Konzept her eigentlich sequentiell-linear aufgebaut sind.

acquired and created in the project. After categorizing, documenting and indexing the new knowledge, they come back to upper systems layer and engage in routine operation until they are called again for another project.“ [Nonaka 1994, S. 33] Das wichtigste Kennzeichen der Hypertextorganisation ist nach Nonaka die Möglichkeit der einzelnen Mitglieder, zwischen Kontexten zu wechseln, was zu einer hohen Flexibilität führt, da man dadurch Wissen von verschiedenen Seiten betrachtet.

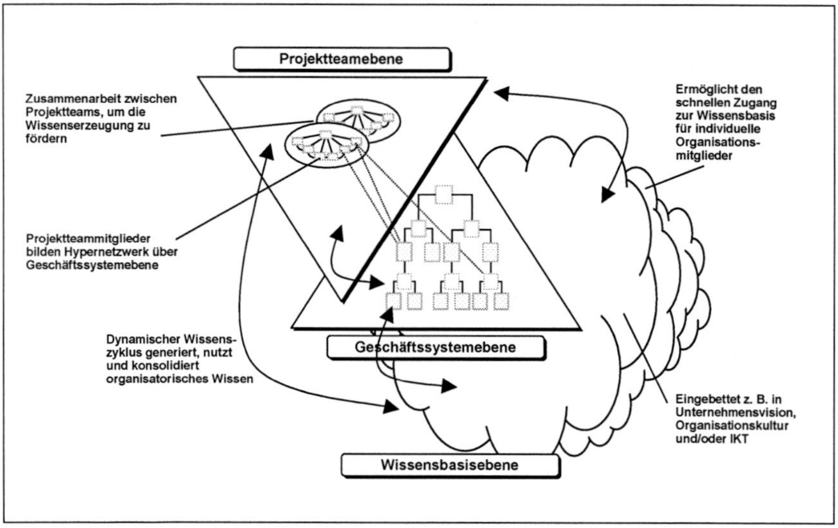

Abb. 4-6: Hypertextorganisation[396]

Bewertung

Der von Nonaka postulierte Ansatz zur Organisationsgestaltung verbindet temporär ausgerichtete Projektteamstrukturen mit einer eher auf Langfristigkeit ausgelegten Hierarchie durch Zwischenschaltung einer „Wissensbasisebene“. Das Konzept scheint eher von theoretischer Relevanz: Die Hypertextorganisation kann – ähnlich dem in Kapitel 4.1 vorgestellten Modell von Christian – zur Bewusstseinsbildung über Wissensflüsse und über die Notwendigkeit von organisationalem Lernen im Projektkontext beitragen und verdeutlicht die dazu notwendigen Abstraktionsebenen. Konkrete Hilfestellungen im Rahmen einer möglichen Intervention bietet sie nicht.

Die in Kapitel 4.2.1 vorgestellten Konstrukte der Tertiärorganisation sind mögliche Gestaltungselemente der Wissensbasisebene.

4.2.2 Wissensmanagementgerechte Anpassung des Rollenbewusstseins

In Kapitel 3.3.2 wurde gezeigt, dass das traditionelle Rollenverständnis in der Projektarbeit regelmässig durch die mangelnde Verankerung explizierter Lern- und Wissens-

[396] Vgl. [Nonaka 1994, S. 34].

ziele charakterisiert wird. Wissensmanagementorientierte Rollenbeschreibungen unterstützen hingegen die projektinternen und -externen Prozesse zur Identifikation, Evaluation, Allokation und Anwendung von Wissen.

Es wird daher an dieser Stelle argumentiert, dass die Projektabwicklung unter Wissensmanagementgesichtspunkten der Definition dedizierter Rollen mit ihren entsprechenden Rechten und Verpflichtungen bedarf. Entsprechende Wissensziele für die Mitarbeiter müssen in den Rollenbeschreibungen bzw. in der Projektmethodik verankert werden. Dies trägt neben den bereits vorgestellten Formen der Tertiärorganisation zur Schaffung permanenter Mechanismen zur Sicherstellung organisationaler Lernprozesse bei.

Ein wissensfreundliches[397] Rollenverständnis lässt sich durch zwei Massnahmenbündel erreichen:

- Konkretisierung und Ergänzung der bestehenden Rollenbeschreibungen (z. B. Projektleiter, Projektteammitglied, Mitglieder in Gremien) um Aspekte des Projektwissensmanagements
- Entwicklung neuer Rollenbeschreibungen gemäss den besonderen Bedürfnissen eines Projektwissensmanagements

Die Massnahmenbündel werden in den folgenden Abschnitten ausgeführt.

Konkretisierung und Ergänzung bestehender Rollen

Die Ergänzung existierender Rollenbeschreibungen durch die blosse Aufnahme von Formulierungen wie „Die Prozesse des Wissensmanagements sind zu unterstützen" sind zwar gegebenenfalls durchaus hilfreich, weil sie ein entsprechendes Bewusstsein bekunden, aber keinesfalls ausreichend, da sie zu wenig konkretisieren. Im Folgenden sind konkrete, in der Praxis im Rahmen der Aktionsforschung bzw. der ergänzenden Interviews identifizierte Massnahmen aufgeführt.

Beispiele für wissensmanagementorientierte Rollenansätze finden sich in den Rollen der Projektmanagementunterstützung in der Fallstudie DaimlerChrysler bzw. des Projektassistenten bei *Roche Diagnostics*:

> Der Projektassistent hat die Aufgabe, Teammitglieder mit entsprechendem Methodenwissen für die Projektdurchführung zu versorgen, Sitzungen vorzubereiten, die Erbringung von Pendenzen und Einhaltung von Protokollbeschlüssen zu überwachen sowie die ordnungsgemässe Dokumentation sicherzustellen. Ferner gehören die Vernetzung mit den Regulierungsbehörden und die Förderung des Wissenstransfers innerhalb der Projektteams zu seinen Aufgaben. Der Projektassistent ist dem Projektleiter im Sinne einer Stabsstelle untergeordnet. Diese Rolle existiert bisher nur bei den Standorten in den USA. Im zentraleuropäischen Raum setzt sie sich nur sehr langsam durch.

[397] In Anlehnung an den in Kapitel 3.4.1 eingeführten Begriff der wissensfreundlichen Kultur.

Die Rolle des Projektcontrollers (Überwachung des Projektablaufs im Sinne eines Plan-Ist-Abgleichs bezüglich Aufwand, Kosten und Leistung) wird aufgrund eines entsprechend geänderten Rollenbewusstseins durch Aspekte des Wissenscontrollings bezüglich der Erreichung der vorgesehenen Wissensziele ergänzt (vgl. Kapitel 4.5). Dazu kann beispielsweise die regelmässige Ableitung und Sicherung von Projekterfahrungen gehören. Eine solche Rollenanpassung illustriert die Rolle des Quality Managers bei Pixelpark: Neben der Überwachung der Qualität der Leistungsziele ist er für die Normierung des Methodenwissens im Unternehmen sowie für das Wissenscontrolling bezüglich des Erfahrungslernens zuständig.

Auch durch die Aufnahme von Job Rotation-Konzepten[398] können Wissensziele expliziert werden:[399]

> Durch Job Rotation wird im Bereich der R&D bei *Schindler Aufzüge* der Wissensaustausch gefördert. Eine grosse Herausforderung stellt die Integration neuakquirierter Geschäftsbereiche dar. Bei der Akquisition neuer Unternehmensteile wird ein permanenter Austausch der Wissensarbeiter durchgeführt: R&D-Mitarbeiter der verschiedensten Hierarchiestufen werden dabei aktiv ausgetauscht (auf temporärer Basis).

Die beschriebene Anpassung der Rollenbeschreibung kann die verpflichtende Teilnahme an solchen Austauschprogrammen beinhalten. Dies kann auch während einer aktuellen Projekttätigkeit geschehen, ähnlich der bei DaimlerChrysler im Projekt SKN-C stattfindenden parallelen Verankerung des Projektleiters in einem ähnlichen Projekt bei einer anderen Landesgesellschaft.[400]

Das Konzept der Kombination von Junior und Senior Project Manager in einem Team zur Sicherstellung organisationaler Lernprozesse bei Pixelpark stellt eine weitere Möglichkeit zur Explizierung von Wissenszielen in bestehenden Rollenbeschreibungen dar [vgl. auch Gareis/Zink 1994, S. 44]. Der Junior Project Manager assistiert dem Senior Project Manager während eines Projektes und eignet sich dadurch relevantes Wissen an, auf dessen Basis er später selbst Projekte führen kann. Hier lassen sich Parallelen zum jahrhundertealten Modell der Ausbildung im Lehrverhältnis ziehen.

Gleiches gilt für das Engagement bei der Eingliederung neuer Teamkollegen. Deren „Einarbeitung", d. h. das Begleiten entsprechender Integrationsprozesse[401] und der damit verbundene Wissenstransfer, sollte explizit in die Rollenbeschreibungen aufgenommen und entsprechende zeitliche Kapazitäten dafür festgelegt werden.

---

398 Definiert als planmässiger Wechsel von Arbeitsaufgaben und Arbeitsort [Braun 1996b, S. 78]. Während ursprünglich die Verringerung der Monotonie bzw. die Vermeidung von zu einseitiger Belastung bei körperlicher Arbeit im Vordergrund stand [vgl. Braun 1996b, S. 78], erfährt der Begriff hier eine Bedeutungsverschiebung.

399 Vgl. auch die Fallstudie Pixelpark: Hier werden insbesondere Tätigkeiten an wechselnden Standorten gefördert.

400 Vgl. Fallstudie DaimlerChrysler.

401 Dem neuen Mitarbeiter müssen die impliziten und expliziten Teile der Projektwissensbasis erschlossen werden.

Eine Möglichkeit, den projektübergreifenden Wissensaustausch zu fördern, besteht in der Fixierung einer nicht auf ein einziges Projekt beschränkten Tätigkeit in der Rollen- bzw. Stellenbeschreibung. Dies kann durch eine Mitgliedschaft des Mitarbeiters in den geschilderten internen Kompetenzzentren bzw. in anderen Formen der Tertiärorganisation oder durch die Mitarbeit in weiteren Projekten – gegebenenfalls auch durch beides – erreicht werden. Hierzu existiert offenbar eine Obergrenze, ab der eine Tätigkeit in weiteren Projekten nicht mehr sinnvoll erscheint. Für die bei Pixelpark üblicherweise durchgeführten Multimediaprojekte[402] sind dies nach Aussagen von Unternehmensvertretern sieben gleichzeitige Projekte.

Eine weitere rollenanpassende Massnahme ist die Aufwertung des Rollenbewusstseins „Teammitglied" durch die Möglichkeit der Alternativkarriere im Projekt (vgl. Fallstudie Bankgesellschaft Berlin und Kapitel 3.5). Dies kann Experten aus dem Bereich der Linie dazu motivieren, sich vermehrt in Projekten zu engagieren und dadurch ihr Wissen stärker einzubringen (vgl. Kapitel 3.3.4).

Die angeführten Rollenbeschreibungen beinhalten Aspekte des Wissenstransfers und der Bildung von Netzwerkstrukturen im Unternehmen. Die Anpassung bestehender Rollen sollte auch die Anpassung *nicht* projektbezogener Rollen in Richtung einer besseren Unterstützung der Projektaufgaben beinhalten.[403]

Neue Rollenbeschreibungen

Die Relevanz neuer Rollendefinitionen ist in der allgemeinen Literatur zum Thema Wissensmanagement bereits identifiziert worden[404] – die Rollen tragen Bezeichnungen wie CKO[405], Knowledge Steward oder Knowledge Broker[406]. In einer Studie,[407] die 1997 vom Ernst & Young Center for Business Innovation durchgeführt wurde, gaben

[402] Vgl. die Fallstudie im Anhang zur Darstellung der Projektsituation im Multimediaumfeld.

[403] Wenger beispielsweise fordert dies explizit vom Linienmanagement: „Line managers must make sure that people are able to participate in the right communities of practice so they sustain the expertise they need to contribute to projects." [Wenger 1998]

[404] Vgl. z. B. [Hoopes/Postrel 1999, S. 839].

[405] In Abgrenzung zum Chief Information Officer (CIO), dessen Aufgabe sich traditionell auf die unternehmensweite Verantwortung für Bereitstellung und Unterhaltung entsprechender IKT-Strukturen fokussiert. Deutschsprachige Bezeichnungen für den CKO wie Wissensmanager o. ä. haben sich bisher noch nicht durchgesetzt – daher werden in diesem Abschnitt die englischsprachigen Originalausdrücke verwendet, wenn es erforderlich erscheint.

[406] Vgl. z. B. [Chait 1998, S. 87 f.; Davenport/Prusak 1998, S. 224 ff.; Earl/Scott 1999; Ruggles 1998, S. 86; Woods/Sheina 1998, S. 48 f.].

[407] Im Rahmen dieser Studie wurden Führungskräfte aus 431 Organisationen in den USA und Europa über ihre Aktivitäten im Bereich Wissensmanagement befragt [Ruggles 1998, S. 80].

mehr als die Hälfte der Befragten an, dass die Existenz eines CKO[408] wertvoll für ihre Unternehmen sei [Ruggles 1998, S. 80 und S. 86].[409]

Das folgende Fallbeispiel zeigt die mögliche Ausprägung einer solchen Rolle in der Praxis:

> Der Knowledge Networking Officer (KNO) bei *Roche Diagnostics* tritt für die Verbreitung der Konzepte des Wissensmanagements und organisationalen Lernens ein (Bewusstseinsbildung), und zwar sowohl in den betroffenen Business Units als auch in seiner Funktion als Schnittstelle zum Top-Management. Seine Aktivitäten setzen einen hohen Grad an Interdisziplinarität voraus (Human Resource Management, Managemententwicklung, Unternehmenskommunikation sowie Informations- und Kommunikationstechnologie). Der KNO wirkt als interner Berater im Bereich Wissensmanagement und soll das Teilen und Verteilen von Best Practices und die Identifikation von Synergien unterstützen. Eine seiner weiteren Aufgaben ist die Förderung der Vernetzung von Mitarbeitern zwischen und innerhalb von Bereichen, beispielsweise durch die Förderung der Bildung interner Communities. Weiterhin ist er für die Entwicklung der Wissensmanagementstrategie des Unternehmensbereiches und die Entwicklung und Umsetzung der IKT-Infrastrukturen zur Unterstützung des Wissensmanagements verantwortlich. Sein Tätigkeitsprofil umfasst ferner den Entwurf und die Umsetzung der Kodifizierungsstrategie des Unternehmensbereiches (z. B. durch Spezifikation von Kategorien und Taxonomien zur Abbildung von Wissensbeständen und Wissensbedarfen). Im Rahmen der Projektabwicklung ist er für die praktische Umsetzung von Wissensmanagement im Projektumfeld zuständig.

Die Position des CKO wird in der Literatur aufgrund ihres eher strategisch-dominierenden Charakters überwiegend als Stelle anstatt als Rolle dargestellt. Autoren wie Ichijo, von Krogh und Nonaka [Ichijo et al. 1998, S. 201] fordern daher die Herausbildung von „Wissensmanagern", die über die ganze Organisation verteilt sind, auch auf eher operativer Ebene.

Probst et al. gehen einen Schritt weiter und stellen vier allgemeine Wissensmanagementrollen vor [Probst et al. 1999, S. 367 ff.]. Neben dem CKO sind dies:

- der Kompetenzfeldverantwortliche[410] (zur Vernetzung interner Experten eines Kompetenzfeldes, zur Zusammenführung und Verdichtung von Wissen

---

[408] Vgl. zur Situation in der Praxis auch die bereits in Kapitel 3.3.6 zitierte Studie zu deutschen Unternehmen von Jäger et al. [Jäger et al. 1999, S. 15 f.]: Relativ wenige Unternehmen (4 %) haben schon neue Rollen, wie z. B. den CKO eingeführt, 16 % planen die Einführung neuer Rollen [vgl. auch Chase 1999, S. 19].

[409] Vgl. zur Rolle des CKO auch [Davenport/Prusak 1998, S. 225 f.; Earl/Scott 1999, S. 32 ff.; Guns 1998, S. 317 f.; Lank 1997, S. 409; Pérez-Bustamante 1999, S. 15 f.].

[410] Die Autoren schlagen die Formulierung besonders wichtiger Bereiche als Kompetenzfelder vor. Diese entsprechen in etwa dem in Kapitel 4.2.1 geschilderten Charakter der internen Kompetenzzentren.

in diesem Kompetenzfeld sowie zur Bereitstellung einer geeigneten Infrastruktur),

- der Brückenbauer (zur Vernetzung der Kompetenzfelder und Vermittlung von Kontakten) und
- der Transparenzschaffer (zur Herstellung von Transparenz über die organisatorische Wissensbasis, Integration heterogener IKT-Strukturen).

Die Autoren unterstreichen dabei die Bedeutung solcher Rollen für das Wissensmanagement und fordern ihre breitflächige Integration in die Unternehmensstrukturen unter der Betonung, dass eine einseitige Verortung, z. B. im Personalwesen oder IT-Bereich, ungenügend sei.

Fallbeispiele
Die folgenden beiden Fallbeispiele illustrieren die mögliche Ausprägung der in der Praxis identifizierten, das Projektwissensmanagement unterstützenden Rollen:[411]

> Zur Verbesserung des Wissensmanagements im projektorientierten R&D-Bereich hat man bei *Schindler Aufzüge* mehrere neue Rollen geschaffen. Dem *Knowledge Engineer* im Bereich des Kompetenzzentrums Technologiemanagement obliegen die Aufgaben, den R&D-Bereich in ein lernendes Unternehmen zu überführen und die Wissensmanagementstrategien und -massnahmen für R&D-Projekte zu operationalisieren. Der in jedem Corporate R&D-Standort vertretene *Technology Liaison Officer* ist für die Koordination der lokalen Technologieprojekte mit den Konzernaktivitäten sowie für das Technologiemonitoring zuständig [vgl. dazu auch Gassmann/Bratzler 1999, S. 494 ff.].
>
> Im Bereich Consulting der projektorientiert arbeitenden *IBM Consulting Group* ist der *Chief Knowledge Officer* auf Europa-Ebene für das interne Wissensmanagement zwischen den Landesniederlassungen zuständig. Diese Stabsstelle soll die Rahmenbedingungen für den internationalen Wissensaustausch generell verbessern.

Aus den in Kapitel 3 aufgeführten Determinanten und den eben gemachten Aussagen lassen sich für ein Projektwissensmanagement die in Tabelle 4-3 dargestellten Rollen identifizieren und in projektübergeordnete bzw. projektübergreifende sowie projektinterne Rollen untergliedern. Ihnen gemeinsam ist, dass sie die Prozesse des Wissensmanagements fördern sollen. Ihre konkrete Ausprägung wird im Wesentlichen durch den Verteilungsgrad der durchgeführten Projekte (vgl. die eben aufgeführten Fallbeispiele) und die konkrete Ausgestaltung der Tertiärorganisation bestimmt.

[411] Für weitere projektwissensmanagementzentrierte Rollendarstellungen aus der Praxis vgl. Kapitel 4.6.5.

Rolle[412]	Aufgaben
1. projektübergeordnete bzw. -übergreifende Rollen	Verbesserung des Wissensmanagements *zwischen* Projekten und Förderung des organisationalen Lernens.
CKO	Koordination der unternehmensweiten Wissensmanagementaktivitäten.
Best Practice Scout	Kann Praktiken einzelner Projekte als besonders überlegen erkennen, kodifizieren und über die organisatorische Wissensbasis bereitstellen (vgl. ausführlich Kapitel 4.4.4).
Skill Broker	In Ergänzung zu den in Kapitel 4.6.2 vorgestellten Systemen ist er Ansprechpartner bei Neubesetzung von Projektteams. Ferner ist er für die Sicherstellung der Qualität und Pflege von IKT-basierten Expertenverzeichnissen zuständig.
externer Projektwissensmakler[413]	Zusammenbringen von Wissensträgern und Wissensnutzern. Förderung des Transfers von Wissen zwischen Projekten bzw. Projekten und der umgebenden Organisation. Schaffung von Transparenz über die projektinterne Wissensbasis und Reduzierung von Nutzungsbarrieren bei vorhandenem Wissen [vgl. Schüppel 1996, S. 201 und S. 214]. Identifikation von Synergien zwischen Projekten. Kontaktherstellung zwischen Experten. Mitglied in Gremien.
Wissensmedienmanager	Technische Administration entsprechender Infrastrukturen (sowohl für einzelne Projekte als auch für Formen der Tertiärorganisation) in enger Zusammenarbeit mit der für das Methodenwissen zuständigen Instanz.[414]
Manager für Lernarenen/ Programme/ interne Kompetenzzentren[415]	Verantwortlichkeit für die entsprechenden organisatorischen Konzepte und die Erreichung der jeweiligen Wissensziele.[416]
Integrator	Rolle des Übersetzers/Brückenbauers für den interdisziplinären Wissensaustausch. Pflege des Glossars (vgl. Kapitel 4.6.1).

412 Es wurden hier zum Teil angelsächsische Bezeichnungen gewählt, da sie eine prägnantere Formulierung ermöglichen.

413 Im allgemeineren Kontext vergleichbar mit dem Begriff des Knowledge Brokers.

414 Vgl. dazu das Fallbeispiel Roche Diagnostics in Kapitel 4.6.5.

415 Grundsätzlich wären hier und bei der folgenden Rolle auch die Communities of Practice aufzuführen. Infolge ihrer eher informellen Konstituierung erscheint eine formale Fixierung solcher Rollen in den offiziellen Handlungstheorien jedoch ungeeignet.

416 Chait [Chait 1998, S. 87] differenziert hier am Beispiel der Unternehmensberatung Arthur D. Little weiter zwischen Knowledge Advocate und Knowledge Stewart. Der Knowledge Advocate ist „champion for knowledge management within a practice, becoming involved at key times to help ensure success“ [Chait 1998, S. 87], während der Knowledge Stewart die operative Verantwortung für das Wissensmanagement innerhalb einer solchen Practice trägt.

Rolle[412]	Aufgaben
Dokumentationsmanager für Lernarenen/Programme/ interne Kompetenzzentren	Überwachung der Dokumentationserstellung, Unterstützung bei der Kodifizierung, Qualitätskontrolle, Verteilung und Archivierung. Bei Herausgabe von Dokumenten zu externem Gebrauch gegebenenfalls auch Kontrolle im Sinne eines Freigabemanagements. Ferner Zuständigkeit für die Entsorgung nicht mehr benötigter Dokumente. Weiss als eine Art Scout, wo welche Dokumente zu finden sind.
2. projektinterne Rollen	Verbesserung des *projektinternen* Wissensmanagements.
interner Projektwissensmakler	Zusammenbringen von Wissensträgern und -nutzern innerhalb eines Teams. Vermittlung von Kontakten zu Umsystemen. Schaffung von Transparenz über die Projektwissensbasis und Reduzierung von Nutzungsbarrieren bezüglich vorhandenem Wissen. Aber auch Bildung einer Schnittstelle nach aussen (als eine Art „Gatekeeper" [vgl. Skyrme/Amidon 1997, S. 335]), die als „Wächter"[417] dafür sorgt, dass nicht zu viele Informationen im Sinne einer Informationsbelastung[418] von extern an das Team herangetragen werden bzw. das Team verlassen (gegebenenfalls sensitive Informationen).
Debriefer	Erstellung und Bereitstellung geeigneter Formularstrukturen zur Ableitung von Erfahrungen aus Projekten bzw. Projektphasen, Begleitung des Ableitungsprozesses, Kodifizierung der gewonnenen Erkenntnisse in Projektwissensmedien (vgl. dazu ausführlich Kapitel 4.4.3).
Marketeer	Koordinierung des Aussenauftritts eines Projektes und damit auch Sicherstellung der inhaltlichen Pflege des Projektportals (vgl. dazu Kapitel 4.6.4).

417 Vgl. bezüglich Rollen zum „Boundary Management" auch [Kanter 1996, S. 113 f.].

418 Vgl. Kapitel 3.3.10.

Rolle[412]	Aufgaben
Delegierter	Repräsentant eines Projektes in den in Kapitel 4.2.1 eingeführten Formen der Tertiärorganisation zur Sicherstellung organisationaler Lernprozesse. Wissenstransfer von der Projektwissensbasis in die organisatorische Wissensbasis und vice versa (in enger Zusammenarbeit mit dem internen Projektwissensmakler).
Content Manager[419]	Analoge Aufgaben wie der Dokumentationsmanager,[420] allerdings mit Fokus auf projektinterne Dokumente. Verantwortung für die Qualität des Inhalts und des Kontexts (durch Erstellung von Kurzzusammenfassungen, Kategorisierung[421] und Indizierung), um bei entsprechenden Abfragen die Ergebnisqualität durch Vermeidung irrelevanter Ergebnismengen zu erhöhen [vgl. Zack 1999, S. 55].

Tabelle 4-3: Projektwissensmanagementbezogene Rollenbeschreibungen

Die einzelnen Rollen sind eng miteinander verwoben, so zum Beispiel diejenigen des internen und des externen Projektwissensmaklers zur Sicherstellung organisationaler Lernprozesse und zur gegenseitigen Vernetzung auf Rollenebene. Die eigentlich projektexternen Rollen des Integrators und Best Practice Scouts sind bei Projekten mit einer grossen Anzahl von Teammitgliedern in einem interdisziplinären Projekt bzw. bei projektinternem Benchmarking[422] auch innerhalb eines Projektes relevant.

Die Rollen können – je nach Umfang der Tätigkeiten – im Sinne eines „Baukastensystems" miteinander verknüpft werden. Ein interner Projektwissensmakler kann z. B. gleichzeitig Content Manager sein. Dies entspricht dem von Hammer und Champy geforderten arbeitsteiligen Rollenverständnis zur Überwindung der bisherigen, aufgabenzentrierten Denkweise, die heute oftmals immer noch vorherrscht – auch in Projekten [vgl. Hammer/Champy 1994, S. 93].

Voraussetzung für die Überwindung etwaiger kultureller Barrieren ist die soziale Kompetenz, Kommunikations- und Teamfähigkeit des Rolleninhabers und eine von Vertrauen geprägte Wissenskultur (vgl. Kapitel 3.4.2 und 4.3).

Zusammenfassung

Die Schnittstellenorientierung der vorgestellten Rollen trägt zur Überwindung der geschilderten organisationsstrukturellen Barrieren wie Grenzen zwischen Teams, Abteilungen, Niederlassungen, Bereichen und Ebenen der Hierarchie im Allgemeinen bei.

---

419 Vgl. auch Kapitel 4.6.5.

420 Woods und Sheina sprechen hier vom *Cybrarian* und drücken damit die Verbundenheit der Rolle des eigentlich archivierenden Bibliothekars mit den neuen Medien aus [vgl. Woods/Sheina 1998, S. 51].

421 Für eine Problematisierung der Grenzverläufe bei der Verschlagwortung vgl. [Jaikumar/Bohn 1986, S. 181 f.].

422 Vgl. Kapitel 4.4.4.

Je nach Ausprägung der Wissensstrategie (Personifizierung versus Kodifizierung) kommt den einzelnen Rollen im Vergleich mehr oder weniger Bedeutung zu – die Strategien sind jedoch nur zu einem gewissen Grad substituierbar – wie bereits an anderer Stelle betont.

Die vorgestellten Rollenstrukturen ergänzen die klassischen, im Projektkontext geforderten Promotorenrollen des Fach-, Macht- und Prozesspromotors[423] um die des Wissenspromotors. Aber auch hier muss betont werden, dass die alleinige Verankerung der Rollen in Stellenbeschreibungen nicht ausreichend erscheint.[424] Ob sie umgesetzt werden, hängt – so die im Rahmen der Aktionsforschung gewonnene Erfahrung – primär von der Team- bzw. Unternehmenskultur und dem empfundenen Zeitdruck ab. Entsprechend ist sicherzustellen, dass die mangelnde Messbarkeit ihrer Ausübung nicht als Alibifunktion dient, die Rollen nicht wahrzunehmen (vgl. Kapitel 3.3.9). Voraussetzung für den Erfolg der Rollen ist die Ausstattung mit entsprechenden Kompetenzen und Kapazitäten sowie eine verbindliche Kommunikation der Rolleninhalte an die Mitarbeiter in Form der offiziellen Handlungstheorien. Die Rollen folgen wiederum den in Kapitel 4.2.1 beschriebenen Prinzipien der Redundanz und Autonomie: Sie legen eine zusätzliche Struktur über die Formen der Primär-, Sekundär- und Tertiärorganisation (je nach deren Ausprägung). Die Rolleninhaber benötigen zur Ausübung ihrer Funktionen ein hohes Mass an Selbständigkeit.

Insbesondere bei Aufnahme von Wissenszielen in bestehende Rollenbeschreibungen ist der Erfolg nur schwer messbar, da diese Ziele nur in Einzelfällen durch Formulierungen in den Rollenbeschreibungen operationalisiert werden können (z. B. durch eher allgemein lautende Ausführungen wie „Teilnahme an Gesprächen", „aktive Mitgliedschaft in Practice Groups"). Die im Rahmen der Fallstudien gemachten Beobachtungen lassen die Aussage zu, dass die Umsetzung solcher Rollenbeschreibungen von der Unternehmensleitung vorgelebt werden sollte [vgl. auch Bowen et al. 1994, S. 273 ff.].

4.2.3 Projektmarketing als Instrument des Projektwissensmanagements

Die Gestaltung der Schnittstelle zwischen Projekt und der Linie wurde in Kapitel 3.3 problematisierend beschrieben. Die Existenz und die Inhalte eines Projektes sollten dabei nicht nur über persönliche Kontakte oder Kantinengespräche kommuniziert werden. Eine Verbesserung der Aussenwirkung der „Wissensinsel" Projekt[425] im Sinne

---

423 „Der Machtpromotor übt positiven Einfluss auf die Projekte aufgrund seiner hierarchischen Stellung aus, während der Fachpromotor die Vorhaben durch das ihm eigene spezielle Fachwissen fördert. Der Prozeß-Promotor stellt die Beziehung zwischen Macht- und Fachpromotor her und besitzt daher eine integrierende Funktion." [Schwager/Haar 1996, S. 520; vgl. Schindler/Gassmann 2000, S. 39]

424 Vgl. die Parallelen zur Projektmethodik in Kapitel 3.6.3.

425 Dieses Dilemma wird von den Organisationswissenschaftlern Randolph und Posner bereits 1988 problematisiert: „Ambiguity about the project leads to faulty transmission of information, and time pressure exacerbates the problem... keep people informed on a regular and frequent basis. Constant Monitoring and regular feedback are the real keys to success on any project." Ihre Forderung lautet daher kurz und prägnant „Keep Everyone Connected with the Project Informed" [Randolph/Posner 1988, S. 70] Ähnlich argumentieren auch Mankin et al. [vgl. Mankin et al. 1996, S. 106 f.] und betonen, wie schwierig es sei, dieser Informations-

eines aktiven und gezielten Projektmarketings[426] kann helfen, das Projektwissensmanagement in folgenden Bereichen zu unterstützen:

- Verbesserung des Zugriffs auf Linienwissen. Nicht direkt in das Projektteam eingebundene Mitarbeiter aus der Linie sind eher bereit, Wissen preiszugeben, wenn sie sich ein Bild über die im Projekt stattfindenden Aktivitäten machen können.
- Identifikation von Wissensträgern in Projekten durch die Linie.
- Erzielung einer höheren Transparenz über durchgeführte Projekte aus Sicht ihrer äusseren Umwelt.

Ein nach traditionellen Zielen ausgerichtetes Projektmarketing fokussiert die Kommunikation des potenziellen Nutzens, die Erhöhung des Bekanntheitsgrades oder Imageverbesserungen eines Projektes und verfolgt hingegen die eben aufgeführten Wissensziele gar nicht oder nur implizit [vgl. Haberfellner et al. 1999, S. 274 und S. 277 ff.; Patzak/Rattay 1998, S. 144 f.].

Es bedarf dabei des Managements des Wissens im Rahmen der Wissensverteilung bezüglich der

- Wahl der Kommunikationskanäle: Auswahl geeigneter Kanäle, um das Umsystem zu informieren und mögliches Feedback zu berücksichtigen (Schaffen von Interaktionsforen).
- Wahl der Empfänger: Mögliche Zielgruppen sind Sponsoren, Anteilseigner, Manager, Auftraggeber, Lenkungsausschüsse und das Management als Bestandteile der äusseren Umwelt durch eine so genannte Stakeholder-Analyse vor und während der Projektdurchführung [vgl. Haberfellner et al. 1999, S. 277; Patzak/Rattay 1998, S. 144].

Obwohl grundsätzlich alle Projektbeteiligten in das Projektmarketing involviert sind, kommt dem Projektleiter dabei eine zentrale Bedeutung zu [vgl. Fallstudie Insecuranza; Haberfellner et al. 1999, S. 280].

Neben den klassischen Kanälen wie Mitarbeiterzeitungen, Rundschreiben Präsentationen, internen oder externen Firmenmessen gewinnt dabei die Nutzung der neuen Medien immer mehr an Bedeutung: Projektportale bieten beispielsweise geeignete Möglichkeiten zur zielgerichteten Adressierung projektrelevanter Umsysteme und der äusseren Umwelt des Projektes (vgl. dazu ausführlich Kapitel 4.6.4).

---

pflicht und Pflege der Aussenkontakte zusätzlich zur Unterhaltung bestehender funktionaler Bindungen in die Linie nachzukommen.

[426] In Anlehnung an Nieschlag et al. wird Projektmarketing hier als Mittel zur aktiven und zielorientierten Gestaltung der Austauschprozesse zwischen dem Projekt und seiner äusseren Umwelt verstanden [vgl. Nieschlag et al. 1997, S. 13 und S. 27]. Vgl. dazu auch die Ausführungen in der Fallstudie Insecuranza in Anhang II.3 über die Ziele eines Projektmarketings.

4.3 Gestaltungsfeld Kultur: Vertrauensbildende Massnahmen

In Kapitel 3.4.2 wurde auf die Bedeutung von Vertrauen als Bestandteil einer wissensfreundlichen Kultur für die Prozesse des Wissensmanagements und des organisationalen Lernens hingewiesen. Dabei wurden drei Arten von Vertrauen herausgearbeitet: senderzentriertes, empfängerzentriertes und konstituierendes Vertrauen. Ihr Zustandekommen lässt sich auf verschiedene Ursachen zurückführen. In der Literatur werden dazu vier Triebkräfte für die Entstehung von Vertrauen identifiziert [Sheppard/Tuchinsky 1998, S. 143 ff.; Lewicki/Bunker 1996, S. 118 ff.; Meyerson et al. 1996]:

- *Abschreckungsbasiertes Vertrauen* (angels.: deterrence-based trust) resultiert aus dem Vorhandensein von Interventionsinstanzen (z. B. einer hierarchischen Kontrolle durch Vorgesetzte). Die Teammitglieder können zu einem gewissen Grad konsistentes Verhalten ihrer Umwelt vorhersagen, denn eine mögliche Defektion würde sanktioniert werden.[427]
- *Wissensbasiertes Vertrauen* (angels.: knowledge-based trust) basiert auf der Fähigkeit, das Verhalten des Partners in Grenzen vorherbestimmen zu können. Dies bedarf eines bestimmten Wissens über den Partner, das initial nicht vorhanden ist, sondern sich erst im Zeitverlauf entwickeln kann.
- *Identifikationsbasiertes Vertrauen* (angels.: identification-based trust) entsteht durch Inkorporierung eines gemeinsamen gegenseitigen Verständnisses wie es z. B. in Gruppen oder Teams der Fall ist. Man ist durch Einfühlungsvermögen in der Lage, sich in den Partner hineinzuversetzen.
- *Ad hoc-Vertrauen* (angels.: swift trust). Während für das Entstehen der ersten drei Triebkräfte eine gewisse Langfristigkeit der Beziehung unterstellt werden kann, ist ad hoc-Vertrauen durch Kurzfristigkeit geprägt. Diese Form des Vertrauens hat daher besondere Bedeutung für die Projektarbeit: „To trust and be trustworthy, within the limits of a temporary system, means that people have to wade in on trust rather than wait while experience gradually shows who can be trusted and with what: Trust must be conferred presumptively or ex ante.“ [Meyerson et al. 1996, S. 170, Hervorhebung durch den Autor entfernt] Gründe für die Herausbildung sind neben der zeitlichen Begrenzung, hoher Termindruck und aufgabenbezogenes Denken. Die Bildung von Vertrauen wird dabei eher durch das gemeinsame Projektziel als durch psychologische Motive gefördert.

Grundsätzlich lässt sich argumentieren, dass sich keine der genannten Triebkräfte allein für die Bildung von Vertrauen in Projekten und damit als Vorbedingung für den

[427] Hier lassen sich Parallelen zur Kooperationstheorie des amerikanischen Politikwissenschaftlers und Organisationstheoretikers Robert Axelrod ziehen, der in seinen Ausführungen von einem „Schatten der Zukunft“ spricht: Bei grossem Schatten ist die Bereitschaft zur Kooperation stabil, da die Instanz dann eine gewisse Handlungsmacht besitzt. Ist der Schatten klein, d. h. die Dauer der Kooperation begrenzt, wird kooperatives Verhalten als weniger lohnend empfunden [Axelrod 1984, S. 126 ff.]. Axelrod selbst unterstellt jedoch, dass Vertrauen *keine* notwendige Grundlage für Kooperationen darstellt [Axelrod 1984, S. 174].

Wissensaustausch auszeichnet. Vielmehr kann von einem komplementären „Vertrauensportfolio" für jedes Individuum ausgegangen werden. In welcher Ausprägung dieses vorhanden ist, hängt nicht nur von den äusserlichen, strukturell vorgegebenen Parametern (z. B. Projektdauer, Zusammensetzung des Teams) und der Unternehmens- und Projektkultur, sondern letztlich auch von den Werteinstellungen des Individuums ab. Vertrauen lässt sich nicht normativ vorschreiben. Dennoch kann man das Entstehen dieser Formen des Vertrauens[428] begünstigen. Der Forderung von Ulrich nach einer bewussten Gestaltung von Kulturen [Ulrich 1989, S. 194] im Sinne der Gestaltung einer vertrauensbildenden Umgebung folgend, lassen sich in der Literatur dazu eine Reihe operationalisierbarer konstituierender Faktoren identifizieren:

- Räumliche Nähe. Räumliche Nähe ermöglicht direkten Kontakt und Interaktion [vgl. Lullies et al 1993, S. 189]. Eine Möglichkeit diese zu erzeugen ist die Bildung von Gemeinschaften: Sie bilden gleichzeitig eine räumliche Grenze für die Zusammenarbeit und schaffen durch ihre Langfristigkeit die notwendige Nähe und Verbindung ihrer Mitglieder [Handy 1995, S. 46 ff.]. Die in Kapitel 4.2.1 vorgestellten Communities of Practice sind solche Gemeinschaften. Durch die Schaffung von räumlicher Nähe wird insbesondere die Herausbildung von wissens- und identifikationsbasiertem Vertrauen gefördert, da sie über einen längeren Zeitraum ein gemeinsames Verständnis aufbauen helfen und ein Forum für den Wissenstransfer bieten.

- Standards. Einerseits können Standards zur Bildung von Vertrauen beitragen, andererseits kann Vertrauen auch nicht vorhandene oder unzureichende Standards ersetzen [vgl. Jaikumar/Upton 1993, S. 177]. „When the task system is too large and complex, most members are unable to use face-to-face contact in order to compare and adjust their several images of organizational theory-in-use. They require external references. There must be public representations of organizational theory-in-use." [Argyris/Schön 1978, S. 17] Standards bieten den Betroffenen einen Schutz vor Missverständnissen und können ein gewisses Mass an Sicherheit vermitteln. Sie sind insbesondere für die Bildung identifikationsbasierten Vertrauens von Bedeutung, da sie als Form der offiziellen Handlungstheorien (zu denen auch Verträge, der Projektname oder ein Projektlogo gehören) auch die Bildung einer gemeinsamen Identität fördern können [vgl. Lewicki/Bunker 1996, S. 123].

- Rollenbasierte Interaktionen.[429] Im Gegensatz zu personenbasierten Interaktionen ist bei rollenbasierten Interaktionen (als eine besondere Form von Standards, vgl. den letzten Punkt) eine schnellere Bildung von Vertrauen zu erwarten. Dies wird durch die tendenziell höhere Standardisierung, Transpa-

[428] Dieter Solaro sieht Vertrauen über die Faktoren Offenheit, Toleranz, Ehrlichkeit, Humor, Partnerschaft, Würde und Sicherheit konstituiert, die das Menschenbild beeinflussen [Solaro 1989 in Bleicher 1995, S. 213; vgl. Mishra 1996, S. 266 ff.].

[429] Vgl. auch Kapitel 4.2.2.

renz und Stabilität begründet, mit denen Rollen – gewissermassen frei von „politischen“ Elementen – eher assoziiert werden. Im Gegensatz dazu kann ein unscharfes Rollenverständnis ceteris paribus zu einer langsameren Bildung von Vertrauen führen [vgl. Meyerson et al. 1996, S. 181 und S. 190]. Dementsprechend fördern auch rollenbasierte Interaktionen die Bildung von identifikationsbasiertem Vertrauen.

- Dialog. Dialog hilft, Brücken zu bauen und eventuell bestehende Ängste zu überwinden. Häufiger Dialog ist insbesondere für wissensbasiertes Vertrauen von hoher Bedeutung, weil man sonst das Einfühlungsvermögen in den oder die anderen verlieren kann, da die individuellen Wissensbasen ständigen Änderungen unterworfen sind (bzw. bei Intrateamwissensaustausch entsprechend den Projektwissensbasen) [vgl. Palmer 1998, S. 303; Lewicki/Bunker 1996, S. 121]. Formen des Dialogs helfen, gemeinsames Wissen aufzubauen und sich bezüglich der gemeinsamen Aufgabe näher miteinander auseinander zu setzen. Damit wird das Entstehen von wissens- und identifikationsbasiertem Vertrauen gefördert.
- Technologien. Technologien, die die Zusammenarbeit fördern, tragen dazu bei, ein gemeinsames Verständnis zu erzeugen, was wiederum der Bildung von identifikationsbasiertem Vertrauen förderlich ist [vgl. Mankin et al. 1996, S. 249], da Technologien eine Transparenz über Wesen und Aufgaben der beteiligten Individuen schaffen können (z. B. eine Aufgabentransparenz durch Nutzung von Workflow Management-Systemen). Technologien lassen sich jedoch ebenso zur Schaffung von abschreckungsbasiertem Vertrauen nutzen (z. B. durch Zeiterfassungsmechanismen).
- Gemeinsame Erfahrungen. Nonaka weist auf das Vorhandensein einer gemeinsamen Erfahrungsbasis[430] als eine Möglichkeit zur Bildung von gegenseitigem Vertrauen hin. Durch diesen Zugang zu eher implizitem Wissen des Gegenübers wird die Umwandlung von implizitem zu explizitem Wissen bei der gemeinsamen Wissensgenerierung unterstützt [Nonaka 1994, S. 24]. Ein gemeinsamer Erfahrungskontext aller Beteiligten ist allerdings – bei einer zu unterstellenden wechselnden Zusammensetzung der Projektteams – eher die Ausnahme als die Regel und insbesondere in grösseren Unternehmen oder bei vorwiegend externen Teams nicht immer zu erwarten. Eine gemeinsame Vision, die etwa auf einem Kick-off-Workshop herausgebildet wird [vgl. Nonaka 1991, S. 103; Lullies et al. 1993, S. 212; Senge 1990a, S. 206 ff.], eignet sich zur Kompensation mangelnder Erfahrungen, um ein gewisses Mass an identifikationsbasiertem Vertrauen zu erzeugen.

[430] Vgl. auch hier wieder die Analogie zur Kooperationstheorie von Axelrod, der Langfristigkeit als stabilisierenden Faktor für eine Kooperation definiert [Axelrod 1984, S. 60].

Grundsätzlich kann man unterstellen, dass der gemeinsame Kontext mit zunehmenden kulturellen Differenzen (vgl. Kapitel 3.4), wachsender Verteiltheit und ansteigendem Grad der Interdisziplinarität abnimmt. Dies wurde auch durch Aussagen der Befragten im Rahmen der zu den Fallstudien bzw. Fallbeispielen geführten Interviews belegt. Für diese Formen der Projektarbeit kommt dem ad hoc-Vertrauen eine höhere Bedeutung zu.

Fazit: Als vertrauensbildend sind Massnahmen zur Erzeugung und Förderung eines gemeinsamen Kontexts zu betrachten.[431] Auch die in Kapitel 4.2 vorgeschlagenen Strukturen und Rollen tragen zur Schaffung eines gemeinsamen Kontexts bei und besitzen somit grundsätzlich vertrauensfördernden Charakter.

Einige Autoren fokussieren die Diskussion zum Thema Vertrauen dabei auf die Beantwortung der Frage, ob räumliche Nähe vollständig durch IKT substituiert werden könne oder nicht. Während Autoren wie Charles Handy [Handy 1995, S. 46] das Bedürfnis von persönlichen Meetings unterstreichen, argumentieren andere wie Tanko Ishaya und Linda Macaulay [Ishaya/Macaulay 1999, S. 152] oder Sirkka L. Jarvenpaa und Dorothy E. Leidner [Jarvenpaa/Leidner 1997, S. 27], dass solche Treffen unter bestimmten Voraussetzungen nicht notwendig seien.[432]

Fallbeispiele

Im Rahmen der Fallbeispiele können zu dieser Fragestellung folgende Beobachtungen gemacht werden:

> Für die bei *Schindler Aufzüge* durch den Verteilungsgrad und kulturelle Unterschiede geprägten Projektumwelten ist die Bildung von Vertrauen bei den international besetzten Projektteams ein besonders schwieriges Anliegen. Eine Kultur der Offenheit (so sind z. B. mit Ausnahme der strategisch hochsensiblen Projekte die meisten Dokumente auch nicht direkt beteiligten Mitarbeitern zugänglich) soll dabei helfen, das benötigte Vertrauen zu erzeugen. Zu diesem Zweck wird ganz bewusst ein hohes Mass an persönlichen Kontakten angestrebt. Zunächst wird das für die Zusammenarbeit benötigte Vertrauen V_{max} initialisiert. Dies kann im Rahmen eines teambildenden Kick-off-Meetings mit der physischen Präsenz aller beteiligten Mitarbeiter erfolgen. Danach wird ein solches Netzwerk dann eine gewisse Zeit „virtuell“ fortgesetzt (d. h. durch IKT-gestützte räumlich getrennte Zusammenarbeit), bevor der Wert unter eine subjektiv gemessene kritische Grenze V_{min} absinkt – beispielsweise

---

431 Vgl. auch die als „Teambuilding“-Massnahmen im Projektkontext oftmals subsumierten Aktivitäten. Sie dienen ebenso – neben der Förderung der Teammotivation – implizit oder explizit der Bildung von Vertrauen. Vgl. dazu die in der Fallstudie Pixelpark zu den Pixelvisions gemachten Ausführungen: Digitale Videos und Bilder werden im Nachgang zu den Veranstaltungen im Intranet des Unternehmens bereitgestellt. Dies soll die Entwicklung von identifikationsbasiertem Vertrauen fördern.

432 Das Szenario, das Jarvenpaa und Leidner zu diesem Schluss führte, basiert auf einem studentischen Feldversuch über eine Periode von sechs Wochen mit 350 Studenten aus 28 weltweit verteilten Universitäten [Jarvenpaa/Leidner 1997, S. 5].

durch das Wiederaufleben der in der jeweiligen Landesniederlassung ursprünglichen Strukturen. In der Corporate R&D spricht man auch von der „Halbwertszeit des Vertrauens", welches durch neue persönliche Treffen kurzfristig wieder erneuert werden kann (vgl. Abb. 4-7).

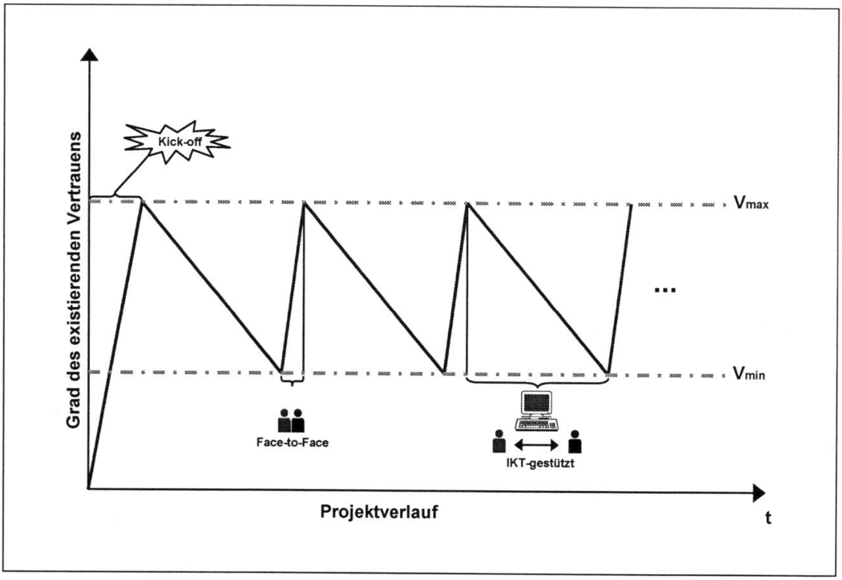

Abb. 4-7: Vertrauensschwankungen[433] im Projektverlauf[434]

Das notwendige Vertrauen für die Zusammenarbeit zwischen den regelmässig verteilt agierenden Mitarbeitern der Projektteams wird bei *Roche Diagnostics* durch persönliche Arbeitstreffen aufgebaut und erhalten (in der Regel finden zweimonatliche Arbeitstreffen statt). Besondere Bedeutung wird dabei der Kick-off-Veranstaltung eines Projektes zugesprochen, da diese oftmals das erste Zusammentreffen der einzelnen Teammitglieder darstellt. Eine rein auf IKT-gestützte Vernetzung für die gemeinsame Durchführung eines Projektes wird abgelehnt.

Die Aussagen widerlegen den ersten Teil der in der Literatur von Vetter und Wiesenbauer [Vetter/Wiesenbauer 1995, S. 134] getroffenen Feststellung, dass Vertrauen nur langsam wachse und schnell wieder zerstört werden könne. Belegt werden kann durch die Fallbeispiele allerdings, dass Vertrauen offensichtlich ein zeitabhängiges Konzept darstellt [vgl. Lewicki/Bunker 1996, S. 188]. Dabei scheint ein Fokus auf der „Inititialzündung" (vgl. dazu auch die Fallstudie DaimlerChrysler) zu Beginn einer – im Rahmen der Projektarbeit zu unterstellenden – Vertrauensbeziehung zu liegen

433 Die Darstellung ist nicht proportional und gibt nur einen ungefähren Trend wieder.

434 Vgl. [Schindler/Gassmann 2000, S. 43].

(z. B. im Rahmen eines Kick-off-Meetings). Um ein Abflachen der Vertrauenskurve zu verhindern, eignen sich erneute Face-to-Face-Meetings. Neben teambezogenen Projektmeetings können sie auch in Form teamübergreifender persönlicher Treffen wie den Pixelvisions bei Pixelpark stattfinden.

Ähnliches implizieren die Ausführungen über das Andrew-Projekt zum Bau einer neuen Bohrinsel in der Nordsee:

> „Trotz dieser Technologie konnte jedoch nicht völlig auf persönliche Treffen verzichtet werden: Die ..Mitarbeiter mussten sich zunächst einmal treffen, um gegenseitig Vertrauen und Verständnis zu entwickeln... Doch nach diesem persönlichen Kennenlernen waren die Teilnehmer der Meinung, dass man mit Videokonferenzschaltungen ein Gefühl des Vertrauens und persönlichem Kontakt aufrecht erhalten konnte“ [Davenport/Prusak 1998, S. 60].

Der ganzheitliche Charakter von Face-to-Face-Kommunikation ist durch technische Kommunikationsmedien (noch?) nicht ganz zu erreichen [vgl. Picot et al. 1998, S. 296]. Sie können nur versuchen, sich dem anzunähern. Die Nutzung neuer Medien kann sich sogar als kontraproduktiv für eine wissensfreundliche Kultur herausstellen: Die *alleinige* Nutzung solcher Lösungen wie E-Mail oder Diskussionsforen (vgl. Kapitel 4.6.1) kann zur Zerstörung von Vertrauen führen, da man über diese Kanäle knapper und teilweise unreflektierter kommuniziert [vgl. Ishaya/Macaulay 1999, S. 155].

Zusammenfassung
Vertrauen ist ein schwer zu fassendes Phänomen [vgl. Huemer et al. 1998, S. 124] und wird in der Literatur kontrovers diskutiert. Der Vertrauensaspekt gewinnt mit wachsender Verteiltheit für das Projektwissensmanagement an Bedeutung: Mit zunehmender Delozierung der Projektteammitglieder wird die Bildung von identifikations- und wissensbasiertem Vertrauen aufgrund der räumlichen Distanz erschwert. Ad hoc- und abschreckungsbasiertes Vertrauen gewinnen für Projekte mit zunehmendem Verteilungsgrad ceteris paribus an Bedeutung.

Um die in Kapitel 3.4.2 präsentierten, für die Wissensarbeit erforderlichen Vertrauensarten zu erzeugen, ist die Bildung eines gemeinsamen Kontexts von Vorteil. Dabei können IKT zwar unterstützend wirken,[435] persönliche Face-to-Face-Meetings jedoch – aufgrund der teils in der Literatur und teils in der Praxis gewonnenen Eindrücke – bisher nur in Grenzen substituieren.

4.4 Gestaltungsfeld Lernen: Instrumente des Erfahrungslernens

Garvin zitiert den Philosophen George Santayana „Those who cannot remember the past are condemned to repeat it“ [Garvin 1993, S. 85] und formuliert das Lernen aus

[435] Vgl. dazu auch die in Kapitel 3.7.1 gemachten Ausführungen bezüglich der Möglichkeit, den Transfer impliziten Wissens mit IKT zu unterstützen.

vergangenen Erfahrungen als eine zentrale Fähigkeit einer lernenden Organisation.[436] Im Kontext dieser Arbeit geht es um die Überführung von Wissen in Projekten bzw. Wissen über Projekte in Wissen aus Projekten (vgl. Kapitel 4.1). In Kapitel 3.5.2 wurde anhand von Theorie und Praxis ein Handlungsbedarf bei der Projekterfahrungssicherung im Sinne eines organisationalen Lernens aufgezeigt. Hier geht es nicht nur darum, vorangegangene Erfahrungen in Form von Faktenwissen der organisatorischen Wissensbasis zuzuführen, sondern auch damit verbundene Problemlösungsprozesse abzubilden.

Zum besseren Verständnis der dazu notwendigen Wissenstransformationen wird das von Nonaka eingeführte SECI[437]-Modell betrachtet [Nonaka et al. 1998b, S. 674; Nonaka/Takeuchi 1998, S. 220 ff., siehe auch S. 216; Nonaka/Takeuchi 1995, S. 62 ff.; Nonaka 1994, S. 19; Nonaka et al. 1998a, S. 147 ff.]. Es enthält vier Phasen und beschreibt damit vier Konvertierungsmodi von Wissen in Organisationen, die durch Kreuztabellierung der beiden Wissensarten implizites und explizites Wissen entstehen. Die Phasen bilden die Übergänge der beiden Wissensarten. Die Transformation von individuellem implizitem Wissen in kollektives explizites Wissen verläuft nach einem spiralenförmigen Prozess der Wissensgenerierung durch kontinuierliche Zustandstransformation zwischen implizitem und explizitem Wissen. Das Wissen wird dabei sukzessive von den Individuen auf höhere Ebenen portiert. Dabei existieren nach Nonaka vier Umwandlungsprozesse, die wie im Folgenden auf das Erfahrungslernen im Projektkontext angewendet werden können:

- Implizit zu implizit: *Sozialisation*
  Der Prozess der Teilung impliziten Wissens findet überwiegend durch Face-to-Face-Begegnungen statt. Implizites Wissen wird durch das gemeinsame Teilen von mentalen Modellen im Rahmen von Aktionsfeldern generiert. Beispielhaft kann hier die unbewusst durchgeführte gemeinsame Konsensbildung bei der Diskussion von Erfahrungen im Rahmen einer Arbeitssitzung eines Projektteams genannt werden.
- Implizit zu explizit: *Externalisierung*
  Externalisierung findet beispielsweise durch die Bildung gemeinsamer Metaphern, Modelle, Analogien und Konzepte statt. Dies kann durch Artikulation durch das gesprochene Wort geschehen, aber auch durch die Kodifizierung von Projektereignissen (z. B. in Form von Projektdokumenten, Methodenhandbüchern oder Projekterfahrungen).
- Explizit zu explizit: *Kombination*
  Neues Wissen entsteht durch die Kombination bestehender expliziter Wissensquellen. Dieser Vorgang lässt sich durch die Nutzung von IKT beschleunigen. Dies geschieht beispielsweise bei der Zusammenführung und

[436] Für eine formale Betrachtung organisationalen Verhaltens in Abhängigkeit von Erfahrungen mit linearen Gleichungssystemen vgl. [Cyert/March 1995, S. 165 ff.].

[437] SECI: socialization, externalization, combination, internalization.

Konsolidierung niedergeschriebener Projekterfahrungen anderer, um einen Abschlussbericht zu erstellen.

- Explizit zu implizit: *Internalisierung*
  Der Prozess der Internalisierung erfolgt durch die Aneignung von Wissen im Sinne einer „Verinnerlichung" durch die involvierten Personen in Form von individuellen Lernprozessen. Dies geschieht beispielsweise durch das Lesen und Verstehen eines Methodenhandbuchs oder den Aufbau mentaler Modelle durch mehrfaches Handeln.

Die Prozesse wiederholen sich im Problemlösungsablauf der Organisation. Dadurch bildet sich eine Spirale, die immer weiter aufgebaut wird: Durch die gewonnenen Erkenntnisse können neue Probleme gelöst werden, die wiederum zu erneuten Erfahrungen führen (vgl. Kapitel 3.5.1) und die vier Prozesse werden erneut durchlaufen.

Schlüsselerfahrungen
In Zusammenhang mit dem Erfahrungslernen fällt in der Literatur immer wieder der Begriff Schlüsselerfahrungen (zum Teil auch Lessons Learned). Er wird hier im Sinne eines Oberbegriffs verwendet:[438] Unter *Schlüsselerfahrungen* werden für *allgemein gültig* befundene Erfahrungen verstanden.[439] Dabei findet im Projektkontext die bewusste Entwicklung von Wissen im Rahmen von ex post-Betrachtungen statt. Dieses Wissen kann und sollte im Vorfeld und während der Projektdurchführung späterer Projekte bereitgestellt werden [Smith/Dodds 1997, S. 167; Probst et al. 1999, S. 211; Schindler 1998a, S. 10 ff.; Schindler/Seifried 1999, S. 24]. Dadurch entsteht – im Sinne des vorgestellten SECI-Modells – eine fortlaufende Spirale, bei der bestehendes Projektwissen wieder verwendet und die Wissensbasis im Unternehmen gleichzeitig sukzessive angereichert wird.

In der Literatur lassen sich eine Reihe von Konzepten zur Erfahrungssicherung aus Projekten identifizieren, die in zwei Gruppen unterteilt werden können:

- Prozessdominante Instrumente des Erfahrungslernens
- Darstellungsdominante Instrumente des Erfahrungslernens

Die Differenzierung erfolgt dabei gemäss der dargestellten Schwerpunkte: Prozessdominante Instrumente betonen die zeitliche Verortung im Rahmen des Projektablaufs und das Vorgehen bei der dort betriebenen Erfahrungsableitung. Bei den darstellungsdominanten Instrumenten überwiegen Aspekte der inhaltlichen Aufbereitung der Erfahrungen und der Vermittlung der Inhalte an die Organisation. Die Konzepte werden in den folgenden Kapiteln 4.4.1 und 4.4.2 vorgestellt und in Kapitel 4.4.3 zusammenfassend bewertet. Dabei werden Rahmenempfehlungen zur Ableitung von Erfahrungen im Projektkontext erarbeitet. In Kapitel 4.4.4 wird das Best Practice Benchmarking als

---

438 Den „kompakten Charakter" von Lessons Learned betonen Probst et al., nehmen jedoch eine Einschränkung auf „essentielle" Erfahrungen vor: „Lessons learned repräsentieren die Essenz der Erfahrungen, welche in einem Projekt oder einer Position gemacht wurden" [Probst et al. 1999, S. 212].

439 Probst et al. sprechen in diesem Zusammenhang von „Selbstreflexion" [Probst et al. 1999, S. 211].

ein über die Sicherung von Schlüsselerfahrungen hinausgehendes Konzept des Erfahrungslernens vorgestellt.[440]

4.4.1 Prozessdominante Instrumente des Erfahrungslernens

Zur Ableitung von Erfahrungen aus Projekten eignen sich zunächst wieder bewährte Konzepte aus der Projektabwicklung im Sinne einer Zweckadjustierung zum Projektwissensmanagement (vgl. die Parallelen in Kapitel 4.2.2). Es gilt dabei, Projekte gezielt zu evaluieren, um aus ihnen auf organisationaler Ebene lernen zu können. Im Rahmen dieses Kapitels werden dazu die folgenden Instrumente vorgestellt:[441]

- Projektrevision
- Projektaudit
- Postcontrol
- Projektrückschau
- Post-Project Appraisal
- Projekt-Debriefing
- Kooperative Projektevaluierung

Die ersten fünf Konzepte stammen überwiegend aus der traditionellen Projektabwicklung, während die beiden nachfolgenden von ihrem Ursprung her dem Bereich des Wissensmanagements und der lernenden Organisation zuzuordnen sind. Die Instrumente ergänzen bestehende Strukturen für die Zusammenkunft von Projektteams (insbesondere Projektmeetings im Sinne von Jours fixes). Sie eignen sich aufgrund ihrer traditionellen Bestimmung und ihres eher hinterfragenden Charakters als Gefässe für die Erfahrungssicherung, da sie Dialog und Reflexion in einem gemeinsamen Kontext (vgl. Kapitel 2.2) fördern können.

Projektrevision

Während und nach dem Projektablauf durchgeführte Projektrevisionen[442] (angels.: project reviews) dienen der Statusbestimmung eines Projektes und sollen ein frühzeitiges Erkennen etwaiger Probleme ermöglichen. Von ihrer Durchführung verspricht man sich die Verbesserung der (Team-)Disziplin, das Verhindern der Bildung von Schwachstellen und eine Überprüfung von Strategien [vgl. z. B. Burghardt 1997, S. 359 ff.; Cleland 1994, S. 119 ff.; Rosenau 1998, S. 230 ff.].

---

[440] Für die exemplarische Darstellung einer möglichen Umsetzung einer Anwendung zur Kodifizierung und Verankerung von Schlüsselerfahrungen durch Nutzung der neuen Medien vgl. Kapitel 4.6.3.

[441] Grundsätzlich können auch die in Kapitel 4.2.1 vorgestellten Formen der Tertiärorganisation zur Ableitung von Projekterfahrungen dienen. Sie stellen ein wesentliches Forum für den Erfahrungsaustausch dar, eignen sich nach Meinung des Autors aber durch den eigenen Kontext nur bedingt zur *systematischen* Erfahrungsableitung im Rahmen eines bestimmten Projektes.

[442] Auch als Inspektionen (angels. zum Teil auch walk throughs) zu finden.

Teilnehmer solcher in Form von Face-to-Face-Treffen durchgeführter Revisionen sind ausser dem Projektteam und dem zugehörigen Projektleiter Elemente des projektrelevanten Umsystems wie Management, Lenkungskreise oder Multiprojektausschüsse, Auftraggeber bzw. Kunden sowie gegebenenfalls auch ein Moderator.

In Abhängigkeit der gewählten Durchführungszeitpunkte lassen sich mehrere Typen von Revisionen unterscheiden (z. B. periodische, aufgabenbezogene, meilensteinbezogene und kostenzielbezogene).

Projektaudit

Sehr eng mit den Projektrevisionen verwandt sind so genannte Projektaudits (angels. zum Teil auch evaluations) [vgl. z. B. Cleland 1994, S. 295 f.; Meredith/Mantel 1995, S. 571 ff.; vgl. auch Ayas 1998, S. 94 und S. 97]. Während bei der Durchführung von Projektrevisionen regelmässig Mitglieder des Umsystems einbezogen werden, liegt der Fokus solcher Audits[443] auf der teaminternen Bewertung des Status eines Projektes. Die Ziele sind analog der Revision: Sie dienen der Identifikation besonders gut bzw. schlecht ablaufender Vorgänge, der Betreibung von Ursachenforschung und als Forum für den Ideenaustausch im Team. Die Zeitpunkte zur Durchführung eines Audits sind dieselben wie bei den Revisionen. Während die im folgenden Abschnitt vorgestellten Postcontrols primär der nachträglichen Erfahrungssicherung dienen, ist das Ziel von Audits und Revisionen ein mögliches Eingreifen in das Projektgeschehen während des Projektverlaufs. Zur Durchführung solcher Audits werden auch hier wieder projektexterne Personen vorgeschlagen [Rosenau 1998, S. 296].

Postcontrol

Meredith und Mantel [Meredith/Mantel 1995, S. 520] stellen die Postcontrol als Instrument zur Erzielung von Verbesserungen zukünftiger Projekte vor. Diese Form der „Nachkontrolle" dient in Abgrenzung/Ergänzung zu einem formalen Projektabschluss der alleinigen Verbesserung der Zielerreichung zukünftiger Projekte. Dazu werden Meilensteine, Checkpunkte und Budgetvorgaben zwecks Identifikation der Hintergründe aufgetretener Plan-Ist-Abweichungen betrachtet. Bei diesem Konzept handelt es sich grundsätzlich um eine nicht kooperative Form der Erfahrungssicherung. Die Autoren beschränken sich in ihren Ausführungen über die Postcontrol auf die Rolle des Projektleiters, schliessen die aktive Einbeziehung des Projektteams aber nicht explizit aus. Als Mittel zur Durchführung der Postcontrol schlagen sie die Analyse existierender Projektstatusberichte vor (Erfahrungssicherung durch Kombination). Ergebnis der Postcontrol ist ein formales Dokument, das die Bereiche Projektziele, quantitative Ziele, Meilensteine, Checkpunkte und Budgetvorgaben berücksichtigt, eine Bewertung des Projektergebnisses sowie eine Empfehlung für zukünftige Verbesserungen enthält. Ein Projektabschlussbericht kann ein weiterer optionaler Bestandteil dieses Dokumentes sein.

[443] Der Begriff wird in der Literatur nicht einheitlich verwendet: Burghardt positioniert Audits dabei vor allem zur Erreichung von Qualitätszielen [Burghardt 1997, S. 381 ff.].

Projektrückschau

Ein kooperatives Instrument der Nachkontrolle ist das von Zielasek [Zielasek 1995, S. 188 ff.] vorgestellte Konzept der Projektrückschau, das die Ideen einer Revision aufgreift und eine ex post-Betrachtung des Projektablaufs durchführt.[444] Ausser einer Stärken-/Schwächenanalyse und der Regelung der abschliessenden Betreuung der Projektergebnisse werden primär Fragen über den Ablauf der Zusammenarbeit und mögliche Verbesserungen sowie die Diskussion der Gründe für aufgetretene Probleme erörtert. Zielasek betont das Bestreben, „erkanntes Fehlverhalten nicht zu wiederholen und somit bei weiteren Projekten ein immer besseres Ergebnis zu erzielen“ [Zielasek 1995, S. 190]. In die Durchführung der Projektrückschau ist das gesamte Projektteam involviert. Zielasek schlägt im Nachgang eine ergänzende Aussprache mit den involvierten Führungskräften und dem Auftraggeber vor.

Post-Project Appraisal

Eine Sonderform der Revisionen stellen die von Frank A. Gulliver propagierten Post-Project Appraisals dar. Gulliver schildert am Beispiel des Mineralölkonzerns British Petroleum (BP) die Einführung „nachträglicher Projektbeurteilungen“ (angels.: post-project appraisals) zur ex post-Bewertung abgeschlossener Projekte [Gulliver 1987, S. 128 ff.]. Dazu ist eine spezielle Organisationseinheit vorgesehen, die so genannte „nachträgliche Projektbeurteilungseinheit“ (angels.: post-project appraisal unit, kurz PPA). Ziel solcher Beurteilungen ist es, das weltweite Lernen aus Fehlern und die Wiederholung von Erfolgen zu unterstützen. Zur Erfahrungssicherung wird dabei bewusst ein projektexternes Team gewählt, da die als unabhängig geltenden Teammitglieder keine vorgefertigten Meinungen und schon gar kein Interesse an einer Beeinflussung der Ergebnisse der Bewertung haben, was zu einer höheren Objektivität führt.

Post-Project Appraisals werden nach Gulliver ausschliesslich im Rahmen von Grossprojekten, wie dem Bau von Ölplattformen, oder bei der Durchführung von Akquisitionen eingeleitet, da man der Meinung ist, dass die wertvollsten Schlüsselerfahrungen aus den grössten Projekten gewonnen werden. Die zugehörigen Projekte werden aufgrund der beschränkten Kapazitäten der PPA sorgfältig ausgewählt.

Die PPA untersucht abgeschlossene Projekte (meist erst etwa zwei Jahre nach deren Beendigung) und betrachtet dabei den gesamten Projektverlauf, beginnend mit der Projektidee bis zum Zeitpunkt der Bewertung, um auch eventuelle Spätfolgen und positive wie negative Ergebnisse in die Evaluierung einbeziehen zu können. Dazu werden nach der Sichtung der Projektdokumentation durch die PPA mündliche Interviews (die Verwendung von versendeten Fragebogen wird aufgrund der damit verbundenen eingeschränkten Sichtweise abgelehnt) mit möglichst vielen der am Projekt beteiligten Personen – durchschnittlich werden ca. 40 Personen befragt – durchgeführt. Ein solcher Bewertungsprozess dauert etwa sechs Monate. Der erstellte Bericht wird den Teammitgliedern nochmals zur Verifikation vorgelegt und anschliessend an das Reviewboard zur Freigabe weitergegeben. Die Berichte werden nach erfolgter Frei-

---

[444] Vgl. auch ähnlich die „Projektevaluierung“ [Patzak/Rattay 1998, S. 380 f.].

gabe durch das Board zentral gesammelt und als Fallsammlungen bereitgestellt und regelmässig aktualisiert (durch Hinzufügen neuer bzw. Aktualisierung bestehender Lessons Learned-Berichte). Die Verteilung erfolgt nach Gulliver papierbasiert in Form von Handbüchern.[445] Das Management von BP erwartet bei Projektanträgen die Berücksichtigung der durch die PPA kodifizierten Empfehlungen.

Ein dem Ansatz von Gulliver ähnliches Vorgehen stellt Garvin vor. Er beschreibt die Ableitung von Schlüsselerfahrungen an einem Fallbeispiel des Flugzeugbauers Boeing: Zur Vermeidung der Wiederholung der bei der Entwicklung der Flugzeugreihen 737 und 747 begangenen Fehler in späteren Projekten (die Umsetzung war von grossen Problemen begleitet) wurde eine Arbeitsgruppe ähnlich der PPA eingerichtet, das so genannte Project Homework-Team. Dieses hatte den Auftrag, die Projektverläufe der Maschinen vom Typ 737 und 747 mit denen der Typen 707 und 727 (zwei sehr erfolgreich durchgeführte Entwicklungsvorhaben) zu vergleichen. Das Team bereitete zu diesem Zweck im Nachgang die Erfahrungen aus den beiden ersten Projekten auf und präsentierte als Ergebnis ein Buch mit entsprechenden Empfehlungen. Einige Mitglieder dieses Teams wurden danach in die Initialisierungsteams der 757- und 767-Entwicklungsvorhaben versetzt. Dank diesem Vorgehen konnten die erfolgreichsten und fehlerfreisten Markteinführungen in der Geschichte Boeings durchgeführt werden [Garvin 1993, S. 81 und S. 85 f.].

Die Ansätze von Gulliver und Garvin zur nachträglichen Bewertung von in Projekten angewendeten Vorgehensweisen unterscheiden sich im Wesentlichen dadurch, dass ein Teil des Bewertungsteams bei Boeing in neue Projekte transferiert wird, um einen personifizierten Erfahrungstransfer sicherzustellen, während der Auftrag der PPA mit der Übergabe des Buchs endet.

Projekt-Debriefings

Von Krogh schlägt zur Kultivierung von Sorgfalt im Rahmen der Wissensgenerierung die Durchführung so genannter Project Debriefings vor, mit der Zielsetzung der Erfahrungsteilung zwischen den beteiligten Individuen [von Krogh 1998, S. 145]. Gut strukturierte Projekt-Debriefings decken nach von Krogh die folgenden Themenbereiche ab:

- Revision der Projektziele bezüglich ihrer Erreichung
- Verarbeitung von Erfahrungen der beteiligten Individuen bezüglich ihrer Arbeitsbeziehungen untereinander, aber auch zu Vorgesetzten
- Sicherung von Schlüsselerfahrungen aus Sicht der Individuen, aber auch des Projektteams im Ganzen
- Betrachtung der im Rahmen des Projektes entstandenen Tools und Methoden

---

[445] Diese Aussage ist vor dem Hintergrund der Mitte der 80er-Jahre noch nicht vorhandenen Client-/Server-Infrastrukturen bzw. Groupware- und Intranettechnologien differenziert zu bewerten.

- Identifikation von Wissen und besten Praktiken, die es auf andere Projekte zu übertragen gilt

Ausführungen über die Art der Bereitstellung der durch Debriefings gewonnenen Erfahrungen im Sinne organisationalen Lernens oder über etwaige zum Debriefing notwendige Rollen werden in dem Beitrag nicht gemacht.

Im Folgenden wird der Begriff *Debriefing* synonym mit *Erfahrungsableitung* allgemeiner verwendet.

Kooperative Projektevaluierung
Lullies et al. schlagen als Massnahme zur Erfahrungssicherung die „kooperative Projektevaluierung“ [Lullies et al. 1993, S. 247 ff.] nach Projektende vor. Dazu wird von einem externen Team ein auf Interviews mit den Projektbeteiligten basierender Ergebnisbericht erstellt, der die von den Befragten gewonnenen Aussagen über den Projektverlauf zusammenfasst. Im Anschluss daran wird der Bericht mit den Beteiligten im Rahmen eines Workshops diskutiert, um eine differenzierte Bewertung der durchgeführten Einzelinterviews zu ermöglichen und gleichzeitig die gewonnenen Erfahrungen an die anderen Teammitglieder weiterzugeben.

Im Rahmen eines solchen Evaluationsprozesses werden folgende Ziele angestrebt [Lullies et al. 1993, S. 250]:

- Kooperative Erfahrungssicherung aller Beteiligten
- Realitätsgerechte Erfahrungsverarbeitung
- Konsensmanagement durch Offenlegung gegenseitiger Interessen und Konflikte
- Stärkung des gegenseitigen Vertrauens und Pflege informeller Beziehungen
- Förderung des gegenseitigen Verständnisses und der dazu notwendigen Motivation
- Erarbeitung von Verbesserungsvorschlägen über die Erfolgs- und Misserfolgsfaktoren des Projektes auf Basis eines gemeinsamen Konsenses

Die Autoren betonen die Wichtigkeit einer offenen Diskussion zur Schaffung des notwendigen Vertrauens und der Förderung des gemeinsamen Verständnisses. Zur Rückspielung des erarbeiteten Konsenses über die am Workshop gewonnenen Erkenntnisse an die umgebende Organisation werden keine weiteren Ausführungen gemacht.

4.4.2 Darstellungsdominante Instrumente des Erfahrungslernens

Nachdem im vorangegangenen Kapitel verschiedene Gefässe zur Ableitung von Erfahrungen vorgestellt wurden, folgt in den Abschnitten dieses Kapitels die Darstellung dreier Instrumente zur (redaktionellen) Aufbereitung und Verankerung der abgeleiteten Erfahrung im Sinne erfahrungssichernder Lernprozesse:[446]

- Mikroartikel
- Learning Histories
- Projektabschlussbericht

Der Schwerpunkt dieser Instrumente liegt auf der inhaltlichen Gestaltung der zu isolierenden Erfahrungen.

Mikroartikel
Der Soziologe Helmut Willke schlägt die Verwendung so genannter Mikroartikel zur Erfahrungssicherung *nach* Beendigung eines Projektes vor [Willke 1998b, S. 100 ff.; vgl. auch Roehl 2000, S. 241 ff.]. Die Explizierung der Erfahrungen erfolgt dabei – in Analogie zu wissenschaftlichen oder journalistischen Veröffentlichungen – durch Kodifizierung. Das Instrument zeichnet sich durch die folgenden Merkmale aus:

- Der Autor muss die Lernerfahrung selbst machen, d. h. er ist der „Urheber" der Wissensgenerierung.
- Der Autor sollte sein im Artikel auszudrückendes Wissen plausibilisieren, so dass er in der Lage ist, es schriftlich zu explizieren.
- Das zu kodifizierende Wissen ist so auszudrücken, dass es für Dritte gut verständlich ist.
- Der Autor hat seinen Artikel anderen im Sinne eines Publikationsvorgangs zugänglich zu machen.
- Der Artikel unterliegt dabei durch die Anzahl gemachter Verweise einer Erfolgsmessung.
- Die Erfahrungssicherung ist mit der Ablage und Nutzung eines Mikroartikels nicht abgeschlossen: In einem kontinuierlichen Prozess wird der Mikroartikel aufgrund von Anregungen und Kritik iteriert und immer wieder verbessernd hinterfragt.

Willke unterstreicht, dass es nicht um das blosse Verfassen von Berichten gehe, sondern um den wesentlichen Kern von Erfahrungen: Der Mikroartikel ist „ein Hybrid aus einer Karteikarte und einem ausgewachsenen Artikel" [Willke 1998b, S. 102]. Der Umfang ist auf eine halbe bis eine Seite beschränkt. Der Erfolg resultiert aus dem Lesen und Nutzen durch andere und wird anhand der Anzahl von Referenzierungen durch Zitationen gemessen. Erfolgskritisches Element für die Nutzenstiftung eines solchen Artikels ist dabei der Transport des jeweiligen Lernkontexts, ohne den der Artikel für einen an der Lernerfahrung unbeteiligten Leser nicht erfassbar ist. Den Rahmen eines Mikroartikels bildet ein festes Aufbauschema, bestehend aus einem Thema, einer

---

[446] Vgl. dazu die Fallstudie DaimlerChrysler. Das Soll-Vorgehen zur „Teamauswertung" sieht als Ziel zwar eine bessere „Besprechbarkeit", nicht aber eine weitergehende Sicherung von Schlüsselerfahrungen in der organisatorischen Wissensbasis, z. B. durch Kodifizierung vor.

einführenden Kurzbeschreibung des Inhalts und einem Schlüsselwortteil zur besseren Indizierung. Der Autor empfiehlt die Verwendung von Abbildungen zur Unterstützung individueller Lernprozesse. Zur Distribution schlägt Willke die Verankerung solcher Mikroartikel in Datenbanken und die Verfügbarmachung über Intranets vor. Dabei regt er die Substitution rein textueller Inhalte durch multimediale Objekte wie etwa Videoclips an.

Learning Histories

Im Rahmen des Learning History Research Projektes der Sloan School of Management am Massachusetts Institute of Technology (MIT) [Kleiner/Roth 1997; Roth/Kleiner 1998; Roth/Kleiner 1999; Kruschwitz/Roth 1999] befasst sich ein Forscherteam mit der Entwicklung eines Tools zur Sicherung teambezogener Erfahrungen. Die „Learning Histories" sind die schriftlichen Erzählungen relevant empfundener Ereignisse eines Projektes in Form eines 20-100seitigen Dokumentes.

Die Erstellung der Learning History erfolgt dabei durch einen sechsstufigen Prozess [Roth/Kleiner 1998, S. 47]:

1. Planung
2. Reflektierende Interviews
3. Ableitung
4. Schreiben
5. Validierung
6. Verteilung

Im Rahmen der Planungsphase wird ein ableitungswürdig erscheinendes Vorhaben identifiziert. Die Erfahrungsableitung erfolgt durch ein gemischtes Team so genannter Learning Historians, bestehend aus unternehmensinternen Spezialisten (z. B. aus der Personalabteilung) und externen Forschern bzw. Beratern. Das externe Team führt dazu im Vorfeld Einzelinterviews bei den Projektbeteiligten durch, die dann im Rahmen der Learning History unter Mithilfe der internen Teammitglieder aufbereitet und transkribiert werden. Durch diese Mischung verspricht man sich eine objektive Erfahrungssicherung, da einerseits die externen Teammitglieder über die notwendige Distanz zu den Projektbeteiligten verfügen und die Interviewergebnisse andererseits von den unternehmensinternen Historians für den Vorgang der schriftlichen Darstellung besser interpretiert werden können.

Indem eine Learning History die erlebten Erfahrungen aus der Sicht der Betroffenen durch direkte wörtliche Wiedergabe beschreibt, versucht man bewusst die Schwäche konventioneller Ansätze zur Kodifizierung von Wissen durch die nicht vorhandene Abbildung schwer explizierbarer Wissensbestände zu adressieren.[447] Durch die kon-

[447] Ein von den Learning Histories abgeleitetes Konzept stellt die so genannte History Map dar [Roth/Kleiner 1999]. Dieses Instrument eignet sich zur Rekapitulation zurückliegender Projektereignisse im Rahmen von Teamsitzungen. Dabei werden die vorangegangenen Projektphasen auf einer Wandtafel grafisch dargestellt und relevante Ereignisse sukzessiv zugeordnet. Ziel der History Map ist die Bildung eines gemeinsamen Ver-

textuelle Aufbereitung soll dem Leser ein Gefühl des „Dabeiseins“ vermittelt werden. Das Seitenlayout einer solchen Learning History[448] ist überwiegend zweispaltig: In der rechten Spalte werden Interviewteilnehmer zitiert, in der linken Spalte jeweils Kommentierungen durch die Learning Historians angeführt, die dazu dienen, das vom Charakter her nur schwer transferierbare implizite Wissen zu artikulieren (z. B. durch Brückenbildung zu anderen Gedanken). Dazwischen findet sich auch ganzzeiliger Text, welcher der Darstellung von Kommentaren dient. Boxen im Text enthalten weiterführende bzw. Rahmeninformationen. Die Interviewpartner werden direkt zitiert und sind weitestgehend anonymisiert, d. h. für den späteren Leser nur über eine einordnende, grobe Stellen- bzw. Rollenbeschreibung unterscheidbar.

Eine Validierung der erarbeiteten Learning History erfolgt durch die Beteiligten im Rahmen von Diskussionen. Die anschliessende Verteilung der erarbeiteten Learning History an Interessenten erfolgt ausschliesslich im Rahmen begleitender Workshops [Roth/Kleiner 1998, S. 53] durch Gruppendiskussionen und die gemeinsame Prüfung der Anwendung von Inhalten der Learning Histories auf andere Probleme.[449] Das Konzept geht auf die jahrhundertealte Tradition des Geschichtenerzählens zum Überliefern von Erfahrungen zurück. Das vorgeschlagene Format birgt nach Aussage der Autoren den Vorteil, dass es durch die Anonymisierung der Beteiligten die Zugabe von Fehlern erleichtert.

Die Autoren konstatieren eine vertrauensbildende Wirkung der Learning Histories [Kleiner/Roth 1997, S. 176]: Finden die Teammitglieder ihre Aussagen in den Learning Histories wieder, gibt ihnen das ein Gefühl der Bestätigung. Dies führt zu einer verbesserten Haltung für die Zukunft. Die Gruppendiskussionen bieten Gelegenheit zur kollektiven Reflektion. Mit dem Anwachsen des Vertrauens wird eine immer lernfreundlichere Umgebung geschaffen.

Die aus der ausschliesslichen Verteilung der Learning Histories im Rahmen von Workshops resultierende Nutzungsbeschränkung hemmt – insbesondere in verteilten Szenarien – spontanes organisationales Lernen im Sinne eines „experimentellen Durchstöberns“, obschon dies durch den relativ grossen Umfang grundsätzlich begrenzt sein dürfte.

---

ständnisses für zurückliegende oder zukünftige Ereignisse durch die kollektive Reflektion von bereits Geschehenem im Dialog.

448 Vgl. dazu auch [March 1994, S. 242 f.]: March führt drei Vorschläge zur Verbesserung des Informationsgehaltes von zurückliegenden Ereignissen für die Unterstützung von Entscheidungen an: 1. detailreiche Erzählungen (zur Verbesserung einer kontextreichen Darstellung), 2. mehrere Beobachter und mehrere Interpreter (zur Erzielung eines objektiveren, da aufgrund der grösseren Stichprobe breiteren Bildes) und 3. die Berücksichtigung hypothetischer Ereignisse (wie Fehlschläge). March betont, dass sich gute Ideen nur langsam verbreiten, wenn das zu ihrem Verständnis oder ihrer Anwendung notwendige Wissen nicht vorhanden ist [vgl. March 1994, S. 246] und artikuliert damit den Bedarf eines gemeinsamen Kontexts.

449 Die Autoren kritisieren „It is not enough to describe the ‘lessons learned’, even with passion. The rest of the organization must be invited into the reflection process – which includes giving voice to the perspective of skeptics, resisters, and obfuscators.“ [Roth/Kleiner 1998, S. 46] Sie differenzieren gleichzeitig „the learning history provides, instead of a vehicle of self-reflection, a way to present their considered point of view to the rest of the organization, in a spirit of inquiry that will help it be heard.“ [Roth/Kleiner 1998, S. 46]

Projektabschlussbericht

Im Rahmen der Aktionsforschung und der ergänzenden Interviews wurde immer wieder die Sicherung von Erfahrungen im Rahmen des Projektabschlussberichts gefordert [vgl. auch Smith/Dodds 1997, S. 166]. Die Verwendung des aus dem Bereich der traditionellen Projektabwicklung stammenden Projektabschlussberichts zur Verankerung von Empfehlungen für zukünftige Projekte im Sinne von in der organisatorischen Wissensbasis verankerten Schlüsselerfahrungen ist regelmässig in den Methodenhandbüchern der Unternehmen anzutreffen (vgl. Kapitel 3.5.2). Ein solcher Abschlussbericht enthält ausser einer Gesamtbeurteilung des Projektes auch eine Darstellung des Projektverlaufs, der -ergebnisse und besonderen Ereignisse sowie der gewonnenen Erfahrungen[450] für die Umsetzung zukünftiger Vorhaben [Burghardt 1997, S. 460; Patzak/Rattay 1998, S. 273].

Auch wenn der Projektabschlussbericht zur Verankerung von Erfahrungen grundsätzlich sinnvoll erscheint, lassen die in der Praxis im Rahmen der Aktionsforschung gemachten Beobachtungen die *alleinige* Verankerung von Projekterfahrungen in Abschlussberichten als Gefässe zur Kodifizierung aus folgenden Gründen ungeeignet erscheinen:

- Implizites Wissen wird dabei nur unzureichend berücksichtigt, da die üblichen Formen der Abschlussberichte von ihrem Umfang her beschränkt und auf knapp formulierte „harte" Informationen ausgerichtet sind.
- Der Abschlussbericht hat in seiner primären Funktion die Auflösung des Projektes zu dokumentieren. Diesbezügliche Informationen können jedoch potenzielle Nutzer von Erfahrungen von einer Sichtung durch die gegebenenfalls nicht benötigten Informationen im Sinne eines Information Overloads (vgl. Kapitel 3.3.10) abhalten.
- Schlüsselerfahrungen weisen einen unterschiedlichen Detailliertheitsgrad auf (vgl. den Umfang der aufgeführten Mikroartikel im Gegensatz zu den Learning Histories). Dies kann unter anderem dazu führen, dass der Erfahrungssicherungsteil eines solchen Berichts in keinem Verhältnis zum Gesamtumfang steht.
- Der Abschlussbericht ist oftmals ein auch dem Kunden zugängliches Dokument [vgl. Burghardt 1997, S. 460]. Schlüsselerfahrungen besitzen aber einen eher internen Charakter (in der Regel ist allein die Leistungserstellung vertraglich vereinbart,[451] die Übergabe des dazu erforderlichen prozeduralen Wissens oder die aus aufgetretenen Fehlschlägen gewonnenen Erkenntnisse hingegen nicht).

---

[450] Vgl. Kapitel 3.5.2 über die mangelnde Umsetzung der Erfahrungssicherung im Rahmen der Erstellung von Abschlussberichten.

[451] Vgl. zur Anpassung des Projektzielverständnisses auch Kapitel 4.5.2.

- Abschlussberichte können bei strategischen Projekten unter Verschluss gehalten werden, was für die im Projektkontext gewonnenen Erfahrungen im Detail nicht zwingend zutreffen muss.

Aus den genannten Gründen bieten sich – zumindest in Ergänzung – alternative Formen der Verortung wie Mikroartikel oder Learning Histories an. Auch die Abbildung von Schlüsselerfahrungen in Form dedizierter Datenbankanwendungen (vgl. Kapitel 4.6.3) kann eine Alternative darstellen.

4.4.3 Zusammenfassung und Rahmenempfehlungen

Wie die Ausführungen der vorangegangenen Kapitel 4.4.1 und 4.4.2 gezeigt haben, lässt sich das organisationale Lernen aus Erfahrungen als sequentieller Prozess darstellen (vgl. Abb. 4-8). Dabei lassen sich die jeweils dominierenden Phasen des SECI-Modells zuordnen.

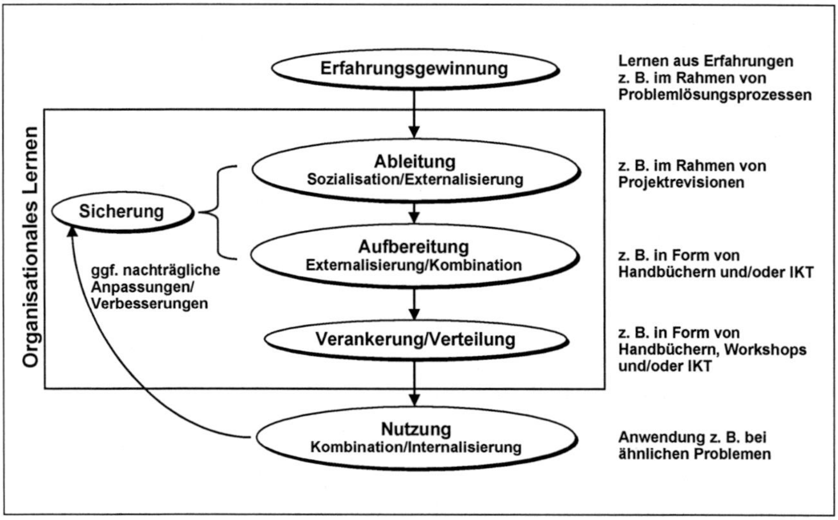

Abb. 4-8: Organisationales Lernen durch Schlüsselerfahrungen

Nach der eigentlichen Erfahrungsgewinnung durch das Individuum (vgl. Kapitel 3.5.1) erfolgt der Wissenstransfer in Form der Erfahrungsableitung (Sozialisation und Externalisierung) und daran anschliessend der Erfahrungssicherung (Sozialisation, Externalisierung und Kombination im Rahmen der Erfahrungsableitung und -aufbereitung). Die Verankerung und Verteilung [vgl. Levitt/March 1988, S. 330 f.] kann dabei durch Individuen (z. B. im Rahmen der Transferfunktion von Gruppen zum organisationalen Lernen wie etwa im Fall der Learning Historians), aber auch durch den Einsatz der IKT vonstatten gehen.[452] Der Prozess setzt sich mit der Nutzung der Erfahrung fort

[452] Für die Ablage von Wissen in IKT-Systemen vgl. einen ähnlichen Prozess in [van Heijst et al. 1998, S. 23].

(Internalisierung des Wissens bzw. Anwendung durch Kombination), die zu Anpassungen im Sinne von Verfeinerungen oder Infragestellungen führen kann und dies auch sollte. Bei einer nicht kooperativen Erfahrungssicherung, etwa durch eine Postcontrol, findet eine weitgehende Parallelisierung der Prozessschritte Ableitung und Aufbereitung statt. Bei der direkten Eingabe von Schlüsselerfahrungen in entsprechende Datenbank-Frontends (vgl. Kapitel 4.6.3) lässt sich der Prozess weiter parallelisieren und in Teilen automatisieren.

Das in Abb. 4-8 dargestellte Modell entspricht einer Instanziierung der in Kapitel 3.1 eingeführten Prozesse des Wissensmanagements (Phasen 3 und 4). Das Wissenscontrolling erfolgt im Rahmen der Erfahrungsnutzung. Die beiden ersten Phasen (Identifikation und Evaluation) finden sich im Rahmen des Ableitungsprozesses zusammengefasst wieder.

Tabelle 4-4 stellt die in Kapitel 4.4.1 vorgestellten prozessdominanten Instrumente des Erfahrungslernens vergleichend dar.

Instrument	**Zeitpunkt der Durchführung**	**Teilnehmerkreis**	**Durchführung erfolgt durch**
1. Projektrevision	nachgelagert zum Projektende oder zu einzelnen Projektphasen	Team, zum Teil auch das projektrelevante Umsystem	Moderatoren bzw. Projektrevisor
2. Projektaudit	nachgelagert zum Projektende oder zu einzelnen Projektphasen	Projektteam	projektexterne Personen
3. Postcontrol	ausschliesslich am Projektende	Projektleiter	Projektleiter
4. Projektrückschau	nach Projektende	Projektteam, Einbeziehung des Umfeldes im Nachgang möglich	Moderator
5. Post-Project Appraisal[453]	etwa zwei Jahre nach Projektende	Team und das in das Projekt involvierte Umfeld	externe PPA
6. Projekt-Debriefing	nach Projektende	Projektbeteiligte	keine Angabe
7. kooperative Projektevaluierung	nach Projektende	Projektteam und das Umsystem	externe Teams

Tabelle 4-4: Prozessdominante Instrumente zur Sicherung von Lessons Learned

Die in Kapitel 4.4.2 vorgestellten darstellungsdominanten Instrumente des Erfahrungslernens lassen sich, wie in Tabelle 4-5 dargestellt, voneinander abgrenzen.

---

[453] Die Durchführung beschränkt sich auf Grossprojekte.

	Mikroartikel	Learning Histories	Projektabschlussbericht
Umfang	zwischen einer halben und einer Seite	zwischen 20 und 100 Seiten	-[454]
unterstützte Wissensarten	keine Angabe	explizit, aber auch implizit	keine Angabe
IKT-Unterstützung	möglich	nicht vorgesehen	möglich
Unterstützung durch dedizierte Rollen	jeder	Learning Historian für alle Prozessschritte erforderlich	Projektleiter und Team
Penetranz	nach Bedarf	maximal einmal pro Projekt: nach Abschluss	einmal pro Projekt am Projektende
Anonymität	nein	ja	nein

Tabelle 4-5: Darstellungsdominante Instrumente zum Lernen aus Projekten

Temporale Verortung organisationaler Lernprozesse des Erfahrungslernens

Wie bereits mehrfach erwähnt, wird die Erfahrungssicherung in der Praxis und in der Literatur (vgl. Kapitel 3.5.2) regelmässig zum Projekt*ende* gefordert. Auch nach dem Modell von Christian (vgl. Kapitel 4.1) werden Erfahrungen erst am Projektende gewonnen. Dieses Soll-Vorgehen findet sich implizit auch im Konzept der von Nonaka vorgestellten Hypertextorganisation[455] wieder [Nonaka/Takeuchi 1995, S. 169 f.]: Wenn ein Projektteammitglied die Gruppe verlässt, werden Erfolge und Niederlagen auf der Wissensbasisebene dokumentiert.

Grundsätzlich lässt sich die Ableitung von Schlüsselerfahrungen zu den unterschiedlichsten Zeitpunkten in den Projektablauf einbinden (vgl. dazu Kapitel 4.5.1), während z. B. bei Learning Histories der Zeitpunkt (nach Projektende) und der Durchführungsprozess fest vorgegeben sind.

Im Rahmen dieser Arbeit wird die Notwendigkeit eines *kontinuierlichen* Projekt-Debriefings betont. Dabei wurde in Zusammenarbeit mit den in die Aktionsforschung involvierten Unternehmen eine laufende Erfahrungssicherung als am sinnvollsten erachtet. Die folgenden Gründe können dazu aufgeführt werden:

- Ein solches Vorgehen ist insbesondere bei der „Konservierung“ von Entscheidungsprozessen hilfreich, da jede Entscheidung für eine bestimmte Lösung zur Konsequenz hat, dass nicht gewählte Alternativen ausgeschlossen werden [vgl. Witschi et al. 1998, S. 85]. Die zeitnahe Reflexion über diesen Prozess kann dazu beitragen, ein „Vergessen“ von Fehlentscheidungen aufgrund zu starker Abstraktionen zu verhindern.

---

[454] Hier erscheint keine Aussage möglich und sinnvoll. Während Patzak und Rattay [Patzak/Rattay 1998, S. 273] zwischen zwei und zehn Seiten exklusive Beilagen angeben und damit eine gewisse Knappheit implizieren, hängt dies in der Praxis unter anderem auch von Projektdauer und -umfang ab und wird wesentlich durch das Projektziel bzw. die zur Erreichung notwendigen Schritte determiniert.

[455] Vgl. Kapitel 4.2.1.

- Eine sukzessive Erfahrungssicherung während des Projektverlaufs reduziert den Aufwand für die Beteiligten zum Projektende im Vergleich zu einer einmaligen quasi „kumulierten" Sicherung von Erfahrungen.
- Die Betroffenen dürften sich während ihrer operativen Einbindung in den Projektverlauf grundsätzlich besser einbeziehen lassen als erst nach Projektende. Dabei kann insbesondere der bei Wissenseinkauf auftretenden Problematik der Verfügbarkeit von unternehmensexternen Wissensträgern (z. B. Unternehmensberatern) begegnet werden. Im Rahmen der Aktionsforschung konnte beobachtet werden, dass die Einbeziehung solcher Experten, die oftmals zentrale Wissensträger eines Projektes sind, am Projektende aus Kostengründen abgelehnt wurde. Wird die Erfahrungssicherung hingegen bereits während des Projektverlaufs betrieben, werden solche Kostenargumente nicht als vordergründig angesehen.
- Die zeitnahe Ableitung der Schlüsselerfahrungen dürfte durch die dabei zu durchlaufenden Selbstreflexionsprozesse zu einer tieferen Problemdurchdringung führen und bietet dadurch die Möglichkeit, den direkten Projektverlauf zu beeinflussen.
- Ein kontinuierliches Debriefing erscheint insbesondere bei Projekten mit einer langen Laufzeit sinnvoll, bei denen die Gefahr besteht, dass prozedurales Wissen aufgrund eines zu grossen Zeitverzuges gegebenenfalls entlernt werden könnte.

Möglichkeiten zur temporalen Verortung zeitnaher Erfahrungssicherungsprozesse werden in Kapitel 4.5.1 im Rahmen der Projektmethodik diskutiert.

Modi der Erfahrungsableitung

Während im vorangegangenen Abschnitt die Häufigkeit der zeitlichen Durchführung organisationaler Lernprozesse zum Erfahrungslernen erörtert wurden, werden im Rahmen dieses Abschnitts zwei Durchführungsarten solcher Prozesse diskutiert. Dazu wird ein dualer Debriefing-Ansatz vorgeschlagen:

- Im Rahmen von *Einzel-Debriefings* wird eher gut explizierbares Wissen direkt von den Individuen kodifiziert (Quasi-Parallelisierung von Ableitung, Aufbereitung, Verankerung und Verteilung). Dazu eignen sich beispielsweise die vorgestellten Mikroartikel oder Datenbankansätze.
- Im Rahmen *kollektiver Team-Debriefings* wird die Erfahrungssicherung unter Einbeziehung externer Moderatoren durchgeführt. Dabei wird sowohl die kollektive Lernfunktion als auch die Transferfunktion von Teams angesprochen. Im gegenseitigen Dialog wird implizites Wissen sozialisiert und externalisiert. Dies kann durch gegenseitiges Hinterfragen insbesondere zu einer tieferen Problemdurchdringung führen. Peter Senge drückt dies so aus: „In dialogue people become observers of their own thinking." [Senge 1990a, S. 242, Hervorhebung durch den Autor entfernt; vgl. auch Nonaka 1994, S. 24] und beschreibt damit den Prozess der Gewinnung von Distanz zu ei-

genen Gedanken. Neben dem direkten Ziel, Erfahrungen langfristig in der organisatorischen Wissensbasis zu verankern, können entsprechende Debriefing-Veranstaltungen ein gutes Klima fördern [Probst/Büchel 1998, S. 123], da sie helfen, erfolgreiche Projektarbeiten herauszustellen und Fehler oder auch unnötige Doppelarbeiten zu vermeiden. Damit erreicht man eine Verkürzung von Problemlösungszyklen bei ähnlichgelagerten Problemen. Der Auf- und Ausbau der organisatorischen Wissensbasis wird so zum rekursiven Prozess: Zum eigentlichen Lerneffekt gesellt sich die Erfahrung, dass das Eingeständnis von Fehlern nicht negativ sanktioniert wird [vgl. Hanft 1996, S. 156].

Im Rahmen der durchgeführten Aktionsforschung bewährte sich die Vorbereitung kollektiver Team-Debriefings durch die Vorabdistribution eines Formulars[456] zur Kommentierung. Die Formularinhalte dienten der Diskussionsgrundlage für das eigentliche Debriefing. Dies führte bei den Teilnehmer im Rahmen der Bearbeitung des Formulars zu einer tieferen Vorabauseinandersetzung mit den zu diskutierenden Themen und ermöglichte dem Moderator eine gezieltere Vorbereitung.

Eine Möglichkeit zur formalen Verankerung der zu durchlaufenden Prozessschritte in den offiziellen Handlungstheorien stellen die regelmässig über die Projektmethodenhandbücher distribuierten Phasenmodelle dar (vgl. Kapitel 4.5.1).

Leitfragen zur Ableitung von Schlüsselerfahrungen

Als zentraler Punkt für die Erfahrungsableitung wurde im Rahmen der Workshops mit den Unternehmen, die den Aktionsforschungsprozess dieser Arbeit begleiteten, das Stellen der „richtigen" Fragen identifiziert.[457] In der Literatur finden sich eine Reihe geeigneter Leitfragen[458] zur Ableitung von Schlüsselerfahrungen, die wie folgt kategorisiert werden können:

- *Prozedurale Fragen* [Gomez/Probst 1999, S. 271; Randolph/Posner 1988, S. 69]:
  Wie ist der Lösungsweg zustande gekommen?
  Was gab es dabei für Schwierigkeiten?
  Welche Instrumente wurden dabei benutzt?
  Was haben wir gelernt?
  Wie hätten wir es besser machen können?

---

[456] Vgl. dazu die Fallstudie Pixelpark: Im Vorfeld eines solchen kollektiven Debriefing-Prozesses wird eine spezielle Feedback-E-Mail-Adresse freigeschaltet, über die gegebenenfalls anonym kritische Punkte artikuliert werden können, die dann im Rahmen des Workshops aufgegriffen werden. Vgl. auch das Fallbeispiel IBM Consulting in Kapitel 3.5.2: Hier wird vor Projektende ein Fragebogen an den Kunden versendet.

[457] Vgl. dazu auch die „Fragen zur Teamauswertung" in der Fallstudie DaimlerChrysler sowie analog die Fragen zu den „Erfahrungsgebieten" in der Fallstudie Bankgesellschaft Berlin bzw. die Fragen zur „Nachbetrachtung des Projektverlaufs" in der Fallstudie Insecuranza.

[458] Diese Fragen bewährten sich bei den durchgeführten Massnahmenumsetzungen im Rahmen von so genannten „CORAL Workshops" zur systematischen Identifikation und Ableitung von Lessons Learned im Projekt z. B. bei DaimlerChrysler und Pixelpark.

- *Ableitungsmethodische Fragen* [van Heijst et al. 1998, S. 23; vgl. auch Sary 1995, Abschnitt 2, S. 2 ff.]:
  Ist die Schlüsselerfahrung neu?
  Ist sie konsistent zu anderen, bereits existierenden Lessons Learned? Ist sie eigenständig oder mit anderen Lessons Learned verknüpfbar? Ist die Schlüsselerfahrung ausreichend generalisierbar, um sie in einem breiteren Kontext nutzen zu können?

Siemens Schweiz verteilt zur Ableitung von Lessons Learned an seine Projektleiter Kurzübersichten im Visitenkartenformat (vgl. Abb. 4-9). Das kompakte Format führt zu einer gesteigerten Visibilität und Präsenz des Anliegens und gibt den Projektleitern konkrete Hilfestellung bei betreffenden Anlässen. Die aufgeführten Leitfragen haben sich im Rahmen der Aktionsforschung als geeignet erwiesen. Vorstellbar ist auch eine Ausgabe solcher Karten an die Teammitglieder.

Wenn wir diesen Vertrag, dieses Produkt, diesen Auftrag, dieses Projekt ... nochmals beplanen könnten:

- Was würden wir genauso machen, weil es sich bewährt hat?
- Was würden wir wie ändern, weil es sich nicht bewährt hat?
- Was würden wir alles berücksichtigen, weil wir es unterschätzt oder vergessen hatten?
- War unser Risiko- und Claim-Management vollständig?
- Was werden wir deshalb ab sofort anders/besser machen:
  - Bei den laufenden Aufgaben?
  - Bei den neuen Aufgaben?

Abb. 4-9: Leitfragen zur Identifikation von Schlüsselerfahrungen[459]

Selektion relevanter Wissensziele für die Erfahrungssicherung

Ein mögliches Problem bei der operativen Erfahrungsableitung ist die Identifikation des dazu relevanten Wissens. Die eben aufgeführten Leitfragen bieten eine erste Selektionsmöglichkeit. Martiny schlägt folgende Fokussierung vor: „Focus should be on critical business knowledge; not all knowledge is equally valuable.“ [Martiny 1998, S. 76] Auch aus betriebswirtschaftlichen Überlegungen ist die Erfassung sämtlicher Erfahrungen gewiss nicht sinnvoll, da Ableitung und Aufzeichnung mit Kosten verbunden sind [vgl. Levitt/March 1988, S. 327].

Sary [Sary 1995, Abschnitt 1, S. 8 f.] führt die Kriterien Relevanz[460] (Vorhandensein einer signifikanten Bedeutung für die Organisation), Verständlichkeit (Transparenz für projektexterne Leser, z. B. durch Erläuterung von Akronymen), Gültigkeit (faktische und logische Korrektheit, rechtliche Validität), Freigabe zur Veröffentlichung (durch

---

[459] In enger Anlehnung an [Siemens 1998].

[460] Hierbei ist darauf zu achten, dass auch Fehlschläge im Sinne von Negativerfahrungen dokumentiert werden sollten (vgl. Kapitel 3.5.2).

einen Genehmigungsprozess) und Nachvollziehbarkeit (kein Hypothesencharakter, Dritte müssen die Schritte nachvollziehen können) als Selektionskriterien zur Auswahl bzw. Bewertung von Schlüsselerfahrungen an.

Neue Rollen

Im Verlauf dieser Arbeit wurden dedizierte neue Rollen für das Projektwissensmanagement diskutiert. Davenport und Prusak formulieren: „So hat ein Konstruktionsteam vielleicht ein grossartiges neues Produkt entwickelt, aber keines der Teammitglieder verfügt über hinreichend Zeit, Lust und Kompetenz, den Projektablauf zu beschreiben und abzuspeichern. Aus diesem Grunde sind die Organisationen auf Leute angewiesen, die den Wissensträgern das Wissen ‚aus der Nase ziehen', es in eine strukturierte Form bringen und später immer wieder aktualisieren und überarbeiten." [Davenport/Prusak 1998, S. 218] Die Autoren betonen damit die Parallelen dieser Funktion zur Journalisten- bzw. Bibliothekarenrolle.

Von zentraler Bedeutung für das Erfahrungslernen ist die bereits in Kapitel 4.2.2 vorgestellte Rolle des Debriefers: Neben der Erarbeitung und Bereitstellung geeigneter Formulare nimmt er im Rahmen eines kollektiven Team-Debriefings die Position eines unabhängigen Moderators ein, der den Dialog fördert und gezielte Fragen zur Identifikation der kritischen Schlüsselerfahrungen stellt. Im Rahmen von kooperativen Ableitungsprozessen ist er für die Verankerung der gesicherten Erfahrungen verantwortlich. Im Fall des Einzel-Debriefings durch Nutzung von IKT ist er als weiterer Rezensent für die Kontextsicherung und Verschlagwortung bzw. Verifikation der gemachten Angaben zuständig (vgl. dazu detailliert Kapitel 4.6.3). Der Debriefer nimmt dabei die von Senge geforderte Rolle eines „Facilitators" ein, der den Kontext des Dialogs hält [vgl. Senge 1990a, S. 246; vgl. auch Senge et al. 1995, S. 359 ff.].

Tabelle 4-4 und Tabelle 4-5 illustrieren den relativ breiten Konsens, dass die Erfahrungsableitung aus Gründen einer vorhandenen oder subjektiv empfundenen Objektivität durch projektexterne Personen (z. B. Moderatoren oder spezielle Teams) vorgenommen werden sollte.

Meredith und Mantel problematisieren das Dilemma der Wahl zwischen internen und externen Debriefern: „If the auditor/evaluator is an 'outsider' – anyone who cannot be identified as a project team member – there is the fear that we won't be understood. While such fears are rarely specific, they are nonetheless real. If the auditor/evaluator is an 'insider' fear focuses on the possibility that the insider has some hidden agenda, is seeking some personal advantage at the expense of 'the rest of us.'" [Meredith/Mantel 1995, S. 569 f.]. Bei den im Rahmen der Aktionsforschung gemachten Erfahrungen überwiegen die Vorbehalte gegenüber internen Debriefern.[461] Es erscheint daher wichtig, dass externe Debriefer Zugang zu projektrelevanten Unterlagen haben, um sich möglichst intensiv auf etwaige Debriefing-Veranstaltungen vorbe-

---

[461] Bei Pixelpark wird das Debriefing am Projektende durch den projektexternen Quality Manager durchgeführt, der gleichzeitig für die Vereinheitlichung des Methodenwissens zuständig ist.

reiten zu können. Hilfreich erscheint dabei die enge Zusammenarbeit eines gemischten Debriefing-Teams wie in Kapitel 4.4.2 am Beispiel der Learning Histories geschildert.

4.4.4 Best Practice Benchmarking

Best Practices können ebenso wie Schlüsselerfahrungen als eine Form der Sicherung von Projekterfahrungen im Sinne einer Überführung von Wissen im Projekt und Wissen über Projekte in Wissen aus Projekten dienen. Während die Ableitung von Erfahrungen als Lessons Learned allgemein bzw. in konkreter Form – z. B. im Rahmen der vorgestellten Learning Histories – die Überführung von Wissen aus der Projektwissensbasis in die organisatorische Wissensbasis darstellt, werden Best Practices als weitere Form des Wissens aus Projekten einer zusätzlichen Qualitätsbeurteilung unterworfen. Dabei wird eine Wissensbewertung existierender Erfahrungen vorgenommen. Unter *Best Practices* werden im Projektkontext optimale Wege verstanden, um bestimmte Projekte oder Projektaufgaben durchzuführen, da diese Praktiken sich als besonders geeignet im Sinne von „überlegen" erwiesen haben [vgl. O'Dell/Grayson 1997, S. 28 f.].[462] Während Schlüsselerfahrungen positive und negative Aspekte beinhalten, werden unter Best Practices ausschliesslich besonders erfolgreiche Vorgehensweisen zusammengefasst. Dies kann zu einer Entschärfung der im Rahmen des Ableitungsprozesses von Schlüsselerfahrungen immer wieder konstatierten Problematik der „Zugabe von Fehlern" führen (vgl. Kapitel 3.4.3).

Eng mit dem Konzept der Best Practices verbunden ist das Benchmarking[463], d. h. der zur Identifikation von Best Practices im Vorfeld durchzuführende notwendige vergleichende Prozess. Während dieser Begriff in der Literatur teilweise in Verbindung mit externem Benchmarking gesetzt wird und somit vorbelegt ist [vgl. z. B. Garvin 1993, S. 86], lässt sich die Ableitung von Wissen in Form von Best Practices grundsätzlich aus zwei Perspektiven betrachten:

- Intrateamperspektive:
  Ein Projektteam wird dazu in verschiedene Gruppen eingeteilt, die unterschiedliche Herangehensweisen an eine Problemlösung des aktuellen Projektes entwickeln. Im Nachgang argumentieren die Gruppen über die Vor- und Nachteile ihrer jeweiligen Ansätze. Unter Anleitung eines Diskussions-

---

[462] Vgl. Goodman und Darr: „Best practices are solutions that can effect a whole variety of organizational indicators." [Goodman/Darr 1996, S. 8] Vgl. aber auch Szulanski „A 'best practice' is an important practice within the purview of the organization for which there exist reasonable proof of superiority both with respect to other internal alternate practices and with respect to known alternatives outside the company." [Szulanski 1995, S. 1]

[463] Unter Benchmarking wird hier nicht die ausschliessliche vergleichende Betrachtung von Aktivitäten *anderer* Unternehmen [vgl. z. B. Drew 1997, S. 427] bezeichnet, sondern – in Anlehnung an die Definition des American Productivity & Quality Centers – der Prozess der vergleichenden Identifikation herausragender projektbezogener Praktiken [vgl. O'Dell/Grayson 1998a, S. 160; Camp 1994, S. 10 ff. und S. 77].

leiters kann die Gruppe ein gemeinschaftliches Verständnis für den „besten" Ansatz entwickeln [vgl. Nonaka 1991, S. 102].[464]

- Extrateamperspektive:
  Hier findet eine vergleichende Sichtung der Vorgehensweisen durchgeführter Projekte statt. Dies kann auf Makroebene ein direkter Vergleich von Projekten sein, wie die durch Garvin[465] beschriebene Gegenüberstellung unterschiedlicher Entwicklungsprojekte des Flugzeugherstellers Boeing (vgl. Kapitel 4.4.1), aber auch die vergleichende Sichtung bestehender Schlüsselerfahrungen auf Mikroebene.

Das Konzept der Best Practices bedeutet nicht, dass die einmal abgeleiteten Praktiken uneingeschränkte Gültigkeit besitzen: Im Gegenteil sollen sie einen Prozess des Hinterfragens und aktiven Lernens anregen [vgl. Camp 1994, S. 18; Boutellier et al. 1997, S. 48 f.], da Standardprozeduren im Extremfall das Lernen sogar verhindern oder hinauszögern können (vgl. Kapitel 3.6.1).

Der dazu notwendige Prozess des organisationalen Erfahrungslernens unterscheidet sich grundsätzlich nicht von den Ausführungen in Kapitel 4.4.3. Er differiert insofern (vgl. Abb. 4-10), als dass der Prozess der Wissensbewertung eine höhere Bedeutung erfährt und der weitergehende Durchlauf nur bei erfolgreicher Identifikation einer überlegenen Praktik erforderlich ist (Abbruchbedingung, wenn eine Praktik nicht als überlegen identifiziert wird).

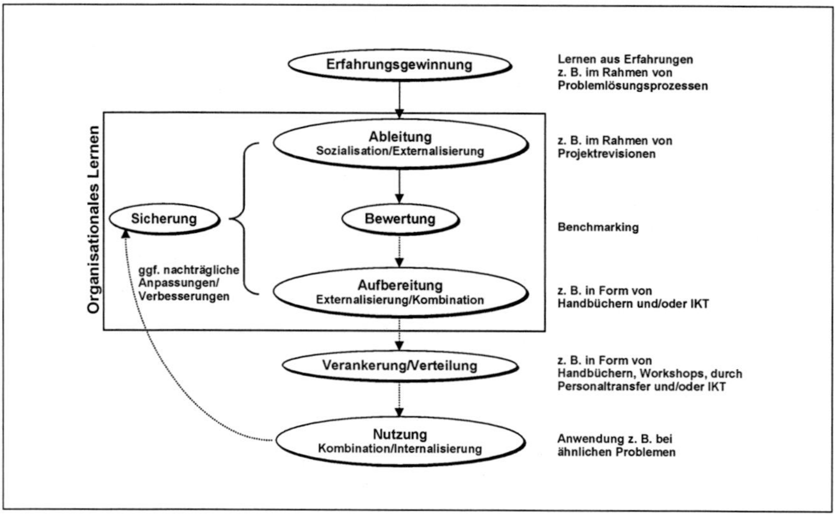

Abb. 4-10: Erfahrungslernen durch Best Practice Benchmarking

[464] Der Prozess des gemeinschaftlichen Wettbewerbs fördert – so Nonaka – Dialog und Kommunikation, dadurch wird neues Wissen schneller generiert [Nonaka 1991, S. 102; vgl. auch Nonaka 1994, S. 29].

[465] Das Beispiel illustriert sehr gut den fliessenden Übergang von Schlüsselerfahrungen zu Best Practices.

Neue Rollen
Die bewusste d. h. systematische Ableitung von Erfahrungen im Allgemeinen, aber auch von Best Practices im Besonderen, erfordert eine Anpassung des Rollenverständnisses. Hierzu wurde in Kapitel 4.2.2 auf die Rolle des *Best Practice Scouts* verwiesen, dessen Aufgabe darin besteht, für den Benchmarking-Prozess relevantes Wissen zu identifizieren, zu verifizieren, zu bewerten und der Organisation anschliessend im Rahmen von Wissenstransferprozessen zur Verfügung zu stellen (z. B. durch Kodifizierung [vgl. O'Dell/Grayson 1998a, S. 165] oder die personifizierte Weitergabe). Ein Best Practice Scout ist ein interner Experte, der – gegebenenfalls im Teamverbund oder in Zusammenarbeit mit anderen wie etwa mit Communities of Practice [vgl. Wenger/Snyder 2000, S. 141] – über eine entsprechende Erfahrung verfügt, um die Praktiken als überlegen identifizieren zu können.[466] Er arbeitet eng mit den externen und internen Wissensmaklern zusammen, um die Nutzung der Best Practices zu fördern. Eine weitere Aufgabe des Best Practice Scouts ist die Überwachung der „Gültigkeit" identifizierter Best Practices und deren kritisches Hinterfragen. Dabei muss er sich um die Durchführung von Feedbackprozessen bemühen, in denen die Nutzer der Best Practices aufgefordert sind, kritisch Stellung zu nehmen, damit gegebenenfalls aktualisierende Nachbesserungen durchgeführt werden können.

Die physische Verortung von Wissensträgern nimmt beim Transfer von Best Practices einen grossen Stellenwert ein. Dementsprechend müssen organisatorische Massnahmen getroffen werden, die dies erleichtern (beispielsweise die Aufnahme als konkretes Wissensziel in bestehende Rollen- oder Stellenbeschreibungen). Die alleinige Identifikation und Verankerung einer Best Practice ist noch keine Garantie für deren Anwendung (vgl. dazu den in Kapitel 4.2.2 geschilderten Personaltransfer bei Schindler Aufzüge).[467]

Generell ist zu beachten, dass Schlüsselerfahrungen und die als überlegen identifizierten Praktiken oftmals lokale Phänomene darstellen und daher nicht überall gleich gut einsetzbar sind: Eine identifizierte Best Practice für Nordamerika muss im asiatischen Raum nicht genauso wertvoll erscheinen [Brown/Duguid 1999, S. 84; Fahey/Prusak 1998, S. 274 f.].

---

[466] Camp spricht hier von einem „Entdeckungsprozess" [Camp 1994, S. 19].

[467] Vgl. dazu die beim American Productivity & Quality Center (APQC) von Gabriel Szulanski von der Wharton School der Universität Pennsylvania durchgeführte Untersuchung zum internen Transfer von Best Practices. Szulanski identifiziert drei wesentliche Ursachen für den mangelnden Transfer von Best Practices innerhalb eines Unternehmens (der Autor spricht hier von „internal stickiness"): mangelnde Aufnahmefähigkeit des Empfängers (fehlendes Budget, Zeit oder Ressourcen), kausale Zweideutigkeit (z. B. durch einen nicht vorhandenen gemeinsamen Kontext von Sender und Empfänger) und ein belastetes Verhältnis zwischen Sender und Empfänger (durch kulturelle oder persönliche Barrieren). Damit widerlegt der Autor in seiner quantitativen Studie die Meinung, dass die Gründe primär in der mangelnden Motivation der Teilnehmer zu suchen sind [Szulanski 1995, S. 4 ff.; Szulanski 1996, S. 31 ff.].

4.5 Gestaltungsfeld Projektmethodik: Verankerung von Lern- und Wissenszielen

Die in der Projektmethodik zusammengefassten rahmenschaffenden Richtlinien und Vorschriften für eine systematisierte Projektabwicklung bieten Raum für die Verortung von Interventionsansätzen für das Projektwissensmanagement. Dazu gehört die formale Verankerung von Lern- und Wissenszielen, die durch die folgenden beiden Massnahmen erreicht werden kann:[468]

- Explizite Verankerung von Lern- und Wissenszielen in den Phasenablauf von Projekten (vgl. Kapitel 4.5.1)
- Aufnahme von Lern- und Wissenszielen in die Projektziele (vgl. Kapitel 4.5.2)

Sie dienen der Überwindung des grundsätzlichen zeitlichen Zielkonfliktes durch die temporäre Konstitution eines Projektes im Vergleich zu der eher auf Langfristigkeit ausgelegten umgebenden Organisation (vgl. Kapitel 3.5.2) im Sinne einer gezielten Bewusstseinsbildung für das Projektwissensmanagement.

4.5.1 Aufnahme von Lern- und Wissenszielen in den Phasenablauf

Phasenmodelle sind ein Teil von Vorgehensmodellen und gehören damit in den Bereich der Projektmethodik. Ein typischer allgemeiner Phasenablauf[469] besteht aus den Schritten Projektidee, Projektdefinition, Projektdurchführung und Projektabschluss [vgl. z. B. Dinsmore 1990, S. 23 f.; Schmidt 1997, S. 43 ff.; Madauss 2000, S. 68 ff.].

Die Forderung nach der Aufnahme von Lern- und Wissenszielen in solche Phasenabläufe stützt sich auf folgende Gründe:

- Eine für die Projektgemeinschaften sichtbare Verankerung dieser Ziele schafft eine allgegenwärtige Präsenz derselben und erleichtert es, im Rahmen von Planungszyklen entsprechende zeitliche und personelle Kapazitäten bereitzustellen.
- Die explizite Äusserung dieser Ziele kann bei den Betroffenen zu einer Defizitmotivation führen und damit als Lernimpuls wirken [vgl. Wildemann 1995, S. 37].
- Wie bereits in Kapitel 3.4.2 beschrieben wurde, ist ein zentrales Problem bei der Wissensteilung im Allgemeinen und bei der Ableitung von Erfahrungen im Besonderen die mangelnde Plausibilität des Nutzens. Diese setzt regelmässig erst zeitverzögert ein, nämlich wenn die Beteiligten selbst Erfahrungen anderer zur Lösung ihrer eigenen Probleme im Sinne einer Wissens-

[468] Auch die in den vorangegangenen Abschnitten des vierten Kapitels beschriebenen Massnahmen lassen sich grundsätzlich – im Sinne einer beschreibenden Abbildung – in die Projektmethodik einordnen. Ihre Betrachtung an anderer Stelle erscheint jedoch geeigneter.

[469] Zur Problematisierung projektartenabhängiger Phasenabläufe vgl. [z. B. Greunke 2000, S. 34; Schmidt 1997, S. 42; Schwager/Haar 1996, S. 302 ff.].

bedarfsbefriedigung benötigen. Es erscheint daher sinnvoll, die beschriebene formale Verankerung vorzunehmen, um damit dem natürlichen Drang nach Unterpriorisierung dieser Ziele – der zum Teil durch den subjektiv als zu hoch empfundenen Zeitdruck begründet wird (vgl. Kapitel 3.3.9) – entgegenzuwirken.

- Während bisherige methodische Wissensziele (wie die Erfahrungssicherung zum Projektende) in der Praxis oftmals aus Gründen des Zeitdrucks ignoriert werden, erreicht man durch eine höhere Formalisierung derselben einen verbindlicheren Charakter.

Beispiel für solche Wissensziele sind – neben den bereits geschilderten Formen der Erfahrungssicherung – die Erstellung einer transparenten Dokumentation,[470] die Stakeholder-Analyse im Vorfeld des Projektes zur Anpassung des Projektmarketingkonzeptes oder bei länger dauernden Projekten gegebenenfalls auch die Aus- und Weiterbildung der Mitarbeiter.[471]

Eine derartige Verankerung lässt sich beispielsweise durch die Erweiterung der als Entscheidungspunkte über die Fortsetzung im Projektverlauf wirkenden Gates[472] erzielen. Dieses Vorgehen wurde im Rahmen der Massnahmenumsetzung im Aktionsforschungsprozess als sinnvoll identifiziert. Die in Abb. 4-11 dargestellte Gate-Struktur illustriert dieses Vorgehen anhand eines für ein Sattelzugentwicklungsprojekt optimierten Gate-orientierten Projektverlaufs. Die Erreichung der Ziele wird durch die Projektleitung und den Projektauftraggeber geprüft. Eine Anpassung auf Meilensteinebene verläuft analog. Die Verankerung der jeweiligen Lernziele sollte anhand ihrer Bedeutung geschehen: Während sich bei übergeordneten Zielen die Verankerung im Rahmen der Gates empfiehlt (beispielsweise der Wissenstransfer über den Fertigungsprozess an Kollegen in der Türkei bzw. Brasilien), eignen sich für weniger wichtig empfundene Wissensziele Meilensteine (z. B. zur Verankerung von kooperativen Erfahrungssicherungsprozessen), da dort keine Einbindung der Geschäftsführung erfolgt. Im Rahmen eines solchen auf Lern- und Wissensziele hin optimierten Phasenablaufs durch Verwendung einer Gate-Struktur werden übliche Termin-, Kosten- und Leistungsziele um dedizierte Wissens- bzw. Lernziele ergänzt. Auftretende Plan-Ist-Abweichungen sind dann auch bezüglich der Wissensziele in den Projektcontrollingprozessen zu berücksichtigen.

---

470 Rosenau fordert eine phasenbegleitende „incremental documentation" [Rosenau 1998, S. 287].

471 Hier ist bezüglich „outputorientierter" Wissensziele zu differenzieren: Auch ein „übliches" Leistungsziel wie beispielsweise die Entwicklung eines LKW stellt indirekt ein Wissensziel dar.

472 Ein solches Gate dient im Sinne eines „Entscheidungstors" der terminlichen und inhaltlichen Überprüfung der Erreichung eines im Vorfeld definierten Zielkorridors zum Ende einer Projektphase. Vgl. für eine ausführliche Darstellung des Gate-Konzeptes die Fallstudie DaimlerChrysler.

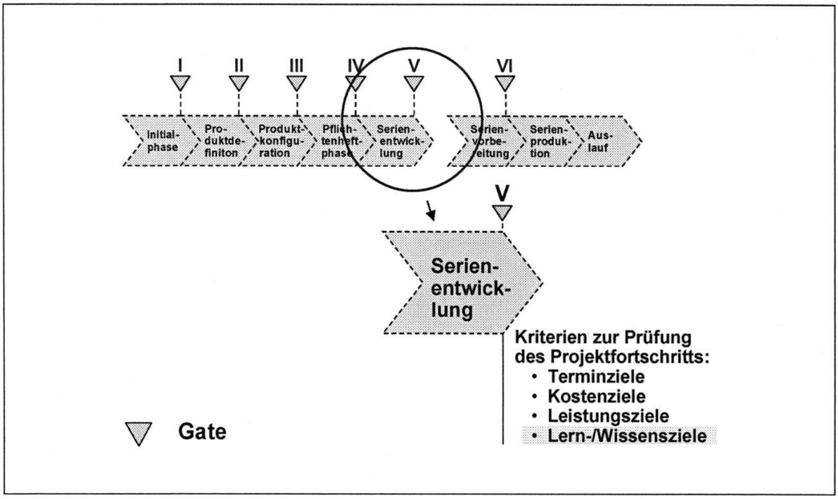

Abb. 4-11: Modifiziertes Gate-Konzept[473] (Beispiel)

Die Aufnahme von Lernzielen durch die Verankerung im Phasenablauf am Beispiel der Erfahrungssicherung durch Schlüsselerfahrungen und Best Practices führt zu den in Abb. 4-12 beispielhaft dargestellten Projektablaufstrukturen. Ein solches Vorgehen stellt eine Ergänzung zu der in der Projektdokumentation durchgeführten Sicherung von Faktenwissen dar, bei der das kodifizierte Wissen sowohl inkrementell (z. B. als so genannte rollierende Dokumentation) als auch zeitpunktbezogen (z. B. am Projektende oder in Form von Zwischenberichten) in die organisatorische Wissensbasis übergeht.[474]

Im Rahmen der Abwicklung projektbezogener Arbeitspakete findet Anpassungslernen zur Lösung aufkommender Probleme statt. Die Änderung der offiziellen Handlungstheorien kann sich dabei auf mehrere Arten vollziehen: Neben der direkten, problembezogenen Modifikation, kann sie auf Unternehmensebene reflektiert auf Basis der im Projektverlauf gesammelten Erfahrungen erfolgen, was insbesondere auch die Korrektur nicht direkt projektbezogener Handlungstheorien ermöglicht (zum Beispiel durch die Modifikation von Unternehmensstrategien).

Die Umsetzung einer solchen phasenbezogenen Verankerung kann in den offiziellen Handlungstheorien durch die Aufnahme in entsprechende Projekthandbücher, so genannte Projektkompasse,[475] den in Kapitel 4.4.3 vorgestellten Karten z. B. im Sinne

---

[473] Vgl. dazu die Fallstudie DaimlerChrysler im Anhang.

[474] Vgl. dazu beispielhaft auch die in Kapitel 4.6.5 geschilderte Integration der Bereitstellung und Anwendung kodifizierten Wissens in die Beratungsprozesse der IBM Consulting Group durch Nutzung neuer Medien.

[475] Ein solcher Projektkompass im Sinne einer elektronischen oder papierbasierten Referenzkarte arbeitet mit hochgradig aggregierter und visualisierter Informationsdarstellung. Er kann als Leaflet, Kartonscheibe, Hilfedatei oder in Form eines Posters realisiert werden. Wesentliches Merkmal ist dabei eine gute Übersicht-

von Leitfragen oder im Rahmen der immer populärer werdenden Kompaktleitfäden verwirklicht werden. Durch Nutzung dieser Leitfäden versucht man – wie etwa bei der Bankgesellschaft Berlin oder der Credit Suisse Group – dem regelmässig als zu gross empfundenen Umfang der Projektmethodenhandbücher zu begegnen [vgl. auch Boutellier/Gassmann 1997a, S. 36]. Dies kann auch durch Einsatz neuer Medien, z. B. durch die elektronische Abbildung eines Projektmethodenhandbuchs über Groupware-Systeme (wie bei der Bankgesellschaft Berlin) oder im Intranet (wie bei Pixelpark) erfolgen.

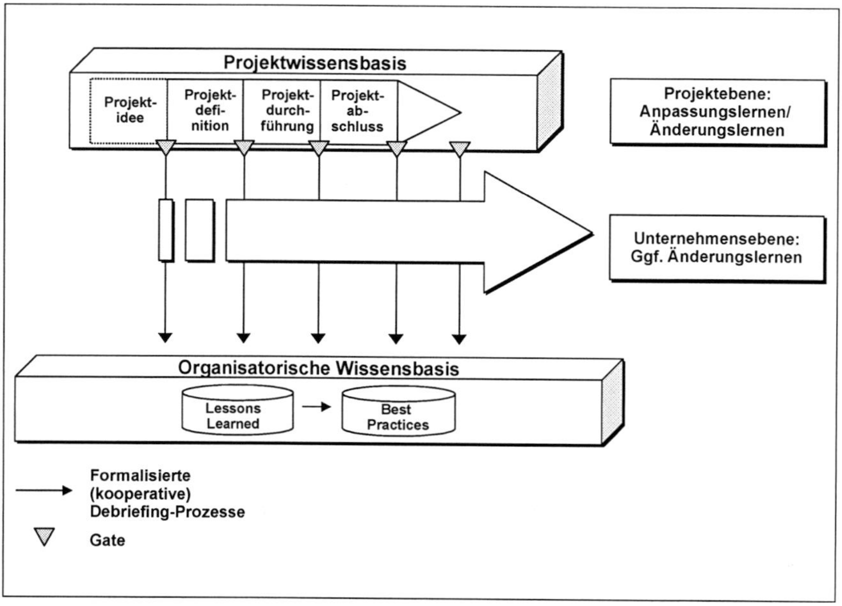

Abb. 4-12: Wissenstransfer durch Erfahrungslernen

Das vorgeschlagene Vorgehen stellt die Umsetzung der vielfach artikulierten Forderung nach einer Einbindung von Lernen in die Unternehmensprozesse im Sinne einer Institutionalisierung der als erforderlich empfundenen Wertschätzung dar [Bowen et al. 1994, S. 269 und S. 273; vgl. Ayas 1996, S. 132; Garvin 1993, S. 85; Lank 1997, S. 410;[476] O'Dell/Grayson 1998a, S. 157].[477] Die Wissens- und Lernziele werden

lichkeit und Strukturiertheit. Im Rahmen der Massnahmenumsetzung des Aktionsforschungsprozesses konnte bei der Insecuranza ein solches Konzept erarbeitet werden.

476 „By building knowledge management into these defined processes... knowledge management will over time become 'the way we do things around here'." [Lank 1997, S. 410]

477 Levitt und March sprechen hier von einer „regularized responsibility" [Levitt/March 1988, S. 329] und argumentieren, dass etwa die Ableitung von Erfahrungen eher bzw. leichter geschehe, wenn dazu geregelte Kanäle genutzt würden.

durch die feste Einbindung in die Projektprozesse zu einem fixen Bestandteil der im Rahmen des Projektes zu erbringenden Leistung.[478]

4.5.2 Aufnahme von Wissens- und organisationalen Lernzielen in die Projektziele

Während die Verankerung von Lern- und Wissenszielen im Rahmen des Phasenablaufs die intervenierende Veränderung von Projektablaufprozessen auf Mikroebene beschreibt, betrifft die Anpassung der Projektziele das direkte Projektergebnis auf Makroebene: Im Vorfeld der Projektdurchführung einigen sich Auftraggeber und -nehmer über das Projektziel (und zwar sowohl über das Gesamtziel als auch über die operativen Teilziele im Sinne einer Zielhierarchie) [vgl. z. B. Patzak/Rattay 1998, S. 92 f.]. Beim traditionellen Zielverständnis der Projektabwicklung stehen dabei Leistungsziele im Vordergrund, wie beispielsweise die Entwicklung eines bestimmten Produktes oder die Erbringung einer Dienstleistung. Hier kann ein Wandel im Projektzielverständnis gefordert werden: „every project should therefore have two distinct goals – to successfully develop the product and to advance the learning of the organization." [Bowen et al. 1994, S. 273; vgl. auch Savage 1997, S. 271 f.] Der Wandel ist eng an die Bewusstseinsbildung gekoppelt, dass Projekte Auswirkungen auf die Leistung des Unternehmens als Ganzes haben. Dieses Bewusstsein sollte sich parallel dazu in entsprechenden Leitbildern und Visionen der offiziellen Handlungstheorien ausdrücken [vgl. Bowen et al. 1994, S. 273]. Bei Pixelpark spiegelt sich ein solcherart gewandeltes Zielverständnis in der Rolle des Qualitätsmanagers wider, der für die Überprüfung der Leistungsziele (die die Wissens- und Lernziele beinhalten) zuständig ist. Der ein Projekt permanent begleitende Zyklus von Planung und Kontrolle [Schmidt 1997, S. 43] sollte dieses geänderte Zielverständnis im Sinne einer Überwachung der zu erbringenden Lern- und Wissens(teil)ziele explizit berücksichtigen. Dazu gehört beispielsweise auch die in Kapitel 4.4.3 vorgeschlagene permanente Erfahrungssicherung im Rahmen organisationaler Lernprozesse.

4.6 Gestaltungsfeld IKT: Bausteine für Projektwissensmedien

In Kapitel 2.2.3 wurden Projektwissensmedien als Plattformen für ein ganzheitliches Wissensmanagement im Projektkontext eingeführt und in Kapitel 3.7.1 als Medien für Projektgemeinschaften in ein informations- und kommunikationstechnologisches Generationenkonzept eingeordnet. Im Rahmen dieses Kapitels sollen die relevanten Bausteine (Dienste) eines Projektwissensmediums vorgestellt werden.[479]

---

[478] Bei der Abbildung bzw. Formalisierung von Lern- und Wissenszielen sollte auf Verhältnismässigkeit geachtet werden, um Kreativität und Motivation nicht vorzeitig durch übertriebenen „Bürokratismus" zu zerstören (vgl. Kapitel 3.6.1). Dies trifft in besonderem Masse auf (Produkt-)Entwicklungsprojekte zu, wie die Ausführungen in der Fallstudie Pixelpark am Beispiel von Multimediaproduktionen belegen.

[479] Die Granularität der Beschreibung der einzelnen Bausteine wurde dabei derart gewählt, dass sie sich nicht auf technische Realisierungsdetails konzentriert – die ohnehin nur eine Momentaufnahme darstellen könnten und durch den schnellen Wandel im Bereich der IKT nur allzu rasch obsolet werden würden –, sondern zukünftigen Entwicklungen im Bereich der IKT möglichst offen gegenübersteht.

Ausgehend von der Überlegung, dass die Struktur eines solchen Mediums das in den mentalen Modellen enthaltene kontextuelle Wissen der Mitglieder der Projektgemeinschaft abzubilden hat [vgl. Zack 1999, S. 56], lassen sich aus Perspektive der zu forderten Funktionalitäten eines PKM grundsätzlich zwei Gruppen von Anwendungsbausteinen identifizieren:

- Existierende Lösungen der ersten vier Generationen der IKT-Unterstützung in der Projektabwicklung (vgl. Kapitel 3.7.1), die sich aufgrund ihrer Funktionalität für die Integration in Projektwissensmedien eignen (vgl. Kapitel 4.6.1). Aufgrund ihrer grundsätzlichen kommerziellen Verfügbarkeit werden sie im Folgenden in der erforderlichen Kürze vorgestellt.
- Dienste, die aus den im Rahmen des gestiegenen Wissensmanagementbewusstseins (vgl. Kapitel 3.7.1) abgeleiteten Anforderungen an neue Lösungen resultieren (vgl. Kapitel 4.6.2-4.6.4).

Anlässlich der Ist-Analyse und der nachfolgend durchgeführten Entwicklung und Umsetzung von Massnahmen im Rahmen der diese Arbeit begleitenden Aktionsforschung konnte das Bausteinkonzept mehrfach in Workshops kritisch hinterfragt und diskutiert werden. Für die grundsätzliche Umsetzbarkeit solcher modularen Konzepte im Sinne eines Machbarkeitsnachweises vgl. [Schwan et al. 1997; Schindler/Schwan 1997; Schwan et al. 1999].[480] Die prototypische Umsetzung eines Teilmoduls eines solchen Projektwissensmediums wird in Kapitel 4.6.3 beschrieben. Die Bausteine werden in den folgenden Abschnitten vorgestellt [vgl. Schindler 1998c; Schindler 1999a; Schmid/Schindler 2000].

4.6.1 Bausteine der ersten vier Generationen der IKT-Unterstützung in der Projektabwicklung

Projektdokumentation

Ein Bestandteil der Projektabwicklung ist die Implementierung eines funktionierenden Dokumentations- und Berichtswesens [vgl. Jenny 1998, S. 153 f.]. Die wesentliche Funktionalität eines solchen Dienstes ist – neben der Bereitstellung entsprechender Mechanismen für die Dokumentenbearbeitung – die Ermöglichung eines gemeinsamen Zugriffs auf relevante Projektdokumente. Zur Erreichung einer personenunabhängigen, hohen Transparenz erscheint es sinnvoll, den gesamten projektbezogenen Schriftverkehr über das Medium abzuwickeln. Zur besseren Lokalisierbarkeit von Dokumenten sollte eine einheitliche Lösung zur Projektdokumentation vorhanden sein, etwa ein unternehmensweites Datenbanksystem. Ausser der Abbildung von Schriftwechsel, Gesprächsnotizen und Projektplänen können in einem solchen System sowohl die gesamte Projektdokumentation als auch Angaben über Ansprechpartner abgelegt werden. Zur Abbildung einer projektverlaufsbezogenen Dokumentation er-

[480] Im Rahmen des Projektes EKM wurde ein Wissensmedium für die operative Unternehmensplanung unter Mitarbeit des Autors dieser Arbeit konzipiert und prototypisch realisiert. Im Nachgang dazu erfolgte die durch den Autor begleitete erfolgreiche professionelle Umsetzung im Umfeld eines grossen deutschen Kreditinstitutes für ca. 2000 Nutzer in der Fläche.

scheint es sinnvoll, die Projektstruktur zur Schaffung einer höheren Transparenz in einem solchen Datenbanksystem zu hinterlegen[481] und Berichtsflüsse sowie ein Versionsmanagement intuitiv abzubilden [Ehlers 1997, S. 147 f.]. Solche Datenbankstrukturen sollten den Projektteams grundsätzlich allgemein zugänglich sein. Dedizierte Zugriffskonzepte ermöglichen, sie Dritten mindestens lesend bereitzustellen (z. B. der Multiprojektleitung oder anderen Interessierten).

Methoden- und Formularablage
Methodenhandbücher geben darüber Aufschluss, wie gewisse Ziele erreicht werden können bzw. sollten. Dabei beinhalten sie regelmässig entsprechende Formularvordrucke, etwa für Projektanträge, Projektstatus-, Projektabschlussberichte oder Projektrevisionen. Eine Methoden- und Formularablage ist so zu gestalten, dass sie darüber Aufschluss gibt, was, wie und wann dokumentiert werden muss sowie elektronische Vorlagen dazu bereitstellt. Die Verwendung von Standardvorlagen für gebräuchliche Formulare und Checklisten erleichtert die Wissensauswahl und Bewertung [vgl. Lock 1996, S. 78 f. und S. 156]. Im Sinne elektronischer Methodenbibliotheken [Ehlers 1997, S. 145 ff. und S. 158 ff.] mit einem integrierten Versionsmanagement wird eine allen Projektteammitgliedern zugängliche zeit- und ortslose Bereitstellung von Vorgehensmodellen ermöglicht. Dies kann insbesondere in verteilten Umgebungen zur Umsetzung einer einheitlichen und strukturell bzw. inhaltlich kompatiblen Vorgehensweise beitragen.

Als Beispiel hierzu sei das Projekttechnikhandbuch der Bankgesellschaft Berlin aufgeführt, das neben Formularen auch eine elektronische Version des Projektmethodenhandbuchs beinhaltet.

Planung, Kontrolle und Kontraktwesen
Die Durchführung von Planung und Kontrolle ist eine zentrale Aufgabe des Projektmanagements. Im Rahmen der Projektplanung werden Strukturpläne erstellt und Projektphasen durch Dauern, Ressourcen und Anhängigkeiten attribuiert. Hierbei lassen sich Parallelen zur Betriebssystemtheorie ziehen, da auch dort beschränkte Ressourcen (Betriebsmittel) zu vergeben sind (so genannte Scheduling-Probleme).

Die Projektpläne spiegeln die im Rahmen der Planungsphase geschlossenen Kontrakte mit den internen und externen Lieferanten wider, die durch Verfahren der Netzplantechnik abgebildet werden können.

Während des gesamten Projektablaufs sollte eine wirksame Projektkontrolle implementiert sein. Eine frühzeitige und permanente Projektkontrolle hilft, Risiken rechtzeitig zu erkennen und gleichzeitig zu minimieren [vgl. z. B. England/Finney 1999, S. 21 f.; Madauss 2000, S. 245 ff.]. Sind im Rahmen der Kontrolle Überschreitungen der Projektparameter (Zeit, Leistung, Einsatzmittel) zu konstatieren, gilt es entsprechende Gegenmassnahmen zu treffen, um das Projektziel dennoch möglichst vereinbarungsgemäss zu erreichen. Diese Massnahmen müssen expliziert werden (z. B.

---

[481] Vgl. z. B. das auf Lotus Notes basierende verteilte Projektinformationssystem PAVONE GroupProject [Ehlers 1997].

durch eine an die Komponente zur Planung und Kontrolle gekoppelte Massnahmendatenbank) und den Teammitgliedern in transparenter Form zur Verfügung stehen.

Zur Unterstützung von Planung, Kontrolle und Kontraktwesen existieren relationale – mittlerweile Browser-fähige – Netzplantools, die aus den Systemen der ersten Generation der IKT-Unterstützung in der Projektabwicklung evolviert sind und über Planungs-, Simulations- und Analysefunktionalitäten für die Projektleitung und das Projektcontrolling verfügen. Im Rahmen der Projektfeinplanung lassen sich durch Vornahme entsprechender Zuweisungen Arbeitspakete für die betroffenen Mitarbeiter erstellen. Dabei wird anhand des zur Projektzielerreichung geschlossenen Vertrages zwischen Auftraggeber und Auftragnehmer eine detaillierende Ablaufstrukturierung vorgenommen. Die Ergebnisse der Projektplanung lassen sich z. B. als Gantt-Diagramm transparent im Sinne von Wissenslandkarten im Medium visualisieren.

In einem solchen Baustein findet der Projektmitarbeiter eine entsprechend navigierbare Aufbereitung seiner Aufgaben mit Detailinformationen bezüglich Liefertermin, Umfang, Lieferant, Auftraggeber und Controller (z. B. Teilprojektleiter).

Persönliches Informationsmanagement/Gruppeninformationsmanagement
Eine weitere Komponente zum Austausch von Informationen und Wissen im Projekt ist das persönliche Informationsmanagement (PIM). Dazu sollten Funktionalitäten wie persönliche E-Mail, Kalender und persönliche Dokumentenverwaltung als Kanalsystemtypen bereitstehen. Im Teamkontext bedeutet dies die Ausdehnung um entsprechende Gruppenaspekte (GIM): Korrespondenzverwaltung, Gruppenterminkalender mit Möglichkeit zur Terminabstimmung, Raumreservierung, Team-E-Mail und Teamdokumentenablage. Dabei empfiehlt es sich, die elektronischen Terminkalender mit dem Projektplan zu synchronisieren, um auch dort abgebildete Projekttermine, wie z. B. Meilensteine oder Gates abzubilden. Hierzu eignen sich insbesondere die im Umfeld des CSCW entstandenen Anwendungen [vgl. Bauer 1996, S. 102].

Glossar
Die Verwendung von Glossaren kann zur Bildung des gemeinsamen logischen Raumes für die Projektgemeinschaft beitragen. Der Einsatz bietet sich insbesondere bei stark – in Bezug auf die Interdisziplinarität der Mitgliederzusammensetzung – heterogenen Teams an (vgl. Kapitel 3.3.8). Das Ziel einer solchen Standardisierung besteht darin, eine gemeinsame Grundlage für den Wissensaustausch zu schaffen. Glossare eignen sich, um ein „Standardvokabular" aufzubauen [vgl. Stefik 1988, S. 330]. Die Pflege eines solchen Glossars kann dabei direkt durch die beteiligten Teammitglieder oder durch spezielle Integratoren erfolgen: Gemäss den bei der Massnahmenumsetzung der Aktionsforschung gemachten Beobachtungen erscheint es sinnvoll, die in das Medium direkt eingestellten Definitionen in nachfolgenden Arbeitstreffen mit dem Projektteam kurz zu reflektieren und auf Konsistenz zu prüfen. Während die von den Teammitgliedern eingestellten Definitionen zunächst bloss den Status „*Arbeits*definition" erhalten, können die jeweiligen Begrifflichkeiten nach ihrer gemeinsamen Abstimmung im Team als für gültig befundene „Definitionen" aufgewertet werden.

Je nach Projektteamgrösse kann dieser Dienst auf Organisations- oder Projektebene (wie beim Projekt Venus der Fallstudie Insecuranza) ein unternehmensweites (bzw. bei n-lateralen Projekten ein unternehmensübergreifendes) oder ein Projektglossar enthalten. Falls es sich lediglich um ein projektteaminternes Glossar handelt, sollte dieses im Sinne eines organisationalen Lernprozesses zum Projektende in ein unternehmensweites Glossar überführt werden. Die Sicherstellung dieses Transferprozesses ist in der Rollenbeschreibung des Integrators verankert. Dabei sind mögliche Konflikte mit eventuell bereits existierenden Terminologien zu beachten. Ferner ist der Integrator für die Pflege des Glossars zuständig, zu der auch die regelmässige Prüfung auf Gültigkeit gehört.

Organisationsstrukturen

Um in der Organisation zur Verfügung stehendes Wissen (auf Ebene des Unternehmens oder im Projekt) identifizieren, d. h. die jeweilige Wissensbasis nutzen und Zuständigkeiten erkennen zu können, bedarf es entsprechender Informationen über die Organisationsstrukturen (Aufbau- und Ablaufstrukturen) [vgl. Lipnack/Stamps 1998, S. 250 f.]. Organisatorische Karten dienen einer von ihren Mitgliedern geteilten Beschreibung der Organisation, die die Individuen gemeinsam bilden und gebrauchen [Argyris/Schön 1978, S. 17]. Den Mitgliedern der Projektgemeinschaft müssen die Zusammenhänge – z. B. in Form von grafisch dargestellten Organigrammen oder Projektplänen – transparent gemacht werden, denn aus ihnen geht das Zusammenspiel des Teams im Kontext der Organisation hervor [von Krogh et al. 1997, S. 478]. Als Wissenslandkarten im Sinne von „shared maps of cooperation" [von Krogh et al. 1997, S. 478, Hervorhebung durch den Autor entfernt] eignen sich – wie bereits erwähnt – Gantt-basierte Darstellungen der Projektabläufe mit der Möglichkeit, Beteiligungen, Budgets, Meilensteine, Ziele und Zeitrahmen einzusehen [vgl. von Krogh et al. 1997, S. 478] oder einfache Organigramme. Sie schaffen Transparenz über den inneren Aufbau eines Projektes sowie über dessen Einordnung und Verbindungen zu Umsystemen [Thamhain/Nurick 1994, S. 15].

Während die für die Abwicklung eines Projektes relevanten Prozesse (traditionelle Projektmanagementprozesse wie Planung, Kontrolle aber auch das Debriefing und die zur Abwicklung notwendigen Ablaufstrukturen) über Vorgehensmodelle im Rahmen der Methoden- und Formularablage abgebildet werden bzw. zur Wiederverwendung über die Projektbibliotheken zur Verfügung stehen, wird durch diesen Dienst primär die Aufbauorganisation dargestellt und z. B. durch Abbildungen visualisiert.

Meetingarena

Für die operative Projektarbeit, insbesondere in einem verteilten Szenario, in dem ein persönliches Zusammentreffen des Teams gegebenenfalls nur unregelmässig stattfindet, erscheint ein Mechanismus zum Austausch von ad hoc auftretenden Fragen und Anregungen zwischen den Mitgliedern der Projektgemeinschaft notwendig. Insbesondere in global verteilten Projekten zur Überwindung unterschiedlicher Verfügbarkeiten erweist sich der Einsatz von *asynchronen* Diskussionsforen als sinnvoll. Ein Vorteil solcher Foren liegt in der automatisierten Protokollierung der einzelnen Diskussionsbeiträge. Ein mögliches Anwendungsbeispiel ist die Erstellung und Abstimmung von

Agenden in der Vorbereitungsphase von Projektsitzungen. Die Instanziierung eines Forums erfordert die Festlegung der Zugriffsberechtigungen für die Benutzer, die Vergabe eines Themas und gegebenenfalls die Bestimmung eines Moderators.

Der Zugriff auf ein solches Forum muss dabei nicht auf das Team bzw. die Projektgemeinschaft beschränkt bleiben: Insbesondere bei der Lösung von Fachproblemen kann es sinnvoll sein, solche Foren selektiv für das benachbarte Umsystem (z. B. für Communities of Practice, Fachbereiche und Methodeninstanzen) oder gar nach extern zu öffnen. Pixelpark bietet seinen Kunden beispielsweise selektiven Zugriff auf projektbezogene Diskussionsforen. Sinnvoll erscheinen unter Umständen auch eine Qualitätskontrolle des Inhalts im Sinne einer Moderation, eine ansprechende optische Gestaltung der Diskussion und das Vorhandensein elektronischer Automatismen zur Archivierung nicht mehr relevanter Diskussionen [vgl. O'Dell/Grayson 1998b, S. 96 f.].

Während Diskussionsforen der asynchronen Kommunikation der Projektgemeinschaft dienen, bietet der Baustein Meetingarena ferner aus zwei Perspektiven die Unterstützung von *synchronen* Arbeitstreffen:

- Bei der Durchführung von Meetings
- Bei der Vor- und Nachbereitung von Meetings

Was die Unterstützung der Durchführung solcher Arbeitstreffen betrifft, bietet der Dienst die Möglichkeit, Technologien zur Abhaltung von Audio- und Videokonferenzen zur synchronen Kommunikation zu integrieren. Die generierten Präsentationen oder Videos bleiben dabei erhalten (vgl. die im Intranet verfügbaren Videos bei Pixelpark) und stehen im Nachgang des Projektes über die Projektbibliothek zur Verfügung. Der Dienst bietet der Projektgemeinschaft eine Kooperationsumgebung zur Organisation und Durchführung von (gegebenenfalls verteilt stattfindenden) Arbeitstreffen [vgl. Pankoke-Babatz/Syri 1996, S. 52 ff.].

Im Vorfeld dieser Meetings (z. B. *Jours fixes* oder Revisionen) fallen in der Regel Einladungen und Agenden und in deren Verlauf entsprechende Protokolle an. Diese Dokumente lassen sich grundsätzlich im Rahmen der Projektdokumentation klassifizieren, bedürfen aber (bestätigt durch die in der Praxis gesammelten Erfahrungen) zumindest für aktive Projekte einer intuitiveren zentralisierten Ablageform. Der Problematik, dass Meetings nicht effektiv durchgeführt werden, kann durch die Verwendung visueller Protokolle,[482] die bei der Vor- und Nachbereitung Unterstützung leisten, begegnet werden [vgl. Kuchenmüller 1999].

---

[482] Der dazu bei Massnahmenumsetzung im Rahmen der Aktionsforschung eingesetzte Dienst OnTrack [vgl. Eppler 1999, S. 23] skizziert den Ablauf des Meetings grafisch durch eine entsprechende Zeitleiste. Die Tagungsordnungspunkte sind entlang dieser Zeitleiste im Sinne einer Wissenslandkarte aufgeführt. Verlässt die Diskussion den vorgegebenen Pfad, so kann der OnTrack bedienende Moderator dies durch eine entsprechende links-/rechts-Abweichung grafisch darstellen. Das Bild ist allen Sitzungsteilnehmern bei Zusammenkünften am gleichen Ort via Beamerprojektion bzw. bei verteilten Sitzungen über ein in einem Browser dargestelltes Fenster präsent. Wichtige Beschlüsse werden neben den Tagungsordnungspunkten auf der OnTrack-Karte festgehalten, so dass man das derart während einer Sitzung modifizierte Dokument für die Sitzungsnachbereitung im Sinne eines Protokolls verwenden kann.

Projektbibliothek

Die Projektbibliothek bietet eine zentrale Ablageinstanz für das im Rahmen eines Projektes explizierte Wissen. Dabei werden Wissen im Projekt und Wissen über Projekte zu Wissen aus Projekten. Eine solche Bibliothek dient der zentralen Archivierung historischer Projektstrukturen und ihrer Inhalte [vgl. uit Beijerse 1999, S. 109]. Während der Projektdurchführung dient sie der Projektgemeinschaft als elektronisches Archiv. Nach Projektende werden die im Projektverlauf generierten Inhalte – beispielsweise Projektpläne, die Dokumentation, Zeichnungen, Spezifikationen, Marketingpläne, das Berichtswesen, Aufwandserfassungen und projektrelevante Informationsobjekte – durch den Content Manager in die Projektbibliothek überführt.

Um die Wiederverwendbarkeit des darin kodifizierten Wissens zu erhöhen, erscheint auch hier die Verwendung einer am Projektverlauf orientierten Struktur (z. B. durch grafische Nachbildung) und einer entsprechend aufbereiteten Darstellung sinnvoll.

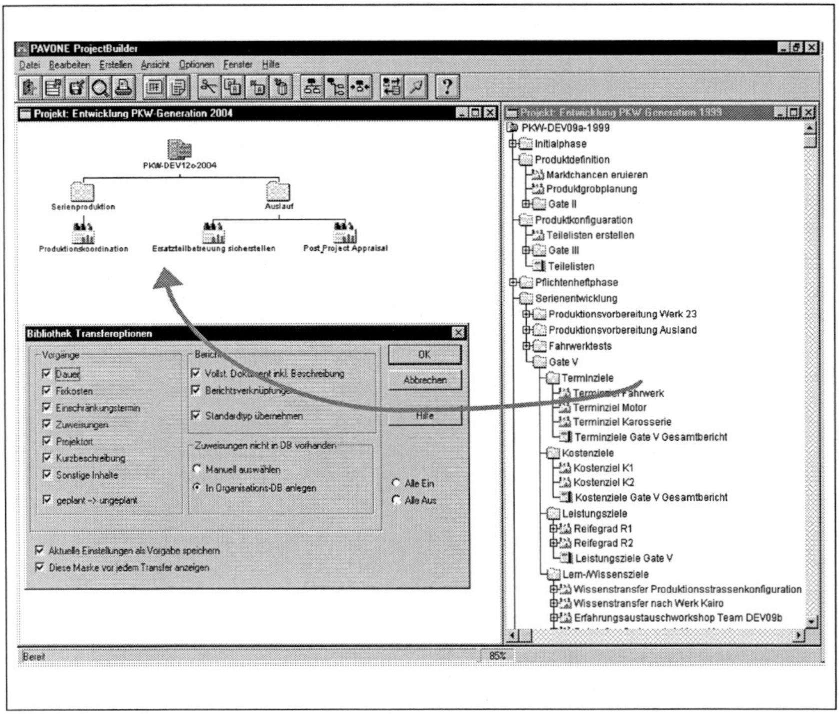

Abb. 4-13: Verwendung von Projektschablonen (Beispiel)

Zur strukturierten und kontextgerechten Präsentation der Bibliotheksstrukturen bietet sich der Einsatz von Wissenslandkarten an.[483] Ein solches Szenario ist beispielhaft in

[483] Vgl. dazu auch den im Rahmen des Kompetenzzentrums EKM in enger Zusammenarbeit mit Siemens und der Technischen Universität München entwickelten Dienst ProjectMapper [Seiler 1998]. Diese Art von Wis-

Abb. 4-13 dargestellt: Der ProjectBuilder, ein Bestandteil des kommerziell verfügbaren PMIS GroupProject zur grafischen Modellierung von Projektstrukturen, bietet die Möglichkeit zur Wiederverwendung „alter" Elemente im Sinne von Schablonen durch Nutzung intuitiver Drag-and-Drop-Mechanismen [Ehlers 1997, S. 145 ff.]. Dabei bleibt die gesamte Projektstruktur – z. B. Abhängigkeiten von Projektphasen wie beispielsweise Anfang-Ende-Beziehungen, Zuweisungen von Sach- und Personalressourcen zu einzelnen Aufgaben, Zeit- und Kostenattribute von Vorgängen – auf Wunsch erhalten. Die erneute Verwendung bestehender Elemente wird durch die Möglichkeit ihrer automatisierten Modifikation erleichtert (z. B. durch die selektive Übernahme von Projektparametern).

Ein ursprünglich auf Einmaligkeit ausgelegtes Vorhaben erlangt damit Prozesscharakter, da es immer wieder instanziiert werden kann und bezüglich seiner Struktur und der darin gegebenenfalls enthaltenen kodifizierten Inhalte – im Sinne einer Schablone – über die Bibliothek zur (teilweisen) Wiederverwendung bereit steht.

Spezifische Erweiterungsbausteine

Diese Bausteinkategorie umfasst Branchenerweiterungen (z. B. die Anbindung an ein Verbandsinformationssystem in der Versicherungsbranche), Unternehmenserweiterungen (z. B. das unternehmensweite Vorschlagswesen) bzw. outputspezifische oder fachliche Erweiterungen (z. B. ein Ergänzungsmodul zur Verwaltung von Programmierquellcode bei Softwareentwicklungsprojekten), die über die Grundfunktionalitäten eines PKM hinausgehen. Dazu gehören auch Projektdatenbanken mit Foliensätzen und Arbeitsmaterialien (z. B. bei Beratungsunternehmen).[484] Die integrative Einbindung solcher Bausteine in das PKM erscheint dabei wünschenswert.

4.6.2 Verzeichnisdienste

Zu den Aufgaben des Projektmanagements gehört regelmässig im Rahmen der Personaleinsatzplanung die Neu- und Wiederbesetzung von Projektteams im Vorfeld und unter Umständen auch während eines Projektes [vgl. z. B. Haberfellner et al. 1999, S. 247 f.]. Die Suche nach potenziellen Wissensträgern im Unternehmen, die aufgrund ihrer Fähigkeiten zur Besetzung der vakanten Projektstelle geeignet erscheinen, stellt sich insbesondere in grösseren Unternehmen als problematisch dar (vgl. Kapitel 3.3.6).[485]

senslandkarte dient der Dokumentation abgeschlossener Projekte, die für nachfolgende Projekte die Möglichkeit schafft, relevante Dokumente oder Wissensträger im Unternehmen effizient zu lokalisieren.

[484] Vgl. [Schüppel 1996, S. 208] und die Ausführungen über das ICM AssetWeb der IBM Consulting Group in Kapitel 4.6.5.

[485] Vgl. dazu Jürgens: „Wenn jeder Siemens-Mitarbeiter in der weltweiten Struktur des Unternehmens eine Beschreibung seiner Fähigkeit und Verfügbarkeit, also der Arbeitsschwerpunkte und Erfahrungen, die sie oder er in bisherigen Projekten gesammelt hat, intranetfähig formuliert und dazu Angaben über Verfügbarkeit und Personalentwicklungsinteressen macht, kann im Prinzip jeder Mitarbeiter die Wissenspotenziale im Unternehmen leicht erschließen und gegebenenfalls den idealen Mitarbeiter in ein neues Projekt rekrutieren." [Jürgens 1999, S. 70] Dass auch Klein- und Mittelstandsunternehmen von dieser Problematik nicht ausgenommen sind, betont Böhm [Böhm 1999, S. 126].

Ein weiteres Problem – nicht nur des Wissensmanagements im Projektkontext – ist die Identifikation geeigneter Experten, die in anderen Teilen oder Projekten des Unternehmens arbeiten und deren Wissen zur Lösung auftretender Fachfragen hilfreich sein dürfte.

Informelle Netzwerke erleichtern hier zwar die Identifikation geeigneter Wissensträger als Experten. Sie allein bieten jedoch keine ausreichende Lösung für diese Probleme, insbesondere in grösseren Unternehmen mit verteilten Standorten.

In der Literatur wird aus allgemeiner Wissensperspektive in jüngerer Zeit immer wieder im Rahmen von Fallbeispielen die Verwendung so genannter Yellow Pages [vgl. z. B. Berres 1998; Probst et al. 1999, S. 403 ff.] – IKT-basierter Werkzeuge zur Lokalisierung von Experten – propagiert. Ein systematischer Ansatz zur Klassifizierung solcher Hilfsmittel und eine Betrachtung aus Sicht der Projektabwicklung bleiben dabei allerdings aus. Es soll daher als Beitrag dieser Arbeit verstanden werden, einen differenzierenden Überblick solcher Werkzeuge (als Verzeichnisdienste subsumierbar) darzustellen.

Die in den Unternehmen vorgefundenen Lösungen lassen sich in drei Gruppen klassifizieren[486] (vgl. Tabelle 4-6). Realisiert werden sie in der Regel als intern entwickelte Intranet- bzw. Groupware-Lösungen in Kombination mit relationalen Datenbankverbünden mit einem Browser als Benutzerschnittstelle.

System	Zweck
elektronische Telefonverzeichnisse	Bereitstellung von Adressinformationen eines Mitarbeiters, sofern dessen Name bekannt ist.
elektronische gelbe Seiten	Bereitstellung von Informationen analog den Telefonverzeichnissen, ergänzt um Fotos und weiterführende Verweise, z. B. auf aktuelle oder vergangene Projektzugehörigkeiten.
Skill Management-Systeme	Bereitstellung von Informationen analog den gelben Seiten, ergänzt um weiterführende Angaben bezüglich der genaueren Fähigkeiten des Wissensträgers in Form von Volltext oder über eine skalenorientierte Bewertung.

Tabelle 4-6: Leistungsmerkmale von Werkzeugen zur Wissensträgeridentifikation

Elektronische Telefonverzeichnisse

Ursprünglich aus den papierbasierten Telefonverzeichnissen entstanden, bieten elektronische Telefonverzeichnisse[487] einen Ansatzpunkt, Wissensstrukturen losgelöst von

[486] Die Bezeichnung solcher Systeme ist in der Literatur nicht immer konsistent. Der Übergang zwischen den drei Werkzeugkategorien findet oftmals undifferenziert statt – die Werkzeuge werden dabei unter dem aus dem Bereich der Telekommunikation entlehnten Oberbegriff „Yellow Pages" zusammengefasst [vgl. Berres 1998, S. 61; Högberg/Edvinsson 1998, S. 85].

[487] Vgl. z. B. die „Online-Telefonbücher" in der Fallstudie Bankgesellschaft Berlin.

Projekt- oder Hierarchiestrukturen abzubilden. Diese Verzeichnisse informieren regelmässig über Name, Vorname, Abteilungszugehörigkeit, Gebäudenummer, Telefon-, Telefax- und Mobiltelefonnummer sowie E-Mail-Adresse eines Mitarbeiters.

Elektronische gelbe Seiten

Betriebsinterne elektronische gelbe Seiten (angels.: yellow pages[488]) können auf den Strukturen elektronisch abgebildeter Telefonverzeichnisse aufbauen. Gegenstandsobjekt ist auch hier der einzelne Mitarbeiter. Neben der Abbildung der Inhalte eben angeführter Telefonverzeichnisse werden solche Strukturen um dediziertere Attribute wie Stellvertreter, Funktionsbeschreibung oder Unternehmenszugehörigkeit[489] ergänzt. Ferner können diese Lösungen regelmässig auch digitalisierte Bilder[490] der betroffenen Mitarbeiter enthalten und Möglichkeiten zur Verortung von elektronischen Verweisen zum Verzweigen auf weitere Informationen bieten (beispielsweise in Form von Hyperlinks, die zur persönlichen Homepage führen oder auf Communities of Practice hinweisen, denen der Mitarbeiter angehört). Das Siemens Systemhaus für Kommunikationslösungen hat zusätzlich Möglichkeiten zu Angaben bezüglich der Verfügbarkeit des Mitarbeiters für Anfragen[491] geschaffen [Berres 1998, S. 60].

Dem Benutzer bieten solche Systeme Auswertungs- und Suchmöglichkeiten nach Wissensträgern durch Volltextsuche oder/und verschiedenste Sortiermöglichkeiten (z. B. nach Name, Vorname, Abteilung oder E-Mail-Adresse).

Skill Management-System

Ein Skill Management-System[492] basiert auf dem Funktionsumfang der gelben Seiten, ergänzt um Informationen bezüglich der Fähigkeiten und Erfahrungen des Mitarbeiters. In einem solchen System können z. B. Informationen über vorangegangene Projekttätigkeiten, die durchlaufene Ausbildung oder sonstige Fähigkeiten enthalten sein.

Denkbar ist auch die Erhebung eines Soll-Wissensprofils für die gezielte (Weiter-) Entwicklung von Fähigkeiten, die sich der Mitarbeiter – gegebenenfalls nach Rücksprache mit den Vorgesetzten – wünscht. Dies kann interessierten Projektleitern die Möglichkeit der Potenzialentwicklung eröffnen: Findet man im Unternehmen keinen geeigneten Kandidaten für eine offene Projekttätigkeit, kann das Soll-Profil dazu die-

---

[488] Courvoisier et al. 1998 führen auch noch so genannte Blue Pages zur Identifikation externer Experten für zukünftige Zusammenarbeiten auf [vgl. Courvoisier et al. 1998].

[489] Diese Angabe ermöglicht die Identifikation von Mitarbeitern, die besonders lange im Unternehmen sind und denen dementsprechend umfangreiche unternehmensspezifische Erfahrungen unterstellt werden können.

[490] Vgl. dazu das in der Fallstudie Pixelpark beschriebene PixelFace-System.

[491] Z. B. durch die Festlegung auf bestimmte Wochentage oder Tageszeiten.

[492] Faix et al. definieren *Skill Management* als das „Management von menschlichen Fähigkeiten und Qualifikationen in Organisationen und Unternehmungen" [Faix et al. 1991, S. 11]. Da dieser Begriff relativ grosszügig interpretierbar ist, wird diese Definition für den Kontext der Arbeit auf die im Rahmen der Projektarbeit relevanten Fähigkeiten und Qualifikationen eingeschränkt. Unter Skill Management-Systemen werden IKT-basierte Lösungen verstanden, die das Skill Management unterstützen. In Abgrenzung dazu werden Personalinformationssysteme vorwiegend in Personalabteilungen eingesetzt und verfügen über eine breitere Facette von Funktionalitäten wie beispielsweise Zeitwirtschaft, Lohn- und Gehaltsabrechnung oder Rentenverwaltung [vgl. Steiner/Lüthi 1998, S. 34 ff.].

nen, mögliche Kandidaten aufgrund ihrer Weiterentwicklungsvorstellungen gezielt anzusprechen und dann gegebenenfalls zu fördern.

Ein Fähigkeitsprofil in einem Skill Management-System besteht neben einem Adressteil aus einem Kompetenzteil, der sich [vgl. Böhm 1999, S. 119; Probst et al. 1999, S. 403] grundsätzlich durch die folgenden Attribute beschreiben lässt:

- Fachliche Qualifikationen/Erfahrungen (zur Abbildung von Wissen, das z. B. durch Berufsausbildung oder bestimmte Tätigkeiten gewonnen wurde)
- Methodische Qualifikationen/Erfahrungen (zur Abbildung von Fähigkeiten, die z. B. durch Erlernen von Planungstechniken oder durch Projektleitungstätigkeiten erworben wurden)

Die Abbildung sozial-kommunikativer oder personaler Kompetenzen[493] (so genannter „weicher Skills“ [vgl. Davenport/Prusak 1998, S. 219]) in solchen Systemen zur Wissensträgeridentifikation wird an dieser Stelle aufgrund ihres sensiblen Charakters ausdrücklich abgelehnt,[494] da der Sinn solcher Systeme hier in der offenen innerbetrieblichen Informationsbereitstellung gesehen wird und eine objektive Selbsteinschätzung durch den Mitarbeiter in diesen Bereichen wenig pragmatisch erscheint.[495]

Neben der Abbildung des eigentlichen Fähigkeitsprofils (dem so genannten Skillset) können solche Systeme einen Überblick über die aktuelle Auslastung eines Mitarbeiters vermitteln sowie direkt Auskunft darüber geben, in welche Projekte ein Mitarbeiter derzeit involviert ist. Zur Vermeidung redundanter Datenpflege ist eine Anbindung an die in Kapitel 3.7.1 beschriebenen PMIS bzw. PMS – sofern existent – empfehlenswert.

Fallbeispiele
Die folgenden Beispiele illustrieren den Ausprägungsgrad und Einsatz der beschriebenen Lösungen im Rahmen der Projektabwicklung in der Unternehmenspraxis:

> *Schindler Aufzüge* setzt unternehmensweit ein von der Funktionalität her leicht erweitertes E-Mail-Verzeichnis (Name, Vorname, Standort, Abteilung, Telefon-, Fax- und E-Mail-Adresse) ein. Im R&D-Bereich existiert zusätzlich seit einiger Zeit eine so genannte Who is Who-Lösung, die als Groupware-Applikation realisiert ist und von 95 % der Mitarbeiter aktiv (d. h. durch freiwilliges Einstellen der Informationen) genutzt wird. Ziel und Philosophie ist dabei nicht ein Ausfüllen von elektronisch abgebildeten Formularen, sondern die freiwillige Ablage von aktuellen und früheren Projektaktivitäten als Fliesstext (suchbar via Volltext-

---

493 Der Kompetenzbegriff wird hier synonym mit dem Terminus Fähigkeiten verwendet [vgl. von Krogh/Venzin 1995, S. 423].

494 Die Abbildung der genannten Kompetenzen erscheint kritisch genug. Vgl. dazu den folgenden Abschnitt Probleme und Erfolgsfaktoren.

495 Die Abbildung solcher Faktoren fällt in den Rahmen der Personalbeurteilung und daher in die Kategorie der Personalinformationssysteme.

suche). Zur Attribuierung stehen dem Mitarbeiter neben den Adressinformationen drei Feldbereiche zur Verfügung:

- Aktuelle Projekte für eine Auflistung aktueller Projekttätigkeiten
- Arbeitserfahrung und frühere Projekte
- Fachlicher Hintergrund und durch Ausbildung erworbene Fähigkeiten und Qualifikationen

So kann der vorgesehene Projektleiter beispielsweise bei einem anstehenden Kooperationsprojekt mit einem externen Partner durch Eingabe des Firmennamens via Volltextsuche gezielt Personen im R&D-Bereich identifizieren, die mit dem Unternehmen bereits Kontakt hatten. Von der Ausweitung des Systems im Sinne der Quantifizierung von Fähigkeiten sieht man bewusst ab – die Einführung einer Normierung im internationalen Umfeld bezüglich Selbsteinschätzung wird aufgrund kultureller Unterschiede als nicht pragmatisch angesehen (Japaner z. B. äussern sich über sich selbst eher zurückhaltend, während US-Amerikaner sich eher positiv einschätzen). Die jeweiligen Personalbereiche der Landesgesellschaften pflegen zur Beurteilung und möglichen Identifikation von Wissenslücken eigenständige, vom „Who is Who" unabhängige Datenbestände. Das „Who is Who" wird ganz bewusst auf den R&D-Bereich beschränkt, um eine „Verwässerung" zu vermeiden.

Die spezifische Identifikation von Wissensträgern wird bei der *IBM Consulting Group* über das ICM[496] AssetWeb (vgl. auch Kapitel 4.6.5) ermöglicht. Dort lassen sich sämtliche abgelegte Beiträge dem Urheber namentlich zuordnen. Weiterführende Informationen finden sich in den im ICM AssetWeb abgelegten Lebensläufen der Berater. Ferner existiert eine Lösung mit aktuellen Stammdaten der Mitarbeiter (Name, Telefonnummer, Organisation etc.) im Intranet. Ausser dem ICM AssetWeb existiert zusätzlich ein Host-basiertes Skill Management-System. Jeder Mitarbeiter beurteilt sich dort bezüglich seiner Fähigkeiten auf einer Nominalskala von 0-5. Aufgrund der weltweiten Herkunft der Teammitglieder begegnet man dem Bewertungsproblem bezüglich der Normierbarkeit (vgl. Fallbeispiel Schindler Aufzüge) durch die Auswahl möglichst objektiver Kriterien (beispielsweise bedeutet 0: „keine Fähigkeiten in einem bestimmten Gebiet"; bzw. 5: „Mitarbeiter kann bezüglich einer Fähigkeit Hilfestellung leisten, kann andere anleiten, hat umfassende Kenntnis, kann gut beurteilen"), die eine kulturindifferente Einschätzung von Mitarbeitern ermöglichen sollen.

In der untersuchten Geschäftseinheit der *Credit Suisse Group* ist über das Groupware-System auch eine Telefonverzeichnisapplikation (mit den

---

[496] ICM: Intellectual Capital Management.

Attributen Name, Telefondurchwahl und E-Mail-Adresse) realisiert – eine dedizierte Yellow Page-Lösung existierte zum Zeitpunkt des Interviews jedoch nicht.

Bei *Roche Diagnostics* nutzt man die konzernweite Lösung von Hoffmann-La Roche[497], die auf einer Groupware-Anwendung basiert. Die dort abgebildeten Funktionalitäten sind Felder für Name und Anschrift, E-Mail-Adresse, Telefon- und Faxnummer sowie für aktuelle und vergangene Projekte (Freitext) und Skills (Freitext). Die Nutzung ist freiwillig, insbesondere um den Anforderungen des Datenschutzes und des Betriebsrats zu entsprechen.[498] Der Zugang zur Nutzung – einerseits als Leser fremder Profile und andererseits als Ersteller eigener Profile – ist passwortgeschützt und erfordert daher eine explizite Anmeldung im Sinne einer Registrierung. Die Akzeptanz für das System ist jedoch eher gering.

Die Darstellung solcher Profile orientiert sich in der Praxis regelmässig am Konzept der elektronischen Karteikarten. In der Literatur wird in Zusammenhang mit dem Wissensmanagement zur Wissensträgeridentifikation der Einsatz so genannter Wissensträgerkarten gefordert,[499] da sie entsprechende Inhalte grafisch besser aufbereiten und die Komplexität durch die mehr als zweidimensionale Darstellung intuitiver abbilden können (z. B. durch eine Übersicht über ähnliche Kompetenzprofile und ihrer Nähe zueinander durch räumliche Darstellung). Diese Systeme haben aber derzeit für die Praxis noch keine Bedeutung.

Im Rahmen des Kompetenzteils lassen sich drei Strategien zu deren Abbildung erkennen:

- Ausdrücken von Kompetenzen über eine Quantifizierung (z. B. anhand einer Rangskala[500])
- Ausdrücken von Kompetenzen über qualitativ-beschreibende Ausführungen
- Kombination dieser beiden Strategien

Bei der Entscheidung für eine dieser Strategien ist unter anderem dem Grad der Internationalität der in solchen Systemen abgebildeten Mitarbeiter Rechnung zu tragen: Bei unterschiedlichen kulturellen Hintergründen eignet sich gegebenenfalls die Wahl der qualitativ-beschreibenden Strategie.

Neben den bei den elektronischen gelben Seiten aufgeführten Suchmöglichkeiten bieten Skill Management-Systeme zusätzliche, mehr oder weniger differenzierte Auswer-

---

497 Zur Unternehmensstruktur vgl. Anhang III.3.

498 Insbesondere für die Standorte von Boehringer in Deutschland von hoher Relevanz.

499 Vgl. z. B. [Eppler 1997b, S. 11].

500 Unterteilung z. B. in „Basiskenntnisse“, „fortgeschrittene Kenntnisse“, „Experte“ oder wie im eben aufgeführten Fallbeispiel IBM Consulting.

tungsmöglichkeiten. Diese ermöglichen eine gezieltere Suche nach Kandidaten für die in den Projekten zu besetzenden Vakanzen im Rahmen eines Soll-Ist-Abgleichs (so genanntes Matching). Dabei erstellt der Projektleiter ein Soll-Wissensprofil bezüglich der Vakanz und das System führt einen Abgleich mit den Ist-Profilen der Mitarbeiterbestände durch. Hier sind Systeme mit quantifizierender Attribuierung tendenziell besser geeignet, da sie eine treffergenauere Auswertung ermöglichen. Analog dazu ist denkbar, dass Soll-Wissensprofile offener Projektstellen den Mitarbeitern im Sinne einer elektronischen Stellenausschreibung zur Verfügung stehen: Diese können dann selbständig nach möglicherweise für sie interessanten Projekten suchen und sich auf offene Stellen direkt bewerben.

Probleme und Erfolgsfaktoren

In Zusammenhang mit den vorgestellten Lösungen besteht eine Reihe von Konzipierungs-, Einführungs- und Betreiberproblemen. Lammers und van Eijnatten schildern dies am Beispiel eines „Competencies Information Systems“, das durch die Systementwicklungsabteilung einer niederländischen Bank eingeführt werden sollte [vgl. Lammers/van Eijnatten 1996, S. 43 f.]:

> Aus der Befürchtung heraus, die Mitarbeiter könnten sich bei Pflege der eigenen Fähigkeitsprofile überbewerten, wurden die zuständigen Manager aus dem Personalbereich mit dieser Tätigkeit beauftragt. Diese waren mit der Pflege der Informationen aufgrund des damit verbundenen Arbeitsaufwandes überfordert und delegierten die Aufgabe an ihre Sekretariate. Dort war man mit der Benutzerfreundlichkeit des Systems nicht zufrieden, so dass es zu einer Nutzungsverweigerung kam. Ferner stellte sich heraus, dass nur von Personen mit niedrigem Status in der Hierarchie die Fähigkeiten in den Profilen gut quantifiziert werden konnten: Bei der Erstellung der Kompetenzprofile von Senior Managern liess sich der als am wertvollsten empfundene Teil ihres Wissens – ihre Berufserfahrung – gar nicht im System abbilden.
>
> Das System scheiterte schliesslich an der mangelnden Akzeptanz: Nach kurzer Zeit ging man aus Gründen der Effizienz wieder zur Nutzung informeller Netzwerke über und zog es vor, die Leute direkt telefonisch anzusprechen.

Das Beispiel illustriert unter anderem die zentrale Bedeutung des Bewertungsproblems für solche Systeme.

Insgesamt lassen sich folgende kritische Erfolgsfaktoren für die Akzeptanz und Nutzung solcher Systeme ableiten [vgl. neben den angeführten Fallbeispielen auch Berres 1998; Böhm 1999, S. 123; Courvoisier et al. 1998; Probst et al. 1999, S. 408 ff.; Preissler et al. 1997, S. 9 f.]:

- Aktualität des enthaltenen kodifizierten Wissens. Hier können automatisierte Wiedervorlagemechanismen, die nach einer gewissen Zeit – z. B. durch Versand einer E-Mail – zur Prüfung auf Aktualisierung der Information auffordern, hilfreich sein. Die Speicherung des Datums der letzten Änderung gibt beispielsweise Aufschluss über das Alter eines Profils.

- Auswahl der Pflegestrategie. Hier ist zwischen einer zentralen Pflege der Einträge (wie im Beispiel oben durch die Personalabteilung oder durch den Vorgesetzten[501]) und einer dezentralen Pflege direkt durch die Benutzer zu wählen. Zumindest die Konsistenzhaltung des Adressteils kann dabei sinnvoll automatisiert werden, z. B. durch Anbindung an unternehmensweite Verzeichnisstrukturen. Die direkte Betreuung durch die Benutzer dürfte zwar zu einer höheren Aktualisierung führen, kann aber gegebenenfalls oben angeführte Einschätzungsproblematik zur Folge haben.[502]
- Angemessene Abbildung der Mitarbeiterfähigkeiten in Bezug auf die aufgestellten Kriterien (Notwendigkeit der Bildung von „Wissenskategorien" bei quantitativer Erfassung) und deren Bewertbarkeit (Entwicklung möglichst eindeutiger Klassen bei quantitativer Erfassung bzw. Berücksichtigung der Problematik der Auswertung bei qualitativer Erfassung) [vgl. auch Eckardt/Plath 1998, S. 9].
- Vorhandensein einer kritischen Masse an Einträgen. Dies kann in der Einführungsphase z. B. durch die Vergabe von kleineren Preisen im Sinne von Pionierprämien gefördert werden [vgl. hierzu Lank 1997, S. 410].
- Bewältigung der Datenschutzproblematik (vgl. das Fallbeispiel Roche Diagnostics), insbesondere in Deutschland. Durch Freiwilligkeit der Eingabe lässt sich dies zumindest teilweise umgehen.[503]
- Sicherstellung der Datensicherheit (da es sich bei Projektmitarbeitern oft um Experten handelt, ist insbesondere der Schutz vor externem Missbrauch wichtig, z. B. durch Personalberater).

---

[501] Vgl. hierzu die Problematik der Entsendungsbereitschaft von Mitarbeitern aus der Linie in Projekte, auf die in Kapitel 3.3.3 und Kapitel 3.3.4 hingewiesen wird. Ein Vorgesetzter könnte hier eine bewusste Manipulation vornehmen, um die Einbindung des Mitarbeiters in Projekttätigkeiten zu vermeiden.

[502] Nach den eigenen Erfahrungen des Autors muss die direkte Pflege der Profile durch die Mitarbeiter nicht unbedingt zu den oben konstatierten Bewertungsproblemen führen: In einem Unternehmen wurden die elektronischen gelben Seiten durch die Mitarbeiter selbst gepflegt. Nach einem mehrmonatigen Zyklus entstand – zumindest durch gegenseitige subjektive Einschätzung – ein als realistisch empfundenes Abbild der Teilnehmer: Bewertete man sich zu gut, musste man mit Anfragen rechnen, die man nicht beantworten konnte. Eine gegenüber dem tatsächlichen Kenntnisstand vorgenommene Unterbewertung konnte nicht beobachtet werden.

[503] Beim Schweizer Pharmakonzern Novartis entscheidet jeder Mitarbeiter selbst, welche Informationen er in solche Systeme eingeben möchte, was auch die Problematik des Schutzes persönlicher Daten im Sinne der Mitarbeiterselbstbestimmung umgehen hilft [Probst et al. 1999, S. 401 ff.]. Dilk beschreibt das Vorgehen bei Siemens Business Services: Dort hat man entsprechende Betriebsvereinbarungen abgeschlossen, die den anonymisierten Einsatz von Skill Management-Systemen gestatten. Als Ergebnis einer Suchanfrage weiss man zwar gegebenenfalls, dass es einen bestimmten Experten im Unternehmen gibt, kennt seinen Namen aber noch nicht. Diesen erfährt man bei berechtigter Nachfrage über die Personalabteilung [Dilk 1999, S. 74].

- Vorhandensein einer Anreizsystematik,[504] um solche Systeme aktiv zu nutzen (sowohl durch Pflege der Daten als auch durch Zuhilfenahme bei Identifikationsproblemen).

Die Ausführungen verdeutlichen die Notwendigkeit nach einem ausgereiften und abgestimmten Konzept für die Entwicklung und Einführung solcher Systeme. Ein „Trial-and-Error"-Vorgehen im Sinne eines Prototypings erscheint hier ungeeignet.

Zusammenfassung

Bei Untersuchung der Einsatzausprägungen der vorgestellten Systeme in der Unternehmenspraxis lassen sich wiederum die beiden bereits in Kapitel 3.4.1 vorgestellten Strategien zur Kodifizierung und Personifizierung identifizieren. Davon ausgehend können die vorgestellten Lösungen wie in Abb. 4-14 dargestellt, in Zeiger- und Auskunftssysteme klassifiziert werden.[505] Zeigersysteme geben noch keine systematische inhaltliche Auskunft über das Wissen eines Mitarbeiters. Eventuell aufgeführte Abteilungszugehörigkeiten oder Verweise auf Projektzugehörigkeiten lassen in der Regel nicht mehr als grobe Mutmassungen zu (dem Mitarbeiter einer Informatikabteilung unterstellt man beispielsweise IT-Kenntnisse). Die Zeigersysteme können auf andere Systeme wie etwa persönliche Homepages der Mitarbeiter verweisen, die gegebenenfalls weitere zweckdienliche Informationen enthalten. Durch Kontaktierung der auf diese Art und Weise lokalisierten Kollegen lässt sich – eventuell durch entsprechende persönliche Weitervermittlung (z. B. über den jeweiligen Abteilungsleiter) – der gesuchte Experte gegebenenfalls identifizieren. Auskunftssysteme gehen einen Schritt weiter und können – entsprechende inhaltliche Aufarbeitung und Pflege der Systeme vorausgesetzt – diese Prozesse weiter erleichtern.

In der Praxis lässt sich ein gewisser Trend konstatieren (vgl. dazu das Fallbeispiel Schindler Aufzüge): So existieren Auskunftssysteme primär auf Bereichsbasis und Zeigersysteme auf Unternehmensbasis. Dieser Ansatz greift die für einen bereichsfremden Mitarbeiter[506] eventuell bestehende Problematik auf, keine gezielten Suchanfragen in einer anderen fachlichen Disziplin stellen zu können (bzw. gegebenenfalls textuell vorhandene Informationen nicht auswerten zu können). Dies lässt sich wieder als Beleg für die Notwendigkeit einer in Kapitel 3.4.1 ausgedrückten Mischkultur aus Kodifizierungs- und Personifizierungsstrategie interpretieren.

---

[504] Vgl. Kapitel 3.4.2.

[505] „Knowledge is of two kinds: We know a subject ourselves, or we know where we can find information about it." Samuel Johnson, englischer Schriftsteller, 1709-1784

[506] Vgl. Kapitel 3.3.8 und 3.4.4 bezüglich der Rolle von Interdisziplinarität und Sprachbarrieren für das Projektwissensmanagement.

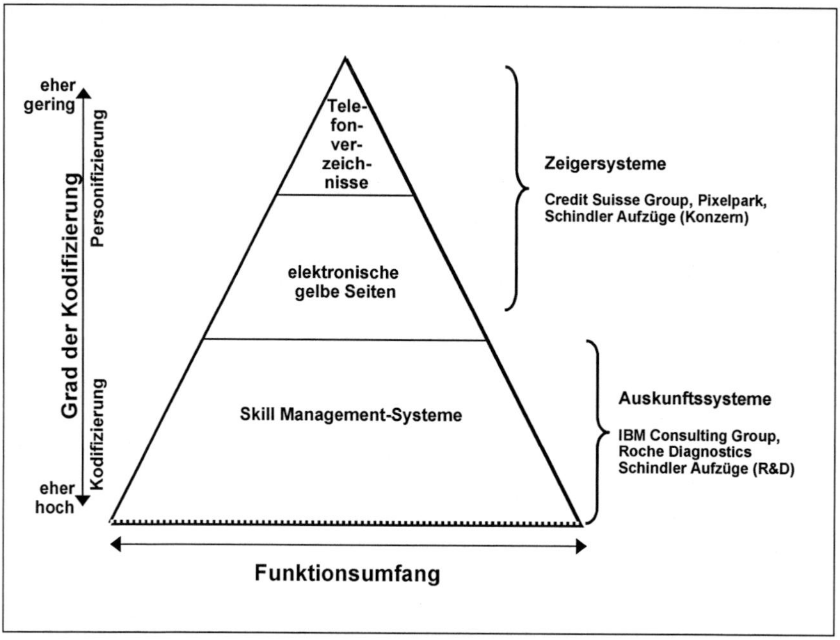

Abb. 4-14: Werkzeuge zur Wissensträgeridentifikation in der Projektabwicklung

Neben der Wissensträgeridentifikation zur Besetzung von Projektteams und zur Lösung von in der Projektarbeit auftretenden Problemen können solche Systeme auch zur Bildung von Vertrauen durch die Integration von Fotos oder Links zu persönlichen Homepages beitragen [vgl. Handy 1995, S. 44 ff.].

Die aufgeführten Systeme können dazu genutzt werden, Transparenz über das im Unternehmen vorhandene Wissen zu gewinnen, da sie insbesondere die Phasen der Wissensidentifikation und -evaluation unterstützen. Skill Management-Systeme im Speziellen lassen sich bei entsprechender Konzipierung ferner zur Ist-Analyse aktuell im Unternehmen bzw. Bereich vorhandener Wissensbestände einsetzen und liefern somit Ansatzpunkte zur Aufdeckung entsprechender Wissenslücken.[507] Ihre Einführung kann jedoch unter Umständen mit einer Reihe von organisatorischen Schwierigkeiten verbunden sein.

4.6.3 Erfahrungsdienste

In Kapitel 4.4 wurden Schlüsselerfahrungen (Lessons Learned) und Best Practices als Formen des Wissens aus Projekten vorgestellt. Abb. 4-15 zeigt exemplarisch ein prototypisch-entwickeltes Datenbank-Frontend einer Applikation zur Kodifizierung von

---

[507] Grundsätzlich liesse sich ihre Funktionalität immer weiter in Richtung der Personalinformationssysteme ausdifferenzieren.

Schlüsselerfahrungen (einen so genannten Erfahrungsdienst). Die Datenbankanwendung wurde unter Mitarbeit des Autors dieser Arbeit konzipiert und basiert auf den in Kapitel 4.4 vorgestellten theoretischen Grundlagen.

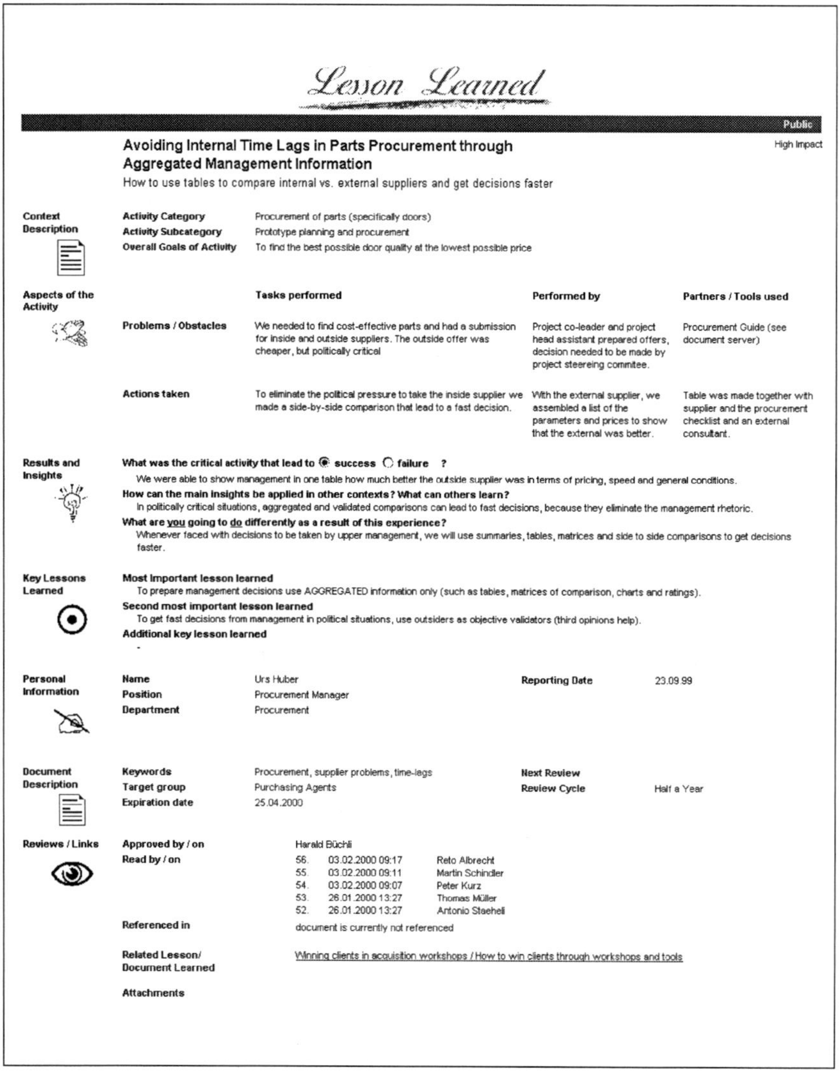

Lesson Learned

Public

Avoiding Internal Time Lags in Parts Procurement through Aggregated Management Information — High Impact

How to use tables to compare internal vs. external suppliers and get decisions faster

Context Description

Activity Category	Procurement of parts (specifically doors)
Activity Subcategory	Prototype planning and procurement
Overall Goals of Activity	To find the best possible door quality at the lowest possible price

Aspects of the Activity

	Tasks performed	Performed by	Partners / Tools used
Problems / Obstacles	We needed to find cost-effective parts and had a submission for inside and outside suppliers. The outside offer was cheaper, but politically critical	Project co-leader and project head assistant prepared offers, decision needed to be made by project steereing commitee.	Procurement Guide (see document server)
Actions taken	To eliminate the political pressure to take the inside supplier we made a side-by-side comparison that lead to a fast decision.	With the external supplier, we assembled a list of the parameters and prices to show that the external was better.	Table was made together with supplier and the procurement checklist and an external consultant.

Results and Insights

What was the critical activity that lead to ◉ success ○ failure ?
We were able to show management in one table how much better the outside supplier was in terms of pricing, speed and general conditions.
How can the main insights be applied in other contexts? What can others learn?
In politically critical situations, aggregated and validated comparisons can lead to fast decisions, because they eliminate the management rhetoric.
What are you going to do differently as a result of this experience?
Whenever faced with decisions to be taken by upper management, we will use summaries, tables, matrices and side to side comparisons to get decisions faster.

Key Lessons Learned

Most important lesson learned
To prepare management decisions use AGGREGATED information only (such as tables, matrices of comparison, charts and ratings).
Second most important lesson learned
To get fast decisions from management in political situations, use outsiders as objective validators (third opinions help).
Additional key lesson learned
-

Personal Information

Name	Urs Huber	**Reporting Date**	23.09.99
Position	Procurement Manager		
Department	Procurement		

Document Description

Keywords	Procurement, supplier problems, time-lags	**Next Review**	
Target group	Purchasing Agents	**Review Cycle**	Half a Year
Expiration date	25.04.2000		

Reviews / Links

Approved by / on Harald Büchli

Read by / on

56.	03.02.2000 09:17	Reto Albrecht
55.	03.02.2000 09:11	Martin Schindler
54.	03.02.2000 09:07	Peter Kurz
53.	26.01.2000 13:27	Thomas Müller
52.	26.01.2000 13:27	Antonio Staeheli

Referenced in document is currently not referenced

Related Lesson/ Document Learned Winning clients in acquisition workshops / How to win clients through workshops and tools

Attachments

Abb. 4-15: Frontend zur Ableitung von Lessons Learned

Ein mit der Applikation erstelltes Dokument ist in mehrere Abschnitte unterteilt. Nach Angabe eines Dokumententitels, der Eingabe einer Kurzbeschreibung (hier am Beispiel eines Problems bei der Teilebeschaffung in der Automobilindustrie) und Vergabe einer Priorität (zur Differenzierung von wichtig und weniger wichtig empfundenen Dokumenten) wird im Rahmen des Abschnitts „*Context Description*" eine entsprechende Verschlagwortung durch Schlüsselwörter vorgenommen.

Die zur Überwindung des Problems oder der Hindernisse vorgenommenen Schritte sowie die dabei involvierten Personen und die gegebenenfalls bei der Lösung verwendeten Tools werden im Abschnitt „*Aspects of the Activity*" kodifiziert.

Der Abschnitt „*Results and Insights*" dient der Explizierung der für den Problemlösungsprozess kritischen Schritte und wichtigen Erkenntnisse. Im daran anschliessenden Abschnitt „Key Lessons Learned" werden die eigentlichen Schlüsselerfahrungen aufgeführt.

Im unteren Drittel eines solchen Lessons Learned-Dokumentes erfolgt die Eingabe von „*Personal Information*" (Name, Position und Abteilung des Autors, Erstelldatum des Dokumentes) sowie einer „*Document Description*" (Verschlagwortung, Angabe von Zielgruppen wie etwa Abteilungen, Bereiche oder Communities of Practice, das Gültigkeitsdatum sowie die für die Durchführung einer Rezension[508] notwendigen Parameter wie das Datum der nächsten Begutachtung bzw. alternativ wiederkehrende Begutachtungszyklen). Im Abschnitt „*Reviews/Links*" wird zur Protokollierung des Qualitätsmanagementprozesses der Name des verantwortlichen Rezensenten und zur Erleichterung der Wissensbewertung für den Interessenten eine Historie der letzten fünf Leser des Dokumentes aufgeführt sowie auf ähnliche und im gleichen Kontext relevante Dokumente hingewiesen. Ferner werden über einen Automatismus Verknüpfungen zu anderen Lessons Learned angezeigt, die auf dieses Dokument verweisen. Dadurch erhält der Benutzer Hilfestellung bei der Wissensidentifikation. Die einzelnen Lessons Learned lassen sich durch den Benutzer bei Bedarf kommentieren, um gegebenenfalls Verbesserungen oder weiterführende Hinweise an andere Benutzer zu kommunizieren. Die Lessons Learned-Applikation wird damit zu einem interaktiven Dienst [vgl. Schmid 1997b, S. 3]. Im Frontend angezeigte Benutzernamen (z. B. des Rezensenten) erscheinen kontextsensitiv und erlauben durch Mausklick eine Verzweigung z. B. zu den zugehörigen elektronischen gelben Seiten (vgl. Kapitel 4.6.2).

Die Applikation eignet sich sowohl zur Explizierung kurz gefasster Schlüsselerfahrungen, wie z. B. den in Kapitel 4.4.2 angeführten Mikroartikeln, als auch zur Abbildung umfangreicherer Dokumente. Längere Ausführungen lassen sich zur Wahrung einer besseren Übersichtlichkeit mit Textverarbeitungssoftware erstellen und als Dateianhänge einfügen. Analoges gilt für multimediale Elemente wie z. B. Videoclips oder Tonmitschnitte. Dokumente können zur selektiven Freigabe besonders sensitiver Informationen durch einen softwaregesteuerten Zugriffsmechanismus in einen „privaten" Status gesetzt werden. Abb. 4-15 verdeutlicht, dass auf einheitliche Bedienungs- und Erscheinungsmetaphern Wert gelegt wurde, um eine möglichst benutzerfreundliche Bedienung zu erreichen.

---

[508] Angels.: review.

Die vorgestellte Applikation dient sowohl der Erfassung als auch der Verteilung und Nutzung von Lessons Learned. Die angelegten Dokumente können über die eingegebenen Schlüsselwörter kategorisiert werden und stehen in Ansichten (sortierbar z. B. nach Erstell- oder Gültigkeitsdatum) zur Auswahl zur Verfügung. Die kombinierte Verwendung von Volltextsuche und die Verschlagwortung durch Schlüsselwörter ermöglicht auch bei grösseren Datenmengen eine relativ treffergenaue Suche. Ansichten ermöglichen eine selektive Darstellung von relevanten Teilinformationen der enthaltenen Dokumentenobjekte. Kategorisierungsfunktionalitäten mit der Möglichkeit zur Komprimierung einzelner Kategorien erlauben eine übersichtliche Betrachtung und Navigation auch innerhalb grosser Dokumentenmengen. Die vergebene Priorität wird in den flexibel sortierbaren Ansichten auf die Dokumente mit einem Farbcode dargestellt, was eine einfache Identifikation wichtiger Dokumente bewirken soll.

Dabei werden beide der in Kapitel 4.4.3 vorgestellten Ableitungsprozesse unterstützt, sowohl das Einzel-Debriefing als auch das Team-Debriefing. Bei einer Einzelableitung von Erfahrungen kann der betroffene Mitarbeiter die Schlüsselerfahrung selbst in das System einstellen. Der Debriefer wird über den zugehörigen elektronischen Review-Mechanismus automatisch in den Vorgang involviert und muss über eine Freigabe des Dokumentes entscheiden. Dieses Vieraugenprinzip dient der Sicherung der Informationsqualität. Im Rahmen eines personifizierten, kooperativen Ableitungsprozesses (z. B. bei Projektrevisionen) gibt der Debriefer die gewonnenen und abgeleiteten Lessons Learned im Nachgang selbst in das System ein.

Über die Datenbankanwendung abgelegte Schlüsselerfahrungen stehen grundsätzlich nach Freigabe durch den Rezensionsprozess im unternehmenseigenen Intranet über Browser oder entsprechende Groupware-basierte Clients zur Verfügung. Die Verteilung kann dabei passiv (durch das Lesen anderer Benutzer) oder aktiv (durch Versendung von auf dieses Dokument verweisenden Hyperlinks per E-Mail) erfolgen.

Die prototypisch realisierte Groupware-Applikation unterstützt die Ableitung sowohl positiver als auch negativer Erfahrungen, realisiert über einen entsprechenden softwaretechnisch implementierten Schaltermechanismus.

Ein ähnlicher Ansatz unter Nutzung der neuen Medien zur direkten Eingabe von Lessons Learned wird im Rahmen des Lessons Learned-Programms[509] der NASA eingesetzt. Benutzer des RECALL-Prototyps[510] können ihre Lessons Learned dabei direkt über Internet-Browser erfassen. Das zur Publikation notwendige Vorgehen beinhaltet das Durchlaufen eines Rezensionsprozesses. Alle neuen oder geänderten Lessons Learned müssen diesen von einer Arbeitsgruppe durchgeführten Genehmigungs- und Validierungsprozess durchlaufen. Neue oder geänderte Lessons Learned sind für die

[509] Vgl. dazu auch das vom U. S. Department of Energy (DOE) durchgeführte Lessons Learned-Programm [vgl. DOE 1997; van Heijst et al. 1998] bzw. analog die im Rahmen der „after-action reviews“ (AARs) des U. S. Army's Center for Lessons Learned (CALL) kodifizierten Berichte [Venkatraman/Henderson 1998, S. 45; vgl. auch Nelson 1999, S. 7 ff.; Roth et al. 1999, S. 470 ff.].

[510] Für eine ausführliche Dokumentation vgl. den „RECALL Prototype Lessons Learned Writing Guide“ [Sary 1995].

Anwender erst verfügbar, wenn sie von der Arbeitsgruppe freigegeben sind. In einem ersten Schritt werden die Schlüsselerfahrungen dazu grob evaluiert. Haben sie diese erste Prüfung bestanden, rezensiert die Arbeitsgruppe die Schlüsselerfahrung im Detail. Bei Unklarheiten oder Unschärfen nimmt die Arbeitsgruppe direkten Kontakt mit dem Autor auf und führt gegebenenfalls vertiefende Interviews oder stellt Nachforschungen an. Sollte die Arbeitsgruppe dabei Änderungen vornehmen, werden diese dem Autor zur Freigabe vorgelegt. Ist dieser Schritt durchlaufen, wird die kodifizierte Schlüsselerfahrung als genehmigt markiert und der allgemeinen Nutzergemeinschaft elektronisch zur Verfügung gestellt [Sary 1995].

Im Gegensatz zu der in Abb. 4-15 vorgestellten Lösung folgt der RECALL-Protoyp einem anderen Verschlagwortungskonzept: Der Autor einer Lessons Learned umschreibt seine Schlüsselerfahrung mit Hilfe einer vordefinierten Fragenliste (die er gegebenenfalls um eigene Fragen ergänzen kann), aus der er die zutreffendsten auswählt. Die Fragen (sie lassen sich durch „ja", „nein" oder einfache vordefinierte Listen beantworten) dienen der Kategorisierung des Dokumentes und werden durch die späteren Nutzer der Datenbank im Sinne einer Bedürfnisartikulation an das System gestellt. Sucht ein NASA-Programmierer beispielsweise nach Programmierhinweisen, wird er die Frage „Interessieren Sie sich für neue Technologien?" mit „ja" bei der Suche beantworten – entsprechend sollte der Autor der Lessons Learned diese Frage bei der Erstellung vorsehen.

Grundsätzlich erscheint die Nutzung einer wie oben beschriebenen Datenbankanwendung auch für die Identifikation von Best Practices geeignet. Dabei ist die Überführung einer solchen Lessons Learned durch eine weitergehende Auszeichnung von Gültigkeitsräumen in eine Best Practice denkbar. O'Dell und Grayson schildern am Fallbeispiel des US-amerikanischen Mineralölkonzerns Chevron ein analoges Datenbankkonzept, das sich unter Nutzung der neuen Medien zur Weitergabe von Best Practices einsetzen lässt. Dokumente erhalten dabei von den Best Practice Scouts eine situationsabhängige Einschätzung: „Good Idea", „Good Practice", „Local Best Practice", „Industry Best Practice" [vgl. O'Dell/Grayson 1998a, S. 167]. Die Groupware-basierte Best Practice-Datenbank hilft als zentrales Onlineverzeichnis bei der Suche, Einordnung und Nutzung von Best Practices sowie bei der Bereithaltung weiterführender Informationen [O'Dell/Grayson 1997, S. 30 ff.].

4.6.4 Projektportale

Möglichkeiten zur Unterstützung des in Kapitel 4.2.3 beschriebenen Projektmarketings durch die neuen Medien bieten so genannte Projektportale (zum Teil auch Projekt-Homepages genannt). Ausser der geforderten Unterstützung der Gestaltung der Beziehungen zur äusseren Projektumwelt eignen sie sich vor allem zur teaminternen Nutzung.

Die wesentlichen Aufgaben eines Portaldienstes bestehen in der Schaffung einer geeigneten zentralen Benutzerschnittstelle für das PKM, der übersichtlichen Darstellung logischer Strukturen und der Einbindung sämtlicher, für die Projektgemeinschaft relevanter Anwendungen (vgl. Kapitel 4.6.5). Im Rahmen der Aktionsforschung konnten folgende Funktionalitäten identifiziert werden:

- What's New: Aktuelle Informationen (z. B. über anstehende oder erreichte Meilensteine) über das Projekt nach dem Konzept digitaler „schwarzer Bretter".
- Notifikationsagent: Ein Softwareagent, der interessierte Nutzer des Mediums aufgrund ihres Interessenprofils über Änderungen oder Neuerungen auf dem Portal informiert.
- Registrierungsdienst zur Abonnierung eines elektronischen Projekt-Newsletters: Per E-Mail in regelmässigen Abständen versandte Informationen über das Projekt. Besonders zur automatisierten Information projektteamexterner Mitglieder der Projektgemeinschaft geeignet.
- Suche: Einbindung von Suchdiensten, die eine Suche über das ganze Medium ermöglichen, die gegebenenfalls auf das Intranet oder Internet ausgedehnt werden kann.
- Kontextsensitive Darstellung: Die dargestellten Informationen ermöglichen die direkte weiterführende Verzweigung in andere Inhalte des Mediums. So kann beispielsweise durch Anklicken eines Benutzernamens die Verzweigung auf dessen Homepage oder die Anzeige seiner E-Mail-Adresse erfolgen.
- Kurzzusammenfassung: Im Sinne einer Übersichtsdarstellung erfährt der Besucher den Projektnamen, eine Kurzbeschreibung, eine grafische Übersicht zentraler Meilensteine oder beispielsweise projektrelevante Publikationen.
- Weitergehende Verzweigungsmöglichkeiten: Navigation in andere Bausteine des PKM (z. B. zu den Erfahrungsdiensten oder in die Projektbibliothek) und kontextsensitive Verweise z. B. auf relevante Communities of Practice, Programme oder Lernarenen.

Technologisch lassen sich Projektportale als eine Teilmenge der Unternehmensportale[511] (so genannte Enterprise Information Portals, kurz EIP) positionieren. Kommerziell erhältliche Softwarelösungen in diesem Bereich sind Project Homepage (Netmosphere) oder Project Place (Projektplatsen). Ein Teil der im Portal enger verankerten Funktionalitäten stellt selbst wiederum Dienste dar (z. B. die Suche und der Notifikationsagent).

[511] Nach einer Studie der Gartner Group ist dies ein Markt mit guten Wachstumschancen: Intranetportale – in Abgrenzung zu Internetportalen wie etwa Yahoo! bzw. die personalisierte Variante my.Yahoo! – werden von den Unternehmen derzeit noch kaum genutzt, aber in den nächsten zwei bis drei Jahren werden sie eine Schlüsselrolle in den Intranetstrategien einnehmen [vgl. Hammond 1999]. Der Eindruck bezüglich der derzeitigen Nutzung konnte durch die eigene Untersuchung für die Untergruppe der Projektportale bestätigt werden.

Fallbeispiele
Die folgenden Fallbeispiele zeigen den möglichen Umfang und die Ausprägungen solcher Lösungen anhand von Szenarien aus der Praxis auf:

> Der Wissensaustausch zwischen den Projektteams bei der betrachteten Geschäftseinheit der *Credit Suisse Group* wird über ein weltweit verfügbares Intranet der untersuchten Geschäftseinheit unterstützt. Dort finden sich Projekt-Homepages zu allen grösseren Projekten mit den Funktionsbereichen „News", „Organisationsstruktur" (Präsentation des Teams und seiner Rollen), „Protokolle" sowie „Stand der Projektplanung". Die Homepages dienen neben der Mitarbeiterzeitung, Präsentationen und gegebenenfalls zugänglichen Projektdatenbankapplikationen sowie Diskussionsdatenbanken ganz gezielt dem Projektmarketing. Die dort abgelegten Informationen (wie z. B. auch der Projektabschlussbericht) sind für alle Mitarbeiter mit Zugriff auf das Intranet grundsätzlich frei zugänglich. Kritische Projekte sind mit einem zusätzlichen Zugriffsschutz versehen.

> Im Intranet der *UBS* (dem so genannten BankWeb) finden sich sehr differenziert gestaltete Projekt-Homepages für alle grösseren Projekte. Die Intranetpräsenz eines Projektes ist fakultativ und liegt im Ermessen der jeweiligen Projektleitung. Ein Projekt wird im BankWeb nach einem standardisierten Aufbau abgebildet (Abb. 4-16 zeigt eine solche Projekt-Homepage am Beispiel des Projektes „Zusammenführung SBV und UBS" für den Unternehmensbereich Privat- und Firmenkunden). Auf der Homepage findet sich ein Link zu einer über das Intranet zugänglichen Projektdatenbank (dazu ist gegebenenfalls eine Autorisierung erforderlich). Ein Navigator enthält ferner die Punkte: Projektorganisation (Projektname, Aufbauorganisation, Ansprechpartner mit E-Mail und Telefonnummer), Hintergrundinformationen zum Projekt sowie weitere Links. Der aktuelle Status des Projektes wird im Sinne eines „What's New" mit einem kurzen Textblock auf der Homepage dargestellt. Neben dem geschützten Bereich existiert ferner ein Verweis auf einen öffentlichen Bereich des Projektes mit frei zugänglichen Dokumenten.
> Die Projektdatenbank bietet dedizierte Ansichten auf das jeweilige Projekt: Neben der erneuten Aufführung des „What's New" finden sich dort die Punkte Teamagenda (Gruppenterminkalender), Planung (Ansicht der relevanten Projektpläne), Dokumentation (mit den das Projekt betreffenden Dokumenten), Protokolle (Protokolle und Agenden) und Rückmeldungen (verzweigt auf einen elektronischen Briefkasten, der den für das Team relevanten elektronischen Schriftverkehr enthält). Im Bereich Dokumentation sind die nach Schlüsselwörtern sortierbaren Projektdokumente übersichtlich dargestellt. Neben dem Dokumententitel sind sie jeweils mit einem Erstell- bzw. Änderungsdatum versehen, um den Benutzern die Unterscheidung zwischen alten und neuen Dokumenten zu er-

leichtern. Strategie zur Erreichung einer hohen Informationsqualität ist hier die Vermeidung von tief verschachtelten Web-Seiten und die Reduzierung der Notwendigkeit zu scrollen. Neue Dokumente werden dabei für ein frei definierbares Zeitintervall blinkend hervorgehoben. Ein softwaretechnisch als so genannter Notifikationsagent implementierter Push-Dienst prüft die zugehörigen Web-Seiten laufend auf Änderungen und sendet gegebenenfalls Benachrichtigungen per E-Mail an registrierte Benutzer.

Der Zugriff auf die im Intranet integrierten Portale erfolgt über Web Browser oder Groupware-Clients.

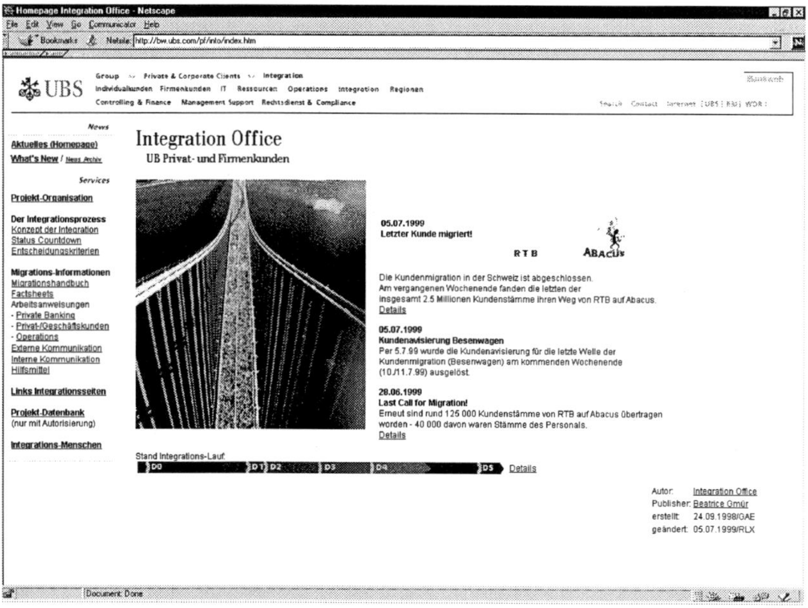

Quelle: UBS

Abb. 4-16: Projektportal bei der UBS (Beispiel)

Die Strukturen eines solchen Portals sind regelmässig generisch gestaltet, was Wissensidentifikationsprozesse bei paralleler Nutzung mehrerer Projektportale im Unternehmen vereinfacht. Ihre Instanziierung erfolgt nach einem festen Rahmenschema auf Basis von Schablonen (angels.: templates): Dazu werden nach der technischen Verankerung im Intranet (durch Zuweisung einer möglichst aussagefähigen URL[512]) ledig-

[512] URL: Uniform Resource Locator.

lich die Inhalte eingestellt. Zusätzlich ist eine entsprechende Rolle des Projektmarketeers zu definieren, welcher in enger Zusammenarbeit mit dem Projektteam für das projektmarketingbezogene Content Management des Mediums verantwortlich ist. Im Rahmen seiner Tätigkeit ist der Projektmarketeer für die Bereitstellung relevanter Inhalte wie beispielsweise der Neuigkeiten und die Pflege der auf dem Portal eingestellten Hyperlinks zuständig.

Dienste vom Typ „Portal" lassen sich aus drei Perspektiven personalisieren: Erstens durch spezielle geschützte Bereiche, für die eine besondere Berechtigung erforderlich ist. Zweitens durch eine dedizierte Personalisierung des Portals durch den Benutzer nach seinen Bedürfnissen (z. B. durch Einbindung individuell relevanter Links). Drittens durch die Möglichkeit, über das Portal Push-Dienste zu abonnieren, so dass der Benutzer nur das sehen kann, was er sehen soll/darf – interne Informationen, beispielsweise mit Status „in Bearbeitung" oder vertrauliche Dokumente bei strategisch wichtigen Projekten, bleiben ihm verschlossen. Dies erlaubt eine zielgruppenorientierte Gestaltung des Portals. Gleichzeitig wird ein „natürlicher" Filter geschaffen, um die in Kapitel 3.3.10 beschriebene Situation des Information Overload zu minimieren.

4.6.5 Zusammenfassung

Die Gemeinschaft ist ein zentraler Bestandteil der Medientheorie nach Schmid [Lechner et al. 1998, S. 206 f.; Lechner/Schmid 2000]. Ein Wissensmedium für die Projektgemeinschaft sollte deren Bedürfnisse und Anforderungen bestmöglich unterstützen. Die in den vorangegangenen Kapiteln 4.6.1-4.6.4 vorgestellten Bausteine eines PKM sind Diensterbringer (kurz Dienste) für die Projektgemeinschaft. Die neuen Medien bieten damit entsprechende Strukturen, die Handlungen der Agenten ermöglichen und fördern [vgl. Probst/Büchel 1998, S. 119; Brown/Duguid 1991, S. 54]. Basierend auf der dieser Arbeit zugrunde liegenden empirischen Forschung wurden relevante Anforderungen abgeleitet und das PKM konzipiert. Durch die auf den Projektkontext angepassten Bausteine bietet es einen Raum für die Projektgemeinschaft sowie für die das Projekt umgebenden Umsysteme.

Abb. 4-17 zeigt den durch die Integration entstehenden Applikationsverbund, der das *Kanalsystem* des Projektwissensmediums bildet.

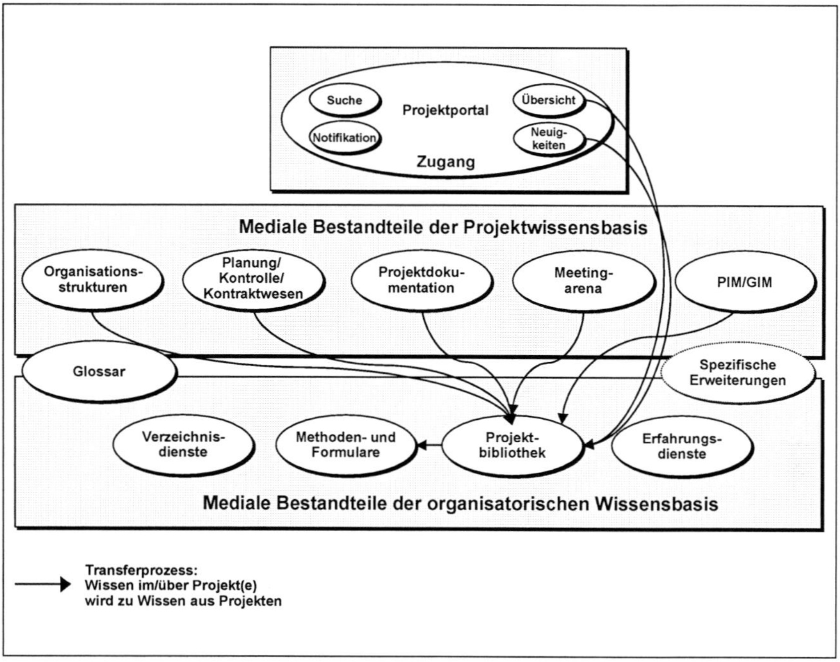

Abb. 4-17: Bausteine eines Projektwissensmediums

Der auf das Medium bezogene gemeinsame *logische Raum* der Agenten wird einerseits durch die Sprache und andererseits durch die kontextgerechte Strukturierung der Inhalte des Mediums (wesentlich geprägt durch dessen grafische Gestaltung und Verknüpfung der Informationsobjekte, aber auch durch das Erscheinungsbild der informationstechnologischen Artefakte[513]) aufgespannt. Die gemeinsame Sprache wird durch die „Netiquette" im Sinne von offiziellen Handlungstheorien (Reglementierungen über die Nutzung des PKM, expliziert in Online-Handbüchern) oder durch die Gebrauchstheorien des Mediums (z. B. der gegenseitige Umgang in Diskussionsforen) wesentlich geprägt, wodurch ein kollektives Begriffsverständnis zur Abwicklung der Projekte gefördert werden kann. Die Bildung dieser Sprache wird auch durch das beschriebene Glossar oder durch synchrone Formen der Kommunikation unterstützt.

Die *Organisationskomponente* des PKM [vgl. Schmid 1999b, S. 33] wird aufbauorganisatorisch durch die Rollen der Projektgemeinschaft und ablauforganisatorisch durch die Gestaltung der Prozesse konstituiert: So können Rezensionsprozesse im Rahmen der Erfahrungssicherung die Interaktion der Agenten auch in Bezug auf das Medium bestimmen. Dazu gehört auch die Rolle des Marketeers, der ausgewählte Neuigkeiten

---

513 Vergleichbar mit dem von Nonaka und Konno als „virtual ba" bezeichneten Teil ihres „concept of ba" [Nonaka/Konno 1998, S. 40]. Vgl. Kapitel 2.2.3.

über den Portaldienst bereitstellt. Eine weitere medienzentrierte Rolle (vgl. Kapitel 4.2.2) ist die des Content Managers, der in enger Zusammenarbeit mit den projektexternen Dokumentationsmanagern für das Qualitätsmanagement der von der Projektgemeinschaft im Medium abgelegten Beiträge zuständig ist.

Technologische Umsetzung

Die Realisierung des vorgestellten Applikationsverbunds kann – wie in Teilen bereits in den vorangegangenen Kapitel ausgeführt und am Beispiel der Erfahrungsdatenbank illustriert – durch Kombination von Standardtechnologien erfolgen: Zu diesem Zweck lassen sich kommerziell bereits verfügbare Produkte der ersten bis vierten Generation der IKT-Unterstützung in der Projektabwicklung einsetzen. In Ergänzung dazu eignen sich dokumentenorientierte (z. B. von Lotus) oder relationale Datenbanksysteme (von Anbietern wie z. B. Informix, Microsoft, Oracle oder Sybase), die um die notwendige Applikationslogik ergänzt werden. Im einfachsten Fall erfolgt dies durch die Gestaltung der Präsentationsschicht mit HTML-Editoren wie z. B. Frontpage (Microsoft) zur Programmierung von Benutzerschnittstellen. Bei komplexeren Anwendungen sind dediziertere Entwicklungsumgebungen wie VisualCafé (Symantec) oder JBuilder (Borland/Inprise) auf Basis bestehender Internet- und Groupware-Technologien zu verwenden. Letztere können selbst leistungsstarke Entwicklungsumgebungen beinhalten wie etwa im Beispiel von Notes/Domino (Lotus). Der dabei mögliche Realisierungsgrad reicht von einfach (Umsetzung durch Nutzung einfacher Formelsprachen direkt durch den Endbenutzer selbst) bis komplex (Erfordernis dedizierter Entwicklungskapazitäten).

Über die grundsätzliche Eignung der neuen Medien zur Abbildung von Wissensmanagementfunktionalitäten herrscht in der Literatur aufgrund ihrer zeit-, orts- und plattformunabhängigen Eigenschaften ein relativ breiter Konsens [vgl. Christmann-Jacoby/Maas 1997; Högberg/Edvinsson 1998, S. 85; Lank 1997, S. 406 f.; Scholz 1997, S. 286; Wolf et al. 1999, S. 757 ff.]. Zentrale Vorteile der Nutzung von I-Net-Technologien ist neben der weitestgehend plattformunabhängigen Gestaltung (z. B. durch Verwendung von Java, XML, XHTML, HTML und WML[514]) [vgl. Schindler/Schwan 1997; Schindler 1998b] eine zunehmende Standardisierung,[515] die eine immer breitere Skalierbarkeit der Lösungen ermöglicht – die Einsatzmöglichkei-

[514] XML (Extensible Markup Language) ist eine von der Standard Generalized Markup Language (SGML) abgeleitete Seitenbeschreibungssprache. Während HTML (HyperText Markup Language) für die plattformunabhängigen Darstellung von Seiten (d. h. die Präsentation von Inhalten) genutzt wird, dient XML dem Datenaustausch. XHTML (Extensible HyperText Markup Language) wurde für die technologische Überbrückung von HTML und XML konzipiert. Mit WML (Wireless Markup Language) steht eine Sprache für die Darstellung von Inhalten auf mobilen Endgeräten zur Verfügung.

[515] Vgl. hierzu exemplarisch das Wireless Application Protocol (WAP), den im WAP Forum vorgenommenen Zusammenschluss von über 200 Herstellern gemeinsam entwickelten De-facto-Standard zur drahtlosen Darstellung von Inhalten auf mobilen Endgeräten (z. B. PDAs und Mobiltelefonen). Weitere Beispiele sind die Etablierung von T.120 (Bündelung von Standards und Kommunikationsprotokollen für Echtzeitzusammenarbeit, z. B. für die gemeinsame Nutzung von Daten) bzw. von H.323 (zur synchronen Kommunikation, für die Kompression und das Bandbreitenmanagement, für die Sicherheit sowie für Audio- und Videokonferenzen) als herstellerunabhängige, durch die International Telecommunications Union (ITU) ratifizierte, offene Standards.

ten reichen vom Mobiltelefon, PDA, Palmtop, Notebook, Desktop-PC bis zum Grossrechner –, was den Einsatz insbesondere im verteilten Szenario unter den verschiedensten Anforderungen begünstigt.

Technologische Integration
Zur Erzielung eines gemeinsamen Kontexts bedarf es einer integrierten Gesamtstruktur [vgl. Scholz 1997, S. 286]. Dazu eignet sich der Zugang zum Medium über das Projektportal,[516] das das Verzweigen zu sämtlichen anderen Diensten ermöglicht. Die in den Fallbeispielen am Ende von Kapitel 4.6.4 gemachten Aussagen verdeutlichen den verbindenden bzw. integrierenden Charakter der Portale als zentralen Zugangspunkt zu einem Projektwissensmedium. Dort lässt sich auch die zentrale Suche[517] als übergreifender Dienst des Mediums verorten.

Die *logische* Integration (Erscheinungsbild gegenüber dem Endbenutzer) erfordert dabei nicht zwingend eine *physische* Integration (z. B. durch gemeinsame Datenhaltung und Verwendung gleicher Technologien). Die Nutzung von Internetstandards ermöglicht die Zusammenfassung verschiedener gegebenenfalls auch proprietärer Lösungen unter einer einheitlichen Oberfläche: Dazu eignen sich Groupware-Clients und insbesondere Browser, die sich durch niedrige Anschaffungskosten sowie einen geringen Installations- und Wartungsaufwand auszeichnen und die Integration heterogener IT-Plattformen[518] unterstützen. Überlineare Verknüpfungen (Hyperlinks) ermöglichen eine gegebenenfalls nicht vorhandene physische Integration auf logischer Ebene und schaffen den geforderten gemeinsamen Kontext, so dass der Benutzer als Agent mit „einem einzigen" PKM interagiert. Die Informationsablage über solche hypertextorientierten Systeme erlaubt die multiple logische Präsenz von Informationsobjekten trotz der (nicht zwingenden) physikalischen Einmaligkeit und ermöglicht dadurch die Umsetzung der von Nonaka vielfach geforderten Redundanz. Ist eine physische Integration im Backend des Systems erforderlich (beispielsweise durch automatisierte Darstellung von prozentualen Verfügbarkeiten und Projektzugehörigkeiten in gelben Seiten durch Auslesen des relationalen Projektdatenmodells, Auflistung der Projektzugehörigkeiten in den Verzeichnisdiensten), sind entsprechende Schnittstellen zu schaffen.

---

516 Vgl. analog dazu das Konzept der elektronischen Führungsmappe [Schwan et al. 1997; Schindler/Schwan 1997].

517 Vgl. ausführlich [Schindler 1998b, S. 9 ff.] für Anforderungen an Suchmodule für Wissensmedien. Die Bereitstellung von Push- und Pull-Konzepten erlauben eine immer weiterreichende Verlagerung von Aktivitäten des Anwenders auf das System. Die in kommerziellen Produkten verbreitete Möglichkeit zur Volltextsuche wird dabei immer umfangreicher: So kann der Anwender in der aktuell vorliegenden Version 5 von Lotus Notes auch auf Basis von Thesauren „unscharf" suchen. Bedeutung gewinnt dabei die grafische Darstellung von Suchergebnissen mit hierarchischen Bäumen. Ergänzungsprodukte (so genannte Add-ons bzw. Add-ins), wie z. B. grapeVINE (grapeVINE Technologies), bieten zusätzliche Möglichkeiten zur Klassifizierung und Beobachtung von Datenbankverbünden und informieren den Benutzer aktiv über neue und für ihn relevante Dokumente bzw. Änderungen [vgl. dazu Bair/O'Connor 1998, S. 26; van Heijst et al 1998, S. 31 f.].

518 Vgl. beispielsweise die im Bankenumfeld nach wie vor üblichen Infrastrukturen aus einer Mischung von Host-Systemen sowie Windows- und OS/2-Umgebungen [vgl. Schindler/Schwan 1997, S. 31].

Plattformunabhängige Austauschstandards wie JDBC[519] oder XML stellen dazu eine geeignete Grundlage für die softwaretechnische Umsetzung bereit.

Konvergenz von Technologien

Neben einer durch Anpassungen und der Konfiguration von Schnittstellen vorgenommenen Integration von Diensten findet die Zusammenführung von Technologien im Sinne einer Konvergenz von Produkten zunehmend schon auf Herstellerseite[520] statt. Dies ist als Beleg für ein grundsätzliches Marktbedürfnis nach *integrierten* Lösungen zu werten. Nennenswert erscheinen hier Produkte wie Teamroom oder das als Nachfolgeprodukt positionierte Quickplace (Lotus), TeamCenter (Inovie Software), QuickTeam (Thoughtstar) oder eRoom (Instinctive Technology) [vgl. Brooks 2000; Kosheff 1999; Lotus 1998; Lotus 1999]. Sie bestehen regelmässig aus einer Kombination von verteilten Dokumentendatenbanken mit integriertem Diskussionsforum und GIM sowie der Möglichkeit, Interessenprofile zu definieren, aufgrund deren der Benutzer über für ihn relevant erscheinende neue oder geänderte Dokumente per E-Mail informiert wird.

Die Konvergenz findet auch durch die Erschliessung bisher nicht vorhandener Technologien zur synchronen Zusammenarbeit statt (vgl. Kapitel 3.7.1) und leistet damit der Forderung von Stefik Folge: „When people from different backgrounds share what they know, they must spend time mutually constructing a common background." [Stefik 1988, S. 332] So werden Produkte wie Lotus Notes/Domino zunehmend auf Real Time-Zugriffe zugeschnitten [vgl. Coleman/Schiller 1999, S. 47]. Solche Lösungen ermöglichen die synchrone Bearbeitung von Dokumenten durch mehrere Anwender und die Integration von Conferencing-Fähigkeiten[521] (z. B. Sametime von Lotus). Die Integration so genannter Awareness-Funktionalitäten (Anzeige der Verfügbarkeit eines Agenten im Medium, etwa durch farbliche Kennzeichnung in so genannten Buddy-Listen) dient der Verbesserung des ortslosen Aufbaus und der Pflege von Gemeinschaften. Im Medium präsente Agenten der Projektgemeinschaft (erkennbar durch die Anmeldung im System) können dadurch bei Bedarf spontan Kontakte zu

---

[519] Java Database Connectivity (JDBC) ist ein Standard zur Anbindung von SQL-Datenbanken durch Java.

[520] Dieser Trend nach integrierten Plattformen mit bereits verfügbaren Technologien wird durch aktuelle Entwicklungen im Bereich der Anbieter im Groupware-Markt bestätigt: so kauft Lotus beispielsweise sukzessive bereits existierende Module von Drittanbietern (z. B. KnowledgeX von IBM) oder der Unternehmen selbst (wie etwa im Fall Onestone) hinzu, um etwa die grafischen Darstellungsmöglichkeiten oder die Volltextsuchfunktionalitäten zu verbessern [Round-Table-Gespräch mit Mike Zisman, Executive Vice President, Lotus Development Corporation. 13.09.1999, Zürich].

[521] Im Bereich Conferencing lässt sich ein Trend immer mehr weg von der Abbildung klassischer Face-to-Face-Meetings durch „Videoconferencing" konstatieren, da sich in der Praxis gezeigt hat, dass dies keinen grossen Mehrwert darstellt. Neuere Lösungen forcieren die Integration von Audioelementen mit Präsentationsgrafiksoftware. Dies zeigen auch die derzeitigen Entwicklungen der grossen Plattformanbieter wie etwa Lotus: „What is needed is a facilitating structure for meetings" [Round-Table-Gespräch mit Mike Zisman, Executive Vice President, Lotus Development Corporation. 13.09.1999, Zürich]. Ähnlich urteilt man auch bei *Roche Diagnostics*: Videoconferencing im üblichen Sinne zur reinen Abbildung von Bewegtbildern und Toninformationen wird dort als unzureichend betrachtet, nicht nur aufgrund der mangelnden „Intimsphäre" zwischen den Teammitgliedern. Der Trend geht hin zu audioorientierten Konferenzsystemen mit integrierten Whiteboards und der Möglichkeit, Präsentationen gemeinsam durchzugehen.

anderen initiieren, um gegebenenfalls Onlinegespräche in Diskussionsforen (so genannte Chats) zu führen oder über Instant Messaging (direkte Kommunikation zwischen Benutzern) Botschaften direkt auszutauschen.

Die Konvergenz der Technologien wird durch immer höhere Bandbreiten durch Technologien wie ADSL (Asymmetric Digital Subscriber Line), SDSL (Symmetric Digital Subscriber Line), Kabelmodemlösungen (Nutzung breitbandiger Fernsehkabeltechnologien), UMTS (Universal Mobile Telecommunications System), GPRS (Applications Alliance General Packet Radio Service), HSCSD (High Speed Circuit Switched Data, Mobilfunkstandard zur Kanalbündelung für die Datenübertragung im Mobilfunk) oder Internetdienste via Satellit begleitet. Dies bietet Potenziale für die Zunahme des Medienreichtums und damit auch für die Verbesserung der Übermittlungsmöglichkeiten von implizitem Wissen. Der Medienwissenschaftler Marshall McLuhan spricht hier von „high definition“ im Gegensatz zu „low definition“ [McLuhan 1964, S. 22 f.].

Ives et al. konstatieren: Je grösser der gemeinsame Kontext eines Teams, desto geringer der Bedarf nach synchroner Kommunikation [Ives et al. 1998, S. 273]. Die in Kapiteln 3.4.2 und 4.3 über die Problematik der Vertrauensbildung gemachten Ausführungen und die erörterte Tatsache der nicht bzw. nur begrenzten Kodifizierbarkeit von implizitem Wissen legen das Vorhandensein einer oberen Grenze der Substituierbarkeit von synchroner Kommunikation durch asynchrone nahe. Diese Grenze lässt sich durch eine Erhöhung des Medienreichtums zwar grundsätzlich „nach oben“ verschieben, nach Meinung des Autors aber nicht beliebig.

Informationsobjekte und Metainformationen

Während die vorgestellten diensteerbringenden Bausteine das Kanalsystem des Mediums formen, bilden Informationsobjekte[522] (z. B. ein Lessons Learned-Dokument oder ein Mitarbeiterprofildokument in den gelben Seiten) Objekte der realen Welt (z. B. im Projektkontext gemachte Erfahrungen oder Wissensprofile) im Medium ab [vgl. Schmid 1997a, S. 110; Schmid 1999a, S. 287 ff.; Schindler 1998b, S. 4 f.; Schwan et al. 1999]. Im PKM lässt sich dabei nach drei Informationsobjekttypen unterscheiden (vgl. Abb. 4-18):

- Primär arbeitsmittelbezogene Informationsobjekte (eindeutig identifizierbar über eine Arbeitsmittel-ID, z. B. ein Messinstrument für ein F&E-Projekt oder ein Kran für ein Bauprojekt).
- Primär personenbezogene Informationsobjekte (eindeutig identifizierbar über eine Personen-ID, z. B. Mitarbeitereinträge in den Verzeichnisdiensten).

522 Zack spricht in einem dem Informationsobjekt vergleichbaren Konzept von einer so genannten knowledge unit „as formally defined, atomic packet of knowledge that can be labeled, indexed, stored, retrieved, and manipulated. The format, size, and content of knowledge units may vary, depending on the type of explicit knowledge being stored and the context of its use.“ [Zack 1999, S. 48]

- Primär projektbezogene Informationsobjekte[523] (eindeutig identifizierbar über eine Projekt-ID, z. B. ein Projektplan).

Im Einzelfall kann ein Informationsobjekt symbiotischen Charakter besitzen: Es lässt sich dann gegebenenfalls allen drei Typen zurechnen (z. B. als abgeschlossener Kontrakt zwischen Projektleiter und Projektmitarbeiter). Die Instanziierungen der vorgestellten Informationsobjekte bilden durch das Vorhandensein logischer Abhängigkeiten (z. B. durch Verknüpfungsstrukturen wie die Projektzugehörigkeiten von Mitarbeitern oder die aus einem Projektplan abgeleiteten Arbeitspakete) ein interdependentes Netz im Projektwissensmedium.

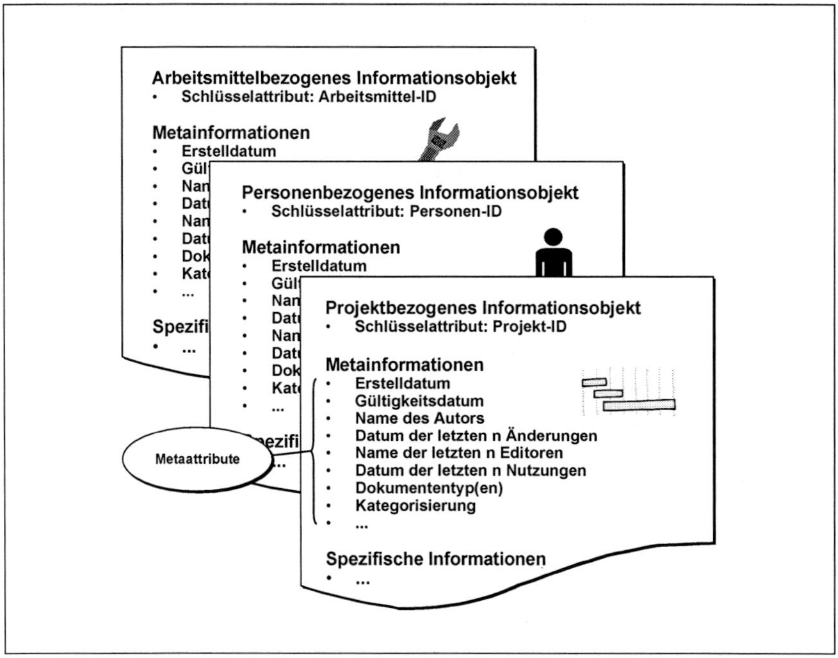

Abb. 4-18: Informationsobjekttypen im PKM

Die physische Gültigkeit eines solchen Informationsobjektes ist grundsätzlich nur durch die Löschung auf dem Datenträger beschränkt. Seine logische Existenz kann durch die Eingabe eines Gültigkeitsdatums sinnvoll begrenzt werden: So können beispielsweise der Projektmethodik zuordenbare Richtlinien (Informationsobjekte vom Typ Arbeitsmittel) nur für einen vorübergehenden Zeitraum Gültigkeit besitzen, ihre langfristige Existenz sichert aber auch noch zu späteren Zeitpunkten die Rekonstruk-

[523] Zu diesem Informationsobjekttyp lassen sich grundsätzlich auch über Workflow Management-Systeme abbildbare Vorgänge zuordnen, z. B. der Änderungsantrag eines Teammitglieds bezüglich Sachmittelzuweisungen für eine bestimmte Projektaktivität.

tion von Kontexten. Entsprechend bleiben Personeneinträge in den Verzeichnisdiensten (einschliesslich der enthaltenen Verknüpfungen zu Projekten, in die sie involviert waren) auch nach Ausscheiden der Personen aus dem Unternehmen erhalten, um ein Aufbrechen der Kontexte zu vermeiden.

Die Metainformationen eines solchen Informationsobjektes beinhalten Informationen *über* das Informationsobjekt: Sie dienen der näheren Beschreibung. Die im Metainformationsteil zusammengefassten Metaattribute sind von ihrer Struktur her bei jedem der drei Typen gleich und enthalten beschreibende Informationen (z. B. das Erstelldatum und eine Kategorisierung). Eine derartige kontextuelle Einordnung (erreicht durch konsequente Pflege der Metainformationen durch die Benutzer bzw. durch die Content Manager des Mediums oder Softwareagenten) erleichtert das Wiederfinden von Informationsobjekten im Medium [vgl. Zack 1999, S. 48].

Fallbeispiele

Eine mögliche Instanziierung von Teilen eines PKM ist das ICM AssetWeb, dem Wissensmanagementsystem der *IBM Consulting Group* mit europaweit ca. 5000 intensiven Nutzern:

> Das ICM AssetWeb ist als Groupware-/Intranetlösung konzipiert und eng in die Kernprozesse des Unternehmens integriert:
>
> - Zum Projektbeginn sollten die Projektmitarbeiter respektive die Projektleitung das ICM AssetWeb zur Suche bereits existierender Lösungen und Erfahrungen im gewünschten Bereich konsultieren. Die schlussendlich generierte eigene Lösung (z. B. ein Projektentwurf) wird dort eingestellt.
> - Im Rahmen der Angebotserstellung können die im AssetWeb abgelegten Projektpläne bereits abgeschlossener Projekte Aufschlüsse über mögliche Projektverläufe und Angebotskonditionen (z. B. Preise) geben. Im Gegenzug wird das selbsterstellte Lösungskonzept dort hinterlegt.
> - Der Projektabschlussreport wird wiederum in das ICM AssetWeb eingestellt.
>
> Entitäten im ICM AssetWeb sind die so genannten Knowledge Networks. Dabei handelt es sich um als Groupware-Datenbanken implementierte Anwendungen zu den verschiedensten Themen (z. B. E-Business). Neben den dort enthaltenen Informationen (als Methoden, Projektpläne, Erfahrungen, Prototypen, Softwareobjekte, Programmierquellcode, Folien usw.) dient ein solches Knowledge Network zur Identifikation von Verweisen auf mögliche Ansprechpartner (Personifizierungskultur). Bei dieser Art der Wissensexplizierung wird auf das Prinzip der Freiwilligkeit gebaut. Es besteht kein formaler Zwang zur Kodifizierung bei den Teammitgliedern. Der vorhandene Nutzen bei eigenen

> Problemlösungsprozessen soll jedoch die Bereitschaft zur Kodifizierung erhöhen.
>
> Für viele der grösseren laufenden Projekte existiert ein so genannter Teamroom. Hierbei handelt es sich um ein angepasstes Standardprodukt eines Groupware-Herstellers (Datenbanklösung). Informationen über abgeschlossene Projekte werden in speziellen Projektdatenbanken archiviert, die Bestandteil des ICM AssetWebs sind. Der Informationsflut versucht man dabei gezielt zu begegnen, indem man in den Projektdatenbanken nur besonders wesentlich erscheinende Dokumente (in der Regel den Abschlussbericht und einige wenige zentrale Statusberichte) vorhält. Aus diesen gehen die in das Projekt involvierten Ansprechpartner hervor. Die restlichen Informationen kann man sich dann telefonisch einholen.

Eine im Vergleich zum ICM AssetWeb nicht ganz so breite Funktionalität stellt das so genannte Forum von *Roche Diagnostics* dar:

> Das zur Abbildung einer verteilten Projektabwicklungsplattform konzipierte „Forum" wird von 40 Projekten mit mehreren hundert Benutzern im Bereich der F&E von Roche Diagnostics Patient Care genutzt. Das Forum bietet prinzipiell drei Kernfunktionalitäten: Workflow Management-System, Chatroom/Diskussionsforum und Dokumentenablage. Operativ wird allerdings nur der letzte Baustein genutzt. Dort stehen Funktionalitäten wie Compound Documents und verschiedenste Möglichkeiten zur Ablage von Dokumenten (einschliesslich der Freigabe/Beschränkung ihres Zugriffs) bereit. Basis dieses Projektforums ist ein Groupware-System.

Die beiden Fallbeispiele verdeutlichen mögliche Ausprägungen eines PKM in der Praxis. Das durch die einzelnen Bausteine in den vorangegangenen Kapiteln 4.6.1-4.6.4 vorgestellte mögliche Dienstespektrum kann daher als normativer Rahmen verstanden werden, der durch den Einzelfall determiniert wird: So ist beispielsweise die Einrichtung von projektteaminternen Chatrooms oder Diskussionsforen bei einem Projektteam, dessen Verteiltheitsgrad sich auf ein Grossraumbüro beschränkt,[524] wenig sinnvoll. Es erscheint allerdings notwendig (vgl. Kapitel 3.7.2 und Kapitel 3.7.4), darauf hinzuweisen, dass eine zu starke Defragmentierung des vorgestellten Kanalsystems im Sinne der Bereitstellung heterogener Einzellösungen die beiden notwendigen Eigenschaften von Wissensmanagementarchitekturen – nämlich die Bildung eines gemeinsamen Kontexts und die Abbildung von Komplexität und Dynamik des Wissens (vgl. Kapitel 3.7.1) – nicht oder nur noch in Teilen erfüllen kann; die isolierte Abbildung einzelner Informationsobjekte reicht nicht aus.

Neue Rollen

Für die Einbindung des Mediums in die Prozesse der Agentengemeinschaft bedarf es entsprechender unterstützender Rollen (vgl. auch Kapitel 4.2.2):

---

[524] Vgl. Abb. 2-2 in Kapitel 2.1.3.

Das ICM AssetWeb der *IBM Consulting Group* gliedert sich nach verschiedenen Wissensgebieten, die jeweils von einem so genannten *Knowledge Network Core Team* betreut werden. Die Mitglieder sind für die Qualitätskontrolle einzelner Beratungsprodukte und für den internationalen Transfer von Best Practices und Lessons Learned zuständig. Dabei soll der Wissensaustausch zwischen den weltweit verteilten Projektteams gefördert werden, indem versucht wird, neugeneriertes Wissen durch das ICM möglichst schnell anderen Mitarbeitern zuzuführen. Die Core Teams sind mit bis zu 15 Experten innerhalb eines Wissensgebietes international besetzt. Als eine Art *Content Manager* spielen diese Experten eine zentrale Rolle für das Funktionieren des Systems. Neben den oben beschriebenen Aufgaben – die sich eher am System des ICM orientieren – organisieren sie auch „Round-Tables" und Telefonkonferenzen. Im Knowledge Network zum Kompetenzbereich Wissensmanagement werden z. B. monatlich Telefonkonferenzen durchgeführt, bei denen jeweils ein Teilnehmer sein aktuelles Projekt vorstellt. Ein Schwerpunkt wird dabei auf den Austausch von weniger gut dokumentierbarem Erfahrungswissen gelegt. Um die Core Teams gruppieren sich jeweils Interessengemeinschaften (angels.: communities of interest) von Beratern, die am jeweiligen Thema interessiert sind und an den Aktivitäten innerhalb des jeweiligen Wissensgebietes teilnehmen. Die Core Teams und die zugehörigen Communities bilden somit Wissensnetzwerke, die quer durch die Länder und Organisationseinheiten verlaufen und auf der technischen Ebene durch das ICM AssetWeb abgebildet werden. Um lokal oder regional noch näher beim Kunden zu sein, wurde das Konzept der so genannten *Focus Area Leaders* entwickelt und umgesetzt. Diese sollen die Berater im Umgang mit dem ICM AssetWeb im Sinne eines technisch-inhaltlichen Supports unterstützen.

Bei *Roche Diagnostics* wurde die Rolle des *Plattform Managers* als kritischer Erfolgsfaktor für die Nutzung von verteilten Projektplattformen identifiziert. Dieser so genannte Owner der Plattform betreut die Anwender derselben bei auftretenden technischen Problemen.

Die in den Fallbeispielen gemachten Ausführungen illustrieren gleichzeitig den überlappenden Charakter der Rollen: Ein Knowledge Network Core Team-Mitglied entspricht durch seine Verantwortlichkeiten in Bezug auf den Transfer von Erfahrungen in Teilen der Rolle des Best Practice Scouts und des externen Projektwissensmaklers. Der Rolleninhaber ist durch seine Qualitätsverantwortung gleichzeitig Content Manager.

Die Rolle des Content Managers ist dabei von zentraler Bedeutung für die Akzeptanz des Wissensmediums in der Projektgemeinschaft, denn die inhaltliche Qualität der enthaltenen Informationsobjekte ist ein zentraler Erfolgsfaktor für die Nutzung des Mediums [O'Dell/Grayson 1998b, S. 97].

Neben der Medienbezogenheit im Rahmen der Aufgaben traditioneller Rollen (ein Projektleiter beispielsweise nutzt das Medium bzw. die darin offerierten Dienste zur Unterstützung seiner Funktion als Planer) und der in dieser Arbeit vorgestellten neuen Rollen (beispielsweise die Nutzung durch den Debriefer) existiert die dedizierte Rolle des *Wissensmedienmanagers* (vgl. Kapitel 4.2.2). Der Focus Area Leader aus dem Fallbeispiel IBM Consulting und der Plattform Manager von Roche Diagnostics entsprechen dieser Rolle. Zu ihren Aufgaben gehört die organisationsweite Verfügbarmachung des Wissens im Medium durch Bereitstellung entsprechender Technologien, so dass alle Angehörigen das für den Kontext ihrer organisationalen Rollen relevante Wissen nutzen können und Transparenz herrscht, wo welches Wissen im Medium vorhanden ist und wie es abzurufen ist [Quintas et al. 1997, S. 387]. Dazu gehört auch die Instanziierung von Medien für neue Projekte im Sinne der Einrichtung neuer Diskussionsforen und der notwendigen Benutzerverwaltung (z. B. die Vergabe von Zugriffsrechten). Die Rolle des Wissensmedienmanagers ist grundsätzlich mit der eines Systemadministrators im Sinne einer den Betrieb von IKT-Systemen sicherstellenden Funktion [vgl. Krcmar 2000, S. 198] vergleichbar.

Bewertung

Aus Perspektive des Projektwissensmanagements bietet das beschriebene Medium der Projektgemeinschaft einen strukturierten Rahmen für die Einbindung von Prozessen zum organisationalen Lernen (vgl. z. B. die Nutzung von Erfahrungsdatenbanken) und für die Abwicklung der zur Projektzielerreichung notwendigen Wissensmanagementprozesse. Das durch die miteinander verwobenen Dienste aufgespannte Kanalsystem stellt – neben dem über die Informationsobjekte bereitgestellten eigentlichen Inhalt – gleichsam einem interaktiven Raum,[525] einen wesentlichen Teil des Mediums dar [vgl. McLuhan 1964, S. 13]. Die vorgestellten projektgerechten Dienste sind in Bezug auf die für die Projektabwicklung erforderlichen Wissensbereiche an die Bedürfnisse der Gemeinschaft angepasst.

Die Schaffung geeigneter *gemeinsamer* Kontexte durch Bildung eines logischen Raumes (etwa durch konsequente Kategorisierung[526] der Informationsobjekte) kann zu einer Erhöhung der Wissenstransparenz im Unternehmen beitragen und als Katalysator für die Prozesse des Wissensmanagements wirken.

Das beschriebene Medium ermöglicht darüber hinaus durch seine integrativen Funktionalitäten[527] die projektüberdauernde Sicherung von kodifiziertem Wissen (vgl. Abb. 4-17) zur (Mehrfach-)Nutzung in der Organisation [vgl. Schüppel 1996, S. 232]. Die

---

[525] Wenn Individuen in direktem Face-to-Face-Kontakt zueinander stehen, bilden sich durch die gemeinsame Interaktion private Abbilder der Organisation (mentale Modelle). Ist das Aufgabensystem zu gross und komplex, sind viele Mitglieder nicht in der Lage, Face-to-Face-Kontakt zu nutzen, um bestehende Gebrauchstheorien abzugleichen bzw. neue aufzubauen. Sie benötigen daher externe Referenzen – Abbilder der organisationalen Handlungstheorien, auf die sie sich beziehen können [Argyris/Schön 1978, S. 17]. Diese Referenzen können durch das Medium bzw. seine Inhalte verkörpert werden.

[526] Diese muss nicht zwingend durch den informationsobjekterstellenden Agenten erfolgen, sondern kann auch durch den Content Manager oder entsprechende Kategorisierungsdienste vorgenommen werden.

[527] Vgl. Kapitel 3.7.1.

Integration von Suchmechanismen schafft zudem Voraussetzungen für einen schnellen und übersichtlichen Zugriff auf die enthaltenen Informationsobjekte [vgl. Patzak/Rattay 1998, S. 274].

Das PKM agiert dabei als Intermediär zwischen der Agentengemeinschaft:

- Beispielsweise als Zeigersystem für nicht oder nur schwer kodifizierbares Wissen (vgl. die vorgestellten Expertenverzeichnisse, aber auch die in den Metainformationen der Informationsobjekte angegebenen agentenbezogenen Attribute[528]),
- als Ablagesystem für Informationsobjekte oder
- durch die Unterstützung von synchronen und asynchronen Formen der Kommunikation.

Das Medium bzw. seine Kanalsysteme agieren dabei als interaktives Verbindungsglied zwischen den Individuen (d. h. den Mitgliedern der Projektgemeinschaft als den Nutzern der Medien) und ihren Absichten [vgl. Bellamy 1996, S. 124 f.; Schmid 1997b, S. 2].

Regeln (z. B. Projektmethoden, die „Netiquette" der Projektgemeinschaft oder Organisationsstrukturen) bestimmen das Miteinander zwischen den Agenten. Das Medium wird dadurch zum integralen Bestandteil der auszuführenden Aktivität [Shariq 1998, S. 14]. Ein PKM kann die von Nonaka geforderte Redundanz und die Vernetzung von (expliziertem) Wissen (den Informationsobjekten) bzw. den Agenten des Mediums ermöglichen.

Wie bereits in Kapitel 2.2.3 und 3.7.1 ausgeführt und im Kontext des Strategiemodells nach Hansen et al. diskutiert, können auf Basis der neuen Medien gestaltete Plattformen wie das PKM dabei ein sinnvolles Komplement zu organisatorischen Massnahmen zum Management der Ressource Wissen im Rahmen der Projektabwicklung darstellen. Die Brücke zwischen organisationaler und medienbasierter Intervention bilden – neben den im Medium abgebildeten Inhalten – entsprechend dual ausgerichtete Rollenbeschreibungen, deren Inhalte sich nicht auf rein medienbasierte oder rein organisationale Aufgaben beschränken, sondern beide Bereiche sinnvoll verknüpfen (vgl. beispielsweise die Doppelfunktion der Content Manager im Fallbeispiel IBM Consulting Group).

4.6.6 Einordnung in das Enterprise Knowledge Media-Referenzmodell

Für eine Einordnung der in dieser Arbeit bisher gemachten Ausführungen über Projektwissensmedien in die Forschungslandschaft der Wissensmedien wird das so genannte Enterprise Knowledge Media-Referenzmodell (EKM-RM) des mcm *institutes* herangezogen [Eppler et al. 1999b; Schindler 1998a, S. 12 ff.; vgl. auch Schmid 1999b, S. 42; Schubert 1999, S. 10 f.]. Das Modell stellt einen möglichen Ordnungs-

[528] Eine kontextsensitive Umsetzung – etwa durch Verzweigung auf die zugehörige „gelbe Seite" des dokumentenerstellenden Mitarbeiters – ermöglicht die persönliche Kontaktaufnahme.

rahmen für das Management von Wissensmedien mit Fokus auf Business Communities dar und besteht aus vier nicht disjunkten horizontalen Sichten (Gemeinschaftssicht, Implementierungssicht, Dienstesicht und Infrastruktursicht) und vier vertikalen Phasen. Phasen und Sichten bilden die Strukturierungsdimensionen solcher Enterprise Knowledge Media und tragen zur Einordnung von Problemstellungen und Lösungen des Managements von Wissensmedien (vgl. Abb. 4-19) im Sinne eines von der Literatur geforderten integrierenden konzeptionellen Bezugsrahmens bei [vgl. Teece 1998, S. 289].

Die Phasen wurden bereits in Kapitel 3.1 eingeführt und beschrieben. Die Sichten werden in den folgenden Abschnitten vorgestellt.

Gemeinschaftssicht
Auf Ebene der Gemeinschaftssicht wird das Miteinander der Projektgemeinschaft im Sinne der Beschreibung der Aufbauorganisation definiert. Hier sind die medienrelevanten Rollenbeschreibungen (d. h. die Rechte und Pflichten der Akteure des Mediums) enthalten, die das Miteinander der Agenten in Bezug auf das Medium regeln. Dazu gehören die in Kapitel 4.2.2 eingeführten und in Kapitel 4.6.5 konkretisierten Rollen des Content Managers oder des Medienmanagers. In dieser Sicht sind aber auch die für die Zusammenarbeit über das Medium notwendigen Vertrauensaspekte enthalten. Ferner lassen sich hier Regeln und Inhalte für die Strukturierung des logischen Raumes verorten, wie etwa die Projektmethodik, die auch Hinweise für die Nutzung des Mediums beinhalten kann.

Implementierungssicht
Auf Ebene der Implementierungssicht sind die über das Medium abgebildeten Prozesse im Sinne ablauforganisatorischer Beschreibungen realisiert. Hier lassen sich administrative und inhaltliche Prozesse unterscheiden. Zu den administrativen Prozessen kann beispielsweise die automatisierte Abwicklung von Zugangsverfahren für die Agenten gezählt werden. Zu den inhaltlichen Prozessen gehört das Content Management durch die Abbildung von Rezensionszyklen oder die Prüfung der Gültigkeit von im Medium aufgeführten Hyperlinks nach extern. Auch ein über Workflow-Funktionalitäten automatisierter Rezensionsprozess im Rahmen der Erfahrungssicherung (vgl. Kapitel 4.4.3 bzw. Kapitel 4.6.3) lässt sich den inhaltlichen Prozessen zuordnen. Die in der Gemeinschaftssicht definierten Rollen werden dabei mit den Ablaufstrukturen verknüpft.

Dienstesicht
Die Dienstesicht umfasst die in Kapitel 4.6.1-4.6.4 aufgeführten Dienste. Diese sind grundsätzlich nicht an die konkrete Ausgestaltung der oberen Sichten des Modells gebunden, sondern können als „generische Dienste“ für beliebige Projekte mit jeweils unterschiedlichen Implementierungs- und Gemeinschaftssichten eingesetzt werden und ermöglichen die instanziierende Umsetzung der auf Ebene der Implementierungssicht definierten Prozesse.

Infrastruktursicht
Auf Ebene der Infrastruktursicht sind die zur Realisierung des PKM erforderlichen Basistechnologien einzuordnen (vgl. Kapitel 3.7.1 und 4.6.5). Dazu gehören die in dieser Arbeit beschriebenen Internet- und Groupware-Technologien sowie die entsprechenden Standards wie etwa das TCP/IP-Protokoll, d. h. sämtliche Kommunikations-, Transaktions- und Transportinfrastrukturen [vgl. Schmid 1999b, S. 42].

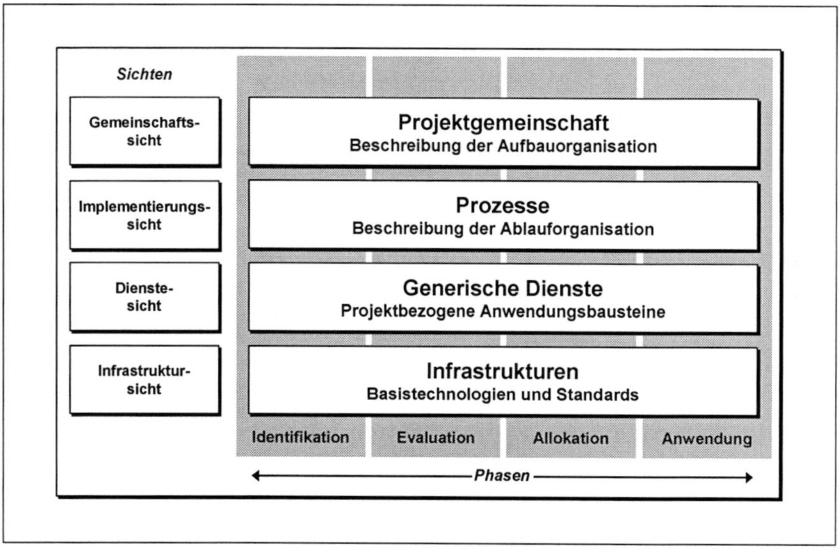

Abb. 4-19: Einordnung der Arbeit in das EKM-RM

Die Zuordnung von Elementen in die vorgestellten Sichten kann dabei dediziert phasenbezogen oder auch phasenübergreifend erfolgen, wie anhand der Dienstesicht exemplarisch gezeigt werden kann. Die vorgestellten Dienste des PKM lassen sich dabei, wie in der folgenden Tabelle aufgeführt (vgl. Tabelle 4-7), gemäss ihrer Nutzungsschwerpunkte einzelnen Phasen des Modells zuordnen.

Dienst	Nutzungsschwerpunkt (Phase)
Projektportal	Identifikation und Evaluation, da Portale bei der Lokalisierung von Wissensquellen und -trägern Unterstützung bieten sowie bei der Sichtung von Wissen helfen.
Suche	Identifikation, da Suchdienste zum Auffinden von Wissensquellen und -trägern eingesetzt werden.
Notifikation	Identifikation, da dieser Dienst die Abonnenten über einen Push-Kanal über Änderungen der Inhalte des Mediums informiert.
Neuigkeiten	Identifikation, da entsprechende Inhalte auf geänderte Wissensbestände hinweisen.
Organisationsstrukturen	Identifikation, da dadurch das Lokalisieren von Wissensquellen erleichtert wird.
Planung/Kontrolle/Kontraktwesen	Allokation, da die zusammenführende Aufbereitung von Wissen über Abhängigkeiten von Projektphasen (z. B. Dauern, Termine, Kosten) vorgenommen wird.
Projektdokumentation	Allokation, da sie vordergründig der Sicherung von Wissen dient. Identifikation, wenn der Dienst zur Sichtung relevanter Informationsobjekte genutzt wird.
Meetingarena	Anwendung, da entsprechende Treffen schwerpunktmässig der Unterstützung des Wissensaustauschs dienen, aber auch der Wissensgenerierung. Allokation, da Meetingarenen (z. B. in Form von Diskussionsforen) die ausgetauschten Informationen regelmässig protokollieren.
PIM/GIM	Identifikation, da z. B. E-Mail-Dienste zur Kontaktierung von Wissensquellen dienen und elektronische Terminkalender Aufschluss über die Verfügbarkeiten eines Wissensträgers geben können. Allokation, da die Korrespondenzverwaltung auf Gruppenebene Informationsobjekte längerfristig für die Organisation verankern kann.
Glossar	Evaluation/Anwendung, da ein Glossar primär zur Verständnisbildung eingesetzt wird und damit die Wissensbewertung/Wissensgenerierung erleichtert werden kann.
Verzeichnisdienste	Identifikation, da sie zur Lokalisierung relevanter Wissensträger (z. B. Yellow Pages) oder auch zur Sichtung von Wissen (insbesondere Skill Management-Systeme) eingesetzt werden.

Methoden- und Formularablage	Allokation, da die Formulare der Aufbereitung bestehenden Wissens in vergleichbarer Form dienen, um nachfolgend die Wissenssichtung (Identifikation) und gegebenenfalls die Wissensauswahl (Evaluation) erleichtern zu können.
Projektbibliothek	Allokation, da sie primär der langfristigen Sicherung von Informationsobjekten dient. Identifikation, im Rahmen der Suche nach Informationsobjekten zur Wissensauswahl.
Erfahrungsdienste	Identifikation, da die Dienste regelmässig über Filterfunktionen verfügen, die die Sichtung bereits existierender Erfahrungen unterstützen. Allokation, da ein solcher Dienst der Verankerung von expliziertem Wissen in Form von Informationsobjekten dient (vgl. Kapitel 4.6.3).

Tabelle 4-7: Schwerpunktbezogene Zuordnung der Dienste eines PKM zu den Phasen des EKM-RM

4.7 Exkurs: Aspekte der Virtualität

Seit Beginn der 90er-Jahre[529] hat sich der Terminus „virtuell" nicht nur in der Betriebswirtschaftslehre als vielbenutztes Schlagwort etabliert, es wird auch im Projektkontext in Bezug auf „virtuelle Teams" immer wieder verwendet.[530] Bevor nun die Auswirkungen dieser zunehmenden „Virtualisierung" der Projektarbeit für das Projektwissensmanagement problematisiert werden, soll der Begriff zunächst differenziert betrachtet werden.

Für dieses Vorgehen scheint die Form eines Exkurses angebracht, da – wie noch gezeigt werden soll – die Virtualität in diesem Kontext *keine* „isolierte Sonderform" darstellt, sondern lediglich eine besondere Ausprägung eines verteilten Projektes.

Zur Virtualität und virtuellen Projektteams

Für die Definition virtueller Projektteams erscheint zunächst die Betrachtung von Virtualisierung als generelles Konzept sinnvoll [vgl. Scholz 1997, S. 321 f.; vgl. dazu ausführlich Arnold/Härtling 1995; sowie kürzer Mertens/Faisst 1995, S. 62; Schubert 1999, S. 25 f.]. Dabei werden ursprünglich reale Strukturen durch virtuelle ersetzt. Die konstituierenden Charakteristika des betrachteten Objektes bleiben dabei – bei fehlenden physischen Eigenschaften – erhalten. D. h. es findet eine Virtualisierung von Attributen unter Beibehaltung der erlebbaren Funktionalität statt (vgl. z. B. das Konzept der virtuellen Arbeitsspeicher in der IT-Industrie).

Virtuellen Unternehmen werden in der Literatur regelmässig bestimmte Eigenschaften zugesprochen. Zu nennen sind dabei unter anderem die zeitliche Entkoppelung ihrer

[529] Vgl. z. B. [Davidow/Malone 1992; bzw. Davidow/Malone 1997; vgl. dazu kritisch Arnold/Härtling 1995, S. 12 f.; Scholz 1997, S. 327].

[530] Für eine weitergehende Erörterung der Ursachen des regelmässig auf den durch die Unternehmen empfundenen Flexibilisierungsdruck zurückgeführten Trends vgl. [Müller-Stewens 1997b, S. 29; Picot et al. 1998, S. 404]. Vgl. aus Wissenssicht [Skyrme 1999].

Strukturen (z. B. zur Nutzung von Arbeitskräften in unterschiedlichen Zeitzonen), Ortslosigkeit im Sinne einer standortübergreifenden Delozierung von Arbeitsplätzen (z. B. durch Telearbeit oder Einbindung unterschiedlicher Niederlassungen), rechtliche Selbständigkeit der beteiligten Entitäten, die als netzwerkartige Strukturen zusammenwirken, Win-Win-Orientierung[531] sowie als zentrales Merkmal der Einsatz von IKT zur Realisierung der geforderten Zeit- und Ortslosigkeit. Motiviert werden solche Unternehmensverbünde oftmals durch die aus der Kombination der individuellen Kernkompetenzen erzielbaren Alleinstellungsmerkmale und die aus der möglichen Flexibilisierung resultierenden Wettbewerbsvorteile [vgl. z. B. Arnold/Härtling 1995, S. 7; Krystek et al. 1997, S. 12; Mertens/Faisst 1995, S. 62 ff.; Skyrme 1998, S. 26; Wüthrich/Philipp 1999, S. 55 f.]. Die genannten Eigenschaften müssen dabei allerdings nicht vollständig erfüllt werden [vgl. z. B. Roger/Aris 1998, S. 7]. Die kritischen Ausführungen von Konradt verdeutlichen die dabei herrschende Begriffsunschärfe: „In der Praxis zeigt sich jedoch, daß kaum ein Unternehmen alle Merkmale der Virtualität in vollem Umfang erfüllt. Eher gilt wohl: So gut wie jedes Unternehmen weist einen gewissen Grad an Virtualität auf“ [Konradt 1999, S. 103].

Analog definieren Townsend et al. virtuelle Teams und fügen dabei explizit hinzu: „Virtual teams rarely, if ever, meet in a face-to-face setting.“ [Townsend et al. 1998, S. 18; vgl. auch Davidow/Malone 1992, S. 199; Guss 1998, S. 23 f.;[532] Handy 1995, S. 42; Ishaya/Macaulay 1999, S. 140; Lipnack/Stamps 1998, S. 31 f.] Da die Übertragung der Definition auf *Projekt*teams eine Eingrenzung und keine Verallgemeinerung darstellt, kann argumentiert werden, dass sie hier ebenso für virtuelle Projektteams gilt. Aus dieser Perspektive erscheint eine weitere Differenzierung des Begriffs für diese Arbeit zunächst nicht notwendig, da die in Kapitel 2.1.1 angeführte Projektdefinition einschliesslich der damit verbundenen Interdisziplinarität der Teammitglieder dem nicht widersprechen. Die räumliche Trennung von Projektteammitgliedern wurde in die bisherigen Ausführungen dieser Arbeit als Aspekt der Verteiltheit einbezogen und dürfte oftmals eher die Regel als eine Ausnahme darstellen. Unterstellt man in Analogie zu Konrad, dass nicht alle der aufgeführten Kriterien greifen müssen, ist auch das im Rahmen dieser Arbeit in der Aktionsforschung bei DaimlerChrysler betrachtete Projektteam SKN-C per Definition als ein virtuelles zu betrachten, da seine Mitglieder über unterschiedliche Standorte verteilt sind (und unterschiedlichen intra- und interorganisationalen Strukturen[533] angehören). Gleiches gilt für die Kundenprojekte bei Pixelpark und auch für ein zwischen den verschiedenen Standorten in Berlin und den rechtlich selbständigen Teilinstituten abgewickeltes Projekt der Bankgesellschaft.

---

[531] D. h. für jeden der beteiligten Partner gestaltet sich die Kooperation vorteilhaft.

[532] „Although technologically able, virtual project organizations are still most likely to exist across other more traditional organizations. For example, contract employees may work interactively with home-based organization staff and project team members from other organizations who may employ a hierarchical or matrix structure.“ und weiter „the literature generally agrees that some level of face-to-face contact is desirable.“ [Guss 1998, S. 24 f.]

[533] MBTürk ist keine 100%ige Tochter von DaimlerChrysler.

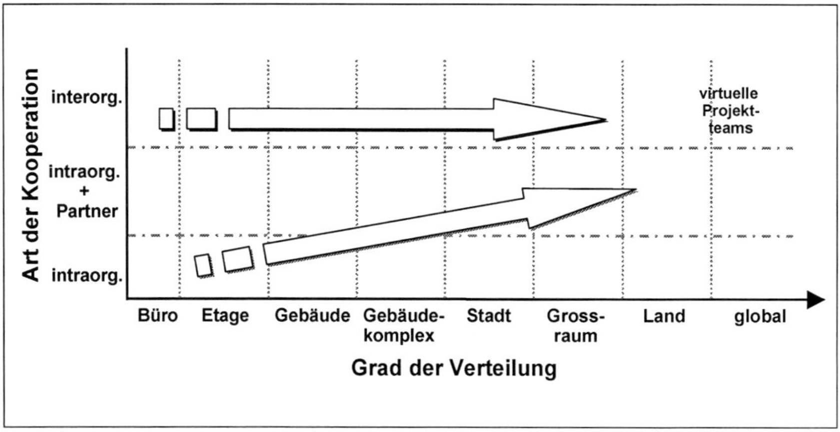

Abb. 4-20: Virtuelle Projektteams im Kontinuum der Verteilung

Dennoch soll an dieser Stelle die Verteiltheit – in der einem Exkurs angemessenen Knappheit – weiter problematisiert werden, und zwar für den Extremfall des in Kapitel 2.1.3 eingeführten Kontinuums für hochgradig interorganisationale und *weit* verteilte Projekte (was jedoch die Realisierung einer Teilaufgabe/eines Teilprojektes durch eine „mehrköpfige Wissenszelle" an *einem* Ort nicht ausschliesst). Dabei wird für diese Arbeit als *virtuelles Projektteam* ein Projektteam definiert, dessen Mitglieder (Individuen bzw. Subteams) sich aus rechtlich selbständigen, verteilten Organisationen konstituieren und bei dem die Koordination und Kommunikation *nahezu vollständig* [vgl. Handy 1994, S. 35 f.; Gassmann/Roux 1997, S. 130] über die neuen Medien abgewickelt wird (vgl. Abb. 4-20). Dieses Verständnis schliesst persönliche Meetings nicht gänzlich aus, unterstellt aber, dass sie eher eine Ausnahme darstellen. Operationalisiert wird die Zusammenarbeit durch die Unterteilung des Projektes in Arbeitspakete, die durch die Mitglieder des Teams mehr oder weniger selbständig bearbeitet werden. Das Zentrum der Geschäftsaktivitäten des verteilten Wissensnetzwerks auf Zeit und der daraus konstituierten Projektorganisation[534] lässt sich damit physisch[535] schwerlich lokalisieren. Der von Malone und Laubacher (vgl. Kapitel 2.1.3) postulierte freischaffende, sich selbst managende E-Lancer stellt den „Extremfall" eines Projektmitarbeiters dar, der sich lediglich für die Dauer eines Projektes kurzzeitig durch Nutzung von IKT mit einem Team vernetzt, das sich nach Projektende wieder auflöst.

Die im Rahmen dieser Arbeit untersuchten Projekte weisen schwerpunktmässig einen *intraorganisationalen* Charakter auf (vgl. Abb. 2-2 in Kapitel 2.1.3) und werden gegebenenfalls unter externer Beteiligung, z. B. von/mit Kunden, Beratern oder anderen

[534] Die Bezeichnung virtuelles Projekt oder virtuelle Projektorganisation [vgl. zu letzterer z. B. Guss 1998, S. 22] wird hier bewusst abgelehnt, da eine Projektorganisation und ein Projekt auf jeden Fall „physisch" vorhanden sind, nicht aber das im traditionellen Sinn zur Erreichung des gemeinsamen Ziels zentralisierte Team.

[535] Logisch lässt sich ein Projekt sicherlich bei der Projektleitung oder der auftraggebenden Institution verorten.

Unternehmen und der Projektleitung eines Unternehmens sowie dem Auftraggeber abgewickelt. Die Projekte sind dabei in das Projektsystem des beteiligten Unternehmens eingeordnet.[536] Entsprechend dieser *intraorganisationalen* Perspektive wird auch bei der vorgenommenen Gestaltung von Massnahmen ein normativer Ansatz unterstellt, der Projekte als Form der Sekundärorganisation betrachtet. Selbst wenn man sich aus Sicht des Projektes auf gemeinsame „Spielregeln" wie Vorgehensweisen oder IT-Infrastrukturen geeinigt hat, können die einzelnen Teilteams (zum Beispiel eine beteiligte Unternehmensberatung) in der eigenen Organisation beispielsweise über dedizierte Plattformen verfügen oder andere Methoden und Standards benutzen. Zur Abwicklung eines Projektes bzw. zur Erledigung ihrer Tätigkeit müssen sie auf die eigene organisatorische Wissensbasis zugreifen und relevante Teile daraus in die Projektwissensbasis überführen, bzw. das im Projekt erarbeitete Wissen – unterstellt man einen positiven Ansatz – in die jeweilige organisatorische Wissensbasis rückspielen.

Zur weiteren Problematisierung dieser Aspekte wird im Folgenden die von einem virtuellen Team konstituierte Projektorganisation aus *extraorganisationaler* Perspektive im Sinne einer Aussensicht betrachtet, um die aus dieser spezifischen Form resultierenden Problemstellungen besser erfassen zu können. Die damit verbundene selektive Öffnung von Wissensräumen rückt dabei in den Vordergrund.

Problematisierung: Impetus für das Projektwissensmanagement

Ziel n-lateraler Projekte ist regelmässig die Bündelung von Kompetenzen der beteiligten Partner, um gemeinsam Skaleneffekte durch Synergien ausnutzen zu können. Für das Wissensmanagement bedeutet dies durch die logische Entsendung von Mitarbeitern in das gemeinsame Projektteam eine mehr oder weniger intensive partielle Öffnung der jeweiligen organisatorischen Wissensbasen für die anderen Partner. Partiell auch deshalb, da die möglichen Partner auf anderen Gebieten auch Konkurrenten sein können. Diese zeitlich beschränkte Zusammenarbeit in Kombination mit der Verteiltheit führt zu einer Erhöhung des Komplexitätsgrades des Wissensmanagements und der zugehörigen Prozesse[537] (vgl. Kapitel 3.4.4).

Die im bisherigen Verlauf der Arbeit gemachten Ausführungen bleiben dabei grundsätzlich gültig. Im Extremfall des virtuellen Teams soll dieser „äussere Rand" des Kontinuums der Verteilung als Akzentverschiebung näher problematisiert werden. Die Vorgehensweise orientiert sich dabei grundsätzlich wieder anhand der in Kapitel 3 eingeführten Determinantenkategorien des Projektwissensmanagements. Im Folgenden werden dabei solche Determinanten betrachtet, deren Ausprägung durch den besonderen „virtuellen Kontext" von Interesse erscheint. Dabei werden die im bisherigen Ver-

[536] Durch den Ansatz der Aktionsforschung werden Projekte dabei aus Sicht des beteiligten Unternehmens gesehen (Innensicht), dessen Perspektive der Forschende einnimmt (vgl. Kapitel 1.3.1).

[537] Rogers und Aris problematisieren in Zusammenhang mit virtuellen Organisationen: „But it makes it more important and more difficult to manage knowledge as well." und weiter „It is harder to share knowledge, and thereby exploit it, ... and there is an increased risk both of knowledge hoarders and of duplication" [Rogers/Aris 1998, S. 25 f.].

lauf von Kapitel 4 vorgestellten Massnahmen aufgrund ihrer Relevanz unter dieser Perspektive bewertet.

Aspekte der Organisation

Durch die per Definition hohe Bedeutung der Informations- und Kommunikationstechnologie für virtuelle Projektteams und die daraus ableitbare Forderung nach Nutzung von Projektwissensmedien erhalten entsprechende medienorientierte Rollen wie die des Content Managers, des Wissensmedienmanagers oder des Skill Brokers in seiner Eigenschaft als Qualitätsverantwortlicher für die Expertenverzeichnisse eine besondere Bedeutung. Die Funktion des Skill Brokers kann dabei durch die Plattform wahrgenommen werden und wird damit zu einer Dienstleistung des Mediums, indem sie Projektvakanzen und dafür in Frage kommende Experten zusammenführt (zum Beispiel durch Profile Matching). Die Rolle des Integrators erscheint in Abhängigkeit der für die Zusammenarbeit notwendigen Schnittstellen zwischen den Projektbeteiligten grundsätzlich erforderlich. Ihre Wahrnehmung wird im Gegensatz zu physischen Strukturen aufgrund der IKT-Dominanz erschwert und kann zur Fokussierung der Pflege eines Glossars führen. Aufgrund der Modularität der Arbeitspakete und des daraus gegebenenfalls resultierenden Nichtvorhandenseins von Schnittstellen können solche Rollen jedoch gänzlich obsolet oder auch durch auf der Plattform implementierte Prozesse ersetzt werden.

Physisch-orientierte Instrumente organisationaler Intervention, wie Foren bzw. informelle Plätze der Zusammenkunft oder Projektbüros verlieren hier aus Perspektive des gemeinsamen Projektes erheblich an Bedeutung (nicht jedoch aus interner Sicht für die zugehörigen Organisationen), da man sie derzeit (vgl. Kapitel 3.7.1 und 4.6.5) nur unzureichend durch IKT substituieren kann.

Bei der Instanz des Methodenwissens ist aus extraorganisationaler Perspektive eine Verlagerung hin zu organisationsübergreifenden, übergeordneten Gremien vorstellbar, um eine unabhängige Standardisierung der in derartigen Projekten verwendeten Methoden zu erleichtern. Lernarenen erscheinen aufgrund ihrer zeitlichen Ausrichtung für virtuelle Projektteams per Definition ungeeignet, ihre Funktion ist allenfalls auf organisationsübergreifender Ebene durch „virtuelle“ Communities of Practice denkbar, was insbesondere für auf sich selbst gestellte E-Lancer eine besondere Relevanz erhält. Communities of Practice oder vergleichbare virtualisierbare Netzwerkstrukturen[538] können dabei die gegebenenfalls fehlenden organisationalen Strukturen (beispielsweise im Falle des E-Lancers) im Sinne von „Berufsverbänden“ substituieren. Zur Illustration sei hier das „Business Partner Technical Forum“ von Lotus angeführt, das für Diskussionen zwischen Softwareingenieuren, die im Bereich Lotus Notes/Domino Anwendungsentwicklungen durchführen, als weltweite Plattform des Erfahrungsaustauschs dient.

---

[538] Über die Bedeutung solcher übergeordneten Strukturen, d. h. „Virtual Communities“ im allgemeineren Sinn vgl. [Hagel/Armstrong 1997, S. 143; vgl. auch ausführlich Schubert 1999].

Aspekte der Kultur

Durch die ausgeprägte Interorganisationalität und die Verteiltheit ist die Bedeutung kultureller Differenzen für das Wissensmanagement in virtuellen Projektteams von besonderer Relevanz.

Bezüglich der Bereitschaft zum Wissensaustausch kann für grundsätzliche Überlegungen wiederum die Kooperationstheorie Axelrods herangezogen werden.[539] Diese impliziert bei kurzzeitiger Kooperation ein eher defektes Verhalten, da dann die Zukunft weniger wichtig erscheint als die Gegenwart. Im Rahmen der Kooperation und der damit verbundenen Notwendigkeit zum Wissensaustausch kann das in Konsequenz zu einer Fokussierung von Langfristigkeit führen [vgl. Axelrod 1984, S. 126 ff.]. Dies muss nicht zwingend im Widerspruch zum Konzept virtueller Projektteams stehen – Langfristigkeit kann hier durch Schaffung eines gemeinsamen „Pools" von kooperationswilligen Partnern bestehen und durch entsprechende Dienste der neuen Medien unterstützt werden. Dazu eignen sich beispielsweise die in Kapitel 4.6.2 erwähnten Blue Pages. Denkbar ist auch ein gemeinsames Engagement von Projektbeteiligten in übergreifenden Communities of Practice oder Methodeninstanzen.

Besondere Bedeutung gewinnt in diesem Extremfall eines verteilten Szenarios der Aspekt des Vertrauens, da der Bedarf an Vertrauen bei interorganisationalen Teams höher ist als bei intraorganisationalen Teams [Tobin 1993, S. 115] und die Bedeutung von Vertrauen für virtuelle Teams noch einmal höher bewertet wird [Ishaya/Macaulay 1999, S. 141]. Scholz [vgl. Scholz 1997, S. 340 f.] äussert in Bezug auf virtuelle Organisationen Bedenken bezüglich der Ausnutzung von Vertrauen bereits während oder auch nach der Abwicklung des gemeinsamen Vorhabens, zweifelt jedoch die Praktikabilität abschreckungsbasierenden Vertrauens an und schlägt deshalb die Herausbildung eines vertrauensbildenden Entwicklungsprozesses schon von Projektbeginn an vor. Vorschläge, wie dieser Prozess konkret aussehen könnte, macht er dabei leider nicht (vgl. Kapitel 4.3). Die Form des ad hoc-Vertrauens dürfte, da für die Zusammenarbeit im virtuellen Team zunächst keine Langfristigkeit unterstellt werden kann,[540] im Vergleich zu intraorganisationalen Projekten von besonders hoher Bedeutung sein. Wie bereits in Kapitel 4.3 angeführt, wird in der Literatur verschiedentlich festgestellt, dass unter bestimmten Voraussetzungen[541] zum Aufbau von Vertrauen keinerlei Face-to-Face-Kontakt notwendig ist. Die Rolle von Technologien als kontext- und vertrauensbildende Faktoren gewinnt dabei mangels gemeinsamer Erfahrung an zusätzlichem Gewicht. Ausgehend von der Annahme, dass die Bedeutung der rollenbasierten Interaktion weiter zunimmt, kann die Verankerung entsprechender Rechte und Pflichten als Etablierung von abschreckungsbasiertem Vertrauen interpretiert werden [vgl. Meyerson et al. 1996, S. 190; Jarvenpaa/Leidner 1997, S. 23]. Das Medium sollte dies etwa durch die Abbildung der entsprechenden Zuordnung im Rahmen des Dienstes

[539] Vgl. Kapitel 4.3.

[540] Dies ändert sich, wenn Partner sich eventuell aus früheren Projekten bereits kennen bzw. im Laufe einer Kooperation, bei der sich wissensbasiertes Vertrauen entwickeln kann.

[541] Die Beschreibung genauer Handlungsanweisungen bleibt in den angegebenen Literaturstellen jedoch aus.

„Organisationsstrukturen“ und durch Förderung von Dialog bestmöglich unterstützen (z. B. durch entsprechende Ausgestaltung der Meetingarena bzw. von Diskussionsforen).

Aspekte des Lernens
Von fast paradoxer Relevanz für virtuelle Projektteams ist das interorganisationale Lernen: Einerseits bilden unterschiedliche Wissensbasen die Motivation für die gemeinsame Zusammenarbeit, andererseits erschweren sie – bedingt durch die mangelnde räumliche Nähe – die Bildung eines gemeinsamen Kontexts erheblich. Im intraorganisationalen Szenario, das sich durch die Zusammenarbeit auf Teamebene ergibt, beeinflussen das unterschiedliche Wissen der Individuen wie auch ihre jeweilige organisatorische Wissensbasis das gemeinsame Lernvermögen [vgl. Kim 1993, S. 39]. Bei der Projektdurchführung wird dadurch der gegenseitige Zugriff bzw. die Bildung einer *gemeinsamen* Projektwissensbasis erschwert: Während bei der Einbindung extraorganisationaler Elemente in ein intraorganisational ausgerichtetes Projekt (z. B. die Ergänzung eines unternehmensinternen Projektteams durch Unternehmensberater) die Teilerschliessung anderer Wissensbasen durch die räumliche Teilintegration der betroffenen Individuen (z. B. von Beratern) in das Unternehmen noch relativ gut möglich ist, erscheint sie für derart verteilte Projekte nicht zuletzt durch mangelnde Kenntnis der organisationalen Hintergrundstrukturen beeinträchtigt.

Aus ex post-Perspektive erscheint die Notwendigkeit, das im Projektkontext entstandene Wissen zu sichern, bei dieser Art der organisationalen Konstitution des Projektteams noch grösser, da das Netzwerk grundsätzlich am Projektende zerbricht. Während das in Informationsobjekten z. B. in Form der Projektdokumentation kodifizierte Wissen (vgl. den nächsten Abschnitt) noch relativ gut „überspielbar“ ist, dürfte sich das Erfahrungslernen problematischer gestalten. Dabei gilt es, die dazu in Kapitel 4.4.1 und 4.4.2 vorgestellten Instrumente des Erfahrungslernens zu „virtualisieren“, d. h. weitestgehend durch IKT abzubilden. Neben entsprechenden Datenbanklösungen zur direkten Kodifizierung von Wissen in Form von Informationsobjekten ist eine Durchführung kollektiver Debriefing-Prozesse durch Unterstützung von Audio-/Videoconferencing-Systemen und die Nutzung von Workflow Management-Systemen zur automatisierten Abbildung der in Kapitel 4.4.3 und 4.4.4 vorgestellten Prozesse denkbar.

Je nach Autonomität/Modularität der Arbeitspakete sind hier allerdings Bedenken gegenüber der Offenheit der Partner anzumelden: Hat eine Partei beispielsweise ein Arbeitspaket besonders effizient erstellt (z. B. deutlich unter der vorgegebenen Zeit), ist wohl gegebenenfalls zu erwarten, dass sie diese Tatsache und das damit verbundene Vorgehen nicht immer als „Best Practice“ kommunizieren wird, solange sich die Leistungsberechnung am dafür erforderlichen Aufwand orientiert. Weiterhin kann ein nicht vorhandenes Interesse bezüglich einer gegenseitigen Kommunikation gemachter Erfahrungen mangels gemeinsamer übergeordneter Ziele (eben die Nutzenbringung für *eine* gemeinsame Organisation) unterstellt werden. Folglich ist hier die Gestaltung entsprechender Anreizmechanismen zu fordern, die aber nicht Gegenstand dieser Arbeit sind.

Aufgrund des Wegfalls Face-to-Face-bezogener Kernteams ist zu erwarten, dass sich die Wissensgenerierung durch die in Kapitel 2.2.2 beschriebene kollektive Lernfunktion, etwa durch die Bildung von „Microcommunities" [vgl. von Krogh et al. 1997, S. 477], erschwert: Die Begründung findet sich in der Tatsache, dass partnerübergreifende emergente Teamphänomene, die durch Sozialisierung entstehen können, im Fall der virtuellen Teams überwiegend durch IKT abgebildet werden müssen. Da sie vom Charakter her auf implizitem Wissen beruhen (vgl. Kapitel 4.4), sind solche Phänomene – wie bereits erwähnt – mit den Möglichkeiten heute verfügbarer IKT nur bedingt umsetzbar.

Skyrme [Skyrme 1999] stellt in Bezug auf das Wissensmanagement in virtuellen Organisationen die Frage nach den Eigentümerverhältnissen des gemeinsam erarbeiteten Wissens zur späteren Wiederverwendbarkeit. Er identifiziert dazu als wesentlichen Aspekt die Notwendigkeit einer Grenzziehung, die festlegt, welches Wissen in die Kooperation eingebracht werden soll und unter welchen Bedingungen es miteinander geteilt wird. Daraus leitet Skyrme die Forderung einer Eigentümer- und Nutzungsbestimmung ab, in der festgehalten wird, welches Wissen bereits vor der Partnerschaft existierte, welches Wissen während der Partnerschaft generiert werden soll und entsprechende Besitz- und Nutzungsrechte regelt. Zu diesem Zweck schlägt Skyrme – wohl den mangelnden Pragmatismus eines solchen Ansatzes auf Mikroebene erkennend – die Bildung eines Prinzipiensets im Sinne eines Kodexes vor, um bei allen Partnern ein gemeinsames Verständnis zu erzeugen.[542]

Aspekte der Projektmethodik

Generell lassen sich bezüglich der Projektmethodik vor allem die zu erwartenden Unterschiede im Bereich Methodenwissen durch die Verwendung unterschiedlicher Standards und Vorgehensmodelle der Partner problematisieren. In den vergangenen Abschnitten wurde die Notwendigkeit einer Standardisierung bereits deutlich: Dazu kann neben der angeführten kontraktrechtlichen Festlegung von Eigentümer- und Nutzungsbestimmungen auch die Abbildung kompatibler Vorgehensweisen (zur Vermeidung von Missverständnissen) und Rollen (zur Regelung eindeutiger Zuständigkeiten und der damit verbundenen Leistungen) beitragen.

Zweckmässig erscheint in diesem Zusammenhang – wie bereits erwähnt – die Etablierung *unabhängiger* Standardisierungsinstanzen,[543] die durch die Vorstrukturierung mittels gemeinsam verwendeter bzw. anerkannter Methoden und Vorgehensmodellen zur Bildung des notwendigen logischen Raumes beitragen können. Dies führt zu einer Senkung entsprechender „Rüstkosten" in der Phase der Projektdefinition.

---

[542] Ein solches Vorgehen findet sich in operationalisierter Form im Sinne von Partnerschaftsabkommen, die den Rahmen der Zusammenarbeit einschliesslich etwaiger Nutzungs- und Gebrauchsrechte regeln, vielfach in der Praxis wieder.

[543] Als Beispiele für solche Organisationen können im Bereich des Wissensmanagements das bereits erwähnte APQC aber auch die Projektmanagementvereinigungen (vgl. Kapitel 2.1.1) aufgeführt werden. Beispiel für einen übergreifenden Standard, welcher der unternehmensübergreifenden Darstellung von Methodenwissen dient, ist der vom Project Management Institute in Zusammenarbeit mit den unterschiedlichsten Organisationen herausgegebene Project Management Body of Knowledge (vgl. Kapitel 3.6.1).

Ein geeignetes Vorgehen scheint hier die bedarfsgetriebene Aufnahme von Lernzielen in die gegenseitigen Leistungsverflechtungen zu sein, da – anders als im intraorganisationalen Fall – keine internen Rahmenverträge (z. B. der Arbeitsvertrag des Mitarbeiters) eine gewisse Bindung und Verfügbarkeit des Wissens an das Unternehmen über die Projektdauer hinaus gewährleisten (zumindest solange der Mitarbeiter das Unternehmen nicht verlässt).

Als mögliche Massnahme bietet sich auch hier wieder eine für alle Beteiligten transparente Verankerung der Lern- und Wissensziele in den Projektphasen an, aber auch in den den Arbeitspaketen zurechenbaren jeweiligen Kontrakten.

Aspekte der IKT

Per Definition von grundlegender Bedeutung für die Projektabwicklung durch virtuelle Teams sind entsprechende IKT-Infrastrukturen. Da ein Teil der organisationalen Massnahmen wie bereits erwähnt in der beschriebenen Form nur eine reduzierte Bedeutung für die durch das virtuelle Projektteam temporär konstituierte Organisation hat (wohl aber für die jeweilige „Heimatorganisation“), verlagert sich aus Sicht dieser Arbeit der interventionale Schwerpunkt für virtuelle Projektteams auf die Gestaltung geeigneter Projektwissensmedien. Für die im Vergleich zu realen Unternehmen per Definition eher kurze Dauer der Kooperation dürfte es aus betriebswirtschaftlicher Sicht in den seltensten Fällen lohnend sein, bei allen Beteiligten ein eigenes Medium mit der damit verbundenen eigenen Infrastruktur zu schaffen, da im Rahmen eines „worst case“-Szenarios komplett unterschiedliche Ausgangssysteme zu unterstellen sind: Dabei ist, neben grundsätzlichen Hard- und Softwareinkompatibilitäten, mit unterschiedlichen Sicherheitsarchitekturen, anderen Datenhaltungsmodellen oder nicht vorhandenen Schnittstellen zu rechnen. Die Systeme wären dann – eben nur partiell – für die Partner zu öffnen bzw. zu integrieren. Hier scheint die Nutzung eines übergeordneten Intermediärs sinnvoller. Ein Vorteil solcher Lösungen (im Sinne von Trusted Intermediaries[544]) besteht – ausser der Abnahme der operativen Systembetreuung und der zentralen Speicherung von Informationsobjekten – in der Vermeidung der Anpassungen bestehender operativer Systeme, um sie für die beschränkte Zeit der Zusammenarbeit zu einer Lösung zu integrieren bzw. sie für Partner selektiv zu öffnen.

Der Groupware-Anbieter Lotus beispielsweise offeriert die Nutzung der in Kapitel 4.6.5 bereits erwähnten Quickplaces über Internet Service Provider[545] (ISP). Diese fungieren als vertrauensvolle Parteien und bieten die Leistungen der Plattform gegen entsprechende Gebühren an. Der Zugriff erfolgt via Browser über einen standardisierten Internetzugang unter Nutzung entsprechender Sicherheitsstandards wie z. B. SSL (Secure Socket Layer) [Kosheff 1999]. Dies vermeidet Administrationsaufwand und das Öffnen eigener Infrastrukturen für Dritte. Die gemeinsam genutzten Informationsobjekte stehen den beteiligten Unternehmen am Projektende grundsätzlich in Form von standardisierten Datenbanken zur Weiternutzung zur Verfügung. Der Einsatz die-

544 Vgl. [Schubert 1999, S. 75 und S. 156].

545 In der Schweiz beispielsweise durch den ISP der Swisscom.

ser Plattform erstreckt sich auf die Projektdurchführung und eignet sich für die Phasen Projektidee und Projektdefinition nur bedingt. Ein Medienmanager muss die Quickplaces entsprechend vorkonfigurieren und dedizierte Nutzer durch Vergabe von Benutzerkennung und Passwort explizit vorbestimmen.

Wie bereits in Kapitel 4.3 argumentiert wurde, ist Face-to-Face-Kontakt derzeit zur Bildung eines für den Wissensaustausch gemeinsamen Kontexts nur in Grenzen durch IKT substituierbar. Dies lässt den Schluss zu, dass der Einsatz solcher Plattformen genau in solchen Szenarien besonders sinnvoll erscheint, in denen entweder kein Wissensaustausch stattfindet, d. h. wenig Schnittstellen erforderlich sind oder Wissen relativ gut kodifizierbar ist (was bei gut modularisierbaren Softwareentwicklungsprojekten grundsätzlich unterstellbar ist und durch die Fremdvergabe von Softwareentwicklungsaufgaben in Niedriglohnländer wie Indien zumindest beispielhaft belegt werden kann).

Verzeichnisdienste wie die unternehmensübergreifenden Yellow Pages bzw. die erwähnten Blue Pages oder Skill Management-Systeme können – im Sinne einer organisationsübergreifenden Wissensbasis – zur Verbesserung der Erinnerungsfähigkeit [vgl. Axelrod 1984, S. 139] beitragen und einzelne Agenten bzw. Organisationen „wieder erkennbar" machen, d. h. sie erzielen eine für die Vertrauensbildung unterstützend wirkende Langfristigkeit. Auch hier ist eine Zertifizierung einzelner Organisationen durch Standardisierungsinstanzen denkbar, die quasi als Trusted Third Party[546] fungieren können.

Die Bedeutung einer kontextschaffenden Meetingarena wächst dabei aufgrund der mangelnden physischen Begegnung der Teammitglieder. Während die Inhalte hier im Laufe der Nutzung (durch entsprechende Agenden, Diskussionsbeiträge oder Videodateien) sukzessive durch die Projektgemeinschaft entstehen, kann die Bereitstellung von Inhalten eines Projektglossars auch von extern erfolgen, wie beispielsweise über den Intermediär, aber auch über die beschriebenen Standardisierungsgremien oder die Communities of Practice.

Die Verwendung einer gemeinsamen Projektbibliothek erscheint aufgrund der angesprochenen Schnittstellenprobleme aus technischer Sicht (wegen heterogener Infrastrukturen) bzw. aus logischer Sicht (betreffend der Frage des Eigentums und der damit gegebenenfalls einzuräumenden Nutzungsrechte) problembehaftet. Die Rückführung von im Projekt generiertem kodifizierten Wissen wird durch die Überführung der erzeugten Informationsobjekte in die jeweilige organisatorische Wissensbasis operationalisiert. Auf technischer Ebene lässt sich dies für kodifiziertes Wissen durch Nutzung entsprechender Standards bzw. gleicher Technologien (durch Verwendung von Standardschnittstellentechnologien wie z. B. XML oder den Einsatz von Standardplattformen wie z. B. den beschriebenen Quickplaces) lösen. Die Schaffung kompatibler Informationsobjekte besitzt daher eine besondere Bedeutung.

---

[546] Ein ursprünglich aus dem Bereich der (Internet-)Sicherheit stammendes Konzept zur Vertrauensbildung, z. B. im Bereich des Zahlungsverkehrs. Dabei erfolgt die Echtheitsbestätigung über die Vergabe eines „Stempels" durch einen als vertrauenswürdig empfundenen – oftmals unabhängigen – Dritten.

Im Bereich der Nutzung der Methoden- und Formularablage erscheint ein Rückgriff auf übergeordnete, standardisierte Strukturen eine Alternative, da dadurch zeitaufwendige Abstimmungsprozeduren durch Einigung auf gemeinsame Vorgehensweisen und Zusammenführung gegebenenfalls unterschiedlicher Methoden der Partner entfallen. Die Bereitstellung entsprechender Vorgehensmodelle oder Formulare kann auch eine Dienstleistung des Plattformanbieters darstellen.

Fallbeispiel
Ansätze für eine plattformtechnische Unterstützung, die nicht erst bei der Projektdurchführung einsetzt, sondern bereits in den Phasen der Projektidee und Projektdefinition, finden sich bei InformationObjects:[547]

> Die Plattform agiert als Intermediär nach den Prinzipien eines elektronischen Markts [vgl. Schmid 1999b, S. 32 ff.]. Jedes Projekt kann dabei als isolierter Markt für Güter und Dienstleistungen angesehen werden, der den Wettbewerbsrahmen zwischen Anbietern (den Auftraggebern) und Nachfragern (den potenziellen Kontraktnehmern) bildet [vgl. Schmid 1999b, S. 35; Cova/Hoskins 1997, S. 547]. Gegenstand der zugehörigen Markttransaktionen sind die zur Projektzielereichung zu erbringenden Arbeitspakete. Zunächst agiert das Medium als „Börse" im Sinne eines „intelligenten" elektronischen Projektkataloges[548] und bietet möglichen Interessenten Projektausschreibungen offen im Internet an. Über entsprechende Angebote und Modalitäten kann sich der Nutzer des Mediums im Rahmen der *„Wissensphase"* informieren. In der *„Absichtsphase"* äussern die Agenten ihre konkreten Vorstellungen (z. B. Tages- oder Stundensätze, benötigte Zeit) und bilden sie über Angebote bzw. Nachfragen ab. In der *„Vereinbarungsphase"* [vgl. March 1994, S. 105] werden die entsprechenden Kontrakte untereinander verhandelt und Lieferumfang, -termine sowie die Bezahlung festgelegt. In der *„Abwicklungsphase"* findet die eigentliche Projektdurchführung statt (vgl. Abb. 4-21).[549] Dazu ziehen sich die Agenten des nun feststehenden Teams in einen geschlossenen Bereich der Plattform zurück (im Sinne

[547] Die InformationObjects AG ist eine 1998 aus einem Forschungsprojekt des mcm *institutes* der Universität St. Gallen hervorgegangene kommerzielle E-Commerce-Plattform für den Handel mit digitalen Produkten (Applikationen, Daten und Dienstleistungen). Eine der über diese Plattform angebotenen Dienstleistungen ist die im Text beschriebene Zusammenführung von Projektauftraggebern und potenziellen Dienstleistern im Sinne von umsetzenden Lieferanten, insbesondere im Bereich der Softwareentwicklung. Die zur Plattform gemachten Ausführungen basieren auf mehreren, im Rahmen von persönlichen Begegnungen des Autors dieser Arbeit mit dem Geschäftsführer der InformationObjects AG geführten Interviews.

[548] Dieser führt selbständig ein softwarebasiertes Matching von Anbieter- und Nachfragerprofilen durch und benachrichtigt über in der Plattform implementierte Notifikationsmechanismen die betroffenen Agenten im Falle eines „Matches" automatisiert.

[549] Hier ist eine Unterscheidung wichtig [vgl. Krystek et al. 1997, S. 14]: Die eigentliche kooperative Leistungserstellung als Team funktioniert nicht nach den Phasen der Markttransaktionen, da sie oftmals implizites Wissen beinhaltet und regelmässig unstrukturierte, nicht vorherbestimmbare und deshalb nur schwer automatisierbare Kommunikationsprozesse umfasst. Lediglich der dazu notwendige *Rahmen* (wie der Umfang der Arbeitspakete usw.) wird im Vorfeld über den elektronischen Markt festgelegt.

eines Extranets). Dort steht ihnen ein Grossteil der beschriebenen Dienste eines Projektwissensmediums zur Verfügung.[550]

Die InformationObjects-Plattform bietet dabei sowohl die notwendigen Funktionalitäten eines Geschäftsmediums zur Abwicklung von Markttransaktionen als auch einen Diensteverbund für die Projektdurchführung unter Wissensmanagementgesichtspunkten. Das Wissensmedium wird damit zum Mehrwertdienst des Geschäftsmediums. Grundsätzlich ist eine solche Plattform auch für die Abbildung unternehmens*interner* Marktszenarien – in vielen Unternehmen ist ein solcher Markt durch innerbetrieblich abgebildete Leistungsverflechtungen bereits üblich – und nicht nur bei virtuellen Projektteams denkbar. Dies erscheint insbesondere für Grossunternehmen geeignet.

Die Nutzung des Mediums wird durch eine Transformation der Gemeinschaften begleitet: Während in der Wissens-, der Absichts- und der Vereinbarungsphase im Sinne eines „offenen Mediums" von einer Interessen- bzw. konkreter von einer Markt- oder Transaktionsgemeinschaft [vgl. Lechner et al. 1998, S. 207 ff.] gesprochen werden kann, erfolgt durch die mit der Projektdurchführung einsetzende „Geschlossenheit" eine Mutation zu einer Projektgemeinschaft. Das Nutzungskonzept der beschriebenen Plattform sieht eine langfristige Verfügbarkeit des im Medium kodifizierten Wissens auch über das Projektende hinaus vor.

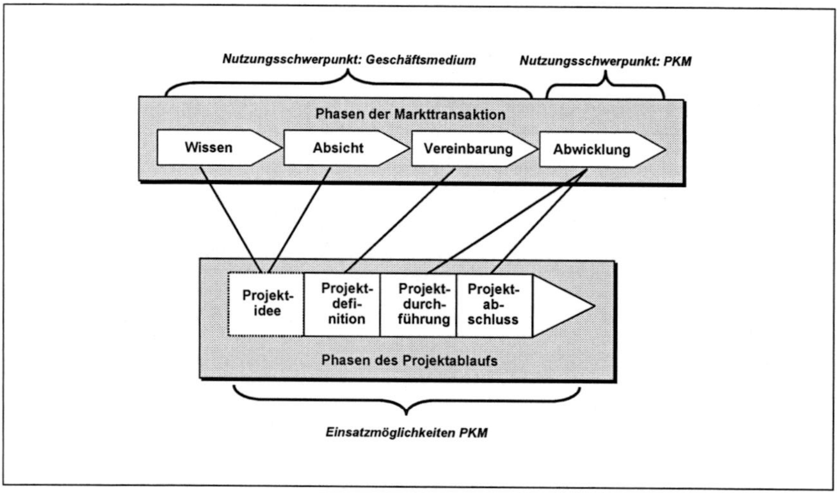

Abb. 4-21: Projektablauf im Phasenmodell für Markttransaktionen am Beispiel der InformationObjects-Plattform

[550] Bei der Konzeption wurden auch die in Kapitel 4.6.1-4.6.5 vorgestellten Dienste des Bausteinkonzeptes des Autors dieser Arbeit berücksichtigt, was als weiterer Beleg für deren Anwendbarkeit interpretiert werden kann. Die beschriebene Plattform befindet sich derzeit noch in der softwaretechnischen Implementierung, so dass an dieser Stelle keine Ausführungen über die bei der Nutzung gewonnenen Erfahrungen gemacht werden können.

Zusammenfassung

Das Projektwissensmanagement gestaltet sich im Fall der beschriebenen Virtualisierung von Projektteams mit zusätzlicher Komplexität. Von primärer Bedeutung ist dabei, neben der im Zusammenhang mit der Kurzfristigkeit und Verteiltheit auftretenden Vertrauensproblematik, die Beschränkung der Kommunikation auf die Nutzung von IKT.

Die Einbeziehung von Wissen der beteiligten Partner zur Wissensidentifikation und -evaluation dürfte sich infolge der Verteiltheit erheblich schwieriger gestalten. Die gesamthafte Allokation von im Projektverlauf gewonnenem Wissen wird insbesondere beim Zugriff auf „fremdes" Wissen bei stark modularen Arbeitspaketen erschwert. Die Möglichkeit der Beteiligten, „neues" Wissen zu erwerben, wird potenziell durch die gegenseitige Befürchtung des Missbrauchs in Analogie zu den in Kapitel 3.4.4 genannten Barrieren zwischen Abteilungen, Bereichen oder Niederlassungen determiniert.

Der Begriff der Virtualität führt – reflektiert benutzt – in diesem Kontext zu der Erkenntnis,[551] dass die Projektorganisation eine mögliche Form für die Umsetzung eines virtuellen Unternehmens bietet, da sie über geeignete strukturelle Eigenschaften verfügt, um die geforderte Flexibilität zu verwirklichen.

Die Projektabwicklung durch virtuelle Projektteams dürfte – insbesondere für Projekttypen, bei denen das für ihre Realisierung notwendige Wissen relativ gut kodifizierbar ist – infolge der immer höheren Bandbreiten, der Senkung der Telekommunikationskosten und der immer leistungsfähigeren Kommunikations- und Kooperationssysteme zunehmen. Für Projekte, die einen nicht geringen Anteil an implizitem Wissen (wie z. B. strategische Beratungsprojekte) zum Gegenstand haben und einer intensiven Interaktion der beteiligten Partner untereinander bedürfen, d. h. deren Regelkommunikation eine grosse Anzahl Schnittstellen aufweist, ist zu erwarten, dass solche rein „virtuelle" Formen eine untergeordnete Bedeutung besitzen werden, da für den Wissensaustausch ein relativ hohes Mass an persönlicher Face-to-Face-Interaktion notwendig ist [vgl. Hansen et al. 1999, S. 108 ff.].

Plattformen wie InformationObjects haben für die Projektabwicklung ihren Vorteil insbesondere im Rahmen der Markttransaktionen. In der Abwicklungsphase können sie in ihrer Rolle als Trusted Intermediary als Diensteerbringer im Sinne eines Projektwissensmediums für bestimmte Projekttypen, wie beispielsweise für Softwareentwicklungsprojekte als medienbasierte Substitution physischer Nähe sinnvoll eingesetzt werden.

---

[551] Wüthrich und Philipp versuchen die Projektorganisation durch die Kriterien „auf bestimmte Aufgabenbereiche (Branchen/Marktkonstellationen) beschränkt" und „kein strategisches Unternehmensführungskonzept" von virtuellen Unternehmen abzugrenzen [Wüthrich/Philipp 1998, S. 266]. Diese Abgrenzung erscheint jedoch – angewendet auf oben aufgeführte Eigenschaften der virtuellen Unternehmen und die in Kapitel 2.1.1 bzw. Kapitel 2.1.3 aufgeführte Definition von Projekt und Projektorganisation und damit der Tatsache, dass Projekte sich unter anderem durch Einmaligkeit des durchzuführenden Vorhabens und Interdisziplinarität auszeichnen – unscharf.

5 Fazit und Ausblick

In diesem Kapitel wird eine abschliessende Betrachtung der Arbeit vorgenommen. Dazu wird zunächst ein resümierendes Fazit gezogen (Kapitel 5.1). Nachfolgend werden die wesentlichen Ergebnisse der Dissertation in pointierter Form zusammenfassend dargestellt (Kapitel 5.2). Die Arbeit schliesst mit einem Ausblick auf offene Fragestellungen (Kapitel 5.3).

5.1 Schlussbetrachtung

Vor dem Hintergrund zunehmender Projektorientierung und einer wachsenden Bedeutung der Ressource Wissen sind die Inhalte dieser Arbeit von hochgradiger Relevanz. Die vorliegende Dissertationsschrift, die sich gleichermassen an Praktiker und Wissenschaftler richtet, dokumentiert einen Forschungsprozess zur Betrachtung der Projektabwicklung aus Wissensperspektive und propagiert dabei die Notwendigkeit eines Projektwissensmanagements.

Dazu wurde das Projektwissensmanagement als eigenständiges Forschungsfeld motiviert. Darauf aufbauend wurde die relevante Theorie erörtert und anhand dreier Gestaltungsdimensionen in einen gemeinsamen Kontext gestellt. Die Arbeit leistet einen Beitrag zur empirischen Durchdringung des Phänomens „Wissen" im speziellen Kontext der Projektabwicklung unter Betonung der Erfordernis einer ganzheitlichen Betrachtung des Wissensmanagements und einer systemtheoretischen Perspektive auf die Projektarbeit der Unternehmen.

Anhand der relevanten Literatur, Fallbeispielen und Fallstudien konnten mittels eines pragmatischen Desk und Field bzw. Action Research-Ansatzes im Rahmen der Ist-Analyse der aktuelle Status bezüglich des Wissensmanagements im Projektkontext aufgezeigt und mögliche Handlungsfelder als komplexe und interdependente Determinanten synthetisiert werden.

Die Potenziale, die das Wissensmanagement projektorientierten Unternehmen wahrzunehmen eröffnet, werden in der Praxis noch nicht erschöpfend genutzt, wie die in der Field Research eingesehenen und in der Arbeit in Teilen dokumentierten Rollenmodelle, Methodenhandbücher, Vorgehensweisen zur Erfahrungssicherung und die in der Diskussion mit Betroffenen gewonnenen Aussagen anschaulich belegen können. Hier herrscht regelmässig eine Diskrepanz zwischen bestenfalls existierenden offiziellen Handlungstheorien und den Gebrauchstheorien.

Die Inhalte der Arbeit sollen die zur Ausschöpfung dieser Potenziale notwendigen Umdenkprozesse initiieren helfen und für mögliche Problembereiche sensibilisieren. Das dazu propagierte Vorgehen erfordert eine Erweiterung des traditionell projektmanagementorientierten Verständnisses von Projektarbeit als Optimierungsproblem von Zeiten, Kosten und Ressourcen in Richtung einer systemorientierten Betrachtungsweise, bei der der gestiegenen Bedeutung von Wissen als zentraler Ressource Rechnung getragen wird. Die vorgeschlagenen Interventionsansätze zeigen mögliche Lösungswege zur Potenzialerschliessung auf.

Die Ausführungen reflektieren dabei zu einem grossen Teil in der Praxis gewonnene Einsichten. In Anbetracht der im Schnittmengenbereich von Wissensmanagement und Projektabwicklung nur dürftigen Literaturbasis kommt diesen Einsichten und Erfahrungen eine erhebliche Bedeutung in Bezug auf eine Vorstrukturierung der theoretisch vorgenommenen Integration der separaten Forschungsdisziplinen Projektmanagement und Wissensmanagement/organisationales Lernen zu. Die Erkenntnisse aus der Field Research sind in den vier im Anhang aufgeführten Fallstudien – die einen integralen und wesentlichen Bestandteil der Arbeit darstellen – dokumentiert sowie in Form von eingeschobenen Fallbeispielen in den Hauptteil integriert.

5.2 Zusammenfassung

Die in den einzelnen Kapiteln gewonnenen zentralen Ergebnisse der Arbeit werden in den folgenden Abschnitten zusammengefasst.

Vor dem Hintergrund der im ersten Kapitel nachgewiesenen Relevanz der Thematik wurden in Kapitel 2 die Grundlagen für eine anwendungsfallbezogene Betrachtung des Wissensmanagements durch die Einnahme einer zusammenführenden Perspektive auf die Bereiche Projektabwicklung und Wissensmanagement gelegt und im Ergebnis die Bildung eines theoretischen Bezugsrahmens zur Einordnung empirisch gewonnener Erkenntnisse vorgenommen. Dabei ist die Frage beantwortet worden, warum Projekte als Orte des Lernens gesehen werden können.

Im nachfolgenden dritten Kapitel wurden darauf aufbauend die aus der Field Research in der Ist-Analyse zum Projektwissensmanagement gewonnenen Erkenntnisse vorgestellt und anhand eines Determinantenrasters systematisiert. Abb. 3-9 in Kapitel 3.8 stellt die identifizierten Determinanten und den dadurch aufgespannten ganzheitlichen Rahmen übersichtlich dar. Die Determinanten bieten dem Praktiker im Sinne einer „Checkliste“ einen Analyserahmen und damit die Möglichkeit zur Identifikation von Defiziten und daraus ableitbaren Handlungsfeldern im eigenen Unternehmen. In der Determinantenkategorie *Organisation* wurden Einordnungsmöglichkeiten der Projektorganisation in das Unternehmen unter Bewertung ihrer Vor- und Nachteile aus Wissensperspektive diskutiert. In der Kategorie *Kultur* konnten anschliessend drei Arten des Vertrauens synthetisiert werden. Darauf folgend sind im Rahmen des *Lernens* organisationale Lernprozesse, die auf dem Lernen durch bzw. aus Erfahrungen basieren, problematisiert worden. Ein Schema für die Einordnung von Projekten bezüglich ihrer Wissensstrategien wurde in der Kategorie *Projektmethodik* entwickelt. Anforderungen an Projektwissensmedien aus Sicht der Softwareentwicklung in der Projektabwicklung der letzten Dekaden konnten in der Kategorie *IKT* abgeleitet werden.

Ausgehend von den Determinantenkategorien hatte Kapitel 4 die Erarbeitung von Empfehlungen für konkrete gestalterische Massnahmen mit dem Ziel einer verbesserten Nutzung der Potenziale des Projektwissensmanagements unter Akzentuierung von Aspekten der Organisation und der IKT zum Gegenstand. Dazu wurde zunächst in Kapitel 4.1 das Konzept der Projektwissensbasis eingeführt und danach wurden drei Arten des Projektwissens zur theoretischen Strukturierung des im Projektkontext relevanten Wissens differenziert. Im Rahmen der *organisationalen Massnahmen* fand dann die Konzipierung und Bewertung organisatorischer Interventionsansätze anhand grundsätzlicher aufbauorganisatorischer Gestaltungsmassnahmen, der wissensmanagementgerechten Anpassung projektbezogener Rollenbeschreibungen und der gezielten Nutzung des Projektmarketings als Instrument des Wissensmanagements statt. Im Anschluss daran wurden im Gestaltungsfeld *Kultur* sechs Triebkräfte des Vertrauens identifiziert und Möglichkeiten diskutiert, wie sich Vertrauen durch die alleinige Nutzung von IKT erzeugen lässt. Die Bewertung darstellungs- und prozessdominanter Instrumente des Erfahrungslernens und eine Identifikation relevanter Prozesse konnte im Bereich *Lernen* vorgenommen werden. Damit verbunden war die Diskussion von Möglichkeiten zur Verortung von Lernprozessen in Projektphasen und die Eruierung von Wegen zur Durchführung von Erfahrungssicherungsprozessen mit dem Ziel, eine permanente projektzentrierte Erfahrungssicherung vorzunehmen. In der Kategorie *Projektmethodik* wurden daraufhin Gestaltungshinweise zur Anpassung der Projektmethodik durch die Integration von Lern- und Wissenszielen in eine Gate-Systematik vorgestellt. Durch Umsetzung bzw. Berücksichtigung der in den vorangegangenen Teilen der Arbeit ausgearbeiteten und beschriebenen Lösungen konnten aus Perspektive der *IKT* Bausteine eines PKM konzipiert werden (vgl. Abb. 4-17). Dabei fanden sowohl relevante Funktionalitäten aus den bereits verfügbaren Projektmanagementinformationssystemen Berücksichtigung als auch die durch das Wissensmanagement aufkommenden neueren Ansätze, die detailliert erörtert wurden. Der im Rahmen eines abschliessenden Exkurses in Kapitel 4.7 aufgegebene intraorganisationale Blickwinkel der Arbeit ermöglichte die Problematisierung von Aspekten der zunehmenden Virtualisierung und eine Diskussion möglicher Lösungsansätze.

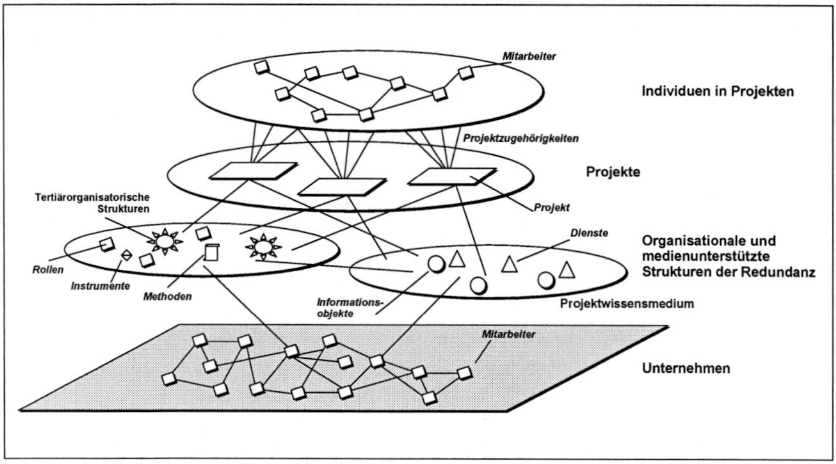

Abb. 5-1: Organisationale und mediengestützte Interventionsansätze im Kontext projektorientierter Organisationsstrukturen

Abb. 5-1 skizziert vereinfachend die in der Arbeit propagierten *organisationalen* und *medienbasierten* Massnahmen aus systemischer Perspektive: Sie können dazu beitragen, die von Nonaka geforderte Redundanz von Informationen bzw. Wissen zu erzeugen, da sie eine langfristig orientierte Zwischenschicht zwischen den per Definition nur temporär ausgelegten Projekten und dem Unternehmen konstituieren. Die Massnahmen können damit einen Beitrag zur dauerhaften Sicherung von Wissen aus Projekten in der organisatorischen Wissensbasis leisten und stellen eine konkrete Ausformulierung der von Nonaka im Konzept der Hypertextorganisation geforderten „Wissensbasisebene" dar (vgl. Kapitel 4.2.1). Auf Projektebene interagieren die aus dem Unternehmen herausgelösten Mitarbeiter in Projektgemeinschaften als auf das Medium zugreifende Agenten. Dieses duale Massnahmenbündel unterstützt sowohl implizites Wissen als auch explizites[552] und hilft, beide Wissensarten an das Unternehmen zu binden, indem versucht wird, implizites Wissen (z. B. im Bereich der Erfahrungssicherung) zu explizieren und explizites Wissen in der organisatorischen Wissensbasis zu verankern. Auf organisationaler Seite erfolgt dies durch die vorgestellten Rollenbeschreibungen (z. B. Projektwissensmakler), Instrumente (z. B. Mikroartikel), Methoden (z. B. wissensorientierte Phasenmodelle oder die Verankerung entsprechender Regelungen in Projektleitfäden) und tertiärorganisatorische Strukturen (z. B. interne Kompetenzzentren). Auf Seite des Projektwissensmediums wird dies durch ein integriertes Netzwerk aus entsprechenden Diensten und über das Kanalsystem verbundenen Informationsobjekten, mit denen die Individuen als Agenten interagieren, operationalisierend unterstützt. Die vorgestellten vertrauensbildenden Massnahmen bieten den notwendigen flankierenden Rahmen. Die beschriebenen Gestaltungsempfehlungen, die sich in Teilen bereits im Rahmen der Massnahmenumsetzung der Aktionsforschung in der unternehmerischen Praxis bewähren konnten, verstehen sich als „Knowledge Enablers", die dazu beitragen sollen, das Management des organisationalen Wissens im Projektkontext nicht zufallsgetrieben und unsystematisch, sondern bewusst und zielgetrieben durchzuführen [vgl. Ichijo et al. 1998, S. 197].

Im Anhang sind die vier Fallstudien aufgeführt. Sie dienen der Dokumentation des Aktionsforschungsteils der Arbeit und geben Auskunft über die gewonnenen Eindrücke bezüglich des Ist-Zustands des Projektwissensmanagements in der Praxis. Dabei werden die Hintergründe der im dritten Kapitel dargestellten induktiv gewonnenen Aussagen anhand von Praxisszenarien unterschiedlicher Branchen beschrieben. Gleichzeitig wird ein Überblick über mögliche Handlungsspielräume in Form von vorgeschlagenen und zum Teil umgesetzten Interventionsmöglichkeiten gegeben.

5.3 Ausblick

Diese Arbeit stellt eine Verknüpfung zwischen organisationalen Interventionsansätzen und Gestaltungsempfehlungen her, die auf den Möglichkeiten und Potenzialen der neuen Medien beruhen, was sich in der Praxis in einem steten Austarierungsbedarf der Massnahmenschwerpunkte Organisation und IKT niederschlägt und in Kapitel 4.7 anhand der Virtualisierung für einen Extremfall explizit problematisiert wurde. Aus die-

---

[552] Vgl. die von Holtshouse in Kapitel 1.2 wiedergegebenen Forderungen für im Bereich Wissensmanagement durchzuführende Forschungsarbeiten.

sem Kontext heraus ergeben sich für zukünftige Forschungsarbeiten eine Reihe offener Fragen, die sich dem Autor im Laufe der Erstellung der Arbeit erschlossen haben. Ihre Abhandlung würde den Rahmen dieser Arbeit übersteigen, dennoch sollen sie nicht unerwähnt bleiben. Sie lassen sich aufgrund ihrer Schwerpunkte in organisatorisch-betriebswirtschaftliche und IKT-basierte Fragestellungen untergliedern und werden in den folgenden Abschnitten im Sinne eines Ausblicks vorgestellt.

Organisatorisch-betriebswirtschaftliche Forschungsbedarfe

Aufbauend auf den im vierten Kapitel unterbreiteten Gestaltungsempfehlungen für das Projektwissensmanagement motiviert sich die Entwicklung einer umfassenden Methodik im Sinne eines Leitfadens zur Umsetzung von das Projektwissensmanagement verbessernden Massnahmen für die Praxis. Ein besonders praxisrelevanter Baustein eines solchen Leitfadens kann ein auf den in Kapitel 3 aufgezeigten Determinanten basierendes Quantifizierungsschema zur Durchführung unternehmensübergreifender und -interner Benchmarkings zur Ist-Analyse darstellen.

Bei den Ausführungen im vierten Kapitel wurde ein präskriptiver Ansatz unterstellt: Die alleinige Bereitstellung der neuen Medien und zugehörigen Dienste (vgl. Kapitel 3.7.5), die Definition der entsprechenden Rollen oder die Umsetzung organisationaler Massnahmen in den offiziellen Handlungstheorien führt nicht automatisch zur verbesserten Wahrnehmung bisher ungenutzter Potenziale der Ressource Wissen.[553] Es gilt, die Bildung entsprechender wissensfreundlicher Kulturen gezielt zu fördern. Die praxisbezogene Erforschung möglicher Wege dahin bietet nach Meinung des Autors noch ausreichend Raum für weitere Arbeiten. Die beschriebene Schaffung von Vertrauen ist ein notwendiger, aber nicht hinreichender Baustein dazu. Dabei ist tiefer zu ergründen, wie man Individuen dahingehend motivieren kann, ihr Wissen von sich aus zu teilen. Eine Möglichkeit, die Bildung solcher Kulturen zu fördern, stellen Anreizsysteme[554] dar.

Die Empfehlungen bezüglich der in Kapitel 4.2.2 vorgestellten Rollenbeschreibungen bieten die Möglichkeit einer weitergehenden operationalisierenden Ausformulierung, indem ihre Parametrisierbarkeit untersucht wird. Erste Ansatzpunkte könnten die Unternehmensgrösse, die zugrunde liegende Aufbauorganisation und die dominierenden Projekttypen darstellen.

IKT-basierte Forschungsbedarfe

Im Bereich der Wissensbewertung existieren mittlerweile Ansätze zur Messung von Wissen – vielzitiertes Beispiel ist die Wissensbilanz des Versicherungsdienstleisters Skandia [vgl. Miles et al. 1998, S. 283 f.]. Übertragen auf den Bereich der IKT stellt sich die Frage einer Unterstützung der Wissensbewertung durch in Wissensmedien zu verortende Dienste. Eine Möglichkeit dazu stellt die Messung von Zugriffen auf Informationsobjekte (bezüglich Nutzer, Häufigkeiten und Dauern) dar. Dazu bestehende

---

[553] Vgl. zur Illustration das Fallbeispiel der niederländischen Bank in Kapitel 4.6.2.

[554] Für weiterführende Literaturhinweise vgl. Kapitel 3.4.2.

Lösungen sind relativ leicht manipulierbar und sagen noch nichts über die Qualität des Zugriffs aus – hier sind leistungsstärkere Konzepte gefordert.

Der nächste Schritt im Aktionsforschungsprozess ist die gesamtheitliche Umsetzung des beschriebenen Projektwissensmediums in einer Praxisumgebung, um das Konzept zu verifizieren und den Anforderungen der Praxis entsprechend anzupassen. Dazu sind die mit der derzeit[555] in Umsetzung befindlichen InformationObjects-Plattform zu sammelnden sowie die mit Teilmodulen wie dem Lessons Learned-Frontend bereits gewonnenen Erfahrungen einzubeziehen.

Insbesondere die Umsetzung der in der Arbeit vorgestellten generischen Dienste bietet hohes Potenzial für neue Realisierungsmöglichkeiten, um die geforderten kontextschaffenden, komplexitäts- und dynamikabbildenden Eigenschaften von Projektwissensmedien so intuitiv wie möglich implementieren zu können. Bisherige Umsetzungen einzelner Dienste basieren häufig auf zweidimensionalen, an Papierkonzepten angelehnten Bedienungsmetaphern. Interessante Ansätze in diesem Bereich stellen die Arbeiten der Knowledge Management Research Laboratories der British Telecom dar: Im „Knowledge Garden" [vgl. Crossley et al. 1998; Crossley et al. 1999] werden Projektbüros als dreidimensionale digitale Landschaften nachgebildet, durch die der Avatar als digitaler Repräsentant eines Agenten navigiert werden kann.[556] Das in Informationsobjekten kodifizierte Wissen wird durch Blätter und Zweige von Bäumen und Sträuchern repräsentiert. Je nach Aktualität der Informationsobjekte färben sich die floralen Elemente des Gartens. Die Frequenz ihrer Bewegungen im Wind ermöglicht Rückschlüsse auf die Popularität der Inhalte. Das Konzept des Knowledge Gardens befindet sich erst im Forschungsstadium und hat noch keine Marktreife erreicht, vermag aber bereits das enorme Potenzial solcher Lösungen zu illustrieren.

Im Rahmen der organisationalen Lernprozesse zur Erfahrungssicherung gilt es zu untersuchen, inwieweit sich insbesondere kollektive Team-Debriefing-Prozesse (wie z. B. die Learning Histories) weitergehend über die neuen Medien unterstützen lassen, als in dieser Arbeit erschlossen wurde. Potenzial bieten dabei insbesondere ältere Konzepte (z. B. die vorgestellten Post-Project Appraisals).

Aus der vorgenommenen historischen Betrachtung in Kapitel 3.7.1 und den im Rahmen der Arbeit in der Praxis gewonnenen Aussagen lässt sich die These ableiten, dass die Bedeutung der neuen Medien im Bereich der Projektabwicklung weiter zunehmen wird. Derzeit verhindern technische Barrieren die völlige „Virtualisierung" sämtlicher Projektteams für alle Projekttypen. Noch vorhandene Grenzen dürften sich durch die fortschreitende Konvergenz von Technologien mehr und mehr verschieben und dazu beitragen, dass heute noch nur mit grosser Mühe kodifizierbares Wissen in absehbarer Zeit in geeigneter Form durch die neuen Medien abgebildet werden kann. Sollte sich die Vision der „E-Lance-Ökonomie" von Thomas W. Malone und Robert J. Laubacher

---

[555] Stand April 2000.

[556] Dazu notwendige Basistechnologien wie beispielsweise VRML (Virtual Reality Modeling Language) sind bereits vorhanden.

als projektorientierte Arbeitsform des 21. Jahrhunderts, bei der sich ubiquitäre, wissensarbeitende E-Lancer temporär zur Durchführung von Projekten elektronisch vernetzen, bewahrheiten? Die Erfüllung dieser Vision scheint durch nahezu grenzenlos erscheinende Miniaturisierung und Integration von Technologien und immer höhere Bandbreiten aus technologischer Sicht des heute bereits Machbaren zum Greifen nahe. Die in Kapitel 4.6.5 im Bereich der Softwaretechnologien gemachten Marktbeobachtungen sind als Indikator dafür zu werten, dass sich die ganzheitlichen Konzepte der Wissensmedien durchsetzen werden. Es gilt das PKM weiterzuentwickeln und den technologisch möglichen Gegebenheiten sowie den Bedürfnissen der Agenten anzupassen – frei nach der Vision von Mark J. Stefik für das „*Next Knowledge Medium*".

Geschlossen wird mit der Forderung, derartige Visionen und die damit noch weiter zunehmende Ortsungebundenheit projektorientierter Teamarbeit in zukünftigen Studien kritisch zu hinterfragen und die mit ihrer Umsetzung einhergehenden Konsequenzen nicht nur aus Sicht des Wissensmanagements zu untersuchen, sondern auch die damit verbundenen sozialen Prozesse und Phänomene zu berücksichtigen. Als Grundlage dazu können die im Rahmen von Kapitel 4.7 gemachten Ausführungen dienen. In dieses Spannungsfeld ist auch die weitere Diskussion der alleinigen Vertrauenserzeugung und -erhaltung durch neue Medien einzuordnen. Hier bestehen grosse Lücken im Bereich der Empirie und somit Potenzial für zukünftige Forschungsarbeiten.

Alles Wissen und alle Vermehrung endet nicht mit einem Schlusspunkt, sondern mit einem Fragezeichen.

Hermann Hesse, 1877-1962, Schriftsteller

Anhang I: Verzeichnisse

I.1 Schwerpunktliteratur

Im Folgenden sind einige ausgewählte Quellen der Arbeit kommentiert aufgeführt. Es handelt sich dabei um Auszüge aus dem Literaturverzeichnis (vgl. Anhang I.2), die sich besonders gut dazu eignen, dem Leser einen vertiefenden Einblick in verschiedene thematische Schwerpunktgebiete der Dissertation zu ermöglichen.

Projektabwicklung

[Burghardt 1997]
Burghardt, M.: Projektmanagement – Leitfaden für die Planung, Steuerung und Überwachung von Entwicklungsprojekten, 4. Auflage, Publicis MCD Verlag, Erlangen, München, 1997
Umfassendes und verbreitetes deutschsprachiges Standardwerk zum Projektmanagement. Übersichtliche, projektphasenorientierte Gliederung. Als Anlage finden sich für den Praktiker nützliche Merkblätter im Sinne von Checklisten für einzelne Projektmanagementaktivitäten.

[Cleland 1994]
Cleland, D. I.: Project Management – Strategic Design and Implementation, 2. Auflage, McGraw-Hill, Inc., New York usw., 1994
US-amerikanisches Standardwerk zum Projektmanagement. Zusammenfassungen, Diskussionsleitfragen und Checklisten zum Ende eines jeden Kapitels lassen es besonders für Lehrveranstaltungen geeignet erscheinen.

[Duncan 1996]
Duncan, W. R.: A Guide to the Project Management Body of Knowledge, Project Management Institute, Upper Darby, PA, 1996
Versuch des Project Management Institutes, eine allgemein akzeptierte Kategorisierung des Projektmanagement(methoden)wissens einzuführen. Einteilung des Projektmanagements in zwölf Wissensgebiete, die jeweils durch Prozesse weiter detailliert werden.

[Gassmann 1997]
Gassmann, O.: Management transnationaler Forschungs- und Entwicklungsprojekte, Dissertation der Universität St. Gallen, St. Gallen, 1997
Die Ausführungen stellen einen Erklärungsansatz für die zunehmende Internationalisierung von F&E-Projekten dar und liefern Gestaltungskonzepte für das Management solcher Projekte anhand der drei Gestaltungsfelder Prozess, Technologie und Mensch. Die auf einer Untersuchung von 24 multinationalen Unternehmen basierenden Ausführungen werden durch drei Fallstudien und zahlreiche Fallbeispiele illustriert.

[Haberfellner et al. 1999]
Haberfellner, R.; Nagel, P.; Becker, M.; Büchel, A.; von Massow, H.: Systems Engineering – Methoden und Praxis, 10. Auflage, Verlag Industrielle Organisation, Zürich, 1999
Standardwerk zum Systems Engineering, bei dem im dritten Teil auf Projekte und Projektmanagement aus Sicht der Systemtheorie eingegangen wird. Dabei werden auch psychologische Aspekte der Projektarbeit reflektiert. Im Anhang findet sich ein umfangreiches Glossar, das auch Tools und Techniken des Projektmanagements beinhaltet.

[Patzak/Rattay 1998]
Patzak, G.; Rattay, G.: Projekt-Management, 3. Auflage, Linde Verlag AG, Wien, 1998
Umfassendes Standardwerk zum Projektmanagement als ganzheitliches systemorientiertes Managementkonzept. Das Werk zeichnet sich durch seine gute Lesbarkeit aus. Im Anhang stehen eine Reihe von Fallbeispielen mit Formulardesigns für die Unterstützung verschiedenster Projektarten bereit.

Wissensmanagement

[Lullies et al. 1993]
Lullies, V.; Bollinger, H.; Weltz, F.: Wissenslogistik – Über den betrieblichen Umgang mit Wissen bei Entwicklungsvorhaben, Campus Verlag GmbH, Frankfurt/Main, New York, 1993
Erforschung von Aspekten und Problemen des unternehmensinternen Wissenstransfers am Beispiel von Produktentwicklungsprojekten aus politisch-/organisatorischer Perspektive. Die Ausführungen basieren auf einer Untersuchung von 24 Entwicklungsprojekten in siebzehn Unternehmen. Die Autoren identifizieren strukturelle, prozedurale und politische Barrieren des Wissenstransfers. Weiterhin schlagen sie Gestaltungsempfehlungen zur Verbesserung der Entwicklungsleistung von Unternehmen durch Optimierung der Dimensionen Zeit, Raum und Organisation vor.

[Nonaka/Takeuchi 1995]
Nonaka, I.; Takeuchi, H.: The Knowledge-Creating Company – How Japanese Companies Create the Dynamics of Innovation, Oxford University Press, New York, Oxford, 1995
Vielzitiertes Standardwerk zum Wissensmanagement. Die Autoren entwickeln eine Theorie der organisationalen Wissensgenerierung und versuchen den Innovationserfolg japanischer Unternehmen zu erklären. Vorstellung eines wissensorientierten Managementmodells, das Elemente japanischer und westlicher Managementpraktiken zusammenführt. Die Ausführungen werden anhand einer Reihe von Fallbeispielen überwiegend japanischer Unternehmen illustriert.

[North 1999]
North, K.: Wissensorientierte Unternehmensführung – Wertschöpfung durch Wissen, 2. Auflage, Verlag Dr. Th. Gabler GmbH, Wiesbaden, 1999
Schwerpunkt des Werkes liegt auf der Darstellung der relevanten Aspekte einer wissensorientierten Unternehmensführung. Ferner werden Implementierungsansätze für das Wissensmanagement aufgezeigt. Die Ausführungen sind mit Praxisbeispielen unterlegt.

[Polanyi 1997]
Polanyi, M.: The Tacit Dimension, in: Prusak, L. (Hrsg.): Knowledge in Organizations, Butterworth-Heinemann, Boston usw., 1997, S. 135-146
Nachdruck des 1966 erschienenen Aufsatzes über das Phänomen des impliziten Wissens aus philosophischer Perspektive.

[Probst et al. 1999]
Probst, G.; Raub, S.; Romhardt, K.: Wissen managen – Wie Unternehmen ihre wertvollste Ressource optimal nutzen, 3. Auflage, Verlag Dr. Th. Gabler GmbH, Wiesbaden, 1999
Deutschsprachiges Standardwerk zum Wissensmanagement. Die Autoren beschreiben anhand zahlreicher Beispiele aus der Unternehmenspraxis eine in acht Bausteine gegliederte pragmatische Herangehensweise an die „Herausforderung Wissensmanagement".

[Ryle 1949]
Ryle, G.: The Concept of Mind, Hutchinson, London usw., 1949
Philosophische Überlegungen über die Theorie von Geist und Seele. Im Kontext des Wissensmanagements sind dabei insbesondere die Ausführungen zur Einteilung von Wissen in Tatsachen- und Faktenwissen von hoher Relevanz und Akzeptanz.

[Schüppel 1996]
Schüppel, J.: Wissensmanagement – Organisatorisches Lernen im Spannungsfeld von Wissens- und Lernbarrieren, Dissertation der Universität St. Gallen, St. Gallen, 1996
Erarbeitung eines integrierten Modells organisationalen Lernens. Identifikation und Systematisierung politisch-kultureller sowie struktureller Wissens- und Lernbarrieren. Entwicklung von Gestaltungsmassnahmen zum Wissensmanagement anhand von vier Dimensionspaaren des Wissensmanagements.

[Willke 1998b]
Willke, H.: Systemisches Wissensmanagement, Lucius & Lucius Verlagsgesellschaft mbH, Stuttgart, 1998
Die Ausführungen des Soziologen über das Wissensmanagement als systemische Herausforderung an die Unternehmen und die Transformation der heutigen Gesellschaft zu einer Wissensgesellschaft werden anhand von acht Fallstudien aus der Unternehmenspraxis illustriert.

Organisationales Lernen

[Argyris 1992]
Argyris, C.: On Organizational Learning, Blackwell Publishers, Cambridge, Oxford, 1992
Aufsatzsammlung von Chris Argyris, die auf der Prämisse beruht, dass organisationales Lernen eine wünschenswerte Kompetenz eines Unternehmens darstellt. Der Autor diskutiert Barrieren organisationalen Lernens sowie Möglichkeiten Human Resource-orientierter Intervention zur Reduzierung solcher Barrieren.

[Argyris/Schön 1978]
Argyris, C.; Schön, D. A.: Organizational Learning: A Theory of Action Perspective, Addison-Wesley Publishing Company, Reading usw., 1978
Grundlagenwerk zum organisationalen Lernen. Die Autoren stellen das auf sie zurückgehende Konzept der Handlungstheorien sowie die Konzepte des Anpassungs- und Veränderungslernens vor. Im Weiteren werden darauf aufbauende Möglichkeiten zur Intervention diskutiert.

[Oberschulte 1994]
Oberschulte, H.: Organisatorische Intelligenz – Ein integrativer Ansatz des organisatorischen Lernens, Karl Hampp Verlag, München, 1994
Abbildung der Phänomene des organisationalen Lernens über einen systemtheoretischen Ansatz. Herausarbeitung einer Grundkonzeption für ein System organisatorischer Intelligenz und Analyse der zugehörigen Lernprozesse.

[Probst/Büchel 1998]
Probst, G. J. B.; Büchel, B. S. T.: Organisationales Lernen – Wettbewerbsvorteil der Zukunft, 2., aktualisierte Auflage, Verlag Dr. Th. Gabler GmbH, Wiesbaden, 1998
Erörterung relevanter Grundlagen zur Thematik des organisationalen Lernens: Formen, Träger und Lernhindernisse. Zur Förderung organisationalen Lernens werden Instrumente, Werkzeuge und Methoden vorgestellt. Die Ausführungen werden durch Fallbeispiele aus der Unternehmenspraxis illustriert.

[Senge 1990a]
Senge, P. M.: The Fifth Discipline: The Art and Practice of the Learning Organization, Doubleday Currency, New York usw., 1990
Theorie des organisationalen Lernens im Kontext des Systemdenkens, der so genannten „fünften Disziplin". Diese bildet nach den Ausführungen des Autors neben den vier Kerndisziplinen „Personal Mastery", mentalen Modellen, einer gemeinsamen Vision und Teamlernen einen Eckpfeiler der lernenden Organisation.

[Wiegand 1996]
Wiegand, M.: Prozesse Organisationalen Lernens, Verlag Dr. Th. Gabler GmbH, Wiesbaden, 1996
Umfassende theoretische Auseinandersetzung mit den verschiedensten verhaltenswissenschaftlichen und organisationstheoretischen Konzepten des organisationalen Lernens.

Neue Medien

[Schmid 1997b]
Schmid, B. F.: The Concept of Media, in: Proceedings of the Fourth Research Symposium on Electronic Markets: Negotiation and Settlement in Electronic Markets, Euridis Conference, 22.-23. September 1997, Maastricht, 1997
Vorstellung eines durch Rollen, Protokolle, Agenten und Kanäle konstituierten Medienmodells. Medien lassen sich dabei als Räume für Multiagentensysteme modellieren.

[Stefik 1988]
Stefik, M. J.: The Next Knowledge Medium, in: The Ecology of Computation, Elsevier Science Publishers B. V., North Holland – Amsterdam usw., 1988, S. 315-342
Ausgehend von Prozessen des Wandels von Kulturen der letzten Jahrtausende, die Analogien und Metaphern für das Vorhersagen der Zukunft liefern, wird die Vision eines interaktiven Wissensmediums beschrieben.

Communities of Practice

[Brown/Duguid 1991]
Brown, J. S.; Duguid, P.: Organizational Learning and Communities-of-Practice: Toward a Unified View of Working, Learning, and Innovation, in: Organization Science, Volume 2, Number 1, February 1991, The Institute of Management Sciences, Providence, RI, 1991, S. 40-57
Unter Einnahme der Perspektive, dass Lernen die Brücke zwischen Arbeit und Innovation bildet, beschreiben die Autoren Charakteristika und Rolle von Communities of Practice für die Organisationen als Kollektiv von Gemeinschaften.

[Wenger/Snyder 2000]
Wenger, E. C.; Snyder, W. M.: Communities of Practice: The Organizational Frontier, in: Harvard Business Review, Januar-Februar 2000, Number 1, Boston, 2000, S. 139-145
Communities of Practice werden als neue Organisationsform für wissensorientierte Unternehmen propagiert. Das Konzept der Communities of Practice wird vorgestellt und anhand von Beispielen illustriert.

Rolle des Chief Knowledge Officers

[Earl/Scott 1999]
Earl, M. J.; Scott, I. A.: What is a Chief Knowledge Officer?, in: Sloan Management Review, Winter 1999, Volume 40, Number 2, Sloan Management Review Association, Cambridge, 1999, S. 29-38
Analyse des Aufgabenfeldes eines Chief Knowledge Officers basierend auf den Ergebnissen einer empirischen Studie, bei der 20 Chief Knowledge Officers in Nordamerika und Europa über ihre Aufgaben befragt wurden.

Vertrauen

[Ishaya/Macaulay 1999]
Ishaya, T.; Macaulay, L.: The Role of Trust in Virtual Teams, in: Sieber, P.; Griese, J. (Hrsg.): Organizational Virtualness and Electronic Commerce, Proceedings of the 2nd International VoNet Workshop, Zurich, September 23-24, 1999, Simowa Verlag, Bern, 1999, S. 140-157
Diskussion von Aspekten des Vertrauens im Kontext virtueller Teams. Dazu wird ein Modell zur Bildung und Erhaltung von Vertrauen in virtuellen Teams herausgearbeitet. Anhand von fünf Dimensionen des Vertrauens werden Bausteine „virtuellen Vertrauens" im Sinne von individuellen Wertehaltungen identifiziert.

[Lewicki/Bunker 1996]
Lewicki, R. J.; Bunker, B. B.: Developing and Maintaining Trust in Work Relationships, in: Kramer, R. M.; Tyler, T. R. (Hrsg.): Trust in Organizations: Frontiers of Theory and Research, Sage Publications, Inc., Thousand Oaks, 1996, S. 114-139
Diskussion von drei Arten des Vertrauens für Geschäftsbeziehungen. Vorstellung eines Modells, das diese drei Arten aufeinander aufbauend in Beziehung setzt.

[Meyerson et al. 1996]
Meyerson, D.; Weick, K. E.; Kramer, R. M.: Swift Trust and Temporary Groups, in: Kramer, R. M.; Tyler, T. R. (Hrsg.): Trust in Organizations: Frontiers of Theory and Research, Sage Publications, Inc., Thousand Oaks, 1996, S. 166-195
Konzept des „swift trust" als kognitiv- und handlungsorientierte Form des Vertrauens insbesondere für kurzfristige Systembeziehungen.

Virtuelle Unternehmen

[Arnold/Härtling 1995]
Arnold, O.; Härtling, M.: Virtuelle Unternehmen: Begriffsbildung und Diskussion, Arbeitspapier der Reihe „Informations- und Kommunikationssysteme als Gestaltungselement virtueller Unternehmen", Nr. 3/1995, Bern usw., 1995
Ausführliche begriffliche Auseinandersetzung mit dem Virtualitätsbegriff. Erarbeitung eines virtuellen Unternehmensbegriffs basierend auf einer Analyse bestehender Interpretationen.

[Davidow/Malone 1992]
Davidow, W. H.; Malone, M. S.: The Virtual Corporation – Structuring and Revitalizing the Corporation for the 21st Century, HarperCollins Publishers, New York, 1992
Standardwerk im Bereich der „Virtualität". Die Autoren setzen sich in ihren Ausführungen in visionärer Art und Weise mit virtuellen Unternehmen und Produkten auseinander.

I.2 Literatur

[Aggteleky/Bajna 1992]
Aggteleky, B.; Bajna, N.: Projektplanung, Carl Hanser Verlag, München, Wien, 1992

[Anderson/Larsson 1998]
Anderson, H.; Larsson, A.: Projects as an Arena for Innovation – Images of Projects and their Implications, in: Lundin, R. A.; Midler, C. (Hrsg.): Projects as Arenas for Renewal and Learning Processes, Kluwer Academic Publishers, Boston usw., 1998, S. 145-156

[Anell 1998]
Anell, B.: Patterns of Success and Failure in Renewal Projects – A Study of Eight Projects for Developing a Learning Organisation, in: Lundin, R. A.; Midler, C. (Hrsg.): Projects as Arenas for Renewal and Learning Processes, Kluwer Academic Publishers, Boston usw., 1998, S. 99-113

[Arbnor/Bjerke 1997]
Arbnor, I.; Bjerke, B.: Methodology for Creating Business Knowledge, Sage Publications, Thousand Oaks usw., 1997

[Argyris 1992]
Argyris, C.: On Organizational Learning, Blackwell Publishers, Cambridge, Oxford, 1992

[Argyris 1994]
Argyris, C.: Good Communication that Blocks Learning, in: Harvard Business Review, July-August 1994, Number 4, Boston, 1994, S. 77-85

[Argyris 1999]
Argyris, C.: On Organizational Learning, 2. Auflage, Blackwell Publishers, Cambridge, Oxford, 1999

[Argyris/Schön 1978]
Argyris, C.; Schön, D. A.: Organizational Learning: A Theory of Action Perspective, Addison-Wesley Publishing Company, Reading usw., 1978

[Arnold/Härtling 1995]
Arnold, O.; Härtling, M.: Virtuelle Unternehmen: Begriffsbildung und Diskussion, Arbeitspapier der Reihe „Informations- und Kommunikationssysteme als Gestaltungselement virtueller Unternehmen", Nr. 3/1995, Bern usw., 1995

[Axelrod 1984]
Axelrod, R.: The Evolution of Cooperation, Basic Books, o. O., 1984

[Ayas 1996]
Ayas, K.: Professional Project Management: A Shift towards Learning and a Knowledge Creating Structure, in: International Journal of Project Management, Volume 14, Number 3, 1996, Elsevier Science Ltd., Kidlington, Oxford, 1996, S. 131-136

[Ayas 1998]
Ayas, K.: Learning through Projects: Meeting the Implementation Challenge, in: Lundin, R. A.; Midler, C. (Hrsg.): Projects as Arenas for Renewal and Learning Processes, Kluwer Academic Publishers, Boston usw., 1998, S. 89-98

[Bair/O'Connor 1998]
Bair, J. H.; O'Connor, E.: The State of the Product in Knowledge Management, in: Journal of Knowledge Management, Volume 2, Number 2, December 1998, MCB University Press, Bradford, 1998, S. 20-27

[Balck 1996]
Balck, H.: Projektorientierung und Routinewelt im neuen Wirschafts-Leitbild, in: Balck, H. (Hrsg.): Networking und Projektorientierung, Springer-Verlag, Berlin usw., 1996, S. 3-29

[Barney 1986]
Barney, J. B.: Organizational Culture: Can It Be a Source of Sustained Competitive Advantage?, in: Academy of Management Review, Volume 11, Number 3, July 1986, University of Illinois, Mississippi State, 1986, S. 656-665

[Baubin/Wirtz 1996]
Baubin, T.; Wirtz, B. W.: Vorsprung durch Wissen – Jahrzehntelange Erfahrung bei Andersen Consulting, in: Schneider, U. (Hrsg.): Die Entwicklung des intellektuellen Kapitals, Frankfurter Allgemeine Zeitung GmbH Edition Blickbuch Wirtschaft, Frankfurt am Main, 1996, S. 133-146

[Bauer 1996]
Bauer, S.: Perspektiven der Organisationsgestaltung, in: Bullinger, H.-J.; Warnecke, H. J. (Hrsg.): Neue Organisationsformen im Unternehmen – Ein Handbuch für das moderne Management, Springer-Verlag, Berlin usw., 1996, S. 87-118

[BB-Data 1998a]
o. V.: Leitlinien, internes Dokument der BB-Data GmbH, Berlin, 1998

[BB-Data 1998b]
o. V.: Projektmethodenhandbuch (PMHB) der BB-Data, Version 1.0 vom 31. Juli 1998, internes Dokument der BB-Data GmbH, Berlin, 1998

[Behrens 1994]
Behrens, O. M.: Konzepte, Anforderungen und Lösungsmöglichkeiten für die Integration von Hypermediakonzepten in Groupwareapplikationen, Dissertation der Universität St. Gallen, St. Gallen, 1994

[Beinhauer 1999]
Beinhauer, W.: Vernetzte Markenführung statt Markenführung im Netz – Marketing im Internet, in: ECO 4/1999, Verlag Dr. Th. Gabler GmbH, Wiesbaden, 1999, S. 32-36

[Bell 1999]
Bell, D.: The Coming of Post-Industrial Society – A Venture in Social Forecasting, 3. Auflage, Basic Books, New York, 1999

[Bellamy 1996]
Bellamy, R. K. E.: Designing Educational Technology: Computer-Mediated Change, in: Nardie, B. A. (Hrsg.): Context and Consciousness – Activity Theory and Human-Computer Interaction, The MIT Press, Cambridge, London, 1996, S. 123-146

[Benner 1996]
Benner, W.: Kommunikation in Projekten – Von einseitigen zu ganzheitlichen Informations- und Kommunikationssystemen – Eine empirische Analyse im Industrieanlagenbau, Dissertation der Universität St. Gallen, St. Gallen, 1996

[Berres 1998]
Berres, W.: Knowledge Networking holt das Wissen aus den Köpfen – Steigerung von Qualität und Kundenzufriedenheit dank Knowledge Management, in: IO Management Nr. 10/1998, HandelsZeitung Fachverlag AG, Zürich, 1998, S. 58-61

[Bleicher 1995]
Bleicher, K.: Vertrauen als kritischer Faktor, in: Müller-Stewens, G.; Spickers, J. (Hrsg.): Unternehmerischen Wandel erfolgreich bewältigen: Change-Management als Herausforderung, St. Galler Executive Forum, Verlag Dr. Th. Gabler GmbH, Wiesbaden, 1995, S. 207-220

[Bleicher 1996]
Bleicher, K.: Unterwegs zur Netzwerk-Organisation, in: Balck, H. (Hrsg.): Networking und Projektorientierung, Springer-Verlag, Berlin usw., 1996, S. 59-71

[Blomquist/Packendorff 1998]
Blomquist, T.; Packendorff, J.: Learning from Renewal Projects: Content, Context and Embeddedness, in: Lundin, R. A.; Midler, C. (Hrsg.): Projects as Arenas for Renewal and Learning Processes, Kluwer Academic Publishers, Boston usw., 1998, S. 37-46

[Böhm 1999]
Böhm, I.: Mitarbeiterprofile, in: Antoni, C. H.; Sommerlatte, T. (Hrsg.): Spezialreport Wissensmanagement – Wie deutsche Firmen ihr Wissen profitabel machen, Symposium Publishing GmbH, Düsseldorf, 1999, S. 119-127

[Böhmann/Krcmar 1999]
Böhmann, T.; Krcmar, H.: Werkzeuge für das Wissensmanagement, in: Antoni, C. H.; Sommerlatte, T. (Hrsg.): Spezialreport Wissensmanagement – Wie deutsche Firmen ihr Wissen profitabel machen, Symposium Publishing GmbH, Düsseldorf, 1999, S. 82-91

[Boos/Heitger 1996]
Boos, F.; Heitger, B.: Kunst oder Technik? Der Projektmanager als sozialer Architekt, in: Balck, H. (Hrsg.): Networking und Projektorientierung, Springer-Verlag, Berlin usw., 1996, S. 165-182

[Borghoff/Pareschi 1998]
Borghoff, U. M.; Pareschi, R.: Information Technology for Knowledge Management – An Introduction, in: Borghoff, U. M.; Pareschi, R. (Hrsg.): Information Technology for Knowledge Management, Springer-Verlag, Berlin usw., 1998, S. 3-14

[Bortz/Döring 1995]
Bortz, J.; Döring, N.: Forschungsmethoden und Evaluation, 2. Auflage, Springer-Verlag, Berlin usw., 1995

[Boutellier et al. 1997]
Boutellier, R.; Baumbach, M.; Schwarz, G.: Erfolgreiche Praktiken statt „Best Practices", in: Absatzwirtschaft, 6/1997, Verlagsgruppe Handelsblatt GmbH, Düsseldorf, 1997, S. 48-53

[Boutellier et al. 1998]
Boutellier, R.; Gassmann, O.; Macho, H.; Roux, M.: Management of Dispersed Product Development Teams: The Role of Information Technologies, in: R&D Management, Number 28, Volume 1, 1998, Blackwell Publishers Ltd., Oxford, Malden, 1998, S. 13-25

[Boutellier/Gassmann 1997a]
Boutellier, R.; Gassmann, O.: Das Generationenkonzept im F&E-Projektmanagement, in: Wissenschaftsmanagement 1, Januar/Februar 1997, Verlag C. H. Beck, München, 1997, S. 34-42

[Boutellier/Gassmann 1997b]
Boutellier, R.; Gassmann, O.: Wie F&E-Projekte flexibel gemanagt werden, in: Harvard Business Manager, 4/1997, manager magazin Verlagsgesellschaft mbH, Hamburg, 1997, S. 68-76

[Boutellier/Völker 1997]
Boutellier, R.; Völker, R.: Erfolg durch innovative Produkte – Bausteine des Innovationsmanagements, Carl Hanser Verlag, München, Wien, 1997

[Bowen et al. 1994]
Bowen, H. K.; Clark, K. B.; Holloway, C. A.; Wheelwright, S. C.: The Perceptual Enterprise Machine – Seven Keys to Corporate Renewal through Successful Product and Process Development, Oxford University Press, New York usw., 1994

[Braun 1996a]
Braun, J.: Aufgaben und Ziele der Organisationsgestaltung, in: Bullinger, H.-J.; Warnecke, H. J. (Hrsg.): Neue Organisationsformen im Unternehmen – Ein Handbuch für das moderne Management, Springer-Verlag, Berlin usw., 1996, S. 7-28

[Braun 1996b]
Braun, J.: Dimensionen der Organisationsgestaltung, in: Bullinger, H.-J.; Warnecke, H. J. (Hrsg.): Neue Organisationsformen im Unternehmen – Ein Handbuch für das moderne Management, Springer-Verlag, Berlin usw., 1996, S. 65-86

[Brooks 2000]
Brooks, J.: TeamCenter Flexible But Missing Features, in: PC Week Online, January 10, 2000, aus: http://www.zdnet.com/pcweek/stories/news/0,4153,2418007,00.html, am: 13.04.2000

[Brown/Duguid 1991]
Brown, J. S.; Duguid, P.: Organizational Learning and Communities-of-Practice: Toward a Unified View of Working, Learning, and Innovation, in: Organization Science, Volume 2, Number 1, February 1991, The Institute of Management Sciences, Providence, RI, 1991, S. 40-57

[Brown/Duguid 1999]
Brown, J. S.; Duguid, P.: Dem Unternehmen das Wissen seiner Menschen erschliessen, in: Harvard Business Manager, 3/1999, manager magazin Verlagsgesellschaft mbH, Hamburg, 1999, S. 76-88

[Bukowitz 1998]
Bukowitz, W. R.: At the Core of a Knowledge Base, in: Journal of Knowledge Management, Volume 1, Number 3, March 1998, MCB University Press, Bradford, 1998, S. 215-224

[Bullinger et al. 1996]
Bullinger, H.-J.; Brettreich-Teichmann, W.; Gidion, G.; Schäfer, M.; Wiedmann, G.: Management kreativer Unternehmen – Die Beherrschung von Strukturen und Prozessen lernender Organisationen, in: Bullinger, H.-J. (Hrsg.): Lernende Organisationen – Konzepte, Methoden und Erfahrungsberichte, Schäffer-Poeschel Verlag, Stuttgart, 1996, S. 13-39

[Bullinger et al. 1997]
Bullinger, H.-J.; Wörner, K.; Prieto, J.: Wissensmanagement heute – Daten, Fakten, Trends, Fraunhofer-Institut für Arbeitswirtschaft und Organisation (IAO), Stuttgart, 1997

[Bullinger et al. 1998]
Bullinger, H.-J.; Wörner, K.; Prieto, J.: Wissensmanagement – Modelle und Strategien für die Praxis, in: Bürgel, H. D. (Hrsg.): Wissensmanagement – Schritte zum intelligenten Unternehmen, Springer-Verlag, Berlin usw., 1998, S. 21-39

[Bürgel/Säubert 1998]
Bürgel, H. D.; Säubert, H.: Die Generierung von Steuerungsgrössen für die Erfolgsmessung im Wissensmanagement – Per Nutzennachweis soll der Einsatz von innovativen Managementmethoden gefördert werden, in: IO Management Nr. 10/1998, HandelsZeitung Fachverlag AG, Zürich, 1998, S. 52-57

[Burghardt 1997]
Burghardt, M.: Projektmanagement – Leitfaden für die Planung, Steuerung und Überwachung von Entwicklungsprojekten, 4. Auflage, Publicis MCD Verlag, Erlangen, München, 1997

[Burgmaier et al. 1999]
Burgmaier, S.; Salz, J.; Schnitzler, L.: Zwang zur Grösse – Die Welt AG ist die Unternehmensform der Zukunft, in: Wirtschaftswoche Nr. 29/15.07.1999, Verlagsgruppe Handelsblatt GmbH, Düsseldorf, 1999, S. 54-56

[Camp 1994]
Camp, R. C.: Benchmarking, Carl Hanser Verlag, München, Wien, 1994

[Carrillo 1998]
Carrillo, J.: Managing Knowledge-Based Value Systems, in: Journal of Knowledge Management, Volume 1, Number 4, June 1998, MCB University Press, Bradford, 1998, S. 280-293

[Chait 1998]
Chait, L. P.: Creating a Successful Knowledge Management System, in: Prism, Second Quarter 1998, Arthur D. Little, Cambridge, 1998, S. 83-92

[Chase 1999]
Chase, R. L.: The Most Admired Knowledge Enterprise Report, Management Trends International, Buckinghamshire, 1999

[Chiesa/Manzini 1998]
Chiesa, V.; Manzini, R.: Profiting from Virtual Organization of Technological Innovation: Suggestions from an Empirical Study, in: International Journal of Technology Management, Volume 15, Number 1/2, 1998, Inderscience Enterprises Ltd., Wolverton, 1998, S. 109-123

[Christian 1994]
Christian, D.: Management et Philosophie, Éditions Nathan, Paris, 1994

[Christmann-Jacoby/Maas 1997]
Christmann-Jacoby, H.; Maas, R.: Wissensmanagement im Projektumfeld auf Basis von Internet-Technologien, in: IM Information Management & Consulting, 3/1997, Institut für Wirtschaftsinformatik, Universität des Saarlandes, Saarbrücken, 1997, S. 16-26

[Clarke 1999]
Clarke, A.: A Practical Use of Key Success Factors to Improve the Effectiveness of Project Management, in: International Journal of Project Management, Volume 17, Number 3, 1999, Elsevier Science Ltd., Kidlington, Oxford, 1999, S. 139-145

[Cleland 1994]
Cleland, D. I.: Project Management – Strategic Design and Implementation, 2. Auflage, McGraw-Hill, Inc., New York usw., 1994

[Coleman/Schiller 1999]
Coleman, D.; Schiller, G.: Dataconferencing, Distributed Project Management, Collaborative e-Commerce, and Other Interactive Trends, in: Sieber, P.; Griese, J. (Hrsg.): Organizational Virtualness and Electronic Commerce, Proceedings of the 2nd International VoNet Workshop, Zurich, September 23-24, 1999, Simowa Verlag, Bern, 1999, S. 43-53

[Collins 1997]
Collins, H. M.: Humans, Machines, and the Structure of Knowledge, in: Ruggles, R. L. (Hrsg.): Knowledge Management Tools, Butterworth-Heinemann, Boston usw., 1997, S. 145-163

[Courvoisier et al. 1998]
Courvoisier, A.; Halle, A.; Hazboun, E.; Santoro, E.; Yambaye, N.T., Eppler, M. J.; Probst, G.: Harnessing Expert Knowledge – The Yellow Page Experience at Novartis AG, Case and Teaching Note, HEC MBA Universität Genf, Genf, 1998

[Cova/Hoskins 1997]
Cova, B.; Hoskins, S.: A Twin-Track Networking Approach to Project Marketing, in: European Management Journal, Volume 15, Number 5, October 1997, Elsevier Science Ltd., Oxford, 1997, S. 546-556

[Crossley et al. 1998]
Crossley, M.; Davies, J.; McGrath, A.; Rejman-Greene, M.: The Knowledge Garden, in: Reimer, U. (Hrsg.): Proceedings of the Second International Conference on Practical Aspects of Knowledge Management (PAKM), 29-30 October 1998, Basel, 1998

[Crossley et al. 1999]
Crossley, M.; Davies, J.; McGrath, A.; Rejman-Greene, M.: The Knowledge Garden, in: BT Technology Journal, Volume 17, Number 1, January 1999, Advanced Communications and Engineering (ACE), o. O., 1999, S. 76-84

[Cyert/March 1995]
Cyert, R. M.; March, J. G.: Eine verhaltenswissenschaftliche Theorie der Unternehmung, 2. Auflage, Schäffer-Poeschel Verlag, Stuttgart, 1995

[DaimlerChrysler 1993a]
o. V.: Projektmanagement in der Mercedes-Benz AG Teil I – Grundsätze (Stand 06/1993), internes Dokument der DaimlerChrysler AG, 1993

[DaimlerChrysler 1993b]
o. V.: Projektmanagement in der Mercedes-Benz AG Teil II – Leitfaden (Stand 06/1993), internes Dokument der DaimlerChrysler AG, 1993

[DaimlerChrysler 1999]
o. V.: Qualitätsmanagement LKW Europa: Gatesystematik und produkt- und projektbegleitende Dokumente (Lastenhefte), Stand 02/1999, internes Dokument der DaimlerChrysler AG, 1999

[Davenport et al. 1998]
Davenport, T. H.; De Long, D. W.; Beers, C. W.: Successful Knowledge Management Projects, in: Sloan Management Review, Winter 1998, Volume 39, Number 2, Sloan Management Review Association, Cambridge, 1998, S. 43-57

[Davenport/Prusak 1997]
Davenport, T. H.; Prusak, L.: Information Ecology, Oxford University Press, New York usw., 1997

[Davenport/Prusak 1998]
Davenport, T. H.; Prusak, L.: Wenn Ihr Unternehmen wüsste, was es alles weiss, Verlag Moderne Industrie, Landsberg/Lech, 1998

[Davidow/Malone 1992]
Davidow, W. H.; Malone, M. S.: The Virtual Corporation – Structuring and Revitalizing the Corporation for the 21st Century, HarperCollins Publishers, New York, 1992

[Davidow/Malone 1997]
Davidow, W. H.; Malone, M. S.: Das virtuelle Unternehmen, 2. Auflage, Campus Verlag GmbH, Frankfurt/Main, 1997

[de Geus 1988]
de Geus, A. P.: Planning as Learning, in: Harvard Business Review, March-April 1988, Number 2, Boston, 1988, S. 70-74

[De Long et al. 1997]
De Long, D.; Davenport T.; Beers, M.: What is a Knowledge Management Project?, 1997, aus: http://www.businessinnovation.ey.com/mko/pdf/KMPRES.PDF, am: 12.01.1999

[Dickens/Watkins 1999]
Dickens, L.; Watkins, K.: Action Research: Rethinking Lewin, in: Management Learning, Volume 30, Issue 2, June 1999, Sage Publications, London usw., 1999, S. 127-140

[Dilk 1999]
Dilk, A.: Das wissende Unternehmen – der abgespeicherte Mitarbeiter?, in: Antoni, C. H.; Sommerlatte, T. (Hrsg.): Spezialreport Wissensmanagement – Wie deutsche Firmen ihr Wissen profitabel machen, Symposium Publishing GmbH, Düsseldorf, 1999, S. 73-76

[DIN 1994]
Deutsches Institut für Normung e.V.: DIN 69901, Beuth Verlag GmbH, Berlin usw., 1994

[Dinsmore 1990]
Dinsmore, P. C.: Human Factors in Project Management, American Management Association, New York, 1990

[DOE 1997]
o. V.: DOE Handbook – Implementing U.S. Department of Energy (DOE) Lessons Learned Programs, Volume 1, U.S. Department of Energy, DOE Standard, DOE-STD-7501-95, September 1997, Washington, 1997, aus: http://www.tis.eh.doe.gov/ll/docs.html, am: 01.11.1999

[Drew 1997]
Drew, S. A. W.: From Knowledge to Action: The Impact of Benchmarking on Organizational Performance, in: Long Range Planning, Volume 30, Number 3, Elsevier Science Ltd., Oxford, 1997, S. 427-441

[Drucker 1998]
Drucker, P.: Wissen – die Trumpfkarte der entwickelten Länder, in: Harvard Business Manager, 4/1998, manager magazin Verlagsgesellschaft mbH, Hamburg, 1998, S. 9-11

[Duncan 1996]
Duncan, W. R.: A Guide to the Project Management Body of Knowledge, Project Management Institute, Upper Darby, PA, 1996

[Duncan/Weiss 1979]
Duncan, R.; Weiss, A.: Organizational Learning: Implications for Organizational Design, in: Staw, B. M. (Hrsg.): Research in Organizational Behavior, Volume 1, JAI Press, Greenwich, 1979, S. 75-123

[Earl/Scott 1999]
Earl, M. J.; Scott, I. A.: What is a Chief Knowledge Officer?, in: Sloan Management Review, Winter 1999, Volume 40, Number 2, Sloan Management Review Association, Cambridge, 1999, S. 29-38

[Eccles/Nolan 1993]
Eccles, R. G.; Nolan, R. L.: A Framework for the Design of the Emerging Global Organizational Structure, in: Bradley, S. P.; Hausman, J. A.; Nolan, R. L. (Hrsg.): Globalization, Technology, and Competition, Harvard Business School Press, Boston, 1993, S. 57-80

[Eck 1997]
Eck, C. D.: Wissen – ein neues Paradigma des Managements, in: Die Unternehmung 3/1997, Verlag Paul Haupt, Bern, 1997, S. 155-179

[Eckardt/Plath 1998]
Eckardt, C.; Plath, C.: Von Wissensinseln zum integrierten Wissensmanagement, in: Diebold Management Report Nr. 1-98, Diebold Deutschland GmbH, Eschborn, 1998, S. 7-11

[Eco 1993]
Eco, U.: Wie man eine wissenschaftliche Abschlußarbeit schreibt, 6. Auflage, C. F. Müller Juristischer Verlag GmbH, Heidelberg, 1993

[Edvinsson 1997]
Edvinsson, L.: Developing Intellectual Capital at Skandia, in: International Journal of Strategic Management – Long Range Planning, Volume 30, Issue 3, June 1997, Elsevier Science Ltd., Oxford, 1997, S. 366-373

[Ehlers 1997]
Ehlers, P.: Integriertes Projekt- und Prozeßmanagement auf Basis innovativer Informations- und Kommunikationstechnologien: Das GroupProject-System, Shaker Verlag, Aachen, 1997

[Eisenhardt 1989]
Eisenhardt, K. M.: Building Theories from Case Study Research, in: Academy of Management Review, Volume 14, Number 4, October 1989, University of Illinois, Mississippi State, 1989, S. 532-550

[Ellis et al. 1991]
Ellis, C. A.; Gibbs, S. J.; Rein, G. L.: Goupware – Some Issues and Experiences, in: Communications of the ACM, January 1991, Volume 34, Number 1, Association for Computing Machinery, Inc., New York, 1991, S. 39-58

[Elton/Roe 1998]
Elton, J.; Roe, J.: Bringing Discipline to Project Management, in: Harvard Business Review, March-April 1998, Number 2, Boston, 1998, S. 153-159

[England/Finney 1999]
England, E.; Finney, A.: Managing Multimedia – Project Management for Interactive Media, 2. Auflage, Addison Wesley Longman Limited, Harlow usw., 1999

[Engwall 1998]
Engwall, M.: The Project Concept(s): On the Unit of Analysis in the Study of Project Management, in: Lundin, R. A.; Midler, C. (Hrsg.): Projects as Arenas for Renewal and Learning Processes, Kluwer Academic Publishers, Boston usw., 1998, S. 25-35

[Entovation 1998]
o. V.: Knowledge Innovation Timeline, ENTOVATION International, o. O., 1998, aus: http://www.entovation.com/timeline/timeline.htm, am: 12.03.1999

[Eppler 1997a]
Eppler, M.: Führer durch den „Wissensdschungel" – Praktische Instrumente des Wissensmanagements – Wissenskarten, in: Gablers Magazin 8/1997, Verlag Dr. Th. Gabler GmbH, Wiesbaden, 1997, S. 10-13

[Eppler 1997b]
Eppler, M.: Information oder Konfusion, in: IO Management Nr. 5/1997, Handels-Zeitung Fachverlag AG, Zürich, 1997, S. 38-41

[Eppler 1999]
Eppler, M. J.: Conceptual Management Tools: A Guide to Essential Models for Knowledge Workers, Arbeitsbericht des Kompetenzzentrums EKM der Universität St. Gallen, Bericht Nr.: HSG/MCM/CC EKM Nr. 20, Version 2.0, April 1999, St. Gallen, 1999

[Eppler et al. 1999a]
Eppler, M.; Röpnack A.; Seifried P.: Improving Knowledge Intensive Processes through an Enterprise Knowledge Medium, in: Proceedings of the 1999 ACM SIGCPR conference "Managing Organizational Knowledge for Strategic Advantage: The Key Role of Information Technology and Personnel", 8.-10. April 1999, New Orleans, 1999

[Eppler et al. 1999b]
Eppler, M.; Schindler, M.; Schmid, B. F.; Seifried, P.: Das Enterprise Knowledge Media-Referenzmodell, Arbeitsbericht des Kompetenzzentrums EKM der Universität St. Gallen, Bericht Nr.: HSG/MCM/Nr. 6, Version 2.0, November 1999, St. Gallen, 1999

[Espejo et al. 1996]
Espejo, R.; Schuhmann, W.; Schwaninger, M.; Bilello, U.: Organizational Transformation and Learning – A Cybernetic Approach to Management, John Wiley & Sons, Inc., Chichester usw., 1996

[Evaristo/van Fenema 1999]
Evaristo, R.; van Fenema, P. C.: A Typology of Project Management: Emergence and Evolution of New Forms, in: International Journal of Project Management, Volume 17, Number 5, 1999, Elsevier Science Ltd., Kidlington, Oxford, 1999, S. 275-281

[Fahey/Prusak 1998]
Fahey, L.; Prusak, L.: The Eleven Deadliest Sins of Knowledge Management, in: California Management Review, Volume 40, Number 3, Spring 1998, Haas School of Business, University of California, Berkeley, 1998, S. 265-276

[Faix et al. 1991]
Faix, W. G.; Buchwald, C.; Wetzler, R.: Skill-Management – Qualifikationsplanung, Verlag Dr. Th. Gabler GmbH, Wiesbaden, 1991

[Felgner 1993]
Felgner, R.: Das Projekt als Ort des organisatorischen Lernens, Diplomarbeit, Universität St. Gallen, St. Gallen, 1993

[Franck/Jungwirth 1999]
Franck, E.; Jungwirth, C.: Das Konzept der Gruppenarbeit neu aufgerollt, in: Zeitschrift Führung + Organisation (zfo), Mai/Juni 1999, Heft 3, Schäffer-Poeschel Verlag, Stuttgart, 1999, S. 156-161

[Freimuth 1997]
Freimuth, J.: Projektmanagement – Unterschätzte Chance für Personalmanagement und Wissensmanagement, in: Freimuth, J.; Haritz, J.; Kiefer, B.-U. (Hrsg.): Auf dem Wege zum Wissensmanagement, Verlag für angewandte Psychologie, Göttingen usw., 1997, S. 145-155

[Freimuth et al. 1997]
Freimuth, J.; Schnelle, E.; Winkler, E.: Kommunikative Architektur, Wissensdiffusion und Selbststeuerungskompetenz, in: Freimuth, J.; Haritz, J.; Kiefer, B.-U. (Hrsg.): Auf dem Wege zum Wissensmanagement, Verlag für angewandte Psychologie, Göttingen usw., 1997, S. 323-333

[Freimuth/Haritz 1997]
Freimuth, J.; Haritz, J.: Personalentwicklung auf dem Wege zum Wissensmanagement?, in: Freimuth, J.; Haritz, J.; Kiefer, B.-U. (Hrsg.): Auf dem Wege zum Wissensmanagement, Verlag für angewandte Psychologie, Göttingen usw., 1997, S. 9-24

[French/Bell 1999]
French, W. L.; Bell, C. H., Jr.: Organization Development – Behavioral Science Interventions for Organization Improvement, 6. Auflage, Prentice Hall, Inc., Upper Saddle River, 1999

[Fuhr 1999]
Fuhr, L.: Systemisch Projekte managen..., in: Fachausschuss Management der Anwendungsentwicklung und -wartung (Hrsg.): Rundbrief 1/1999 des Fachbereichs 5 der Gesellschaft für Informatik: Beiträge zur 3. Fachtagung Management und Controlling von IV-Projekten, Karlsruhe, 1999, S. 120-140

[Gaddis 1959]
Gaddis, P. O.: The Project Manager, in: Harvard Business Review, May-June 1959, Number 3, Boston, 1959, S. 89-97

[Gareis 1990]
Gareis, R.: „Management by Projects“ – Der zukunftsorientierte Managementansatz, in: Balck, H. (Hrsg.): Neuorientierung im Projektmanagement, Verlag TÜV-Rheinland, Köln, 1990, S. 239-247

[Gareis 1994]
Gareis, R.: Management by Projects: Specific Strategies, Structures, and Cultures of the Project-Orientated Company, in: Cleland, D. I.; Gareis, R. (Hrsg.): Global Project Management Handbook, McGraw-Hill, Inc., New York usw., 1994, Abschnitt 4, S. 1-22

[Gareis/Zink 1994]
Gareis, R.; Zink, K.: Wie lernen Projekte und Projektorientierte Organisationen?, in: Projekt Management 2/1994, Verlag TÜV-Rheinland, Köln, 1994, S. 38-45

[Garvin 1993]
Garvin, D. A.: Building a Learning Organization, in: Harvard Business Review, July-August 1993, Number 4, Boston, 1993, S. 78-91

[Gassmann 1997]
Gassmann, O.: Management transnationaler Forschungs- und Entwicklungsprojekte, Dissertation der Universität St. Gallen, St. Gallen, 1997

[Gassmann/Bratzler 1999]
Gassmann, O.; Bratzler, M.: Schindler: Institutionalizing Technology Management and R&D Core Competencies, in: Boutellier, R.; Gassmann, O. von Zedtwitz, M. (Hrsg.): Managing Global Innovation, Springer-Verlag, Berlin usw., 1999, S. 481-499

[Gassmann/Roux 1997]
Gassmann, O.; Roux, M.: Einsatz der Informationstechnologien in länderübergreifenden F&E-Prozessen, in: Wissenschaftsmanagement 3, Mai/Juni 1997, Verlag C. H. Beck, München, 1997, S. 130-136

[Gassmann/von Zedtwitz 1998]
Gassmann, O.; von Zedtwitz, M.: Organization of Industrial R&D on a Global Scale, in: R&D Management, Number 28, Volume 3, 1998, Blackwell Publishers Ltd., Oxford, Malden, 1998, S. 147-161

[Gassmann/von Zedtwitz 1999]
Gassmann, O.; von Zedtwitz, M.: Organizing Virtual R&D Teams: Towards a Contingency Approach, in: Proceedings of Portland International Conference on Management of Engineering and Technology (PICMET), July 25-29 1999, Portland, 1999

[Gomez/Probst 1999]
Gomez, P.; Probst, G.: Die Praxis des ganzheitlichen Problemlösens, 3., unveränderte Auflage, Verlag Paul Haupt, Bern usw., 1999

[Goodman/Darr 1996]
Goodman, P. S.; Darr, E. D.: Exchanging Best Practices through Computer-aided Systems, Academy of Management Executive, 1996, Volume 10, Number 2, 1996

[Gorman 1998]
Gorman, M. M.: Knowledge Worker Framework, Whitemarsh Information Systems Corporation, Bowie, 1998, aus: http://www.wiscorp.com/p1039.htm, am: 20.05.1999

[Greunke 2000]
Greunke, U.: Erfolgreiches Projektmanagement für Neue Medien, Deutscher Fachverlag GmbH, Frankfurt am Main, 2000

[Gulliver 1987]
Gulliver, F. R.: Post-Project Appraisals Pay, in: Harvard Business Review, March-April 1987, Number 2, Boston, 1987, S. 128-132

[Guns 1998]
Guns, B.: The Chief Knowledge Officer's Role: Challenges and Competencies, in: Journal of Knowledge Management, Volume 1, Number 4, June 1998, MCB University Press, Bradford, 1998, S. 315-319

[Guss 1998]
Guss, C. L.: Virtual Project Management: Tools and the Trade, in: Project Management Journal, March 1998, Volume 29, Number 1, The Project Management Institute, o. O., 1998, S. 22-30

[Haberfellner et al. 1999]
Haberfellner, R.; Nagel, P.; Becker, M.; Büchel, A.; von Massow, H.: Systems Engineering – Methoden und Praxis, 10. Auflage, Verlag Industrielle Organisation, Zürich, 1999

[Hagel/Armstrong 1998]
Hagel, J.; Armstrong, A. G.: Net Gain – Expanding Markets through Virtual Communities, in: The McKinsey Quarterly, 1997, Number 1, McKinsey & Company, New York, 1998, S. 140-153

[Haksever/Fisher 1996]
Haksever, A. M.; Fisher, N.: A Method of Measuring Information Overload in Construction Project Management, in: Proceedings of the CIB W89 Beijing International Conference, 21-24 October 1996, Beijing, 1996, aus: http://www.bre.polyu.edu.hk/careis/rp/cibBeijing96/papers/070_079/078/p078.htm, am: 14.06.1998

[Hallbauer 1997]
Hallbauer, S.: Prototypenmanagment im Entwicklungsverbund, Dissertation der Universität St. Gallen, St. Gallen, 1997

[Hammer/Champy 1994]
Hammer, M.; Champy, J.: Business Reengineering, 2. Auflage, Campus Verlag GmbH, Frankfurt/Main, New York, 1994

[Hammond 1999]
Hammond, M.: Web Portals Open New Doors to Data, in: PC Week Online, January 18, 1999, aus: http://www.zdnet.com/pcweek/stories/news/0,4153,385245,00.html, am: 20.04.1999

[Handy 1994]
Handy, C.: The Age of Paradox, Harvard Business School Press, Boston, 1994

[Handy 1995]
Handy, C.: Trust and the Virtual Organization, in: Harvard Business Review, May-June 1995, Number 3, Boston, 1995, S. 40-50

[Handyside/Light 1998]
Handyside, T.; Light, J.: An Experiment in Organization for Innovation, in: International Journal of Technology Management, Volume 15, Number 1/2, 1998, Inderscience Enterprises Ltd., Wolverton, 1998, S. 160-172

[Hanft 1996]
Hanft, A.: Organisationales Lernen und Macht – Über den Zusammenhang von Wissen, Lernen, Macht und Struktur, in: Schreyögg, G.; Conrad, P. (Hrsg.): Managementforschung 6 – Wissensmanagement, Walter de Gruyter & Co., Berlin, New York, 1996, S. 133-162

[Hansen et al. 1999]
Hansen, M. T.; Nohria, N.; Tierney, T.: What's Your Strategy for Managing Knowledge?, in: Harvard Business Review, March-April 1999, Number 2, Boston, 1999, S. 106-116

[Hartman 1998]
Hartman, F. T.: Innovation in Project Management Using Industry as the Laboratory, in: Lundin, R. A.; Midler, C. (Hrsg.): Projects as Arenas for Renewal and Learning Processes, Kluwer Academic Publishers, Boston usw., 1998, S. 79-88

[Hastings 1993]
Hastings, C.: The New Organization – Growing the Culture of Organizational Networking, McGraw-Hill International (UK) Limited, London usw., 1993

[Hastings 1995]
Hastings, C.: Building the Culture of Organizational Networking: Managing projects in the New Organization, in: International Journal of Project Management, Volume 13, Number 4, 1995, Elsevier Science Ltd., Kidlington, Oxford, 1995, S. 259-263

[Hedberg 1981]
Hedberg, B.: How Organizations Learn and Unlearn, in: Nyström, P. C.; Starbuck, W. H. (Hrsg.): Handbook of Organizational Design, Oxford University Press, London, 1981, S. 3-27

[Heintel/Krainz 1994]
Heintel, P.; Krainz, E. E.: Projektmanagement – Eine Antwort auf die Hierarchiekrise?, 3. Auflage, Verlag Dr. Th. Gabler GmbH, Wiesbaden, 1994

[Helbrough 1995]
Helbrough, B.: Computer Assisted Collaboration – The Fourth Dimension of Project Management, in: International Journal of Project Management, Volume 13, Number 5, 1995, Elsevier Science Ltd., Kidlington, Oxford, 1995, S. 329-333

[Hennicke 1991]
Hennicke, L. H.: Wissensbasierte Erweiterung der Netzplantechnik, Physica-Verlag, Heidelberg, 1991

[Högberg/Edvinsson 1998]
Högberg, C.; Edvinsson, L.: A Design for Futurizing Knowledge Networking, in: Journal of Knowledge Management, Volume 2, Number 2, December 1998, MCB University Press, Bradford, 1998, S. 81-92

[Holtshouse 1998]
Holtshouse, D.: Knowledge Research Issues, in: California Management Review, Volume 40, Number 3, Spring 1998, Haas School of Business, University of California, Berkeley, 1998, S. 277-280

[Hoopes/Postrel 1999]
Hoopes, D. G.; Postrel, S.: Shared Knowledge, "Glitches," and Product Development Performance, in: Strategic Management Journal, Volume 20, Issue No. 9, September 1999, John Wiley & Sons, Ltd., Chichester usw., 1999, S. 837-865

[Huemann/Winkler 1998]
Huemann, M.; Winkler, G.: Project Management-Benchmarking: An Instrument of Learning, in: Lundin, R. A.; Midler, C. (Hrsg.): Projects as Arenas for Renewal and Learning Processes, Kluwer Academic Publishers, Boston usw., 1998, S. 71-78

[Huemer et al. 1998]
Huemer, L.; von Krogh, G.; Roos, J.: Knowledge and the Concept of Trust, in: von Krogh, G.; Roos, J.; Kleine, D. (Hrsg.): Knowing in Firms – Understanding, Managing and Measuring Knowledge, Sage Publications Ltd., London usw., 1998, S. 123-145

[Ichijo et al. 1998]
Ichijo, K.; von Krogh, G.; Nonaka, I.: Knowledge enablers, in: von Krogh, G.; Roos, J.; Kleine, D. (Hrsg.): Knowing in Firms – Understanding, Managing and Measuring Knowledge, Sage Publications Ltd., London usw., 1998, S. 173-203

[Insecuranza 1996]
o. V.: Projekthandbuch der Insecuranza vom 24.10.1996, internes Dokument der Insecuranza, Aachen, 1996

[Ishaya/Macaulay 1999]
Ishaya, T.; Macaulay, L.: The Role of Trust in Virtual Teams, in: Sieber, P.; Griese, J. (Hrsg.): Organizational Virtualness and Electronic Commerce, Proceedings of the 2nd International VoNet Workshop, Zurich, September 23-24, 1999, Simowa Verlag, Bern, 1999, S. 140-157

[Ives et al. 1998]
Ives, W.; Torrey, B.; Gordon, C.: Knowledge Management: An Emerging Discipline with a Long History, in: Journal of Knowledge Management, Volume 1, Number 4, June 1998, MCB University Press, Bradford, 1998, S. 269-274

[Jaafari/Manivong 1998]
Jaafari, A.; Manivong, K.: Towards a Smart Project Management Information System, in: International Journal of Project Management, Volume 16, Number 4, 1998, Elsevier Science Ltd., Kidlington, Oxford, 1998, S. 249-265

[Jäger et al. 1999]
Jäger, W.; Jäger, M.; Schäfer, A.: Wissensmanagement im Personalmanagement – Umfang, Bedeutung und Erwartungen, Dr. Jäger Management-Beratung, Königsstein im Taunus, 1999

[Jäger/Straub 1999]
Jäger, W.; Straub, R.: Wissensressourcen nutzen, in: Personalwirtschaft 7/1999, Herrmann Luchterhand Verlag GmbH, Kriftel, 1999, S. 20-23

[Jaikumar/Bohn 1986]
Jaikumar, R.; Bohn, R. E.: The Development of Intelligent Systems for Industrial Use: A Conceptual Framework, in: Research on Technological Innovation, Management and Policy, Volume 3, JAI Press Inc., Greenwich, London, 1986, S. 169-211

[Jaikumar/Upton 1993]
Jaikumar, R.; Upton, D. M.: The Coordination of Global Manufacturing, in: Bradley, S. P.; Hausman, J. A.; Nolan, R. L. (Hrsg.): Globalization, Technology, and Competition, Harvard Business School Press, Boston, 1993, S. 169-183

[Jarvenpaa/Ives 1994]
Jarvenpaa, S. L.; Ives, B.: The Global Network Organization of the Future: Information Management Opportunities and Challenges, in: Journal of Management Information Systems, Spring 1994, Volume 10, Number 4, M. E. Sharp, Armonk, 1994, S. 25-57

[Jarvenpaa/Leidner 1997]
Jarvenpaa, S. L.; Leidner, D. E.: Do You Read Me? The Development and Maintenance of Trust in Global Virtual Teams, INSEAD Working Paper, Fontainebleau, 1997

[Jenny 1998]
Jenny, B.: Projektmanagement in der Wirtschafts-Informatik, 3. Auflage, vdf Hochschulverlag AG, Zürich, 1998

[Jordan/Jones 1997]
Jordan, J.; Jones, P.: Assessing Your Company's Knowledge Management Style, in: International Journal of Strategic Management – Long Range Planning, Volume 30, Issue 3, June 1997, Elsevier Science Ltd., Oxford, 1997, S. 392-398

[Jungbluth 1998]
Jungbluth, V.: Perfekt geplant – Projektmanagementsysteme im Vergleich, in: c't Magazin für Computertechnik, Heft 4/1998, Verlag Heinz Heise GmbH & Co KG, Hannover, 1998, S. 144-158

[Jürgens 1999]
Jürgens, U.: Die Rolle der Wissensarbeit bei der Produktentwicklung, in: Konrad W.; Schumm, W. (Hrsg.): Wissen und Arbeit: Neue Konturen von Wissensarbeit, Verlag Westfälisches Dampfboot, Münster, 1999, S. 58-76

[Kaiser 1994]
Kaiser, A.: Computer Supported Cooperative Work: Modeerscheinung oder zukunftsweisendes Paradigma?, in: Nachrichten für die Dokumentation, Heft 5/1994, Verlag Hoppenstedt GmbH, Darmstadt, 1994, S. 255-262

[Kalthoff et al. 1999]
Kalthoff, O.; Nonaka, I.; Nueno, P.: Zurück an die Spitze, Midas Management Verlag, St. Gallen, Zürich, 1999

[Kanter 1996]
Kanter, R. M.: When a Thousand Flowers Bloom: Structural, Collective, and Social Conditions for Innovation in Organizations, in: Paul S. Myers (Hrsg.): Knowledge Management and Organizational Design, Butterworth-Heinemann, Boston usw., 1996, S. 93-131

[Keplinger 1992]
Keplinger, W.: Erfolgsmerkmale im Projektmanagement – Wie Sie von erfolgreichen Projekten lernen können, in: Zeitschrift Führung + Organisation (zfo), März/April 1992, Heft 2, Fachverlag für Büro- und Organisationstechnik GmbH (FBO), Baden-Baden, 1992, S. 99-105

[Ketelhöhn 1998]
Ketelhöhn, W.: What is a Key Success Factor?, in: European Management Journal, Volume 16, Number 3, June 1998, Elsevier Science Ltd., Oxford, 1998, S. 335-340

[Kieser 1999]
Kieser, A.: Managementlehre und Taylorismus, in: Kieser, A. (Hrsg.): Organisationstheorien, 3. Auflage, W. Kohlhammer GmbH, Stuttgart usw., 1999, S. 65-100

[Kieser et al. 1999]
Kieser, A.; Koch, U.; Woywode, M.: Wie man Bürokratien das Lernen beibringt, in: Zeitschrift Führung + Organisation (zfo), Mai/Juni 1999, Heft 3, Schäffer-Poeschel Verlag, Stuttgart, 1999, S. 128-133

[Kim 1993]
Kim, D. H.: The Link between Individual and Organizational Learning, in: Sloan Management Review, Fall 1993, Volume 34, Number 1, Sloan Management Review Association, Cambridge, 1993, S. 37-50

[Kleiner/Roth 1997]
Kleiner, A.; Roth, G.: How to Make Experience Your Company's Best Teacher, in: Harvard Business Review, September-October 1997, Number 5, Boston, 1997, S. 172-177

[Klimecki et al. 1994]
Klimecki, R.; Probst, G.; Eberl, P.: Entwicklungsorientiertes Management, Schäffer-Poeschel Verlag, Stuttgart, 1994

[Kobi/Wüthrich 1986]
Kobi, J.-M.; Wüthrich, H. A.: Unternehmenskultur verstehen, erfassen und gestalten, Verlag Moderne Industrie, Landsberg/Lech, 1986

[Konradt 1999]
Konradt, U.: Partner im virtuellen Unternehmen, in: Harvard Business Manager, 3/1999, manager magazin Verlagsgesellschaft mbH, Hamburg, 1999, S. 103-107

[Kosheff 1999]
Kosheff, B.: QuickPlace: Brave, New Workplace, Lotus Development Corporation, Cambridge, 1999, aus: http://www.notes.net/today.nsf/f01245ebfc115aaf8525661a006b86b9/be3b0cf5c2a49689852567210005a94c7/$FILE/QuickINT.PDF, am: 31.03.1999

[Krcmar 2000]
Krcmar, H.: Informationsmanagement, 2. Auflage, Springer-Verlag, Berlin usw., 2000

[Krcmar o. J.]
Krcmar, H.: Einige Überlegungen zu Methoden der empirischen Forschung in der Wirtschaftsinformatik, Arbeitspapier der Universität Hohenheim, o. J.

[Krüger 1994]
Krüger, W.: Organisation der Unternehmung, 3. Auflage, W. Kohlhammer GmbH, Stuttgart usw., 1994

[Kruschwitz/Roth 1999]
Kruschwitz, N.; Roth, G.: Inventing Organizations of the 21st Century: Producing Knowledge through Collaboration, Working Report SWP # 4046, 21 C WP #031, CCS WP #207 March 1999, Cambridge, 1999, aus: http://ccs.mit.edu/21c/, am: 30.07.1999

[Krystek et al. 1997]
Krystek, U.; Redel, W.; Reppegather, S.: Erfolgsfaktoren und Elemente der Virtualität, in: Gablers Magazin 3/1997, Verlag Dr. Th. Gabler GmbH, Wiesbaden, 1997, S. 12-15

[Kuchenmüller 1999]
Kuchenmüller, R.: Visuelle Protokolle – ein neues Medium, in: Organisationsentwicklung 2/1999, Organisationsentwicklung und Management AG, Basel, 1999, S. 62-73

[Kurbel 1993]
Kurbel, K.: Unterstützung kooperativen Arbeitens beim Softwareprojekt-Management, in: Information Management 4/1993, IDG-Verlag, München, 1993, S. 50-58

[Lammers/van Eijnatten 1996]
Lammers, I. S.; van Eijnatten, F. M.: Improving the Management of Knowledge in an Automation Department of a Dutch Bank, in: Schreinemakers, J. F. (Hrsg.): Knowledge Management: Organization Competence and Methodology, Ergon Verlag, Würzburg, 1996, S. 35-49

[Lamnek 1995a]
Lamnek, S.: Qualitative Sozialforschung, Band 1: Methodologie, 3., korrigierte Auflage, Beltz Psychologie Verlags Union, Weinheim, 1995

[Lamnek 1995b]
Lamnek, S.: Qualitative Sozialforschung, Band 2: Methoden und Techniken, 3., korrigierte Auflage, Beltz Psychologie Verlags Union, Weinheim, 1995

[Lank 1997]
Lank, E.: Leveraging Invisible Assets: the Human Factor, in: International Journal of Strategic Management – Long Range Planning, Volume 30, Issue 3, June 1997, Elsevier Science Ltd., Oxford, 1997, S. 406-412

[Laudon/Laudon 2000]
Laudon, K. C.; Laudon, J. P.: Management Information Systems – New Approaches to Organization & Technology, 6. Auflage, Prentice Hall, Inc., Upper Saddle River, 1998

[Lechner et al. 1998]
Lechner, U.; Schmid, B.; Schubert, P.; Zimmermann, H.-D.: Die Bedeutung von Virtual Business Communities für das Management von neuen Geschäftsmedien, in: Engelien, M.; Bender, K. (Hrsg.): GeNeMe98: Gemeinschaften in neuen Medien, Josef Eul Verlag, Köln, 1998, S. 203-219

[Lechner/Schmid 1999]
Lechner, U.; Schmid, B. F.: Logic for Media – The Computational Media Metaphor, in: Proceedings of the 32nd Hawaii International Conference on System Sciences 1999, Maui, 1999

[Lechner/Schmid 2000]
Lechner, U.; Schmid, B. F.: Communities and Media – Towards a Reconstruction of Communities on Media, in: Proceedings of the 33rd Hawaii International Conference on System Sciences 2000, Maui, 2000

[Leonard/Sensiper 1998]
Leonard, D.; Sensiper, S.: The Role of Tacit Knowledge in Group Innovation, in: California Management Review, Volume 40, Number 3, Spring 1998, Haas School of Business, University of California, Berkeley, 1998, S. 112-132

[Levitt et al. 1999]
Levitt, M.; Wettemann, R.; Gorman, P.; Heath, M.: IDC's Preliminary Look at the Worldwide Groupware Market in 1998 Shows Lotus Domino/Notes Ahead of Microsoft Exchange, Pressemitteilung der International Data Corporation, Framingham, 1999, aus: http://www.idc.com/press/011499Cpr.htm, am: 23.02.1999

[Levitt/March 1988]
Levitt, B.; March, J. G.: Organizational Learning, in: Scott, W. R.; Blake, J. (Hrsg.): Annual Review of Sociology, Volume 14, 1988, Annual Reviews Inc., Palo Alto, 1988, S. 319-340

[Lewicki/Bunker 1996]
Lewicki, R. J.; Bunker, B. B.: Developing and Maintaining Trust in Work Relationships, in: Kramer, R. M.; Tyler, T. R. (Hrsg.): Trust in Organizations: Frontiers of Theory and Research, Sage Publications, Inc., Thousand Oaks, 1996, S. 114-139

[Library of the University of Malaysia 1999]
Library of the University of Malaysia: ABI/INFORM, 1999, aus: http://www.lib.upm.edu.my/abinform.html, am: 01.03.1999

[Lipnack/Stamps 1998]
Lipnack, J.; Stamps, J.: Virtuelle Teams: Projekte ohne Grenzen, Wirtschaftsverlag Carl Ueberreuter, Wien, Frankfurt, 1998

[Lippert et al. 1996]
Lippert, I.; Jürgens, U.; Drüke, H.: Arbeit und Wissen im Produktentstehungsprozess, in: Schryögg, G.; Conrad, P. (Hrsg.): Managementforschung 6 – Wissensmanagement, Walter de Gruyter & Co., Berlin, New York, 1996, S. 235-261

[Litke 1995]
Litke, H.-D.: Projektmanagement – Methoden, Techniken, Verhaltensweisen, 3. Auflage, Carl Hanser Verlag, München, Wien, 1995

[Lock 1996]
Lock, D.: The Essentials of Project Management, Gower Publishing Limited, Aldershot, 1996

[Lotus 1998]
o. V.: Lotus Institute: TeamRoom – Team Meeting Philosophy, Lotus Development Corporation, o. O., 1998, aus: http://www.lotus.com/services/institute, am: 05.11.1998

[Lotus 1999]
o. V.: Lotus QuickPlace – A Product Evaluator's Guide, Lotus Development Corporation, Cambridge, 1999

[Lullies et al. 1993]
Lullies, V.; Bollinger, H.; Weltz, F.: Wissenslogistik – Über den betrieblichen Umgang mit Wissen bei Entwicklungsvorhaben, Campus Verlag GmbH, Frankfurt/Main, New York, 1993

[Lundin/Midler 1998a]
Lundin, R. A.; Midler, C.: Evolution of Project as Empirical Trend and Theoretical Focus, in: Lundin, R. A.; Midler, C. (Hrsg.): Projects as Arenas for Renewal and Learning Processes, Kluwer Academic Publishers, Boston usw., 1998, S. 1-9

[Lundin/Midler 1998b]
Lundin, R. A.; Midler, C.: Emerging Convergences or Debates, in: Lundin, R. A.; Midler, C. (Hrsg.): Projects as Arenas for Renewal and Learning Processes, Kluwer Academic Publishers, Boston usw., 1998, S. 231-241

[Madauss 2000]
Madauss, B. J.: Projektmanagement, 6. überarbeitete und erweiterte Auflage, Schäffer-Poeschel Verlag, Stuttgart, 2000

[Malik 1990a]
Malik, F.: Systemisch-evolutionäres Projektmanagement, in: Balck, H. (Hrsg.): Neuorientierung im Projektmanagement, Verlag TÜV-Rheinland, Köln, 1990, S. 77-112

[Malik 1990b]
Malik, F.: Selbstorganisation, Evolution und Unternehmensführung, in: Balck, H. (Hrsg.): Neuorientierung im Projektmanagement, Verlag TÜV-Rheinland, Köln, 1990, S. 114-124

[Malone 1999]
Malone, T. W.: The Dawn of the E-Lance Economy, in: Vortragsunterlagen "From E-Business to Business as Usual: How to implement Electronic Business Effectively", 4. Juni 1999, Hotel Renaissance, Zürich Glattbrugg, PricewaterhouseCoopers AG, Zürich, 1999, S. 28-36

[Malone/Laubacher 1999]
Malone, T. W.; Laubacher, R. J.: Vernetzt, klein und flexibel – die Firma des 21. Jahrhunderts, in: Harvard Business Manager, 2/1999, manager magazin Verlagsgesellschaft mbH, Hamburg, 1999, S. 28-36

[Mankin et al. 1996]
Mankin, D.; Cohen, S. G.; Bikson, T. K.: Teams and Technology, Harvard Business School Press, Boston, 1996

[March 1994]
March, J. G.: A Primer On Decision Making, The Free Press, New York, Don Mills, 1994

[March/Olsen 1976]
March, J. G.; Olsen, J. P.: Organizational Learning and the Ambiguity of the Past, in: March, J. G.; Olsen, J. P. (Hrsg.): Ambiguity and Choice of Organizations, Universitetsforlaget, Bergen, Oslo, 1976, S. 54-67

[Marchand 1998]
Marchand, D. A.: Competing with Intellectual Capital, in: von Krogh, G.; Roos, J.; Kleine, D. (Hrsg.): Knowing in Firms – Understanding, Managing and Measuring Knowledge, Sage Publications Ltd., London usw., 1998, S. 253-268

[Marshall et al. 1997]
Marshall, C.; Prusak, L.; Shpilberg, D.: Financial Risk and the Need for Superior Knowledge Management, in: Prusak, L. (Hrsg.): Knowledge in Organizations, Butterworth-Heinemann, Boston usw., 1997, S. 227-251

[Martiny 1998]
Martiny, M.: Knowledge Management at HP Consulting, in: Organizational Dynamics, Volume 27, Number 2, Autumn 1998, American Management Association International, New York, 1998, S. 71-77

[McCampbell et al. 1999]
McCampbell, A. S.; Clare, L. M.; Gitters, S. H.: Knowledge Management: The New Challenge for the 21st Century, in: Journal of Knowledge Management, Volume 3, Number 3, 1999, MCB University Press, Bradford, 1999, S. 172-179

[McLuhan 1964]
McLuhan, M.: Understanding Media – The Extensions of Man, Routledge & Kegan Paul Ltd, London, 1964

[Meredith/Mantel 1995]
Meredith, J. R.; Mantel, S. J.: Project Management – A Managerial Approach, 3. Auflage, John Wiley & Sons, Inc., New York usw., 1995

[Mertens/Faisst 1995]
Mertens, P.; Faisst, W.: Virtuelle Unternehmen – eine Organisationsstruktur für die Zukunft?, in: Technologie und Management 2/1995, Verlag Dr. Th. Gabler GmbH, Wiesbaden, 1995, S. 61-68

[Merx 1999]
Merx, O.: Qualitätssicherung und Projektmanagement, in: Merx, O. (Hrsg.): Qualitätssicherung bei Multimedia-Projekten, Springer-Verlag, Berlin usw., 1999, S. 83-120

[Meyerson et al. 1996]
Meyerson, D.; Weick, K. E.; Kramer, R. M.: Swift Trust and Temporary Groups, in: Kramer, R. M.; Tyler, T. R. (Hrsg.): Trust in Organizations: Frontiers of Theory and Research, Sage Publications, Inc., Thousand Oaks, 1996, S. 166-195

[Miles et al. 1998]
Miles, G.; Miles, R. E.; Perrone, V.; Edvinsson, L.: Some Conceptual and Research Barriers to the Utilization of Knowledge, in: California Management Review, Volume 40, Number 3, Spring 1998, Haas School of Business, University of California, Berkeley, 1998, S. 281-288

[Miles/Huberman 1994]
Miles, M. B.; Huberman, A. M.: Qualitative Data Analysis – An Expanded Sourcebook, 2. Auflage, Sage Publications, Inc., Thousand Oaks usw., 1994

[Miles/Snow 1992]
Miles, R. E.; Snow, C. C.: Causes of Failure in Network Organizations, in: California Management Review, Volume 34, Number 4, Summer 1992, Haas School of Business, University of California, Berkeley, 1992, S. 53-72

[Minto 1995]
Minto, B.: The Pyramid Principle – Logic in Writing and Thinking, Pitman Publishing, London, 1995

[Mintzberg 1989]
Mintzberg, H.: Mintzberg on Management – Inside Our Strange World of Organizations, The Free Press, New York, 1989

[Mishra 1996]
Mishra, A. K.: Organizational Responses to Crisis – The Centrality of Trust, in: Kramer, R. M.; Tyler, T. R. (Hrsg.): Trust in Organizations: Frontiers of Theory and Research, Sage Publications, Inc., Thousand Oaks, 1996, S. 261-287

[Mohrman et al. 1995]
Mohrman, S. A.; Cohen, S. G.; Mohrman, A. M.: Designing Team-Based-Organizations – New Forms of Knowledge Work, Jossey-Bass Publishers Inc., San Francisco, 1995

[Müller-Stewens 1997a]
Müller-Stewens, G.: Auf dem Weg zur Virtualisierung der Prozessorganisation, in: Müller-Stewens, G. (Hrsg.): Virtualisierung von Organisationen, Schäffer-Poeschel Verlag, Stuttgart, 1997, S. 1-22

[Müller-Stewens 1997b]
Müller-Stewens, G.: Grundzüge einer Virtualisierung, in: Müller-Stewens, G. (Hrsg.): Virtualisierung von Organisationen, Schäffer-Poeschel Verlag, Stuttgart, 1997, S. 23-41

[Nastansky 1993]
Nastansky, L.: Nach 20 Jahren CSCW-Forschung: Durchbruch in der Praxis bei Groupware-Anwendungen in Client-Server-Architekturen, in: Nastansky, L. (Hrsg.): Workgroup Computing- Computergestützte Teamarbeit (CSCW) in der Praxis/Neue Entwicklungen und Trends, S + W Steuer- und Wirtschaftsverlag, Hamburg, 1993, S. 1-20

[Nastansky et al. 1995]
Nastansky, L.; Schicker, T.; Behrens, O. M.; Ehlers, P.: Büroinformationssysteme, in: Fischer, J.; Herold W.; Dangelmaier, W.; Nastansky. L.; Wolff, R. (Hrsg.): Bausteine der Wirtschaftsinformatik, S + W Steuer- und Wirtschaftsverlag, Hamburg, 1995, S. 267-371

[Nastansky et al. 1996]
Nastansky, L.; Riempp, G.; Hilpert, W.; Ehlers, P.: Workflow- und Projekt-Management auf der Basis von Groupware – Analyse, Planung, operative Unterstützung und Optimierung von Geschäftsprozessen mit GroupFlow und GroupProject, Arbeitspapier der Lehr- und Forschungseinheit Wirtschaftsinformatik 2, Paderborn, 1996

[Nelson 1999]
Nelson, H.: U.S. Army Reflection-in-Action: A Brief History, in: Senge, P.; Kleiner, A.; Roberts, C.; Ross, R.; Roth, G.; Smith, B. (Hrsg.): The Lost Chapters from: The Dance of Change – The Challenge of Sustaining Momentum in Learning Organizations, Nicholas Brealey Publishing Ltd., London, Naperville, 1999, S. 7-9

[Nieschlag et al. 1997]
Nieschlag, R.; Dichtl, E.; Hörschgen, H.: Marketing, 18. Auflage, Duncker & Humblot GmbH, Berlin, 1997

[Noack 1999]
Noack, A.: Projektmanagement-Systeme, in: Industrie Management 4/1999, GITO-Verlag, Berlin, 1999, S. 49-59

[Nonaka 1991]
Nonaka, I.: The Knowledge-Creating Company, in: Harvard Business Review, November-December 1991, Number 6, Boston, 1991, S. 96-104

[Nonaka 1994]
Nonaka, I.: A Dynamic Theory of Organizational Knowledge Creation, in: Organization Science, Volume 5, Number 1, February 1994, The Institute of Management Sciences, Providence, RI, 1994, S. 14-37

[Nonaka et al. 1998a]
Nonaka, I.; Umemoto, K.; Sasaki, K.: Three Tales of Knowledge-Creating Companies, in: von Krogh, G.; Roos, J.; Kleine, D. (Hrsg.): Knowing in Firms – Understanding, Managing and Measuring Knowledge, Sage Publications Ltd., London usw., 1998, S. 146-172

[Nonaka et al. 1998b]
Nonaka, I.; Reinmoeller, P.; Senoo, D.: The 'Art' of Knowledge: Systems to Capitalize on Market Knowledge, in: European Management Journal, Volume 16, Number 6, December 1998, Elsevier Science Ltd., Oxford, 1998, S. 673-683

[Nonaka/Konno 1998]
Nonaka, I.; Konno, N.: The Concept of "Ba": Building a Foundation for Knowledge Creation, in: California Management Review, Volume 40, Number 3, Spring 1998, Haas School of Business, University of California, Berkeley, 1998, S. 40-54

[Nonaka/Takeuchi 1995]
Nonaka, I.; Takeuchi, H.: The Knowledge-Creating Company – How Japanese Companies Create the Dynamics of Innovation, Oxford University Press, New York, Oxford, 1995

[Nonaka/Takeuchi 1998]
Nonaka, I.; Takeuchi, H.: A Theory of the Firm's Knowledge-Creation Dynamics, in: Chandler, A. D.; Hagström, P.; Sölvel, Ö. (Hrsg.): The Dynamic Firm – The Role of Technology, Strategy, Organization, and Regions, Oxford University Press Inc., New York, 1998, S. 214-241

[Nonaka/von Krogh 1999]
Nonaka, I.; von Krogh, G.: Wissens-Hysterie, in: Manager Magazin 04/1999, manager magazin Verlagsgesellschaft mbH, Hamburg, 1999, S. 164

[North 1998]
North, K.: Vielfältige Organisationsformen – Wissensorientierte Unternehmensführung, in: Gablers Magazin 10/1998, Verlag Dr. Th. Gabler GmbH, Wiesbaden, 1998, S. 34-39

[North 1999]
North, K.: Wissensorientierte Unternehmensführung – Wertschöpfung durch Wissen, 2. Auflage, Verlag Dr. Th. Gabler GmbH, Wiesbaden, 1999

[Northcraft/Neale 1990]
Northcraft, G. B.; Neale, M. A.: Organizational Behavior – A Management Challenge, The Dryden Press, Chicago usw., 1990

[o. V. 1971]
o. V.: Webster's Seventh New Collegiate Dictionary, G. & C. Merriam Co. Publishers, Springfield, 1971

[o. V. 1999]
o. V.: Ungewissheit über Ankunft von „Polar Lander" auf Mars, in: Neue Zürcher Zeitung, Samstag 04.12.1999, Nr. 283, Verlag Neue Zürcher Zeitung NZZ, Zürich, 1999, S. 64

[O'Dell/Grayson 1997]
O'Dell, C.; Grayson, C. J.: If Only We Knew What We Know: Identification and Transfer of Internal Best Practices, American Productivity & Quality Center (APQC), Houston, 1997, aus: http://www.apqc.org/download.htm, am: 26.08.1998

[O'Dell/Grayson 1998a]
O'Dell, C.; Grayson, C. J.: If Only We Knew What We Know – Identification and Transfer of Internal Best Practices, in: California Management Review, Volume 40, Number 3, Spring 1998, Haas School of Business, University of California, Berkeley, 1998, S. 154-174

[O'Dell/Grayson 1998b]
O'Dell, C.; Grayson, C. J.: If Only We Knew What We Know – The Transfer of Internal Knowledge and Best Practice, The Free Press, New York, 1998

[Oberschulte 1994]
Oberschulte, H.: Organisatorische Intelligenz – Ein integrativer Ansatz des organisatorischen Lernens, Karl Hampp Verlag, München, 1994

[Oberschulte 1996]
Oberschulte, H.: Organisatorische Intelligenz – ein Vorschlag zur Konzeptdifferenzierung, in: Schreyögg, G.; Conrad, P. (Hrsg.): Managementforschung 6 – Wissensmanagement, Walter de Gruyter & Co., Berlin, New York, 1996, S. 41-81

[OECD 1996]
o. V.: The Knowledge-Based Economy, Paris, 1996, aus: http://www.oecd.org/dsti/sti/s_t/inte/prod/kbe.pdf, am: 01.06.1999

[Palmer 1998]
Palmer, J.: The Human Organization, in: Journal of Knowledge Management, Volume 1, Number 4, June 1998, MCB University Press, Bradford, 1998, S. 294-307

[Pankoke-Babatz/Syri 1996]
Pankoke-Babatz, U.; Syri, A.: Gemeinsame Arbeitsbereiche: Eine neue Form der Telekooperation, in: Krcmar, H.; Lewe, H.; Schwabe, G. (Hrsg.): Herausforderung Telekooperation, Springer-Verlag, Berlin usw., 1996, S. 51-67

[Parlby 1998]
Parlby, D.: Knowledge Management Research Report 1998, KPMG Management Consulting, 1998, aus: http://www.kpmg.net/library/98/june/story3a.asp, am: 15.02.1999

[Parlby/Taylor 1997]
Parlby, D. S.; Taylor, R. M.: The Power of Knowledge – A Business Guide to Knowledge Management, KPMG Management Consulting, London, 1997, aus: http://www.kpmg.co.uk/uk/services/manage/powknow/, am: 23.02.1999

[Patzak/Rattay 1998]
Patzak, G.; Rattay, G.: Projekt-Management, 3. Auflage, Linde Verlag AG, Wien, 1998

[Pautzke 1989]
Pautzke, G.: Die Evolution der organisatorischen Wissensbasis – Bausteine zu einer Theorie des organisatorischen Lernens, Verlag Barbara Kirsch, München, 1989

[Pawlowski 1994]
Pawlowski, P.: Wissensmanagement in der lernenden Organisation, Habilitationsschrift der Universität-GH Paderborn, Paderborn, 1994

[Pawlowski 1999]
Pawlowski, P.: Wozu Wissensmanagement?, in: Götz, K. (Hrsg.): Wissensmanagement – Zwischen Wissen und Nichtwissen, Rainer Hampp Verlag, München, Mering, 1999, S. 113-129

[Pells 1998]
Pells, D.: Significant Recent Events and Trends Affecting Globalization of the Project Management Profession, Project Management Institute, 1998, aus: http://www.pmforum.org/docs/pells1.htm, am: 16.11.1998

[Pérez-Bustamante 1999]
Pérez-Bustamante, G.: Knowledge Management in Agile Innovative Organizations, in: Journal of Knowledge Management, Volume 3, Number 1, 1999, MCB University Press, Bradford, 1999, S. 6-17

[Peters 1993]
Peters, T.: Jenseits der Hierarchien – Liberation Management, ECON Verlag GmbH, Düsseldorf usw., 1993

[Picot et al. 1998]
Picot, A.; Reichwald, R.; Wigand, R. T.: Die Grenzenlose Unternehmung – Information, Kommunikation und Management, 3., überarbeitete Auflage, Verlag Dr. Th. Gabler GmbH, Wiesbaden, 1998

[Polanyi 1997]
Polanyi, M.: The Tacit Dimension, in: Prusak, L. (Hrsg.): Knowledge in Organizations, Butterworth-Heinemann, Boston usw., 1997, S. 135-146

[Prange 1996]
Prange, C.: Interorganisationales Lernen: Lernen in, von und zwischen Organisationen, in: Schreyögg, G.; Conrad, P. (Hrsg.): Managementforschung 6 – Wissensmanagement, Walter de Gruyter & Co., Berlin, New York, 1996, S. 163-189

[Preissler et al. 1997]
Preissler, H.; Roehl, H.; Seemann, P.: Haken, Helm und Seil: Erfahrungen mit Instrumenten des Wissensmanagements, in: Organisationsentwicklung 2/1997, Organisationsentwicklung und Management AG, Basel, 1997, S. 4-16

[Probst 1993]
Probst, G.: Organisation – Strukturen, Lenkungsinstrumente, Entwicklungsperspektiven, Verlag Moderne Industrie, Landsberg/Lech, 1993

[Probst et al. 1999]
Probst, G.; Raub, S.; Romhardt, K.: Wissen managen – Wie Unternehmen ihre wertvollste Ressource optimal nutzen, 3. Auflage, Verlag Dr. Th. Gabler GmbH, Wiesbaden, 1999

[Probst/Büchel 1998]
Probst, G. J. B.; Büchel, B. S. T.: Organisationales Lernen – Wettbewerbsvorteil der Zukunft, 2., aktualisierte Auflage, Verlag Dr. Th. Gabler GmbH, Wiesbaden, 1998

[Probst/Deussen 1997]
Probst, G. J. B.; Deussen, A.: Wissensziele als neue Managementinstrumentarien, in: Gablers Magazin 8/1997, Verlag Dr. Th. Gabler GmbH, Wiesbaden, 1997, S. 6-9

[Probst/Raub 1995]
Probst, G.; Raub, S.: Action Research – Ein Konzept angewandter Managementforschung, in: Die Unternehmung 1/1995, Verlag Paul Haupt, Bern usw., 1995, S. 3-19

[Probst/Romhardt 1997]
Probst, G.; Romhardt, K.: Faktor Wissen – Das Management von Wissen wird in global tätigen Unternehmen zum strategischen Erfolgsfaktor, in: Manager Bilanz II 4/1997, Zürich, Bern, 1997, S. 6-10

[Prokesch 1997]
Prokesch, S. E.: Unleashing the Power of Learning: An Interview with British Petroleum's John Browne, in: Harvard Business Review, September-October 1997, Number 5, Boston, 1997, S. 147-168

[Quinn et al. 1996]
Quinn, J. B.; Anderson, P.; Finkelstein, S.: Managing Professional Intellect: Making the Most of the Best, in: Harvard Business Review, March-April 1996, Number 2, Boston, 1996, S. 71-80

[Quintas et al. 1997]
Quintas, P.; Lefrere, P.; Jones, G.: Knowledge Management: A Strategic Agenda, in: International Journal of Strategic Management – Long Range Planning, Volume 30, Issue 3, June 1997, Elsevier Science Ltd., Oxford, 1997, S. 385-391

[Rabetge 1991]
Rabetge, C.: Fuzzy Sets in der Netzplantechnik, Verlag Dr. Th. Gabler GmbH, Wiesbaden, 1991

[Randolph/Posner 1988]
Randolph, W. A.; Posner, B. Z.: What Every Manager Needs to Know about Project Management, in: Sloan Management Review, Summer 1988, Volume 29, Number 4, Alfred P. Sloan School of Management, Massachusetts Institute of Technology, Cambridge, 1988, S. 65-73

[Rehäuser/Krcmar 1996]
Rehäuser, J.; Krcmar, H.: Wissensmanagement im Unternehmen, in: Schreyögg, G.; Conrad, P. (Hrsg.): Managementforschung 6 – Wissensmanagement, Walter de Gruyter & Co., Berlin, New York, 1996, S. 1-40

[Reichwald/Koller 1996]
Reichwald, R.; Koller, H.: Die Dezentralisierung als Massnahme zur Förderung der Lernfähigkeit von Organisationen – Spannungsfelder auf dem Weg zu neuen Innovationsstrategien, in: Bullinger, H.-J. (Hrsg.): Lernende Organisationen – Konzepte, Methoden und Erfahrungsberichte, Schäffer-Poeschel Verlag, Stuttgart, 1996, S. 105-153

[Rinza 1998]
Rinza, P.: Projektmanagement, 4. Auflage, Springer-Verlag, Berlin usw., 1998

[Roehl 2000]
Roehl, H.: Instrumente der Wissensorganisation – Perspektiven für eine differenzierende Interventionspraxis, Verlag Dr. Th. Gabler GmbH und Deutscher Universitäts-Verlag, Wiesbaden, 2000

[Roehl/Romhardt 1997]
Roehl, H.; Romhardt, K.: Wissen über die Ressource „Wissen" – Möglichkeiten und Grenzen von Wissensmanagement, in: Gablers Magazin 6-7/1997, Verlag Dr. Th. Gabler GmbH, Wiesbaden, 1997, S. 42-45

[Rogers/Aris 1998]
Rogers, A.; Aris, J.: Exploiting the Wired-Up World – Best Practice in Managing Virtual Organizations, The IMPACT Programme, o. O., 1998, aus: http://www.achieve.ch/wiredupworld.pdf, am: 25.02.1999

[Romhardt 1995]
Romhardt, K.: Das Lernarenenkonzept – Ein Ansatz zum Management organisatorischer Lernprozesse in der Unternehmenspraxis, Arbeitsbericht HEC der Universität Genf, 22. März 1995, Genf, 1995

[Romhardt 1996]
Romhardt, K.: Interventionen in die organisatorische Wissensbasis zwischen Theorie und Praxis – Welchen Beitrag kann die Systemtheorie leisten?, Arbeitsbericht HEC der Universität Genf, Genf, 1996

[Romhardt 1998]
Romhardt, K.: Die Organisation aus Wissensperspektive – Möglichkeiten und Grenzen der Intervention, Verlag Dr. Th. Gabler GmbH, Wiesbaden, 1998

[Roos/Roos 1997]
Roos, G.; Roos, J.: Measuring Your Company's Intellectual Performance, in: International Journal of Strategic Management – Long Range Planning, Volume 30, Issue 3, June 1997, Elsevier Science Ltd., Oxford, 1997, S. 413-426

[Röpnack 1997]
Röpnack, A.: Information Management vs. Knowledge Management – ein Vergleich, Arbeitsbericht des Kompetenzzentrums EKM der Universität St. Gallen, Nr. IM-HSG/CC EKM/12, Version 1.5, St. Gallen, 1997

[Röpnack et al. 1998a]
Röpnack, A.; Schindler, M.; Seifried, P.: Wissen (Knowledge) – Eine Arbeitsdefinition, Internes Diskussionspapier des Kompetenzzentrums EKM der Universität St. Gallen, vom 4. August 1998, St. Gallen, 1998

[Röpnack et al. 1998b]
Röpnack, A.; Schindler, M.; Schwan, T.: Concepts of the Enterprise Knowledge Medium, in: Reimer, U. (Hrsg.): Proceedings of the Second International Conference on Practical Aspects of Knowledge Management (PAKM), 29-30 October 1998, Basel, 1998

[Röpnack et al. 1999]
Röpnack, A.; Schindler, M.; Schwan, T.: Das Enterprise Knowledge Medium, in: Schmid B. F. (Hrsg.): Wissensmedien – Konzept und Schritte zu ihrer Realisierung, Verlag Dr. Th. Gabler GmbH, Wiesbaden, 1999, im Druck

[Röpnack i. B.]
Röpnack, A.: Mediengestütztes Wissensmanagement in der Unternehmensplanung, Dissertation der Universität St. Gallen, St. Gallen, i. B.

[Rosenau 1998]
Rosenau, M. D.: Successful Project Management, 3. Auflage, John Wiley & Sons, Inc., New York usw., 1998

[Ross/Kleiner 1999]
Ross, R.; Kleiner, A.: The History Map, in: Senge, P.; Kleiner, A.; Roberts, C.; Ross, R.; Roth, G.; Smith, B. (Hrsg.): The Dance of Change – The Challenge of Sustaining Momentum in Learning Organizations, Nicholas Brealey Publishing Ltd., London, Naperville, 1999, S. 186-187

[Roth et al. 1999]
Roth, G.; Brown, F. J.; Cosby, N.; Madden, J. L.: A "World-Class" Reflective Practice Field, in: Senge, P.; Kleiner, A.; Roberts, C.; Ross, R.; Roth, G.; Smith, B. (Hrsg.): The Dance of Change – The Challenge of Sustaining Momentum in Learning Organizations, Nicholas Brealey Publishing Ltd., London, Naperville, 1999, S. 470-477

[Roth/Kleiner 1998]
Roth, G.; Kleiner, A.: Developing Organizational Memory through Learning Histories, in: Organizational Dynamics, Volume 27, Number 2, Autumn 1998, American Management Association International, New York, 1998, S. 43-60

[Roth/Kleiner 1999]
Roth, G.; Kleiner, A.: Learning Histories, in: Senge, P.; Kleiner, A.; Roberts, C.; Ross, R.; Roth, G.; Smith, B. (Hrsg.): The Dance of Change – The Challenge of Sustaining Momentum in Learning Organizations, Nicholas Brealey Publishing Ltd., London, Naperville, 1999, S. 460-469

[Ruggles 1997]
Ruggles, R. L.: Tools for Knowledge Management: An Introduction, in: Ruggles, R. L. (Hrsg.): Knowledge Management Tools, Butterworth-Heinemann, Boston usw., 1997, S. 1-8

[Ruggles 1998]
Ruggles, R.: The State of the Notion: Knowledge Management in Practice, in: California Management Review, Volume 40, Number 3, Spring 1998, Haas School of Business, University of California, Berkeley, 1998, S. 80-89

[Rumizen 1998]
Rumizen, M. C.: Report on the Second Comparative Study of Knowledge Creation Conference, in: Journal of Knowledge Management, Volume 2, Number 1, September 1998, MCB University Press, Bradford, 1998, S. 77-81

[Ryle 1949]
Ryle, G.: The Concept of Mind, Hutchinson, London usw., 1949

[Ryle 1987]
Ryle, G.: Der Begriff des Geistes, Philipp Reclam Jun., Stuttgart, 1987

[Sary 1995]
Sary, C.: RECALL Prototype Lessons Learned Writing Guide, NASA Goddard Space Flight Center, Greenbelt, 1995, aus: http://hope.gsfc.nasa.gov/RECALL/homepg/recall.htm, am: 31.05.1999

[Savage 1997]
Savage, C. M.: Fifth Generation Management – Kreatives Kooperieren durch virtuelles Unternehmertum, dynamische Teambildung und Vernetzung von Wissen, vdf Hochschulverlag AG, Zürich, 1997

[Saynisch 1995]
Saynisch, M.: Das projektorientierte Unternehmen – Management by Projects, in: Lange, D. (Hrsg.): Management von Projekten – Know-how aus der Beraterpraxis, Schäffer-Poeschel Verlag, Stuttgart, 1995, S. 229-245

[Schein 1995]
Schein, E. H.: Unternehmenskultur, Campus Verlag GmbH, Frankfurt, New York, 1995

[Schein 1998]
Schein, E.: Organisationsentwicklung und die Organisation der Zukunft, in: Organisationsentwicklung 3/1998, Organisationsentwicklung und Management AG, Basel, 1998, S. 40-49

[Schindler 1997]
Schindler, M.: Entscheidungsunterstützung bei der Multiprojektkoordination: Entwicklung eines flexiblen und verteilten Frontend-Systems für Planer und Entscheider, Diplomarbeit, Universität-GH Paderborn, Paderborn, 1997

[Schindler 1998a]
Schindler, M.: Knowledge Management im Rahmen der verteilten Projektabwicklung, Arbeitsbericht des Kompetenzzentrums EKM der Universität St. Gallen, Bericht Nr.: HSG/MCM/CC EKM Nr. 16, Version 1.5, Mai 1998, St. Gallen, 1998

[Schindler 1998b]
Schindler, M.: Anforderungen an die Schnittstellen eines endbenutzerfreundlichen Suchmoduls in Plattformen für Wissensmedien, Arbeitsbericht des Kompetenzzentrums EKM der Universität St. Gallen, Bericht Nr.: HSG/MCM/CC EKM/17 vom September 1998, St. Gallen, 1998

[Schindler 1998c]
Schindler, M.: Wissensmanagement in der Projektabwicklung, in: Schindler, M. (Hrsg.): Unterlagen zum Workshop Knowledge Management im Rahmen der verteilten Projektabwicklung, 12. Dezember 1998, München, 1998

[Schindler 1999a]
Schindler, M.: Knowledge Management im Rahmen der verteilten Projektabwicklung, Vortragsunterlagen im Rahmen des Workshops „Wissensmanagement", 25. März 1999, UBS AG, Zürich, 1999

[Schindler 1999b]
Schindler, M.: Wissensmanagement als kritischer Erfolgsfaktor für die Projektabwicklung: Fallstudien bei Partnerunternehmen des CC EKM, Interne Arbeitsberichtsreihe des Kompetenzzentrums EKM der Universität St. Gallen, Berichte Nr.: HSG/MCM/CC EKM/21-23 vom Frühjahr/Sommer 1999, St. Gallen, 1999

[Schindler et al. 1998]
Schindler, M.; Hilb, M.; Fausch, M.: Trends und Technologien im Rahmen der verteilten Projektabwicklung, Arbeitsbericht des Kompetenzzentrums EKM der Universität St. Gallen, Bericht Nr.: HSG/MCM/CC EKM/18 vom Dezember 1998, St. Gallen, 1998

[Schindler/Brücker 1998]
Schindler, M.; Brücker, J.: Produktmodelle in Banken, Arbeitsbericht des Kompetenzzentrums EKM der Universität St. Gallen, Bericht Nr.: HSG/MCM/CC EKM Nr. 15, Version 1.0, Mai 1998, 1998

[Schindler/Gassmann 2000]
Schindler, M.; Gassmann, O.: Projektabwicklung gewinnt durch Wissensmanagement: Ergebnisse einer empirischen Studie – die Konzernentwicklung der Schindler Aufzüge AG, in: Wissenschaftsmanagement 1, Januar/Februar 2000, Lemmens Verlags- & Mediengesellschaft mbH, Bonn, 2000, S. 38-45

[Schindler/Hilb 1999]
Schindler, M.; Hilb, M.: Projektportfoliomanagement – State-of-the-Art Literaturstudie, unveröffentlichtes Arbeitspapier des Kompetenzzentrums EKM der Universität St. Gallen vom Juni 1999, St. Gallen, 1999

[Schindler/Schwan 1997]
Schindler, M.; Schwan, T.: Groupware-basiertes Applikationsframework eines Knowledge Mediums, in: is report 10/1997, Oxygon Verlag GmbH, Feldkirchen bei München, 1997, S. 30-33

[Schindler/Seifried 1999]
Schindler, M.; Seifried, P.: Projekte und Prozesse im Kontext des Wissensmanagements, in: Industrie Management 6/1999, GITO-Verlag, Berlin, 1999, S. 20-25

[Schmid 1997a]
Schmid, B. F.: IKT als Träger einer neuen Industriellen Revolution, in: Schuh, G.; Wiendahl, H. P. (Hrsg.): Komplexität und Agilität, Springer-Verlag, Berlin, Heidelberg, 1997, S. 104-117

[Schmid 1997b]
Schmid, B. F.: The Concept of Media, in: Proceedings of the Fourth Research Symposium on Electronic Markets: Negotiation and Settlement in Electronic Markets, Euridis Conference, 22.-23. September 1997, Maastricht, 1997

[Schmid 1998]
Schmid, B.: Management der Medien, in: Thexis 2/1998, Forschungsinstitut für Absatz und Handel an der Universität St. Gallen, St. Gallen, 1998, S. 124-125

[Schmid 1999a]
Schmid, B. F.: Zur Entfaltung der Macht des Kalküls in der Wirtschaft und BWL, in: Gomez, P.; Müller-Stewens, G.; Rüegg-Stürm, J. (Hrsg.): Entwicklungsperspektiven einer integrierten Managementlehre – Forschungsgespräche aus Anlass der 100-Jahr-Feier der Universität St. Gallen, Verlag Paul Haupt, Bern usw., 1999, S. 285-312

[Schmid 1999b]
Schmid, B. F.: Elektronische Märkte – Merkmale, Organisation und Potentiale, in: Hermanns, A.; Sauter, M. (Hrsg.): Management-Handbuch Electronic Commerce, Verlag Franz Vahlen GmbH, München, 1999, S. 31-48

[Schmid/Schindler 2000]
Schmid, B. F.; Schindler, M.: Verteilte Projektabwicklung im Kontext der neuen Medien – Module eines Project Enterprise Knowledge Mediums, in: Geberl, S.; Britzelmaier, B. (Hrsg.): Tagungsband 2. Liechtensteinisches Wirtschaftsinformatik-Symposium, 30.-31. Juni 2000, B. G. Teubner, Stuttgart usw., 2000, S. 133-144

[Schmidt 1997]
Schmidt, G.: Methode und Techniken der Organisation, 11. Auflage, Verlag Dr. Götz Schmidt, Giessen, 1997

[Schneider 1995]
Schneider, A.: Project Management in International Teams: Instruments for Improving Cooperation, in: International Journal of Project Management, Volume 13, Number 4, 1995, Elsevier Science Ltd., Kidlington, Oxford, 1995, S. 247-251

[Schneider 1996]
Schneider, U.: Management in der wissensbasierten Unternehmung – Das Wissensnetz in und zwischen Unternehmen knüpfen, in: Schneider, U. (Hrsg.): Die Entwicklung des intellektuellen Kapitals, Frankfurter Allgemeine Zeitung GmbH Edition Blickbuch Wirtschaft, Frankfurt am Main, 1996, S. 13-48

[Scholz 1991]
Scholz, C.: Projektkultur: Der Beitrag der Organisationskultur zum Projektmanagement, in: Zeitschrift Führung + Organisation (zfo), März/April 1991, Heft 2, Fachverlag für Büro- und Organisationstechnik GmbH (FBO), Baden-Baden, 1991, S. 143-150

[Scholz 1997]
Scholz, C.: Strategische Organisationen – Prinzipien zur Vitalisierung und Virtualisierung, Verlag Moderne Industrie, Landsberg/Lech, 1997

[Schrage 1997]
Schrage, M.: Collaborative Tools: A First Look, in: Ruggles, R. L. (Hrsg.): Knowledge Management Tools, Butterworth-Heinemann, Boston usw., 1997, S. 167-186

[Schubert 1999]
Schubert, P.: Virtuelle Transaktionsgemeinschaften im Electronic Commerce: Management, Marketing und Soziale Umwelt, Dissertation der Universität St. Gallen, St. Gallen, 1999

[Schumm 1999]
Schumm, W.: Kapitalistische Rationalisierung und die Entwicklung wissensbasierter Arbeit, in: Konrad W.; Schumm, W. (Hrsg.): Wissen und Arbeit: Neue Konturen von Wissensarbeit, Verlag Westfälisches Dampfboot, Münster, 1999, S. 152-183

[Schüppel 1996]
Schüppel, J.: Wissensmanagement – Organisatorisches Lernen im Spannungsfeld von Wissens- und Lernbarrieren, Dissertation der Universität St. Gallen, St. Gallen, 1996

[Schüppel et al. 1998]
Schüppel, J.; Müller-Stewens, G.; Gomez, P.: The Knowledge Spiral, in: von Krogh, G.; Roos, J.; Kleine, D. (Hrsg.): Knowing in Firms – Understanding, Managing and Measuring Knowledge, Sage Publications Ltd., London usw., 1998, S. 223-239

[Schwabe/Krcmar 1996]
Schwabe, G.; Krcmar, H.: CSCW-Werkzeuge, in: Wirtschaftsinformatik Nr. 2/1996, Verlag Friedrich-Vieweg, Wiesbaden, 1996, S. 209-225

[Schwager/Haar 1996]
Schwager, M.; Haar, J.: Erfolgsstrategien für eine dynamische Organisation – Projekt- und prozessorientierte Unternehmensgestaltung, Rudolf Haufe Verlag, Freiburg, 1996

[Schwägerl 1996]
Schwägerl, M.: Praxishandbuch Projektmanagement (Band 1), in: Ehrl-Gruber, B.; Süß, G. M. (Hrsg.): Ergebnisorientierte und termingerechte Projektabwicklung in der Industrie, Glossar, WEKA Fachverlag für technische Führungskräfte GmbH, Augsburg, 1996, Abschnitt 1.4

[Schwan et al. 1997]
Schwan, T.; Griess, J.; Schindler, M.: Nutzung eines Enterprise Knowledge Mediums bei der Deutschen Bank – Neue Gestaltung von Planungsprozessen, in: is report 10/1997, Oxygon Verlag GmbH, Feldkirchen bei München, 1997, S. 12-16

[Schwan et al. 1999]
Schwan, T.; Schindler, M.; Röpnack, A.; Heil, M.; Höhling, J.: Der Case Deutsche Bank, in: Schmid B. F. (Hrsg.): Wissensmedien – Konzept und Schritte zu ihrer Realisierung, Verlag Dr. Th. Gabler GmbH, Wiesbaden, 1999, im Druck

[Seifried i. B.]
Seifried, P.: Methode für die Gestaltung eines informationstechnologisch-unterstützten Enterprise Knowledge Medium für wissensintensive Geschäftsprozesse, Dissertation der Universität St. Gallen, St. Gallen, i. B.

[Seiler 1998]
Seiler, M.: Gestaltung von Wissensmanagement-Prozessen in verteilten Unternehmensstrukturen mit Knowledge Mapping, Diplomarbeit, Technische Universität München, Lehrstuhl für Konstruktion im Maschinenbau, München, 1998

[Senge 1990a]
Senge, P. M.: The Fifth Discipline: The Art and Practice of the Learning Organization, Doubleday Currency, New York usw., 1990

[Senge 1990b]
Senge, P. M.: The Leader's New Work: Building Learning Organizations, in: Sloan Management Review, Fall 1990, Volume 31, Number 1, Sloan Management Review Association, Cambridge, 1990, S. 7-23

[Senge et al. 1995]
Senge, P. M.; Kleiner, A.; Roberts, C.; Ross, R. B.; Smith, B. J.: The Fifth Discipline Fieldbook – Strategies and Tools for Building a Learning Organization, Nicholas Brealey Publishing Ltd., London, 1995

[Seufert et al. 1999]
Seufert, A.; von Krogh, G.; Back, A.: Towards Knowledge Networking, in: Journal of Knowledge Management, Volume 3, Number 3, 1999, MCB University Press, Bradford, 1999, S. 180-190

[Seufert/Seufert 1998]
Seufert, A.; Seufert, S.: Wissensgenerierung und -transfer in Knowledge Networks, in: IO Management Nr. 10/1998, HandelsZeitung Fachverlag AG, Zürich, 1998, S. 76-84

[Shariq 1998]
Shariq, S. Z.: Sense Making and Artifacts: An Exploration into the Role of Tools in Knowledge Management, in: Journal of Knowledge Management, Volume 2, Number 2, December 1998, MCB University Press, Bradford, 1998, S. 10-19

[Sheppard/Tuchinsky 1996]
Sheppard, B. H.; Tuchinsky, M.: Micro-OB and the Network Organization, in: Kramer, R. M.; Tyler, T. R. (Hrsg.): Trust in Organizations: Frontiers of Theory and Research, Sage Publications, Inc., Thousand Oaks, 1996, S. 140-165

[Sieber 1998]
Sieber, P.: Virtuelle Unternehmen in der IT-Branche – Die Wechselwirkungen zwischen Internet-Nutzung, Strategie und Organisation, Verlag Paul Haupt, Bern usw., 1998

[Siemens 1998]
o. V.: Orientierungskarte Siemens – Das lernende Unternehmen, Ratiofragen zur Optimierung des Projektablaufs, Siemens Schweiz AG, Zürich, 1998

[Skyrme 1998]
Skyrme, D. J.: The Realities of Virtuality, in: Sieber, P.; Griese, J. (Hrsg.): Organizational Virtualness, Proceedings of the VoNet Workshop, Zurich, April 27-28, 1998, Simowa Verlag, Bern, 1998, S. 25-34

[Skyrme 1999]
Skyrme, D. J.: Virtual Organizations: The Fifth Dimension, in: Skryme, D. J. (Hrsg.): I3 Update/ENTOVATION International News, Issue No. 30, June 1999, Highclere, England, 1999

[Skyrme/Amidon 1997]
Skyrme, D.; Amidon, D. A.: Creating the Knowledge-Based Business – Key Lessons from an International Study of Best Practice, Business Intelligence Ltd., Wimbledon, 1997

[Smith/Dodds 1997]
Smith, B.; Dodds, B.: Developing Managers in the Project-Orientated Organization, in: Journal of European Industrial Training, Volume 21, Number 5, 1997, MCB University Press, Bradford, 1997, S. 165-170

[Solaro 1989]
Solaro, D.: Betriebswirtschaftslehre und Ethik, Festvortrag an der Universität Stuttgart, 27.9.1989, Stuttgart, 1989

[Spender 1996]
Spender, J.-C.: Making Knowledge the Basis of a Dynamic Theory of the Firm, in: Strategic Management Journal, Volume 17 (9), John Wiley & Sons, Inc., New York usw., 1996, S. 45-62

[Spender 1998]
Spender, J.-C.: The Geographies of Strategic Competence: Borrowing from Social and Educational Psychology to Sketch an Activity and Knowledge-Based Theory of the Firm, in: Chandler, A. D.; Hagström, P.; Sölvel, Ö. (Hrsg.): The Dynamic Firm – The Role of Technology, Strategy, Organization, and Regions, Oxford University Press Inc., New York, 1998, S. 417-439

[Spiegel-Verlag 1999]
o. V.: Online – Offline 2, Spiegel-Verlag, Hamburg, 1999

[Spur 1997]
Spur, G.: Kernfähigkeit: Wissensmanagement, in: Schuh, G.; Wiendahl, H. P. (Hrsg.): Komplexität und Agilität, Springer-Verlag, Berlin, Heidelberg, 1997, S. 89-102

[Stadler 1999]
Stadler, R.: Multiprojektmanagement, in: Fachausschuss Management der Anwendungsentwicklung und -wartung (Hrsg.): Rundbrief 1/1999 des Fachbereichs 5 der Gesellschaft für Informatik: Beiträge zur 3. Fachtagung Management und Controlling von IV-Projekten, Karlsruhe, 1999, S. 28-39

[Staehle 1999]
Staehle, W.: Management – Eine verhaltenswissenschaftliche Perspektive, 8. Auflage, Verlag Franz Vahlen GmbH, München, 1999

[Starbuck 1992]
Starbuck, W. H.: Learning by Knowledge-Intensive Firms, in: Journal of Management Studies, Volume 29, Number 6, November 1992, Blackwell Publishers, Oxford usw., 1992, S. 713-740

[Stefik 1988]
Stefik, M. J.: The Next Knowledge Medium, in: The Ecology of Computation, Elsevier Science Publishers B. V., North Holland – Amsterdam usw., 1988, S. 315-342

[Steiner/Lüthi 1998]
Steiner, U.; Lüthi, A.: Einsatz von Personalinformationssystemen in Schweizer Grossunternehmen, in: IO Management Nr. 4/1998, HandelsZeitung Fachverlag AG, Zürich, 1998, S. 34-37

[Sveiby 1998]
Sveiby, K. E.: Wissenskapital – das unentdeckte Vermögen, Verlag Moderne Industrie, Landsberg/Lech, 1998

[Sydow/van Well 1996]
Sydow, J.; van Well, B.: Wissensintensiv durch Netzwerkorganisation – Strukturationstheoretische Analyse eines wissensintensiven Netzwerks, in: Schreyögg, G.; Conrad, P. (Hrsg.): Managementforschung 6 – Wissensmanagement, Walter de Gruyter & Co., Berlin, New York, 1996, S. 191-234

[Szulanski 1995]
Szulanski, G.: Unpacking Stickiness: An Empirical Investigation of the Barriers to Transfer Best Practices Inside the Firm, INSEAD Working Paper, Fontainebleau, 1995

[Szulanski 1996]
Szulanski, G.: Exploring Internal Stickiness: Impediments to the Transfer of Best Practice within the Firm, in: Strategic Management Journal, Volume 17, Special Issue, Winter 1996, John Wiley & Sons, Ltd., Chichester usw., 1996, S. 27-43

[Teece 1998]
Teece, D. J.: Research Directions for Knowledge Management, in: California Management Review, Volume 40, Number 3, Spring 1998, Haas School of Business, University of California, Berkeley, 1998, S. 289-292

[Teufel et al. 1995]
Teufel, S.; Sauter, C.; Mühlherr, T.; Bauknecht, K.: Computerunterstützung für die Gruppenarbeit, Addison-Wesley GmbH, Bonn usw., 1995

[Thamhain/Nurick 1994]
Thamhain, H. J.; Nurick, A. J.: Project Team Development in Multinational Environments, in: Cleland, D. I.; Gareis, R. (Hrsg.): Global Project Management Handbook, McGraw-Hill, Inc., New York usw., 1994, Abschnitt 19, S. 1-24

[Tiemeyer 1997]
Tiemeyer, E.: OrgTools – Band 3: Projektmanagement, Schäffer-Poeschel Verlag, Stuttgart, 1997

[Tobin 1993]
Tobin, D. R.: Re-Educating the Corporation – Foundations for the Learning Organization, Oliver Wight Publications Inc., Essex Junction, 1993

[Tobin 1996]
Tobin, D. R.: Transformational Learning – Reviewing Your Company through Knowledge and Skills, John Wiley & Sons, Inc., New York usw., 1996

[Townsend et al. 1998]
Townsend, A. M.; DeMarie, S. M.; Hendrickson, A. R.: Virtual teams: Technology and the Workplace of the Future, in: Academy of Management Executive, 1998, Volume 12, Number 3, University of North Carolina, Chapel Hill, 1998, S. 17-29

[Tscherne 1998]
Tscherne, P.: Bericht aus der Praxis: Projektmanagement bei Pixelpark, in: Schindler, M. (Hrsg.): Unterlagen zum Workshop Knowledge Management im Rahmen der verteilten Projektabwicklung, 12. Dezember 1998, München, 1998

[Tuman 1994]
Tuman, J.: Cultural Strategies for Global Project Management, in: Cleland, D. I.; Gareis, R. (Hrsg.): Global Project Management Handbook, McGraw-Hill, Inc., New York usw., 1994, Abschnitt 11, S. 1-24

[Turner 1993]
Turner, J. R.: The Handbook of Project-Based Management, McGraw-Hill, Inc., Maidenhead, 1993

[Turner 1999]
Turner, C.: What Are "Communities of Practice"?, in: Senge, P.; Kleiner, A.; Roberts, C.; Ross, R.; Roth, G.; Smith, B. (Hrsg.): The Dance of Change – The Challenge of Sustaining Momentum in Learning Organizations, Nicholas Brealey Publishing Ltd., London, Naperville, 1999, S. 477-480

[UBS 1999]
o. V.: Projektmanagement – Guidebook für den Unternehmensbereich Privat- und Firmenkunden sowie für das Corporate Center, internes Dokument der UBS AG, Zürich, 1999

[uit Beijerse 1999]
uit Beijerse, R. P.: Questions in Knowledge Management: Defining and Conceptualising a Phenomenon, in: Journal of Knowledge Management, Volume 3, Number 2, 1999, MCB University Press, Bradford, 1999, S. 94-109

[Ulrich 1984]
Ulrich, H.: Management, Verlag Paul Haupt, Bern, Stuttgart, 1984

[Ulrich 1988]
Ulrich, H.: Von der Betriebswirtschaftslehre zur systemorientierten Managementlehre, in: Wunderer, R. (Hrsg.): Betriebswirtschaftslehre als Management- und Führungslehre, C. E. Poeschel Verlag, Stuttgart, 1988, S. 173-190

[Ulrich 1989]
Ulrich, H.: Integrative Unternehmensführung, in: Krisch, W.; Picot, A. (Hrsg.): Die Betriebswirtschaftslehre im Spannungsfeld zwischen Generalisierung und Spezialisierung, Verlag Dr. Th. Gabler GmbH, Wiesbaden, 1989, S. 183-198

[van Heijst et al. 1998]
van Heijst, G.; van der Spek, R.; Kruizinga, E.: The Lessons Learned Cycle, in: Borghoff, U. M.; Pareschi, R. (Hrsg.): Information Technology for Knowledge Management, Springer-Verlag, Berlin usw., 1998, S. 17-34

[Venkatraman/Henderson 1998]
Venkatraman, N.; Henderson, J. C.: Real Strategies for Virtual Organizing, in: Sloan Management Review, Fall 1998, Volume 39, Number 1, Sloan Management Review Association, Cambridge, 1998, S. 33-48

[Vetter/Wiesenbauer 1995]
Vetter, R.; Wiesenbauer, L.: Vernetzte Organisationen – Projektorientierte Unternehmensführung als Weg aus der Krise, Verlag Dr. Th. Gabler GmbH, Wiesbaden, 1995

[Vigné 1992]
Vigné, R.: Projektmanagement-Kultur: Entwicklung und praktische Umsetzung bei IBM Österreich, in: Gareis, R. (Hrsg.): Projekte und Strategien, Service Fachverlag, Wien, 1992, S. 139-146

[von Krogh 1998]
von Krogh, G.: Care in Knowledge Creation, in: California Management Review, Volume 40, Number 3, Spring 1998, Haas School of Business, University of California, Berkeley, 1998, S. 133-153

[von Krogh et al. 1997]
von Krogh, G.; Nonaka, I.; Ichijo, K.: Develop Knowledge Acitivists!, in: European Management Journal, Volume 15, Number 5, October 1997, Elsevier Science Ltd., Oxford, 1997, S. 475-483

[von Krogh/Köhne 1998]
von Krogh, G.; Köhne, M.: Der Wissenstransfer im Unternehmen: Phasen des Wissenstransfers und wichtige Einflussfaktoren, in: Die Unternehmung 5/6/1998, Verlag Paul Haupt, Bern, 1998, S. 235-252

[von Krogh/Roos 1995]
von Krogh, G.; Roos, J.: Organizational Epistemology, St. Martin's Press, Inc., New York, 1995

[von Krogh/Venzin 1995]
von Krogh, G.; Venzin, M.: Anhaltende Wettbewerbsvorteile durch Wissensmanagement, in: Die Unternehmung 6/1995, Verlag Paul Haupt, Bern, 1995, S. 417-436

[Wargin et al. 1997]
Wargin, J.; Feurer, R.; Krin, B.; Bürgel, O.: Der Mensch im Mittelpunkt – Konzepte des Management von Veränderungsprojekten bei Hewlett-Packard, in: Reiß, M.; von Rosenstiel, L.; Lanz, A. (Hrsg.): Change Management – Programme, Projekte und Prozesse, Schäffer-Poeschel Verlag, Stuttgart, 1997, S. 347-362

[Warnecke 1996]
Warnecke, H.-J.: Die Fraktale Fabrik – Revolution der Unternehmenskultur, 2. Auflage, Rowohlt Taschenbuch Verlag GmbH, Hamburg, 1996

[Webster 1994]
Webster, F. M.: We Don't Do Projects!, in: Cleland, D. I.; Gareis, R. (Hrsg.): Global Project Management Handbook, McGraw-Hill, Inc., New York usw., 1994, Abschnitt 22, S. 1-27

[Wenger 1987]
Wenger, E.: Artificial Intelligence and Tutoring Systems – Computational and Cognitive Approaches to the Communications of Knowledge, Morgan Kaufmann Publishers, Inc., Los Altos, 1987

[Wenger 1998]
Wenger, E.: Communities of Practice – Learning as a Social System, 1998, aus: http://www.co-i-l.com/coil/knowledge-garden/cop/lss.shtml, am: 18.01.2000

[Wenger/Snyder 2000]
Wenger, E. C.; Snyder, W. M.: Communities of Practice: The Organizational Frontier, in: Harvard Business Review, Januar-Februar 2000, Number 1, Boston, 2000, S. 139-145

[Whyte 1991]
Whyte, W. F.: Participatory Action Research – Conclusions, in: Whyte, W. F. (Hrsg.): Participatory Action Research, Sage Publications, Inc., Newbury Park usw., 1991, S. 237-241

[Whyte et al. 1991]
Whyte, W. F.; Greenwood, D. J.; Lazes, P.: Participatory Action Research – Through Practice to Science in Social Research, in: Whyte, W. F. (Hrsg.): Participatory Action Research, Sage Publications, Inc., Newbury Park usw., 1991, S. 19-55

[Wideman 1995]
Wideman, R. M.: Criteria for a Project Management Body of Knowledge, in: International Journal of Project Management, Volume 13, Number 2, 1995, Elsevier Science Ltd., Kidlington, Oxford, 1995, S. 71-75

[Wideman 1998]
Wideman, R. M.: Defining PM Knowledge as a Basis for Global Communication, Learning and Professionalism, in: PMI 1998 Symposium Paper, Vancouver, 1998, aus: http://www.pmforum.org/docs/PMKSpap98-6.pdf, am: 11.01.1999

[Wiegand 1996]
Wiegand, M.: Prozesse Organisationalen Lernens, Verlag Dr. Th. Gabler GmbH, Wiesbaden, 1996

[Wiig 1998]
Wiig, K. M.: Perspectives on Introducing Enterprise Knowledge Management, in: Reimer, U. (Hrsg.): Proceedings of the Second International Conference on Practical Aspects of Knowledge Management (PAKM), 29-30 October 1998, Basel, 1998

[Wildeman 1998]
Wildeman, L.: Alliances and Networks: The Next Generation, in: International Journal of Technology Management, Volume 15, Number 1/2, 1998, Inderscience Enterprises Ltd., Wolverton, 1998, S. 96-108

[Wildemann 1995]
Wildemann, H.: Schnell lernende Unternehmen: Konzepte und Fallstudien zur Erreichung von Wettbewerbsvorteilen in Kosten, Zeit, Qualität und Flexibilität, in: Wildemann, H. (Hrsg.): Schnell lernende Unternehmen – Quantensprünge in der Wettbewerbsfähigkeit, TCW Transfer-Centrum Verlag, München, 1995, S. 1-51

[Willke 1996a]
Willke, H.: Systemtheorie I: Grundlagen, 5., überarbeitete Auflage, Lucius & Lucius Verlagsgesellschaft mbH, Stuttgart, 1996

[Willke 1996b]
Willke, H.: Dimensionen des Wissensmanagements – Zum Zusammenhang von gesellschaftlicher und organisationaler Wissensbasierung, in: Schreyögg, G.; Conrad, P. (Hrsg.): Managementforschung 6 – Wissensmanagement, Walter de Gruyter & Co., Berlin, New York, 1996, S. 263-304

[Willke 1997]
Willke, H.: Wissensarbeit, in: Organisationsentwicklung 3/1997, Organisationsentwicklung und Management AG, Basel, 1997, S. 4-18

[Willke 1998a]
Willke, H.: Systemtheorie III: Steuerungstheorie – Grundzüge einer Theorie der Steuerung komplexer Sozialsysteme, 2. Auflage, Lucius & Lucius Verlagsgesellschaft mbH, Stuttgart, 1998

[Willke 1998b]
Willke, H.: Systemisches Wissensmanagement, Lucius & Lucius Verlagsgesellschaft mbH, Stuttgart, 1998

[Willke 1999]
Willke, H.: Strategien entwickeln in verteilten Unternehmen, in: Gablers Magazin 3/1999, Verlag Dr. Th. Gabler GmbH, Wiesbaden, 1999, S. 6-9

[Wischnewski 1993]
Wischnewski, E.: Modernes Projektmanagement, 4. Auflage, Verlag Friedrich-Vieweg, Braunschweig, Wiesbaden, 1993

[Witschi et al. 1998]
Witschi, U.; Schlager G.; Scheutz, U.: Projektmanagement in komplexer werdenden Situationen – Vom Nutzen des systemischen Ansatzes beim Projektmanagement, in: Organisationsentwicklung 1/1998, Organisationsentwicklung und Management AG, Basel, 1998, S. 76-87

[Wöhe 1993]
Wöhe, G.: Einführung in die Allgemeine Betriebswirtschaftslehre, 18. Auflage, Verlag Franz Vahlen GmbH, München, 1993

[Wojda 1996]
Wojda, F.: Lernende Organisationen durch Projektprogramm-Management, in: Bullinger, H.-J. (Hrsg.): Lernende Organisationen – Konzepte, Methoden und Erfahrungsberichte, Schäffer-Poeschel Verlag, Stuttgart, 1996, S. 287-303

[Wolf et al. 1999]
Wolf, T.; Decker, S.; Abecker, A.: Unterstützung des Wissensmanagements durch Informations- und Kommunikationstechnologie, in: Scheer, A.-W.; Nüttgens, M. (Hrsg.): Electronic Business Engineering/4. Internationale Tagung Wirtschaftsinformatik 1999, Physica-Verlag, Heidelberg, 1999, S. 745-766

[Womack/Jones 1994]
Womack, J. P.; Jones, D. T.: From Lean Production to the Lean Enterprise, in: Harvard Business Review, March-April 1994, Number 2, Boston, 1994, S. 93-103

[Woods/Sheina 1998]
Woods, E.; Sheina, M.: Knowledge Management – Applications, Tools and Technologies, Ovum Ltd., London usw., 1998

[Wüthrich/Philipp 1998]
Wüthrich, H. A.; Philipp, A. F.: Virtualisierung als zukunftsweisende Management-Herausforderung!? Momentaufnahme einer faszinierenden und weitreichenden Technik, in: Die Unternehmung 5/6/1998, Verlag Paul Haupt, Bern, 1998, S. 253-270

[Wüthrich/Philipp 1999]
Wüthrich, H. A.; Philipp, A. F.: Virtuelle Unternehmen – Leitbild digitaler Geschäftsbeziehungen, in: Hermanns, A.; Sauter, M. (Hrsg.): Management-Handbuch Electronic Commerce, Verlag Franz Vahlen GmbH, München, 1999, S. 49-60

[Yin 1993]
Yin, R. K.: Applications of Case Study Research, Sage Publications, Inc., Thousand Oaks usw., 1993

[Yin 1994]
Yin, R. K.: Case Study Research, Design and Methods, 2. Auflage, Sage Publications, Inc., Thousand Oaks usw., 1994

[Zack 1999]
Zack, M. H.: Managing Codified Knowledge, in: Sloan Management Review, Summer 1999, Volume 40, Number 4, Sloan Management Review Association, Cambridge, 1999, S. 45-58

[Zahn 1998]
Zahn, E.: Wissen und Strategie, in: Bürgel, H. D. (Hrsg.): Wissensmanagement – Schritte zum intelligenten Unternehmen, Springer-Verlag, Berlin usw., 1998, S. 41-52

[Zahn/Greschner 1996]
Zahn, E.; Greschner, J.: Strategische Erneuerung durch organisationales Lernen, in: Bullinger, H.-J. (Hrsg.): Lernende Organisationen – Konzepte, Methoden und Erfahrungsberichte, Schäffer-Poeschel Verlag, Stuttgart, 1996, S. 42-73

[Zbinden 1995]
Zbinden, W.: Know-how-Transfer an der Schnittstelle Produktion/Entwicklung, in: Wildemann, H. (Hrsg.): Schnell lernende Unternehmen – Quantensprünge in der Wettbewerbsfähigkeit, TCW Transfer-Centrum Verlag, München, 1995, S. 453-525

[Ziegler 1996]
Ziegler, J.: Rechnerunterstützung für kooperative Arbeit – Computer Supported Cooperative Work, in: Bullinger, H.-J.; Warnecke, H. J. (Hrsg.): Neue Organisationsformen im Unternehmen – Ein Handbuch für das moderne Management, Springer-Verlag, Berlin usw., 1996, S. 680-689

[Ziehmann 1996]
Ziehmann, K.: Schnellere Lernprozesse und die Langsamkeit der Organisationsentwicklung, in: Balck, H. (Hrsg.): Networking und Projektorientierung, Springer-Verlag, Berlin usw., 1996, S. 31-57

[Zielasek 1995]
Zielasek, G.: Projektmanagement, Springer-Verlag, Berlin usw., 1995

[Zuberbühler 1998]
Zuberbühler, M.: Virtualität – der zukünftige Wettbewerbsvorteil, in: IO Management Nr. 4/1998, HandelsZeitung Fachverlag AG, Zürich, 1998, S. 18-23

[Zucker et al. 1996]
Zucker, L. G.; Darby, M. R.; Brewer, M. B.; Peng, Y.: Collaboration Structure and Information Dilemmas in Biotechnology – Organizational Boundaries as Trust Production, in: Kramer, R. M.; Tyler, T. R. (Hrsg.): Trust in Organizations: Frontiers of Theory and Research, Sage Publications, Inc., Thousand Oaks, 1996, S. 90-113

[Zucker/Schmitz 1994]
Zucker, B.; Schmitz, C.: Wissen nutzen statt verspielen, in: Gablers Magazin 11-12/1994, Verlag Dr. Th. Gabler GmbH, Wiesbaden, 1994, S. 62-65

I.3 Abbildungen

I.4 Tabellen

I.5 Internetressourcen

Im Folgenden finden sich Internetressourcen, die in Zusammenhang mit dieser Arbeit stehen.

Im Rahmen des empirischen Teils der Arbeit einbezogene Unternehmen

Bankgesellschaft Berlin	http://www.bankgesellschaft.de/
Credit Suisse Group	http://www.credit-suisse.com/
DaimlerChrysler	http://www.daimlerchrysler.de/
IBM Consulting Group	http://www.ch.ibm.com/
Pixelpark	http://www.pixelpark.com/
Roche Diagnostics	http://www.roche.com/diagnostics/
Schindler Aufzüge	http://www.schindler.ch/
UBS	http://www.ubs.com/

Wissenschaftliche Einrichtungen/Institutionen/Plattformen

5th. Discipline Fieldbook Project	http://www.fieldbook.com/
APQC	http://www.apqc.org/
DOE	http://www.tis.eh.doe.gov/ll/docs.html
IAO	http://www.iao.fhg.de/
Kompetenzzentrum EKM	http://www.knowledgemedia.org/
Learning Histories MIT	http://ccs.mit.edu/lh/index.html
NASA	http://www.nasa.gov/
NASA RECALL-Programm	http://hope.gsfc.nasa.gov/RECALL/ homepg/recall.htm
NetAcademy	http://www.netacademy.org/
WMK	http://www.cck.uni-kl.de/wmk/

Projektmanagementorganisationen[557]

Deutsche Gesellschaft für Projektmanagement	http://www.gpm-ipma.de/
International Project Management Association	http://www.ipma.ch/
Project Management Institute	http://www.pmi.org/

[557] Vgl. dazu auch [Schindler et al. 1998, S. 40 f.].

Schweizerische Gesellschaft für Projektmanagement	http://www.swisspm.ch/

Hersteller bzw. Lösungen und Produkte

Artemis	http://www.artemispm.com/
Borland/Inprise	http://www.borland.com/
Computer Associates	http://www.cai.com/
grapeVINE Technologies	http://www.gvt.com/
GroupSystems.com	http://www.groupsystems.com/
IBM	http://www.ibm.com/
InformationObjects	http://www.informationobjects.com/
Informix	http://www.informix.com/
Inovie Software	http://www.inovie.com/
Instinctive Technology	http://www.instinctive.com/
Lotus	http://www.lotus.com/
Lotus Quickplace über Swisscom	http://www.teamwork.ch/
Marin Research	http://www.marinres.com/
Microsoft	http://www.microsoft.com/
Netmosphere	http://www.netmosphere.com/
Netscape	http://www.netscape.com/
Novell	http://www.novell.com/
Open Text	http://www.opentext.com/
Oracle	http://www.oracle.com/
PAVONE	http://www.pavone.de/
Primavera	http://www.primavera.com/
Projektplatsen	http://www.projectplace.com/
Quickplace	http://www.quickplace.com/
Sybase	http://www.sybase.com/
Symantec	http://www.symantec.com/
Thoughtstar	http://www.thoughtstar.com/
WebProject	http://www.wproj.com/
Yahoo	http://www.yahoo.com/

In Kapitel 4.6.5 aufgeführte Standardisierungsgremien

GPRS Applications Alliance	http://www.gprsworld.com/
ITU	http://www.itu.int/
UMTS Forum	http://www.umts-forum.org/
WAP Forum	http://www.wapforum.org/
World Wide Web Consortium	http://www.w3.org/

In Kapitel 1.1 aufgeführte Unternehmen

AOL	http://www.aol.com/
Aventis	http://www.aventis.com/
DaimlerChrysler	http://www.daimlerchrysler.com/
Deutsche Bank	http://www.deutsche-bank.com/
Exxon	http://www.exxon.com/
Glaxo Wellcome	http://www.glaxowellcome.co.uk/
Hoechst	http://www.hoechst.com/
Mannesmann	http://www.mannesmann.de/
Mobil	http://www.mobil.com/
Rhône-Poulenc	http://www.rhone-poulenc.com/
SmithKline Beecham	http://www.sb.com/
Time Warner	http://www.timewarner.com/
Vodafone AirTouch	http://www.vodafone-airtouch-plc.com/

Anhang II: Fallstudien

II.1 Fallstudie Bankgesellschaft Berlin

1 Rahmeninformationen

1.1 Unternehmensprofil

Die Bankgesellschaft Berlin AG ist als Finanzdienstleister in den fünf strategischen Geschäftsfeldern Privat- und Firmenkundengeschäft, Immobilien, Öffentliche Hand und Investmentbanking tätig. Gegründet 1994 durch die Zusammenführung der Berliner Bank AG, der Berlin Hyp und der Landesbank Berlin[558] mit ihren zahlreichen nationalen und internationalen Tochterunternehmen verfügte sie 1998 über ca. 16.700 Beschäftigte und eine Bilanzsumme von ca. 369 Mio. Deutsche Mark bei einem Eigenkapital von 8.212 Mio. Deutsche Mark.

Zum Zeitpunkt der durchgeführten Interviews (August 1998) war der Konzern Bankgesellschaft Berlin wie in der folgenden Abbildung dargestellt organisiert (vgl. Abb. II.1-1).

Abb. II.1-1: Organisationsstruktur Bankgesellschaft Berlin

Die BB-Data GmbH ist ein 1987 als Tochter der Berliner Bank AG gegründetes Mitglied des Konzerns Bankgesellschaft Berlin. Seit 1. Januar 1994 ist die Bankgesellschaft Berlin AG alleiniger Gesellschafter der BB-Data. Die BB-Data ist der Informatikdienstleister der Bankgesellschaft.

Die Mission der BB-Data ist wie folgt definiert: „Die BB-Data GmbH ist das Service-Unternehmen der Bankgesellschaft Berlin AG, das die IT-Infrastruktur im Konzern wirtschaftlich und technologisch kompetent managt." [BB-Data 1998a]

Zu dieser wirtschaftlichen Managementaufgabe gehört auch die Definition und Festlegung von organisatorischen Standards bezüglich der Projektabwicklung im Konzern Bankgesellschaft.[559]

---

[558] Den so genannten Teilbanken bzw. Instituten.

[559] Wenn im Folgenden von der BB-Data geschrieben wird, ist damit stets auch der Gesamtkonzern gemeint, sofern nicht weiter differenziert wird.

1.2 Betrachtungsgegenstand

Die Untersuchungen zur Fallstudie konzentrierten sich auf die Projekte EWWU (Europäische Währungs- und Wirtschaftsunion) und Jahr 2000 sowie die Betrachtung des Projektleitstands. Ferner wurde das Projektcontrolling aus Konzernsicht unter Wissensmanagementgesichtspunkten betrachtet.

1.3 Forschungsmethoden

Diagnostizierende Aktionsforschung: Workshops, Arbeitstreffen, Experteninterviews, Dokumentenanalyse.

1.4 Vorgehensweise

Nach dem Projektsetup im Mai 1998 wurde eine erste Dokumentenanalyse vorgenommen.

Im August 1998 wurden nach einem gemeinsamen Einführungsworkshop fünf Experteninterviews (vgl. Kapitel 3 der Fallstudie[560]) durch den Autor dieser Arbeit durchgeführt.

Im Rahmen der Interviews wurden fünf Experten aus den Funktionsbereichen Management, Projektleitung, Projektmanagementberatung, Multiprojektleitung und Projektcontrolling der Bankgesellschaft Berlin bzw. der BB-Data befragt. Die Teilnehmer stammten dabei aus den Bereichen Unternehmenskommunikation/Neue Medien, Konzern-Organisation und Informatik, Finanzen und Controlling Konzern, Projektleitstand und Benutzersysteme sowie Planung und Projekte der Bankgesellschaft Berlin (Konzern) bzw. BB-Data. Es wurden bewusst Experten aus verschiedenen Bereichen der Bankgesellschaft/BB-Data ausgewählt, um die Erfassung eines möglichst umfassenden Bildes zu ermöglichen.

Nach der Auswertung wurden die Interviewergebnisse wiederum zur Diskussion gestellt und im Rahmen eines Workshops sowie nachfolgend in Form eines gemeinsam abgestimmten Arbeitsberichts [Schindler 1999b] und durch mehrfache Telefonate verifiziert.

Der Forschungsprozess wurde durch das Ausscheiden der Bankgesellschaft Berlin aus dem Kompetenzzentrum EKM vorzeitig abgebrochen, so dass eine weitergehende Umsetzung der Massnahmen durch das Forscherteam nicht mehr möglich war. Der Fokus dieser Fallstudie liegt daher auf der Ist-Analyse.

Sofern nicht ausdrücklich anders angemerkt, basieren die im folgenden Kapitel 2 gemachten Ausführungen zur Ist-Analyse auf dem Stand August 1998.

---

[560] Kapitelverweise innerhalb der Fallstudie beziehen sich aus Gründen der besseren Lesbarkeit auch auf diese, sofern nicht ausdrücklich anders angemerkt.

2 Ergebnisse

2.1 Ist-Analyse

Die Bankgesellschaft Berlin ist ein hierarchisch gegliedertes Unternehmen, das Projekte als Matrixorganisation durchführt. Der Anteil an Projektarbeit nimmt dabei stetig zu.

Die Aufbauorganisation eines Projektes stellt sich wie in Abb. II.1-2 illustriert dar.

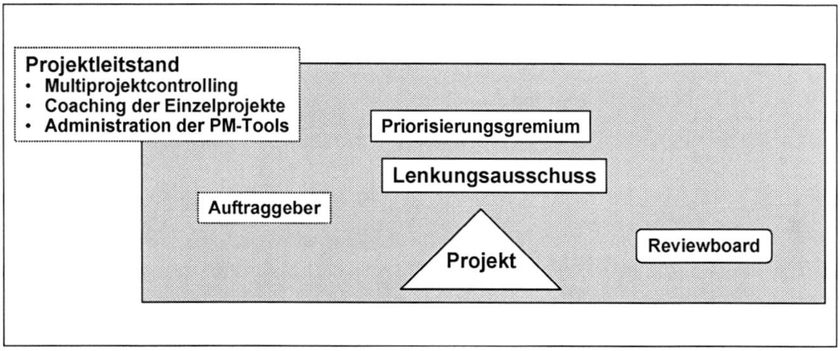

Abb. II.1-2: Projektorganisation bei der Bankgesellschaft Berlin

Der *Projektauftraggeber* finanziert ein Projekt und spezifiziert die inhaltlichen Anforderungen/Leistungen. Er nimmt ferner am Reviewboard teil, kontrolliert die Projektergebnisse und hat die Projektleitung am Projektende zu entlasten [vgl. BB-Data 1998b, S. 10].

Die oben angesprochene Definition von Standards im Rahmen der Managementaufgabe der BB-Data wird durch die Organisationseinheit *Projektleitstand* umgesetzt. Dieser ist organisatorisch bei der BB-Data eingegliedert und für das Multiprojektcontrolling zuständig. Er administriert ferner DV-Lösungen für die Projektarbeit (Projektmanagementsoftware usw.) und steht gegebenenfalls auch beratend für einzelne Projekte zur Verfügung (z. B. Aus- und Weiterbildung der Projektleitung, Vermittlung von Experten im Sinne eines begleitenden Coachings). Der Projektleitstand koordiniert sämtliche Projektanträge der Institute bzw. als übergeordnetes Gremium die des Konzerns. Er vertritt somit auch zentral die Rolle des Auftraggebers.

Ein *Lenkungsausschuss* im Sinne eines übergeordneten Beratungsgremiums wird nur bei strategisch wichtigen Projekten eingesetzt.

Aufgrund der zentralen Bedeutung der Informationstechnologie für den Konzern, existiert im Rahmen von IT-Projekten (ca. 150 pro Jahr) ein *Priorisierungsgremium*, das innerhalb der Projektlandschaft gegebenenfalls Prioritäten einräumt bzw. Projekte zurückstellt.

Das *Reviewboard* hat als beratendes Gremium die Sicherung der Qualität der Projektergebnisse zur Aufgabe. Es wird optional auf Wunsch des Auftraggebers oder der

Projektleitung einberufen und kann auch der Projektleitung beratend zur Seite stehen [vgl. BB-Data 1998b, S. 14].

Bei der Bankgesellschaft bzw. BB-Data werden dabei primär folgende Projekttypen durchgeführt:

- Interne Projekte (in den jeweiligen Teilbanken des Konzerns)
- Konzernweite Projekte
- Projekte mit externen Partnern (z. B. Beratungsunternehmen oder Universitäten)
- Projekte mit anderen Banken im europäischen Raum (vornehmlich im Bereich Investmentbanking)

Das Umfeld der Bankgesellschaft ist durch die Zusammenführung der historisch gewachsenen Einzelinstitute geprägt.

Organisation
Die oben dargestellten Strukturen der Projektorganisation bieten insbesondere durch die Schnittstellenfunktionen Projektleitstand und Priorisierungsgremium eine gute Ausgangsbasis als Forum für den Wissensaustausch und zur Schaffung einer Wissenstransparenz. Wissensorientierte Rollen wie die des Chief Knowledge Officers o. ä. sind bei der Bankgesellschaft zum Zeitpunkt der Interviews noch keine geschaffen, befinden sich aber in Planung.

Der Steuerungsansatz der Bankgesellschaft ist geschäftsfeldorientiert. Die Teilbanken als operative Vertriebseinheiten bedienen gegebenenfalls mehrere dieser Geschäftsfelder. Dies kann zu Überschneidungen bezüglich der Steuerung führen. Diese Überschneidungen stellen grundsätzlich ein Potenzial für Synergien dar, die jedoch durch mangelnde organisatorische Koordination nicht immer genutzt werden können. Hier kommt es teilweise zu Doppelarbeit.

Bezüglich der definierten projektspezifischen Rollen herrscht nach Aussagen der Befragten zum Teil eine gewisse Intransparenz: Den Mitarbeitern ist dabei nicht klar, welche Leistungen sie in Bezug auf den Wissenstransfer neben den für ihre Projektaufgabe im Projektplan vorgesehenen Arbeitspaketen zu erbringen haben. Dazu sind im Projektmethodenhandbuch (PMHB) der BB-Data zwar einige Rollen mit ihren Rechten und Pflichten definiert, diese werden nach Auskunft der Experten aber nicht durchgängig gelebt und sind für ein funktionierendes Projektwissensmanagement nur unzureichend geeignet, da sie sich auf klassische Projektmanagementrollen beschränken. Zu den im PMHB angeführten Rollenbeschreibungen gehören die des Projektauftraggebers, Multiprojektcontrollings, Auftragnehmers, Projektleiters, Projektmitarbeiters und die des Qualitätsmanagers [vgl. BB-Data 1998b, S. 10 ff.]. Dedizierte oder ergänzende projektwissensmanagementbezogene Rollenbeschreibungen existieren nicht.

Die Ablauforganisation betreffend wird als potenzieller Problembereich das Teilen von Informationen angemerkt. Der Wissenstransfer zwischen Mitarbeitern insbesondere bei teilbankübergreifenden Projekten ist nach Meinung der Befragten zum Teil nicht ausreichend koordiniert. Entsprechende Gremien oder Instanzen zur Bewältigung der Probleme in der Ablauforganisation fehlen (Zitat: „Zwischen einzelnen Personen, Teams und ganzen Organisationseinheiten herrschen oftmals interne Mauern, die es zu überwinden gilt.")

Als weiterer Problembereich wird die mangelnde Kenntnis der vorhandenen Potenziale einzelner Mitarbeiter genannt. Insbesondere bei der Projektarbeit ist man ständig mit wechselnden Kollegen umgeben, deren Kenntnis- und Erfahrungsstand man oftmals nicht einordnen kann.

Weiterhin wird in diesem Zusammenhang auch die Wissensträgeridentifikation angeführt: Ein schnelles Auffinden geeigneter Ansprechpartner ist nicht immer möglich. Dies betrifft sowohl das Lokalisieren von Ansprechpartnern bezüglich inhaltlicher Fragen als auch die Identifikation potenzieller Kandidaten für die Neubesetzung von Projektteams.[561] Der geschilderte Zustand beeinflusst vor allem die Einführung neuer Mitarbeiter, da sie noch nicht ausreichend in das informelle Netzwerk eingebunden sind. Die Problematik der Wissensträgeridentifikation lässt sich auch auf Informationsträger übertragen: Insbesondere gestaltet sich das Auffinden der richtigen Dokumente („Versionsvielfalt"/„Dokumentenfreigabe"/„Dateizugriff") oftmals schwierig. Eng damit verknüpft ist das Problem der Weiterverarbeitung heterogener Dokumentenformate (inkompatible Formate, Medienbrüche). Auch hier wird wieder Doppelarbeit als mögliche Konsequenz angeführt (z. B. durch erneutes Abtippen von Dokumenten usw.). Entsprechend positiv wird der geplante bankweite Einsatz eines Projekttechnikhandbuchs[562] bewertet.

Als Problem bei der Wissensteilung wird die hohe Arbeitsüberlastung angeführt. Für das Ableiten von Lessons Learned und die Weitergabe von Wissen an Kollegen bleibt nach Aussage der Interviewpartner oftmals keine Zeit, da der operative Projektdruck als viel zu hoch empfunden wird.

Im Rahmen der Matrixorganisation der Bankgesellschaft (Projekt- versus Stab-/Linienorganisation) kommt es bedingt durch die zweidimensionale Weisungsstruktur zu den typischen Problematiken [vgl. Haberfellner et al. 1999, S. 243 ff.; Burghardt 1997, S. 86 f.]:

- Rückführung der Projektmitarbeiter in die Linie nach Einsatzende im Projekt.
- Fachliche Weisungsbefugnis des Projektleiters versus disziplinarische Weisungsbefugnis durch den Vorgesetzten in der Linie. Dies führt teilweise zu erschwerter Entscheidungsfindung und heterogenen Entscheidungen.

---

[561] Ein Skill Management-System im engeren Sinne existiert nicht. Als Ansatzpunkte existieren Personaldateninformationssysteme im Bereich der betrieblichen Aus- und Weiterbildung zur Verwaltung von Seminarteilnahmen.

[562] Vgl. Abschnitt Projektmethodik.

- Ressourcenkonflikte um den Mitarbeiter.

In der Literatur wird dabei auf Schiedsstellen und vordefinierte Spielregeln zur Überwindung dieser nicht unerheblichen Konfliktpotenziale verwiesen. Dem stehen die Vorteile wie Synergieeffekte und schnelles Reagieren bezüglich der Anforderungen durch Auftraggeber und Kunden entgegen. Zusätzlich determinierend wirken sich im Rahmen der Durchführung von Projekten bei der Bankgesellschaft die geschilderten Teilbankstrukturen bei gemeinsamen Projekten aus.

Kultur

In Teilen der Organisation dominiert ein „Abteilungsdenken". Unterschiedliche Abteilungskulturen können dabei zu Verständnisschwierigkeiten führen und gegebenenfalls den Informations- und Wissenstransfer hemmen. Der Wissensaustausch innerhalb der Teilbanken funktioniert nach Aussage der Experten relativ gut, problematisch wird es über Teilbankgrenzen hinweg. Dies wird auf historische Gründe (Wachsen des Konzerns durch Fusionen) zurückgeführt.

Konstatiert werden ferner Kommunikationsprobleme, die durch die unterschiedlichen „Sprachen" (d. h. Terminologien) der Teilbanken verursacht werden können. Dies führt zu mangelndem gegenseitigen Verständnis von Abteilungen und Teams.

Ein potenzielles kulturelles Problem bei der Bankgesellschaft ist ferner die Bereitschaft zur Wissensteilung.[563] „Wissen ist Macht" ist eine in diesem Zusammenhang spürbare Haltung. Wissen wird in Einzelfällen wie „Herrschaftswissen" behandelt. Es kann dabei zu politisch motiviertem „Information Hiding" bzw. „Knowledge Hiding" kommen.

Zur Etablierung einer „wissensfreundlichen" Kultur werden „neue Formen der Personal- und Mitarbeiterführung" angeregt. Dazu wird eine stärkere Einbeziehung von Mitarbeitern etwa durch Mitarbeiterbefragungen oder eine Vorgesetztenbeurteilung gefordert.

Lernen

Das Lernen von Individuen im Sinne von „Persönlichkeitsentwicklung" im Rahmen der Projekttätigkeit wird teilweise als schwierig empfunden. Dies ist bei Linientätigkeiten erheblich besser. Als positiver Ansatz wird die Personalentwicklung anhand der Alternativlaufbahn „Projekt" bewertet. Hier ist das Erreichen von Zertifikaten vorgesehen (als konkrete Massnahme, um die Projektkarriere als Alternative zur Linienkarriere attraktiver zu gestalten). Problematisch ist dabei aber die mangelnde Durchsetzung dieses Konzeptes im Gesamtkonzern – eine Harmonisierung steht noch aus. Die konzernweite Bildungsakademie ist ein erster Schritt zur Etablierung eines konzernweit einheitlichen Aus- und Weiterbildungswesens.

Probleme bereitet hier das „Entlernen" des aufgrund der Herkunft (z. B. Teilbank) einer Person dominierenden Wissens (vgl. dazu die Parallelen in der Fallstudie Insecu-

---

563 Die Bereitschaft zur Wissens(ver)teilung ist eine erforderliche Grundbedingung, um isoliertes Wissen für die gesamte Organisation nutzbar zu machen [Probst et al. 1999, S. 55].

ranza): Besteht ein Projektteam aus Mitgliedern verschiedener Konzernbereiche, kann dies teilweise zu Problemen führen. Dies zeigt sich insbesondere durch ein unterschiedliches Methodenverständnis – etwa durch Verwendung anderer Vorgehensmodelle oder Formulare. Bei Neueinstellung von Mitarbeitern von extern wird dies als kein so grosses Problem empfunden, da hier eine gewisse „Entlernbereitschaft“ eher vorhanden ist.

Das Lernen von der externen Umwelt wird zum Teil durch den in der Projektarbeit herrschenden hohen Termindruck erschwert (auch hier werden grössere Freiräume bei Linienaufgaben konstatiert), so dass die Aktualität des eigenen Wissens oftmals zu schnell in Frage gestellt werden kann. Die hohe Marktdynamik im Finanzdienstleistungsbereich führt hier zu einer immer schnelleren Veralterung des Wissens (Zitat: „Die Halbwertszeit des Wissens nimmt zu.“).

Die strukturierte Ableitung von Lessons Learned oder Best Practices findet noch nicht statt. Das Projektmethodenhandbuch der BB-Data definiert dazu als Soll-Zustand:

„Beim *Projektabschluß* erfolgt eine abschließende Auswertung des *Projektes*. Zielsetzung dabei ist, bevor die Personen und damit Erfahrungen eines *Projektes* ‚verschwinden‘, eine Auswertung des *Projektes* durchzuführen und die Ergebnisse und Erfahrungen zu dokumentieren.“ [BB-Data 1998b, S. 29] Es wird weiter ausgeführt: „Im Erfahrungsbericht werden die im *Projekt* gewonnenen Erfahrungen aus interner Sicht festgehalten. Betrachtet werden Erfahrungen in den Gebieten:

- *Aufwandsschätzungen* und *Kennzahlen*: Welche Erfahrungen, Methoden können in die Erfahrungsdatenbank übernommen werden?
- *Projektmanagement, Projektkultur und Projektkommunikation*: Wie wirksam war das Projektmanagement? Welche Probleme sind aufgetreten? Welche Aufwände sind entstanden? War der Informationsfluß im *Projekt* ausreichend oder gestört?
- *Qualifikation*: War die Qualifikation für die Bewältigung der Aufgaben angemessen? Welche positiven/negativen Erfahrungen können in die Erfahrungsdatenbank aufgenommen werden?
- *Qualitätsmanagement*: Wie wirksam war das Qualitätsmanagement? Welche konkreten Verbesserungen können für weitere *Projekt*e vorgenommen werden?
- *Risikomanagement*: Wurden die Projektrisiken erkannt? Konnten sie kompensiert werden? War das Verfahren hilfreich?“ [BB-Data 1998b, S. 29 f., Aufzählungsnotation durch den Autor modifiziert]

Verankert werden soll dieser Prozess über die Rolle des Multiprojektmanagements: „Das *Multiprojektcontrolling* kann den Aufbau und die Pflege einer Erfahrungsdatenbank organisieren und durchführen. Eine solche Datenbank kann z. B. enthalten:

- Muster für Projektpläne oder Projektsteckbriefe,
- Kalkulationsverfahren (Kennzahlen, Schätzmethoden usw.),

- Verfahren zum Controlling (Soll-Ist-Vergleich) oder zur Prognose,
- Erfahrungen zu Problemsituationen oder Chancen oder
- Checklisten für die Bearbeitung von Aufgaben.“ [BB-Data 1998b, S. 33, Hervorhebungen durch den Autor entfernt]

Die nicht bindende Formulierung führt – zusätzlich regelmässig motiviert durch den hohen Termindruck – zur Vernachlässigung der Ableitung solcher Erfahrungen in der beschriebenen Form.[564] Im PMHB wird der Erfahrungsbericht im Vorgehensmodell zwar aufgeführt, er ist jedoch fakultativ [BB-Data 1998b, S. 15]. Nach den Aussagen der befragten Experten entspricht dies dem täglichen Umgang: das PMHB und insbesondere die eben zitierten Abschnitte werden schlichtweg von den betroffenen Mitarbeitern nicht „gelebt“. Eine Ableitung solcher Lessons Learned erfolgt maximal durch informelle Zusammenkünfte der Mitarbeiter, etwa im Rahmen von Kaffeepausen.

Projektmethodik

Der Wissensstand im Bereich Methodenwissen ist als gut zu bezeichnen. Dies wird u. a. durch das Projektmethodenhandbuch sowie die detaillierten Formularstrukturen, das im PMHB vorhandene Glossar und die formale Projektorganisation belegt. Weiteres Indiz ist der Ausbildungsstand der Projektteams: Die Projektleiter werden standardmässig durch eine viertägige Projektleiterschulung auf ihre Tätigkeit vorbereitet. Operative Projektmitarbeiter erhalten in einem halbtägigen Workshop das notwendige Methodenwissen kommuniziert.

Die vorliegende Version des PMHB zirkuliert papierbasiert im Unternehmen. Mittelfristig ist eine Abbildung seiner Inhalte im Rahmen des Projekttechnikhandbuchs sowie die Verlegung einer zugehörigen Referenzkarte („Projektkompass“) vorgesehen. Die Akzeptanz des PMHBs ist nicht in allen Bereichen des Konzerns gegeben. Insbesondere in den einzelnen Teilinstituten kann es dabei zur Nichtbeachtung des Methodenwissens kommen.

Die Infrastruktur bezüglich Standardlayouts zur Erstellung von projektrelevanten Dokumenten ist sehr umfangreich. Im Einzelnen finden sich die folgenden Dokumententypen:

- Projektauftrag, strukturiert in die Abschnitte:
    - Grundlagen
    - Zielsetzungen
    - Aufgaben
    - Phasen
    - Projektmitarbeiter
    - Projektleiter

---

[564] Eine entsprechende Datenbanklösung zur Sicherung der Erfahrungen wie im PMHB gefordert, ist aus diesem Grund auch noch nicht bereitgestellt worden.

- Projektsteckbrief
- Projektstrukturchart (Organisationsbeziehungen)
- Projektstrukturplan
- Ressourcenplan
- Investitionsplan
- Projektmethodenhandbuch
- Projekttechnikhandbuch
- Projektakte

Weiterhin ist die flächendeckende Implementierung eines so genannten Projekttechnikhandbuchs (PTHB) geplant. Dieses PTHB dient der elektronischen Abbildung von Formularsätzen und Anleitungen und soll in Form einer Groupware-Datenbank implementiert werden. Ein Prototyp existiert im Testbetrieb in einem ausgesuchten Bereich der BB-Data. Im PTHB sollen Standardformulare (wie etwa Projektsteckbriefe, Projekteinstufungen, Projektleiteraufträge, Zieldefinitionen, Anforderungskataloge, Risikoeinschätzungen und Projektstatusberichte) als Vorlage und eine elektronische Form des PMHB für alle Projektbetroffenen zentral zugänglich abgelegt werden. Das PTHB verfügt über Suchfunktionen (Volltextsuche), ermöglicht die Ablage multimedialer Datentypen (z. B. Texte- oder Tabellen, aber auch Grafiken) und stellt Funktionen für ein Versionsmanagement bereit. Ferner bietet es Möglichkeiten für den verteilten Einsatz.

Informations- und Kommunikationstechnologie
Historisch bedingt (durch die schrittweise Zusammenführung von selbständigen Banken zur Bankgesellschaft Berlin) existieren in den Teilbanken/Teilinstituten unterschiedliche DV-Systemlandschaften. Dies erschwert die Einführung von konzernweiten Applikationen zur Unterstützung der verteilten Projektabwicklung bzw. den Einsatz von Multiprojektmanagementtools. Die existierende technische Heterogenität führt zu Medienbrüchen und Problemen bei der Datenübernahme. Diese Problematik hat man erkannt und die Einführung eines unternehmensweiten Projektmanagementsystems mit Mehrprojektunterstützung und zentraler Datenbasis beschlossen. Eine Testinstallation für die geplante konzernweite Einführung eines Planungstools mit den Komponenten Zeiterfassung und Meilensteinverfolgung, Planung und Kontrolle sowie einer grafischen Auswertung im Sinne eines Management Informationssystems zum Einsatz in Gremien und Ausschüssen befindet sich zum Zeitpunkt der Interviews in der Evaluationsphase.

Die interne Dokumentenverteilung erfolgt weitestgehend papierbasiert und in Ausnahmefällen über verteilte Gruppenverzeichnisse (so genannten Shared Directories).

Im Rahmen der Ist-Analyse konnten speziell für die Projektabwicklung folgende Systeme identifiziert werden:

- Eine elektronische Dokumentenakte (EDA) für Projektdokumente als Projektbibliothek (realisiert über eine Groupware-Datenbank).
- Das oben geschilderte Projekttechnikhandbuch (ebenfalls über eine Groupware-Datenbank realisiert).
- In Teilbereichen eine betriebswirtschaftliche Standardsoftwarelösung (Einsatz erfolgte ohne das vom Hersteller angebotene Projektmodul), die im Bereich Controlling auch zur Projektkostenverfolgung eingesetzt wird.
- Übliche Standardlösungen (Textverarbeitung, Tabellenkalkulationen, Präsentationsgrafik) im Office-Bereich. Teilweise werden auch Einzelplatzlösungen von Projektmanagementsoftware eingesetzt.

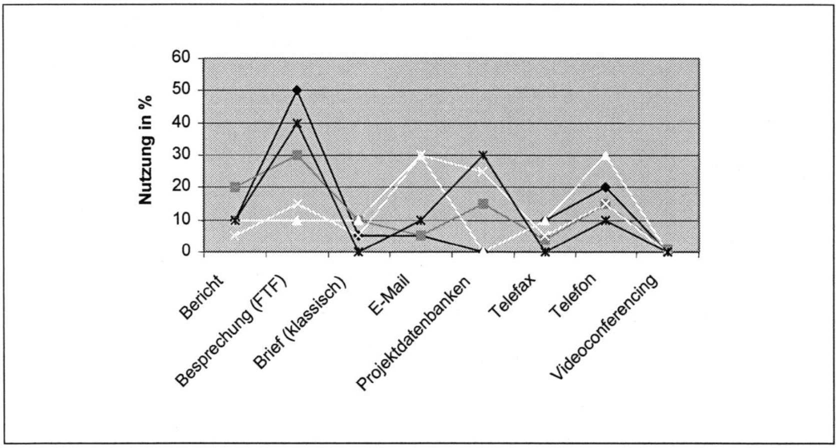

Abb. II.1-3: Ergebnisdarstellung: „Welche Informationsträger und Medien verwenden Sie aktuell im Rahmen der Projektarbeit?“

Die in Abb. II.1-3 dargestellte Auswertung[565] der Antworten zu Frage B-1-2.28 (vgl. den Fragebogen in Anhang II.5) macht deutlich, dass Besprechungen ein nach wie vor entscheidender Kanal zum Wissensaustausch sind. Die Antworten lassen ferner die Aussage zu, dass E-Mail[566] bei den Befragten bereits einen relativ grossen Anteil der Kommunikation in Projekten einnimmt. Zum Thema „Videoconferencing“ wird von einem Befragten konstatiert, dass dies allenfalls auf Vorstandsebene genutzt wird.

Während Projektdatenbanken von einigen Interviewpartnern bereits relativ rege (30 %, 25 % und 15 %) genutzt werden, existierten zwei Nennungen mit 0 % (in beiden Fällen hatten die Mitarbeiter keinen Zugang zu den Applikationen), was die Schlussfolge-

565 Verwendete Auswertungsmethodik: Strichliste. Vgl. Kapitel 3.5 für eine tabellarische Übersicht.

566 Zum Zeitpunkt der Interviews sind etwa 1/3 der Mitarbeiter des Konzerns mit interner E-Mail-Anbindung ausgestattet. Innerhalb der BB-Data und des Organisationsbereiches Konzern sind es bereits ca. 75 %. Externe E-Mail-Kommunikation ist vorgesehen, aber noch nicht zu 100 % implementiert.

rung nahe legt, dass dort, wo Projektdatenbanken existieren, eine hohe Akzeptanz herrscht, die zu einer entsprechenden Nutzungsfrequenz führt.

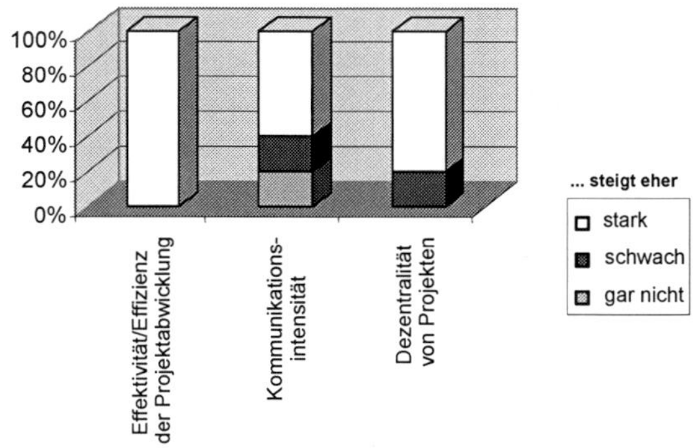

Abb. II.1-4: Ergebnisdarstellung: „Welchen Einfluss werden informationstechnologische Entwicklungen auf die ... ausüben?“

Abb. II.1-4 stellt die Auswertungen zu Frage B-1-3.2 (vgl. Anhang II.5) grafisch dar. Die Befragten sind sich einig,[567] dass durch zukünftige informationstechnologische Entwicklungen die Effektivität und Effizienz im Rahmen der Projektarbeit stark steigen werden. Ähnlich lauten die Aussagen über die Kommunikationsintensität: auch hier werden tendenziell starke Steigerungen erwartet.[568] Ferner wird eine relativ starke Zunahme der Dezentralität, d. h. eine zunehmende Verteilung von Projektteams erwartet.[569]

2.2 Vorgeschlagene Massnahmen

Die im Rahmen der Ist-Analyse vorgefundene Ausgangssituation im Bereich Projektwissensmanagement führte zur Ausarbeitung und Vorstellung konkreter Massnahmenbündel.[570]

Organisation

- Etablierung eines Projektmarketings durch eine entsprechende Intranetlösung,[571] insbesondere zur Überwindung der Teilbankstrukturen.

---

567 Angaben: 100 % stark, 0 % schwach, 0 % gar nicht, 0 % negativ, n = 5, verwendete Auswertungsmethodik: Strichliste.

568 Angaben: 60 % stark, 20 % schwach, 20 % gar nicht, 0 % negativ, n = 5, verwendete Auswertungsmethodik: Strichliste.

569 Angaben: 80 % stark, knapp 20 % schwach, 0 % gar nicht, 0 % negativ, n = 5, verwendete Auswertungsmethodik: Strichliste.

570 Für eine inhaltliche Detaillierung der Massnahmen vgl. Kapitel 4 der vorliegenden Dissertationsschrift.

- Integration und Ausbau der existierenden Online-Telefonbücher zu Yellow Pages (1. Stufe) und einem Skill Management-System (2. Stufe).
- Stärkerer Einsatz von grafischen Tools zur Visualisierung.
- Konkretisierung der bestehenden Rollen. Ergänzung bestehender Rollen um Aspekte des Projektwissensmanagements bzw. Schaffung neuer Rollen (z. B. CKO pro Teilbank).
- Ergänzung der etablierten Gremien- und Ausschussstrukturen auf Konzernebene (CKO-Board) zur Überwindung des Teilbankdenkens und der Identifikation von Synergiepotenzialen.

Kultur

- Schaffung von Anreizsystemen zur besseren Wissensteilung.
- Einrichtung eines allen zugänglichen Glossars zur Überwindung der Sprachbarrieren.

Lernen

- Zweistufige Ableitung von Lessons Learned und Best Practices: Zunächst Überarbeitung und Optimierung der Methodenhandbuchleitlinien dazu, dann bindende Umsetzung, z. B. im Rahmen von regelmässigen Debriefings. In einer weiteren Phase Einbeziehung entsprechender IT-Lösungen, um die Erfahrungen anderen Teams transparent bereitstellen zu können.

Projektmethodik

- Neupositionierung der für das Projektmanagement zuständigen Organisationseinheit, um eine konzernweite Transparenz und eine verbindlichere Nutzung der Projektmethodik zu erreichen.
- Erweiterung des Konzeptes PTHB (Darstellung existierender Inhalte nicht nur durch blosses Einstellen existierender Dateien, sondern integrativer, etwa durch Verlinkung mit anderen Inhalten) und konzernweite verbindliche Bereitstellung.
- Zusammenführung und Ausbau der Strukturen (z. B. Verknüpfung der Einträge im Glossar mit den abgebildeten Elementen des PMHB, dem PTHB und der EDA) zu einer Wissensmanagementplattform.

Informations- und Kommunikationstechnologie

- Homogenisierung der für die Projektabwicklung relevanten Infrastrukturen im gesamten Konzern.

---

[571] Die BB-Data als Technologieversorger des Konzerns verfügt über ein eigenes Intranet BIK („BB-Data im Konzernweb"), das in das konzernweit bestehende Intranet integriert werden soll (beide über Groupware-Server implementiert).

2.3 Schlussfolgerungen

Dieser Fall zeigt, dass insbesondere in nicht organisch gewachsenen Organisationsstrukturen mit divergenter (bzw. nicht vorhandener oder akzeptierter) Projektmethodik und heterogenen technischen Infrastrukturen die Wissensidentifikation und insbesondere der Wissensaustausch zwischen Projekten (vgl. dazu die Parallelen in den Fallstudien Insecuranza und Pixelpark) zusätzlich erschwert wird.

Das Beispiel zeigt gut, wie es in einer zusammenwachsenden Organisation zu Problemen bezüglich des „Entlernens" bestehender Strukturen (wie etwa Projektmethodenwissen) kommen kann (vgl. die Parallelen in den Fallstudien Insecuranza und Pixelpark).

Neue Medien können dabei mit einheitlichen Plattformen (z. B. auf Basis von Groupware-Systemen) und entsprechenden Applikationen (wie der Projektakte im Beispiel) helfen, inhaltliche Brücken zwischen Abteilungen, Ressorts und Teilinstituten zu schaffen sowie bereits existierende Einzellösungen zusammenzuführen.

Die gemachten Ausführungen bestätigen den Eindruck, dass Erfahrungen in Form von Lessons Learned oder Best Practices in der Projektarbeit bei einer Mehrzahl von Unternehmen noch nicht aktiv und strukturiert abgeleitet werden. Ein erster Schritt dahin stellt die Verankerung solcher Wissensziele in Methodenhandbüchern oder ähnlichen organisatorischen Richtlinien dar. Kritischer Erfolgsfaktor für solche Konzepte ist eine funktionierende Implementierung dieser Richtlinien (vgl. Kapitel 4.5 in der vorliegenden Dissertationsschrift).

Die Fallstudie verdeutlicht einmal mehr die Problematik der Identifikation von Wissensträgern ausserhalb des informellen Netzwerks des Einzelnen. Neben der „allgemeinen" Wissensmanagementproblematik, den „richtigen" Ansprechpartner etwa zur Diskussion inhaltlicher Fragen oder bei dedizierten Problemen zu finden, kommt dieses Problem im Rahmen der Projektarbeit bei der Neubesetzung von Projektteams zum Tragen.

Die im Rahmen der Ist-Analyse gewonnenen Aussagen belegen auch die These, dass der die Projektarbeit regelmässig charakterisierende hohe Termindruck eine potenzielle Barriere für das Konzept der lernenden Organisation darstellt. Dies betrifft neben der Sicherung von Erfahrungen auch die Nutzung der Entwicklungsmöglichkeiten in Bezug auf die Aus- und Weiterbildung (im Vergleich zur Linientätigkeit wird das Angebot ceteris paribus tendenziell weniger in Anspruch genommen). Unternehmen sollten dies explizit bei der Mitarbeitereinsatzplanung berücksichtigen und entsprechende Freiräume vorsehen.

Für das Projektwissensmanagement organisatorisch verantwortliche Organisationseinheiten sollten dabei aus Gründen der Transparenz und auch der Akzeptanz einheitlicher Strukturen (insbesondere bezüglich Methoden und Ausbildung) eng in die Gesamtstrukturen (hier im Beispiel in den Konzern) integriert sein. Die mittlerweile (Stand November 1999) vollzogene Reintegration wesentlicher Funktionsbereiche der BB-Data in den Konzern kann als ein Schritt zur Etablierung der eben beschriebenen homogenen Projektwissensmanagementstrukturen bewertet werden.

3 Interviews und Quellen

3.1 Interviewpartner

Name	Konzernbereich	Funktion
1. Bruckschen, Andreas	Bankgesellschaft Berlin	Unternehmens-kommunikation
2. Klement, Markus	Bankgesellschaft Berlin	Finanzen und Controlling Konzern
3. Stelling, Joachim	BB-Data	Planung und Projekte
4. Waldmann, Gabriele	BB-Data/ Bankgesellschaft Berlin	Projektleitstand
5. Wirries, Klaus	BB-Data	Prozesseigner Benutzersysteme

Tabelle II.1-1: Liste der Interviewpartner Fallstudie Bankgesellschaft Berlin

3.2 Interviewagenda

Datum	Zeit	Name	Ort
18.08.1998	14:00-17:30 Uhr	Klaus Wirries	Berlin
19.08.1998	09:00-12:00 Uhr	Markus Klement	Berlin
19.08.1998	13:30-15:30 Uhr	Andreas Bruckschen	Berlin
19.08.1998	15:30-17:45 Uhr	Gabriele Waldmann	Berlin
20.08.1998	08:30-12:20 Uhr	Joachim Stelling	Berlin

Tabelle II.1-2: Interviewagenda Fallstudie Bankgesellschaft Berlin

3.3 Unternehmensspezifische Quellen

- Geschäftsbericht der Bankgesellschaft Berlin 1998
- Sonderausgabe Mitarbeiterzeitung report vom 7. August 1998
- Beispieldokumente:
    - Projektauftrag (3 Seiten + 5 Seiten Anhang, A4)
    - Projektstruktur Projekt „EWWU“
    - Projektstruktur Projekt „Jahr 2000“
    - Formblatt Projektsteckbrief (4 Seiten)
- Vortrag Gabriele Waldmann am 12. Dezember 1998 in München
- Pressemitteilungen
- Feedbackfoliensatz
- Diverse Telefonate, Schriftwechsel, Protokolle
- Weitere interne Unterlagen der Bankgesellschaft Berlin

3.4 Workshops und Arbeitstreffen

- 15. Mai 1998. Projektwissensmanagement bei der Bankgesellschaft Berlin – Definition von Problemfeldern. Teilnehmer: Dr. Christian Engell, Markus Klement,

Frank Lefkes, Gabriele Waldmann, Martin Schindler, Dr. Thomas Schwan, 09:00-16:00 Uhr, Berlin

- 18. August 1998. Auftakt-Workshop Ist-Analyse & Einführung in das Umfeld. Teilnehmer: Andreas Bruckschen, Markus Klement, Joachim Stelling, Gabriele Waldmann, Klaus Wirries, Martin Schindler, 09:00-12:30 Uhr, Berlin
- 12. Dezember 1998. Wissensmanagement in Projekten bei der BB-Data und Diskussion der Interviewergebnisse. Teilnehmer: Gabriele Waldmann, Martin Schindler, Dr. Martin Eppler, externe Gäste, 10:00-11:00 Uhr, München

3.5 Auswertung zu Frage B-1-2.28

	Angaben in %, n=5				
	a	b	c	d	e
Bericht	10	20	10	5	10
Besprechung (FTF)	50	30	10	15	40
Brief (klassisch)	5	10	10	5	0
E-Mail	5	5	30	30	10
Projektdatenbanken	0	15	0	25	30
Telefax	10	4	10	5	0
Telefon	20	15	30	15	10
Videoconferencing	0	1	0	0	0
Summe	**100**	**100**	**100**	**100**	**100**

Tabelle II.1-3: Auswertung zu Frage B-1-2.28

II.2 Fallstudie DaimlerChrysler

1 Rahmeninformationen

1.1 Unternehmensprofil

Die DaimlerChrysler AG mit Verwaltungssitzen in Stuttgart (Deutschland) und Auburn Hills, Michigan (USA) stellt sich mit den Marken Mercedes-Benz, Chrysler, Plymouth, Jeep, Dodge, smart, Freightliner, Sterling, Setra, Airbus, Eurocopter, Ariane, debis, Adtranz, MTU, TEMIC und anderen als global agierendes Unternehmen dar.

DaimlerChrysler firmiert als Aktiengesellschaft (AG) und verfügte 1999 über 466.938 Beschäftigte und einen Umsatz von rund 150 Mrd. Euro (DaimlerChrysler gesamt) bzw. rund 65 Mrd. Euro (Unternehmensbereiche PKW/Nutzfahrzeuge).

Das Nutzfahrzeug-Programm besteht aus Transportern und LKW mit über 200 Typen und insgesamt mehr als 2700 Varianten: Vom Transporter mit 2 t zulässigem Gesamtgewicht bis zum Schwer-LKW mit Motorleistungen von 58 bis 420 kW (79 bis 571 PS). Diese sind als Kombi, Kasten- und Pritschenwagen, Sattelzugmaschine, Kipper- und als Fahrgestelle für spezielle Aufbauten verfügbar.

1.2 Betrachtungsgegenstand

Im Fokus der Untersuchungen zu dieser Fallstudie stand das LKW-Entwicklungsprojekt SKN-C (Schwere Klasse Nachfolger Typ „C").

1.3 Forschungsmethoden

Partizipative Aktionsforschung: Workshops, Arbeitstreffen, Experteninterviews, Dokumentenanalyse.

1.4 Vorgehensweise

Nach dem Projektsetup im Juli 1998 wurde mit der Dokumentenanalyse begonnen.

Im April 1999 fand ein Einführungsworkshop für die Interviewteilnehmer im Rahmen einer Projektteamsitzung statt, die gleichzeitig einen vertiefenden Einblick in die Projektarbeit ermöglichte. Daran schlossen sich neun Interviews an den deutschen Standorten Stuttgart-Untertürkheim, Wörth sowie Stuttgart-Möhringen an, die im Juli und August 1999 um zwei weitere Interviews mit Unternehmensvertretern aus den türkischen Standorten Istanbul und Aksaray ergänzt wurden (vgl. Kapitel 3 der Fallstudie[572]).

---

[572] Kapitelverweise innerhalb der Fallstudie beziehen sich aus Gründen der besseren Lesbarkeit auch auf diese, sofern nicht ausdrücklich anders angemerkt.

Im Rahmen der Interviews wurden elf Experten aus den Funktionsbereichen Projektleitung, Vertrieb, Controlling, Entwicklung, Produktion, Einkauf und Strategische Planung über das Projektwissensmanagement befragt.

Nach der Auswertung der ersten neun Interviews wurden die Ergebnisse im Rahmen eines Feedbackworkshops zur Diskussion gestellt. Dort wurde die Vertiefung der Ist-Analyse in Bezug auf die geografische Verteilung des Projektes beschlossen, die zu den beiden nachträglichen Interviews führte.

Die Ergebnisse der Ist-Analyse wurden in einem gemeinsam abgestimmten Arbeitsbericht [Schindler 1999b] dokumentiert. Der Arbeitsbericht wurde den Teilnehmern dazu in einer Vorabversion zur Verfügung gestellt und nachfolgend durch Telefonate verifiziert.

Im Nachgang zur Ist-Analyse wurden seitens des Forscherteams eine Reihe von Massnahmenvorschlägen erarbeitet und vorgestellt (vgl. Kapitel 2.2). Daran schlossen sich mehrere Arbeitstreffen und Workshops (vgl. die Übersicht in Kapitel 3.4) zur Begleitung der Umsetzung der vorgeschlagenen Massnahmen an (vgl. Kapitel 2.3).

Sofern nicht ausdrücklich anders angemerkt, basieren die im Folgenden in Kapitel 2.1 gemachten Ausführungen zur Ist-Analyse auf dem Stand August 1999.

2 Ergebnisse

2.1 Ist-Analyse

Hintergrundinformationen zum Projekt SKN-C

Ziel und Auftrag des Projektes SKN-C ist die Entwicklung einer Sattelzugmaschine. Dabei sollen möglichst wenig Neuteile benötigt werden. Das Entwicklungsvorhaben greift dazu auf die aktuell erhältlichen Modelle Actros und Atego im Sinne eines Baukastensystems zurück.

Als Zielmärkte sind zunächst Westeuropa und die Türkei, später gegebenenfalls auch Iran, China und die GUS vorgesehen. Aufgrund des geringen Neuentwicklungsbedarfs ist das Projekt für eine – für LKW-Entwicklungsvorhaben extrem kurze – Dauer von rund vier Jahren ausgelegt. SKN-C lässt sich aufgrund der Tragweite des Entwicklungsvorhabens und einem geplanten Budget von über hundert Millionen Deutsche Mark als Grossprojekt kategorisieren.

Das zu entwickelnde Produkt „LKW" zeichnet sich durch eine geringe Wiederholrate (bedingt durch die hohe Komplexität, Variantenvielfalt und die zahlreichen Sonderausstattungen wie z. B. unterschiedlichste Fahrerhausausstattungen und Anbauteile) aus.

Für die Realisierung eines neuen LKW ist dies das erste Projekt im ehemaligen Unternehmensbereich LKW Europa, welches in Form einer selbständigen Projektorganisation[573] durchgeführt wird. Es hat daher den Anspruch, als Referenzprojekt beispiel-

---

[573] Mit eigener Gesamtverantwortung.

gebend bezüglich der Methodik für weitere Projekte zu sein. Der Aspekt des Wissenstransfers gewinnt damit eine besondere Bedeutung für das Projekt. Dessen Umsetzung wird aber gleichzeitig durch verschiedene Auflagen bezüglich der Geheimhaltung[574] bestimmter Projektinhalte erschwert.

Neben der Geheimhaltung ist die geografische Verteilung des Projektes (vgl. Abb. II.2-1) eine Determinante, die die Komplexität der Projektarbeit zusätzlich erhöht.

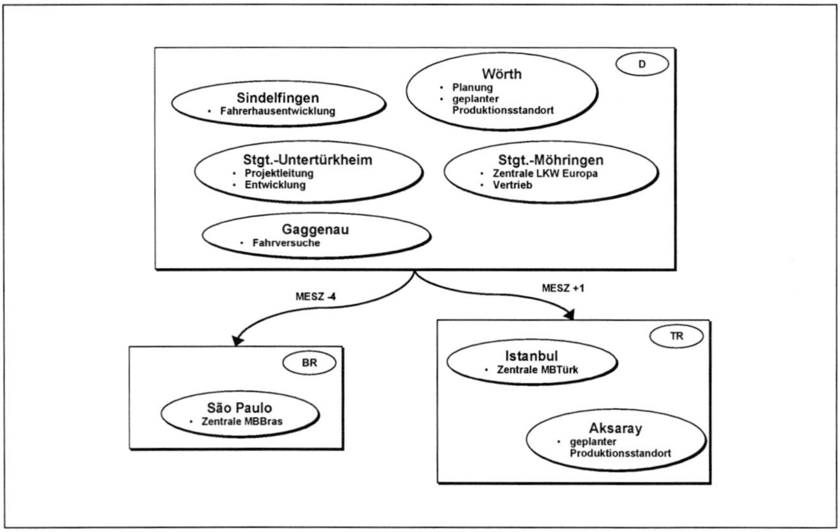

Abb. II.2-1: Projektrelevante Standorte SKN-C[575]

Geografische Verteilung

SKN-C ist ein über verschiedene Lokationen geografisch verteiltes Projekt. Relevante Standorte sind Gaggenau (Deutschland), Sindelfingen (Deutschland), Stuttgart-Untertürkheim und -Möhringen (beide in Deutschland) sowie Wörth (bei Karlsruhe, Deutschland), Aksaray (Türkei, Zentral-Anatolien), Istanbul (Türkei) und São Paulo (Brasilien). Als Produktionsstandorte sind die Werke Wörth und Aksaray vorgesehen. Im Projektauftrag ist die enge Einbeziehung (Erfahrungstransfer) von Standorten der Mercedes-Benz Brasilien[576] (MBBras) und der Mercedes-Benz Türkei[577] (MBTürk) vorgesehen.

574 Als ein für den Konzern strategisch wichtiges Produkt(weiter)entwicklungsprojekt besitzt das Projekt SKN-C einen besonderen Geheimhaltungsstatus.

575 Die Ziffern geben die Zeitverschiebung in Stunden zur mitteleuropäischen Sommerzeit (MESZ) im internationalen Format an.

576 Im Rahmen eines Entwicklungsverbunds verfügt der dort am Standort São Paulo in Entwicklung befindliche schwere LKW FS-K für den südamerikanischen Markt über gleiche bzw. sehr ähnliche Teile, wie z. B. den Motor und die Kühlanlage.

Projektorganisation
Als strategisch wichtiges Projekt ist SKN-C drei Ebenen unter den Vorstandsvorsitzenden in die Unternehmenshierarchie von DaimlerChrysler eingeordnet (vgl. Abb. II.2-2).

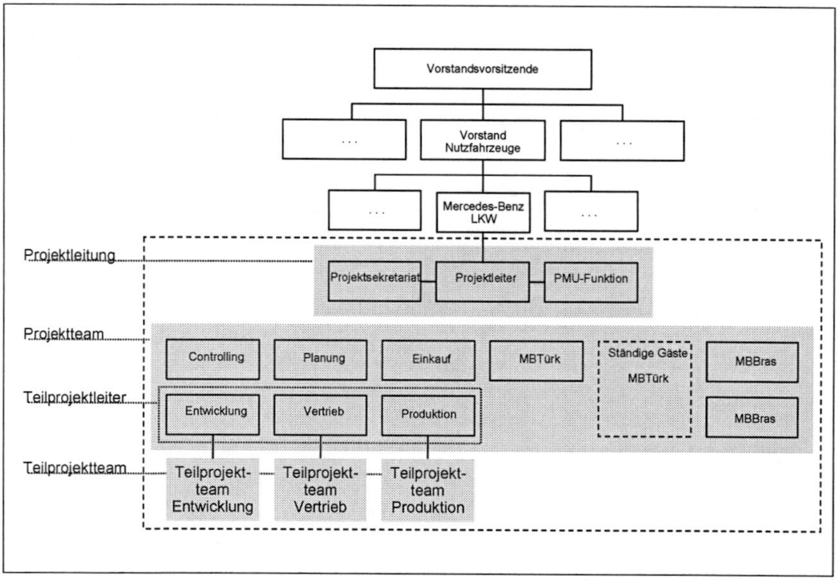

Abb. II.2-2: *Eingliederung des Projektes SKN-C in den Konzern*

Die *Projektleitung* ist mit der Zielumsetzung, der fachlichen Projektführung und der Beschlussumsetzung befasst. Sie besitzt Entscheidungsbefugnis und hat die virtuelle Budgetverfügung. Disziplinarisch ist sie direkt der Geschäftsführung des Geschäftsbereiches Nutzfahrzeuge/Mercedes-Benz LKW unterstellt, die als Nutzer und Auftraggeber firmiert und entsprechend die Projektziele vorgibt. Der *Projektleiter* ist gemeinsam mit dem Team für die Termin-, Kosten- und Kapazitätsplanung zuständig. Der Rolleninhaber ist für das Erreichen der Gesamtzielsetzung des Projektes verantwortlich und hat dabei Berichtspflichten gegenüber dem Auftraggeber zu erfüllen.

Dem Projektleiter sind das Projektsekretariat und die Rolle der *Projektmanagementunterstützung* (PMU) direkt zugeordnet. Die PMU-Funktion unterstützt das Projektteam und den Projektleiter im Bereich Projektmanagementmethoden und ist für den Aufbau und die Steuerung von Projektaufgaben und Terminen zuständig. Ferner ge-

[577] Der SKN-C soll zeitgleich auch auf dem türkischen Markt eingeführt werden. Aksaray ist dazu als Produktionsstandort vorgesehen. Erfahrungstransfer ist dabei insbesondere bei der Vorbereitung der Werke Wörth und Aksaray für die Produktion zu leisten, um Anlaufschwierigkeiten durch Fehler und Doppelarbeit zu vermeiden.

hört das Berichtswesen/die Dokumentation und die Vernetzung mit anderen PMU im Unternehmen zum Methodenaustausch zu ihren Aufgaben.

Das *Projektsekretariat* ist für Terminkoordinationen und Office-Aufgaben zuständig. Die enge Zusammenarbeit der drei Rollen Projektleiter, PMU und Projektsekretariat spiegelt sich auch in der räumlichen Integration in einem zusammenhängenden Bürobereich wider. Das derart geschaffene Projektbüro dient als wichtige „Wissenszelle", gleichsam dem Zentrum eines Spinnennetzes, bei dem als sichtbarer Teil der Projektwissensbasis die Projektdokumentation („Projektakte") aufbewahrt wird. Gleichzeitig dient es als Schnittstelle zur äusseren Umwelt (zum Umsystem Konzern aber auch nach extern) im Sinne der physischen Institutionalisierung des verteilten Projektes.

Das Projektteam setzt sich aus Vertretern der tangierten Unternehmensbereiche zusammen, welche die für die LKW-Realisierung notwendigen Kompetenzen (Controlling, Vertrieb, Einkauf, strategische Planung, Entwicklung, Produktion) abbilden. Das Projektteam ist für die Harmonisierung der einzelnen Teilprojekte zu einem Ganzen zuständig. Die Mitglieder des Projektteams bleiben in ihren normalen Linientätigkeiten eingebunden, lediglich die Projektleitung (Projektleiter und PMU) und das Projektsekretariat sind hauptamtlich mit der Projektarbeit betraut. Die operative Projektarbeit zur Leistungserstellung findet dabei in den dem eigentlichen Projektteam untergeordneten Linienbereichen statt. Die Teammitglieder aus den Funktionen Einkauf, Entwicklung, Produktion und Vertrieb differenzieren sich in sofern von den anderen Mitgliedern, als dass sie den Status eines Teilprojektleiters für ihren Bereich einnehmen.[578] Dies ist durch die Tatsache begründet, dass die genannten Funktionen über eine relativ hohe Komplexität verfügen und zur Bewältigung der Aufgaben einer grösseren Mitarbeiterzahl bedürfen: im Rahmen des Vertriebs ist z. B. sehr spezielles Wissen über die Märkte China und Iran notwendig. Abb. II.2-3 skizziert die relevanten Rollen der Projektorganisation SKN-C.

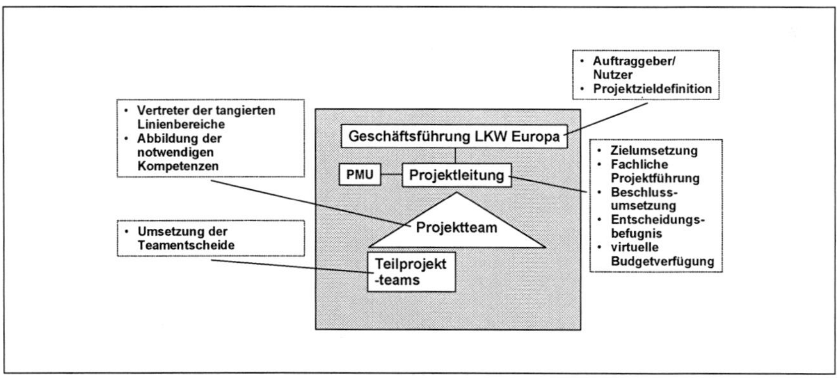

Abb. II.2-3: Projektorganisation SKN-C

[578] Die Teilprojektleiter Entwicklung, Produktion und Vertrieb verfügen dabei zusätzlich über eigene Teilprojektteams.

Organisation

Die oben geschilderte Organisationsform wurde von den Befragten als gut geeignet zum Wissensaustausch bezeichnet. Die komplexen Probleme im „Gesamtsystem LKW“ können damit kurzfristig interdisziplinär gelöst werden. Wird im konkreten Einzelfall Detailwissen aus einzelnen Bereichen benötigt, kann das jeweilige Teammitglied nach erfolgter Identifikation des Wissensbedarfs relativ unkompliziert auf entsprechendes Linienwissen zugreifen. Eher problematisch hingegen ist die Identifikation geeigneter Wissensträger für Team(neu)besetzungen im Konzern. Hier herrscht eine mangelnde Transparenz, wo welches Wissen in der gewünschten Qualität vorhanden ist.[579] In der Regel muss man sich bei der Suche nach bestimmten Experten auf persönliche Kontakte verlassen. Das Personalwesen verfügt oftmals nicht über das notwendige Detailwissen, genau den Mitarbeiter im Konzern zu finden, der die Stelle im Team einnehmen sollte.

Das Projektteam verbringt relativ viel Zeit mit Reisetätigkeiten. Die durchgeführten Projektsitzungen finden grundsätzlich 14-tägig alternierend an den Projektstandorten[580] statt. Damit soll das Reiseaufkommen im Team gleichmässig verteilt werden, da es von den Befragten als Belastung empfunden wird. Die Reisezeit innerhalb Stuttgarts (Möhringen – Untertürkheim) beispielsweise beträgt – bedingt durch die permanente Verkehrsüberlastung – ca. 40 Minuten. Wörth ist von Stuttgart in ca. 1,5 Stunden erreichbar. Aber auch die Büros innerhalb eines Standortes (z. B. Untertürkheim) liegen zum Teil relativ weit auseinander (zehn Minuten Fussweg). Telefon, E-Mail, Fax, Voicemail eignen sich nur bedingt zur Deckung des Koordinations- und Kommunikationsbedarfs. Daher erscheinen den Teammitgliedern persönliche Meetings für den Austausch impliziten Wissens bzw. Erfahrungen unumgänglich.

Die oben aufgeführten existierenden Rollenbeschreibungen beziehen sich auf klassische Projektmanagementrollen.

Die interne Dokumentenverteilung zwischen Teammitgliedern im Projekt SKN-C findet primär Papier- und E-Mail-basiert statt.

Auch bei DaimlerChrysler wurde – gegenüber der „normalen“ Linientätigkeit – der im Rahmen der Projektarbeit als höher empfundene Zeitdruck als Barriere zum Wissensaustausch genannt.

Kultur

Die „Wissenskultur“ im Projekt SKN-C folgt einer Personifizierungsstrategie.[581] Im Gegensatz zu einer Kodifizierungsstrategie, bei der der gezielte Einsatz von Tools zur

---

579 Ein Skill Management-System im engeren Sinne existiert nicht.

580 MBTürk wird vom kompletten Team nur 1-2mal jährlich besucht. Die reine Reisetätigkeit kann dabei mit einem Tag veranschlagt werden (Dauer des Flugs Stuttgart-Istanbul ca. drei Stunden, Anschlussflug Istanbul-Ankara ca. ein bis zwei Stunden, Entfernung Ankara-Aksaray mit dem PKW ca. weitere drei Stunden). Der Projektleiter besucht diesen Standort allerdings öfter. Face-to-Face-Kontakte zu MBBras werden durch Besuche der Projektleitung in São Paulo gepflegt.

581 Vgl. dazu auch Kapitel 3.4.1 der Dissertationsschrift.

Kodifizierung von Wissen und Erfahrungen stattfindet (z. B. durch verteilte Datenbankstrukturen), ist bei diesem Ansatz eine hohe Interaktion im Sinne von Kommunikation der Beteiligten notwendig.

Im Projekt SKN-C findet der Wissensaustausch vor allem durch persönliche Kontakte (Teamsitzungen, Arbeitstreffen, Workshops usw.) statt. Im Rahmen dieses Ansatzes wird Informations- und Kommunikationstechnologie allenfalls zum Informationsaustausch im Sinne von Kommunikationsunterstützung (Telefon, E-Mail, Fax) eingesetzt.

Expliziert wird die SKN-C Wissenskultur z. B. durch die Niederschrift von „Spielregeln" bezüglich Offenheit (gegenseitiges, proaktives Informieren), Vertraulichkeit (aufgrund des Geheimhaltungsstatus), Verantwortlichkeit (Durchführung der übernommenen Aufgaben in Eigenverantwortung), Disziplin (Einhaltung von Terminen), Aufrichtigkeit (offene Kommunikation von Fehlern) und Formalien (Einhaltung der auf Teamebene festgelegten Projektmethodik).

Die Wissensteilung sollte nach Meinung der Befragten mehr in die Arbeit eingebunden werden. Ziel sollte sein, der Wissensteilung einen höheren Stellenwert zuzuweisen.

Die unterschiedlichen Bereichs- (bzw. Sparten-)Interessen sind nicht immer mit dem Interesse der Landesgesellschaft bzw. dem Projektinteresse konform. Dies kann auch in einer entsprechend politisierten Bereitschaft zur Wissensteilung Ausdruck finden. Unterschiedliche Landeskulturen können dabei den Wissenstransfer zusätzlich determinieren.

Die gute Teamkultur prägt entscheidend die Wissenskultur: Die gegenseitige Bereitschaft zur Wissensteilung wird nach Aussage der Befragten als sehr hoch empfunden. „Wissen ist Macht" oder ähnlich gelagerte Einstellungen spielen eine absolut untergeordnete Rolle. Das für diese Kultur als notwendig empfundene gegenseitige Vertrauen wurde im Laufe der ersten Projektmonate durch intensive Zusammenarbeit aufgebaut.

Lernen

Eine formalisierte Ableitung von Erfahrungen aus Projekten existiert nicht. Das Projektmethodenhandbuch schlägt diesbezüglich eine Teamauswertung nach Projektabschluss vor: „Bei einer Teamauswertung stehen die folgenden Fragen im Vordergrund:

- Welchen Nutzen brachte die Projektarbeit dem einzelnen?
- Welche Erfahrungen konnten gesammelt werden?
- Welche Probleme konnten nicht überwunden werden?
- Woran möchte jeder einzelne weiterarbeiten?
- Welche Empfehlungen können für weitere Projekte gegeben werden?

Die Auswertung in dieser Form machen die Erfahrungen, Erlebnisse, Probleme und Erfolge für die einzelnen Teammitglieder und den Projektleiter besprechbar und damit fassbarer. Dieses Erfahrungswissen kann dadurch besser in die Führungspraxis des Unternehmens einfliessen." [DaimlerChrysler 1993a, S. 12]

Laut Aussagen der befragten Experten erfolgt eine zum Projektverlauf parallele Ableitung solcher Erfahrungen im Projekt SKN-C ausschliesslich durch informelle Zusammenkünfte der Mitarbeiter, etwa im Rahmen von Kaffeepausen, oder auch durch Gastreferate bei anderen Projektsitzungen.

Das im Projekt gewonnene Erfahrungswissen wird durch die jeweiligen Teammitglieder mit in die Linie zurückgetragen und steht dort personifiziert zur Weiterverwendung zur Verfügung. Der Erfahrungsaustausch mit anderen Standorten bzw. Niederlassungen wird ebenfalls durch persönliche Treffen formalisiert: So trifft sich der Projektleiter SKN-C regelmässig mit Kollegen von MBBras, die ein ähnliches Projekt abwickeln.

Es existieren im Konzern zwar vereinzelt so genannte Erfahrungsdatenbanken als Insellösungen auf Intranetbasis (z. B. im Werk Wörth im Bereich der Planung), allerdings ist deren Schwerpunkt auf die Vermittlung von Dokumentationen und Wissensträgern in Unterstützungsfunktionen gelegt. So lassen sich dort z. B. in einer Sektion „Erfahrungen EDV“ Stichworte finden (z. B. „Textverarbeitung“), unter denen Kurzdokumentationen (z. B. Konvertierungshilfen zwischen unterschiedlichen Versionen einer Textverarbeitungssoftware) sowie zugehörige Ansprechpartner abgelegt sind.

Projektmethodik

Der Wissensstand im Bereich Projektmethodik ist auch im Projekt SKN-C als gut zu bezeichnen. Dazu gehören das fundierte Methodenwissen [vgl. z. B. DaimlerChrysler 1993a und DaimlerChrysler 1993b] sowie die Formularstrukturen und die institutionalisierte Projektorganisation. Der vorliegende „Leitfaden zum Projektmanagement in der Mercedes-Benz AG“ sowie das Methodenhandbuch sind sehr umfangreich und schildern sehr ausführlich die erforderliche Vorgehensweise zur Durchführung von Projekten bei Mercedes-Benz.

Als Vorgehensmodell wird im Projekt SKN-C das „Phasenmodell zur Geschäftsprozessoptimierung“ (kurz GPO) eingesetzt. Dieses Modell wurde vom Unternehmensbereich Mercedes-Benz LKW in Zusammenarbeit mit einer Unternehmensberatung entwickelt.

Das Entwicklungsvorhaben SKN-C wird dabei in acht einzelne Phasen (im Sinne von Prozessschritten) strukturiert. Die einzelnen Prozessschritte werden zum grossen Teil durch Meilensteine und Gates attribuiert.[582] Ein Gate (vgl. Abb. II.2-4) dient der Überprüfung der Zielerreichung am Ende eines Prozessschrittes. Es ist terminlich und inhaltlich fixiert. An jedem Gate wird von der Geschäftsführung eine Entscheidung getroffen, ob das Projekt passieren kann, welche Sondermassnahmen gegebenenfalls getroffen werden müssen bzw. ob das Projekt gestoppt werden muss [DaimlerChrysler 1999; vgl. auch Hartman 1998, S. 82].

---

[582] Das Gate-orientierte Projektmanagementkonzept erlaubt eine bessere Konzentration auf wichtige Teilziele innerhalb des Projektes aus Sicht des Teams. Es ist gleichzeitig ein Instrument für das Multiprojektmanagements des Unternehmens in Hinblick auf Wirtschaftlichkeitsbetrachtungen.

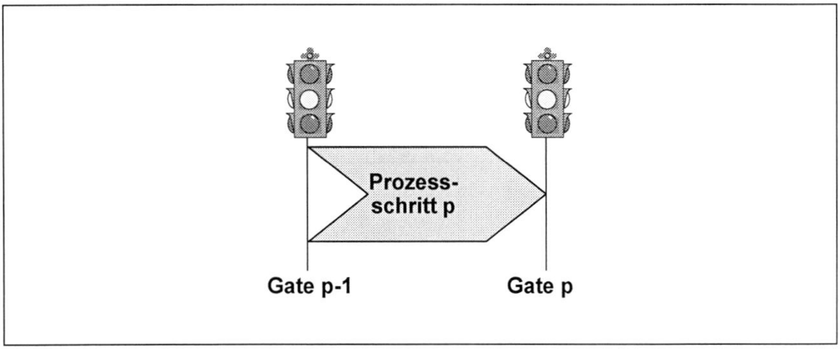

Abb. II.2-4: Gate-Prinzip

Ein solches Gate funktioniert nach dem Ampelprinzip. Ist es auf „Grün" gesetzt, so liegt die Konformität bezüglich der im Rahmenheftauftrag angegebenen Ziele vor. Als Konsequenz schliesst sich der Projektfortgang im Sinne des Masterplans an. Wird ein Gate durch den Status „Rot" attribuiert, folgt eine individuelle Beurteilung des weiteren Vorgehens durch die Geschäftsführung. Ein rotes Gate hat nicht automatisch den Projektabbruch zur Folge. Es kann nach Ermessen der Geschäftsführung auch zu „Nachbesserungen" mit dem Ziel der nachträglichen Erreichung der definierten Kriterien kommen. Abb. II.2-5 zeigt die Phasen-/Gate-Struktur für SKN-C. Der so beschriebene Projektverlauf eignet sich zur Verankerung von Wissenszielen.[583]

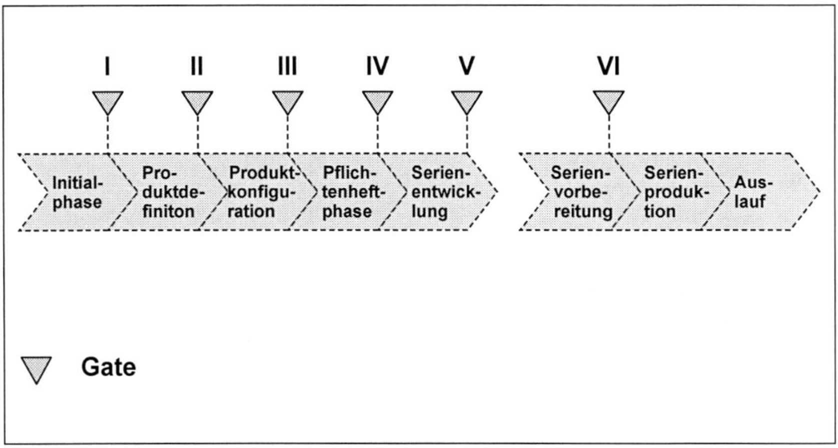

Abb. II.2-5: Gate-Struktur SKN-C

Das Projektdokumentationswesen kann anhand der gewonnenen Eindrücke als sehr umfassend bezeichnet werden. So werden neben der im Rahmen des Qualitätsmana-

[583] Vgl. Kapitel 4.5.1 der Dissertationsschrift.

gements vorgesehenen technischen Dokumentationen auch projektmanagementorientierte Dokumente (wie etwa Sitzungsprotokolle und Aufgabenlisten) in einer – papierbasierten – Projektakte archiviert. Die Interviewteilnehmer bestätigen die Verfügbarkeit der meisten der in Sektion B-1-2 des Interviewleitfadens[584] aufgeführten Dokumentationsarten. Sie sind durch eine grosse Anzahl von Standardformularen abgebildet, die jedoch nur papierbasiert im Unternehmen zirkulieren. Dies führt nach Aussage der Befragten zu einer gewissen Unsicherheit bezüglich der Verwendung der „richtigen“ Standards. Eine zentrale elektronische Dokumentenablage (z. B. im Intranet) brächte hier eine höhere Transparenz mit sich.

Informations- und Kommunikationstechnologie

Im Bereich LKW Europa wird ein einheitliches Groupware-System eingesetzt. Die Nutzung im Rahmen des Projektes beschränkt sich allerdings auf das E-Mailing (sowohl für die DaimlerChrysler-interne Kommunikation als auch für die externe, via Internet). Ein Host-basiertes Memo-System befindet sich im Status der Ablösung.

Im Unternehmen steht das „DaimlerChrysler Corporate Network“ als Intranetlösung an den projektrelevanten Standorten an allen Arbeitsplätzen zur Verfügung.

Speziell für die Projektabwicklung werden im Projekt SKN-C keine besonderen Tools eingesetzt. Als von den Teammitgliedern genutzte oder in Planung befindliche Anwendungen können folgende Systeme identifiziert werden:

- Standardlösungen zur Textverarbeitung, Tabellenkalkulation und Präsentationsgrafikerstellung. Ein in der Fläche benutztes Projektmanagementsystem (im Sinne einer Client-Server-Lösung im LAN zur gemeinsamen Bearbeitung von Projektplänen) existiert nicht. Die Projektleitung arbeitet mit der Einzelplatzlösung einer Standardprojektmanagementsoftware.
- Der Einsatz einer Groupware-Projektdatenbank für die zentrale Dateiablage und einen gleichzeitigen Intranetauftritt mit selektiver Zugriffssteuerung[585] wird derzeit evaluiert.[586]
- Ein Projekt-Server zur zentralen Ablage von Dateien existiert nur für die Projektleitung. Der Zugriff auf gemeinsame Verzeichnisstrukturen funktioniert allerdings nur innerhalb der Verbünde „Grossraum Stuttgart“ und Aksaray, aber nicht verbundübergreifend.
- Für die Produktplanung stehen Host-basierte Dokumentationssysteme weltweit zur Verfügung. Diese stellen die Grundlage für Fahrzeugaufrisse dar und bilden die Basis für Datenbanken mit Produkt- und Teileinformationen.

[584] Vgl. Anhang II.5 der Dissertationsschrift.

[585] Hier sind zwei Nutzergruppen vorgesehen: Die Präsentation von Informationen für alle Nutzer des DaimlerChrysler Corporate Networks sowie die Präsentation von Informationen im Exklusivzugriff für das Projektteam (mit passwortgesichertem Zugang).

[586] Eine solche Lösung wurde im Rahmen der umgesetzten Massnahmen im Nachgang zur Ist-Analyse zwischenzeitlich eingeführt. Vgl. Kapitel 2.3 dieser Fallstudie.

Probleme technischer Art bereitet zeitweise die Anbindung der ausländischen Standorte: dies betrifft insbesondere die schlechten Telekommunikationsverbindungen mit MBTürk. Hier kommt es nach Aussage der Befragten regelmässig zu Problemen im Telefonverkehr.[587]

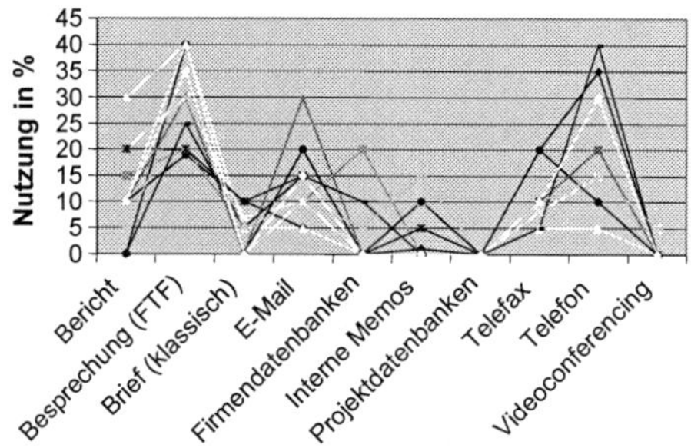

Abb. II.2-6: Ergebnisdarstellung: „Welche Informationsträger und Medien verwenden Sie aktuell im Rahmen der Projektarbeit?"

Die in Abb. II.2-6 dargestellte Auswertung[588] der Antworten zu Frage B-1-2.28 (vgl. Anhang II.5) macht deutlich, dass Besprechungen ein entscheidender Kanal zum Wissensaustausch sind. Die Antworten lassen ferner die Aussage zu, dass E-Mail bereits einen sehr grossen Anteil der Kommunikation im Projekt einnimmt (zwischen 5 % und 30 %). Der Einsatz von „Videoconferencing" wurde als relativ gering eingeschätzt[589] (eine einzige Nennung mit 5 %). Projektdatenbanken für die verteilte Zusammenarbeit (z. B. zur zentralen Ablage von Dateien) existieren noch keine: der Nutzungsgrad wurde daher von allen Interviewpartnern mit 0 % angegeben.

---

587 Diese Aussagen können durch eigene Erfahrungen belegt werden. Im Rahmen der telefonisch durchgeführten Interviews mit Teammitgliedern in der Türkei (vgl. Kapitel 3) brach bei einem Gespräch die Leitung neunmal zusammen.

588 Verwendete Auswertungsmethodik: Strichliste. Vgl. Kapitel 3.5 für eine tabellarische Übersicht.

589 IKT-zentrierte Lösungen wie Videoconferencing zur Verminderung des hohen Reiseaufkommens werden nicht eingesetzt. Der Einsatz wird aber evaluiert.

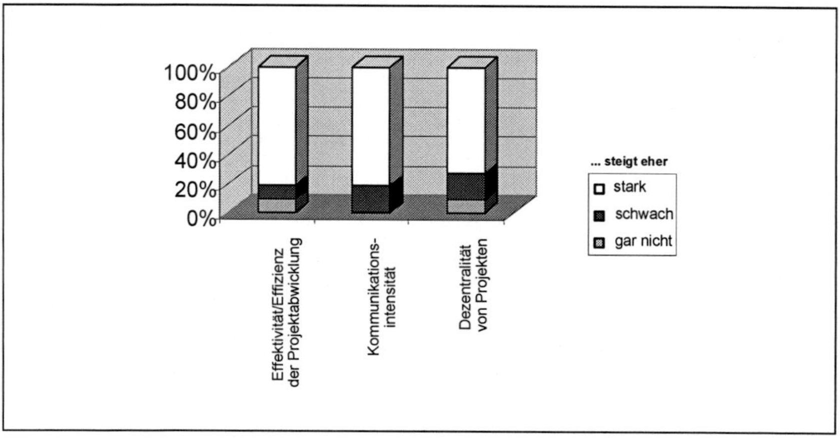

Abb. II.2-7: Ergebnisdarstellung: „Welchen Einfluss werden informationstechnologische Entwicklungen auf die ... ausüben?"

Abb. II.2-7 stellt die Auswertungen zu Frage B-1-3.2 (vgl. Anhang II.5) grafisch dar. Die Befragten sind sich tendenziell einig,[590] dass durch zukünftige informationstechnologische Entwicklungen die Effektivität und Effizienz im Rahmen der Projektarbeit stark steigen werden. Ähnliche Aussagen werden bezüglich der Kommunikationsintensität getroffen: Auch hier werden tendenziell starke Steigerungen erwartet.[591] Ferner wird eine relativ starke Zunahme der Dezentralität, d. h. eine zunehmende Verteilung von Projektteams erwartet.[592]

2.2 Vorgeschlagene Massnahmen

Basierend auf der im Rahmen der Ist-Analyse vorgefundenen Ausgangssituation im Bereich Projektwissensmanagement wurde eine Ausarbeitung und Vorstellung konkreter Massnahmenbündel[593] vorgenommen.

Organisation

- Konkretisierung und Ergänzung bestehender Rollen auf Ebene der Projektleitung und in den Projektteams um Aspekte des Projektwissensmanagements bzw. Schaffung neuer Rollen.

---

[590] Angaben: Knapp 82 % stark, knapp 9 % schwach, knapp 9 % gar nicht, 0 % negativ, n = 11, auf ganze Zahlen gerundet, verwendete Auswertungsmethodik: Strichliste.

[591] Angaben: Knapp 82 % stark, knapp 18 % schwach, 0 % gar nicht, 0 % negativ, n = 11, auf ganze Zahlen gerundet, verwendete Auswertungsmethodik: Strichliste.

[592] Angaben: knapp 73 % stark, knapp 18 % schwach, 9 % gar nicht, 0 % negativ, n = 11, auf ganze Zahlen gerundet, verwendete Auswertungsmethodik: Strichliste.

[593] Für eine inhaltliche Detaillierung einzelner Massnahmen vgl. Kapitel 4 der vorliegenden Dissertationsschrift.

Kultur

- Durchführung eines Wandels der Projektwissenskultur zu einer Mischung aus Personifizierungs- und Kodifizierungskultur.
- Schaffung von Anreizsystemen zur besseren Wissensteilung.

Lernen

- Förderung einer Lessons Learned- und Best Practice-Kultur zum Lernen aus Projekten.
- Konzept „Know-how-Transfer am Projektende SKN-C".

Informations- und Kommunikationstechnologie

- Aufbau einer in das Intranet integrierten Yellow Page- (1. Stufe) und Skill Management-Lösung (2. Stufe).
- Einführung eines elektronischen Ablagesystems für Projektdokumentationen mit Zugriff von allen projektrelevanten Standorten.
- Konzepterstellung „Virtuelle Meetings".
- Einsatz von Tools zur effizienteren Gestaltung von Meetings durch grafische Darstellung der Agenda.
- Die verstärkte Nutzung von Technologien zum Videoconferencing zur Verminderung von Reisetätigkeiten.

2.3 Umgesetzte Massnahmen

Folgende der vorgeschlagenen Massnahmen wurden dabei in einer ersten Stufe konkret durch das Forscherteam umgesetzt bzw. wurde mit ihrer Umsetzung begonnen.[594]

Lernen

- Erarbeitung eines Gate-orientierten Formulars zur Ableitung von Lessons Learned inkl. Frühwarnmechanismus.
- Konzipierung eines Workshopmoduls mit dem Schwerpunktthema „Ableitung von Lessons Learned" (CORAL-Workshop). Durchführung eines Workshops als Train the Trainer-Massnahme.

Projektmethodik

- Erstellung eines Konzeptes für einen Kompaktleitfaden für das Projektwissensmanagement zur Ergänzung bestehender Methodenhandbücher.

Informations- und Kommunikationstechnologie

- Die Abbildung der Projektstruktur von SKN-C in einer elektronischen „Projektakte" (kombinierte Groupware- und Intranetlösung) zur Verfügbarmachung sämtlicher Projektinformationen in elektronischer Form für alle Teammitglieder.

---

[594] Stand Oktober 1999. Die Umsetzung weiterer Massnahmen bis Projektende des Kompetenzzentrums EKM im April 2001 ist vorgesehen.

- Abbildung des Lessons Learned-Formulars über eine Groupware-Applikation.[595]
- Computergestützte Sitzungsstrukturierung zur Vermeidung von Reisetätigkeit, Senkung von Sitzungskosten (durch effizientere Durchführung), Steigerung der Sitzungsqualität (durch visualisierte und schrittweise komplettierte Sitzungsagenden) und eine Verbesserung der Projektdokumentation ohne Mehraufwand nach der Sitzung.

2.4 Schlussfolgerungen

Der Wissensaustausch in international verteilten Projekten wird zusätzlich durch länderkulturelle Barrieren und die Landesinteressen der Niederlassungen determiniert. Aber auch technische Probleme, die im Rahmen der Projektarbeit sonst eher in den Hintergrund rücken, können dabei – wie am Beispiel der Kommunikationsverbindungen mit der Türkei gezeigt – wieder an Bedeutung gewinnen.

Personifizierungskulturen gekoppelt mit verteilten Projektstrukturen und Entwicklungsvorhaben hoher Komplexität können, wie im Beispiel SKN-C, zu einem sehr hohen Reiseaufwand führen.

Der in Projekten herrschende Zeitdruck wird von den Mitarbeitern als eines der Haupthindernisse bei der Weitergabe von Wissen genannt.

Der Wissensaustausch in Entwicklungsprojekten wird zusätzlich durch mögliche Geheimhaltungspflichten erschwert. Selbst die Aufbereitung von Informationen auf einer unternehmensinternen Projekt-Homepage kann sich dabei schon problematisch gestalten.

Auch im Rahmen der Fallstudie DaimlerChrysler wird das Problem der Wissensträgeridentifikation deutlich und zeigt, dass gerade in Grosskonzernen mit einer derartigen Mitarbeiteranzahl die Identifikation geeigneter Experten zur Besetzung von Projektteams keine einfache Aufgabe darstellt und gut funktionierende informelle Netzwerke wesentlich zur Lösung dieses Problems beitragen können.

Die formalisierte Ableitung von Erfahrungen findet wie in vielen Unternehmen (vgl. die Parallelen zu den anderen Fallstudien) trotz gut dokumentiertem und durch Schulungsmassnahmen an die Mitarbeiter vermitteltem Methodenwissen nur in den offiziellen Handlungstheorien statt.

Auch bei Unternehmen wie DaimlerChrysler mit vergleichsweise sehr gut ausgestatteten IKT-Infrastrukturen überwiegt nach wie vor trotz unternehmensweit verfügbarem Intranet und Groupware-System die Dominanz des papierbasierten Austauschs von für die Projektabwicklung expliziertem Wissen.

[595] Vgl. Kapitel 4.6.3 im Hauptteil der Dissertation.

3 Interviews und Quellen

3.1 Interviewpartner

Name	Funktion
1. Böhm, Dr. Eike	Projektleiter SKN-C, Geschäftsbereich LKW Europa
2. Brodeßer, Uwe	Fachgebietsleiter strategische Planung LKW Europa
3. Guttenbacher, German	Vor- und Kostenplanung, Leiter Fahrgestell/Werkzeuge/Investitionen
4. Haase, Hans-Martin	Entwicklung LKW, Leiter Versuch Fahrgestell
5. Letsch, Josef	Leiter Controlling Werk Aksaray, Mercedes-Benz Türkei
6. Preiss, Egon	Projektleiter für Produktprojekte LKW Türkei, Istanbul, Mercedes-Benz Türkei
7. Richter, Gerhard	Leiter Fachgebiet Produktmanagement, Produktplanung schwere Nutzfahrzeuge, Actros Strassenfahrzeuge
8. Sihler, Rainer	Entwicklung LKW, Teilprojektleiter Entwicklung SKN-C
9. Sinner, Jürgen	Materialeinkauf Nutzfahrzeuge, Projektmanager Einkauf SKN-C
10. Treusch, Stephan C.	PMU für das Projekt SKN-C, Geschäftsbereich LKW Europa
11. Uloth, Johannes-Jörg	Leiter Industrialisierungsprojekte

Tabelle II.2-1: Liste der Interviewpartner Fallstudie DaimlerChrysler

3.2 Interviewagenda

Datum	Zeit	Name	Ort
12.04.1999	10:45-12:30 Uhr	Dr. Eike Böhm	Stuttgart-Untertürkheim bzw. zwischen Stuttgart-Untertürkheim und Wörth (im PKW)
12.04.1999	18:30-20:30 Uhr	Stephan C. Treusch	Zwischen Wörth und Stuttgart-Untertürkheim (im PKW)
13.04.1999	09:15-10:45 Uhr	Johannes-Jörg Uloth	Wörth
13.04.1999	11:00-12:30 Uhr	German Guttenbacher	Wörth
13.04.1999	14:45-16:15 Uhr	Hans-Martin Haase	Stuttgart-Untertürkheim
13.04.1999	17:00-18:30 Uhr	Rainer Sihler	Stuttgart-Untertürkheim
14.04.1999	08:30-10:00 Uhr	Uwe Brodeßer	Stuttgart-Untertürkheim
14.04.1999	12:00-13:30 Uhr	Jürgen Sinner	Stuttgart-Möhringen
14.04.1999	13:30-15:30 Uhr	Gerhard Richter	Stuttgart-Möhringen
15.07.1999	08:10-09:45 Uhr	Egon Preiss	Telefonisch
03.08.1999	08:30-10:55 Uhr	Josef Letsch	Telefonisch

Tabelle II.2-2: Interviewagenda Fallstudie DaimlerChrysler

3.3 Unternehmensspezifische Quellen

- Projektbeschreibung SKN-C (Stand 05. August 1998)

- Projektmanagement-Handbuch für das Ressort Forschung und Technik (Stand 06/1996)
- Projektmanagement Compress, Forschung und Technik, FTK/P (Stand 1997)
- Leaflet „Produktentstehungsprozess: Phasenablauf und Bausteine", Geschäftsbereich LKW Europa
- Protokoll zum Workshop „Einführung in das Wissensmanagement" vom 15. März 1999 des Arbeitskreises Wissensmanagement, DaimlerChrysler Forschung und Technik
- ChryslerCorporation 1997 Report to Shareholders
- Zusammenschluss Daimler-Benz/Chrysler, 18. September 1998
- Daimler-Benz Leaflet „Zahlen und Fakten", Ausgabe 1998
- „Nur Menschen schaffen Werte" – Informationsbroschüre der DaimlerChrysler Corporate University
- http://www.intra.worth.daimler-benz.com/EG/efdb/efdb_ind.htm
- Proceedings des Expertenforums „Perspektiven des Wissensmanagements. Ein Forum für Pioniere, Experten und Skeptiker" vom 18./19. Juni 1998, Michael Müller (Hrsg.), Stuttgart-Möhringen, 1998
- Diverse Telefonate, Schriftwechsel
- Screenshots „Erfahrungsdatenbank" Werk Wörth
- Flyer „Open House-Konferenz" 16. und 17. September 1998 in Karlsruhe
- „Offen für die Zukunft" Auszug aus Konferenzordner „Open House-Konferenz" 16. und 17. September 1998 in Karlsruhe
- Organigramme
- DaimlerChrysler Board of Management as of April 1999
- CEO Support Staffs as of April 1999
- Corporate Development & Information Technology Management as of March 1999
- Passenger Cars MB & Smart as of March 1999

3.4 Workshops und Arbeitstreffen

- 20. Juli 1998. Projektwissensmanagement im Projekt SKN-C – Definition von Problemfeldern. Teilnehmer: Dr. Eike Böhm, Dr. Rolf Müller, Dr. Thomas Schwan, Martin Schindler, 13:00-16:00 Uhr, Stuttgart
- 12. April 1999. Auftakt-Workshop Ist-Analyse & Einführung in das Umfeld. Teilnehmer: Dr. Eike Böhm, Uwe Brodeßer, German Guttenbacher, Hans-Martin Haase, Gerhard Richter, Rainer Sihler, Jürgen Sinner, Stephan C. Treusch, Johannes-Jörg Uloth, Erdal Ulukutlu, Martin Schindler, 13:30-15:00 Uhr, Wörth

- 12. April 1999. Projektteam-Sitzung SKN-C. Teilnehmer: Dr. Eike Böhm, Uwe Brodeßer, German Guttenbacher, Hans-Martin Haase, Gerhard Richter, Rainer Sihler, Jürgen Sinner, Stephan C. Treusch, Johannes-Jörg Uloth, Erdal Ulukutlu, Martin Schindler, 15:00-18:15 Uhr, Wörth
- 22. Juni 1999. Wissensmanagement im Projekt SKN-C – Diskussion der Interviewergebnisse. Teilnehmer: Dr. Eike Böhm, Christian Debus, Sabine Engelhardt, German Guttenbacher, Hans-Martin Haase, Rainer Sihler, Jürgen Sinner, Stephan C. Treusch, Martin Schindler, Dr. Martin Eppler, 13:00-16:00 Uhr, Stuttgart-Untertürkheim
- 10. September 1999. Diskussion von Massnahmen im Rahmen des Workshops „Informationsqualität für Wissensmedien". Teilnehmer: Stephan C. Treusch, Dr. Martin Eppler, Martin Schindler, Oliver Sukowski, 16:00-17:00 Uhr, Zürich
- 21. Oktober 1999. CORAL Lessons Learned-Workshop. Teilnehmer: Dr. Eike Böhm, Christian Debus, German Guttenbacher, Sukru Metinoglu, Dr. Rolf Müller, Gerhard Richter, Rainer Sihler, Jürgen Sinner, Harald Sulzmann, Stephan C. Treusch, Johannes-Jörg Uloth, Dr. Martin Eppler, Oliver Sukowski, 08:00-14:00 Uhr, Baiersbronn-Obertal

3.5 Auswertung zu Frage B-1-2.28

	Angaben in %, n=11, a-f:					
	a	b	c	d	e	f
Bericht	10	15	30	20	20	0
Besprechung (FTF)	19	20	40	30	20	40
Brief (klassisch)	10	5	5	7	10	0
E-Mail	5	10	5	10	15	20
Firmendatenbanken	0	20	0	0	0	0
Interne Memos	1	0	10	5	5	10
Projektdatenbanken	0	0	0	0	0	0
Telefax	20	10	5	8	10	20
Telefon	35	20	5	15	20	10
Videoconferencing	0	0	0	5	0	0
Summe	**100**	**100**	**100**	**100**	**100**	**100**

Tabelle II.2-3: Auswertung zu Frage B-1-2.28 Teil 1/2

	Angaben in %, n=11, g-k:				
	g	h	i	j	k
Bericht	10	0	5	10	10
Besprechung (FTF)	30	25	30	35	40
Brief (klassisch)	0	5	5	0	0
E-Mail	30	15	10	15	10
Firmendatenbanken	0	10	5	0	0
Interne Memos	0	0	15	0	0
Projektdatenbanken	0	0	0	0	0
Telefax	10	5	10	10	10
Telefon	20	40	15	30	30
Videoconferencing	0	0	5	0	0
Summe	**100**	**100**	**100**	**100**	**100**

Tabelle II.2-4: Auswertung zu Frage B-1-2.28 Teil 2/2

II.3 Fallstudie Insecuranza[596]

1 Rahmeninformationen

1.1 Unternehmensprofil

Die Insecuranza ist als Versicherungs- und Finanzdienstleister im deutschsprachigen Raum tätig. Unter dem Dach der Insecuranza (Holdinggesellschaft) agieren mehrere Versicherungs- und Finanzdienstleistungsinstitute. Die Gruppe verfügte 1998 über mehrere Tausend Beschäftigte.

Organisatorisch ist die Insecuranza in acht Bereiche gegliedert: B1-Vorstandsvorsitz, B2-Einkauf, B3-Vertrieb, B4-Versicherungsdienstleistungen, B5-Finanzen und Rechnungswesen (intern), B6-Finanzdienstleistungen, B7-Anlagemanagement, B8-Organisation, Verwaltung und Informationssysteme.

1.2 Betrachtungsgegenstand

Im Fokus der Untersuchungen zu dieser Fallstudie standen die Organisationsabteilung in ihrer Rolle für das Projektwissensmanagement sowie das Projekt Venus (Vertriebsunterstützungssystem für den Aussendienst).

1.3 Forschungsmethoden

Partizipative Aktionsforschung: Workshops, Arbeitstreffen, Experteninterviews, Dokumentenanalyse.

1.4 Vorgehensweise

Nach dem Projektsetup im Juli 1998 wurde eine erste Dokumentenanalyse vorgenommen.

Im Oktober und November 1998 wurden nach einem gemeinsamen Einführungsworkshop elf Experteninterviews (vgl. Kapitel 3 der Fallstudie[597]) durch den Autor dieser Arbeit durchgeführt.

Im Rahmen der Interviews wurden elf Experten aus den Funktionsbereichen Projektleitung, Projektplanung, Projektorganisation, Projektmanagementberatung, Management, Multiprojektleitung und Projektcontrolling der Insecuranza befragt. Die Teilnehmer stammten dabei aus den Unternehmensbereichen Controlling, Organisationsabteilung, DV-Systeme sowie Allgemeine Aufgaben.

Nach der Auswertung wurden die Interviewergebnisse im Rahmen eines Workshops diskutiert sowie in Form eines gemeinsam abgestimmten Arbeitsberichts [Schindler

---

[596] Die im Rahmen dieser Fallstudie dargestellten Informationen wurden auf Wunsch des Unternehmens anonymisiert. Der Unternehmensname und die im Text aufgeführten Standorte wurden *fiktiv* gewählt.

[597] Kapitelverweise innerhalb der Fallstudie beziehen sich aus Gründen der besseren Lesbarkeit auch auf diese, sofern nicht ausdrücklich anders angemerkt.

1999b] dokumentiert. Der Arbeitsbericht wurde den Teilnehmern dazu in einer Vorabversion zur Verfügung gestellt und nachfolgend durch Telefonate verifiziert.

Im Anschluss daran wurden seitens des Forscherteams eine Reihe von Massnahmenvorschlägen erarbeitet und vorgestellt (vgl. Kapitel 2.2). Daran schlossen sich mehrere Arbeitstreffen und Workshops (vgl. die Übersicht in Kapitel 3.4) zur Begleitung der Umsetzung der vorgeschlagenen Massnahmen an (vgl. Kapitel 2.3).

Sofern nicht ausdrücklich anders angemerkt, basieren die im Folgenden in Kapitel 2.1 gemachten Ausführungen zur Ist-Analyse auf dem Stand Oktober 1998.

2 Ergebnisse

2.1 Ist-Analyse

Die Insecuranza verfügt über eine klassische Matrixorganisation, bei der die einzelnen Geschäftsbereiche von den Funktionsbereichen überlagert werden. Für die Dauer eines Projektes werden die Mitarbeiter aus der Linie rekrutiert. Die dort eingeflochtene Matrix- bzw. Stabsprojektorganisation stellt sich aufbauorganisatorisch wie in Abb. II.3-1 illustriert dar.

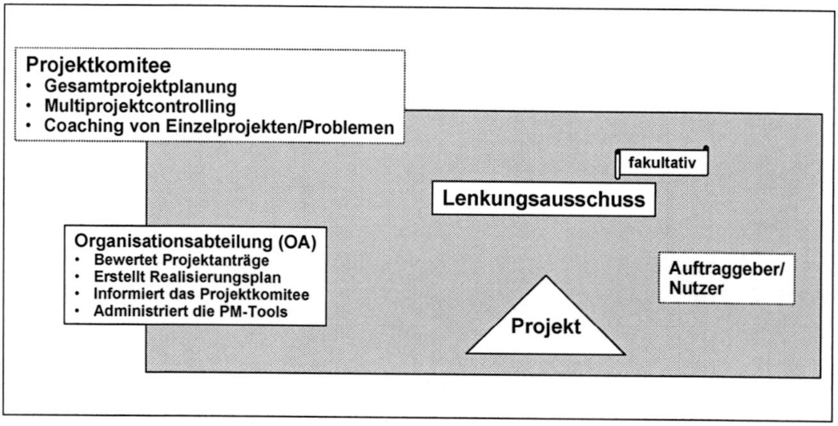

Abb. II.3-1: Projektorganisation bei der Insecuranza

Die zentralen Rollen der Projektorganisation[598] der Insecuranza werden in den folgenden Abschnitten beschrieben.

Ein Projekt wird bei der Insecuranza von den *Auftraggebern* (in der Regel den späteren Nutzern) gegebenenfalls unter Mithilfe der Organisationsabteilung initiiert.

Das *Projektkomitee* fungiert als Multiprojektgremium und Prozesseigner des Projektmanagements bei der Insecuranza. Im Rahmen dieser Funktion ist es für die Gesamt-

[598] Bestehend aus den Projektmitarbeitern und dem Projektleiter, bzw. gegebenenfalls auch Teilprojektleitern bei umfangreicheren Projekten, dem fakultativen Lenkungsausschuss und dem Projektkomitee.

projektplanung des Unternehmens zuständig. Es rekrutiert sich aus je einem Mitglied der Bereiche im Sinne einer Interessenvertretung und wird durch den Vorstand des Bereiches B8 geleitet. Das Projektkomitee tagt regelmässig einmal pro Monat und hat das Recht, Planungsvorhaben (so genannte Massnahmen[599]) zu Projekten zu erklären.

Die *Organisationsabteilung* (OA) arbeitet als Projektmanagementberater. Sie schafft den organisatorischen Rahmen für die Projektarbeit, betreut also auch Tools und Methoden. Ferner unterstützt sie die Fachbereiche in ihrer Rolle als Auftraggeber bei der Projektbeantragung und bereitet die Sitzungen des Projektkomitees vor. Die Organisationsabteilung hat dem Projektkomitee gegenüber Berichtspflicht und ist dem Bereich B8 untergeordnet, der sich in drei Hauptabteilungen[600] untergliedert (vgl. Abb. II.3-2).

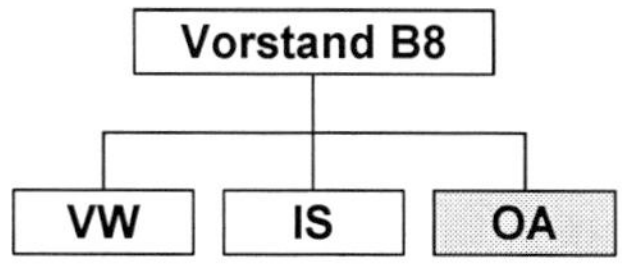

Abb. II.3-2: Organisatorische Eingliederung der OA

Ein *Lenkungsausschuss* ist fakultativ durch den Auftraggeber bzw. gegebenenfalls durch den Vorstand einzusetzen. In der Regel ist dies bei Grossprojekten mit Auswirkungen auf das ganze Unternehmen der Fall. Er ist einem Projektteam übergeordnet und dient der Überwachung des Projektfortschritts im Sinne eines Steuerungsgremiums. Er trifft notwendige kritische Entscheidungen und wird durch den Projektleiter informiert.

Bei der Insecuranza werden primär die folgenden Projekttypen durchgeführt:

- Interne Projekte
- Konzernübergreifende Projekte innerhalb der Holding
- Projekte mit externen Partnern (z. B. Beratungsunternehmen, Universitäten)

In der Regel werden diese zwischen den im Grossraum Aachen verteilten Standorten Brand (Zentrale), Laurensberg und Burtscheid abgewickelt.

[599] Von zentraler Bedeutung ist die Unterscheidung zwischen Massnahmen und Projekten: Massnahmen sind als Aktivität (Tätigkeit) definiert, die einer Planung, Steuerung und Ergebniskontrolle bedürfen [vgl. Insecuranza 1996, S. 3]. Nach Erfüllung bestimmter Kriterien (z. B. Budget, Interdisziplinarität, Ziel- bzw. Terminvorgaben) kann eine Massnahme durch die Organisationsabteilung zum Projekt erklärt werden. Während Massnahmen dem Linienmanagement unterliegen, werden Projekte mit den Methoden des Projektmanagements und einer eigenen Organisationsform abgewickelt.

[600] Neben der Organisationsabteilung sind dies die beiden Hauptabteilungen Verwaltungswesen (VW) und Informationssysteme (IS).

Organisation

Die Deregulierung der deutschen Versicherungswirtschaft hat in den 90er-Jahren zu einer verschärften Wettbewerbssituation auf dem Versicherungsmarkt geführt. Bei der Insecuranza wurde darauf mit erheblichen Strukturveränderungen reagiert, um den neuen Anforderungen flexibel begegnen zu können. Zu vorübergehenden Problemen hat der im Rahmen der Zusammenführungen und Trennungen von Organisationseinheiten[601] hervorgerufene Wissensverlust geführt. Dabei sind wichtige informelle Netzwerke zerstört worden. Diese Strukturen mussten sich erst langsam wieder etablieren. Die Reorganisation hatte aus Wissensperspektive aber auch positive Seiten: durch die Bildung neuer Kompetenzbereiche konnte Expertenwissen besser gebündelt werden.

Die Organisationsabteilung hat zum Zeitpunkt der durchgeführten Interviews keine Richtlinien- oder Weisungskompetenz. Ihre Kompetenzen beschränken sich laut eigener Aussage auf die mögliche Ablehnung von Projektanträgen. Ferner bereitet sie Vorschläge für die Gesamtprojektplanung (Multiprojektportfolio) für das Projektkomitee vor und führt nach deren Auftrag in enger Zusammenarbeit mit der Fachabteilung die im Projektvorlauf notwendige Vorstudie durch.

Die für den Wissensaustausch aufgrund ihrer horizontalen Struktur grundsätzlich gut geeigneten Projektkomiteesitzungen (vgl. Abb. II.3-3) lassen für die ca. 60 laufenden Projekte aufgrund der knappen zur Verfügung stehenden Zeit[602] im Einzelnen zu wenig Raum. Selbst wenn man sich auf die ausschliessliche Behandlung der Problemprojekte konzentriert, erscheinen mögliche Zeitfenster zu klein. Möglichkeiten zur Identifikation von Synergien zwischen einzelnen Projekten werden dadurch stark eingeschränkt. Die Verfolgung von in den Sitzungen beschlossenen Massnahmen wird durch die grosse Anzahl von Projekten und der zwischen Sitzungen liegenden Zeitspanne von vier Wochen erschwert.

[601] Im Zuge der Zusammenführung der ursprünglich selbständigen Versicherungs- und Finanzdienstleister (vgl. Kapitel 1.1 dieser Fallstudie). Dieser Prozess wurde mit Gründung der Holding Insecuranza Mitte der 90er-Jahre formal abgeschlossen, faktisch aber durch interne Umstrukturierungen der Bereiche weiter fortgeführt.

[602] Das Projektkomitee tagt einmal pro Monat für 2,5 Stunden. Inhaltlich werden dort die folgenden drei Punkte diskutiert: Antragsfreigabe neuer Projekte, Bericht laufender Projekte sowie aktuelle/generelle Probleme.

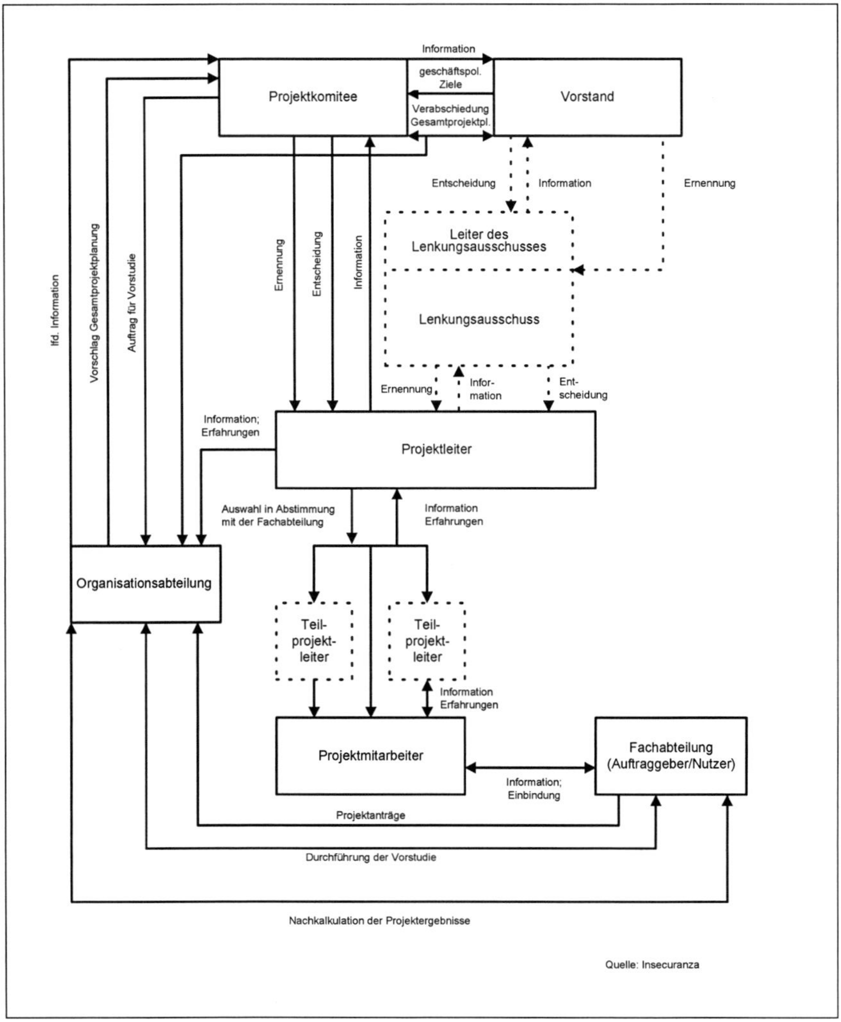

Abb. II.3-3: Soll-Konzept: Zusammenspiel der Projektbeteiligten

Im Rahmen der Wissensteilung wird weiter konstatiert, dass man zu wenig Zeit hat, sich gegenseitig zu informieren. Begründet wird dies mit dem hohen Termin- und Arbeitsdruck und allgemeinen Kommunikationsproblemen. Primär wird dies auf zwei Ursachen zurückgeführt, die einerseits durch die schwierige Integration von Linienmitarbeitern in Projekte und andererseits durch das Verständnis für die Rolle des Projektleiters motiviert werden:

- Die derzeitige Form der Einbindung von Mitarbeitern aus der Linienorganisation in Projektstrukturen birgt nach Aussage der Befragten Problempotenzial, da die Linienvorgesetzten ihre Mitarbeiter bei Bedarf zurück in die Linie holen können. Ferner ist nach Auskunft der Befragten die Bereitschaft der Linie, gute Projektmitarbeiter und damit Fachwissen bereitzustellen, teilweise nicht sehr gross.
- Projektleitungsaufgaben werden bei kleineren Projekten als Zusatzaufgaben zur normalen Linientätigkeit vergeben. Die betroffenen Mitarbeiter erhalten aber im Gegenzug keine Entlastungen bezüglich ihrer normalen Funktion. So kann es passieren, dass eine Person mehrere Projekte gleichzeitig als Projektleiter betreuen muss. Dies kann Kapazitätsüberlastungen zur Folge haben. Der so entstandene Zeitdruck führt zur Vergabe von Prioritäten. Da die Wissensteilung aufgrund der geringen Messbarkeit ihres Erfolges nicht in Zielverarbeitungen enthalten ist, wird sie auf der Prioritätenliste oftmals an das Ende gestellt. Die Projektleitungsfunktion verliert damit die eigentlich notwendige Bedeutung als Instanz für den Wissenstransfer.

Auch bei der Insecuranza (vgl. Parallelen in den anderen Fallstudien) ist die Wissensträgeridentifikation als potenzieller Problembereich identifiziert worden: Nach Aussage der Befragten ist das Wissen zu stark personengebunden: Ansprechpartner sind deshalb im Konzern regelmässig nur schwer zu lokalisieren. Dieser Zustand kann in Einzelfällen zu Doppelarbeit führen. Verantwortlich dafür werden eine schlechte Koordination und eine mangelnde Abstimmung von Arbeiten in den Teams und Abteilungen allgemein, aber besonders auch im Rahmen der (Multi-)Projektkoordination gemacht. Einzelnen Mitarbeitern fehlt die Zeit, ähnliche Projekte und damit mögliche Synergien zu identifizieren.

Die Informationsverteilung ist überwiegend papierbasiert. Fachinformationen sind zum Teil nur schwer auffindbar. So wird es teilweise als Problem empfunden, lückenlose und detaillierte Informationen in der benötigten Granularität zu bekommen. Zudem wird die Prüfung der Aktualität einer Information durch die primäre Papierorientierung erschwert.

Eng mit der Informationsverteilung hängt auch die Kommunikation der Projektaktivitäten an die projektrelevanten Umsysteme zusammen. Hinweise auf ein gut strukturiertes Projektmarketing finden sich im Projekthandbuch: „Unter Projektmarketing sind alle begleitenden und unterstützenden Maßnahmen zu verstehen, welche die Fertigstellung und Einführung eines Projektergebnisses fördern und vorantreiben. Die Durchführung des Projektmarketing ist Aufgabe des Projektleiters und des Auftraggebers.“ [Insecuranza 1996, S. 34] Weiter wird ausgeführt: „Projektmarketing beginnt beim Start des Projektes und hat folgende Ziele:

- Einbindung aller Beteiligten von Anfang an
- Akzeptanz schaffen bei allen Beteiligten

- Informationen rechtzeitig und umfassend an alle Beteiligten geben, inkl. Offenlegung der Konsequenzen
- Imagegewinn.

Um diese Ziele zu erreichen, gibt es einige Hilfsmittel und Regeln. Hierbei ist insbesondere zu denken an:

- die Besetzung der Projektgremien
- Art, Umfang und Methode der Informationsweitergabe (Berichtswesen, Präsentationen, projekteigenes Informationsblatt)
- Verwendung eines Projektnamens mit Aussagekraft
- Verhalten des Projektleiters/der Projektmitarbeiter nach innen und nach außen.“ [Insecuranza 1996, S. 34 f.]

Neue Medien sind dabei noch nicht in die Projektmarketingprozesse integriert.

Kultur

Ein grosses Problem in der Vergangenheit – insbesondere vor der stattgefundenen Deregulierung des deutschen Versicherungsmarkts – war das Zurückhalten von Wissen und Informationen durch Bereiche, Teams und Individuen. Wissen wurde sehr oft als Herrschaftswissen eingesetzt: „Wissen ist Macht und Prestige“ war eine oftmals anzutreffende Einstellung. Es existierten zu viele „Kopfmonopole“ (Zitat), die die Verbreitung von Wissen hemmten. Als weitere Ursache wird genannt, dass Leute auch zum Teil nicht über ein ausreichendes Mass an Selbstbewusstsein verfügten, um ihr Wissen zu adressieren – aus Angst vor einer Unterlegenheit. Durch die erfolgreich durchgeführten Umstrukturierungen im Unternehmen und den stattgefundenen Umdenkprozessen in Richtung Kunden- und Marktorientierung konnte einem Grossteil dieser Probleme erfolgreich begegnet werden.

Weitere mögliche Probleme werden bei der Integration der Projekt- in die Linienorganisation identifiziert. Im Einzelfall existieren Vorbehalte in der Linie, das dort gesammelte Know-how in die Projekte einzubringen. Mitarbeiter in Linienfunktionen agieren bei der Wissens- und Informationsweitergabe teilweise „politisch-motiviert“ (Zitat) und zurückhaltend. Gleiches gilt umgekehrt für die Rückführung von Wissen aus Projekten in die Linie. Hier herrscht zum Teil ein NIH-Syndrom.

Lernen

Das Lernen von Individuen wird zum Teil durch fehlende zeitliche Kapazitäten im Rahmen der Projekttätigkeiten determiniert: Die Mitarbeiter verfügen aufgrund der subjektiv empfundenen Aufgabenbelastung über wenig Freiräume zur Teilnahme an Aus- und Weiterbildungsmassnahmen. Überlegt wird hier die Aufnahme eines Pflichtausbildungsblockes, den jeder Mitarbeiter im Laufe eines Jahres wahrzunehmen hat.

Zum individuellen Lernen zählt auch die Aus- und Weiterbildung: Die Unternehmenskultur der Insecuranza hat zu einer hohen Mitarbeiterbindung geführt: Es existiert ein grosser Stamm von Mitarbeitern mit einer sehr langen Betriebszugehörigkeit, der keine Projektmanagementausbildung mit einer Vermittlung von Konzepten moderner

Teamarbeit erfahren hat. Diesem Problem wird mit der Durchführung entsprechender Schulungsmassnahmen begegnet.

Als mögliche Barriere beim Lernen in Gruppen wird das Fehlen einer gemeinsamen Sprache über Bereichsgrenzen hinaus identifiziert. Dies ist insbesondere bei Teams aus Bereichen, die originär aus unterschiedlichen Teilen des Konzerns stammen, zu spüren.

Bezüglich des Lernens auf organisationaler Ebene findet auch bei der Insecuranza noch keine strukturierte Ableitung von besten Praktiken oder Lessons Learned statt (vgl. die Parallelen zu den anderen Fallstudien). Im Projekthandbuch der Insecuranza wird dazu folgender Soll-Zustand definiert: „Die Nachbetrachtung des Projektverlaufs soll Antwort geben auf die folgenden Fragen:

- Welche Faktoren nehmen Einfluß auf den Projekterfolg?
- Welche Probleme tauchen im Verlauf verschiedener Projekte immer wieder auf? Lassen sich Problemursachen beseitigen?
- Wie häufig kommen Planabweichungen vor?
- Welches sind die Hauptursachen für die Planabweichungen?
- Wie könnte das Projektmanagement effizienter gestaltet werden?

Auf Basis dieser Projekterfahrungen wird das Projektmanagementkonzept laufend weiterentwickelt, indem Probleme, die häufiger auftreten, festgestellt und – so weit möglich – beseitigt werden.“ [Insecuranza 1996, S. 37 f.] Weiterhin findet sich der Hinweis, dass im Rahmen der Projektabschlusssitzung ein Rückblick auf die während der Projektarbeit gewonnenen Erfahrungen/Erkenntnisse durchzuführen ist [Insecuranza 1996, S. 31]. Der laufende Erfahrungsaustausch zwischen den einzelnen Gremien und Rollen in der Projektarbeit ist grundsätzlich sehr weitläufig vorgesehen (vgl. Abb. II.3-3).

Eine Ableitung solcher Lessons Learned oder bewährter Praktiken erfolgt in der Praxis durch informelle Mitarbeiterkommunikation z. B. im Rahmen von Kaffeepausen, am Rande von Sitzungen, beim Mittagstisch oder ähnlichen Gelegenheiten. Entsprechend sind Erkenntnisse und Erfahrungen aus anderen Projekten nicht bzw. kaum (allenfalls über persönliche Netzwerke) verfügbar.

Ein grosses Problem dabei ist die „fehlende Zeit, um aus Projekten zu lernen“ (Zitat); das betrifft nicht nur die Projektmitarbeiter untereinander, sondern auch die Projektleiter. Regelmässig stattfindende ERFA-Runden mit den Projektleitern laufender Projekte helfen, den Wissenstransfer hierbei deutlich zu verbessern.

Die Versicherungsbranche hat relativ schnell auf von extern vorgegebene Prämissen bezüglich des Vertragswesens z. B. im Rahmen der weitergehenden Deregulierung des Versicherungsmarkts und der Harmonisierung des Versicherungswesens in der Europäischen Union zu reagieren. Eine grosse Hilfe ist dabei die Bereitstellung entsprechender Verbandsinformationen über das Internet an jedem Arbeitsplatz, um so von der externen Umwelt lernen zu können.

Projektmethodik

Die Organisationsabteilung verfügt über fundiertes Methodenwissen, welches z. B. im Projekthandbuch, gut ausgebauten Formularstrukturen oder entsprechenden Multiprojektstrukturen expliziert wird. Über die Multiplikatorfunktion des Projektkomitees kann dieses Wissen durch die Projektleiter in die Projektteams distribuiert werden. Die Anwendung dieses Methodenwissens durch Mitarbeiter auf operativer Ebene wird durch die mangelnde Weisungskompetenz der Organisationsabteilung (vgl. oben) jedoch als teilweise problematisch umschrieben.[603]

Es existiert zwar eine Vielzahl von Standardformularen für die Projektarbeit, diese zirkulieren jedoch grösstenteils nur papierbasiert im Unternehmen. Ihre Nutzung ist zum Teil auch nicht vorgeschrieben. Dies erschwert die Prozesse der Wissensidentifikation und -bewertung, da etwa ein Vergleich unterschiedlich gestalteter Projektanträge im Rahmen des Multiprojektmanagements durch die Organisationsabteilung sehr aufwendig werden kann.

Die Auflösung der Projektorganisation bei Projektende kann zu Problemen bei der Zusammenarbeit mit der Linie führen, denn dieser Prozess ist ausschliesslich durch die Abgabe eines Projektabschlussberichts an das Projektkomitee und die Entlastung des Projektleiters formalisiert. Weitergehende verbindliche organisatorische Regelungen zum Transfer des im Projekt erarbeiteten Wissens fehlen.

Informations- und Kommunikationstechnologie

Grosse Anstrengungen werden zur Harmonisierung der historisch bedingt heterogenen IT-Infrastrukturen der Insecuranza unternommen. Ein Corporate Network (im Sinne eines unternehmensweiten Intranets auf TCP/IP-Standard) existiert zum Zeitpunkt der Interviews noch nicht.[604]

Die Organisationsabteilung verfügt mit der Massnahmen- und Projektdatenbank über ein wirksames Instrument, um den Überblick über die Multiprojektlandschaft im Unternehmen zu erhalten. Damit lassen sich Synergien identifizieren und Doppelarbeit vermeiden. Jedes Projekt bzw. jede Massnahme wird dort mit einem eigenen Datenbankeintrag abgelegt. Attribute sind wesentliche betriebswirtschaftliche Kennzahlen (z. B. Projektlaufzeit, Budget), Nutzen, Projektteam und Synergien zu anderen Projekten.

In der Fläche werden im Rahmen der Projektabwicklung übliche Standardlösungen zur Textverarbeitung usw. benutzt. Ein unternehmensweit benutztes Projektmanagementsystem oder ein Skill Management-System existieren nicht.

---

[603] Dieses Problem wurde nach der Ist-Analyse seitens der Insecuranza aufgegriffen und durch Reorganisationsmassnahmen und die Neuverankerung von Kompetenzen im vierten Quartal 1999 gelöst.

[604] Für die interne Kommunikation wird ein Host-System genutzt. Ein Ausbau der IKT-Strukturen (Ersetzung und Ergänzung der Host-Strukturen) durch moderne Client-Server-Systeme war im vierten Quartal 1999 weitestgehend abgeschlossen.

Im Projekt Venus[605] werden folgende Anwendungen verwendet:

- Die Projektteammitglieder sind über eine Groupware-Infrastruktur miteinander vernetzt. Diese wird auch zur Anbindung der Teammitglieder des externen Beratungsunternehmens und für projektinterne E-Mails benutzt.
- Über eine Groupware-Datenbank „Glossar" wird zentrales Fachvokabular der einzelnen Bereiche mit dessen Bedeutung abgebildet.
- Ein Tool zum Versionsmanagement dient der Verwaltung von elektronischen Dokumenten im LAN.
- Die Projektkostenrechnung und die Aufwandserfassung erfolgen über Host-basierte Systeme.

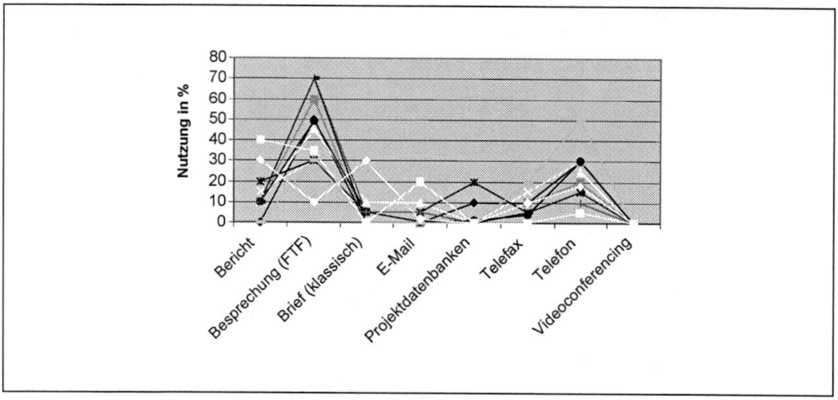

Abb. II.3-4: Ergebnisdarstellung: „Welche Informationsträger und Medien verwenden Sie aktuell im Rahmen der Projektarbeit?"

Abb. II.3-4 stellt die Auswertung[606] der Antworten zu Frage B-1-2.28 (vgl. Anhang II.5) grafisch dar. Ähnlich wie bei DaimlerChrysler und der Bankgesellschaft ist auch hier der grosse Anteil an Besprechungen auffällig.[607] Auch die Aussagen bezüglich der Projektdatenbanken sind analog zu interpretieren: Neun der Befragten geben einen Nutzungsanteil von 0 % an und begründen dies mit der Tatsache, dass sie keinen Zugriff auf die Projektdatenbanken besitzen. Die anderen beiden Befragten geben einen 10- bzw. 20-prozentigen Anteil an. Die Antworten lassen ferner die Aussage zu, dass E-Mail noch keinen grossen Anteil an der Kommunikation in Projekten einnimmt, was zum Teil auf die mangelnde Durchdringung zurückzuführen ist. Der Einsatz von

[605] Im Rahmen des Grossprojektes Venus wird ein Vertriebsinformationssystem für Aussendienstmitarbeiter konzipiert und realisiert. Neben Mitarbeitern der Insecuranza sind Mitarbeiter einer Unternehmensberatung in das Projektteam eingebunden, die als Externe Zugriff auf die Groupware-basierte Projektinfrastruktur besitzen.

[606] Verwendete Auswertungsmethodik: Strichliste. Vgl. Kapitel 3.5 für eine tabellarische Übersicht.

[607] Im Rahmen der Fallstudie Pixelpark war diese Frage kein Bestandteil der Interviews.

„Videoconferencing“ wird durchweg verneint. Dies wird mit der relativen Nähe der Standorte im Grossraum Aachen begründet.

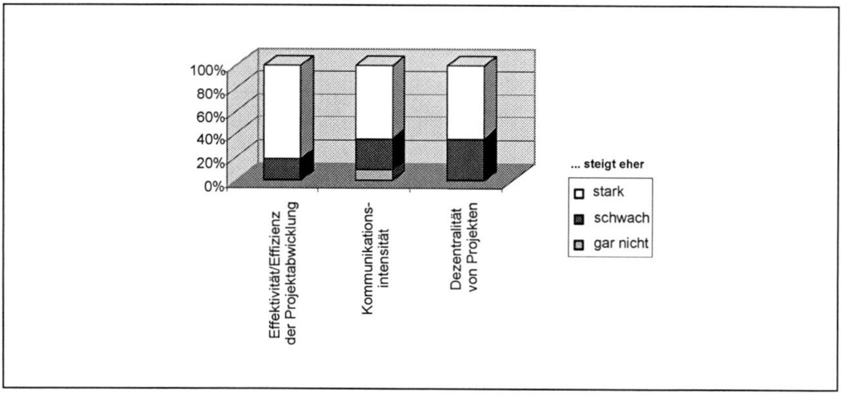

Abb. II.3-5: Ergebnisdarstellung: „Welchen Einfluss werden informationstechnologische Entwicklungen auf die ... ausüben?“

Abb. II.3-5 stellt die Auswertungen zu Frage B-1-3.2 (vgl. Anhang II.5) grafisch dar. Die Befragten sind sich tendenziell einig,[608] dass durch zukünftige informationstechnologische Entwicklungen die Effektivität und Effizienz im Rahmen der Projektarbeit stark steigen werden. Ähnlich gestalten sich die Aussagen über die Kommunikationsintensität: Auch hier werden tendenziell starke Steigerungen erwartet.[609] Ferner wird eine relativ starke Zunahme der Dezentralität, d. h. eine zunehmende Verteilung von Projektteams erwartet.[610]

2.2 Vorgeschlagene Massnahmen

Basierend auf der im Rahmen der Ist-Analyse vorgefundenen Ausgangssituation im Bereich Projektwissensmanagement wurde eine Ausarbeitung und Vorstellung konkreter Massnahmenbündel vorgenommen.

Organisation

- Ergänzung der bestehenden Projektmarketingkanäle durch eine entsprechende Intranetlösung.[611]
- Aufbau einer Yellow Page- (1. Stufe) und Skill Management-Lösung (2. Stufe).[612]

[608] Angaben: Knapp 82 % stark, knapp 18 % schwach, knapp 0 % gar nicht, 0 % negativ, n = 11, auf ganze Zahlen gerundet, verwendete Auswertungsmethodik: Strichliste.

[609] Angaben: Knapp 64 % stark, knapp 27 % schwach, 9 % gar nicht, 0 % negativ, n = 11, auf ganze Zahlen gerundet, verwendete Auswertungsmethodik: Strichliste.

[610] Angaben: knapp 64 % stark, knapp 36 % schwach, 0 % gar nicht, 0 % negativ, n = 11, auf ganze Zahlen gerundet, verwendete Auswertungsmethodik: Strichliste.

[611] Vgl. dazu Kapitel 4.2.3 und Kapitel 4.6.4 der vorliegenden Dissertationsschrift.

- Neupositionierung der für das Projektmanagement zuständigen Organisationseinheit durch Verankerung neuer Rollen und Vergabe von umfassenderen Weisungskompetenzen.
- Konkretisierung und Ergänzung bestehender Rollen um Aspekte des Projektwissensmanagements bzw. Schaffung neuer Rollen.[613]
- Überarbeitung der Sitzungsstrukturen des Projektkomitees. Trennung in inhaltliche und organisatorische Sitzungen mit rollierender Verantwortung.
- Stärkerer Einsatz grafischer Tools zur Visualisierung von Projektwissen – insbesondere im Rahmen von Projektkomiteesitzungen.

Kultur

- Ausbau des im Projekt Venus vorhandenen Glossars zur Überwindung der Sprachbarrieren als für alle Mitarbeiter zugängliche Intranetlösung.[614]

Lernen

- Förderung einer Lessons Learned- und Best Practice-Kultur zum Lernen aus Projekten.

Projektmethodik

- Neugestaltung des existierenden Projektmethodenhandbuchs für eine wirksamere Implementierung aus wissensmanagementorientierter Perspektive (z. B. durch Verankerung von Lernzielen).
- Ergänzung des Projektmethodenhandbuchs um einen Kompaktleitfaden.

Informations- und Kommunikationstechnologie

- Aufbau eines Intranets als Plattform für das Projektwissensmanagement.

2.3 Umgesetzte Massnahmen

Folgende der vorgeschlagenen Massnahmen wurden dabei in einer ersten Stufe konkret durch das Forscherteam in enger Zusammenarbeit mit Unternehmensvertretern umgesetzt bzw. wurde mit ihrer Umsetzung begonnen.[615]

Organisation

- Konzepterstellung zur effektiveren Gestaltung der Projektkomiteesitzungen.

Lernen

- Konzipierung eines Workshopmoduls mit dem Schwerpunktthema „Ableitung von Lessons Learned“. Durchführung eines Workshops als Train the

---

612 Vgl. dazu Kapitel 4.6.2 der vorliegenden Dissertationsschrift.

613 Vgl. Kapitel 4.2.2 der vorliegenden Dissertationsschrift.

614 Vgl. Kapitel 4.6.1 der vorliegenden Dissertationsschrift.

615 Stand Oktober 1999. Die Umsetzung weiterer Massnahmen bis Projektende des Kompetenzzentrums EKM im April 2001 ist vorgesehen.

Trainer-Massnahme. Unterstützung bei der Aus- und Weiterbildung im Rahmen eines Workshops „Wissensmanagement für Projektleiter".

Projektmethodik

- Mithilfe bei der Überarbeitung des Projekthandbuchs aus Perspektive des Projektwissensmanagements.
- Erstellung eines Konzeptes für einen Kompaktleitfaden für das Projektwissensmanagement zur Ergänzung des Projekthandbuchs.

Informations- und Kommunikationstechnologie

- Erstellung eines Rahmenkonzeptes zum Aufbau einer Intranetplattform für das Projektwissensmanagement unter Integration bestehender Lösungen der Insecuranza.

2.4 Schlussfolgerungen

Die vorliegende Fallstudie Insecuranza zeigt die grosse Bedeutung informeller Netzwerke für den Wissensaustausch im Unternehmen und die möglichen Konsequenzen von Restrukturierungsmassnahmen. Ähnlich der Fallstudie Bankgesellschaft Berlin und in Teilen auch Pixelpark sieht man auch hier Problempotenziale, die durch die Zusammenführung von zumindest teilweise heterogenen Strukturen entstehen.

Sprachbarrieren existieren insbesondere bei interdisziplinären Projekten. Die Komplexität erhöht sich zusätzlich, wenn unterschiedliche Unternehmenskulturen in Projekten zusammentreffen. Glossare helfen bei der Überwindung dieser Sprachbarrieren und tragen damit zum Zusammenwachsen der Unternehmenskulturen bei (vgl. auch hier die Fallstudie Bankgesellschaft Berlin).

Die Verankerung von organisationalem Lernen im Rahmen der Projektarbeit, insbesondere in Form der Ableitung von Lessons Learned und Best Practices ist zwar zum Teil in den Unternehmensleitlinien (hier im Beispiel im Projekthandbuch) gefordert, wird in der Praxis aber leider nur ungenügend gelebt.

Der ein Projekt besonders determinierende Faktor Zeit bzw. konkreter der von den Beteiligten in der Projektarbeit regelmässig als zu hoch empfundene Zeit*druck* wirkt subjektiv-verhindernd auf das Lernverhalten von Individuen und einschränkend auf den Wissensaustausch zwischen Mitarbeitern. Denn diese Wissensziele sind regelmässig nicht in Rollenbeschreibungen und Zielvereinbarungen fixiert und werden somit von den Mitarbeitern oftmals als umgehbare Zusatzbelastung betrachtet.

Harmonisierte Dokumentenstrukturen sind wichtig für eine effiziente Informationslokalisierung, die nachträglich zum Wissenstransfer führen kann. Dies wird in vielen Unternehmen unterschätzt, insbesondere dadurch, dass einzelnen Mitarbeitern in den Projekten der Nutzen, der durch die Verwendung von Standarddokumenten und -layouts für das Multiprojektmanagement entsteht, nicht transparent ist. Hier können entsprechende organisatorische Regelungen helfen, verbindliche Strukturen zu etablieren.

3 Interviews und Quellen

3.1 Interviewpartner

Name	Funktion
11 Personen, anonymisiert	Hauptabteilungsleiter, Abteilungsleiter aus den verschiedensten Unternehmensbereichen in Projektleiter- und/oder -mitarbeiterfunktion bzw. Mitglieder des Projektkomitees und der Organisationsabteilung

Tabelle II.3-1: Liste der Interviewpartner Fallstudie Insecuranza

3.2 Interviewagenda

Datum	Zeit	Name	Ort
20.10.1998	08:30-10:30 Uhr	Anonymisiert	Aachen
20.10.1998	10:45-12:45 Uhr		Aachen
20.10.1998	14:00-16:00 Uhr		Aachen
21.10.1998	08:30-11:20 Uhr		Aachen
21.10.1998	10:45-12:45 Uhr		Aachen
03.11.1998	08:30-12:20 Uhr		Aachen
03.11.1998	10:45-12:45 Uhr		Aachen
03.11.1998	14:00-16:00 Uhr		Aachen
04.11.1998	08:30-10:30 Uhr		Aachen
04.11.1998	10:45-12:45 Uhr		Aachen
30.11.1998	08:30-09:30 Uhr		schriftlich/telefonisch

Tabelle II.3-2: Interviewagenda Fallstudie Insecuranza

3.3 Unternehmensspezifische Quellen

- Begleitschreiben zum Projekthandbuch der Insecuranza [Insecuranza 1996], vom 17. Januar 1997
- Informationen zu ausgewählten Projekten der Insecuranza. Stand September 1998
- Aufstellungen von Unternehmensdaten der Insecuranza als Vorlage für das Projektkomitee, 24. November 1998
- Präsentation: SAP R/3-Einführung, Januar 1999
- Benutzerhandbuch „Massnahmendatenbank“
- Benutzerhandbuch „Aktivitätenmanager“
- Benutzerhandbuch „Arbeitszeitnachweis“
- Screenshots von Lotus Notes Datenbanken (Projekt Venus)
- Screenshot Glossardatenbank (Projekt Venus)
- Überblick Geschäftsvorfallmodell (Projekt Venus)
- Überblick Problemreporting (Projekt Venus)

- Aufstellung „Projektplanung 1999"
- Geschäftsberichte der Insecuranza (Holding) und ihren Teilinstituten
- Organisationsplan Insecuranza
- Überblick Organisationsstruktur
- Überblick Mitarbeiterzahlen
- Internetseiten
- Auszüge aus der Massnahmendatenbank
- Ergebnisprotokoll des Seminars Projektmanagement, 12.-15. Oktober 1998 in Aachen
- Beispieldokumente:
  - Projektantrag (4 Seiten)
  - Projektstrukturplan (4 Seiten)
  - Projektaktivitätenübersicht (2 Seiten)
  - Agenda zur Erstellung eines Projektstatusberichts
  - Agenda zur Erstellung eines Projektabschlussberichts
  - Personaleinsatzplanung (2 Seiten)
  - Projektinitialisierung (6 Seiten)
  - Projektstatusbericht (1 Seite)
  - Projektabschlussbericht (4 Seiten)
  - Projektsteckbrief (4 Seiten)
- Statusbericht „Morgenandacht" Projekt Venus
- Diverse Telefonate, Schriftwechsel, Protokolle

3.4 Workshops und Arbeitstreffen

- 08. Juli 1998. Projektwissensmanagement bei der Insecuranza – Definition von Problemfeldern. Teilnehmer: fünf Unternehmensvertreter, Martin Schindler, Dr. Thomas Schwan, 13:30-15:30 Uhr, Aachen
- 16. Oktober 1998. Auftakt-Workshop Ist-Analyse & Einführung in das Umfeld. Teilnehmer: elf Unternehmensvertreter, Martin Schindler, 15:00-18:00 Uhr, Aachen
- 12. Dezember 1998. Wissensmanagement in Projekten bei der Insecuranza und Diskussion der Interviewergebnisse. Teilnehmer: ein Unternehmensvertreter, Martin Schindler, Dr. Martin Eppler, externe Gäste, 11:00-12:00 Uhr, Aachen

- 11. Februar 1999. Feedbackworkshop Projektwissensmanagement bei der Insecuranza. Teilnehmer: achtzehn Unternehmensvertreter, Martin Schindler, 09:00-11:30 Uhr, Aachen
- 11. Februar 1999. Arbeitstreffen Massnahmenumsetzung Insecuranza. Teilnehmer: sechs Unternehmensvertreter, Martin Schindler, 13:30-15:00 Uhr, Aachen
- 27. April 1999. Arbeitstreffen Massnahmenumsetzung und -validierung. Teilnehmer: zwei Unternehmensvertreter, Martin Schindler, 10:00-16:00 Uhr, St. Gallen
- 14. Oktober 1999. Arbeitstreffen Massnahmenumsetzung im Technologiebereich. Teilnehmer: acht Unternehmensvertreter, Martin Schindler, Oliver Sukowski, 11:00-12:30 Uhr, Aachen
- 28. Oktober 1999. Workshop Wissensmanagement für Projektleiter. Teilnehmer: dreizehn Unternehmensvertreter, Dr. Martin Eppler, Oliver Sukowski, 10:00-14:00 Uhr, Aachen

3.5 Auswertung zu Frage B-1-2.28

	Angaben in %, n=11, a-f:					
	a	b	c	d	e	f
Bericht	0	10	10	15	20	10
Besprechung (FTF)	50	60	45	30	30	49,5
Brief (klassisch)	0	0	10	5	5	5
E-Mail	0	0	10	5	5	0,5
Projektdatenbanken	10	0	0	0	20	1
Telefax	10	10		15	5	4
Telefon	30	20	25	30	15	30
Videoconferencing	0	0	0	0	0	0
Summe	**100**	**100**	**100**	**100**	**100**	**100**

Tabelle II.3-3: Auswertung zu Frage B-1-2.28 Teil 1/2

	Angaben in %, n=11, g-k:				
	g	h	i	j	k
Bericht	10	10	0	30	40
Besprechung (FTF)	70	70	30	10	35
Brief (klassisch)	5	0	0	30	0
E-Mail	5	0	0	2	20
Projektdatenbanken	0	0	0	0	0
Telefax	0	5	20	10	0
Telefon	10	15	50	18	5
Videoconferencing	0	0	0	0	0
Summe	**100**	**100**	**100**	**100**	**100**

Tabelle II.3-4: Auswertung zu Frage B-1-2.28 Teil 2/2

II.4 Fallstudie Pixelpark

1 Rahmeninformationen

1.1 Unternehmensprofil

Pixelpark ist eine 1991 gegründete Multimediaagentur[616], die sich sukzessive vergrössert hat. Sitz der Zentrale ist Berlin. Heute verfügt Pixelpark über Niederlassungen (so genannte Units) in Basel[617], Hamburg, Köln[618], London, New York, Paris, Stuttgart und Zürich. Das Unternehmen gehört zum Bertelsmann-Konzern und verfügt über 350 fest angestellte Mitarbeiter.[619] Der Jahresumsatz im Geschäftsjahr 1997/98 betrug 23 Millionen Deutsche Mark.

Pixelpark bietet Lösungen in den Bereichen operatives und strategisches Consulting von Informatikstrategien sowie Konzipierung und Realisierung von Multimediaprojekten für

- CD-ROM-,
- I-Net- und
- Kiosk[620]-Lösungen

für die Segmente Electronic Commerce, Electronic Finance, Electronic Marketing und Online-Advertising an.

1.2 Betrachtungsgegenstand

Schwerpunkt der Untersuchungen zu dieser Fallstudie war die Projektabwicklung allgemein am Beispiel von drei Projekten bei Pixelpark. Im Rahmen der Fallstudie wurden insbesondere das Projekt Online-Shop für das Museum of Modern Art (MoMA), das CD-ROM-Projekt Risikomanagement-Tool (RMS) mit Internetanbindung für die Winterthur Versicherungen sowie die Überarbeitung des Web-Auftritts der deutschen Barmer Versicherung betrachtet.

1.3 Forschungsmethoden

Partizipative Aktionsforschung: Workshops, Arbeitstreffen, Experteninterviews, Dokumentenanalyse.

---

[616] Unter Multimedia wird allgemein die Integration von Text, Grafik, Animationen, Videos und Musik bzw. Teilmengen davon unter einer einheitlichen Benutzeroberfläche verstanden.

[617] Pixelpark-MMK AG, durch Übernahme von 75 % der Anteile an der Multimedia Kommunikations AG (MMK). Pixelpark Basel wiederum ist an der Scopo Intermediale Gestaltung AG beteiligt.

[618] Durch Übernahme von 75 % der Anteile an der bitlab Information Design & Entertainment GmbH.

[619] Stand August 1999.

[620] In der Regel als Masseninformationssysteme ausgerichtete hypermediale Informationssysteme im Sinne von leicht zu bedienenden Terminalstationen (z. B. auf Flughäfen, Messen) zur Verkaufsunterstützung oder für die Präsentation von Produkten, Dienstleistungen, Firmen bzw. touristischen Attraktionen.

1.4 Vorgehensweise

Nach dem Projektsetup im Oktober 1998 wurde eine erste Dokumentenanalyse vorgenommen. Eine Einführung in die Problematik des Wissenstransfers in Multimediaprojekten erfolgte im Rahmen eines Workshops [Tscherne 1998]. Im Januar 1999 wurden vierzehn Experteninterviews (vgl. Kapitel 3 der Fallstudie[621]) durch das EKM-Team durchgeführt und es wurde an einem internen Pixelpark Workshop in Berlin teilgenommen.

Im Rahmen der Analysephase wurden vierzehn Personen (Projektleiter/Projektmitarbeiter) befragt, die den Niederlassungen Berlin, Basel und New York zugeordnet sind. Die Experten stammten aus den Bereichen Informatik, Design, Amerikanistik, Physik und Journalismus, was gleichzeitig als Beleg für die hohe Interdisziplinarität in solchen Multimediaprojekten gesehen werden kann.[622] Um die Auftraggebersicht mit zu berücksichtigen, wurde auch ein Kunde für die Experteninterviews hinzugezogen.

Die Interviewergebnisse wurden wiederum in Berlin am 12. März 1999 im Rahmen eines Feedbackworkshops zur Diskussion gestellt. Weitere Arbeitstreffen schlossen sich im Juni und Oktober 1999 an, bei denen die eingeleiteten Massnahmen diskutiert und verifiziert wurden (vgl. Kapitel 3.4).

Sofern nicht ausdrücklich anders angemerkt, basieren die folgenden Ausführungen zur Ist-Analyse auf dem Stand Januar 1999.

2 Ergebnisse

2.1 Ist-Analyse

Pixelpark ist ein rein projektorientiertes Unternehmen mit sehr flachen Hierarchien.

Die Standorte sind nach Branchenkompetenz in einzelne Business Divisions gegliedert, die standortabhängig in ihrer Strukturierung variieren können (z. B. für Pixelpark-MMK AG: Finance Division, Retail Division, Pharma Division, Online Services, Brands und Industrie Division).

Aufgrund der grossen geografischen Streuung der einzelnen Niederlassungen und des aus verschiedensten Standorten zusammengewachsenen Unternehmens herrschen sehr heterogene Strukturen mit einem hohen Grad an Selbständigkeit der einzelnen Units. Die Mitarbeiter für die Projektteams werden bei Bedarf zwischen den Niederlassungen im Sinne eines weltweiten Ressourcen-Poolings ausgetauscht. Die Teams bestehen

---

[621] Kapitelverweise innerhalb der Fallstudie beziehen sich aus Gründen der besseren Lesbarkeit auch auf diese, sofern nicht ausdrücklich anders angemerkt.

[622] Die Kommunikation zwischen Mitarbeitern aus dieser Vielzahl an Disziplinen, die in Multimediaprojekten involviert sein können, ist oftmals sehr problematisch [England/Finney 1999, S. 8].

neben den Projektleitern aus Designern, Programmierern, Konzept-Direktoren und Grafikern mit den unterschiedlichsten fachlichen Hintergründen.[623]

Bei den von Pixelpark durchgeführten Projekten handelt es sich das Budget betreffend um mittlere und Grossprojekte (Volumen zwischen 50 und 250 Tausend Deutsche Mark) und nach der Laufzeit um kleinere und mittlere Projekte (zwischen einigen Monaten und maximal zwei Jahren Dauer).

Multimediaprojekte

Das folgende Zitat verdeutlicht den Umfang und die Komplexität von Multimediaprojekten:

> „A project in multimedia comprises a series of tasks that deliver a combination of media and have a computer component to integrate them. There are hardware-orientated multimedia projects where the aim might be to specify, introduce and integrate a delivery platform, such as video conferencing with a tailored user front-end, into an organization. There are software development projects that combine media components into an application to run on a delivery platform. The delivery platform will be one that can support an interactive combination of video, graphics, animation, sound and text. This could include anything from the Internet to interactive TV." [England/Finney 1999, S. 3]

Grenzen in der Anwendung von Projektmanagementmethoden

Ein zentraler Unterschied zum traditionellen Verständnis des Projektmanagements liegt in der Definition von „Qualität": In Multimediaprojekten lässt sich dieser Parameter mangels physikalischer Eigenschaften des Produktes nur sehr schwer messbar machen [England/Finney 1999, S. 17 ff.]. Während dies bezüglich der im Endprodukt enthaltenen Medienelemente noch in Grenzen funktioniert (z. B. Bild- und Tonqualität), erscheint eine quantitative Parametrisierbarkeit etwa beim „Design" einer Web Site nicht mehr objektiv möglich.

Das besondere an Multimediaprojekten sind stark individuelle Produkte, Einzelfertigung, eine hohe Dynamik (die verwendete Technik wandelt sich in extrem kurzen Zeiträumen[624]) gekoppelt an einen komplexen Produktionsprozess, der von den Beteiligten als besonders kreativer Prozess betrachtet wird, d. h. nicht zu sehr formalisiert sein darf [vgl. Tscherne 1998]. Dies liegt insbesondere an der regelmässig sehr hohen Interaktion mit dem Kunden beim prototypisch-iterativen Vorgehen im Rahmen der Produkterstellung [vgl. Merx 1999, S. 116 f.]. Weiteres Merkmal ist, dass die Beurteilung eines Produktes und seiner Funktionalität erst als Prototyp oder nach Fertig-

---

[623] Die Multimediabranche beschäftigt sehr viele Quereinsteiger. Beispielsweise muss ein Grafiker dabei keine spezielle Ausbildung genossen haben.

[624] Insbesondere im I-Net-Bereich durch das Aufkommen von neuen Standards und Plattformen (wie z. B. Java und XHTML).

stellung möglich ist. Typisch ist auch – speziell bei Multimediaprojekten – die Zusammensetzung aus internen und externen Teammitgliedern[625] [Merx 1999, S. 83].

Projektmethodik
Eine einheitliche Projektmethodik existiert nicht. Die einzelnen Units besitzen jeweils eigenes Methoden-Know-how, was sich z. B. in unterschiedlichen Vorgehensweisen bei der Akquisition von Projekten oder Phasenmodellen zur Projektdurchführung expliziert. Die unterschiedlichen Projektablaufstrukturen führen (insbesondere bei Teammitgliedern aus ursprünglich unterschiedlichen Standorten) oftmals zu Kommunikationsproblemen. Auch von Kundenseite werden transparentere Abläufe gewünscht.

Eine einheitliche Definition des Begriffs „Projekt" oder ein Projektleitfaden existieren, ebenso wie eine standardisierte Aus- und Weiterbildung im Bereich Projektmanagementmethoden, zum Zeitpunkt der Interviews nicht.

Organisation
Das Unternehmen verfügt über eine für Projektorganisationen übliche, sehr flache Hierarchie: Auf oberster Ebene steht das Board, bestehend aus Chief Executive Officer, Chief Information Officer, Chief Operating Officer und Chief Financial Officer, gefolgt von den Leitern der Units. Die Projektteams werden durch einen Projektleiter bzw. Key Account Manager geleitet. Ein typisches Projektteam setzt sich aus folgenden Rollen zusammen: Creative Director, Art Director, Grafiker, Project Manager, Junior Project Manager, Producer, Technical Director, Programmierer. Die Projektteams sind hochgradig interdisziplinär und setzen sich oftmals aus gemischten Agenturteams aus unterschiedlichsten Kommunikationsdisziplinen zusammen [Beinhauer 1999, S. 36].

Ein Chief Knowledge Officer oder eine ähnliche wissensmanagementbezogene formalisierte Rolle existiert zu Beginn der Analysephase durch das Forscherteam nicht.

Aus Wissensperspektive hat sich ein Modell besonders gut bewährt, das die Rolle der Projektleitung auf zwei Teammitglieder verteilt: Die gemeinsame Projektleitung durch einen Junior Project Manager sowie einen Senior Project Manager. Der Junior Project Manager fungiert zunächst als Assistent des Senior Project Managers, um in späteren Projekten selbst als Senior Project Manager eingesetzt werden zu können. Dadurch wird ein konsistenter Transfer von Wissen und Erfahrungen sichergestellt.

Die Organisationsentwicklung wird durch die Tatsache positiv beeinflusst, dass die Mitarbeiter in der Regel in mehr als einem Projekt zum Teil operativ mitarbeiten (bis zu sieben), was als vorteilhaft für den Wissenstransfer und die Identifikation möglicher Synergien zwischen Projekten empfunden wird. Bis zur Entscheidung, diese Art der Mitarbeitereinsätze gegenüber einer „One Project"-Strategie besonders zu fördern, herrschte oftmals eine hohe Intransparenz bezüglich der Aktivitäten in anderen Projekten.

---

[625] Beispielsweise im Projekt „Riskomanagement-Tool" bei den Winterthur Versicherungen, bei dem man die Firma Scopo als Subkontraktor eingesetzt hat.

Kultur
Die Mitglieder der Teams sind sehr jung (in der Regel zwischen 20 und 40 Jahren). In der Multimediabranche herrscht generell eine hohe Personenfluktuation[626] mit durchschnittlichen Mitarbeiterzugehörigkeiten von ein bis vier Jahren. Die Kultur kann als sehr offen charakterisiert werden und zeichnet sich durch unternehmensweites Duzen (einschliesslich der Geschäftsführung) und eine sehr hohe Motivation der Mitarbeiter (expliziert z. B. in langen Arbeitszeiten) aus. Der Wissensaustausch erfolgt stark personengebunden und findet auf informeller Ebene statt.

Lernen
Pixelpark bezeichnet sich selbst als „ständig lernendes Unternehmen"[627]. Einem Grossteil der Interviewpartner ist der Begriff des Wissensmanagements bereits vor dem Zusammentreffen mit dem zugehörigen Forschungsprojekt geläufig.[628]

Zum Wissensaustausch auf Intrateamebene werden in vielen Projekten tägliche Projektteam-Meetings durchgeführt. Es liegt dabei im Ermessen des jeweiligen Projektleiters, entsprechende Sitzungen einzuberufen. Diese Einberufung von Jours fixes ist allerdings nicht formalisiert und wird daher zum Teil nicht gelebt.

Die Weitergabe von Erfahrungswissen wird durch Job Rotation (z. B. durch Einsatz an unterschiedlichen Standorten) und durch die Einrichtung so genannter Practice Groups[629] (z. B. zur Nutzung von Technologien wie etwa E-Commerce-Plattformen) sehr gezielt unterstützt. Diese sind in einer ersten Ausbaustufe auf die Units beschränkt. Ein Pixelpark-weites Community of Practice-Building wird aber angestrebt.

Zwischen Designern, Programmieren und Projektleitern existieren verschiedene Standort-spezifische Wissensmanagementaktivitäten, wie beispielsweise ERFA-Gruppen, Checklisten, gemeinsame Plattformen wie DesignerPark (zur unternehmensweiten Projektdokumentation) – denen es allerdings an einer Unit-übergreifenden Koordination mangelt.

Der Wissensaustausch wird durch regelmässige Events gefördert (wie den so genannten Pixelvisions, um Einblick in neue Technologien und übergeordnete Themen zu erhalten). Ferner herrscht eine sehr hohe Wertschätzung für informelle Teamanlässe wie gemeinsames Frühstücken und Arbeitsessen). Es werden dazu auch Mitglieder der einzelnen Standorte zu gemeinsamen Wochenenden eingeladen, an denen Workshops in einem informellen Umfeld stattfinden. Die Ergebnisse dieser Events werden mit digitalen Kameras fotografiert oder als Video aufgezeichnet und kommentiert für alle Mitarbeiter transparent im Intranet abgelegt.

---

626 Beispielsweise durch den Wechsel zu Konkurrenten aber auch durch die Gründung von Spin-offs und Startups.

627 Auszug aus der Unternehmensvision.

628 Im Rahmen der Interviews zu den Fallstudien in Anhang II.1, II.2 und II.3 war dies eher die Ausnahme.

629 Zum Begriff der Practice Groups vgl. Kapitel 4.2.1 der vorliegenden Dissertationsschrift.

Das Lernen in den Teams wird durch die unterschiedlichen fachlichen Hintergründe und durch die aus dem globalen Einsatz teilweise resultierenden sprachlichen Barrieren der Teammitglieder erschwert.

Eine zentrale Projektbibliothek zur Ablage der gesamten Projektdokumentation existiert nicht.

Der R&D-Bereich[630] versucht, die Projektleiter aktiv mit neuem Wissen zu versorgen, z. B. durch Vorträge, Briefings, E-Mails.

Die formalisierte Ableitung von Erfahrungswerten während der Projektdurchführung oder nach Projektende im Sinne von Lessons Learned oder Best Practices findet zum Zeitpunkt der Interviews noch nicht statt.

Informations- und Kommunikationstechnologie

Eine unternehmensweite Groupware-Plattform existiert nicht. Zum Teil sind allerdings selbstentwickelte, standortspezifische Groupware-Lösungen eingesetzt.

Ein unternehmensweites Intranet verbindet alle Standorte durch eine einheitliche Plattform. Diese soll konsequent zur Wissensmanagementplattform ausgebaut werden. Dedizierte interne Projekt-Homepages als Projektportale werden dort nicht eingesetzt. Ein Extranet mit einem für alle Kunden offenen Bereich und einem bilateralen kundenspezifischen Bereich befindet sich im Aufbau.

Eine von den meisten Befragten als sehr erfolgreich eingeschätzte Intranetanwendung ist das Telefonverzeichnis PixelFace, das neben Kontaktinformationen (Name, Anschrift, Telefon-, Faxnummer, E-Mail-Adresse) auch Fotografien der Mitarbeiter im erweiterten Sinne von Yellow Pages enthält.

Unit-bezogen existieren zum Teil spezielle Projekt-Newsgroups mit dem Ziel, den Wissenstransfer innerhalb der verteilt arbeitenden Teams als auch mit dem Kunden zu verbessern. Weiterhin existieren für einige Projekt-Sites Redaktionssysteme im Sinne von Extranets, die als Medium zum Wissensaustausch genutzt werden. Der Einsatz hängt dabei auch von der Infrastruktur des Kunden ab (Voraussetzung ist das Vorhandensein eines Internetzugangs mit entsprechendem Datendurchsatz).

Den Mitarbeitern steht unternehmensweit Zugang zum Internet am Arbeitsplatz zur Verfügung. Telefon, Besprechungen und E-Mail dominieren als im Rahmen der Projektarbeit verwendete Informationskanäle. Videoconferencing-Lösungen werden nicht sehr häufig eingesetzt, befinden sich aber in der Evaluation.

Spezielle Tools zum Projektmanagement werden nicht verwendet. Genutzt werden gängige Standardprodukte:

- Projektmanagementsysteme zur Zeit- und Ressourcenplanung sowie zur Visualisierung des geplanten Projektverlaufs.

[630] Interactive Media Development (IMD): Research & Development-Bereich von Pixelpark, der auch in externen Forschungsprojekten aktiv ist. Neben den Aktivitäten mit Kunden beteiligt man sich an EU-Forschungsprojekten.

- Tabellenkalkulationsanwendungen zur Erstkalkulation und buchhalterischen Projektüberwachung.
- Textverarbeitungssysteme für Checklisten und zur Bewältigung des externen Schriftverkehrs sowie Präsentationsgrafiksoftware.
- Entsprechende Browser zur internen und externen Kommunikation via Intra- bzw. Internet.
- HTML-Editoren dienen der Erstellung von Web Sites.
- Gruppenkalender- und -terminplanungssoftware hilft bei der Organisation von internen Meetings (zur Beplanung von Personen, Räumen und Sachressourcen wie etwa Beamer).

Zur Projektdurchführung stehen entsprechende fachspezifische Tools bereit: Programmierumgebungen, Grafikwerkzeuge sowie Text- und Bildarchive. Als Dokumentationsinfrastruktur dient „DesignerPark" als zentraler Verzeichnisserver. Darüber hinaus sind im „ProjektPark" Projektserver mit gemeinsam genutzten Verzeichnissen zum Dateiaustausch installiert.

2.2 Umgesetzte Massnahmen

Die im Rahmen der Ist-Analyse vorgefundene Ausgangssituation im Bereich Projektwissensmanagement konnte konsequent durch die Umsetzung der im Folgenden beschriebenen Massnahmen verbessert werden.

Organisation

- Seit Januar 1999 befindet sich ein spezielles Qualitätsmanagement im Aufbau, das zum Ziel hat, die durch die Entstehungsgeschichte gewachsenen heterogenen und international verteilten Projektmanagementkulturen zusammenzuführen. Dazu wurde die Rolle des projektübergreifenden Quality Managers geschaffen. Dieser soll auch dem Problem begegnen, dass bisherige Pixelpark Buy-ins oder Start-up Units nicht systematisch mit Know-how aus der Zentrale in Berlin versorgt wurden. Neben der Koordination der Einrichtung einer entsprechenden unternehmensweiten Projektmethodik fungiert er als externer Projektwissensmakler[631] und als „Enabler" eines Kultur- und Verhaltenswandels hin zu einer „corporate culture".

Projektmethodik

- Die Aufgaben des Quality Managers umfassen die Entwicklung und Einführung eines einheitlichen Phasenmodells für die unterschiedlichen Prozesse im Projektablauf einschliesslich eines für alle Standorte gültigen Projektleitfadens samt Dokumentenvorlagen für Standardformulare wie den Projektantrag. Dazu gehört ebenso die Formalisierung von Jours fixes und Kick-off-Meetings.

---

[631] Zur Bedeutung dieser Rollen vgl. Kapitel 4.2.2 der vorliegenden Dissertationsschrift.

- Zur Etablierung einer solchen einheitlichen Projektmanagementmethodik, die gleichzeitig explizit Elemente des Wissensmanagements berücksichtigt, wurde ein standardisiertes Workshopmodul für Projektleitertrainings vorbereitet. Diese Trainingsworkshops dienen gleichzeitig als Wissensaustauschforen für die Projektleiter, was im zugehörigen Konzept durch entsprechende Freiräume wie z. B. für Metaplanspiele berücksichtigt wurde.

Lernen

- Der Einsatz eines Erhebungsbogens zum Sammeln von Kunden- und Teamfeedback zum Projektende ist vorgesehen. Dieser wird jeweils an den Kunden und das Projektteam gesandt. Parallel dazu wird mit etwa vierzehntägigem Vorlauf ein anonymer Kommunikationskanal bereitgestellt,[632] um die Möglichkeit zu eröffnen, auch Punkte zu artikulieren, die in einem persönlichen Feedback eher unausgesprochen bleiben würden. Die Koordination und Auswertung (gefolgt von der Anregung geeigneter Massnahmen zur Verbesserung von Abläufen) dieses Prozesses wird durch die Rolle des Quality Managers vorgenommen. Um diesen Prozess bei den eigenen Projektteams zusätzlich zu motivieren, wird intern ein so genannter Quality Award ausgeschrieben: Zum Jahresende wird pro Unit aufgrund der Inhalte der Projektdokumentation und den durch den Debriefing-Prozess vorliegenden Lessons Learned ein Projektteam für diesen Award nominiert.
- Dieser Prozess zur Ableitung von Lessons Learned wurde durch die Bereitstellung eines speziellen Lessons Learned-Formulars[633] unterstützt, das neben dem allgemeinen Fragebogen die Ableitung entsprechender Erfahrungen aus laufenden Projekten fördern soll.

Informations- und Kommunikationstechnologie

- Die Projektmethodik wurde dazu in einem ersten Schritt auf dem Intranet publiziert und soll in der nächsten Ausbaustufe in Form von geeigneter Darstellung in den Extranets auch den Kunden zur Verfügung stehen und so für eine höhere Projekttransparenz sorgen. Diese „Methodikplattform" soll ferner ein unternehmenseinheitliches „Sprachverständnis" im Sinne eines Glossars fördern.

2.3 Schlussfolgerungen und Ausblick

Dieser Fall zeigt, dass insbesondere in nicht organisch gewachsenen Organisationsstrukturen mit divergenter Projektmethodik die Wissensidentifikation und insbesondere der Wissensaustausch zwischen Projekten (vgl. dazu die Parallelen in den Fallstudien Bankgesellschaft Berlin und Insecuranza) zusätzlich erschwert wird. Projektübergreifende Rollen können hier als Enabler wirken. Die Rollenträger sollten zunächst für die rasche (aber schonende) Durchdringung (im Sinne von Verteilung und

[632] Eine spezielle E-Mail-Eingangsbox, bei der die Absender anonymisiert werden.

[633] Vgl. Abb. 4-15 in Kapitel 4.6.3 im Hauptteil der Dissertation für die Darstellung eines analogen Formulars.

Nutzung) mit einheitlichen Projektmethoden und Standards Sorge tragen. Die alleinige Bereitstellung gemeinsamer Infrastrukturen reicht noch nicht aus: Es bedarf entsprechender Anwendungen.

Heterogene Teams mit Mitgliedern der unterschiedlichsten fachlichen Hintergründe mit einem nicht zwingend einheitlichem Begriffsverständnis erschweren den Wissensaustausch. Hier ist es umso wichtiger, ein einheitliches Methodenverständnis zu schaffen. Glossare und gemeinsame Wissenslandkarten (wie etwa die grafische Darstellung der Projektprozesse im Intranet) können dabei helfen, einen gemeinsamen Sprachraum aufzubauen.

Eine offene, als kooperativ zu bezeichnende Unternehmenskultur, die durch eine Wertschätzung für informelle Formen der Kommunikation geprägt ist, scheint sich positiv auf die Bereitschaft zum Wissenstransfer auszuwirken.

Die aus der Unternehmensmission [vgl. Tscherne 1998] resultierende Technologie-Affinität erleichtert den Aufbau (und die erforderliche Akzeptanz) von Anwendungen zur (durch die hohe Fluktuation in der Multimediabranche) notwendigen Kodifizierung von Wissen.

Im weiteren Vorgehen dieses Action Research-Falles über den oben beschriebenen Zeitraum hinaus sollen die umgesetzten Massnahmen in Zusammenarbeit mit dem Forscherteam verifiziert und gegebenenfalls angepasst werden.

3 Interviews und Quellen

3.1 Interviewpartner

Name	Niederlassung	Funktion
1. Udo Blenk	Pixelpark Berlin	Team Concept, Verantwortlicher für Redaktionstools Projekt Barmer
2. PD Dr. Franz-Josef Elmer	Pixelpark-MMK Basel	Programmierer Winterthur Versicherungen
3. Jens Jacob	Pixelpark Berlin	Art Director Designer Projekt Barmer
4. Alexander Kick	Pixelpark-MMK Basel	Programmierer Winterthur Versicherungen
5. Claudia Knopf	Pixelpark-MMK Basel	Projektleiterin Winterthur Versicherungen
6. Oliver Michel	Pixelpark Berlin	Head of Research
7. Alana Oldham	Pixelpark New York	Technical Director MoMA
8. Christoph F. Peter	Mitarbeiter Winterthur Versicherungen im Bereich Risikomanagement	Kunde von Pixelpark-MMK Basel: CD-ROM „Risk Manager"
9. Dr. Hans-Joachim Rieke	Pixelpark New York/Paris	Head of Consulting Pixelpark New York Projekt MoMA
10. Kimberly Rotkop	Pixelpark New York/Paris	Projektleiterin MoMA
11. Cornelia Ruppmann	Pixelpark Berlin	Direktorin Concept Development
12. Jan Schmocker	Pixelpark-MMK Basel	Scopo Geschäftsleitung Grafiker
13. Falk Sniegocki	Pixelpark Berlin	Art Director MoMA
14. Peter Tscherne	Pixelpark Berlin	Projektleiter Projekt Barmer

Tabelle II.4-1: Liste der Interviewpartner Fallstudie Pixelpark

3.2 Interviewagenda

Datum	Zeit	Name	Ort
14.01.1999	08:30-09:45 Uhr	Cornelia Ruppmann	Berlin
14.01.1999	10:15-11:30 Uhr	Udo Blenk	Berlin
14.01.1999	11:30-12:30 Uhr	Jens Jacob	Berlin
14.01.1999	13:00-14:00 Uhr	Peter Tscherne	Berlin
14.01.1999	14:10-16:00 Uhr	Kimberly Rotkop	Berlin
14.01.1999	16:30-18:15 Uhr	Falk Sniegoki	Berlin
15.01.1999	09:00-10:30 Uhr	Oliver Michel	Berlin
18.01.1999	14:00-15:00 Uhr	Jan Schmocker	Basel
18.01.1999	15:00-16:00 Uhr	Claudia Knopf	Basel
18.01.1999	16:00-17:00 Uhr	PD Dr. Franz-Josef Elmer	Basel
18.01.1999	17:00-18:15 Uhr	Alexander Kick	Basel
27.01.1999	10:35-11:50 Uhr	Christoph F. Peter	Basel
21.01.1999	14:15-15:45 Uhr	Dr. Hans-Joachim Rieke	Telefonisch
22.01.1999	09:20-11:05 Uhr	Alana Oldham	Telefonisch

Tabelle II.4-2: Interviewagenda Fallstudie Pixelpark

3.3 Unternehmensspezifische Quellen

- Vortrag Thomas Dahlmanns am 10.09.1999 in Zürich
- Geschäftsbericht Pixelpark Basel-MMK
- Pixelpark-MMK Projektübersicht
- Pressemitteilungen
- Feedbackfoliensatz
- Diverse Telefonate, Schriftwechsel
- Interne Unterlagen Pixelpark

3.4 Workshops und Arbeitstreffen

- 12. Januar 1999. Projekt Qualitätsmanagement Meeting. Teilnehmer: Uwe Greunke, Anke Huben, Dr. Jan Kantowsky, Michael Möller, Oliver Runge, Dr. Martin Eppler, 19:00-20:30 Uhr, Berlin
- 10. März 1999. Feedbackworkshop Ist-Analyse. Teilnehmer: Dr. Jan Kantowsky, Uwe Greunke, Michael Möller, Oliver Runge, Dr. Martin Eppler, 17:00-19:00 Uhr, Berlin
- 17. Juni 1999. Arbeitstreffen zur Ausdifferenzierung von weiteren Massnahmen. Teilnehmer: Uwe Greunke, Dr. Martin Eppler, Martin Schindler, 12:00-19:00 Uhr, St. Gallen
- 15. Oktober 1999. Arbeitstreffen zur Vorbereitung der CORAL-Workshops und konzeptionelle Ausweitung des Intranetframeworks zur Abbildung relevanter Projektprozesse, Uwe Greunke, Dr. Martin Eppler, 10:00-17:00 Uhr, Zürich
- 11./24. November 1999. Durchführung eines CORAL-Workshops, Stuttgart/Berlin

II.5 Interviewleitfaden

=mcm institute
Media Communications Management

UNIVERSITÄT
ST. GALLEN

Interviewleitfaden
Wissensmanagement in der Projektabwicklung

Competence Center Enterprise Knowledge Medium (CC EKM)
Institut für Medien- und Kommunikationsmanagement, Universität St. Gallen
Dipl.-Wirt. Inform. Martin Schindler

A-1 Allgemeine Angaben

1. Name: ____________________
2. Vorname: ____________________
3. Akademischer Grad/Titel: ____________________
4. Fachrichtung: ____________________
5. Funktion und Stellenbezeichnung: ____________________
6. Welcher Branche ist Ihr Unternehmen zugeordnet?
7. Welches sind die Hauptgeschäftsfelder des Unternehmens?
8. Was ist Ihre gegenwärtige Aufgabe?
9. Wem sind Sie selber in der Organisation unterstellt?
10. Seit wann arbeiten Sie in Projekten, sei das in Ihrer heutigen Tätigkeit oder im Rahmen vorheriger Tätigkeiten (Monat/Jahr)?
11. Mit welchen Arten von Projekten beschäftigen Sie sich *hauptsächlich*?
    (Kreuzen Sie bitte jeweils *eine* der Möglichkeiten an!)

    Grösse:
    - ❑ Grossprojekte
      (Volumen Budget ≥ 250.000 DM)
    - ❑ Mittlere Projekte
      (Volumen Budget ≥ 50.000 DM < 250.000 DM)
    - ❑ Kleine Projekte
      (Volumen Budget < 50.000 DM)

    Laufzeit:
    - ❑ Grossprojekte
      (Laufzeit ≥ 2 a)
    - ❑ Mittlere Projekte
      (Laufzeit ≥ 1 a < 2 a)
    - ❑ Kleinere Projekte
      (Laufzeit < 1 a)
    - ❑ Kleinprojekte
      (Laufzeit < 0.5 a)

    Mitarbeiteranzahl:
    - ❑ Gesamtteamstärke > 100 Mitarbeiter
    - ❑ Gesamtteamstärke 31 – 99 Mitarbeiter
    - ❑ Gesamtteamstärke 11 – 30 Mitarbeiter
    - ❑ Gesamtteamstärke 6 – 10 Mitarbeiter
    - ❑ Gesamtteamstärke 2 – 5 Mitarbeiter
    - ❑ Gesamtteamstärke < 2 Mitarbeiter
12. Welche Aufgaben haben Sie im Rahmen Ihrer **nicht projektbezogenen** Tätigkeit zu bearbeiten/erledigen?
13. Welche Aufgaben haben Sie im Rahmen Ihrer **projektbezogenen** Tätigkeit zu bearbeiten/erledigen?
14. Haben Sie Personalverantwortung?
    ❑ ja ❑ nein
15. Wenn ja, über wie viele Mitarbeiter?
16. Umsatz des Unternehmens im letzten Jahr:
17. Umsatz des Konzerns im letzten Jahr:
18. Seit wann sind Sie diesem Unternehmen zugehörig (Monat/Jahr)?
19. Waren Sie vorher in einem Unternehmen tätig, das zum Konzern gehört?
    ❑ ja ❑ nein
20. Wenn ja, seit wann (Monat/Jahr)?

A-2 Fragen zur technologischen Infrastruktur

1. Existiert eine unternehmensweite interne E-Mailing-Lösung?
   ❑ ja ❑ nein
2. Wenn ja, welche?
   - ❑ Microsoft Mail
   - ❑ Lotus cc:Mail
   - ❑ Netscape Mail (Message Center)
   - ❑ Mailsysteme in Groupware-Plattformen
   - ❑ andere: ____________
3. Haben Sie von Ihrem Arbeitsplatz aus unbeschränkten Zugriff auf das Internet?
   ❑ ja ❑ nein
4. Existiert ein Intranet?
   ❑ ja ❑ nein
5. Wenn ja, auf welcher Lösung basierend?
   - ❑ Netscape SuiteSpot
   - ❑ Novell Web Server
   - ❑ andere: ____________
6. Existiert eine unternehmensweite Groupware-Plattform?
   ❑ ja ❑ nein
7. Wenn ja, welche?
   - ❑ Lotus Notes
   - ❑ Novell GroupWise
   - ❑ Microsoft Outlook/Exchange
   - ❑ Open Text Livelink
   - ❑ andere: ____________

8. Können Sie damit auch uneingeschränkt Internet-Mails senden/empfangen?
❑ ja ❑ nein

9. Wenn nein: In welcher Form haben Sie Zugriff? (z. B. zentraler Arbeitsplatz)

10. Wenn ja, was für eine Verbindung? (z. B. Standleitung (Netzwerk), Modem pro Arbeitsplatz)

A-3 Projektabwicklung (Grundlagen)

1. Was ist nach Ihrem Verständnis ein Projekt?

2. Existiert eine offizielle unternehmensweite Definition, was ein Projekt ist?
❑ ja ❑ nein

3. Wenn ja, wie lautet die Definition?

4. Wie wird ein Projekt formal beendet? (Abschlusssitzung, Abschlussbericht, usw.)

5. Wie viel Prozent Ihrer Arbeit verbringen Sie derzeit mit Tätigkeiten in Projekten?

6. Wie viel Prozent Ihrer Arbeit verbringen Sie mit der Leitung von Projekten?

7. Welche Organisationsform wird in ihrem Unternehmen für die Projektabwicklung eingesetzt?

A-4 Knowledge Management (Grundlagen)

1. Ist Ihnen der Begriff Wissensmanagement (Knowledge Management) in Ihrer Arbeit bereits einmal begegnet?
❑ ja ❑ nein

2. Gibt es in Ihrer Unternehmung eine Stelle, die für Wissensmanagement verantwortlich ist?
❑ ja ❑ nein

3. Wenn ja, wie heisst der Inhaber dieser Stelle?

4. Gibt es in Ihrer Unternehmung bereits ein Projekt zum Thema Wissensmanagement im Sinne eines gezielten Programms zur Nutzung und Entwicklung des Firmenwissens?
❑ ja ❑ nein

5. Wenn ja, wie ist dieses in die Organisation eingegliedert, und was ist das Ziel dieses Projekts?

6. Glauben Sie, dass ihre Kollegen viele Einträge in das betriebliche Vorschlagswesen (VSW) einspeisen?
❑ ja ❑ nein ❑ ex. kein VSW

7. Existiert in Ihrem Unternehmen eine Wertschätzung dafür, dass weniger formale Situationen (z. B. Gespräch im Gang, Mittagessen, Kaffeepause, usw.) zum Austausch wertvoller Informationen dienen können?
❑ absolut
❑ in Massen
❑ eher nicht

8. Welche Instrumente zur Ermittlung und Nutzung von Wissen kommen in Ihrem Unternehmen zur Anwendung bzw. planen Sie zu entwickeln?

9. Glauben Sie, dass Wissen erfolgsentscheidend für ihre Projekte ist? Warum?
❑ ja ❑ nein

10. Welches sind Ihrer Meinung nach die grössten Probleme im Umgang mit Wissen in Ihrer Firma (Ausbildung, Teilen von Informationen, Umsetzung in Produkte, usw.)?

11. Können Sie interne Wissensträger leicht ausfindig machen und kontaktieren?
❑ ja ❑ nein

12. Welche Barrieren, um Wissen **in** Projekten auszutauschen, können Sie sich vorstellen?

13. Welche Barrieren, um Wissen **zwischen** Projekten auszutauschen, können Sie sich vorstellen?

A-5 Interorganisationale Aspekte

1. Wie viel Prozent Ihrer jetzigen Projektarbeit betreffen Projekte, bei denen
   (a) andere Abteilungen des gleichen Unternehmens;
   (b) andere Abteilungen des gleichen Konzerns;
   (c) andere Unternehmen[1] beteiligt[2] sind?

[1] im Sinne rechtlich selbstständiger Unternehmen
[2] Beteiligung in diesem Kontext nicht nur temporär (z. B. im Rahmen einer Aufgabe als Lieferant), sondern für einen signifikanten Anteil an der Projektdauer

2. Zu Frage 1: Wie häufig finden Treffen mit allen Projektmitarbeitern statt?

3. Sind diese formal vorgesehen?
❑ ja ❑ nein

4. Zu Frage 1: Wie wird Wissen innerhalb solcher verteilten Strukturen ausgetauscht?

5. Haben Sie Zugriff auf Informationen in der DV-Infrastruktur des/der Partner?
❑ ja ❑ nein

6. Wenn ja, auf welche Informationen, und wie wurde das Problem technisch gelöst (z. B. Zugriff auf gemeinsames Verzeichnis über Modem zum Austausch von Dateien, usw.)?

7. Existiert dazu eine spezielle EDV-Plattform? (z. B. ein Extranet)
❑ ja ❑ nein

8. Ist Ihr Unternehmen auch in Projekte involviert, in denen Mitarbeiter aus verschiedenen Länder zusammenarbeiten?
❑ ja ❑ nein

B-1 Sektion für Projektleiter und Projektmitarbeiter

B-1-1 Allgemeine Fragen

1. In wie vielen Projekten arbeiten Sie derzeit gleichzeitig mit?

2. Ist der Anteil von Projektarbeit an Ihrer Tätigkeit Ihrer Meinung nach zunehmend oder abnehmend?
❑ zunehmend ❑ abnehmend

3. Nutzen Sie zur Projektplanung und -kontrolle IT-Unterstützung?
❑ ja ❑ nein

4. Wenn ja, in welcher Form?

5. Identifizieren Sie stets wiederkehrende Abläufe/Ablaufstrukturen (Prozesse) im Rahmen des Projektmanagements.

6. **Informationsbelastungsschema**
Projekte lassen sich in Phasen einteilen. Diese Phasen sind in der Regel durch eine unterschiedliche Informationsbelastung charakterisierbar.

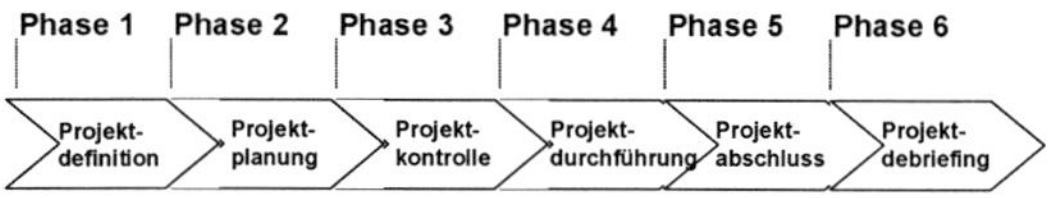

Abbildung 1: Phasen eines Projektes

Die folgende Tabelle zeigt ein Informationsbelastungsschema (Stichwort „Informationsflut"). Sie finden hier die in der Abbildung skizzierten Phasen. Nehmen Sie bitte eine Einordnung dieser Phasen bezüglich der jeweiligen Informationsbelastung aus Ihrer persönlichen Perspektive (z. B. als Projektleiter oder Projektteammitglied) vor.

Kreuzen Sie dazu pro Phase die zutreffende Einordnung eindeutig (✓) an.

Phase/Prozess: **Belastungssituation:**	Projekt-definition	Projekt-planung	Projekt-kontrolle	Projekt-durchführung	Projekt-abschluss	Projekt-Debriefing
Situation 1: Wenig Informationen zu verarbeiten						
Situation 2: genau ausreichende Informationen zu verarbeiten						
Situation 3: Fast zu viele Informationen zu verarbeiten						
Situation 4: zu viele Informationen zu verarbeiten						

7. **Informationsbedarfsschema**
   Die in der vorherigen Frage geschilderten Phasen zeichnen sich durch unterschiedliche Informationsbedarfe aus.
   Die folgende Tabelle zeigt ein Informationsbedarfsschema. Sie finden hier wieder die in der obigen Abbildung skizzierten Phasen. Nehmen Sie bitte eine Einordnung dieser Phasen bezüglich der jeweiligen Informationsbedarfe aus Ihrer persönlichen Perspektive (z. B. als Projektleiter oder Projektteammitglied) vor.

   Kreuzen Sie dazu pro Phase die zutreffende Einordnung eindeutig (✓) an.

Phase/-Prozess: **Bedarfs-situation:**	Projekt-definition	Projekt-planung	Projekt-kontrolle	Projekt-durch-führung	Projekt-abschluss	Projekt-Debriefing
Situation 1: Keine Informationen benötigt						
Situation 2: Wenig Informationen benötigt						
Situation 3: Viele Informationen benötigt						
Situation 4: Extrem viele Informationen benötigt						

8. In welchen Situationen kommt es während des Projektablaufs zu Informationsüberlastung?

9. In welcher Form bekommen die Projektmitarbeiter die Aufgaben zugewiesen (schriftlich, mündlich, usw.)?

10. Diskutiert der Projektleiter im Rahmen einer Projektabschlusssitzung mit dem Team die wesentlichen Erfahrungen des aktuellen Projektes?
    ❑ ja ❑ nein

11. Werden diese Erfahrungen auch dokumentiert im Abschlussbericht?
    ❑ ja ❑ nein

12. Steht dieser Abschlussbericht allen neuen Projektteams zur Verfügung?
    ❑ ja ❑ nein

13. Wie hoch ist durchschnittlich der Zeitanteil pro Projekt, den sie für die Beschaffung der relevanten Informationen aufwenden?

B-1-2 Projektdokumentation

1. In welchem Umfang werden in Ihrem Unternehmen Projekte dokumentiert?

2. Bewerten Sie im Rahmen der Projektabwicklung mögliche Dokumentationsarten[3]:

   - *Spalte A:* Markieren Sie die Dokumentationsarten, die in Ihrem Unternehmen verwendet werden, mit einem Kreuz.
   - *Spalte B:* Geben Sie an, ob Sie diese Dokumentationsart selbst generell für notwendig erachten.

A B

Projektdefinition

❑❑ Projektsteckbrief
❑❑ Produktblatt
❑❑ Projektorganisation
Auftragsunterlagen:
❑❑ Projektauftrag
❑❑ Aufwandsschätzung
❑❑ Wirtschaftlichkeitsnachweis
❑❑ Änderungsanträge
Entscheidungsunterlagen:
❑❑ Präsentationsunterlagen
❑❑ Protokolle
❑❑ Prioritätsliste

Projektplanung

Arbeitspaketplanung:
❑❑ Projektstrukturplan
❑❑ Arbeitspaketbeschreibung
❑❑ Phasen-/Meilensteinplanung
❑❑ Terminplanung
Kostenplanung:
❑❑ Kostenstruktur
❑❑ Kostenverteilung
Personalplanung:
❑❑ Mitarbeitereinsatzplanung
❑❑ Aus- und Weiterbildung
Betriebsmittelplanung:
❑❑ Investitionen
❑❑ Test-/Prüfanlagen
❑❑ Eingesetzte Werkzeuge/Verfahren
❑❑ Richtlinien/Auflagen
❑❑ Qualitätsplanung
❑❑ Krisenplanung

Projektkontrolle

❑❑ Aufwands- und Kostenüberwachung
❑❑ Terminüberwachung
❑❑ Qualitätsüberwachung

Projektdurchführung

Projektberichte:
❑❑ inhaltliche Dokumentation
❑❑ Monatsberichte
❑❑ Projektstatusberichte
❑❑ Inspektions-/Testberichte
Aufgabenbeschreibungen:
❑❑ Rollenbezogene
❑❑ Unteraufträge
Projektunterlagen:
❑❑ Präsentationsunterlagen
❑❑ Aufwandserfassungsbelege
❑❑ Rechnungen
❑❑ Projekttagebuch
❑❑ Bibliotheksverzeichnis
❑❑ Verteilerkreise
Schriftwechsel:
❑❑ Beratungsausschuss
❑❑ Sonstiger Schriftwechsel

Projektabschluss

Abnahme:
❑❑ Freigabemitteilung
❑❑ Betreuungsvereinbarung
❑❑ Abweichungsanalyse
❑❑ Erfahrungsdaten
❑❑ Projektauflösung
❑❑ Projektabschlussbericht
❑❑ Sonstiges:________________

3. Geschieht die Dokumentation eher freiwillig bzw. auf Eigeninitiative, oder sind Art, Umfang und Häufigkeit vorgegeben?
   ❑ freiwillig ❑ vorgegeben

4. Wie lange wird die Dokumentation aufbewahrt?

5. Wo wird die Dokumentation aufbewahrt?

6. Werden der Dokumentationsprozess und das Ergebnis überwacht?
   ❑ ja ❑ nein

7. Wenn ja, von wem, wann und wie oft?

8. Wird die Dokumentation qualitativ verifiziert?
   ❑ ja ❑ nein

9. Wenn ja von wem, wann und wie oft?

10. Wie werden Dokumente verteilt (Zugriffsregeln, Verteilkanäle, Medienwahl)?

11. Sind die Dokumentationen benutzerfreundlich (d. h. alle auf einem verständlichen einheitlichen Standard, bezüglich Kompaktheit, Übersichtlichkeit, Einheitlichkeit)?
    ❑ ja ❑ nein

12. Existiert ein Dokumentationsfreigabe-Management?
    ❑ ja ❑ nein

---

[3] [vgl. Burghardt 1997, S. 394]

13. Existiert ein Überwachungsmechanismus für den Dokumentenstatus?
❑ ja ❑ nein

14. Können alle Dokumente, die im Verlauf von Projektarbeit entstehen, einer genauen Kategorie zugeordnet werden?
❑ ja ❑ nein

15. Wer bestimmt die Kategoriezugehörigkeit eines Dokuments?
❑ Mitarbeiter ❑ Abteilung

16. Gibt es in Ihrem Unternehmen einen Index, um alle Projektdokumentationen zu katalogisieren?
❑ ja ❑ nein

17. Werden dabei die elektronischen Dokumente separat indiziert?
❑ ja ❑ nein

18. Können Mitarbeiter **innerhalb** eines Projektes schnell auf Projektdokumente zugreifen?
❑ ja ❑ nein

19. Können Mitarbeiter **ausserhalb** eines Projektes schnell auf Projektdokumente zugreifen?
❑ ja ❑ nein

20. Existieren schriftliche Sicherheitsvorschriften, um die Vertraulichkeit, Integrität und Echtheit von Dokumenten zu garantieren?

21. Sind Vorgehensweisen des Dokumentenmanagements in Ihrem Unternehmen schriftlich festgehalten?
❑ ja ❑ nein

22. Existieren in Ihrem Unternehmen Dokumentenvernichtungs- und -aufbewahrungsvorschriften?
❑ ja ❑ nein

23. Gibt es auch Aufbewahrungsvorschriften bezüglich E-Mail-Kommunikation?
❑ ja ❑ nein

24. Gibt es einen definierten Prozess, um Projekterfahrungen zu konsolidieren (z. B. zur Ablage in einer Erfahrungsdatenbank)?
❑ ja ❑ nein

25. Existiert ein formales Projekt-Kommunikationssystem?
❑ ja ❑ nein

26. Gibt es Kommunikations-Standards in Ihren Projekten (Vorschriften für Memos, E-Mails, Berichte, usw.)?
❑ ja ❑ nein

27. Wenn ja, wie werden diese durchgesetzt?

28. Welche Informationsträger/Medien verwenden Sie aktuell im Rahmen der Projektarbeit?

	%-Anteil Nutzung in Projekten
Telefon	
Telefax	
Brief (klassisch)	
Bericht	
Besprechung (FTF)	
E-Mail	
Videoconferencing	
Projekt-Datenbanken	
Firmen-Datenbanken	
Interne Memos	
Total:	100%

29. Gibt es einen definierten Informationsaustausch auf allen Hierarchieebenen?
❑ ja ❑ nein

30. Woran fehlt es bei der Informationsversorgung für die von Ihnen zu erledigenden Aufgaben am meisten?

31. Was ist bei der Informationsversorgung am aufwendigsten (z. B. das Auffinden von Ansprechpartnern, die aus der Gefahr des „unvollständigen" Versorgtwerdens möglicherweise resultierende Doppelarbeit)?

32. Inwieweit werden grafische Informationsdarstellungen genutzt (z. B. Projektinformationssysteme)?

33. In welchen der folgenden Bereiche glauben Sie, werden Computernetzwerke traditionelle Kommunikationsformen ganz oder teilweise ersetzen?
❑ Kommunikation innerhalb der Unternehmung zwischen verschiedenen Projektmitgliedern
❑ Kommunikation zwischen Unternehmen, die an einem Projekt arbeiten
❑ Kommunikation über firmenübergreifende, branchenspezifische Netzwerke

34. Wie sichern Sie sich die Informationsqualität bezüglich
    (a) der Projektdokumentation
    (b) Projektbezogenem Schriftwechsel intern
    (c) Projektbezogenem Schriftwechsel mit extern

35. Existieren zur Sicherung der Informationsqualität in den Projekten explizit definierte Rollen?
    ❑ ja ❑ nein

36. Wenn ja, wie lauten die Namen der Rollen und die zugehörigen Rollenbeschreibungen?

B-1-3 Entwicklungen im Bereich Projektmanagement

1. Wie wird sich in Zukunft Ihrer Meinung nach die Anzahl, Grösse und Art von Unternehmen ändern, die projektbezogen arbeiten?

2. Welchen Einfluss werden die informationstechnologischen Entwicklungen auf folgende Aspekte der Projektarbeit ausüben?
   (Kreuzen Sie bitte jeweils *eine* der Möglichkeiten an!)

   Effektivität/Effizienz der Projektabwicklung steigt eher:
   ❑ stark ❑ schwach
   ❑ gar nicht ❑ negativ

   Arbeitszufriedenheit der Projektmitarbeiter steigt eher:
   ❑ stark ❑ schwach
   ❑ gar nicht ❑ negativ

   Grösse von Projektteams steigt eher:
   ❑ stark ❑ schwach
   ❑ gar nicht ❑ negativ

   Kommunikationsintensität in Projekten steigt eher:
   ❑ stark ❑ schwach
   ❑ gar nicht ❑ negativ

   Dezentralität von Projekten steigt eher:
   ❑ stark ❑ schwach
   ❑ gar nicht ❑ negativ

3. Welche Bedeutung wird dem Informationsmanagement in Projektumgebungen in Zukunft zukommen?

4. In letzter Zeit ist ein Trend hin zu projektbezogenen Unternehmen zu beobachten. Wo sehen Sie generell die Vorteile dieser Projektbezogenheit, wo die Nachteile?

B-1-4 Wissensmanagement im Rahmen von Projekten

Bitte machen Sie im folgenden Abschnitt eigene Vorschläge zu folgenden Fragen:

1. Wie kann im Rahmen der verteilten Projektabwicklung das Wissenspotential aller Mitarbeiter konsequenter genutzt werden?

2. Wie können alle Mitarbeiter in diesem Zusammenhang dazu gebracht werden, Ihr Wissen aktiv zur Verfügung zu stellen und mit den Kollegen zu teilen?

3. Wie können Ihrer Meinung nach mühsam gewonnene Erfahrungen transparent dokumentiert werden, um diese in nachfolgenden Projektabschnitten oder Projekten leichter abrufbar machen zu können?

4. Wie kann in diesem Zusammenhang „Daten-/Informationsmüll" vermieden werden (Information Overload)?

B-1-5 Projektmarketing

1. Welche der folgenden Kanäle/Foren nutzen Sie zum Projektmarketing?
   ❑ Mitarbeiterzeitung
   ❑ Projekthomepages im Intranet
   ❑ Projektseiten z. B. via Groupware-Datenbanken
   ❑ Projektmessen
   ❑ Präsentationen

2. Was sind dabei Ihre Zielgruppen?
   ❑ Kollegen
   ❑ Vorgesetzte
   ❑ Externe (z. B. Kunden/Konkurrenz)

3. Was sind dabei Ihre Motive?
   ❑ Nachkommen von Berichtspflicht
   ❑ Identifikation von Synergien
   ❑ Vermeidung von Doppelarbeit
   ❑ Gezielte Desinformation
   ❑ Gezielte Schaffung einer „Project Community" zur Motivation des Teams
   ❑ Andere:______________________

4. Wird Projektmitarbeitern und Projektleitung genug Freiraum für Aus- und Weiterbildung eingeräumt?

B-2 Sektion für Projektleiter

1. Wie finden Sie geeignete Mitarbeiter im Unternehmen, um Ihre Projektteams zu besetzen?
2. Welche Methoden und Standards setzen Sie in Ihrem Unternehmen zur Projektarbeit ein?
3. Wie ist ein Projekt bei Ihnen formal gegliedert (Projektstruktur)? Beschreiben und skizzieren Sie Ihre formale Gliederung (Phasen) beispielhaft.
4. Wer strukturiert bei Ihnen die Projekte?
5. Welche Projektgremien existieren in Ihrem Unternehmen?
6. Welche EDV-Tools setzen Sie zur Projektplanung/-arbeit/-abwicklung ein?
7. Bestehen zum Tooleinsatz Standards in Ihrem Unternehmen?
   ❑ ja ❑ nein
8. Wenn ja, welche?
9. Haben Sie zur Nutzung dieser Tools Schulungsveranstaltungen besucht?
   ❑ ja ❑ nein
10. Wenn ja, in welcher Art und welchem Umfang?
11. Inwieweit sind Ihre Projektmanagement-Tools mit anderer Business Software integriert?
12. Sind Investitionen im Bereich Projektmanagement-Software in naher Zukunft geplant?
    ❑ ja ❑ nein
13. Wenn ja, welche?
14. Beschreiben Sie kurz den Planungsablauf.
15. Wo werden Entscheidungen festgehalten? Wer prüft das Einhalten der Entscheidungen?
16. Existiert ein Projektberichtswesen?
    ❑ ja ❑ nein
17. Wenn ja: Wie ist es strukturiert? Welche Tools werden dafür verwendet?
18. Existieren dazu standardisierte Abläufe (Prozesse)?
    ❑ ja ❑ nein
19. Wenn ja, was für welche?
20. Existieren Projektbibliotheken?
    ❑ ja ❑ nein
21. Wenn ja, wie lassen sie sich charakterisieren?
22. Kann aus der Projektbibliothek der aktuelle Zustand des Projekts ermittelt werden?
    ❑ ja ❑ nein
23. Gibt es einen Verantwortlichen für die Projektbibliothek?
    ❑ ja ❑ nein
24. Existieren schriftliche Rollenbeschreibungen?
    ❑ ja ❑ nein
25. Wenn ja, wie sehen sie aus (Beispiel)?
26. Vergleichen Sie die Rollenbeschreibungen mit denen im Glossar und kommentieren Sie ggf. Differenzen.
    Falls solche Rollenbeschreibungen existieren, legen Sie diese bitte bei.
27. Wie erfolgt die Namensgebung der Projekte?
28. Haben Sie eine spezielle Ausbildung zum Projektleiter erhalten?
    ❑ ja ❑ nein
29. Werden die Anforderungen und Ziele an ein Projekt vor Projektbeginn eingefroren, um nach Beendigung objektive Lessons Learned ableiten zu können?
    ❑ ja ❑ nein
30. Inwieweit wird die Ableitung von Lessons Learned angestrebt? Ist sie formal vorgegeben?
31. Findet die Ableitung von Best Practices statt?
    ❑ ja ❑ nein

Anhang III: Übersicht der ergänzenden Interviews

Die in den Kapiteln des Hauptteils im Rahmen der *Fallbeispiele* gemachten Äusserungen beziehen sich auf die folgenden Interviews und das diesbezüglich analysierte Sekundärmaterial.

Firma	**Gesprächs-partner**	**Funktion**	**Gesprächs-termine und Ort**	**Interviewschwer-punkte**
Credit Suisse Group	Christian Kyburz	Leiter Teamnet Business Solutions einer Geschäftseinheit der Credit Suisse Group	17.08.1999 Zürich	Nutzung neuer Medien für die Projektabwicklung.
IBM Consulting Group	Roger Baumer	Consultant, Deployment Leader internes Wissensmanagement-system für Deutschland, Österreich, Schweiz	06.09.1999 Wil	Wissensmanagement in einem projektorientierten Beratungsunternehmen.
Roche Diagnostics	Dr. Pavel Kraus	Knowledge Networking Officer	10.09.1999 Zürich	Neue Rollen im Wissensmanagement, Erfahrungen mit dem Einsatz von Yellow Pages, Nutzung neuer Medien für die Projektabwicklung.
Schindler Aufzüge AG	Dr. Oliver Gassmann	Leiter R&D Technologie-management	27.08.1999 Ebikon	Neue Rollen im Wissensmanagement, Erfahrungen mit dem Einsatz von Yellow Pages, Vertrauensbildung in international verteilten F&E-Projektteams.
UBS AG	Dr. Alain Gut	Vizedirektor Business and Process Consulting	12.07.1999 und 17.11.1999 Zürich	Ableitung von Lessons Learned, Unterstützung der Projektarbeit mit neuen Medien.

Tabelle III-1: Übersicht der ergänzenden Interviews

III.1 Unternehmensprofil Credit Suisse Group

Die Credit Suisse Group ist ein globales Finanzdienstleistungsunternehmen mit Angeboten im Bereich Bank- und Versicherungsprodukten. Sie beschäftigte zum Jahresende 1998 62.296 Mitarbeiter und erwirtschaftete einen Bruttoertrag von 21,7 Milliarden Schweizer Franken bzw. eine Bilanzsumme von 652 Milliarden Schweizer Franken. Die Credit Suisse Group gliedert sich in fünf Geschäftseinheiten: Credit Suisse (Firmen- und Individualkundengeschäft), Credit Suisse/Private Banking (Vermögensverwaltung für Privatkunden), Credit Suisse First Boston (globales Investmentbanking), Credit Suisse Asset Management (Vermögensverwaltung für institutionelle Anleger) und die Winterthur (internationale Versicherungsgruppe für Private und Unternehmen).

III.2 Unternehmensprofil IBM Consulting Group

Die IBM Consulting Group als Bestandteil der IBM Global Services (dem Dienstleistungsbereich der IBM) beschäftigt weltweit 7.500 Berater in 35 Ländern, davon 70 in der Schweiz (Stand September 1999). Die Beratungsleistungen können dabei landesabhängig variieren und sind in die beiden Dimensionen „Industrie“ und „Kompetenzbereich“ organisiert. Die einzelnen Kompetenzbereiche sind Supply Chain Management, E-Business, Wissensmanagement, ERP, Customer Relationship Management sowie IT-Consulting. Neben der organisatorischen bzw. fachlichen Führungsstruktur findet die Einbindung in das weltweite Beraternetz der IBM Consulting Group durch international besetzte Projektteams statt.

Wissensmanagement wurde bei IBM Global Services schon früh unter dem Namen „Intellectual Capital Management“ (ICM) thematisiert. Die IBM Consulting Group ist ein Beispiel für ein wissensintensives Unternehmen [vgl. Starbuck 1992, S. 715], denn einerseits wird Wissensmanagement als Beratungsleistung angeboten, anderseits ist es auch intern ein sehr wichtiges Thema, da Wissen die Hauptdienstleistung des Unternehmens darstellt.

IBM Consulting arbeitet sehr stark projektorientiert. Als Organisationsform wurde die reine Projektorganisation gewählt – lediglich das Backoffice (Sekretariat und unterstützende Funktionen wie Lohnbuchhaltung) arbeiten nicht in einer eigenen Projektorganisation.

III.3 Unternehmensprofil Roche Diagnostics

Roche Diagnostics gehört zum Hoffmann-La Roche Konzern (Ende 1998: 66.707 Beschäftigte). Sitz der Konzernzentrale ist Basel. Nach der Übernahme von Boehringer Mannheim durch Roche schlossen sich die Diagnostika-Bereiche beider Konzerne 1998 zusammen und agieren seitdem unter den Namen Roche Diagnostics. Die Roche Diagnostics Division besteht aus den vier Geschäftseinheiten Roche Molecular Biochemicals (Reagenzien und Testkits für die Molekular- und Zellbiologie), Roche Molecular Systems (Tests und Analysesysteme), Roche Laboratory Systems (Reagenzien und Analysensysteme für die Klinische Chemie, die Immunchemie sowie für hämatologische und Blutgerinnungsuntersuchungen) und Roche Patient Care (Messgeräte und -streifen für die Diabetesüberwachung und Testsysteme zur Schnelldiagnose). Der Umsatz betrug 1998 im Bereich Diagnostics 4.616 Millionen Schweizer Franken bei 14.000 Beschäftigten.

Ein Grossteil der bei Roche Diagnostics durchgeführten Projekte betrifft Produktentwicklungsvorhaben. Diese werden in der Regel als geografisch verteilte Projekte insbesondere zwischen den Standorten in Mannheim, Penzberg, Tutzing (alle in Deutschland) und Indianapolis (USA) sowie weiteren Standorten in den USA durchgeführt.

III.4 Unternehmensprofil Schindler Aufzüge AG

Die Schindler Aufzüge AG mit Stammsitz und Zentrale in Ebikon/Luzern beschäftigte 1998 45.000 Mitarbeiter weltweit. In den Hauptgeschäftsfeldern Aufzüge und Rolltreppen ist das Unternehmen Weltmarktzweiter bzw. Weltmarktführer. Schindler hat in den vergangenen Jahren eine aggressive Akquisitionsstrategie betrieben und den Umsatz in der Periode 1995-1999 verachtfacht. Das Unternehmen verfolgt dabei eine Strategie der Konzentration auf die Kernkompetenzen in den beiden Hauptgeschäftsfeldern. Andere Geschäftsbereiche werden sukzessive abgestossen (wie etwa die Herstellung von Güterwagons). Der Service-Bereich (24h-Kundendienst) macht dabei 60 % der Umsätze aus. Aufgrund der hohen Penetration des Weltmarkts mit Aufzugstechnologien ist das Marktwachstum eher eingeschränkt: Das Unternehmen sieht sich daher immer weniger als Gerätehersteller, sondern viel mehr als Dienstleister im Rahmen der Wartung bestehender Anlagen. Die Komplexität im Technologiebereich und die Anforderungen der über 100 Landesgesellschaften erfordern einen hoch internationalisierten R&D Bereich (allein die unternehmensweite R&D hat 350 Mitarbeiter an den Standorten Ebikon, Ney Jersey, Shanghai und São Paulo), der sich mehr und mehr zur reinen Projektorganisation entwickelt.

Die Tätigkeiten insbesondere im Aufzugsgeschäft können als sehr wissensintensiv bezeichnet werden: die Entwicklung von modernen Aufzügen ist hochkomplex und erfordert grosses interdisziplinäres Know-how. Neben mechanischen Elementen dominieren immer mehr reine Softwaretechnologien: So finden im Bereich der Optimierung des Fahrgastmanagements (automatische Bereitstellung von Aufzugskapazitäten zu bestimmten Zeiten in bestimmten Stockwerken insbesondere bei hochkapazitären Bürokomplexen oder in Gebäuden mit hohem Publikumsverkehr) Methoden der künstlichen Intelligenz z. B. im Rahmen selbstlernender Aufzugssteuerungen Anwendung.

Die Mitarbeiter entstammen den unterschiedlichsten Nationalitäten. Im Rahmen der Produktentwicklung müssen in der Vorphase eines Projektes oftmals die Anforderungen der mehr als hundert Landesgesellschaften berücksichtigt werden, was den hohen Komplexitätsgrad der bei Schindler R&D abzuwickelnden Projekte illustriert.

Die Probleme und Chancen eines Wissensmanagements wurden frühzeitig erkannt. Ein entsprechendes Projekt hat man mit dem Ziel des Aufbaus eines informellen

Netzwerkes im Bereich Technologiemanagement (im Bereich der unternehmensweiten F&E) gestartet und von dort vorangetrieben.

III.5 Unternehmensprofil UBS AG

Die UBS AG ist 1998 aus der Fusion der UBS (Schweizerische Bankgesellschaft) und des SBV (Schweizer Bankverein) hervorgegangen. Die Schweizer Grossbank bietet Produkte und Dienstleistungen in den Geschäftsbereichen Private Banking, Privat- und Firmenkunden, Investmentbanking sowie Institutionelle Vermögensverwaltung und Private Equity an. Das Unternehmen konnte 1998 bei 20 Mrd. Schweizer Franken Eigenkapital und weltweit 48.011 Mitarbeitern eine Bilanzsumme von 944 Milliarden Schweizer Franken aufweisen.

Wissensmanagement wird innerhalb der UBS AG unter anderem als Kernkompetenz des Bereiches Business and Process Consulting (BPC) definiert, mit dem Ziel der Identifikation und Verfügbarmachung von vorhandenem Wissen (z. B. durch Wissensdatenbanken, über Erfahrungstransfer, bearbeitete Projekte usw.). BPC ist ein UBS-internes Beratungsunternehmen und für sämtliche Organisationseinheiten der UBS AG in den Bereichen Organisationsberatung, Projekt- und Wissensmanagement tätig.

Anhang IV: Literaturanalyse Projektwissensmanagement

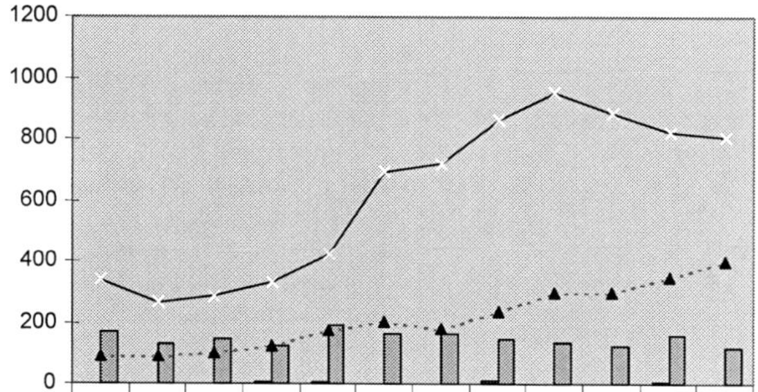

	1988	1989	1990	1991	1992	1993	1994	1995	1996	1997	1998	1999
Titel: knowledge? And project?	2	1	0	3	3	0	0	10	1	1	3	1
Abstract: knowledge? And project?	167	127	147	125	191	163	164	144	137	125	159	121
Titel: knowledge?	91	88	100	125	173	202	178	239	300	297	347	401
Titel: project?	340	262	285	333	421	694	723	862	954	884	825	805

Abb. IV-1: Ergebnisse der Literaturanalyse

Abb. IV-1 stellt die Ergebnisse einer vom Autor im März 1999 durchgeführten und im Februar 2000 aktualisierten Datenbankrecherche in ABI/INFORM[634] dar. Dabei wurde bezüglich der Begriffe „Knowledge?", „Project?" für den Titel, sowie „Knowledge? AND Project?" (Schnittmengenbereich) sowohl für den Titel als auch für den Abstract recherchiert.[635] Untersuchungszeitraum waren die Jahre 1988-1999. Dargestellt sind die Ergebnismengen als für die jeweilige Abfrage pro Jahr registrierten Publikationshäufigkeiten.

[634] ABI/INFORM ist eine Referenzdatenbank für englischsprachige Wirtschafts- und Managementinformationen, in der über 800 Management, Marketing und Business Journals aus den verschiedensten Bereichen indiziert und ausgewertet werden. Jeden Monat werden ca. 4.000 neue Abstracts und Veröffentlichungen erfasst [Library of the University of Malaysia 1999].

[635] Das Zeichen „?" dient in ABI/INFORM als Platzhalter (so genannte Wildcard).

Anhang V: Projektdefinitionen im Überblick

Verfasser/Jahr	Kurzbeschreibung
[Balck 1996, S. 7 f.]	„Unter Projekt versteht man.. ein soziales System, das innerhalb eines definierten Zeitintervalls existiert... Der für ein Projekt konstitutive Prozess definiert zugleich ein temporäres soziales System."
[Burghardt 1997, S. 21]	Nach Burghardt sind die Hauptkriterien eines Projektes die Eindeutigkeit der Aufgabenstellung, eine definierte Dauer mit festem Endtermin, ein abgestimmtes Kostenvolumen sowie klare Verantwortlichkeiten.
[DIN 1994]	Ein Projekt ist ein: „Vorhaben, das im wesentlichen durch Einmaligkeit der Bedingungen in ihrer Gesamtheit gekennzeichnet ist, wie z. B. - Zielvorgabe - zeitliche, finanzielle oder andere Begrenzungen - Abgrenzung gegenüber anderen Vorhaben - projektspezifische Organisation."
[Dinsmore 1990, S. 17]	„A project is a unique venture with a beginning and an end, conducted by people to meet established goals within parameters of cost, schedule and quality."
[Duncan 1996, S. 4]	„a project is a temporary endeavor undertaken to create unique product or service."
[Engwall 1998, S. 35].	Ein Projekt kann als unterzeichneter Kontrakt betrachtet werden, den es möglichst effizient zu implementieren gilt.
[Haberfellner et al. 1999, S. 241]	Vorhaben mit zeitlicher Begrenzung, definiertem Ziel, Einmaligkeit (in Abgrenzung zu Routineaufgaben) und einer Komplexität, die eine Unterteilung in wechselseitig voneinander abhängige Teilaufgaben erforderlich macht.
[Krcmar 2000, S. 116]	„Ein Projekt ist ein einmalig durchzuführendes Vorhaben, das durch seine zeitliche Befristung, besondere Komplexität und interdisziplinäre Aufgabenstellung zu beschreiben ist."
[Litke1995, S. 17]	Abgrenzbare Einzelvorhaben mit definiertem Anfang und Ende (Ziel), Neuartigkeit, Risikoreichtum (technisch, wirtschaftlich, terminlich), Komplexität, sich im Laufe der Abwicklung ständig ändernde Bedürfnisse sowie grosser Bedeutung für die beteiligten Organisationen und Termindruck.
[Madauss 2000, S. 538]	„Ein Vorhaben mit definiertem Beginn und Abschluß, das sich im Gegensatz zu den regelmässig wiederkehrenden Arbeitsabläufen eines Unternehmens durch folgende Merkmale beschreiben lässt: Einmaliger und zeitlich begrenzter Lebenszyklus und relativ hohe technologische und/oder manageriale Komplexität und Neuartigkeit"

Verfasser/Jahr	Kurzbeschreibung
[Patzak/Rattay 1998, S. 4]	„Projekte sind *Vorhaben*, die im wesentlichen durch die Einmaligkeit der Bedingungen in der Gesamtheit gekennzeichnet sind. Die daraus resultierende mangelhafte Erfahrung schlägt sich als Unbestimmtheit bzw. Unsicherheit nieder."
[Rinza 1998, S. 3]	Ein Projekt ist ein Vorhaben, dessen Ablauf weitestgehend einmalig ist, dessen Struktur eine gewisse Komplexität aufweist und dessen vorgegebene Zielsetzung innerhalb eines Zeitrahmens mit gegebenen Mitteln zu erreichen ist.
[Rosenau 1998, S. 1]	„Projects have a three dimensional objective, are unique, involve resources, and are accomplished within an organization."
[Schmidt 1997, S. 35 f.]	Projekte werden formell eingerichtet, wenn einzelne oder mehrere der folgenden Merkmale erfüllt sind: Einmaligkeit, Bedeutung/Risiko, Reichweite, Komplexität/-Schwierigkeit, Umfang, Zeitdruck.
[Turner 1993, S. 19 in: Evaristo/van Fenema 1999, S. 276]	„Turner defines a project as 'an endeavor in which human, material and financial resources are organized in a novel way, to undertake a unique scope of work, of given specification, within constraints of cost and time, so as to achieve beneficial change defined by quantitative and qualitative objectives.'"
[vgl. Vetter/Wiesenbauer 1995, S. 79 f.]	Projekte sind durch Neuigkeit/Einmaligkeit, Dauer für eine bestimmte Zeit, Komplexität, ein Team zur Erledigung der Aufgaben, begrenzte Ressourcen und Fehlschlagsrisiko gekennzeichnet.
[Wischnewski 1993, S. 12]	Projekte sind aussergewöhnliche Vorhaben. Ein Vorhaben ist aussergewöhnlich, wenn es Termin-, Kosten- oder technisches Risiko birgt.
[Zielasek 1995, S. 6]	„Ein Projekt ist eine besondere, umfangreiche und zeitlich begrenzte Aufgabe von relativer Neuartigkeit mit hohem Schwierigkeitsgrad und Risiko, die in der Regel enge fachübergreifende Zusammenarbeit aller Beteiligten fordert."

Tabelle V-1: Projektdefinitionen

Band 28
Frank Wolf
Verteilungsaspekte im Rahmen der strategischen Informationssystem-planung
Lohmar – Köln 1999 • 432 S. • € 49,- (D) • ISBN 3-89012-716-9

Band 29
Marc Alexandre Ludwig
Beziehungsmanagement im Internet – Eine Analyse der Informationsbedürfnisse auf Konsumgütermärkten und der Möglichkeiten ihrer Befriedigung durch Beziehungsmanagement unter Nutzung des Internets
Lohmar – Köln 2000 • 328 S. • € 45,- (D) • ISBN 3-89012-732-0

Band 30
Gérard Derszteler
Prozeßmanagement auf Basis von Workflow-Systemen – Ein integrierter Ansatz zur Modellierung, Steuerung und Überwachung von Geschäftsprozessen
Lohmar – Köln 2000 • 404 S. • € 49,- (D) • ISBN 3-89012-751-7

Band 31
Michael Gröschel
Objektorientierte Softwarewiederverwendung für nationale und internationale Steuerbelastungsvergleiche
Lohmar – Köln 2000 • 272 S. • € 42,- (D) • ISBN 3-89012-752-5

Band 32
Martin Schindler
Wissensmanagement in der Projektabwicklung – Grundlagen, Determinanten und Gestaltungskonzepte eines ganzheitlichen Projektwissensmanagements
3., durchgesehene Auflage
Lohmar – Köln 2002 • 404 S. • € 51,- (D) • ISBN 3-89936-038-9

Band 33
Klaus Ballensiefen
Informationsplanung im Rahmen der Konzeption von Executive Information Systems (EIS) – Theoretische Analyse, Empirische Untersuchung und Entwicklung von Lösungsansätzen
Lohmar – Köln 2000 • 486 S. • € 51,- (D) • ISBN 3-89012-817-3

Band 34
Olaf Coenen
E-Learning-Architektur für universitäre Lehr- und Lernprozesse
2. Auflage
Lohmar – Köln 2002 • 540 S. • € 55,- (D) • ISBN 3-89012-934-X

Band 35
Frank Teuteberg
Agentenbasierte Informationserschließung im World Wide Web unter Einsatz von Künstlichen Neuronalen Netzen und Fuzzy-Logik
Lohmar – Köln 2001 • 368 S. • € 49,- (D) • ISBN 3-89012-873-4

Band 36
Jens Hunstock
Integration konzeptioneller Datenbankschemata
Lohmar – Köln 2001 ♦ 274 S. ♦ € 43,- (D) ♦ ISBN 3-89012-897-1

Band 37
Gerald Kromer
Integration der Informationsverarbeitung in Mergers & Acquisitions – Eine empirische Untersuchung
Lohmar – Köln 2001 ♦ 314 S. ♦ € 45,- (D) ♦ ISBN 3-89012-904-8

Band 38
Stefan Schäfer
Einführung von E-Business-Systemen in deutschen Unternehmen – Fallstudien, Expertenbefragung und DAX100-Umfrage
Lohmar – Köln 2002 ♦ 492 S. ♦ € 53,- (D) ♦ ISBN 3-89012-949-8

Band 39
Matthias Lohse
Intranets – Konzept und Wege zur Realisierung
Lohmar – Köln 2002 ♦ 270 S. ♦ € 46,- (D) ♦ ISBN 3-89012-970-6

Band 40
Christian Seel
Visuelle Simulation von Dienstleistungsprozessen
Lohmar – Köln 2002 ♦ 262 S. ♦ € 46,- (D) ♦ ISBN 3-89012-998-6

Band 41
Manfred Esser
Komplexitätsbeherrschung in dynamischen Diskurswelten – Ein Metamodell zur Modellierung betrieblicher Informationssysteme
Lohmar – Köln 2002 ♦ 280 S. ♦ € 46,- (D) ♦ ISBN 3-89936-036-2

TECHNOLOGIEMANAGEMENT, INNOVATION UND BERATUNG

Herausgegeben von Prof. Dr. Dr. h. c. Norbert Szyperski, Köln, vBP StB Prof. Dr. Johannes Georg Bischoff, Wuppertal, und Prof. Dr. Heinz Klandt, Oestrich-Winkel

Band 22
Thorsten Meis
Existenzgründung durch Kauf eines kleinen oder mittleren Unternehmens
Lohmar – Köln 2000 ♦ 428 S. ♦ € 51,- (D) ♦ ISBN 3-89012-734-7

Band 23
Bernd Heitzer
Finanzierung junger innovativer Unternehmen durch Venture Capital-Gesellschaften
Lohmar – Köln 2000 ♦ 276 S. ♦ € 43,- (D) ♦ ISBN 3-89012-795-9

Band 24
Andreas Stephan Beyer
Wertorientiertes Innovationsmanagement
Lohmar – Köln 2002 ♦ 312 S. ♦ € 48,- (D) ♦ ISBN 3-89936-019-2

PLANUNG, ORGANISATION UND UNTERNEHMUNGSFÜHRUNG

Herausgegeben von Prof. Dr. Dr. h. c. Norbert Szyperski, Köln, Prof. Dr. Winfried Matthes, Wuppertal, Prof. Dr. Udo Winand, Kassel, Prof. (em.) Dr. Joachim Griese, Bern, Dr. Harald F. O. von Kortzfleisch, Köln, PD Dr. Ludwig Theuvsen, Göttingen, und Dr. Andreas Al-Laham, Dortmund

Band 77
Andreas Lasar
Dezentrale Organisation in der Kommunalverwaltung
Lohmar – Köln 2001 • 308 S. • € 45,- (D) • ISBN 3-89012-920-X

Band 78
Mathias Luhn
Flexible Prozeßrechnung für ein Geschäftsprozeßmanagement
Lohmar – Köln 2002 • 350 S. • € 48,- (D) • ISBN 3-89012-927-7

Band 79
Martin Hermesch
Die Gestaltung von Interorganisationsbeziehungen – Theoretische sowie empirische Analysen und Erklärungen
Lohmar – Köln 2002 • 322 S. • € 46,- (D) • ISBN 3-89012-928-5

Band 80
Achim Korten
Wirkung kompetenzorientierter Strategien auf den Unternehmenswert – Eine simulationsbasierte Analyse mit System Dynamics
Lohmar – Köln 2002 • 336 S. • € 47,- (D) • ISBN 3-89012-937-4

Band 81
Thorsten Peske
Eignung des Realoptionsansatzes für die Unternehmensführung
Lohmar – Köln 2002 • 278 S. • € 43,- (D) • ISBN 3-89012-941-2

Band 82
Clemens Odendahl
Cooperation Resource Planning – Planung und Steuerung dynamischer Kooperationsnetzwerke
Lohmar – Köln 2002 • 228 S. • € 41,- (D) • ISBN 3-89012-962-5

Band 83
Yven Schmidt
Verbesserungsprozeßmanagement – Entwicklung eines Werkzeuges für die koordinierte Verbesserung von Geschäftsprozessen
Lohmar – Köln 2002 • 232 S. • € 44,- (D) • ISBN 3-89012-975-7

Band 84
Gerrit Andreas Marx
Wertorientiertes Management einer Region – Regional Resident Value und Corporate Shareholder Value als Management-Missionen einer Public-Private-Partnership auf Aktien
Lohmar – Köln 2002 • 304 S. • € 48,- (D) • ISBN 3-89012-982-X

TELEKOMMUNIKATION @ MEDIENWIRTSCHAFT

Herausgegeben von Prof. Dr. Dr. h. c. Norbert Szyperski, Köln, Prof. Dr. Udo Winand, Kassel, Prof. Dr. Dietrich Seibt, Köln, Prof. Dr. Rainer Kuhlen, Konstanz, Dr. Rudolf Pospischil, Bonn, Prof. Dr. Claudia Löbbecke, Köln, und Prof. Dr. Christoph Zacharias, Köln

Band 13
Anette Köcher
Controlling der werbefinanzierten Medienunternehmung
Lohmar – Köln 2002 • 294 S. • € 44,- (D) • ISBN 3-89012-948-X

Band 14
Martin Engelien/Jens Homann (Hrsg.)
Virtuelle Organisation und Neue Medien 2002 – Workshop GeNeMe2002 – Gemeinschaften in Neuen Medien – TU Dresden, 26. und 27. September 2002
Lohmar – Köln 2002 • 658 S. • € 72,- (D) • ISBN 3-89936-007-9

Band 15
Markus Geiger
Internetstrategien für Printmedienunternehmungen – Neue Geschäftsmöglichkeiten aus der Perspektive traditioneller Anbieter von Wirtschafts- und Finanzinhalten
Lohmar – Köln 2002 • 424 S. • € 56,- (D) • ISBN 3-89936-010-9

ELECTRONIC COMMERCE

Herausgegeben von Prof. Dr. Dr. h. c. Norbert Szyperski, Köln, Prof. Dr. Beat F. Schmid, St. Gallen, Prof. Dr. Dr. h. c. mult. August-Wilhelm Scheer, Saarbrücken, Prof. Dr. Günther Pernul, Regensburg, und Prof. Dr. Stefan Klein, Münster

Band 6
Olaf Wenzel
Webdesign, Informationssuche und Flow – Nutzerverhalten auf unterschiedlich strukturierten Websites
Lohmar – Köln 2001 • 362 S. • € 49,- (D) • ISBN 3-89012-871-8

Band 7
Patrick Stähler
Geschäftsmodelle in der digitalen Ökonomie – Merkmale, Strategien und Auswirkungen
2. Auflage
Lohmar – Köln 2002 • 364 S. • € 53,- (D) • ISBN 3-89936-013-3

Band 8
Volker Herwig
E-Government – Distribution von Leistungen öffentlicher Institutionen über das Internet
Lohmar – Köln 2001 • 340 S. • € 48,- (D) • ISBN 3-89012-889-0

Band 9
Jana Buchwalter
Elektronische Ausschreibungen in der Beschaffung – Referenzprozeß-modell und prototypische Realisierung
Lohmar – Köln 2001 • 252 S. • € 42,- (D) • ISBN 3-89012-922-6

Band 10
Torsten Költzsch
Geschlossene Public-Key-Infrastruktur-Lösungen
Lohmar – Köln 2002 • 242 S. • € 42,- (D) • ISBN 3-89012-923-4

Band 11
Emanuel Marti
Electronic Commerce im Reisemarkt – Handlungsempfehlungen für den Reisemittler
Lohmar – Köln 2002 • 408 S. • € 49,- (D) • ISBN 3-89012-930-7

Band 12
Horst Tripp
Electronic Procurement Services
Lohmar – Köln 2002 • 394 S. • € 49,- (D) • ISBN 3-89012-935-8

Band 13
Elmar-Marius Licharz
Vertrauen in B2C
Lohmar – Köln 2002 • 294 S. • € 44,- (D) • ISBN 3-89012-945-5

Band 14
Karin Dittewig
Managing Partnerships for Maximum Performance – Best Practice Evidence from the Information Technology Industry
Lohmar – Köln 2002 • 318 S. • € 45,- (D) • ISBN 3-89012-953-6

Band 15
Ursula Markus
Integration der virtuellen Community in das CRM – Konzeption, Rahmenmodell, Realisierung
Lohmar – Köln 2002 • 270 S. • € 46,- (D) • ISBN 3-89012-973-0

Band 16
Ulrike Geißler
Lobbying im E-Business
Lohmar – Köln 2002 • 314 S. • € 48,- (D) • ISBN 3-89012-995-1

Band 17
Ernest Kosilek/Wolfgang Uhr
Public Electronic Procurement – Eine empirische Untersuchung
Lohmar – Köln 2002 • 222 S. • € 44,- (D) • ISBN 3-89936-017-6

Weitere Schriftenreihen:

UNIVERSITÄTS-SCHRIFTENREIHEN

- Reihe: Steuer, Wirtschaft und Recht
Herausgegeben von vBP StB Prof. Dr. Johannes Georg Bischoff, Wuppertal, Dr. Alfred Kellermann, Vorsitzender Richter (a. D.) am BGH, Karlsruhe, Prof. (em.) Dr. Günter Sieben, Köln, und WP StB Prof. Dr. Norbert Herzig, Köln

- Reihe: FGF Entrepreneurship-Research Monographien
Herausgegeben von Prof. Dr. Heinz Klandt, Oestrich-Winkel, Prof. Dr. Dr. h. c. Norbert Szyperski, Köln, Prof. Dr. Michael Frese, Gießen, Prof. Dr. Josef Brüderl, Mannheim, Prof. Dr. Rolf Sternberg, Köln, Prof. Dr. Ulrich Braukmann, Wuppertal, und Prof. Dr. Lambert T. Koch, Wuppertal

- Reihe: Kleine und mittlere Unternehmen
Herausgegeben von Prof. Dr. Jörn-Axel Meyer, Flensburg

- Reihe: Wissenschafts- und Hochschulmanagement
Herausgegeben von Prof. Dr. Detlef Müller-Böling, Gütersloh, und Dr. Reinhard Schulte, Dortmund

- Reihe: Personal-Management
Herausgegeben von Prof. Dr. Fred G. Becker, Bielefeld, und Prof. Dr. Jürgen Berthel, Siegen

- Reihe: Finanzierung, Kapitalmarkt und Banken
Herausgegeben von Prof. Dr. Hermann Locarek-Junge, Dresden, Prof. Dr. Klaus Röder, Münster, und Prof. Dr. Mark Wahrenburg, Frankfurt

- Reihe: Marketing
Herausgegeben von Prof. Dr. Heribert Gierl, Augsburg, und Prof. Dr. Roland Helm, Jena

- Reihe: Marketing, Handel und Management
Herausgegeben von Prof. Dr. Rainer Olbrich, Hagen

- Reihe: Produktionswirtschaft und Industriebetriebslehre
Herausgegeben von Prof. Dr. Jörg Schlüchtermann, Bayreuth

- Reihe: Europäische Wirtschaft
Herausgegeben von Prof. Dr. Winfried Matthes, Wuppertal

- Reihe: Quantitative Ökonomie
Herausgegeben von Prof. Dr. Eckart Bomsdorf, Köln, Prof. Dr. Wim Kösters, Bochum, und Prof. Dr. Winfried Matthes, Wuppertal

- Reihe: Internationale Wirtschaft
Herausgegeben von Prof. Dr. Manfred Borchert, Münster, Prof. Dr. Gustav Dieckheuer, Münster, und Prof. Dr. Paul J. J. Welfens, Potsdam

- Reihe: Studien zur Dynamik der Wirtschaftsstruktur
Herausgegeben von Prof. Dr. Heinz Grossekettler, Münster

- Reihe: Versicherungswirtschaft
Herausgegeben von Prof. (em.) Dr. Dieter Farny, Köln, und Prof. Dr. Heinrich R. Schradin, Köln

- Reihe: Wirtschaftsgeographie und Wirtschaftsgeschichte
Herausgegeben von Prof. Dr. Ewald Gläßer, Köln, Prof. Dr. Josef Nipper, Köln, Dr. Martin W. Schmied, Köln, und Prof. Dr. Günther Schulz, Bonn

- Reihe: Wirtschafts- und Sozialordnung: FRANZ-BÖHM-KOLLEG – Vorträge und Essays
Herausgegeben von Prof. Dr. Bodo B. Gemper, Siegen

- Reihe: WISO-Studientexte
Herausgegeben von Prof. Dr. Eckart Bomsdorf, Köln, und Prof. (em.) Dr. Dr. h. c. Dr. h. c. Josef Kloock, Köln

- Reihe: Kunstgeschichte
Herausgegeben von Prof. Dr. Norbert Werner, Gießen

FACHHOCHSCHUL-SCHRIFTENREIHEN

- Reihe: Institut für betriebliche Datenverarbeitung (IBD) e. V. im Forschungsschwerpunkt Informationsmanagement für KMU
Herausgegeben von Prof. Dr. Felicitas Albers, Düsseldorf

- Reihe: FH-Schriften zu Marketing und IT
Herausgegeben von Prof. Dr. Doris Kortus-Schultes, Mönchengladbach, und Prof. Dr. Frank Victor, Gummersbach

- Reihe: Controlling-Forum – Wege zum Erfolg
Herausgegeben von Prof. Dr. Jochem Müller, Ansbach

PRAKTIKER-SCHRIFTENREIHEN

- Reihe: Transparenz im Versicherungsmarkt
Herausgegeben von *ASSEKURATA* GmbH, Köln

- Reihe: Betriebliche Praxis
Herausgegeben von vBP StB Prof. Dr. Johannes Georg Bischoff, Wuppertal

EINZELSCHRIFTEN